TEXTES LITTÉRAIRES DU MOYEN ÂGE
sous la direction de Maria Colombo Timelli et Richard Trachsler
67

Série *Ovidiana textes*
dirigée par Craig Baker, Carmen Cardelle de Hartmann,
Olivier Collet et Marylène Possamaï-Pérez
3

Un commentaire médiéval aux *Métamorphoses*

Ouvrage publié avec le concours du Fonds national suisse

Un commentaire médiéval aux *Métamorphoses*

Le *Vaticanus Latinus 1479*, Livres VI à X

Texte établi et annoté par Lisa Ciccone
et traduit par Marylène Possamai-Pérez,
avec la collaboration d'Irene Salvo García

PARIS
CLASSIQUES GARNIER
2022

En vue d'en garantir la qualité, les publications de cette collection sont préalablement soumises à deux lecteurs anonymes.

Lisa Ciccone, docteure en philologie médiévale et humaniste, travaille actuellement à l'université de Zurich dans le cadre du projet « Les sources latines de l'*Ovide moralisé* » financé par le FNRS. Ses publications concernent la poésie latine de la seconde moitié du XIVe siècle et l'exégèse d'Horace et d'Ovide au Moyen Âge. Elle a notamment publié *Esegesi oraziana nel Medioevo : le commentaire « Communiter »*.

Marylène Possamai, professeure de français et latin du Moyen Âge à l'université Lumière – Lyon 2 et membre du CIHAM (UMR 5648), est spécialiste de la réception de l'antiquité et de l'allégorie au XIVe siècle et de traduction du latin ou français médiéval au français moderne. Elle a publié une monographie sur l'*Ovide moralisé* en vers (L'Ovide moralisé. *Essai d'interprétation*) et dirigé plusieurs recueils sur ce texte.

ISBN 978-2-406-12883-0 (livre broché)
ISBN 978-2-406-12884-7 (livre relié)
ISSN 2108-9825

PRINCIPES DE TRADUCTION

Comme dans le tome 1, je ne traduis les gloses interlinéaires que si elles apportent un développement, une explication, et non si elles ne fournissent qu'un simple synonyme ou équivalent.

La graphie des noms propres est celle de leur traduction par Georges Lafaye dans les Belles Lettres, sauf si elle est trop éloignée de celle de notre texte.

La ponctuation n'est pas forcément la même en français que dans le texte latin, chaque langue ayant ses propres spécificités.

Je ne répète pas le numéro de vers lorsqu'il se trouve entre parenthèses dans le texte latin, puisque celui-ci est en regard de la traduction.

Marylène POSSAMAI-PÉREZ

COMMENTAIRE AUX *MÉTAMORPHOSES*, *VATICANUS LATINUS 1479*

HIC INCIPIT SEXTUS LIBER

|f. 95r|

[1] Hic incipit sextus, cuius *Integumenta* talia sunt. Primo *Integumentum* De Aragne. Ne quis maiori certet persuadet Aragne, / que sub pauperie viscera viva trahit. De nomine imposito Athenis. *Athanatos* grecum sonat 'immortalis' ; Athenas / nominat hinc Pallas famaque vivit adhuc. De Niobe. Proprietas saxi Niobe datur hec, quia durum, / et quia dura riget firma tenore mali. [2] De sathyro. Certans com Phebo, Sathirus notat insipientes : / impar certamen a sapiente trahi. De ranis. Rusticus infelix est rana loquax lue plena, / ventris amica, timens, livida, mersa, minax. De Pelope. Per Pelopem lacerum signantur tempora quorum / fertilitas rapitur, huic reparata tamen. De Thereo. Hystoriam tangit, describens Therea de quo / Musa sophocleo carmine grande sonat. [3] Commentatur aves doctrina poetica quippe : / devia poscit avis, devia poscit amor. De Zeto et Calay. Sunt acies ale Zeti Calaysque paterne / quarum subsidio Iasonis arma valent. De Arpiis. Tres sunt Arpie, cupidi tria genera : gliscit, / diripit, abscundit ; plenior eget inops. [4] Pallada sextus habet Musas et facta probantem ; / Pallada contempnens fit aranea tristis Aragne. / Latonam spernit Niobe multumque superbit ; / prole quarterdena luget Niobe viduata ; / vertitur in saxum. Mutatur cetus agrestis. / Marsia fit limpha proprio de nomine dicta. / Flet pro morte Pelops Niobes et progenitricis. / Desponsat Prognem Tereus, Philomenam deflorat ; fit epops Thereus, Progne fit irondo. / Pandion moritur, regno succedit Eritheus. / Desponsat Procrim Cephalus, Boreas Orichiam ; / post Zetus, Cal‹ays› fratres nascuntur ab illis. / Esonidem sociavit. Sic sexti finis habetur.

---

1 certet *Ghisalberti*] cercet *ms.* Athenis] Hactenis *ms.* Athenas *Ghisalberti*] hactenas *ms.* Pallas *Ghisalberti*] Paulas *ms.* hec] hoc *Ghisalberti* et] hec *Ghisalberti* | 2 insipientes] insipientis *Ghisalberti* a] cum *Ghisalberti* rana *Ghisalberti*] vana *ms.* timens] tumens *Ghisalberti* mersa *Ghisalberti*] mensa *ms.* Hystoriam *Ghisalberti*] hystoria *ms.* sonat] canit *Ghisalberti* | 3 quarum *Ghisalberti*] quare *ms.* genera] crimina *Ghisalberti* 4 Pelops] pelox *ms.* epops] epos *ms.* Cal‹ays›] cal # *ms.*

ICI COMMENCE LE SIXIÈME LIVRE

|f. 95r|

[1] Ici commence le sixième, dont les *Integumenta* sont les suivants. D'abord l'*integumentum* DE ARAGNÉ (« Arachné »). Qu'Arachné nous persuade de ne pas rivaliser avec un plus grand que nous, elle qui traîne pauvrement ses viscères vivants. DE NOMINE IMPOSITO HACTENIS (« Dénomination des Athéniens »). Athanatos signifie en grec 'immortels' ; c'est de là que Pallas nomme Athènes et sa renommée est toujours vivante. DE NIOBE (« Niobé »). La qualité de la roche est donnée à Niobé, parce que la roche est dure, et que Niobé, déjà dure, se raidit encore en s'obstinant à mal agir. [2] DE SATHYRO (« Le Satyre »). En lutte contre Phébus, le Satyre note les sots : le combat qu'il livre contre le sage est inégal. DE RANIS (« Les grenouilles ») : Le paysan malheureux est la grenouille loquace pleine de bave, amie du ventre, peureuse, livide, engloutie, menaçante. DE PELOPE (« Pélops ») : Par Pélops mis en pièces sont notées les saisons, dont la fertilité est ôtée ; mais elle lui est rendue. DE THEREO (« Térée ») : (L'auteur) touche à l'histoire, décrivant Térée dont la Muse résonne du grand chant sophocléen. [3] La science poétique a commenté les oiseaux, naturellement : l'oiseau recherche les endroits reculés, l'amour recherche les endroits reculés. DE ZETO ET CALAY (« Zétès et Calaïs »). Les ailes paternelles de Zétès et Calaïs sont les pointes dont les armes de Jason tirent leur force secourable. DE ARPIIS (« Les Harpies »). Les Harpies sont au nombre de trois, les trois manières du désir : il gonfle, il déchire, il dissimule ; rassasié il est pauvre et dans le besoin.

[4] Le sixième livre raconte que Pallas approuve les Muses et leurs actes. Arachné qui méprise Pallas devient la triste araignée. Niobé rabaisse Latone et fait preuve d'un grand orgueil ; Niobé privée de ses quatorze enfants se lamente ; elle est transformée en rocher. Le paysan est transformé en baleine. Marsias devient une rivière qui porte son nom. Pélops pleure pour la mort de Niobé et de la mère. Térée épouse Procné, déflore Philomène ; Térée devient une huppe, Procné une hirondelle. Pandion meurt, Erithée lui succède sur le trône. Céphale épouse Procris, Borée Orythie ; puis les frères Zétès et Calaïs naissent de leur union. Ils s'associèrent au fils d'Éson. Telle est la fin du livre six.

[5] PREBUERAT DICTIS (1). Hic incipit sextus liber, cuius mutationes sunt hee : primo Pallas in anum. Aragnes in araneam. Rodope com Hemo in montes. Pigmea in gruem. Antigone, filia Priami, in ciconiam. Filie Cinare in gradus templi. Iupiter in taurum ; idem in aquilam et in sathirum et in Amphitrionem et in aurum et in ignem et in pastorem et in serpentem. Neptunus in iuvenem et in Enipheum et in arietem et in equum et in delphinem. Phebus in agrestem, in ancipitrem, in leonem, in pastorem. Bachus in uvam. Saturnus in equum. Niobe in saxum. Agrestes in ranas. Marsias in fluvium. Carneus humerus in eburneum. Philomena in rucivolam. Thereus in hupupam. Progne in hirondinem. Raptus Orichie a Borea ; filii Boree in homines pennatos ; et in hoc terminabitur liber iste.

VI 1-2

Partem istam continuabimus parti predicte dicentes ita : quedam Musarum, scilicet Uranie, Palladi narraverat litem que fuerat inter ipsas et Pyerides et TRITONIA, id est Pallas, a Tritone palude, ubi colitur, PREBUERAT, id est accommodaverat, AURES suas TALIBUS DICTIS, supradictis, -QUE pro 'et' PROBAVERAT, id est laudaverat, et cetera.

|f. 95v|

VI 1-12

[1] Fabula talis est : com Pallas a consorcio Musarum recessisset et carmina illarum laudavisset, voluit occidere vel mutare Aragnem, unde mutavit se in vetulam et venit ad domum Aragnes et dixit illi quod a Pallade veniam peteret. [2] Quare irata, Aragne multa verba superbia dixit et tunc quelibet illarum incepit facere telam suam : Aragne multas historias de mutatione deorum in sua tela texuit, ut in littera apparet, ad dedecus deorum ; Pallas vero multa miracula a deis facta posuit ad laudem eorum, et, cum Pallas telam Aragnes pulcriorem sua videret, conversa est in iram et illam laniavit, et Aragnem verberavit. [3] Aragne, irata, laqueo se suspendit et, com penderet, Pallas, illi miserta, allevavit, in aragneam mutavit. Tota narratio telarum et tote fabule illic picte in telis ab utraque parte et tota mutatio Aragnes patet in littera, usque ad illum locum : LIDIA TOTA FREMIT FRIGIE (146), et cetera.

1-2 Pyerides *ex* Pyeridas *ms.* palude *ex* pallude *ms.* | 1-12.2 sua^{2}] suam *ms.* | 1-12.3 illi] illis *ms.* narratio] mutatio *ms.*

[5] PREBUERAT DICTIS (« Elle avait prêté (l'oreille) aux récits »). Ici commence le sixième livre, dont les métamorphoses sont les suivantes : d'abord Pallas en vieille femme. Arachné en araignée. Rhodope et Hémus en montagnes. Pygmée en grue. Antigone, la fille de Priam, en cigogne. La fille de Cinyras en marches du temple. Jupiter en taureau, le même en aigle, en satyre, en Amphitryon, en or, en feu, en dauphin. Phébus en paysan, en épervier, en lion, en berger. Bacchus en vigne. Saturne en cheval. Niobé en rocher. Les paysans en grenouilles. Marsyas en rivière. L'épaule charnelle en épaule d'ivoire. Philomène en rossignol. Térée en huppe. Procné en hirondelle. Orythie enlevée par Borée ; les fils de Borée en hommes ailés ; et là-dessus se termine ce livre.

VI 1-2

Nous joindrons cette partie à celle qui précède en disant : « l'une des Muses, Uranie, avait raconté à Pallas le concours qui avait eu lieu entre elles et les Piérides, et TRITONIA ("La Tritonienne"), c'est-à-dire Pallas – du nom du lac Triton, où elle est honorée –, PREBUERAT ("avait tendu"), c'est-à-dire avait prêté AURES ("l'oreille") TALIBUS DICTIS ("à ces récits"), ceux qu'on a rapportés plus haut, -QUE (pour 'et') PROBAVERAT ("avait approuvé"), c'est-à-dire avait loué etc. »

|f. 95v|

[1] La fable est la suivante : comme Pallas avait quitté la troupe des Muses après avoir loué leurs chants, elle voulut tuer, ou métamorphoser Arachné : aussi prit-elle l'apparence d'une vieille femme pour venir chez Arachné, et elle lui dit de demander pardon à Pallas. [2] Irritée, Arachné lui répondit des flots de paroles orgueilleuses et alors chacune d'elle commença à tisser sa toile : Arachné tissa sur la sienne de nombreuses histoires de métamorphoses des dieux, comme cela est dit dans le texte, pour leur faire honte. Pallas au contraire plaça sur la sienne les nombreux miracles accomplis par les dieux, pour leur rendre hommage. Voyant que la toile d'Arachné était plus belle que la sienne, Pallas se mit en colère et la déchira, tout en frappant Arachné. Arachné, pleine de ressentiment, se pendit à un nœud coulant. Pallas alors la prit en pitié et allégea son corps en la transformant en araignée. Chaque métamorphose, chaque fable peinte sur les toiles de l'un et de l'autre côté, est racontée dans le texte, ainsi que toute la métamorphose d'Arachné, jusqu'aux mots : LIDIA TOTA FREMIT FRIGIE (« Toute la Lydie frémit, et de la Phrygie… »), et cetera.

1-12*

1 PREBUERAT : accomodaverat ; TRITONIA : Pallas ; TALIBUS : supradictis ; AURES : suas. 2 CARMINA : cantilenas ; AONIDUM : Thebanarum ; -QUE PROBAVERAT : et laudaverat. 3 TUNC SECUM : ait ; LAUDARE : alias ; PARUM : michi ; ET : etiam. 4 NUMINA : deitates ; NEC : non ; SPERNI : despici ; PENA : punitione ; SINAMUS, quasi dicat : 'Quicomque spreverit nostra numina, pugniatur'. 5 MEONIE : a loco Meonia ; ANIMUM : dictum ; FATIS : mor(ti) ; INTENDIT : vertit ; ARAGNES : proprium. 6 QUAM : Arangnem ; LANIFICE : lane. 7 AUDIERAT : ab aliquibus ; ILLA : Aragne ; LOCO : patria ; ORIGINE : patribus. 8 CLARA : famosa ; ARTE : famose ; HUIC : Aragne ; COLOPHONIUS : a Colopho opido ; ISMON : proprium. 9 PHOCAICO : a Phoco vel loco ; MURICE : purpura. 10 OCCIDERAT : mortua erat ; ET HEC : etiam mater ; DE PLEBE : parva gente ; -QUE : et. 11 EQUA : equalis ; VIRO : marito ; ILLA : Aragne ; URBES : civitates. 12 NOMEN : famam.

VI 13

ypepis] Ypepe-ypeparum sunt parve ville a civitatibus separate et dicuntur gallice *hamiaus*.
13* HABITABAT : morabatur.

VI 14-18

Non solum sufficiebat Nimphis videre vestes Aragnes factas, ymo loca sua deseruerunt ut viderent telas et fila per se posita et quomodo illa ita egregie operabatur.

14-18*

14 HUIUS : Ara(gnes) ; UT : quod ; ASPICERENT : viderent ; SEPE : multociens. 15 DESERUERE : dereliquerunt ; TIMOLI : montis. 16 DESERUERE : dereliquerunt ; PATHALIDES : a loco ; UNDAS : aquas. 17 SOLUM : modo ; SPECTARE : videre ; IUVABAT : licebat. 18 QUOQUE : certe ; TANTUS : tanta ; DECOR : pulcritudo ; ARTI : illius.

4* punitione] priunitione *ms.* Quicomque] quicom *ms.* | 14-18 telas] alas *ms.* | 15* dereliquerunt] derelinquerunt *ms.* montis] mentis *ms.* | 16* dereliquerunt] derelinquerunt *ms.*

1-12

4. SINAMUS, (« laissons »), en d'autres termes, « Quiconque aura méprisé nos divinités, qu'il soit puni[1] ».

VI 13

YPEPIS[2] : Ypepe-ypeparum (« bourgs ») ; ce sont de petites fermes séparées des cités, qu'on appelle en roman *hamiaus*, « hameaux ».

VI 14-18

Les Nymphes ne se contentaient pas de regarder les vêtements confectionnés par Arachné, elles désertaient leurs lieux de vie pour voir les toiles et les fils qu'elle avait disposés, et la façon exceptionnelle dont elle travaillait.

1 *Pugniatur* = « puniatur » (Voir Du Cange, *pugnire*).

2 *Hypaepis* (*Mét.*, VI, 14) : en réalité, d'après le Gaffiot, « Hypépès, ville de Lydie ».

VI 19-25

Quasi diceret : 'Quocomque modo operabatur, tu diceres, si tu esses presens, quod Pallas eam docuisset'. QUOD TAMEN denegabat, et sic Pallada habebat in derisum.

19-25*

19 GLOMERABAT : coadunavit. 20 DIGITIS : suis ; SUBIGEBAT : supponebat. 21 MOLLIBAT : carpebat. 22 TERETI : rotondo ; POLLICE : suo ; FUSUM : filando. 23 SCIRES : diceres ; PALLADE : dea ; DOCTAM : doctrinatam. 24 QUOD : quod a Pallade doceatur ; NEGAT : Aragne, proprium ; -QUE OFFENSA : et irata. 25 AIT : dixit Aragne ; VICTA : ego ; RECUSEM : quasi dicat : 'Nullam penam dubito si vincar'.

VI 26-27

Mutatio Palladis in vetulam

Com ita dixisset Aragne, Pallas fecit se vetulam, ut illam decipere posset.

26-27*

26 ANUM : vetulam ; SIMULAT : fingit ; CANOS : canicie. 27 INFIRMOS : trementes ; QUOQUE : similiter ; ARTUS : membra.

VI 28-29

Quasi diceret : 'Non debemus despicere senes quia sunt sapientes, iuxta illud Cathonis : « Nam quocomque sene, sensus puerilis in illo est »'.

28-29*

28 SIC ORSA LOQUI EST : incepit ; GRANDIOR ETAS : vetus. 29 SERIS : antiquis.

VI 30-33

Fabulatio Palladis com Aragne

Ecce quomodo Pallas informabat Aragnem ad sapientiam et humilitatem.

30-33*

30 SPERNE : despice ; TIBI : a te. 32 CEDE : da locum ; DEE : Palladi ; VENIAM : indulgentiam ; TEMERARIA : tu stulta. 33 SUPPLICE : supplicante ; ILLA : Pallas ; ROGANTI : tibi petenti.

19* coadunavit] coadimavit *ms.* | 26-27 Com] Deinde *ms.* | 33* petenti] petent *ms.*

VI 19-25

En d'autres termes : « Quelle que soit la façon dont elle travaillait, on pourrait dire, si on les avait sous les yeux, que Pallas l'avait instruite. » QUOD TAMEN (mais cela) elle le refusait, et de cette façon tournait Pallas en dérision.

19-25

24 QUOD (« Cela ») : le fait d'être formée par Pallas. 25 RECUSEM (« je refuserais ») : en d'autres termes, « Je ne redoute aucun châtiment si je suis vaincue. »

VI 26-27

Métamorphose de Pallas en vieille femme

Comme Arachné avait prononcé ces paroles, Pallas prit l'apparence d'une vieille femme pour pouvoir la tromper.

VI 28-29

En d'autres termes « Nous ne devons pas mépriser les vieilles personnes qui sont sages, selon les mots de Caton : "Car tout vieil homme possède une perception d'enfant." »

VI 30-33

Conversation de Pallas et d'Arachné

Voici comment Pallas disposait Arachné à la sagesse et à l'humilité.

VI 34-36

Ira Aragnes

iram] Quia bene apparebat in vultu quod irata erat, unde com Pallade incepit rixari.

34-36*

34 HANC : Pallada ; TORVIS : oculis crudelibus ; RELINQUIT : desinit. 35 -QUE : et ; MANUS RETINENS : suas, quin hanc percuteret ; CONFESSAQUE : ostendens et. 36 OBSCURAM : ut sequitur tectam.

VI 37-39

Com Pallas consuluisset Aragne quod Pallada veniam peteret, irata est Aragne et multa convicia Palladi in specie vetule dixit.

VI 37-42

Hic exequitur de lite et conviciis Aragnes contra Pallada dicentis : 'O vehemens vetula', et cetera. 'Ego sum satis sapiens ; quare mihi consulis ? Quare non venit ipsa Pallas certatum mecum ?'.

37-42*

37 -QUE : et ; SENECTA : vetustate. 38 MULTUM : nimium ; NOCET : tibi ; AUDIAT ISTAS, quasi dicat : 'Magnum dampnum est quod tu tandiu vixisti, et ego nolo, si tu habes nurus aut filias, quod audiant voces istas'. 39 QUA : aliqua ; TIBI : vetule ; QUA : aliqua. 40 CONSILII SATIS : 'Ego sum satis sapiens' ; NEVE : quod non ; MONENDO : michi. 41 PROFECISSE : valuisse ; PUTES : credas ; EADEM : 'Semper quicquid dixi, dicam minuendo laudes Palladis'. 42 CUR : quare ; IPSA : Pallas ; CUR : quare ; HEC : talia ; VITTAT : fugit.

VI 43-46

Exibitio Palladis ad se ipsam contra Aragnem

Com talia convicia Aragne de Pallade diceret, tunc Pallas ostendit se esse deam, unde omnes ibi astantes reverenciam sibi tribuerunt, excepta illa, que tamen, subita deitatis visione, parum erubuit.

34* RELINQUIT] RELIQUIT *ms.* | 37-42 sum *ex* sun *ms.* | 38* nolo] volo *ms.* | 40* MONENDO] MOVENDO *ms.* | 43-46*tit.* Exibitio] Exupicio *ms.* ipsam] ipsa *ms.*

VI 34-36

Colère d'Arachné

iram (« colère »)] Parce qu'on voyait bien sur son visage qu'elle était en colère, aussi commença-t-elle à se quereller avec Pallas.

VI 37-39

Comme Pallas avait conseillé à Arachné de demander pardon à Pallas, Arachné s'irrita et couvrit Pallas, sous son apparence de vieille femme, de nombreuses invectives.

VI 37-42

Ici il poursuit sur le conflit et les invectives d'Arachné contre Pallas, à qui elle dit « Vieille femme revêche… etc., je suis assez sage ; pourquoi me donnes-tu des conseils ? Pourquoi Pallas ne vient-elle pas en personne rivaliser avec moi ? »

37-42

37 AUDIAT ISTAS (« Fais entendre ces (paroles) »), autrement dit : « C'est grand dommage que tu aies tant vécu ; je veux que, si tu as une fille ou une bru, ce soient elles qui entendent ces paroles. ». 41 EADEM (« les mêmes choses ») : tout ce que j'ai toujours dit, je le redirai en minimisant les louanges de Pallas.

VI 43-46

Pallas se montre selon sa vraie nature en face d'Arachné

Comme Arachné couvrait Pallas de telles invectives, Pallas montra qu'elle était la déesse, et tous ceux qui étaient présents lui témoignèrent du respect, excepté Arachné qui, pourtant, à la vue soudaine de la divinité, rougit légèrement.

43-46*

43 DEA : Pallas ; AIT : dixit ; FORMAM : habitum ; ANILEM : vetule. 44 PALLADA : se esse ; EXIBUIT : monstravit ; VENERANTUR : honorant ; DIVE : vel nimphe. 45 MEONIDES : a Meonia regione ; INTERRITA : non territa ; VIRGO : Aragne. 46 ERUBUIT : aliquantulum rubuit ; INVITA : quia non vellet ; NOTAVIT : signavit.

VI 47-49

Actor facit comparationem de rubore Aragnes cito evanescente ad ruborem etheris matutinalem.

47-49*

47 ORA : sua ; RURSUSQUE : iterum et ; EVANUIT : defecit ; UT : sicut. 48 PURPUREUS : rubicondus ; PRIMUM : in principio. 49 BREVE : parum ; CANDESCERE : solet albescere ; ICTU : repercussione.

VI 50

Quia tantum confidebat in sapientia sua, quod nullatenus putabat se superari a Pallade lane artificio.
50* PERSTAT : permanet ; INCEPTO : quod inceperat ; STOLIDE : stulte ; PALME : victorie.

VI 51-52

[1] Moralitas talis est : Pallas ipsa est sapientia, que dea est lanificum, quia docet telam fieri de virtutibus. Aragne enim interpretatur insipientia telam suam faciens de viciis, unde dicitur Aragne, quasi 'arida mens', sine humore caritatis. [2] Pallas vero, se ani simulans in morem, Aragnem castigat. Et ideo fingitur vetula, quia vetule sunt sapientiores iuvenibus, et eas castigant. Aragne vero, id est iuvenilis etas, temeraria senectuti sapienti se preferens, com ea contendit. Texendo fit in utraque contencio : Pallas de virtutibus et potencia deorum disputat, Aragne de viciis et contemptu deorum telam texit iocondiorem. [3] Iocondior est via et pronior ad vicia ; ad virtutes vero durior et difficilior, sed quia tela eius arida est et sine succo sapientie, suspenditur a vento,

---

44* honorant] honorat *ms.* | 46* INVITA] INVICTA *ms.* | 47* ORA *ex* OTRIA *ms.* | 50 a] et *ms.* | 51-52.1 insipientia] insipientiam *ms.* mens] nens *ms.* | 51-52.2 contendit] totendit *ms.* contencio] contencione *ms.* texit *ex* dixit texit *ms.*

VI 47-49

L'auteur compare la rougeur vite dissipée d'Arachné à la rougeur matinale de l'éther.

VI 50

Parce qu'elle avait tellement confiance dans sa sagesse qu'elle ne pensait pas pouvoir être surpassée par Pallas dans l'art de tisser la laine.

VI 51-52

[1] La moralité est la suivante : Pallas est la sagesse en personne, qui est déesse du tissage de la laine, parce qu'elle apprend à tisser la toile avec les vertus. Arachné s'interprète comme la sotte qui tisse sa toile avec les vices, d'où son nom d'Arachné, pour ainsi dire « à l'esprit aride », privée de l'eau de la charité. [2] Mais Pallas, imitant le comportement d'une vieille femme, cherche à corriger Arachné. C'est pourquoi elle est dépeinte comme une vieille femme, parce que les vieilles femmes sont plus sages que les jeunes, et cherchent à les corriger. Mais Arachné, c'est-à-dire la jeunesse, se plaçant témérairement au-dessus de la sage vieillesse, rivalise avec elle. Un concours de tissage s'organise entre elles : Pallas raisonne sur les vertus et les pouvoirs des dieux, Arachné tisse une toile plus agréable sur les vices méprisables des dieux. [3] Plus agréable est le chemin vers les vices, et plus facile ; plus dur et plus difficile est celui vers les vertus ; mais parce que sa toile est aride et privée du suc de la sagesse, elle est suspendue dans le vent,

utpote res vana ventilatur, et in vermem mutatur, id est ad terrena viciosus magis quam ad celestia inclinatur, ubi vermes nutriuntur. Sed in aragneam potius quam in aliam, quia aragnea ex se ipsa fila eicit ; ita et insipiencia multis filis et laqueis se ipsam includit. [4] Hoc est de mutatione Aragne.

51-52*

51 FATA : infortunia ; RUIT : festinat ; NEC ENIM : et non certe. 52 MONET : se ; ULTERIUS : alibi ; NEC : et non ; CERTAMINA : contenciones.

VI 53

Tam Pallas quam Aragne, quia queque in suo loco sedit ad hoc, telam facerent.

53-54*

53 HAUD : non ; MORA : fuit. 54 GEMINAS : duplas.

VI 55

Inceptio telarum Palladis et Aragnes

Hic ostenditur modus tele in comparatione.
55* IUGO : *essouble* gallice ; SECERNIT : dividit ; HARUNDO : virga.

56-60*

56 INSERITUR : iungitur ; RADIIS : naviculis ; SUBTEGMEN : trama. 57 QUOD : subtegmen ; DUCUNT : ponunt. 58 INSERTI : coniuncti ; PECTINE : lane. 59 UTRAQUE FESTINAT : tam Aragne tam Pallas properat ; PECTORA : sua ; VESTES : ibi modus texentium demonstratur. 60 BRACHIA : sua ; DOCTA : in opere ; FALLENTE : decipiente vel minuente ; LABOREM : quia per cupiditatem bene faciendi labor minuitur.

|f. 96r|

VI 61-64

Dicit actor quod in principio telarum suarum posuerunt divisiones multas yrim equiparantes.

58* coniuncti *ex* coniiuncti *ms.* | lane] lanie *ms.* | 61-64 multas] multe *ms.* equiparantes] equiperantes *ms.*

comme la chose vaine est agitée par le vent, et transformée en ver, c'est-à-dire que le méchant s'incline vers les biens terrestres, vers l'endroit où se nourrissent les vers, plutôt que vers les biens célestes ; mais elle est changée en araignée plutôt qu'en un autre insecte, parce que l'araignée fait sortir des fils de son propre corps : de la même façon la sottise aussi s'enferme elle-même dans de nombreux fils et lacets. [4] C'est ce qui concerne la métamorphose d'Arachné.

VI 53

Aussi bien Pallas qu'Arachné devaient tisser une toile, assises chacune de son côté pour cela.

VI 55

Pallas et Arachné entreprennent leurs toiles

Ici est montrée par comparaison la facture des toiles.
59 VESTES (« les vêtements ») : ici est montrée l'allure des tisserandes. 60 LABOREM (« la peine ») : parce que le désir de bien faire atténue la peine.

|f. 96r|

VI 61-64

L'auteur explique qu'en commençant leurs toiles elles posèrent de nombreuses séparations que l'œil ne pouvait distinguer.

61-64*

61 ET : etiam ; TYRIUM : a Tyro. 62 TEXITUR : ponitur ; DISCRIMINIS : divisionis ; UMBRE : texuntur. 63 QUALIS : tales umbre ; IMBRE : pluvia ; ARCUS : celestis Iris. 64 INFICERE : tingere ; INGENTI : magno ; LONGUM : magnum.

VI 65-67

Quia pre confusione plurium colorum non possunt colores ab humano visu singulariter numerari.

65-68*

65 QUO : arcu ; NITEANT : splendeant ; MILLE : multe. 66 TRANSITUS : de colore ad colorem ; SPECTANTIA : cernentes ; LUMINA : oculus ; FALLIT : decipit. 67 USQUE : in tantum ; QUOD : est iuncta filiorum ; ULTIMA : tele. 68 INSERTUM : coniunctum ; IMMITTITUR : ponitur.

VI 69

Tela Palladis

Differentia est inter argumentum et hystoriam, fabulam et comediam. Argumentum est quando nos loquimur de veritate sub specie falsitatis, ut apparet in denominatione Athenarum ; fabula quando nos loquimur de falsitate sub specie falsitatis, ut per totum hunc librum apparet ; hystoria de veritate sub specie veritatis, ut per *Evangelia* et *Ecclesiasticum* ; comedia de falsitate sub specie veritatis, ut de mutatione Nabugodonosor et Yo, et cetera.

69-73*

69 VETUS : antiqum ; DEDUCITUR : declaratur. 70 CICROPIA : arce, a Cicrope rege ; MAVORTIS : Martis ; ARCE : turri. 71 TERRE NOMINE LITEM : impositione nominis Athenarum contentionem. 72 BIS SEX : duodecim ; CELESTES : dei ; MEDIO : in ; IOVE : existente ; ALTIS : nobilibus. 73 AUGUSTA : nobili ; GRAVITATE : auctoritate ; SUAQUE QUEMQUE DEORUM : ibi est relatio, impedimentum constructionis.

68* coniunctum] coniuctum *ms.*

VI 65-67

Parce que la confusion d'un grand nombre de couleurs empêche le regard humain d'identifier ces couleurs une par une.

VI 69

La toile de Pallas

Il y a une différence entre le sujet et l'histoire, la fable et la comédie. Le sujet est lorsque nous parlons de la vérité en lui donnant l'apparence de la fausseté, comme cela apparaît dans la dénomination des Athéniens ; la fable quand nous parlons de la fausseté sans dissimuler la fausseté, comme cela apparaît tout au long de ce livre ; l'histoire quand il est question de la vérité sous l'apparence de la vérité, comme dans les Évangiles et l'Ecclésiaste ; la comédie, quand la fausseté prend l'apparence de la vérité, comme dans la métamorphose de Nabuchodonosor et d'Io, etc.
73 SUAQUE QUEMQUE DEORUM (« leurs (traits décrivent) chaque dieu ») : il y a ici un retard (dans l'expression), une complication de la construction.

VI 74

Picturatio deorum in tela

Pallas et Neptunus dixerunt quod qui mirabilius factum faceret, imponeret nomen urbi Atheniensi. Neptunus percussit petram com tridente suo et inde exivit equs, quod fuit signum belli, et Pallas percussit terram et exivit ramus olive, quod fuit signum pacis, et ita imposuit nomen civitati. Hoc totum pinxit Pallas in tela sua.
74* INSCRIBIT : declarat ; FACIES : forma ; YMAGO : forma.

VI 75-77

TRIDENTE : Neptunus dicitur habere tridentem propter triplicem proprietatem aque, que est nabilis, labilis et potabilis.

75-77*

75 PELAGI : maris ; LONGUOQUE : magno et ; FERIRE : percutere ; TRIDENTE : virga. 76 SAXA : petras ; -QUE : et ; VULNERE : plaga. 77 EXILIISSE : salire ; FERUM : equm ; PIGNORE : equo ; VENDICET : aquirat ; URBEM : nomen urbi.

VI 78-79

In sua tela Pallas pinxit suam similitudinem propriam.

78-79*

78 AT : et ; UBI : ipse ; DAT : Pallas ; CLIPEUM : sibimet scutum. 79 DAT : Pallas ; CAPITI : suo.

VI 80-82

Posuit in fine partis tele quomodo fuerunt stupefacti eo quod Pallas nomen civitati imposuit et terminavit illam partem in ymagine victorie.

80-86*

80 -QUE : et ; SIMULAT : fingit ; CUSPIDE : lancea. 81 EDERE : producere ; BACCIS : fructibus ; RAMUM : unum ; FLORENTIS : floride. 82 MIRARI : et facit ; DEOS : omnes. 83 EXEMPLIS : alienis ; EMULA : Aragne. 84 QUOD : quantum ; PRECIUM : premium ; FURIALIBUS : furiosis ; AUSIS : quod se pretulit Palladi operando. 85 QUATUOR : ad quatuor cornua tele ; CERTAMINA : lites ; ADDIT : ponit. 86 CLARA : nobilia ; BREVIBUS : parvis ; DISTINCTA : divisa.

---

74 et[1]] ut *ms.*

VI 74

Représentation des dieux sur la toile

Pallas et Neptune décidèrent que celui qui accomplirait la plus grande merveille donnerait son nom à la ville d'Athènes. Neptune frappa une roche avec son trident et en fit sortir un cheval, ce qui fut le signe de la guerre ; Pallas frappa la terre et en fit sortir un rameau d'olivier, ce qui fut le signe de la paix, et ainsi elle donna son nom à la ville. Pallas représenta tout cela sur sa toile.

VI 75-77

TRIDENTE (« avec son trident ») : on dit que Neptune tient un trident à cause des trois propriétés de l'eau, qui est navigable, qui coule, et qui est potable.

VI 78-79

Sur sa toile Pallas représenta sa propre apparence.

VI 80-82

Sur la dernière partie de sa toile elle plaça la stupéfaction des spectateurs parce qu'elle donna son nom à la ville : elle termina cette partie sur l'image de sa victoire.

84 AUSIS (« à ses actes audacieux ») : parce qu'elle plaça son travail au-dessus de celui de Pallas.

VI 87-89

De tela Palladis

Hemus et Rodope fuerunt reges Tracie et propter nimiam superbiam ab hominibus se deos vocari fecerunt, unde dicti sunt mutati in montes, id est ab altitudine, superbi, ad terram, id est ad nichilum, redacti fuerunt.

87-89*

87 TREICIAM : a loco ; RODOPEN : proprium ; HABET : vel tenet ; HEMUM : proprium. 88 NUNC : existentes ; GELIDOS : frigidos ; QUONDAM : tempore preterito. 89 SUMMORUM : magnorum ; TRIBUERE : donavere.

VI 90-92

[1] Pigmea quedam mulier fuit que pulcritudine sua se Iunoni pretulit, unde mutata fuit in gruem avem. [2] Allegoria talis est : pigmea quedam regio est ubi nascontur homines minores gruibus, qui tamen preferunt se gruibus, et grues, eos vilipendentes, com eis pugnant et leviores a gruibus rapiuntur in aerem, unde inventus est locus fabule. [3] Quidem pigmea mater, id est terra illa que mater est pigmeorum, in gruem mutata fuerit a gruibus raptos propter populos.

90-92*

90 ALTERA : in tela ; PIGMEE : proprium ; MIRABILE : propter mutationem. 91 PARS : tele Palladis ; HANC : pigmeam ; CERTAMINE : contentione. 92 GRUEM : avem ; -QUE : et ; INDUCERE : tradere ; BELLUM : prelium.

VI 93-97

[1] Antigone, filia Priami, pulcritudine sua se pretulit Iunoni, unde ab ipsa mutata est in ciconiam. [2] Allegoria : Antigone, quia filia Priami regis, adeo superbiebat quod etiam Iunoni, quod est aer inferior, id est non solum mortalibus, sed etiam omnibus deis, se pretulerat, unde facta est vilissima, quia adeo se laudavit quod ab communi criminabatur, unde pocius mutata est in ciconiam, que avis immunda est, et ceteris avibus immundior reputatur.

90-92.2 leviores] leviore *ms.* | 93-97.2 mutata est *ex* mutata fuit *ms.*

VI 87-89

La toile de Pallas

Hémus et Rhodope étaient roi et reine de Thrace ; par excès d'orgueil ils se firent appeler dieux par leur peuple ; c'est pourquoi l'on dit qu'ils furent changés en montagnes, c'est-à-dire que de leur hauteur les orgueilleux furent ramenés à la terre, c'est-à-dire réduits à néant.

VI 90-92

[1] Pygmée était une femme qui plaça sa beauté au-dessus de celle de Junon, c'est pourquoi elle fut changée en grue. [2] L'allégorie est la suivante : la Pygmée est une région où naissent des hommes plus petits que des grues, et qui pourtant se placent au-dessus des grues ; les grues, qui les dénigrent, se battent contre eux et, comme ils sont plus légers, elles les enlèvent dans les airs, ce qui fournit l'occasion de la fable. [3] En fait, (on dit que) la mère pygméenne, c'est-à-dire la terre qui est la mère des pygmées, fut changée en grue, à cause des peuples enlevés par les grues.

VI 93-97

[1] Antigone, la fille de Priam, plaça sa beauté au-dessus de celle de Junon, aussi fut-elle changée en cigogne par la déesse. [2] Allégorie : Antigone, qui était la fille de Priam, s'enorgueillissait au point de se placer au-dessus même de Junon, qui est l'air inférieur, c'est-à-dire non seulement les mortels, mais même tous les dieux ; aussi fut-elle ramenée au plus bas étage, parce qu'elle chantait tellement ses louanges qu'elle était accusée par tout le monde ; aussi dit-on qu'elle fut plutôt changée en cigogne, qui est un oiseau immonde, et plus immonde que tous les autres oiseaux.

93-97*

93 PINXITQUE : Pallas ; ET : etiam ; ANTIGUONEM : proprium ; CONTENDERE : certare. 94 CONSORTE : socia ; IOVIS : Iunone ; QUAM : Antigonem. 95 VOLUCREM : avem ; VERTIT : mutavit ; NEC : et non ; PROFUIT : voluit ; YLION : turris troiana ; ILLI : Antigone. 96 LAOMEDONVE : rex Troie vel ; SUMPTIS : captis ; QUIN : quod non ; CANDIDA : alba. 97 IPSA : Antigone ; CREPITANTE : sonante vel trepidante.

VI 98-100

[1] Filie Cinare, contentrices deorum neque in templa intrare nolentes, intrare permittebant, unde ex deorum ira ad nichilum retracte sunt. [2] Considerato ergo ab aliis exemplo ne deos contempnerent, alii ad culturam deorum devenerunt in templis, unde dictio est locus fabule quod in gradus templi fuerunt mutate, quia – ut dicitur – gentes eorum exemplis ad cultum dei devenerunt.

98-102*

98 QUI SUPEREST : angulus remanet ; CINARAM : proprium nomen ; TENET : aliter habet ; ANGULUS : pars tele ; ORBUM : viduatum. 99 ISQUE : Cinaras ; NATARUM : filiarum ; MEMBRA : scilicet. 100 SAXOQUE : petra et ; LACRIMARE : flere. 101 CIRCUIT : lustrat ; PACCALIBUS : pacificis ; ORAS : margines. 102 IS MODUS : talis finis ; SUA : Pallas ; ARBORE : oliva.

VI 103

Tela Aragnes.

MEONIS : hic tractatur de tela Aragnes contra Pallada.

|f. 96v|

VI 103-108

[1] Iupiter in specie tauri Europam rapuit : rex quidem cretensis Iupiter appellatus, ut superius dicitur, filiam Agenoris, tirii regis, in nave in qua taurus erat depictus rapuit. Idem Iupiter ‹Asteriem› in specie aquile rapuit, idest aquilis preeuntibus et Ganimede. [2] Nam, ut Anacreon refert, dum Iupiter adversus Titanos – qui Titani sunt filii, Titan frater Saturni fuerat – bellum assumeret, et, com sacrificium in celo fecisset,

98-100.1 retracte] retacte *ms.* | 103-108.1 filiam *ex* a filiam *ms.* Idem Iupiter ‹Asteriem›] Idem Iupiter # *ms.* idest] id *ms.* | 103-108.2 Titan] Saturni *ms.* bellum] ut bellum *ms.*

VI 98-100

[1] Les filles de Cinyras, qui dénigraient les dieux et ne voulaient pas fréquenter les temples, permettaient d'y entrer, aussi la colère des dieux les réduisit-elle à néant. [2] Leur exemple conduisit donc les autres à ne pas mépriser les dieux et à venir les honorer dans les temples, ce qui donne l'occasion à la fable de dire qu'elles furent changées en marches du temple, parce que – dit-on – c'est leur exemple qui conduisit les gens à honorer les dieux.

VI 103

La toile d'Arachné

MEONIS (« La Méonienne ») : il est ici question de la toile qu'Arachné tissa pour rivaliser avec Pallas.

|f. 96v|

VI 103-108

[1] Jupiter enleva Europe en prenant l'apparence d'un taureau : un roi de Crète du nom de Jupiter, comme on l'a dit plus haut, enleva la fille d'Agénor, roi tyrien, sur un bateau sur lequel était peint un taureau. Le même Jupiter enleva Astérie, puis Ganymède, sous l'aspect d'un aigle, c'est-à-dire précédé par des aigles. [2] En effet, comme le raconte Anacréon, tandis que Jupiter était en guerre contre les Titans (les fils de Titan, le frère de Saturne), et comme il avait fait un sacrifice dans le ciel,

in victorie signum sibi auspicium aquile prosperum sibi vidit adesse advolatum. [3] Pro quo tam felici omine et quia victoria consequta est, in signis bellicis sibi aquilam auream fecit tuteleque sue virtuti dedicavit, unde et apud Romanos hec signa tractata videntur.

103-108*

103 MEONIS : Aragne ; ELUSAM : deceptam ; DESIGNAT : ponit ; YMAGINE : forma. 104 EUROPAM : reginam illam ; FRETA : maria ; VERA PUTARES : si presens videres telam. 105 IPSA : Europa ; VIDEBATUR : in pictura tele ; SPECTARE : cernere. 106 COMITES : videbatur socias ; CLAMARE : appellare ; VERERI : timere. 107 TIMIDASQUE : timorosas et ; RECUNDERE : abscondere vel retrahere. 108 FECIT : Aragne ; ASTERIEM : proprium ; AQUILA : ave.

VI 109

[1] LEDAM : Iupiter, in cignum conversus, com Leda concubuit, que ovum peperit, de quo nati sunt tres : Castor, Polluces, Helena, quod totum misticom est. Iupiter in modum potencie ponitur ; Leda vero regina Libie, quod ‹nos› aut iniuriam aut convicium dicimus. [2] Ergo omnis potencia iniurie mixta speciem sue generositatis immutat ; ideo in cignum pocius mutatur, quia ferunt physiologi hanc avem adeo conviciis plenam quod, ipsa ave clamante, relique aves taceant que prope sint, unde et olor dictus est ab *oligoria*, quod iniuriam iam sonat. [3] Ergo, quocienscomque nobilitas iniuriam vergit ut conviciis misceatur, necesse est quod ex hac ovus concipitur, quia, sicut in ovo omnis sordicies que purgari potest, in gramine continetur intrinsecus, ita etiam in effectu iniurie omnis est immondicia, que tamen mittigari hic potest per successores, sed ex hoc ovo generantur tres : Castor, Pollex et Helena, femina scandali et discordie. [4] Castor vero et Pollex in modum perditionis dicuntur, quod ipsorum nominibus habentur. Nam Pollex grece a *potay*, id est a *pollui*, quod est perdere, dicitur, et Castor, quasi Caco‹n stueroi›, idest malum extremum, inde est quod perditionem significant et dicuntur esse signa quorum signorum est in ortu et in occasu designare pericula affactura. 109* OLORINIS : cigni ; LEDAM : proprium ; RECUBARE : reclinari.

103-108.3 omine] homine *ms.* | 109.1 ovum] avum *ms.* Polluces] Polluuces *ms.* quod ‹nos›] quod # *ms.* | 109.2 iniurie] in iniurie *ms.* | 109.3 quod] sed *ms.* ovus] anus *ms.* ovo] avo *ms.* | 109.4 a *pollui*] Apollini *ms.* Caco‹n stueroi›] caco # *ms.*

il vit, en signe de victoire, l'auspice favorable pour lui d'un aigle qui volait vers lui. [3] Pour ce présage si heureux, et parce que la victoire s'ensuivit, il se fit faire un aigle d'or comme signe de guerre, et le dédia à sa vertu tutélaire : c'est pourquoi on voit aussi ces signes utilisés chez les Romains.

VI 109

[1] LEDAM (« Léda ») : Jupiter, transformé en cygne, coucha avec Léda, qui accoucha d'un œuf, dont naquirent trois enfants : Castor, Pollux et Hélène, ce qui relève entièrement du mythe. Jupiter se place du côté de la puissance, Léda quant à elle était reine de Lybie – ce que nous appelons injure ou cri. [2] Toute puissance donc, mêlée à l'injure, modifie son apparence de générosité ; c'est pourquoi il se changea plutôt en cygne, parce que les naturalistes rapportent que cet oiseau a un cri si fort que, quand il crie, tous les oiseaux qui sont proches se taisent, d'où son nom de « olor » (« cygne »), qui vient de *oligoria*[3] (« mépris »), ce qui a déjà le sens d'« injure ». [3] Donc, chaque fois que la noblesse tourne à l'injure au point de se mélanger aux cris, elle est nécessairement conçue à partir de cet œuf parce que, comme dans l'œuf, toute ordure qui peut être nettoyée est contenue à l'intérieur de la plante ; de même aussi dans l'effet de l'injure se trouvent toutes les saletés, qui pourtant peuvent être atténuées par les successeurs, mais de cet œuf sont engendrés trois enfants : Castor, Pollux et Hélène, la femme du scandale et de la discorde. [4] Quant à Castor et Pollux, ils ont l'allure de la ruine, qu'on perçoit dans leurs noms mêmes. En effet le nom de Pollux vient du grec *potay*[4] (« regretter »), c'est-à-dire de *pollui*[5] (« perdre ») ; ce qui signifie « perdre », et Castor, pour ainsi dire *cacon*[6] (« mauvais ») *stueroi*[7] (« haïssable »), c'est-à-dire « mal extrême », c'est pourquoi ils signifient la ruine et sont, dit-on, les signes dont le propre est de désigner les dangers à venir, au lever et au coucher.

3 ὀλιγωρία.
4 πόθεῖν.
5 ἀπόλλυμι ?
6 κακός.
7 στυγερός.

VI 110-111

Iupiter, in specie sathiri, Anthiopam, filiam regis Nictei, corrupit, id est per Sathirum, proprium nomen cuiusdam nutricii qui fuit medius inter Iovem et illam.

110-111*

110 ADDIDIT : in tela ; CELATUS : formatus. 111 IUPITER : proprium ; GEMINO : duplicato ; NICTEIDA : a loco vel patre ; FETU : prole.

VI 112

Idem Iupiter in specie Amphitrionis Almenam corrupit, id est Amphitrionem maritum suum pro lenone et noncio habuit erga Almenam.

VI 113

DANEM : Iupiter per aurum datum – ad modum pluvie hiis dantur – custodibus suis, ut superius continetur.
Iupiter habuit Eginam, filiam Ausopi ; nocte et quadam illuminatione rapuit, unde fingitur mutari in ignem.
113* AUREUS : in specie auri ; UT : qualiter ; DANEM : proprium ; AUSOPIDA : proprium ; IGNIS : in specie ignis.

VI 114

Iupiter habuit filiam Memnonis per pastorem suum sibi nuncium.
Iupiter decipit Dorida in specie serpentis, id est per quandam vetulam que serpenti comparatur propter astuciam et fallacitatem suam.
114* PASTOR : Iupiter ; CHIONIDA : deceperit.

VI 115

Neptunus Eoliam in specie iuvenci decepit : nichil aliud fuit nisi quod rapta fuit in nave in qua taurus pictus erat.
115* QUOQUE : similiter ; TORVO : crudeli ; NEPTUNE : o tu ; IUVENCO : tauro.

VI 116

Neptunus, veniens per mare, com uxore Aloy, de nocte, non agnitus, concubit in specie Eniphei, qui erat adulter eius et amasius.
116* TU : es ; ENIPHEUS : proprium.

---

113 modum] mundum *ms.* hiis dantur] habundantur *ms.*

VI 110-111

Jupiter, sous l'aspect d'un satyre, corrompit Antiope, la fille du roi Nyctée – c'est-à-dire par l'entremise de Satyre, nom propre d'une nourrice qui fut l'entremetteuse entre Jupiter et Antiope.

VI 112

Le même Jupiter corrompit Alcmène en prenant l'apparence d'Amphitryon, c'est-à-dire qu'il prit Amphitryon son mari comme entremetteur et messager auprès d'Alcmène.

VI 113

DANEM (« Danaé ») : Jupiter (la posséda) en donnant de l'argent – qu'ils reçurent comme une pluie – à ses gardiens, comme cela est raconté plus haut.

Jupiter posséda Égine, fille d'Asope : il l'enleva de nuit à la faveur d'un éclairage, c'est pourquoi l'on imagine qu'il se changea en feu.

VI 114

Jupiter posséda la fille de Memnon grâce à son berger qui lui servit de messager. Jupiter trompa Doris en prenant l'aspect d'un serpent, c'est-à-dire grâce à une vieille femme, qu'on compare à un serpent à cause de son astuce et de sa ruse.

VI 115

Neptune trompa Éolie sous l'aspect d'un jeune taureau : cela revient à dire qu'elle fut enlevée sur un bateau sur lequel était peint un taureau.

VI 116

Neptune, arrivant par la mer, coucha avec la femme d'Aloïs de nuit, sans se faire reconnaître, en prenant l'apparence de l'Éniphée, qui était son amant adultère.

VI 117

Neptunus Bisapida rapuit in nave in qua quidam aries pictus erat.
117* ET : etiam ; ARIES : muto ; BISAPIDA : proprium ; FALLIS : decipis.

VI 118

Neptunus Cererem, id est quandam reginam copiam bladi habentem, rapuit in navi in qua quidam equus pictus erat in fronte.
118* FLAVA ; candida ; COMAS : propter spicas ; MATER : Ceres.

VI 119

Neptunus similiter Gorgonem rapuit vel legitur quod equm sibi tribuit dum in templo Minerve, ut superius dicitur, violavit.
119* SENSIT : percepit ; SENSIT : percepit.

VI 120

Neptunus Melantho in specie delphini decepit, id est in nave rapuit qua pictus erat vultus delphinis.

120-121*

120 MATER : Medusa vel Gorgon ; SENSIT : percepit ; DELPHINA : piscem ; MELANTHO : proprium. 121 HIIS : deis et amasiabus ; LOCORUM : quibus habitaverant.

VI 122-124

PHEBUS, id est sapientia, aliquando transit in agrestem, id est agriculture vacat ; aliquando in ancipitrem, id est tunc com rapine vacat ; aliquando in leonem, scilicet tunc com irascitur ; aliquando pastorem, ut Machareida deciperet, id est per pastorem quendam hanc decepit.

122-124*

122 ADDIDIT : vel reddidit ; AGRESTIS : campestris. 123 UTQUE : qualiter ; MODO : nunc ; MODO : nunc. 124 GESSERIT : portaverit ; UT : qualiter.

VI 125-126

Liber in uvam se mutavit ut Erigorem deciperet : nichil aliud fuit nisi quod eam ipse inebriavit et sic violavit. Saturnus in specie equi com Philleride concubuit,

---

118 quandam] in quandam *ms.* | 122-124 com rapine] rapine com *ms.* hanc] hunc *ms.*

VI 117

Neptune enleva Bisaltis dans un bateau sur lequel était peint un bélier.

VI 118

Neptune enleva Cérès, une reine qui possédait une grande quantité de blé, dans un bateau sur la proue duquel était peint un cheval.

VI 119

Neptune enleva aussi la Gorgone – ou, lit-on, il eut avec elle un cheval en la violant dans le temple de Minerve, comme cela est dit plus haut.

VI 120

Neptune trompa Mélanthe sous l'aspect d'un dauphin, c'est-à-dire l'enleva dans un bateau sur lequel était peint la figure d'un dauphin.

VI 122-124

PHEBUS (« Phébus »), c'est-à-dire la sagesse, prit quelquefois l'apparence d'un paysan – c'est-à-dire se consacra à l'agriculture ; quelquefois celle d'un épervier – c'est lorsqu'il s'exerce à la rapine ; quelquefois l'aspect d'un lion – c'est bien sûr lorsqu'il est en colère ; quelquefois celui d'un berger – pour tromper la fille de Macarée, c'est-à-dire qu'il la trompa avec l'aide d'un berger.

VI 125-126

Liber se transforma en raisin pour séduire Érigone : cela revient à dire qu'il l'enivra et ainsi la viola. Saturne coucha avec Philyre sous l'aspect d'un cheval,

id est rex fuit qui in equis pugnando eam rapuit et abstulit et Chirona genuit, qui erat partim equs et partim homo, id est intentus erat rebus humanis et terrenis partim. Hoc totum erat pictum in tela Aragnes.

125-138*

125 UT : qualiter ; ERIGONEM : proprium. 126 UT : qualiter ; SATURNUS : proprium ; EQUO GEMINUM : partim equus, partim homo ; CHIRONA : proprium. 127 TELE : Aragnes ; TENUI : parvo ; LIMBO : margine. 128 NEXILIBUS : intrincabilibus ; INTERTEXTOS : immixtos. 129 CARPERE : criminari ; LIVOR : invidia. 130 DOLUIT : tristis fuit ; SUCCESSU : facto bono ; VIRAGO : Pallas. 131 RUPPIT : laceravit ; CELESTIA : scilicet deorum. 132 UTQUE : qualiter et ; CITHEREICO : a loco ; RADIUM : naviculum. 133 TER QUATER : multociens ; HEMONIE : a regione ; FRONTEM : caput ; ARAGNES : proprium. 134 TULIT : passa ; -QUE : et ; ANIMOSA : audax. 135 PENDENTEM : Aragnem. 136 ATQUE ITA : hoc facto ; QUIDEM : certe ; IMPROBA : mala. 137 -QUE : et ; EADEM : talis ; PENE : doloris ; FUTURI : rei venture. 138 TUO GENERI : tue posteritatis ; SERISQUE : antiquis ; NEPOTIBUS : tiris ; ESTO, quasi dicat : 'Vivas vel expectes, aliter vel diu'.

VI 139

herbe] herbe Hecatheidos, quia Ecathe est dea incantatorum.
139* DISCEDENS : abiens ; ECHATHEIDOS : ab Ecathe.

VI 140-141

Mutatio Aragnes in aragneam

Hic tangitur mutatio Aragnes in araneam.

140-141*

140 ET EXTIMPLO : protinus vel extemplo ; MEDICAMINE : aspersione. 141 DEFLUXERE : cecidere ; COME : capilli ; QUIS : quibus ; NARIS : cecidit ; AURES : deffluserant.

VI 142-143

Mutatio Aragnes

136* IMPROBA] IMPROBI *ms.* | 138 Vivas vel expectes] vivato vel erpecti *ms.* | 140* aspersione] spersione *ms.* | 141* deffluserant] deffluseram *ms.*

c'est-à-dire qu'il y eut un roi qui, en combattant à cheval, l'enleva et l'emporta, et engendra Chiron, qui était moitié cheval moitié homme, c'est-à-dire était en partie porté vers les choses humaines et terrestres. Tout cela était peint sur la toile d'Arachné.

VI 139

herbe (« des herbes »] les herbes d'Hécate, parce qu'Hécate est la déesse des enchantements.

VI 140-141

Métamorphose d'Arachné en araignée

Ici le récit aborde la métamorphose d'Arachné en araignée.

VI 142-143

Métamorphose d'Arachné

142-143*

142 MINIMUM : parvum ; -QUE : et ; EST : Aragne ; CORPORE : suo. 143 EXILES : graciles ; HERENT : remanent.

VI 144-145

Quia veritas est quod aranea de visceribus suis emittit fila et, quia filatrix fuit, adhuc semper filat.

144-145*

144 CETERA : membra sua ; DE QUO : ventre ; ILLA : Aragne ; REMITTIT : eicit. 145 STAMEN : aranearum filum ; EXERCET ARANEA : consequitur exercens aranea.

VI 146-147

Incipit de Nyobe

Com mutata esset Aragne in araneam a Pallade propter suam superbiam, ‹tota› patria illa incepit fremere, et accedit actor ad materiam Nyobes.

146-149*

146 LIDIA : patria illa ; FREMIT : timet ; FRIGIE : Troie ; OPIDA : castra ; FACTI : mutationis Aragnes. 147 IT : vadit ; OCCUPAT : implet ; ORBEM : mondum. 148 NIOBE : proprium ; THALAMOS : maritagia ; ILLAM : Aragnem. 149 TUNC : in illo tempore ; MEONIAM : patriam illam ; VIRGO : Aragne ; SIPHILUM : civitatem ; COLEBAT : habitabat.

VI 150-151

Quamvis sciret a Pallade Aragnem mutatam, tamen semper contra deos operabatur.

150-151*

150 NEC : et non ; PENA : mutatione ; POPULARIS : communis ; ARAGNES : proprium. 151 CEDERE : favere ; CELITIBUS : deis ; -QUE : et ; MINORIBUS UTI : quia semper loquebatur contra deos contumeliose et superbe.

146-147 ‹tota› patria] # patria *ms.* | 151* superbe] superbie *ms.*

VI 144-145

Parce que la vérité est que l'araignée fait sortir des fils de ses entrailles et, parce qu'elle fut une fileuse, elle file toujours aujourd'hui.

VI 146-147

Début du récit sur Niobé

Comme Arachné avait été transformée par Pallas en araignée à cause de son orgueil, sa patrie toute entière commença à trembler, et l'auteur en vient à l'histoire de Niobé.

VI 150-151

Bien qu'elle sût qu'Arachné avait été métamorphosée par Pallas, Niobé œuvrait cependant contre les dieux.

|f. 97r|

VI 152-156

[1] Fabula talis est : com mutata esset Aragne in araneam a Palla ‹de›, totus populus tremuit ; tamen Nyobe regina noluit tremere nec deis sacrificare. [2] Ista Nyobe habuerat septem filios et tot filias, unde tam superba erat quod volebat vocari dea, et, com secundum preceptum Mantho universus populus Lathone sacrificaret, illa venit ad templum et multa convicia de Lathona sibi sacrificantibus dixit, laudes sui ipsius Niobes exaltando. [3] De modo superbie sue in litera continetur ; ad ultimum tamen sacrificantes compulit a sacris Lathone abire. Lathona dea, hoc videns, alloquta fuit Phebum et Dyanam, quos genuerat, et super tali iniuria conquesta est com illis. [4] De querimonia continetur in littera, unde post hoc Phebus matri concessit et Dyana similiter. Post hoc describit actor locum in quo occisi fuerunt filii Nyobes et filie similiter. De morte filiorum et filiarum satis leviter patet in littera. [5] Preterea continetur lamentatio Nyobes ad Lathona et ulterius lamentatio de morte sue progeniei, et hoc in littera declaratur. Post hoc mutatio sua in lapidem usque ad illum locum, unde post : TUNC VERO CUNCTI MANIFESTAM (313).

152-156*

152 DABANT : illi ; ANIMOS : audaciam. 153 GENUS : progenies ; AMBORUM : sui et Amphionis. 154 ILLI : Nyobe ; CUNCTA : omnia ; PLACERENT : scilicet ingenium mariti sui cinctoris et genus amborum et regnum. 155 UT SUA PROGENIES : quantum placuit sua generatio ; MATRUM : omnium. 156 FORET : esset ; VISA : superba.

VI 157-162

Prophethia Mantho

157-160*

157 SATA : nata ; VENTURI : rei future ; PRESCIA : vaticinatrix ; MANTHO : proprium est nomen vel sic : NATA TYRESIA PRESCIA FUTURI ; MANTHO : vaticinatione, quia *mantho* grece, latine *divinatio*. 158 CONCITA MOTU : commota intus. 159 VATICINATA VIAS : ecce quomodo ; HYMENIDES : 'o' ; FREQUENTES : in multitudine. 160 LATHONE : dee ; LATHONIGENIS : filiis Lathone ; DUOBUS : scilicet Phebo et Dyane.

152-156.1 Palla‹de›] Palla# *ms.* noluit] voluit *ms.* | 152-156.2 volebat] nolebat *ms.* Mantho] Nantho *ms.* | 152-156.4 Nyobes] Lathone *ms.*

|f. 97r|

VI 152-156

[1] La fable est la suivante : comme Arachné avait été transformée par Pallas en araignée, tout le peuple trembla, mais la reine Niobé ne voulut pas trembler ni sacrifier aux dieux. [2] Cette Niobé avait sept fils et sept filles, ce qui la rendait si orgueilleuse qu'elle voulait être appelée déesse, et comme, selon les recommandations de Manto, le peuple tout entier sacrifiait à Latone, Niobé vint dans le temple lancer de nombreuses insultes sur Latone à ceux qui participaient aux sacrifices, tout en célébrant ses propres louanges. [3] Le texte décrit sa façon de s'enorgueillir ; finalement elle poussa ceux qui participaient aux sacrifices à quitter les lieux sacrés. La déesse Latone, voyant cela, s'adressa à Phébus et Diane, ses enfants, et se plaignit à eux d'une telle injure. [4] Sa plainte est contenue dans le texte. Phébus accorda sa demande à sa mère, et Diane aussi. Ensuite l'auteur décrit le lieu dans lequel furent tués les fils de Niobé et ses filles également. La mort des fils et des filles est décrite dans le texte avec une clarté limpide. [5] En outre est décrite la lamentation de Niobé à Latone et plus tard la lamentation sur la mort de sa progéniture, et cela se lit dans le texte. Après cela, sa métamorphose en roche, jusqu'aux mots que l'on trouve plus loin : TUNC VERO CUNCTI MANIFESTAM (« Dès lors, tous (redoutent le courroux de la divinité) qui vient de faire éclater (sa puissance) ») (313).

154 PLACERENT : c'est-à-dire le génie de son mari qui entoura la ville de murailles, la famille de l'un et de l'autre, leur règne.

VI 157-162

Prophétie de Manto

157 MANTHO (« Manto ») : par la prédiction, parce que *mantho*[8] en grec, c'est *divinatio* (« divination ») en latin.

8 μαντεῖον.

VI 161

Innectite crines] Hic demonstratur ritus Lathone sacrificancium. LAURO dicit propter virorem sapientie, que semper viret.

161-164*

161 THURA PIA : sacrificium thuris ; LAUROQUE : arbore. 162 ORE : prophetia ; LATHONA : dea ; PARETUR : impersonaliter. 163 THEBAYDES : Thebane ; TEMPORA : capita ; FRONDIBUS : ramis lauri. 164 THURA : sacrificia.

VI 165

Sicut superius Mantho dixerat, et, com ita sacrificarent populi Lathone, ECCE VENIT NYOBES, et cetera.

165-166*

165 COMITUM : sociarum ; NYOBE : proprium ; TURBA : agmine. 166 FRIGIIS : a loco ; SPECTABILIS : nobilis ; AURO : ornata aureis vestibus sicut regina.

VI 167-169

Superbia Nyobes

Hic tangitur optime modus superborum quia, elevatis superciliis et oculis, circomcirca respiciunt ; postea, voce guturosa dicunt quicquid dicunt et super opera aliorum.

167-169*

167 SINIT : permittit ; FORMOSA : pulcra ; DECOROS : pulchros. 168 IMMISSOS : laxatos. 169 CONSTITIT : stetit ; UTQUE : postquam ; CIRCUMTULIT : circum se tulit ; ALTA : superba.

VI 170-171

Quasi diceret : 'Furiosi estis qui colitis deos quos non vidistis et me videtis aperte et non colitis'.

170-171*

170 FUROR : est ; INQUIT : dixit Nyobe ; VISIS : vel visis preceptis meis. 171 CELESTES : deos ; QUID COLITUR : quare veneratur ; LATHONA : dea ; AURAS : vel aras.

---

161 virorem] verorem *ms.* viret] virent *ms.* | 167* FORMOSA *ex* FORMOSAS *ms.* | 170-171 aperte] a parte *ms.*

VI 161

Innectite crines (« Attachez vos cheveux »)] Ici sont montrés les rites suivis par ceux qui sacrifiaient à Latone. Il dit LAURO (« avec du laurier ») à cause de la force de la sagesse, qui est toujours vigoureuse.

VI 165

Comme Manto l'avait dit plus tôt, et tandis que le peuple sacrifiait à Latone, ECCE VENIT NYOBES (« Voici que surgit Niobé ») etc.
166 AURO (« d'or ») : parée de vêtements d'or comme une reine.

VI 167-169

Orgueil de Niobé

Ici on traite excellemment du comportement des orgueilleux car ils regardent autour d'eux en levant les sourcils et les yeux ; puis ils prononcent toutes leurs paroles d'une voix grave et méprisent les actions des autres.

VI 170-171

En d'autres termes : « Vous êtes fous d'honorer les dieux que vous n'avez pas vus, au lieu de m'honorer, moi que vous voyez clairement. »

VI 172-174

Iactatio Nyobes

Modo se exaltat primo a parte generis.

172-174*

172 NUMEN : deitas mea ; THURE : honore thuris ; TANTALUS : proprium ; ACTOR : proprium. 173 SUPERORUM : deorum. 174 PLEYADUM : nimpharum ; GENITRIX : mater ; ATHLAS : proprium.

VI 175-176

Iupiter genuit Athlantha, Athlas Tantalum, Tantalus Nyobem, et ita Iupiter erat athavus.

175-176*

175 FERT : portat ; CERVICIBUS : capite. 176 AVUS : athavus ; GLORIOR : glorificor ; ILLO : Iove qui genuit Amphionem, qui est maritus meus.

VI 177-178

Modo se exaltat a parte potestatis et diviciarum suarum.

177-178*

177 METUUNT : timent ; PHRIGIE : Troie ; REGIA : aula. 178 -QUE : et ; COMMISSA : tradita.

VI 179

Amphion ita dulciter cithareabat quod lapis super lapidem veniebat et ita facta fuerunt menia.

179* MEQUE VIROQUE : Nyobe etiam, marito et.

VI 180-181

Quasi diceret : 'Ubicomque in domo mea ullus potest aspicere, ibi divicie iam videntur', quasi dicat : 'Diviciarum et possessionis mee non est numerus'.

172* TANTALUS] cantalus *ms.* | 175-176 Athlantha] Alantha *ms.* Athlas] Alas *ms.* | 176* Amphionem] Amphitrionem *ms.* | 179 Amphion] Amphitrion *ms.*

VI 172-174

Vantardise de Niobé

Maintenant elle commence par se vanter du point de vue de sa famille.

VI 175-176

Jupiter engendra Atlas, Atlas engendra Tantale, Tantale engendra Niobé, et ainsi Jupiter était son aïeul.
176 ILLO (« de lui ») : de Jupiter, qui engendra Amphion, mon mari.

VI 177-178

Maintenant elle se vante du point de vue de son pouvoir et de ses richesses.

VI 179

Amphion jouait de la cithare avec tant d'harmonie que les pierres s'entassaient d'elles-mêmes : c'est ainsi que les remparts furent construits.

VI 180-181

En d'autres termes : « Où qu'on puisse jeter un regard dans ma demeure, on y voit désormais des richesses. », autrement dit : « Mes richesses et mes possessions sont innombrables ».

180-181*

180 DOMUS : mee ; LUMINA : oculos meos. 181 IMMENSE : magne ; SPECTANTUR : videntur ; OPES : divicie ; EODEM : adverbialiter ponitur.

VI 182-183

Se collaudat a parte speciositatis sue, postea a parte geniture sue, que est quatuordecima.

182-184*

182 ADDICE : adde. 183 IUVENES : filios ; MOX : consequenter ; GENOSQUE NURUSQUE : adde VII et VII. Et sic erimus in hospicio XXVIII. 184 QUERITE : interrogatis ne ; NOSTRA SUPERBIA CAUSAM : 'Quando ita est quod de tanto genere glorior, quod in tanta potestate sublevor, quod tanta pulcritudine informor, quod tanta genitura vivificor, queritis quare sum superba'.

VI 185

Quia tanta sum, QUOMODO AUDETIS, et cetera.
185* GENITAM : natam ; CEO : gigante.

VI 186-190

Modo incipit Nyobe, laudibus suis exaltatis, Lathonam vituperari et deridere.

186-190*

186 CUI : Lathone ; QUONDAM : tempore preterito. 187 EXIGUAM : parvam ; PARITURE : Phebum et Lathonam. 188 HUMO : terra ; DEA : Lathona. 189 EXUL : quia mondus sibi vetabatur ; DONEC : quoadusque ; MISERATA : miserta ; VAGANTEM : errantem. 190 HOSPITA : o Lathona ; ERRAS : vadis ; EGO : erro.

VI 191

Instabilem] Instabilem dicit propter agmentum maris et detrimentum.

184* sublevor] subleviori *ms.* | 188* Lathona] Lathonam *ms.*

VI 182-183

Elle se couvre de louanges du point de vue de son éclat, puis du point de vue de sa progéniture – qui comptait quatorze enfants.

184 NOSTRA SUPERBIA CAUSAM (« (Cherchez maintenant) la cause de mon orgueil ») : « quand il est vrai que je me glorifie d'être issue d'une si grande lignée, que je me flatte d'un si grand pouvoir, que je suis d'une si grande beauté, que je suis forte d'une si grande lignée, cherchez pourquoi je suis orgueilleuse. »

VI 185

Devant ma si grande valeur, QUOMODO AUDETIS (« comment osez-vous… ») etc.

VI 186-190

Maintenant, après avoir célébré ses louanges, Niobé commence à critiquer Latone et à se moquer d'elle.

VI 191

Instabilem (« instable »)] Il dit « instable » à cause des flux et reflux de la mer.

191-195*

191 DELOS : pro insula ; DUORUM : scilicet Phebi et Dyane. 192 PARENS : mater ; UTERI : generationis ; SEPTIMA NOSTRI : 'Quia ego habeo quattuordecim'. 193 FELIX : beata ; ENIM : certe ; NEGET : certe nullus ; FELIX : beata ; MANEBO : 'Ero quamdiu vixero'.

VI 195-199

Quasi dicat : 'Ego tanta bona habeo quod defectum non timeo'. FINGITE : 'Ponatur quod aliqui filiorum meorum mihi eripiantur, tamen plures quam duos habebo, et ita felicior ero quam Lathona sic quam adoratis'.

196-199*

195 MAIOR SUM QUAM : illa ; NOCERE, quasi dicat : 'Deus ipse, si vellet, mihi non noceret'. 196 MULTAQUE : et quamvis ; ERIPIAT : removeat ; PLURA : maiore ; SUPERSUNT : remanent, quasi dicat : 'Si mihi aliqua removerit adhuc, mihi maiora remanebunt'. 197 EXCESSERE : preteriere ; METUM : timorem ; FINGITE DEMI : ponatur nichil veri. 198 POPULO : multitudini. 199 REDIGAR : reducar ; SPOLIATA DUORUM : scilicet unius filii et filie, sicut est Lathona, et quia ita est quod tanta sum, ITE SATIS PROPERE (201).

|f. 97v|

VI 200-202

Quia non audebant patenter Lathone numina adorare. Construe : DEA INDIGNATA EST TANTUM QUANTUM DISTABAT AB ORBA, idest a muliere orba, vel AB ORBA, a turba orbanda, vel melius sic : QUANTUM Lathona DISTABAT a turba ORBA, tantum indignata est et, sicut verum est Lathonam non esse orbam, ita verum est quod ipsa tamen irata est.

VI 200-206

TURBA QUANTUM : istud potest legi de Nyobe : QUANTUM DISTABAT Nyobe – supple AB TURBA ORBA –, que habebat VII filios et VII filias. Tamen subintellige : orbata fuit ; certe multum distabat. EN EGO : hic continetur quomodo Lathona conqueritur com prole de Nyobes conviciis.

193* Ero] era *ms.* | 197* nichil] nemo *ms.* | 199* sum *ex* est *ms.* | 200-202 Lathonam *ex* Lathoniam *ms.*

192 SEPTIMA NOSTRI (« un septième du nôtre ») : parce que j'ai quatorze enfants. 193 MANEBO (« je resterai ») : je serai tant que je vivrai.

VI 195-199

En d'autres termes : « j'ai tant de bonheurs que je ne crains pas qu'ils me fassent défaut ». FINGITE (« Supposez ») : « posons que quelques-uns de mes enfants me soient enlevés, cependant j'en aurai plus que deux, et ainsi je serai plus heureuse que Latone que vous adorez ainsi. » 195 NOCERE (« nuire ») : autrement dit : « Dieu même, s'il le voulait, ne pourrait me nuire ». 196 SUPERSUNT (« subsistent ») : restent, en d'autres termes : « S'il m'enlevait quelque bien, il m'en restera encore de plus grands ». 199 SPOLIATA DUORUM (« (même) privée (je ne serais pas ramenée au nombre) de deux ») : c'est-à-dire à un fils et une fille, comme Latone, et parce qu'il est vrai que je suis si grande, ITE SATIS PROPERE (« allez, vite, hâtez-vous »).

|f. 97v|

VI 200-202

Parce qu'elles n'osaient pas adorer la divinité de Latone ouvertement. Construire : DEA INDIGNATA EST TANTUM QUANTUM DISTABAT AB ORBA (« La déesse était indignée autant qu'elle était loin d'être privée de ses enfants »), c'est-à-dire d'être une mère sans enfants, ou AB ORBA (« d'être privée de ses enfants »), d'être sur le point de perdre une troupe, ou mieux : QUANTUM (« autant ») Latone DISTABAT (« était loin ») d'être ORBA (« privée ») de troupe, autant elle est indignée et, comme il est vrai que Latone n'est pas privée d'enfants, il est vrai aussi qu'elle est pourtant en colère.

VI 200-206

TURBA QUANTUM (« la troupe, autant que… ») : cela peut concerner Niobé : QUANTUM DISTABAT Nyobe (« autant Niobé était loin ») – suppléer AB TURBA ORBA (« d'être privée d'une troupe ») – elle qui avait sept fils et sept filles – cependant il faut sous-entendre « elle fut privée » – certes elle en était très loin. EN EGO (« Voici que moi ») : ici le récit raconte comment Latone se plaint à ses enfants des insultes de Niobé.

202-206*

202 PONITE : deponite ; DEPONUNT : removent ; INFECTA : imperfecta. 203 QUODQUE LICET : quantum licitum ; (200 T) LATHONE : dee illius ; DISTABAT : differebat. 204 INDIGNATA : super supradictis ; DEA : Lathona ; SUMMO : alto ; VERTICE : cacumine ; CINTHI : montis. 205 TALIBUS : ut sequitur ; GEMINA : dupla, scilicet Phebo ; LOQUTA : et Diana. 206 EN EGO : ecce Lathona ; PARENS : mater ; ANIMOSA : audax ; CREATIS : natis.

VI 206-213
Oratio Lathone ad prolem

207-210*

207 NULLI : non ulli ; CESSURA : datura locum ; DEARUM : per potestatem. 208 AN DEA : utrum ; DUBITO : nescio. 209 ARCEOR : vetor ; ARIS : altaribus. 210 NEC DOLOR [...] CONVICIA FACTO : 'Non doleo tantummodo si arceor a cultura, sed convicia plurima mihi dicta sunt, quare maxime doleo, quia preposuit suos natos vobis et me orbam convocavit quod sibi accidat'.

VI 211-213

Quia Tantalus erat dapifer deorum et quia convicia dixit de deis et consilium eorum revelavit, missus fuit in Infernum et patitur penam famis et sitis.

211-214*

211 TANTALIS : filia Tantali ; ADIECIT : adhibuit ; -QUE : et ; NATIS : filiis suis. 212 QUOD : scilicet quod orba sit ; DECIDAT : accidat ; ORBAM : sine prole. 213 DIXIT : vocavit ; SCELERATA : illa prava. 214 ADIECTURA : datura ; HIIS : supradictis ; LATHONA : dea ; RELATIS : narratis.

VI 215

Quasi dicat construendo : 'MORA LONGUA EST PENE dande' sibi est – inquam – longua. QUERELA : 'per querelam tuam'.

204* montis] motis *ms.* | 211* Tantali *ex* Tantalis *ms.* | 211-213 eorum *ex* illorum *ms.*

VI 206-213

Paroles de Latone à ses enfants

210 Je ne me plains pas seulement d'être dépossédée de mon culte, mais de nombreuses insultes ont été proférées à mon encontre, c'est pourquoi j'ai bien lieu de me plaindre, parce qu'elle a placé ses enfants au-dessus de vous, et m'a appelée « privée d'enfants », ce qui doit lui arriver.

VI 211-213

Parce que Tantale était le sénéchal des dieux et parce qu'il avait prononcé des insultes à leur encontre et révélé leurs secrets, il fut envoyé en enfer où il souffre de la faim et de la soif.

VI 215

En d'autres termes, en construisant MORA LONGA EST PENE (« Nous avons trop tardé à punir ») : nous avons trop tardé à la punir, disais-je. QUERELA (« par ta plainte »), à cause de ta plainte.

215-216*

215 DESINE : precari ; AIT : dixit ; PENE : sibi dande. 216 DIXIT IDEM : quod Phebus dixerat ; PHEBE : Dyana ; CELERI : cito. 217 TECTI : illi dico ; CADMEIDA, p(roprie) d(icat) : 'Cadmi' ; ARCEM : turrim, scilicet Thebas.

VI 218-220

Descriptio loci in quo filii Nyobes occisi fuerunt

PLANUS ERAT : describit actor locum in quo equirria solebant esse.

218-220*

218 PLANUS ERAT : locus latus ; MENIA : civitatis. 219 ASSIDUIS : assidue astantibus ; UBI : in quo. 220 SUBIECTAS : subdit ; UNGULA : ralla.

VI 221

[1] Moralitas talis est : Nyobe regina Lathonam contempnebat pro duobus filiis eius. Com ipsa septem filios et septem filias haberet, a pueris Lathone pueri Nyobes occisi sunt, ipsa vero in lapidem mutata est. [2] Per Nyobem intelligimus quemlibet superbum vel superbiam, que septem filios habet, scilicet pedem, manum, pectus, linguam, nasum, supercilium et oculum, et septem filias, idest septem operationes illorum VII, scilicet superba pedis ambulatio, pectoris elata et vana cogitatio, manuum illicita et contumax palpatio, lingue contumeliosa et despectrix loqutio, nasi indignativa et irrisoria frontatio, superciliis indebita elatio, oculorum impaciens et indignans contorsio. [3] Per Lathonam habemus religionem, cuius filii sunt Apollo, id est sapientia, et Dyana, id est castitas. Nyobem ergo, id est superbiam, filii Lathone, id est religionis, scilicet sapientia et castitas, humiliaverunt, filios eius occidendo, id est sensus et gestus superbi ad religionem converterunt. [4] Postea mater eorum mutata fuit in lapidem quia omnino, deposita superbia, sapientie vacans fuit et castitati caro illa et firma et stabilis in religione ad modum labidis. [5] Dicitur quod in equis et ludo occisi fuerunt, quia in delectationibus seculi et fortitudine iuventutis primo vacabant dum ad religionem conversi fuerunt. Dicitur quod mater flevit quia caro naturaliter inclinatur ad malum et quasi invicta se corrigit iuvenis ab errore.

221* PARS : una ; GENITIS : natis ; AMPHIONE : proprium.

221.2 quemlibet] quemlibeto *ms.* elata *ex* elacta *ms.* et[4] *ex* est *ms.* palpatio *ex* palatio *ms.* | 221.4 et[2] *ex* est *ms.* | 221.5 vacabant] vacabunt *ms.*

VI 218-220

Description du lieu où furent tués les fils de Niobé

PLANUS ERAT (« Il y avait une plaine ») : l'auteur décrit le lieu où se déroulaient ordinairement les courses de chevaux.

VI 221

[1] La moralité est la suivante : la reine Niobé méprisait Latone qui n'avait que deux enfants. Comme elle-même avait sept fils et sept filles, les enfants de Niobé furent tués par les enfants de Latone, et elle-même fut changée en pierre. [2] Par Niobé nous comprenons un orgueilleux, ou l'orgueil, qui a sept fils, à savoir le pied, la main, la poitrine, la langue, le nez, le sourcil et l'œil, et sept filles, c'est-à-dire les sept comportements de ces sept « fils » : la façon orgueilleuse de poser le pied, le fait de soulever la poitrine par vanité, la façon outrageuse de poser ses mains, l'utilisation méprisante de la langue et la parole arrogante, le froncement de nez indigné et moqueur, le soulèvement impoli des sourcils, le roulement d'yeux impatient et offusqué. [3] Par Latone nous avons la religion, dont les enfants sont Apollon, la sagesse, et Diane, la chasteté. Niobé donc, l'orgueil, est humiliée par les enfants de Latone, la religion, c'est-à-dire par la sagesse et la chasteté, qui tuent ses enfants, c'est-à-dire convertissent à la religion les sentiments et les gestes de l'orgueilleux. [4] Ensuite leur mère fut changée en pierre parce que, tout orgueil abandonné, elle se consacra entièrement à la sagesse et voua sa chair à la chasteté, se tenant ferme et stable dans la religion, à la manière d'une pierre. [5] On dit que ses fils furent tués alors qu'ils participaient à des jeux équestres, parce qu'ils consacraient d'abord leur temps aux plaisirs du siècle et aux démonstrations de vaillance des jeunes hommes, quand ils furent convertis à la religion. On dit que la mère pleura parce que la chair est naturellement encline au mal mais que, comme vaincue, la jeune chair revient de son erreur.

VI 222

Rei veritas est quod Nyobe regina habuit certamen com Lathona, similiter regina. Exercitibus ab utraque congregatis, pars Lathone VII filios Nyobe occidit, et postea sorores rapuerunt et crudelitate nimia illas occiderunt ; pater sese interfecit. Quod audiens, Nyobe ita stupefacta fuit, ac sic esset ymago lapidea, et hoc est quod fingitur de mutatione sua.
222* CONSCENDUNT : ascendunt ; TYRIO : a Tyro verbum ; RUBENCIA : purpura sit.

VI 223

Quia equi aureis et purpureis indumentis tegebantur.
223* TERGA : dorsa ; GRAVIDAS : ponderosas ; MODERANTUR : tenent ; HABENAS : lora.

VI 224-229
Mors Hysmenos

Hic tangitur ordinate quomodo Phebus filios Nyobes occidit.

224-229*

224 HISMENOS : proprium ; MATER : Nyobe ; QUONDAM : in tempore pariendi. 225 FLECTIT : ducit ; IN ORBEM : girum. 226 QUADRUPEDIS : equi ; SPUMANTIAQUE : spumis plena et ; COHERCET : refrenat. 228 GERIT : portat ; REMISSIS : relictis. 229 PALLATIM : successive ; ARMO : humere.

VI 230-238
Mors Siphili

Com mortuus esset Hysmenos, primogenitus filius Nyobe, Siphilus voluit fugere, sed nequivit, quia telum iam EMISUM erat quod hunc occidit, et facit actor comparationem de illo ad nautam videntem tonitrua, imbres et tempestates advenire.

230-238*

230 PROXIMUS : consequenter vel proximus ; PER INANE : aere. 231 FRENA DABAT : ire volebat ; SYPHILUS : proprium ; VELUTI : sicut fit ; PRESCIUS : cognoscens. 232 RECTOR : nauta. 233 CARBASA : vela ;

---

222 VII] VII[te] *ms.* | 222* CONSCENDUNT] CONCENDUNT *ms.* verbum] verbi *ms.* | 224* Nyobe] Nyone *ms.* | 231* volebat *ex* volebant *ms.*

VI 222

La réalité est que la reine Niobé entra en conflit avec Latone, qui était reine aussi, et que chacune ayant assemblé leurs armées, le parti de Latone tua les sept fils de Niobé, puis enleva leurs sœurs qui furent tuées avec la plus grande cruauté. Le père se suicida. Lorsqu'elle apprit cela, Niobé fut frappée d'une telle stupeur qu'on aurait dit une statue de pierre, c'est ce qui provoqua l'invention de sa métamorphose.

VI 223

Parce que les chevaux étaient enveloppés de couvertures d'or et de pourpre.

VI 224-229

Mort d'Ismène

Ici le récit raconte comment Phébus tue l'un après l'autre les fils de Niobé.

VI 230-238

Mort de Sipyle

Comme Ismène, le fils premier né de Niobé, était mort, Sipyle voulut s'enfuir, mais en fut incapable, parce que le trait qui le tua avait déjà été EMISUM (« décoché ») ; l'auteur le compare à un marin qui voit venir le tonnerre, les pluies et la tempête.

NEC QUA LEVIS EFFLUAT : et non ducit ea parte qua ; AURA : ventus. 234 DANTEM : ut fugeret. 235 TREMENS : telum vel sagitta. 236 HESIT : remansit ; EXTABAT : apparebat ; PECTORE : suo. 237 ILLE UT : Siphilus sicut ; PRONUS : curvus ; ADMISSA : equi currentia. 238 VOLVITUR : cecidit ; TELLUREM : terram ; FEDAT : maculat.

VI 239-247

Mors Phedimi et Tantali

Occisis Hismenos et Syphiro, Phedimus et Tantalus occisi fuerunt, quia, com in giro fuissent deducti equis, diu ad aliud OPUS TRANSIERANT, scilicet ad luctam.

239-247*

239 PHEDIMUS : proprium ; INFELIX : miser ; AVITI : avi ; HERES : filiolus. 240 TANTALUS : proprium ; UT : sicut ; SOLITO : consueto ; LABORI : giro. 241 TRANSIERANT : perrexerant ; NITIDE : pulcre ; IUVENILE : forte ; PALESTRE : *luite* gallice. Palestra ludus erat qui fiebat in festo pallis. 242 CONTULERANT : posuerant ; ALTO : stricto ; CURSU : vel nisu. 243 PECTORA : sua ; COM : quando ; CONCITA : comota ; NERVO : corda. 244 IUNCTI : pariter ; UTRUM : tam Phebum quam Tantalum. 245 INGEMUERE : Phebus et Tantalus ; SIMUL : pariter ; SIMUL : pariter. 246 MEMBRA : sua ; SOLO : ad terram ; SIMUL : pariter ; SUPREMA : ultima. 247 LUMINA VERSARUNT : oculos clauserunt ; SIMUL : pariter ; EXALARUNT : eiecerunt.

|f. 98r|

VI 248-253

Mors Alphenoris

Com Alphenor fratres suos mortuos aspiceret, voluit illos relevare, et, com demissus esset, sagitatus fuit in pulmone et sic mortuus fuit quintus.

248-253*

248 ASPICIT : cernit ; LANIATA : lacerata ; PLANGENS : percutiens. 249 EVOLAT : cito venit ; GELIDOS : frigidos ; COMPLEXIBUS : suis ; ARTUS : membra. 250 CADIT : moritur ; OFFICIO : exequiarum ; NAM : quia ; DELIUS : Phebus. 251 INTIMA : interiora ; FATIFERO : mortali ; RUPIT : laceravit ;

251* FATIFERO] FATISFERO *ms.*

VI 239-247

Mort de Phédime et de Tantale

Une fois tués Ismène et Sipyle, ce fut au tour de Phédime et de Tantale, qui, ayant terminé leur tour à cheval, étaient passés à d'autres jeux : ils s'exerçaient à la lutte.

241 La palestre était un jeu qui consistait en des luttes lors d'une fête.

|f. 98r|

VI 248-253

Mort d'Alphénor

Voyant ses frères qui expiraient, Alphénor voulut les relever ; comme il s'était penché, il fut transpercé au poumon et fut le cinquième à mourir.

PRECORDIA : viscera ; FERRO : telo. 252 QUOD : ferrum ; SIMUL : postquam ; EDUCTUM : tractum ; PARS : una ; HAMIS : uncis. 253 ERUTA : remota ; -QUE : et ; CRUOR : sanguis ; EFUSUS : eiectus ; AURAS : ethera.

VI 254-256

Mors Damasithonis

Quasi diceret : 'Prima plaga fuit in iunctura genuum, sed tamen non erat mortalis'.

254-256*

254 INTONSUM : propter longuam comam unicum ; DAMASITONA : proprium ; VULNUS : plaga. 255 INFICIT : occidit ; ICTUS : percussus ; QUA : ea parte ; QUA : per. 256 POPLES : *gareth* gallice.

VI 257-260

Mortuis quinque filiis Nyobes, Damasiton sextus a Phebo percussus fuit, et dicit actor quod uno vulnere non mortuus fuit, ymo vulnere duplicato.

257-260*

257 DUMQUE : quando ; MANU : sua ; TENTAT : vult ; EXICIABILE : mortale. 258 IUGULUM : gutur ; ACTA : posita. 259 EXPULIT : removit ; HANC : sagitam. 260 EMICAT : salit ; TEREBRATA : perforata ; PROSILIT : salit ; AURA : ethere.

VI 261-266

Mors Ylioney

Occisis sex filiis Nyobe, ultimus, scilicet Hylioneus, septimus, voluit precari Phebum et omnes deos quatinus sui miserentur, et, quamvis motus esset pietate, tamen iamque sagitta erat et percussit eum in corde : et mortuus est septimus.

261-270*

261 ULTIMUS : supremus ; ILIONEUS : proprium ; PROFECTURA : valorem habitura ; PRECANDO : Phebum et alios deos. 262 SUSTULERAT : levaverat ; COMMUNITER : pariter ; OMNES : ita quod omnes parcant.

261-266*tit.* Mors] mor *ms.*

VI 254-256

Mort de Damasichthon

En d'autres termes : « il reçut une première blessure à l'articulation du genou, mais elle n'était pas mortelle ».

VI 257-260

Cinq fils de Niobé étaient morts. Le sixième, Damasichthon, fut frappé par Phébus, et l'auteur dit qu'il ne mourut pas d'une seule blessure, mais d'une double blessure.

VI 261-266

Mort d'Ilionée

Six fils de Niobé avaient été tués, quand Ilionée, le septième, voulut supplier Phébus et tous les dieux d'avoir pitié de lui ; bien qu'ébranlé par la pitié, Phébus avait déjà décoché sa flèche et le frappa en plein cœur : il fut le septième à mourir.

263 DIXERAT : Hylioneus non stultus, ymo scius ; OMNES : deos. 264 PARCITE : mihi ; ERAT : pietate ; REVOCABILE : reducibile. 265 ARCHITENENES : Phebus ; MINIMO : parvo ; OCCIDIT : mortuus fuit. 266 VULNERE : plaga ; ALTE : profundo. 267 LACRIME : fletus ; SUORUM : amicorum. 268 SUBITE : cite ; MATREM : Nyobem ; RUINE : mortis suorum filiorum occisorum. 269 MIRANTEM : matrem dico ; POTUISSE : fecisse ; IRASCENTEMQUE : tristem et ; AUSI : audentes. 270 SUPERI : dei ; IURIS : potestatis.

VI 271-272

Mors Amphionis

Com omnes filii Nyobe occisi essent, devenit fama de morte illorum ad Nyobem et similiter lamentatio amicorum, unde stupefacta fuit quod dei tantam iniuriam sibi fecissent. NAM PATER AMPHION : com audisset rumores de morte illorum, sese propria manu interfecit.

271-272*

271 PATER : puerorum ; AMPHION : scilicet ; FERRO : mucrone vel cutello ; ADACTO : posito ; FINIERAT : vitam suam. 272 DOLOREM : quia, com mortuus fuit, et vita caruit et dolore pariter filiorum suorum occisorum.

VI 273-276

'HEU', exclamat actor, dicens : 'HEU, QUANTUM differebat status Nyobes, que sic suplex erat, ab illo statu in quo erat dum populum a sacris Lathone removit' ; QUANTUM, certe multum.

VI 274-279*

274 Hoc autem dicit eo quod modo erat valde supplex, et, com POPULUM ab ARIS amovit, erat valde superba. 275 TULERAT : gesserat ; GRESSUS : passus ; RESUPINA : superba ; URBEM : civitatem. 276 SUIS : amicis ; VEL : etiam ; amici possent habere invidiam de illa tunc, modo etiam inimici deberent misereri illius. 277 GELIDIS : frigidis. 278 OSCULA : basia ; COMPENSAT : donat ordine ; NATOS : filios ; SUPPREMA : ultima. 279 QUIBUS : filiis ; LIVENTIA : blanda ; TOLLENS : levans. Ecce quomodo Nyobe loquitur conquerendo iniuriose de Lathona pro morte filiorum suorum.

274* ARIS *ex* ARE *ms.* | 279* iniuriose] iuriose *ms.*

VI 271-272

Mort d'Amphion

Comme tous ses fils avaient été tués, la nouvelle de leur mort parvint à Niobé en même temps que les lamentations de leurs amis. Elle fut stupéfaite que les dieux lui aient infligé un tel outrage. NAM PATER AMPHION (« Car leur père, Amphion ») : ayant appris la nouvelle de leur mort, il s'était tué de sa propre main.

272 DOLOREM (« sa douleur ») : parce que la mort mit fin en même temps à sa vie et à sa douleur d'avoir perdu ses fils.

VI 273-276

« HEU » (« Hélas »), s'exclame l'auteur, qui ajoute : « HEU, QUANTUM (« Hélas, combien ») la situation de Niobé était différente, dans ses supplications, de celle qu'elle connaissait quand elle chassa le peuple des sacrifices de Latone » – QUANTUM (« combien »), certes beaucoup.

VI 274-279

274 Il dit cela parce qu'elle se livrait à de profondes supplications, alors que, lorsqu'elle chassa POPULUM (« le peuple ») des ARIS (« autels »), elle témoignait d'un profond orgueil. 276 Les amis pourraient alors la haïr, mais même les ennemis devraient la prendre en pitié. 279 Telles sont les paroles de Niobé qui se plaint injustement de Latone pour la mort de ses fils.

VI 280-283

Lamentatio Nyobes pro morte filiorum

280 PASCERE : pascaris ; LATHONA : o tu ; CRUORE : sanguine. 281 PASCERE : iterum repetit ; LUCTU : dolore. 282 CORQUE : tuum ; FERUM : crudele. 282b DUM : quamdiu ; FINIT : per. 283 FEROR : ducor ; EXULTA : gaude ; INIMICA : male ; TRIUMPHA : habeas victoriam.

VI 284-285

'Quare vocavi te vitricem adhuc ? ‹Quamvis› sim misera, tamen plures pueros habeo quam tu, qui permanes in felicitate tua'.

284-286*

284 CUR : quare ; AUTEM : certe ; VITRIX : es ; PLURA : maiora ; SUPERSUNT : remanent. 285 FELICI : beate ; QUOQUE : similiter ; funere unico : 'Te supero adhuc, quamvis mihi funera plurima contulis'. 286 DIXERAT : ita loquta fuerat Nyobe ; CONTEMPTO : relicto corda ; ARCU : aliter CONTENTA, fortiter tenta.

VI 287

Quia aliquis posset dicere : 'Quare non fuit Nyobe territa ?', dicit Ovidius : 'ILLA erat AUDAX MALO suo'.
287* QUI : nervus ; UNAM : solam : OMNES : astantes.

VI 288-289

Hic accedit actor ad tractatum de morte filiarum Nyobes dicens : 'Com presentes essent ad funera fratrum, Dyana illas occidit', ut in littera continetur.

288-289*

288 MALO : dolore ; AUDAX : secura. 289 THOROS : funera ; FRATRUM : suorum ; DEMISSO : laxato.

VI 290-296

Mors filiarum Nyobes

VI 290-291

Quia, com se morti fratrum incomberet, in suis fuit visceribus perforata.

284-285 ‹Quamvis› sim] sim *ms.* permanes] permanet *ms.*

VI 280-283

Lamentations de Niobé pour la mort de ses fils

VI 284-285

« Pourquoi t'ai-je si vite accordé la victoire ? Malgré mon malheur, j'ai pourtant encore plus d'enfants que toi, qui demeures heureuse. »
258 Je l'emporte encore sur toi, malgré toutes les funérailles dont tu m'as frappée.

VI 287

Parce qu'on pourrait dire « Pourquoi Niobé ne fut-elle pas terrorisée ? », Ovide écrit : ILLA (« Elle ») était AUDAX (« audacieuse ») MALO (« à cause du malheur ») qui la frappait.

VI 288-289

Ici l'auteur en vient à traiter de la mort des filles de Niobé, disant : « Comme elles assistaient aux funérailles de leurs frères, Diane les tua », comme le texte le raconte.

VI 290-296

Mort des filles de Niobé

VI 290-291

Parce que, comme elle se couchait au-dessus du corps d'un de ses frères, elle fut transpercée dans le ventre.

290-296*

290 QUIBUS : sororibus ; UNA : prima. 291 fratri : suo ; MORIBUNDA : moriente ; RELANGUIT ORE : quia, dum de fratre lamentaretur, occissa fuit primogenita filia. 292 SOLARI : solari, confortare ; MISERAM : tristem ; PARENTEM : matrem Nyobem. Com seconda vellet matrem consolari, occissa est. 293 SUBITO : cito ; VULNERE : plaga ; CECO : est. 294 ORA : sua ; SPIRITUS : anima. 295 HEC : tercia ; FRUSTRA : invanum ; COLLABITUR : moritur ; ILLA : quarta. 296 HEC : quinta ; ILLAM : sextam ; TREPIDARE VIDERES : moriendo, et ita brevi tempore sex mortue fuerunt pariter.

|f. 98v|

VI 297-300

Com occise essent sex filie Nyobes, unica remansit, quam mater volens capere et deffendere, com Lathona conquesta est de morte filiarum, illi supplicans ut illam minimam relinqueret.

298-300*

297 SEX : filiabus ; LETO : morti ; -QUE VULNERA : et plagas. 298 ULTIMA : postgenita ; RESTABAT : remanebat ultimam ; MATER : Nyobe. 299 VESTE : sua ; UNAM : unicam ; MINIMAM : valde parvam ; -QUE RELINQUE : et desine. 300 MULTIS : pluribus ; POSCO : interrogo ; CLAMAVIT : dixit.

VI 301-305

Mutatio Nyobes in lapidem

DIRIGUIT : tangit actor mutationem Nyobes. Cum ita mortui essent pueri, Nyobes rigida fuit propter malum suum, et tangitur sigillatim mutatio sua per membra.

301-310*

301 -QUE : etiam ; -QUE : et ; CADIT : moritur. 302 EXANIMES : semimortuos ; NATOS : filios ; NATAS : filias ; VIRUMQUE : maritum Amphiona. 303 -QUE : et ; NULLOS : non ullos ; CAPILLOS : suos. 304 VULTU : suo ; SINE SANGUINE : pallida est ; LUMINA : oculos ; MESTIS : tristibus. 305 NICHIL : non aliquid ; YMAGINE : sua. 307 CONGELAT : rigescit ; VENE : sue ;

291* primogenita] primogeniti *ms.* | 297-300 relinqueret] si reliqueret *ms.* | 307* VENE] nene *ms.*

291 RELANGUIT ORE (« elle s'affaisse en l'embrassant ») : parce que la première des filles fut tuée alors qu'elle se lamentait sur son frère. 292 Comme la seconde voulait consoler sa mère, elle fut tuée. 296 TREPIDARE VIDERES (« on pourrait la voir trembler ») : en mourant, et ainsi en peu de temps six d'entre elles moururent de la même façon.

|f. 98v|

VI 297-300

Comme six des filles de Niobé avaient été tuées, il n'en survivait qu'une, que sa mère voulut attraper et défendre : elle se plaignit à Latone de la mort de ses filles, la suppliant de lui laisser la plus jeune.

VI 301-305

Pétrification de Niobé

DIRIGUIT (« Elle se raidit ») : l'auteur raconte la métamorphose de Niobé. Comme ses enfants étaient morts, Niobé se pétrifia de douleur, et sa métamorphose est décrite en détail, membre par membre.

DESISTUNT : desinunt. 308 FLECTI : potest ; CERVIX : caput ; NEC BRACHIA : et non sua ; REDDERE : possunt ; MOTUS : aliquos. 309 IRE : pergere ; QUOQUE : similiter ; SAXUM EST : lapis est. 310 VALIDI : magni ; CIRCUMDATA : lustrata.

VI 311

Raptus Nyobes in patria

311-312*

311 PATRIAM : suam ; UBI : in qua patria ; MONTIS : unius. 312 LIQUITUR : stillat ; MANANT : quia, sicut flebat dum mutata fuit, sic flet marmor modo.

VI 313-314

Ita omnes audierunt quomodo Lathona accepit vindictam de Nyobe et de inimicis suis, et propter hoc omnes timebant deam.

VI 313-316

TUNC VERO : com occisi essent filii Nyobes et mutata esset Nyobe in saxum, omnes festum Lathone inceperunt celebrare et miracula sua narrare, et, sicut memoria erat de maioribus, renarrabant, unde quidam de populo alios incepit consolari narrans miracula Lathone, cuius festum celebrabant, scilicet quomodo mutavit in ranas rusticos.

313-317*

313 VERO : certe ; CUNCTI : populi ; MANIFESTAM : patefactam. 314 CULTU : sacri ; IMPENSIUS : curiosius ; OMNES : homines. 315 GEMELLI : duplicem prolem ; PARE : parientis ; VENERANTUR : honorant. 316 UTQUE : sicut et ; PROPIORE : proximo ; RENARRANT : dicunt. 317 QUIBUS : populis ; AIT : dixit ; QUOQUE : similiter ; AGRIS : campis.

VI 318

Incipit de rusticis mutatis in ranas

Propter vilitatem hominum non nota fuit fabula, tamen fuit magnum miraculum.

313-316 memoria erat] nemora erant *ms.* maioribus] nemoribus *ms.* ranas] rana *ms.*

VI 311

Niobé est emportée dans sa patrie

MANANT (« demeurent ») : parce que, comme elle pleurait quand elle fut métamorphosée, de même le marbre pleure encore aujourd'hui.

VI 313-314

Ainsi tous entendirent comment Latone avait tiré vengeance de Niobé et de ses ennemis, et pour cela tous craignaient la déesse.

VI 313-316

TUNC VERO (« Mais alors ») : comme les fils de Niobé avaient été tués et que Niobé avait été pétrifiée, tous commencèrent à célébrer le jour de fête de Latone et à raconter ses miracles et, de même qu'on rappelait le souvenir des anciens, on recommençait à les raconter : aussi un homme du peuple commença-t-il à réjouir les autres par le récit des miracles de Latone, dont on célébrait le jour de fête, et en particulier comment elle changea des paysans en grenouilles.

VI 318

Début du récit de la métamorphose des paysans en grenouilles

La fable n'était pas connue à cause de la basse condition de ces hommes, pourtant c'était un grand miracle.

318-319*

318 IMPUGNE : sine pena ; DEAM : Lathonam ; SPREVERE : despicere ; COLONI : cultores. 319 OBSCURA : celata ; QUIDEM : certe ; IGNOBILITATE : vilitate.

VI 320-381

Confabulatio unius Liciorum

[1] Fabula talis est, quam dicit iste, quisquis sit, Lathone sacrificantibus : 'Com ego – dicit ille – quadam die com uno homine boves servarem et ad hauriendam aquam illos deduxissem, in stagno erat ara quam dux meus adoravit, et ego similiter com illo, et interrogavi cui esset ara illa et ipse mihi dixit quod Lathone, quia, com, invicta Iunone, Lathona in Delos insula peperisset, a facie Iunonis fugiens, estu plurimo et labore sitim concepit, et, com vidisset rusticos iuxta stagnum, illos petiit quatinus sibi licitum hauriendi aquas concederent. [2] Ipsi vetuerunt istud ; tantum sibi non suffecit, immo aquam pedibus turbaverunt, et, hoc videns, Lathona rogavit quatinus semper in stagno viverent, et sic mutati fuerunt in ranas, ut in littera apperte declaratur usque ad illum : HEC UBI NESCIO QUIS LICIA (381).

320-324*

320 MIRA : mirabilis ; PRESENS : dicit ille, quiconque sit ; STAGNUMQUE : non nominatur etiam ; -QUE : et. 321 PRODIGIO : demonstratione ; NOTUM : cognitum ; NAM : quia ; GRANDIOR : veterior. 322 -QUE : et ; GENITOR : pater meus ; LECTOS : pingues ab aliis viris electos ; electus. 323 -QUE : et ; EUNTI : pergenti. 324 IPSE : pater ; DUCEM : socium ; QUO : duce ; LUSTRO : circondo.

VI 325-328

'Quia illic erat ara antiqua, dux meus clam adoravit et ego similiter MURMURE clam adoravi, quamvis nescirem cuius esset'.

325-332*

325 LACU : aqua ; FAVILLA : propter favillam. 326 VETUS : antiqua ; CIRCONDATA : lustrata ; CANNIS : rosellis. 327 RESTITIT : stetit retro ;

320-381.1 interrogavi cui] interrogatus *ex* interrogavitus *ms.* rusticos] stusticos *ms.* | 322* viris] viri(?)s *ms.* electos] electo *ms.*

VI 320-381

Récit d'un Lycien

[1] La fable que l'homme, quel qu'il soit, raconte à ceux qui célèbrent les sacrifices de Latone est la suivante : « Un jour, dit-il, comme je gardais des bœufs avec un homme et que je les avais conduits au bord de l'eau pour les faire boire, je vis à côté de l'étang un autel que mon guide se mit à adorer, et je fis de même avec lui, avant de lui demander à qui était consacré cet autel. Il me répondit qu'il appartenait à Latone qui, alors que, poursuivie par la haine de Junon dont elle fuyait la présence, elle avait enfanté sur l'île de Délos, fut prise de soif à cause de l'excès de chaleur et de fatigue ; ayant trouvé des paysans au bord de l'étang, elle leur demanda de la laisser puiser de l'eau. [2] Ils le lui refusèrent ; et cela ne leur suffit pas, ils se mirent à troubler l'eau avec leurs pieds. Voyant cela, Latone demanda qu'ils vivent éternellement dans l'étang, c'est pourquoi ils furent métamorphosés en grenouilles, comme le texte le raconte expressément jusqu'aux mots : HEC UBI NESCIO QUIS LICIA ("Lorsque je ne sais qui (eut raconté ces histoires) de Lycie"). »

VI 325-328

« Parce qu'il y avait là un antique autel, que mon guide adora secrètement, et comme lui je prononçai secrètement des murmures d'adoration, sans savoir à qui était consacré cet autel. »

PARVO : dea que ; FAVEAS : hic tuleris ; MICHI : adiuva me. 329 NAIADUM : nimpharum ; VE : vel ; FORET : esset ; ROGABAM : interrogabam. 330 INDIGENE : inde geniti ; VE : vel ; TALIA : que secontur ; REDDIDIT : respondit ; HOSPES : dux meus. 331 IUVENIS : puer ; MONTANUM : motus. 332 IPSA : Lathona ; SUAM : aram ; VOCAT : dicit ; HANC : istam ; TUI : Lathone.

VI 333

ERRATICA : non aliquem statum habens pacifice et quiete.

333-338*

333 ORBEM : mondum ; INTERDIXIT : vetuit ; DELOS : insula. 334 ERRANTEM : vagantem ; TUNC : in illo tempore. 335 ILLIC : in Delo ; ARBORE PALME : palma est arbor pacifica, id est pacem significans, quam olim sancti et reges in signum pacis et victorie defferebant. 336 EDIDIT : peperit ; GEMINOS : scilicet Phebum et Dyanam ; NOVERCA : Iunone. 337 HINC : ab illo loco ; PUERPERA : Lathona ; FERTUR : dicetur. 338 PORTARE : vel portasse ; NATOS : scilicet.

VI 339

CHYMERIFERE : in Licia dicitur quod est quidam mons in prima parte cuius habitant leones, in secunda capre, in tercia serpentes, et similiter fingitur quod Chimera est animal sic formatum, comparatur etiam meretrici, unde quidam : « Omnis re vera meretrix est dicta Chimera, / parte leo prima, medio capra, anguis ad yma ; / est leo per fastus, caper sordibus, anguis ad astus ».

339-340*

339 CHIMERIFERE : Chimeram ferentis ; GRAVIS : calidus. 340 FINIBUS : regionibus ; IN LIBIE : *escoce* gallice ; LONGUO : magno.

|f. 99r|

VI 341-344

Com ita sitiret, domina Lathona vidit forte…

335* est[1]] et *ms.* | 339 Licia] Libia *ms.* | 339* calidus] gallidus *ms.* 341-344 sitiret] scitiret *ms.*

VI 333

ERRATICA (« errante ») : n'ayant pas une position stable et paisible. [335] ARBORE PALME (« le palmier ») : le palmier est un arbre de paix, qui symbolise la paix et qu'autrefois les saints et les rois présentaient en signe de paix et de victoire.

VI 339

CHYMERIFERE (« qui a produit la Chimère ») : on dit qu'en Lycie se trouve un mont où vivent des lions sur un premier côté, des chèvres sur un deuxième, des serpents sur un troisième, et sur le même modèle on imagine que la Chimère est un animal formé ainsi, et on la compare aussi à une courtisane, d'où ces mots : « Toute courtisane est à bon droit appelée chimère, au début lionne, au milieu chèvre, au fond serpente : elle est lionne par sa morgue, chèvre par sa saleté, serpente du point de vue de ses ruses. »

|f. 99r|

VI 341-344

Alors qu'elle avait une telle soif, Dame Latone vit par hasard…

341-344*

341 SIDEREO : etheris ; ESTU : calore. 342 UBERA : mammas ; EBIBERANT : suxerant ; NATI : Phebus et Dyana. 343 LACUM : stagnum ; MEDIOCRIS : parve ; PROSPEXIT : vidit ; IMMIS : profundis. 344 AGRESTES : rustici ; ILLIC : in lacu ; FRUTICOSA : dumosa ; LEGEBANT : colligebant.

VI 345

Ulvam] Ulva est herba que semper in paludibus, id est in humidis locis et cenosis, habundat, et dicitur a quibusdam gallice *cheval coe.*

345-348*

345 -QUE : -et ; ULVAM : herbam illam. 346 ACCESSIT : huc venit ; POSITO : submisso ; TYTANIA : Lathona de genere Titanorum. 347 UT HAURIRET GELIDOS : ad hoc, ut caperet, potaret frigidos. 348 TURBA : concio ; VETAT : ne bibat ; SIC AFFATA : ut sequitur appellavit.

VI 349-359

Petitio Lathone ad rusticos propter aquam

VI 349-352

Rustici vetuerunt Lathone ne aquas potaret, et dixit illa : 'Quare prohibetis aquas ? Natura tria fecit communia, scilicet solem et aera et aquam ; ista non aliquibus appropriari possunt'.

349-352*

349 QUID : quare ; PROHIBETIS : vetatis mihi. 350 NEC : et non ; SOLEM PROPRIUM : radium solis fecit ; NEC : et non. 351 TENUES : subtiles ; UMBRAS : etheris ; PUBLICA : communia. 352 QUE TAMEN : quamvis sint communia ; UT DETIS : quod concedatis mihi ; ROGO : peto.

VI 353

[1] Allegoria talis est : Lathona, id est religio, duos pueros portans, id est Phebum et Dyanam, scilicet sapientiam et castitatem, venit ad lacum siciens, id est in mondi tentationibus siciens erat ; aquam maxime rogavit etiam rusticos, id est aqua existentes, id est voluit, in periculis temptationum voluit incombere, ut rusticos, id est peccatores, converteret ad se.

344* FRUTICOSA *ex* FRUCTICOSA *ms.* | 353.1 rusticos] rusticus *ms.*

VI 345

ULVAM (« Ulve ») : l'ulve est une herbe qui pousse toujours abondamment dans les marais, c'est-à-dire dans les lieux humides et boueux, et que certains appellent en roman « queue de cheval ».

VI 349-359

Latone demande aux paysans de lui donner de l'eau

VI 349-352

Les paysans empêchèrent Latone de boire de l'eau, alors elle leur dit : « Pourquoi interdisez-vous de prendre de l'eau ? La nature a fait trois choses communes à tous : le soleil, l'air et l'eau ; nul ne peut se les approprier. »

VI 353

[1] L'allégorie est la suivante : Latone, à savoir la religion, qui portait deux enfants, Phébus et Diane, c'est-à-dire la sagesse et la chasteté, arriva assoiffée au bord d'un lac, c'est-à-dire qu'elle avait soif devant les tentations du monde ; elle demanda instamment de l'eau à des paysans, à des hommes qui vivaient au bord de l'eau, c'est-à-dire qu'elle voulut se pencher vers les tentations dangereuses, pour convertir à elle les paysans, c'est-à-dire les pécheurs.

[2] Illi autem aquam pietatis religioni contradixerunt et turbaverunt, id est multa opprobria dixerunt contra religionem, ei nolentes adherere, unde dicitur quod in ranas mutati fuerunt, quia in luto et immundicia istius seculi remanserunt in aqua, id est in undationibus temptationum.
353* ABLUERE : lavare ; ARTUS : membra ; LASSATAQUE : idest.

VI 354-355

Hic demonstratur voluntas et cruciatus sicientium.

354-356*

354 RELEVARE : parabam ; SITIM : meam ; OS : meum ; LOQUENTIS : mei. 355 FAUCES ARENT : gene mee sicce sunt ; VIX : pene ; ILLIS : genis. 356 HAUSTUS : potacio ; NECTAR : unus ; VITAMQUE : -et ; FATEBOR : 'dicam ; quia moriar aut ego bibam'.

VI 357

DEDERITIS : penultima producta ; ibi est diastole, figura ad demonstrandum quod maximum donum esset si aquas concederent ; brevis sillaba producitur.

357-359*

357 SIMUL : pariter. 358 QUOQUE : similiter. 359 CASU : forte ; TENDEBANT : dicit actor ex parte sua ; NATI : Phebus et Dyana.

VI 360

'Quis esset ille qui talibus supradictis non deberet moveri ad pietatem ?', quasi dicat : 'Certe nullus ; omnes deberent commoveri'.
360* BLANDA : suavia ; DEE : Lathone ; MOVERE : commovere.

VI 361-365

Quem non potuissent movere ; tamen, quamvis vetuissent et convicia sibi dixissent ne biberet, aquam vetuerunt et postea turbaverunt.

361-365*

361 HII : rustici ; ORANTEM : Lathonam ; PERSTANT : in proposito stant ; PROHIBERE : vetare. 362 PROCUL : longe ; ABCEDAT : vadat ; ADDUNT : dicunt.

355* gene] Sene *ms.* | 359* NATI] VATI *ms.* | 360 commoveri] commoverit *ex* commovereit *ms.* | 361-365 biberet] biberent *ms.*

[2] Mais eux refusèrent à la religion l'eau de la piété et troublèrent cette eau, c'est-à-dire prononcèrent de nombreux outrages contre la religion, refusant d'y adhérer ; c'est pourquoi l'on dit qu'ils furent changés en grenouilles, parce qu'ils restèrent dans la boue et les ordures de ce monde, dans l'eau c'est-à-dire dans les flots des tentations.

VI 354-355

Ici sont montrés les désirs et les tourments de ceux qui ont soif.
356 Parce que je mourrai si je ne bois pas.

VI 357

DEDERITIS (« vous m'aurez donné ») : pénultième allongée – il y a là une diastole, figure qui sert à démontrer quel grand don ils feraient s'ils lui accordaient de puiser de l'eau – la syllabe brève est allongée.

VI 360

« Qui serait assez dur pour devoir résister à la pitié devant de telles paroles ? » – en d'autres termes : « Personne bien sûr ; tous devraient être émus ».

VI 361-365

Mais ces paroles n'auraient pu émouvoir ces paysans qui, non contents de lui avoir interdit de boire et de l'avoir injuriée pour l'en empêcher, continuèrent à la lui interdire et ensuite la troublèrent.

363 SATIS : sufficit ; ETIAM : certe ; MANU : sua. 364 LACUS : aquas ; IMO : profundo. 365 HUC : undique ; SALTU : suo ; MALIGNO : pravo.

VI 366-369

Com ita convicia rustici dixissent Lathone et iniuriam fecissent, irata est et propter iram sitis oblita fuit et rogavit, quod de statu aque nomquam recederent ; concessum est ita.

366-369*

366 SUSTULIT : aliter distulit ; IRA : removit ; NEC : non ; ENIM : certe ; FILIA : Latho ; CEII : gigantis illius. 367 SUPPLICAT : quia indignum erat ; INDIGNIS : ut dea rusticis supplicaret ; SUSTINET : vult ; ULTRA : plus ; TOLLENSQUE : levans et ; TOLLENS AD SIDERA PALMAS : tangitur modus petentis deos. 369 ETERNUM : eternaliter.

VI 370-381

Mutatio rusticorum in ranas

370* EVENIUNT : fiunt ; OPTATA : petitiones ; DEE : Lathone ; VIVAT : placet ; UNDIS : aquis.

VI 371-373

Ostenditur hic natura ranarum.

371-373*

371 MODO : aliquando ; CAVA : cavata ; MEMBRA : sua. 372 NUNC : aliquando iuvat ; PROFERRE : demonstrare ; SUMMO : profundo ; MODO : aliquando. 373 SEPE : iuvat ; CONSISTERE : stare ; SEPE : iuvat.

VI 374-378

Adhuc apparet in coaxatione ranarum ; videntur semper litigare.

374-376*

374 GELIDOS : frigidos ; QUOQUE : in presenti similiter ; TURPES : sicut fecerant prius, ante mutationem. 375 PULSOQUE : remoto. 376 TEMPTANT : volunt.

366-369 quod] quamvis *ms.* | 374-378 apparet *ex* apparent *ms.*

VI 366-369

Comme les paysans avaient insulté et outragé Latone, elle se mit en colère et sa colère lui fit oublier sa soif : elle demanda qu'ils ne sortent jamais de leur position dans l'eau, et cela lui fut accordé.

VI 370-381

Métamorphose des paysans en grenouilles

VI 371-373

Ici est décrite la nature des grenouilles

VI 374-378

Cela apparaît encore dans le coassement des grenouilles : elles semblent toujours chicaner.
374 TURPES (« infâmes ») : comme ils l'avaient fait auparavant, avant leur métamorphose.

VI 377

Hic tangitur mutatio rusticorum in ranas.

377-381*

377 DILATANT : patescunt ; PATULOS : largos. 378 QUOQUE : certe ; VOX : sua ; RAUCA : grossa ; -QUE : et ; COLLA : sua. 379 CAPUT : suum ; INTERCEPTA : incisa. 380 VIRET : viridis est ; VENTER : suus ; MAXIMA : existens pars ; ALBET : albus est. 381 RANE : rane etiam appellantur.

VI 382

Finis fabule unius Liciorum

[1] HEC UBI : com unus de populo, ita ut superius continetur, in celebratione laudum Lathone narrasset de mutatione rusticorum, alter de populo incepit narrare de mutatione Marsie in fontem sui nominis, de quo fabula sequitur. [2] Pallas fecit sibi fistulam ut fistularet delectando et, com in aqua fistulando prospiceret, vidit genas suas turpes et inflatas, plus elegit pulcritudini sue obedire quam fistulationi et proiecit fistulam, quam accipiens Marsias, et elatus arte fistulandi, com Phebo voluit decertare et certavit, sed Phebus eum superavit et vivum excoriavit et, com ita excoriatus erat, multi amore illius fleverunt et maxime fratres sui, et, com totum corpus eius in sanguinem defluxisset, terra ebibit, et sic a deis mutatus fuit in fontem sui nominis, usque ad illum locum : TALIBUS EXEMPLIS REDIT (401), et cetera.

382* HEC : supradicta ; UBI : postquam ; NESCIO : dicit Ovidius ; QUIS : fuit ille.

VI 383

Incipit alter

383* RETTULIT : narravit ; EXICIUM : mortem ; REMINISCITUR : renarrat ; ALTER : de populo.

VI 384

Incipit de Marsia

380* VIRET *ex* VRET *ms.* 384*tit.* Marsia] Masya *ms.*

VI 377

Ici est décrite la métamorphose des paysans en grenouilles.

VI 382

Fin du récit d'un Lycien

[1] HEC UBI (« lorsque ces fables ») : après qu'un homme du peuple, comme le texte l'a dit plus haut, avait raconté, pour célébrer les louanges de Latone, la métamorphose des paysans, un autre homme du peuple commença à raconter la métamorphose de Marsyas en fontaine qui porte son nom – la fable en est racontée ensuite. [2] Pallas se fabriqua une flute pour s'amuser à en jouer mais, se regardant dans l'eau alors qu'elle était en train d'en jouer, elle vit ses joues gonflées et enlaidies, et décida de préférer sa beauté à la flute : elle jeta l'instrument, que Marsyas ramassa. Ayant appris à en jouer, il s'enorgueillit de son art et voulut rivaliser avec Phébus, ce qu'il fit. Mais Phébus triompha de lui et l'écorcha vif, ce qui fit pleurer bien des gens qui l'aimaient, et particulièrement ses frères ; son corps se vida de tout son sang, que la terre absorba, et il fut métamorphosé par les dieux en une fontaine qui porte son nom – le récit se poursuit jusqu'aux mots TALIBUS EXEMPLIS REDIT (« de ces exemples, on revient »), etc.

VI 383

Un autre commence à raconter

VI 384

Il commence l'histoire de Marsyas

384-386*

384 TRITHONIACA : a Trithone palude ; LATHOUS : Phebus ; ARUNDINE : thalamo ; VICTUM : superatum. 385 INFECIT : cruciavit ; INQUIT : dixit Phebo : 'Quid me excorias vivum ?'. 386 PIGET : me ; TANTI : precii ; 'Ut vellem vivus decoriari'.

|f. 99v|

VI 387-391

Excoriatio Marsie a Phebo

387-392*

387 CLAMANTI : Marsie ; DIRECTA : remota ; ARTUS : membra. 388 QUICQUAM : aliquid ; VULNERAT : plaga ; CRUOR : sanguis ; MANAT : deffluit quia vivus excoriatus erat totus. 389 -QUE : et ; NERVI : sui ; TREPIDE : trementes ; ULLA : aliqua. 390 MICANT : splendent ; VENE : sue ; POSSES : 'Si tu presens esses'. 391 PERLUCENTES : claras ; PECTORE : suo ; FIBRAS : parvas venas vitales. 392 RURICOLE : rustici ; FAUNI : scilicet.

VI 393

Olimpus quidam rex fuit qui mutatus fuit in montem sui nominis, et hic erat de genere Marsye, unde Phebo se pretulit, et hac causa hunc in montem mutavit. Quod est dictu, quod in superbia sua contra sapientiam decertavit, et pauper factus fugit in montem ubi moratus fuit, et hoc est quod dicitur de eo.

393-394*

393 SATHYRI : fleverunt propter illum ; TUNC : in illo tempore ; QUOQUE : similiter ; CLARUS : famosus ; OLIMPUS : rex. 394 FLERUNT : ploraverunt ; MONTIBUS : in quibus Phebo certavit.

VI 395

Armenta dicuntur ab *armo-as*, quia cornibus suis armantur, et sunt proprie boves, tauri, cameli et vace. BUCERA, a *bu* grece, quod est *bos* latine.

---

393 factus] facta *ms.*

385 INQUIT (« dit-il ») : il dit à Phébus : pourquoi m'écorches-tu vif ?
386 TANTI (« d'un si grand ») : prix ; au point de vouloir être écorché vif.

|f. 99v|

VI 387-391

Marsyas est écorché vif par Phébus

MANAT (« il coule ») : il se liquéfie parce qu'il a été entièrement écorché vif.

VI 393

Olympus était un roi qui fut métamorphosé en un mont qui porte son nom ; il était de la famille de Marsyas ; il se plaça au-dessus de Phébus, qui pour cela le changea en montagne. Cela revient à dire que dans son orgueil il rivalisa avec la sagesse, et, appauvri, il s'enfuit sur une montagne où il demeura longtemps, c'est ce qui est dit de lui.
393 SATHYRI (« Les Satyres ») pleurèrent pour lui. 394 MONTIBUS (« montagnes ») : dans lesquelles il rivalisa avec Phébus.

VI 395

« Armenta » (« le gros bétail »), vient du mot *armo-as* (« armer »), parce que le gros bétail est « armé » de cornes : il s'agit proprement des bœufs, des taureaux, des chameaux et des vaches. BUCERA (« de bœuf »), vient du grec *bu*, qui correspond au latin *bos*.

395-397*

395 LANIGEROS : lanam gerentes ; -VE : etiam ; -QUE : et. 396 IMMADUIT : intus ; CADUCAS : lapsativas. 397 LACRIMAS : sanguinis ; PERBIBIT : perfecte bibit ; IMIS : profundis.

VI 398-400

Mutatio Marsye in fontem

Allegoria talis est : Marsyas, id est insipiens, contra Phebum, id est contra sapientiam disputans, devictus est, et excoriatus, quia ab omnibus rationibus suis falsis denudatus. Quia, quicquid dicit sapiens, insipiens criminatur, mutatus est in fluvium aque, quia totaliter errori suo non contradicit, immo meando et fluendo de errore in errorem perseverat.

398-400*

398 QUAS : lacrimas ; UBI : postquam purgatione sua ; EMISIT : eiecit. 399 INDE : postea ; DECLIVIBUS : tortilibus ; EQUOR : mare. 400 MARSIA NOMEN : materialiter ponitur pro sola voce ; FRIGIE : Troie ; LUCIDISSIMUS : splendentissimus ; AMNIS : fluvius.

VI 401-405

Lamentatio Pelopis pro Nyobe mutata

Ita dictum est superius de miraculis Lathone et Phebi, unde talibus et com similibus vindictis vulgus Lathone sacrificavit et ad presens factum rediit de mutatione Nyobes et de morte filiorum suorum et propter mortem Amphonis lacrimabantur omnes et omnes criminabantur Nyobem ; tantum Pelops frater suus flevit propter illam.

401-405*

401 TALIBUS : supradictis ; PRESENTIA : facta de morte ; DICTIS : Nyobes. 402 VULGUS : populus ; EXTINCTUM : mortuum ; STIRPE : filiis suis ; AMPHIONA : proprium ; LUGET : plorat. 403 MATER : Nyobe ; INVIDIA : crimine ; HANC : matrem ; UNUS : solus. 404 FLESSE : plorasse ; PELOPS : proprium ; -QUE : et. 405 DEDUXIT : dilaceravit ; VESTES : suas ; EBUR : dicitur ; OSTENDISSE : monstravisse.

398-400 suo] sue *ms.* | 404* FLESSE] LESSE *ms.*

VI 398-400

Métamorphose de Marsyas en fontaine

L'allégorie est la suivante : Marsyas, un sot, débattant contre Phébus, c'est-à-dire contre la sagesse, fut vaincu et écorché, parce qu'il fut dépouillé de tous ses faux raisonnements. Parce que le sot critique tout ce que dit le sage, il fut changé en un flot de liquide, parce qu'il ne renonce pas totalement à son erreur, mais que, de détours en débordements, il persévère d'erreur en erreur.

398 UBI (« lorsque ») : après que, par son châtiment. 400 MARSYA NOMEN (« le nom Marsyas ») : équivaut en réalité à un seul mot.

VI 401-405

Lamentations de Pélops après la métamorphose de Niobé

Ainsi ont été racontés plus haut les miracles de Latone et de Phébus, c'est pourquoi, devant ces vengeances et d'autres du même genre, le peuple sacrifia à Latone, et on revient à présent au récit de la métamorphose de Niobé et de la mort de ses enfants. À cause de la mort d'Amphion, tous pleuraient et tous accusaient Niobé – seul Pélops son frère pleurait pour elle.

VI 406-409

Mutatio heboris in humerum Pelopis

De Pelope talis est fabula : Tantalus, pater Pelopis, erat cocus et dapifer deorum, unde voluit exprobare utrum essent dei an non, et apposuit filium suum coctum ante eos, et, com cognovissent, comedere noluerunt, sed iterum vivificaverunt. Ceres humerum comederat, quo loco ebur posuerunt et factus est integer.

406-409*

406 CONCOLOR : similis ; NASCENDI : nativitatis ; DEXTRO : humero. 407 CORPOREUS : carneus ; PATERNIS : Tantali patris sui. 408 FERUNT : homines dicunt ; ALIIS : membris ; REPERTIS : inventis. 409 IUGULO : guturi ; SUMMIQUE LACERTI : -que lacerti.

VI 410-411

[1] Moralitas talis est : per Tantalum habemus avarum qui, com deos, id est amicos suos, ad convivium suum recipit, nichil tamen pro eis vult expendere, imo pocius vellet filium suum occidere quam bursam evacuare. [2] Dicitur quod dei filium suum laceratum vivificaverunt quia amici avari com avaro non communicant, sed Ceres, id est terra, gustavit de carne filii, quia filius avari, quicquid pater congregat, expendit, et terrenis delectationibus hoc devastat. Datum est ebur quia os et ebur unius coloris sunt.

410-411*

410 IMPOSITUM : coniunctum. 411 -QUE : et ; PELOPS : proprium ; FUIT : iterum ; INTEGER : integratus.

VI 412-423

Numeratio eorum qui venerunt ad consolationem Pelopis

Com Pelops rex lugeret pro sorore sua mutata, multi venerunt reges ad solatium suum, sed rex Atheniensis non venit, quia bellum hunc excusavit, et intrat actor fabulam de mutatione Progne et Philomene et Therei.

406-409 noluerunt] voluerunt *ms.* | 410-411.2 vivificaverunt] vivicaverunt *ms.*

VI 406-409

L'ivoire est changé en épaule de Pélops

La fable de Pélops est la suivante : Tantale, le père de Pélops, était le cuisinier et le sénéchal des dieux ; il voulut prouver s'ils étaient ou non des dieux, et leur offrit un plat cuisiné à partir de la chair de son fils ; comme ils s'en étaient aperçus, ils refusèrent de manger, et lui rendirent la vie. Mais Cérès avait mangé son épaule, aussi la remplacèrent-ils par de l'ivoire, et il retrouva son intégrité.

VI 410-411

[1] La moralité est la suivante : par Tantale nous comprenons un avare qui, recevant à sa table les dieux, c'est-à-dire ses amis, ne veut cependant rien dépenser pour eux, mais préfèrerait tuer son fils que vider sa bourse. [2] On dit que les dieux rendirent la vie à son fils qu'il avait découpé en morceaux, parce que les amis de l'avare n'ont rien en commun avec lui. Mais Cérès, la terre, goûta de la chair du fils, parce que le fils de l'avare dépense tout ce que son père amasse, et le ruine en plaisirs mondains. On lui donna de l'ivoire, parce que l'os et l'ivoire sont de la même couleur.

VI 412-423

Énumération de ceux qui vinrent consoler Pélops

Comme le roi Pélops pleurait sa sœur métamorphosée, de nombreux rois vinrent le consoler, mais le roi d'Athènes ne vint pas, excusé par une guerre : l'auteur aborde la fable de la métamorphose de Procné, Philomène et Térée.

412-415*

412 FINITIMI : proximi : PROCERES : barones ; COEUNT : veniunt ; URBESQUE PROPINQUE : civitates et proxime. 413 ORAVERE : petiere ; IRE : pergere. 414 ARGOS : civitas oravit suum ; SPARTE : civitas oravit suum ; PELOPIADES : a Pelope ; MISCENE : civitas oravit suum. 415 NONDUM : non adhuc ; TORVE : crudeli ; INVISA : odiosa ; CALIDON INVISA DYANE : propter aprum de quo habebimus in sequentibus.

VI 416

Quando Hanibal devicit Corintum, ipse fecit omne aurum et argentum insimul adimari, et inde vasa aurea fieri.

416-423*

416 ARCHOMENAX : civitas ubi bona multa crescunt. 418 ET NYLEA : a Nila, flumen ; Pelops : civitas ; NEC ADHUC PHEBEIA TEUCEN : non Phebus ibi colebatur ci‹vita›tibus. 419 ISMO : monte. 420 SITE : civitates ; SPECTANTUR : que videntur ; YSMO : monte. 421 QUIS, quasi dicat : 'Nullus deberet credere' ; ATHENE : 'o'. 422 OBSTITIT : nocuit ; SUBIECTAQUE : subdicta et ; PONTO : mari. 423 BARBARA : aliena ; MESOPIOS : a Mesopio rege ; MUROS : Athenarum.

VI 424

Incipit ‹de› Thereo

[1] Fabula talis est : com Barbari contra Pandiona surrexissent, Thereus affuit ei in adiutorio et Barbaros devicerunt, unde Pandion ei progenitam filiam suam Prognem dedit, et, com nucie essent facte, in Traciam reversus est Thereus et genuit ‹Ytim›. [2] Quinque annis elapsis, Progne voluit videre sororem suam Philomenam, unde petiit maritum suum quod licenciam sibi daret eundi aut ille pergeret et adduceret. Ille ivit et, com Philomenam tam pulchram videret, concupivit, et, com essent in mari ut redirent, gavisus est licencia tamen a patre impetrata, ut in littera continetur. [3] Com exisset de mari, in nemore quoddam illam duxit et violenter com ea rem habuit, et hoc facto com ense linguam sibi cecidit. Illa autem inclusa longuo tempore fuit in stabulis et Thereus, adveniens,

---

418* ci‹vita›tibus] ci. # tibus *ms.* 424*tit.* ‹de› Thereo] Thereo *ms.* | 424.1 Barbaros] barbarus *ms.* dedit] sibi dedit *ms.* genuit ‹Ytim›] genuit # *ms.* | 424.2 Quinque] quisque *ms.* | 424.3 cecidit] cidit *ms.*

415 CALIDON INVISA DYANE (« Calydon (non encore) haïe de Diane ») : à cause du sanglier dont nous traiterons dans ce qui suit.

VI 416

Quand Hannibal vainquit Corinthe, il fit enlever tout l'or et tout l'argent, et fabriquer des récipients en or.
416 ARCHOMENAX (« Orchomène ») : une cité où se développent de nombreux bienfaits. 418 NEC ADHUC PHEBEIA TEUCEN (« Et Trézène n'(était) pas encore phébéienne... ») : Phébus n'était pas honoré par les citoyens de l'endroit. 421 QUIS (« Qui »), en d'autres termes, « personne ne devrait le croire ».

VI 424

Début de la fable de Térée

[1] La fable est la suivante : comme les Barbares s'étaient soulevés contre Pandion, Térée lui vint en aide et ils triomphèrent des Barbares : aussi Pandion lui donna-t-il sa fille aînée Procné et, après les noces, Térée retourna en Thrace et engendra Ytis. [2] Cinq ans passèrent, et Procné eut envie de voir sa sœur Philomène : elle demanda à son mari qu'il la laissât partir, ou qu'il partît chercher Philomène. Il y alla et, voyant la grande beauté de Philomène, il la désira. Comme ils étaient en mer pour le voyage de retour, il se réjouit d'avoir quand même obtenu la permission de son père, comme le texte le raconte. [3] Après avoir accosté, il l'emmena dans un bois et la viola, après quoi il lui coupa la langue avec son épée. Elle fut longtemps enfermée dans une étable. Térée, en arrivant

dixit mulieri sue quod soror sua Philomena mortua erat, unde Progne tristis fuit. [4] Philomena in custodia poni fecit telam et ibi totum factum in litteris scripsit et Progne misit. Quam com vidisset, ad locum furibunda venit et hanc secom duxit et, com Itis matri sue gaudium faceret, hunc occidit, ut in littera continetur, et coxit, et patri dedit ad comedendum. [5] Qui, com filium suum Ytim interrogaret, Philomena de camera exiens, caput eius Ytis contra patrem iecit, et sic ille, percipiens filium suum mortuum et partim ab eo comestum, incepit illas fugere. Ad ultimum Philomena mutata fuit in rucivolam, Progne in arundinem, Thereus rex in hupupam. [6] Istud evidentissime in littera declaratur usque ad illum locum : HIC DOLOR ANTE DIEM (675), unde postea.
424* TRAICIUS : a Tracia ; THEREUS : rex ; HEC : agmina ; AUXILIARIBUS : a uitricibus.

VI 425

Quia fuit in auxilio Atheniensium, unde, quia vincerant, magnam famam acquisiverat.

425-426*

425 FUDERAT : occiderat ; CLARUM : fumosum ; VINCENDE : illa. 426 QUEM : Thereum ; PANDION : proprium ; OPIBUS : diviciis ; VIRISQUE : hominibus et.

VI 427-432

Nuptie Therei et Prognes

HYSMENEUS dicitur ab *hismenon*, quod est pellis illa que corrumpitur quando puella defloratur.

427-432*

427 GENUS : principium ; GRADIVO : deo Marcis. 428 CONNUBIO : maritagio ; PROGNES : proprium ; filie sue ; PRONUBA : ades ; pronuba est illa que introducit primo nurum in usum maritagii et in usus Veneris. 429 HYSMENEUS : deus nupciarum ; ADEST : venit ; LETO : maritagio. 430 EUMENIDES : furie Inferni ; FUNERE : morte. 432 INCUBUIT : stetit ; THALAMI : ubi Thereus erat ; CULMINE : cacumine.

424.5 com filium] consilium *ms.*

auprès de sa femme, lui dit que sa sœur Philomène était morte, provoquant le chagrin de Procné. [4] Mais Philomène se fit déposer dans sa prison une toile sur laquelle elle mit par écrit tout ce qui s'était passé, et qu'elle fit porter à Procné. Lorsque celle-ci vit la toile, elle se rendit comme une furie sur les lieux, emmena sa sœur avec elle et, alors qu'Ytis faisait des fêtes à sa mère, elle le tua, comme le texte le décrit, le cuisina et le donna à manger à son père. [5] Celui-ci demandant à voir son fils Ytis, Philomène sortit d'une chambre et jeta la tête de l'enfant devant le père. Alors, comprenant que son fils était mort et qu'il l'avait mangé en partie, il commença à les poursuivre. Mais finalement Philomène fut métamorphosée en rossignol, Procné en hirondelle, et le roi Térée en huppe. [6] Ce récit est détaillé clairement dans le texte, jusqu'aux mots HIC DOLOR ANTE DIEM (« Cette douleur avant l'heure »), d'où la suite.

VI 425

Parce qu'il vint en aide aux Athéniens, il avait acquis, par leur victoire, une grande renommée.

VI 427-432

Noces de Térée et Procné

HYSMENEUS (« Hyménée ») tient son nom de l'hymen, qui est la peau qui se déchire quand la jeune fille est déflorée.

428 PRONUBA (« qui accompagne la mariée ») : celle qui accompagne la mariée est celle qui introduit pour la première fois la fiancée aux usages du mariage et de Vénus.

|f. 100r|

VI 433-438

Nativitas Ytis

USQUE ADEO LATET UTILITAS : quia bonum omen putabant illos esse iunctos per matrimonium, quod erat malum omen futurum omnibus, et propter hoc UTILITAS potest dici derisorie malum seu dampnum.

433-440*

433 HAC AVE : scilicet bubone. 434 GRATATA : letata ; SCILICET : certe ; ILLIS : There(o) et Progne. 435 TRACIA : terra ; GRATES : gracias ; EGERE : fecere ; -QUE : et. 436 QUAQUE : die etiam ; CLARO : famoso ; NATA : Progne ; THYRANNO : Thereo. 437 QUAQUE : die et ; ORTUS : natus ; YTIS : proprium ; FESTUM : solemne ; IUSSERE : dixere. 438 ADEO : in tantum ; TYTAN : sol ; quinque erant amni elapsi. 440 VIRO : marito ; PROGNE : proprium ; DIXIT : Progne.

VI 441-444

Petitio Prognes ut sororem Philomenam videat

441-445*

441 ULLA : aliqua ; VISENDAM : vitandam ; SORORI : mee Pilomene. 442 SOROR : mea ; HUC : ad me ; REDITURA : ituram illam ; PARVO : cito. 443 PROMITTES : dices ; SOCERO : tuo, scilicet patri meo ; INSTAR : similitudinem. 444 GERMANAM : sororem ; IPSE : THEREUS ; CARINAS : naves. 445 FRETA : mare ; -QUE : et ; REMIGE : gubernaculo.

VI 445-448

Quomodo Thereus venit penes Pandionem

PIRRENA a *pir*, quod est ignis. Antiquitus naute faciebant ignem iuxta portus ut noctu navigantes scirent portum ibi esse.

446-449*

446 CICROPIOS : Athenienses ; PIRRENA : ignea. 447 AUT PRIMUM : postquam ; SOCIUM : Pandionis ; DEXTERA : tam Pandionis quam Therei. 448 INFAUSTO : pravo ; COMMITTITUR : incipitur. 449 CEPERAT : inceperat ; REFFERRE : dicere.

449* inceperat] inceparat *ms.*

|f. 100r|

VI 433-438

Naissance d'Ytis

USQUE ADEO LATET UTILITAS (« jusqu'où les hommes ignorent leur intérêt ») : parce qu'ils pensaient de bon augure qu'ils fussent unis par le mariage, mais cela se révèlerait à tous comme de mauvais augure ; c'est pourquoi UTILITAS (« intérêt ») peut être dit « malheur » ou « dommage » par dérision.

438 Cinq années étaient passées.

VI 441-444

Procné demande à voir sa sœur Philomène

V 445-448

Comment Térée arriva chez Pandion

PIRRENA (« Pirène ») vient de *pir*[9], le feu. Dans l'antiquité, les marins faisaient du feu près des ports pour que ceux qui naviguaient de nuit pussent repérer le port.

9 πῦρ.

VI 450

De Progne et Philomena et Thereo totum est verum et hystoria et non indiget expositione usque ad mutationem, sed quod dicuntur mutari nil est nisi quod fugerunt a regionibus suis et pocius Progne in irondinem, quod avis illa habet in pectore notas cedis et sanguinis et domos colit, et similiter Philomena ‹in rucivolam›, nisi quod silvas habitat ; Thereus in hupupam, quia avis invida est, vel dicitur melius quod suspense fuerunt mulieres propter homicidium Ytis, et Thereus similiter propter hoc, quod iniuste habuerat rem com Philomena et linguam amputaverat, et hoc est quod fingitur de mutatione eorum in aves.

450* CONIUGIS : Prognes ; CELERES : citos ; MISSE : Philomene ; SPONDERE : promittere ; RECURSUS : vel regressus.

VI 451-454

Nobilitas Philomene

Com Thereus causam itineris sui Pandioni declararet, ecce Philomena intravit aulam, et declarat Ovidius nobilitatem suam comparando eam nimphis exornatis.

451-454*

451 DIVES : nobilis ; PHYLOMENA : proprium. 452 DIVICIOR : nobilior ; FORMA : specie ; QUALES : talis erat. 453 NAIADES : nimphas aque ; DRIADES : ninphas nemorum ; INCEDERE : pergere. 454 MODO : tantummodo posito quod essent polite ; -QUE : et.

VI 455-457

Accensus libidinis Therei pro Philomena

Ovidius comparationem facit de Thereo, igne luxurie concremato, ad fenum et stramen quibus ignis supponitur.

455-458*

455 SECUS : aliter ; CONSPECTA : visa ; VIRGINE : Philomena ; THEREUS : proprium. 456 QUAM : fit ; QUIS : aliquis ; CANIS : fictis et albis ; ARISTIS : spicis. 457 AUT FRONDEM : supponat ; CREMET : urat. 458 DIGNA : ut ametur ; QUIDEM : certe ; FACIES : forma ; SED : et ; HUNC : Therea ; INNATA : nativa.

---

450 notas *ex* noctas *ms.* Philomena ‹in rucivolam›] Philomena *ms.* invida] ininvida *ms.* | 450* CELERES] SCELERES *ms.* | 455-457*tit.* libidinis] libidinens *ms.* | 458* HUNC] HUC *ms.*

VI 450

Dans le récit de Procné, Philomène et Térée, tout est vrai et historique et ne nécessite pas d'exposition, jusqu'à la métamorphose : mais dire qu'ils furent métamorphosés revient à dire qu'ils s'enfuirent de leur région, et Procné devint plutôt une hirondelle, parce que cet oiseau a sur la poitrine des marques de blessures et de sang et qu'elle vit dans les maisons ; même chose pour Philomène, si ce n'est qu'elle vit dans les forêts ; Térée devint une huppe, parce que cet oiseau est détestable ; ou, mieux, on dit que les deux femmes furent pendues à cause du meurtre d'Ytis, et Térée le fut parce qu'il avait injustement violé Philomène et lui avait coupé la langue, et c'est pourquoi l'on imagine leur transformation en oiseaux.

VI 451-454

Beauté de Philomène

Comme Térée annonçait à Pandion la cause de son voyage, voici que Philomène entra dans la salle, et Ovide décrit sa beauté en la comparant à des nymphes couvertes de parures.

VI 455-457

Térée s'enflamme de désir pour Philomène

Ovide compare Térée, brûlé par le feu de la luxure, avec le foin et la paille que l'on enflamme.

VI 459

Quia Tracenses naturaliter sunt calide nature propter habitationem loci et acceptionem escarum.

459* PRONIQUE : inclinati ; GENUS : homines ; REGIONIBUS : in Tracia.

VI 460

Ecce declaratur hic status valde nobilis illicite amantium.

460* VENEREM : luxuriam ; FLAGRAT : fervet ; GENTISQUE : patrie etiam ; SUIQUE : vel suo vicio.

VI 461-463

Ita erat commotus amore vano quod aliquando volebat domicellas et nutricem Philomene donis quam plurimis allicere, aliquando volebat illam donis decipere, aliquando volebat illam violenter rapere, et sic quam plurima cupiebat.

461-466*

461 IMPETUS : volumptas ; ILLI : Thereo ; COMITUM : sociarum. 462 NUTRICISQUE : Philomene idest ; NEC NON : insuper ; INGENTIBUS : magnis ; IPSAM : nutricem vel Philomenam. 463 SOLICITARE : commovere ; DATIS : donis ; IMPENDERE : dare. 464 AUT RAPERE : impetus est illi ; BELLO : prelio. 465 NICHIL : ulla res ; FRENO : pravo ; CAPTUS : combustus. 466 AUSIT : facere ; PECTORA : sua ; FLAMMAS : amoris.

VI 467

Vix etiam abstinebat se quin illam raperet.

467-468*

467 FERT : patitur. 468 PROGNES : uxoris sue ; VOTA : desideria ; ILLA : Progne.

VI 469-470

Quia fingit Prognem velle quicquid faciat sive dicat.

469-470*

469 FACUNDUM : loquacem ; -QUE : et. 470 ULTERIUS : plus quam deberet ; PROGNEM : uxorem suam ; FEREBAT : dicebat Thereus.

461-463 illam[1]] illa *ms.* | 469-470 fingit *ex* fingit ill *ms.* faciat *ex* dicat *ms.*

VI 459

Parce que les Thraces ont des tempéraments naturellement ardents à cause de leur habitat et de leur façon de se nourrir.

VI 460

Voici qu'est déclaré ici le statut très noble de ceux qui aiment de façon illicite.

VI 461-463

Il était tellement ébranlé par cet amour trompeur que tantôt il voulait séduire les demoiselles et la nourrice de Philomène par le plus grand nombre possible de dons, tantôt il voulait la tenter elle-même par des présents, tantôt il voulait l'enlever de force, et ainsi il avait mille désirs.

VI 467

Il se retenait même à grand peine de l'enlever.

VI 469-470

Parce qu'il invente que tout ce qu'il peut faire ou dire est voulu par Procné.

VI 471

Quia flebat Thereus ac si fleret Progne quando rogabat illum et sorori mandabat quod illam visum adveniret.
471* TAMQUAM : quasi.

VI 472-474

Exclamat actor ad superos conquerendo de fragilitate humana dicens : 'Quantum, o dei, sunt mortales ignorantes vel quantum sunt fallaces'. Iste Thereus per scelus pius esse creditur.

472-474*

472 SUPERI : 'o Dei' ; CECE : prave. 473 NOCTIS : ignorantie ; SCELERIS : pravitatis ; MOLIMINE : paratu ; THEREUS : proprium. 474 CREDITUR : duri ; -QUE : et ; SUMIT : capit.

VI 475-477

Petitio Philomene ut videat sororem

475-477*

475 QUID : est ; QUOD : ut eat ad sororem suam ; PATRIOS : patris ; Pandionis. 476 BLANDA TENENS : levia verba dicens. 477 SUAM : salutem ; -QUE : et ; ILLA : vel ista.

VI 477-478

Quia, quando videbat illam ita com patre blandientem, tanto magis eam cupiebat, quia omnia talia decebant illam.

VI 478

PRECONTRACTAT : precontractare et rem facere vel fingere in semet sine vero effectu ; confidat in mente sua quomodo posset habere accessum ad illam vel in mente erat in comparatione luxurie com illa, non tamen vero facto.

478-480*

478 SPECTAT : cernit. 479 OSCULA : basia ; COLLO : patris ; CERNENS : videns Thereus. 480 OMNIA : talia ; FACIBUS : incrementis ; CIBO : nutrimento.

---

471 sorori] sori *ms.* | 472-474 superos *ex* supra *ms.* scelus] celus *ms.* | 473* SCELERIS] CELERIS *ms.*

VI 471

Parce que Térée pleurait comme si Procné pleurait en lui faisant sa demande et en réclamant à sa sœur de venir la voir.

VI 472-474

L'auteur s'écrie en se plaignant aux dieux de la fragilité humaine : « Combien, ô dieux, dit-il, les mortels sont ignorants ou combien ils sont trompeurs ! » Ainsi un crime fait passer Térée pour un homme pieux.

VI 475-477

Philomène demande à voir sa sœur

VI 477-478

Parce que, quand il la voyait ainsi en train de flatter son père, il la désirait d'autant plus parce que tous ces gestes l'embellissaient.

VI 478

PRECONTRACTAT (« Il la touche d'avance ») : toucher d'avance et le faire réellement ou imaginer intérieurement sans effet véritable ; il envisage mentalement la façon dont il pourrait arriver jusqu'à elle, ou il se plaçait mentalement en train de commettre l'acte de luxure avec elle, sans commettre cet acte en réalité.

VI 481-482

Quamvis ille Thereus pater esset, adhuc in impietate sua permaneret, quia, si posset, haberet rem com ipsa.

481-485*

481 ILLA : Pandiona. 482 PARENS : pater ; VELLET : Thereus ; NEC ENIM : non certe ; MINUS IMPIUS : quam erat. 483 AMBARUM : tam Prognes quam Philomene ; GENITOR : Pandion ; GAUDET : Philomena ; AGIT : redit. 484 PATRI : suo ; SUCCESSISSE : bene cessisse ; DUABUS : tam sibi quam Progne. 485 ID : illud ; INFELIX : misera ; LUGUBRE : triste ; DUABUS : illi et sorori sue.

|f. 100v|

VI 486-489

Describit actor tempus quo licitum datum fuit Philomene et quo incepit ire ad sororem suam contra suam salutem, et dicit quod erat iam vesper. Cena facta, cubuerunt, et, crastina deveniente, surrexerunt ut iter suum aggrederentur.

486-489*

486 EXIGUUS : parvus ; PHEBO : soli ; RESTABANT : remanebant ; EQUI : solis. 487 PULSABANT : pellebant ; PEDIBUS : suis ; DECLIVIS : rotilis ; OLIMPI : celi. 488 EPULE : esce ; BACHUS : vinum ; IN AURO : ciphis aureis ; materia pro materiato ; HINC : postea ; SOMPNO : dormitationi.

VI 490-493

Quando Thereus iacebat, nequivit dormire ; imo semper, sicut moris est amantium, ad illam et operationes omnium membrorum suorum, nequiens tali cura dormire, corpus vertebat.

490-491*

490 AT : et ; REX OCRISIUS : ab Ocri monte ; SECCESSIT : recessit ; ILLA : Philomena. 491 ESTUAT : calet in mente ; REPETENS : recordans ; FACIEM : suam ; MOTUS : operationes.

481-482 sua] sue *ms.* haberet] heret *ms.* | 483* AMBARUM] AMBORUM *ms.* Prognes] Tha *ms.* Philomene] Phe *ms.* | 486-489 suam[2]] sua *ms.* | 487* pellebant] pellabant *ms.*

VI 481-482

Bien que Térée fût père lui-même, il persistait dans son impiété puisque, s'il le pouvait, il commettrait l'acte charnel avec elle.

|f. 100v|

VI 486-489

L'auteur décrit le moment où Philomène reçut le congé (de son père) et où elle se prépara à retrouver sa sœur contre son propre salut ; il dit que c'était déjà le soir. Après le repas, ils se couchèrent et, lorsque le matin revint, ils se levèrent pour entreprendre leur voyage.
488 IN AURO (« dans l'or ») : dans des coupes[10] d'or ; la matière pour l'objet fabriqué.

VI 490-493

Térée était couché sans pouvoir trouver le sommeil : à la manière des amoureux, il ne cessait de se tourner vers elle, vers les mouvements de chacun de ses membres et de telles pensées l'empêchaient de trouver le sommeil.

10 *Ciphis* pour *scyphis*, « vase à boire, coupe ».

VI 492

Fingebat membra secreta, per naturam meliora, pulchriora et dulciora quam illa que videbat.

492-493*

492 VULT : Thereus ; IGNES : amores. 493 CURA : et hoc dico ; SOPOREM : dormitationem.

VI 494-495

Commendatio Philomene a Pandione com Thereo

Ecce quomodo Pandion natam Thereo commendat.

494-495*

494 LUX ERAT : crastina dies venit ; GENERI : Therei ; COMPLEXUS : capiens. 495 PANDYON : rex ; COMITEM : Philomenam ; COMMENDAT : trudit.

VI 496-502

'Quia Progne voluit quod mitterem et Philomena voluit ire, et tu bene vis illam conducere et ego illam tibi trado, commotus tamen maxima pietate'.

496-506*

496 HANC : Philomenam ; QUONIAM : quia ; COEGIT : hoc facere. 497 AMBE : Procne et Philomene ; QUOQUE : similiter ; THEREU : 'o tu'. 498 -QUE : et ; -QUE : et ; SUPPLEX : ego. 499 SUPEROS : deos ; ORO : precor ; TUEARIS : deffendas. 500 SOLICITO : curioso ; LENIMEN : allevatio ; SENECTE : antiquitatis. 501 NOBIS MORA LONGUA REMITTAS, quasi dicat : 'Mora non potest esse tam brevis illi quin mihi videatur longua'. 502 QUOQUE : similiter ; QUAM PRIMUM : cito ; SATIS : sufficit ; PROCUL : longuo ; SOROREM : Progne, quasi dicat : 'Sufficiat tibi quod soror tua sit longe'. 503 ULLA EST : 'tibi de me' ; PHILOMENA : 'o tu' ; REDITO : reveni. 504 MANDABAT : mittebat ; -QUE : et ; OSCULA : basia ; NATE : filie. 505 MITTES : pie. 506 UT : postquam ; UTRASQUE : tam Therei quam Philomene.

---

492 illa] ille *ms.* que *ex* quem *ms.* | 494-495 Thereo] There *ms.* | 496-502 tibi *ex* conducere tibi *ms.* | 502* soror *ex* soror s *ms.*

VI 492

Il imaginait des membres secrets, naturellement meilleurs, plus beaux et plus doux que ceux qu'il voyait.

VI 494-495

Pandion recommande Philomène à Térée

Voici comment Pandion recommande sa fille à Térée.

VI 496-502

« Parce que Procné a voulu que je l'envoie et que Philomène a voulu partir, et que tu veux bien la conduire, je te la confie, non sans être pourtant ébranlé par l'amour immense que je lui porte. »
501 NOBIS MORA LONGUA REMITTAS (« tout retard me semblera long, ramène-la »). En d'autres termes : « le retard ne peut être assez bref pour elle qu'il ne me semble long ». 502 SOROREM (« ta sœur ») : Procné, autrement dit : "Qu'il te suffise que ta sœur soit loin".

VI 507-508

Quia dicebat nate sue Philomene : 'Da basia filie mee Progne et hoc ex parte mea'.

507-508*

507 -QUE : et ; NATAMQUE : filiam Prognem et ; ABSENTES : deficientes ; ROGAT : precatur. 508 SUPREMUMQUE : ultimum et.

VI 509

Quia, dum talia sibi diceret, flebat.

VI 510

Quia singultuabat dum loquebatur et dicitur in acutis et non acutis ; singultus est pessimum signum et mortale.
510* VIX : pene ; -QUE : et ; PRESAGIA : vaticinia.

VI 511-515

Raptus Philomene a Thereo

Com Philomena esset imposita in navi, Thereus gavisus est valde.

511-515*

511 UT : postquam ; PHILOMENA : proprium ; CARINE : navi. 512 ADMOTUMQUE : additum et ; FRETUM : mare ; TELLUSQUE : terra et ; REPULSA : pulsa. 513 VOTA : desideria ; FERUNTUR : portantur. 514 GAUDET : gaudet ; DIFFERT : continet. 515 BARBARUS : alienus Thereus ; NONQUAM : non umquam ; LUMEN : oculos ; DETORQUET : removet ; ILLA : Philomena.

VI 516-517

Actor facit comparationem de Philomena capta ad leporem quem in nido suo aquila deportavit.

516-517*

516 QUAM : fit ; PREDATOR : aquila ; ADUNCIS : curvis. 517 DEPOSUIT : posuit ; NIDO : suo ; ALES : aquila. 518 CAPTO : lepori ; SPECTAT : cernit ; RAPTOR THEREUS : Philomenam.

VI 507-508

Parce qu'il disait à sa fille Philomène : « Embrasse ma fille Procné et cela de ma part. »

VI 509

Parce que, en lui disant ces mots, il pleurait.

VI 510

Parce qu'il hoquetait en parlant – et on l'emploie pour les crises aigües ou non : un hoquet est un très mauvais signe, un présage de mort.

VI 511-515

Térée enlève Philomène

Philomène avait été portée sur le bateau : la joie de Térée est à son comble.

VI 516-517

L'auteur compare Philomène captive à un lièvre qu'un aigle emporte dans son nid.

VI 519-521

Defloratio Philomene a Thereo

Hic continetur quomodo Philomena a Thereo ducta fuit in stabulis ut defloraretur.

519-523*

519 ITER : via ; EFFECTUM : perfecta. 520 PUPIBUS : navibus ; EXIERANT : Thereus et comites ; REX : Thereus ; NATAM : Philomenam. 521 ALTA : profunda ; VETUSTIS : antiquis. 522 PALLENTEM : pallidam ; -QUE : et ; CUNCTA : futura. 523 LACRIMIS : quia flebat ; GERMANA : soror ; ROGANTEM : interrogantem.

VI 524

Quia virgo et debilis erat et sola erat.
524* FASSUS : confessus ; UNAM : solam.

VI 525-526

Illa etiam patrem et sororem et deos auxilio in amissione virginitatis reclamabat.

525-526*

525 SUPERAT : vincit ; FRUSTRA : inanum ; CLAMATO : appellato ; PARENTE : patre. 526 SUA : appellata ; MAGNIS : appellatis ; OMNIA : supradicta.

VI 527-531

Facit actor comparationem de Philomena trepidante post concubitum Therei ad agnum excussum ab ore lupi et similiter ad columbam remotam ab unguibus ancipitris et aquile.

527-531*

527 ILLA : Philomena ; VELUT : sicut ; PAVENS : timens ; CANI : canuti. 528 EXCUSSA : remota ; NONDUM : non adhuc ; TUTA : secura. 529 UTQUE : sicut et. 530 HORRET : timet ; QUIBUS : ignibus ; HESERAT : capta fuit. 531 MOX : consequenter.

524* FASSUS] FALSUS *ms.* | 525-526 sororem *ex* matrem sororem *ms.* auxilio] auxione *ms.* in amissione] inamisione *ms.* | 527-531 Philomena] Philomene *ms.*

VI 519-521

Térée déflore Philomène

Ici est raconté comment Philomène fut conduite dans une étable par Térée qui allait la violer.

VI 524

Parce qu'elle était vierge, faible et seule.

VI 525-526

Elle appelait à l'aide son père, sa sœur et les dieux au moment où elle perdait sa virginité.

VI 527-531

L'auteur compare Philomène tremblante après son viol par Térée à un agneau arraché de la gueule du loup et semblablement à la colombe échappée des serres de l'épervier ou de l'aigle.

|f. 101r|

VI 531-536

Lamentatio Philomene

Com Philomena redisset in proposito, exclamavit contra Therea, ut sequitur.

532-536*

532 LUGENT : plorant. 533 INTENDENS : elevans ; DIRIS : crudelibus ; BARBARE : Thereu. 534 MANDATA : precepta ; PARENTIS : patris mei ; Pandionis. 535 NEC CURA : et non movit te ; SORORIS : mee. 536 NEC : et non ; MEA : movit te ; NEC : non moverunt.

VI 537-538

Omnia turbasti, tu peccavisti, in omnibus opus malum fecisti, contra precepta patris mei abiisti, et contra fletus suos durus fuisti, et duabus sororibus peccavisti, et virginem deflorasti et coniugium fregisti.

537-538*

537 EGO : sum ; SORORIS : mee. 538 CONIUNX : maritus ; HOSTIS : es.

VI 539

Quia tanta mala fecisti, ut tu adhuc maiora faceres, quare non occidis me ? 539* QUM : quare non ; ANIMAM : vitam ; NE QUOD : quod non ; FACINUS : aliquod peccatum ; PERFIDE : 'o' ; RESTET : remaneat.

VI 540-541

Quia, si me peius occidisses, com sanctitate virginitatis mee mortua fuissem.

540-541*

540 ERIPIS : removes ; UTINAM : vellem ; NEPHANDOS : pravos. 541 VACUAS : puras ; CRIMINIS : peccati ; UMBRAS : animas.

VI 542-545

Dicit : 'Ego sum certa quia dei sunt aliqui qui vident hoc et non mecom perierunt preces mee. Ego aliquo tempore facta tua pessima referam in communi'.

532* plorant] ploranti *ms.* | 539 faceres] feceres *ms.*

|f. 101r|

VI 531-536

Lamentation de Philoména

Comme Philomène avait retrouvé ses esprits, elle poussa des cris contre Térée, comme la suite le raconte.

VI 537-538

« Tu as tout bouleversé, tu as commis une faute, tu as commis une mauvaise action dans tout ce que tu as fait, tu t'es écarté loin des demandes de mon père, tu n'as eu aucune pitié pour ses larmes, et tu as fauté contre les deux sœurs que nous sommes, en déflorant celle qui était vierge et en brisant ton mariage. »

VI 539

« Parce que tu as commis tellement de crimes, que tu pourrais en commettre de plus graves encore : pourquoi donc ne pas me tuer ? »

VI 540-541

« Parce que, si tu avais commis un crime plus grave en me tuant, je serais morte sans perdre la pureté de ma virginité. »

VI 542-545

« Je suis sûre, dit-elle, qu'il y a des dieux qui ont vu ton crime et que mes prières ne périront pas avec moi. Il viendra un jour où je rapporterai en public tes actes infâmes. »

542-545*

542 SUPERI : dei ; CERNUNT : vident ; SI : quia ; DIVUM : divorum. 543 NON : quia ; OMNIA : celestia. 544 QUANTO : tempore ; DABIS : inferes. 545 PROIECTO : relicto ; LOQUAR : dicam ; DETUR : concedatur.

VI 546-548

'Si potero evadere, in communi omnia dicam ; si tenebor clausa, implebo silvas et saxa clamoribus meis et aliquis deus existere me audierit deque tali opere vindicabit'.

546-548*

546 IN POPULOS : in communi ; SILVIS : nemoribus. 547 SILVAS : nemora ; SAXA : lapides ; MOVEBO : com(movebo) ; questibus mei. 548 AUDIET HEC : verba ; SI : quia ; ULLUS : aliquis ; ILLO : ethere ; EST : hec audiet similiter.

VI 549-557

Quomodo Thereus amputavit linguam Philomene.

Auditis a Thereo supradictis, commotus est ira nimia, unde accepit ensem suum et com forcipe linguam extraxit et illam amputavit.

549-552*

549 TALIBUS : supradictis ; FERI : crudelis ; TYRANNI : Therei. 550 HAC : ira ; METUS : timor ; UTRAQUE : tam ira quam timore. 551 QUO : ferro ; ACCINCTUS : lustratus. 552 ARREPTAMQUE : captam Philomenam ; COMA : per capillos ; LACERTIS : brachiis.

VI 553-554

Philomena, videns ensem Therei nudum, bene putavit mori et gutur suum elevavit ut occideretur ab illo.

553-558*

553 VINCULA : ligamina ; IUGULUM : gutur. 554 CONCEPERAT : putaverat ; ENSE : et hoc dico. 555 ILLE : Thereus ; INDIGNANTEM : linguam ; PATRIS : Pandionis ; USQUE VOCANTEM : assidue. 556 LUCTANTEMQUE : certantem et ; COMPRENSAM : captam ; FORCIPE : *tenagle* gallice. 557 ABSTULIT : removit ; FERO : crudeli ; MICAT : videtur. 558 IPSA : Philomena vel lingua ; ATRE : nigre.

VI 546-548

« Si je peux m'évader, je révèlerai tout au grand jour ; si je suis gardée en prison, j'emplirai les forêts et les rochers de mes cris, et quelque dieu entendra que je suis là et me vengera d'une telle action ».

VI 549-557

Comment Térée coupa la langue de Philomène

Quand il entendit ces paroles, Térée fut animé d'un excès de colère : il saisit son épée, lui sortit la langue avec des tenailles et la lui coupa.

VI 553-554

Philomène, voyant que Térée avait dégainée son épée, crut bien qu'elle allait mourir et tendit sa gorge pour recevoir son coup.

VI 559-560

Facit actor comparationem de lingua Philomene mutilate ad caudam colubris rupte, dicens quod, sicut cauda undique movetur, sic lingua tremens erat.

559-560*

559 USQUE : sicut ; MUTILATE : recise ; COLUBRE : serpentis. 560 MORIENS : lingua ; QUERIT : inquirit.

VI 561-562

Quasi diceret : 'Nil deberet credere quod post tantam iniuriam rem com illa habuisset'.

561-562*

561 HOC : tale ; QUOQUE : certe ; VIX AUSIM : dicit Ovidius ex parte sua ; FERTUR : dicitur Thereus. 562 SEPE : multociens ; LACERUM : mutilatum ; LIBIDINE : luxuria ; CORPUS : Philomene.

VI 563-566

Quomodo Thereus finxit Progne Philomenam esse mortuam

Quamvis ita com Philomena operatus esset, Thereus ausus est ire ad uxorem suam Prognem, et, com videret illum, interrogavit sororem suam, et ille dixit quod mortua erat falsos gemitus emittendo.

563-567*

563 SUSTINET : audet ; PROGNEM : uxorem suam ; REVERTI : abire. 564 CONIUGE : marito suo ; QUE : Progne ; GERMANAM : sororem suam ; QUERIT AT ILLE : interrogat etiam Thereus. 565 FICTOS : vanos ; COMMENTAQUE : ficta, non vera ; NARRAT : dicit. 566 LACRIME : quia flebat ; FIDEM : credulitatem ; VELAMINA : vestes. 567 DIRIPIT : lacerat ; LATO : quia regalia erant ornamenta sua.

VI 568-569

Antiquitus moris erat quod, quando aliquis mortuus erat, amici sui nigras vestes capiebant in commemoratione mortis et tristicie et sepulcrum illi faciebant ac si esset presens in partibus suis, ut, viso tumulo, eorum reminiscerentur.

563-566*tit.* Philomenam] Philomene nam *ms.*

VI 559-560

L'auteur compare la langue de Philomène mutilée à la queue coupée d'une couleuvre : comme la queue, dit-il, se remue de tous côtés, ainsi la langue tressaillait.

VI 561-562

Autrement dit : « Personne ne devrait croire qu'après un tel outrage il ait pu (de nouveau) la violer »

VI 563-566

Comment Térée raconta à Procné que Philomène était morte

Malgré ses actes contre Philomène, Térée osa retourner auprès de sa femme Procné qui, dès qu'elle le vit, demanda sa sœur ; mais il lui dit qu'elle était morte en poussant de faux gémissements.

567 LATO (« large ») : parce que ses ornements étaient royaux.

VI 568-569

Dans l'antiquité l'usage était que, quand quelqu'un était mort, ses amis revêtaient des habits noirs pour célébrer sa mort et leur tristesse ; ils lui construisaient un sépulcre comme s'il était présent à leurs côtés, pour se souvenir de lui à la vue du tombeau.

568-570*

568 INDUITURQUE ATRAS : vestitur et nigras ; INANE : vanum. 569 CONSTITUIT : fecit ; PIACULA : oblationes ; MANIBUS : pro animabus mortuis. 570 LUGET : plorat ; LUGENDE : plorande ; FATA : mortem ; SORORIS : Philomene.

VI 571

Describit actor tempus : quanto tempore fuit Philomena in custodia nemoris antequam Progne sciret, et dicit quod uno anno.

571-573*

571 DEUS : sol ; BIS SEX : duodecim ; EXACTO : perfecto ; LUSTRAVERAT : ambierat. 572 QUID : nescit ; FUGAM CUSTODIA : non potest fugere quia in custodia meniorum detinetur. 573 STRUCTA : facta ; SOLITO : firmo ; SAXO : stabulorum erant muri alti.

VI 574

Nota.

574* OS MUTUM : non poterat loqui ; INDICE : demonstratione ; GRANDE : magnum.

VI 575

De operatione Philomene

Hic continetur quomodo Philomena fecit telam quam sorori misit, ubi totum suum infortunium scribebatur.

575-582*

575 MISERIS : tristibus ; SOLERCIA : sapientia. 576 SUSPENDIT : intexit ; CANDIDA : alba. 577 PURPUREAS : rubeas ; NOTAS : litteras. 578 INDICIUM : scilicet demonstratio ; SCELERIS : nequicie ; PERFECTA : stamina ; UNI : famule. 579 UTQUE : quod et ; FERAT : portet ; DOMINE : Progne ; GESTU : signo ; ILLA : famula. 580 PERTULIT : portavit ; QUOD : vel quid ; ILLIS : staminibus vel in illa tela. 581 EVOLVIT : explicat ; SEVI : crudelis ; MATRONA : coniunx ; TYRANNI : Therei. 582 FORTUNE : infortunii ; CARMEN : dictum ; MISERABILE : triste.

570* plorande] plorade *ms.* | 571 dicit] dic *ms.* | 575 Philomena] Philomene *ms.* | 578* demonstratio] demonstrato *ms.* | 579* FERAT] FERAS *ms.*

VI 571

L'auteur décrit le temps, la durée pendant laquelle Philomène fut emprisonnée dans le bois avant que Procné ne l'apprît : il dit que cela dura une année.

572 FUGAM CUSTODIA (« la garde (empêche) sa fuite ») : elle ne peut fuir parce qu'elle est retenue dans une prison fortifiée. SAXO (« rocher ») : les murs de la bergerie étaient élevés.

VI 574

À noter.

VI 575

Ce qui fit Philomène

Ici est raconté comment Philomène tissa une toile qu'elle envoya à sa sœur, sur laquelle était écrite toute son infortune.

|f. 101v|

VI 583-584

Dixit Ovidius quod MIRUM fuit quod tacuit sine exclamatione aliqua dum litteras legit, sed solvit questionem quia dolor linguam alligavit.

583-585*

583 MIRUM : est ; POTUISSE : silere ; SILET : tacet ; DOLOR : quia ; ORA : sua. 585 DEFLUERANT : defecerant ; FLERE : plorare ; VACAT : placet.

VI 586

Quia cogitabat solummodo quomodo tale factum posset ulcisci.
586* CONFUSURA : mixtura ; PENE : ultionis.

VI 587

TRIATERICA : dicuntur a *tris*, quod est tres, quia ter in anno festa Bachi solebant celebrari, vel in tribus annis semel.
587* TEMPUS : unum ; QUO : tempore.

VI 588-590

Actor describit tempus in quo Progne perrexit liberatum suam sororem. NOCTE, quia de nocte Bacho sacrificabant.

588-590*

588 SIDONYE : Thebane. 589 SONAT : re(sonat) ; RODOPE : mons ; TYNNITIBUS : sonitibus ; ACUTI : a sono. 590 REGINA : Progne ; DEI : Bachi.

VI 591

Ecce quomodo sacrificantes Bacho parantur.

591-593*

591 RITIBUS : more ; INSTRUITUR : paratur ; FURIALIAQUE ACCIPIT ARMA : quia sacrificantes Bacho ut furiosi parabantur propter ebrietatem. 592 CERVINA : cervi. 593 VELLERA : pelles ; HUMERO : suo ; INCUBAT : dependet.

583-584 litteras *ex* litteram *ms.* questionem] ad questionem *ms.* | 587 dicuntur *ex* dicitur *ms.*

|f. 101v|

VI 583-584

Ovide dit que ce fut MIRUM (« étonnant ») qu'elle ne poussât aucun cri en lisant la lettre, mais il résout la question en répondant que la douleur lui lia la langue.

VI 586

Parce qu'elle ne pensait qu'à la façon dont elle pourrait venger un tel crime.

VI 587

TRIATERICA (« triétériques ») : le mot vient de *tris*[11], qui signifie « trois », parce que les fêtes de Bacchus étaient d'ordinaire célébrées trois fois par an, ou une fois tous les trois ans.

VI 588-590

L'auteur décrit le moment où Procné parvint à libérer sa sœur. NOCTE (« De nuit ») parce que les sacrifices à Bacchus se déroulaient la nuit.

VI 591

Voici comment se préparaient ceux qui sacrifiaient à Bacchus.
591 FURIALIAQUE ACCIPIT ARMA (« Elle prend les armes forcenées ») : parce que ceux qui sacrifiaient à Bacchus étaient semblables à des forcenés à cause de l'ivresse.

11 τρίς.

VI 594-599

Quomodo Progne venit ad Philomenam

Quia 'Heu, heu' erat clamor bachicus.

594-599*

594 CONCITA : commota ; SUARUM : domicellarum. 595 AGITATA : concita ; DOLORIS : de sorore sua ita male ordinata. 596 BACHE : 'o' ; TUAS : furias ; SIMULAT : fingit ; TANDEM : ad ultimum. 598 GERMANAM : sororem ; RAPTEQUE : sorori et ; INSIGNIA : arma. 599 INDUIT : tradit ; AMBIT : quia, ne cognosceretur, hoc fecit.

VI 600

In domo sua quasi violenter abscondidit.

600* ATTONITAM : stupefactam ; SUA MENIA : suam domum ; DUCIT : Progne Philomenam.

VI 601-602

Quia visum est superius quomodo Philomena a Thereo deflorata fuit. Com igitur intrasset domum illius, timuit propter illum.

601-602*

601 UT : postquam ; SENSIT : percepit ; TETIGISSE : intrasse ; PHILOMENA : proprium ; NEPHANDAM : pravam. 602 HORRUIT : timuit ; INFELIX : misera ; ORE : quia pallor subito progrediens est signum timoris.

VI 603-604

Progne, dum tempus aptum habuisset, habitus sacri Bachici removit, ut liberius faceret colloquium com sorore.

603-604*

603 NACTA : consequta ; LOCUM : aptum ; SACRORUM : Bachi ; DEMIT : removit. 604 DENUDAT : detegit ; SORORIS : Philomene.

VI 605-606

Quia in veritate, quamvis per violentiam Thereus corripisset, adhuc sorori sue obnoxia videbatur.

600* stupefactam] stupefacta *ms.* | 601-602 Thereo] There *ms.* | 602* progrediens] Progne mens *ms.*

VI 594-599

Comment Procné rejoignit Philoména

Parce que « Évohé » était le cri des Bacchantes.

599 AMBIT (« elle fait le tour ») : parce qu'elle agit ainsi pour ne pas être reconnue.

VI 600

Elle l'entraîna presque violemment pour la cacher dans son palais.

VI 601-602

Parce qu'on a vu plus haut comment Philomène fut violée par Térée. Étant donc entrée dans son palais, elle eut peur à cause de lui.

602 ORE (« son visage ») : parce que la pâleur qui se répand subitement est le signe de la peur.

VI 603-604

Dès que Procné vit que le moment était favorable, elle enleva les vêtements du culte de Bacchus pour parler plus librement avec sa sœur.

VI 605-606

Parce qu'en vérité, bien que Térée l'eût prise par la violence, elle se sentait fautive vis-à-vis de sa sœur.

605-610*

605 -QUE : et ; PETIT : illam ; ATTOLLERE : elevare ; CONTRA : Prognem. 606 SUSTINET : audet ; HEC : Philomela ; SIBI : ipsi ; SORORIS : Prognes. 607 DEIECTO : demisso ; IN HUMUM : versus terram. 608 ILLUD : quod Thereus hanc violavit. 609 ARDET : dolore uritur com videret suam non posse loqui, quia habebat linguam ambutatam. 610 FLETUMQUE : lacrimas ; SORORIS : sue Philomene.

VI 611-613

Quomodo Progne loquta fuit com Philomena

Nos non possumus tantam nequiciam vindicare fletibus nostris, sed ferro vel tormento ferro graviori, quia ego sum parata, soror, pro te, ad omne tormentum sibi dandum.

611-615*

611 CORRIPIENS : castigans ; EST : hoc ultimo ; INQUIT : dixit ; AGENDUM : accipiendum. 612 SED FERRO : agendum est istud ; QUID : aliquid ; FERRUM : quodcumque sit illud. 613 PARAVI : 'Quia, quicquid poteris mali, faciam cogitare'. 614 FACIBUS : ignibus ; REGALIA : regis ; TECTA : domos. 615 ARTIFICEM : factorem ; IMMITTAM : intus ponam ; FLAMMIS : 'Quia, si vis, ego maritum meum in suis domibus concremabo'.

VI 616

Sicut tibi tuam linguam removit, oculos, et ita cecus erit.
616* AUT : rapiam ; AUT : rapiam ; PUDOREM : virginitatem.

VI 617-618

Si tu vis, ego membratim illum lacerabo vel vivum excoriabo.

617-619*

617 ABSTULERANT : removerant ; FERRO : ense vel alio ; VULNERA : plagas. 618 SOMPTEM : nocentem, pravam ; ANIMAM : vitam ; EXPELLAM : removebo ; MAGNUM : tormentum ; QUODCUMQUE : tormentum ; PARAVI : facere. 619 QUID SIT ADHUC : quale tormentum ; PERAGIT : dicit ; TALIA : supradicta ; PROGNE : et, com supradicta Proge proponeret, Ytis venit.

608* hanc] hanc *ex* illud hanc *ms.* | 611-613 fletibus] flexibus *ms.* | 615* si vis] suus *ms.*

608 ILLUD (« ce (crime) ») : le fait que Térée l'avait violée. 609 ARDET (« elle s'enflamme ») : elle brûle de douleur en voyant que sa sœur ne pouvait parler parce que sa langue avait été coupée.

VI 611-613

Paroles de Procné à Philomène

« Ce n'est pas avec nos larmes que nous pouvons venger une telle vilénie, c'est avec le fer ou une torture plus grave que le fer : je suis prête, ma sœur, à lui infliger pour toi toutes les tortures. »

613 PARAVI (« Je me suis préparée ») : parce que je te ferai penser à tout le mal possible. 615 FLAMMIS (« par les flammes ») : parce que, si tu veux, je ferai brûler mon mari dans son palais.

VI 616

Comme il t'a arraché la langue, je lui arracherai les yeux, et il sera aveugle.

VI 617-618

Si tu veux, je lui déchirerai les membres un par un, ou je l'écorcherai vivant.

619 PROGNE (« Procné ») : Et, comme Procné faisait ces propositions, Ytis arriva.

VI 620-622

De regressu Ytis ad matrem

Quia iamque cogitavit quod ipsum occideret et patri ad comedendum traderet.

620-622*

620 MATREM : suam Prognem ; YTIS : proprium ; POSSIT : facere. 621 TUENS : cernens ; IMMITIBUS : crudelibus ; QUAM : quantum. 622 PATRI : tuo Thereo ; PLURA : maiora.

VI 623

Ut illum occidat et quocat.

|f. 102r|

VI 624-630

Com se videret visceribus maternis pietate a proposito mortis filii sui revocari, tunc conversa est ad sororem cogitans quare Ytis loquebatur, Philomena taceret.

624-630*

624 ACCESSIT : venit prope ; NATUS : Ytis. 625 ATTULIT : dixit ; ADDUXIT : posuit ; COLLA : matris ; LACERTIS : brachiis. Quia more puerorum, com matre sua blanda verba puerilia dixit et colla amplexus fuit et basia tribuit, tunc, quamvis parasset eum occidere, mota pietate fuit. 626 MIXTAQUE : coniuncta et ; PUERILIBUS : infantinis ; OSCULA : basia. 627 MOTA : pietate ; QUIDEM : certe ; GENITRIX : mater ; -QUE : et. 628 INVICTI : quamvis non vellet ; MADUERE : madidi fuere. 629 SIMUL : postquam ; NIMIA : magna ; LABARE : vacillare. 630 SENSIT : percepit ; HOC : filio suo ; VULTUS : ora ; SORORIS : sue Philomene.

VI 631-633

Loquitur Progne sibi ipsi ut ostendatur inconstancia mentis sue.

631-633*

631 SPECTANS : cernens ; AMBOS : Ytim et Philomenam ; INQUIT : dixit. 632 ALTER : scilicet Ytis ; RAPTA : remota ; SILET : tacet ; ALTERA : scilicet Philomena. 633 ILLA : Philomena ; SPROREM : suam.

VI 620-622

Retour d'Ytis auprès de sa mère

Parce qu'elle a déjà pensé qu'elle allait le tuer et le donner à manger à son père.

VI 623

Pour le tuer et le cuisiner.

|f. 102r|

VI 624-630

Voyant que dans son cœur de mère elle allait renoncer par pitié à son dessein de tuer son fils, elle se tourna vers sa sœur en pensant aux raisons pour lesquelles, si Ytis parlait, Philomène se taisait.
625 Parce que quand, selon l'habitude des enfants, il dit à sa mère de doux mots enfantins, la prit par le cou et lui donna des baisers, alors, bien qu'elle fût prête à le tuer, elle fut touchée de pitié.

VI 631-633

Procné se parle à elle-même pour souligner l'inconstance de son esprit.

VI 634-635

Quia, si miserta fuero mariti mei, scelus maximum perpetrabo.

634-635*

634 NUPTA : coniuncta. 635 CONIUGE : marito.

VI 636-637

Quia tu pocius amas maritum quam tuam sororem. Comparat actor Prognem trahentem Ytim filium suum ad mortem ad tygridim cervam rapientem ut comedat.

636-637*

636 MORA : fuit ; YTIM : filium suum ; GANGETIDA : a Gange fluvio. 637 TYGRIS : animal tale ; OPACAS : plenas arboribus.

VI 638-644

Interfectio Ytis a Progne matre et a Philomena

638* UTQUE : postquam ; ALTE : nobilis ; REMOTAM : secretam.

VI 639-640

Ibi monstratur maxima ferocitas matris non filii miserte, et hoc propter sororis dolorem.

639-644*

639 -QUE : et ; MANUS : sua ; SUA FATA : suam mortem. 640 MATER : 'o' ; MATER : 'o' ; COLLA : matris. 641 ENSE : uno ; FERIT : percutit ; LATERIQUE : ea parte ; PECTUS : per cor ; ADHERET : iungitur, id est in loco cordi proximo. 642 VULTUM : suum ; VERTIT : alibi ; VEL : etiam. 643 VULNUS : plaga ; IUGULUM : gutur ; FERRO : quodam ; RESOLVIT : laceravit. 644 ANIME : vite.

VI 645-646

Hic demonstratur quomodo Ytis dilaceratus fuit ut quoqueretur : partem aqua coxerunt, partem verubus assaverunt.

645-646*

645 PARS : una ; INDE : postea ; CAVIS : cavatis ; EXULTAT : fervet, bulit. 646 MANANT : stillant ; PENETRALIA : loca privata ; TABO : putredine.

636-637 cervam *ex* cerviculum *ms.* | 637* tale] cale *ms.* | 638-644*tit.* Philomena *ex* alphi(lomena) *ms.* | 638* REMOTAM *ex* ROMOTAM *ms.* | 641* per cor] perco *ms.* | 645-646 aqua] aqui *ms.*

VI 634-635

Parce que, si j'ai eu pitié de mon mari, le crime que je vais commettre n'en sera que plus grand.

VI 636-637

Parce que tu aimes mieux ton mari que ta sœur. L'auteur compare Procné traînant son fils Ytis vers la mort à une tigresse emportant une biche pour la dévorer.

VI 638-644

Meurtre d'Ytis par sa mère Procné et par Philomène

VI 639-640

Ici est montrée la grande férocité de la mère qui n'a pas pitié de son fils, et cela à cause de la douleur de sa sœur.

VI 645-646

Ici est montré comment Ytis fut déchiré pour être cuisiné : elles mirent à cuire une partie dans de l'eau, elles firent rôtir l'autre partie à la broche.

VI 647-649

Quomodo Progne invitavit Therea

Com ita laceraretur Ytis et quoquereretur, dixit Progne quod moris erat in partibus suis quod, quando mulieres Bacho sacrificaverant, sederent com maritis suis ad prandium una die sine aliqua societate aliena, et sic rogavit eum quod solus com illa prandium acceptaret.

647-650*

647 CONIUNX : Progne ; IGNARUM : nescium ; THEREA : proprium. 648 MORIS : consuetudinis ; QUOD : sacrum ; UNI : soli. 649 FAS SIT : liceat ; COMITES : scutiferos ; FAMULOSQUE : et ceteros. 650 SOLIO : cathedra ; THEREUS : proprium ; SUBLIMIS : nobilis.

VI 651

Quia filium genitum a suis propriis visceribus in sua viscera comedendo, illum lacerum congregabat.

651* VESCITUR : comedit ; CONGERIT : congregat ; ALVUM : ventrem.

VI 652-659

Com Progne audivisset quod Thereus filium suum Ytim quem occiderat interrogaret, gavisa est et dixit : 'Tecom est quod interrogas', unde ille putavit quod corporaliter, integre esset, et circom se spectavit, et, com iterum interrogaret, Philomena caput illius contra vultum patris iactavit.

652-657*

652 NOX : ignorantia ; YTIM : filium meum ; ARCESSITE : appellate. 653 DISSIMULARE : tacere ; NEQUIT : non potest ; CRUDELIA : prava ; PROGNE : proprium. 654 CUPIENS : volens ; EXISTERE : esse ; CLADIS : mortis. 655 INTUS : 'vel quia intra te est, ita in domo habes' ; POSCIS : interrogas ; CIRCOMSPICIT : undique cernit ; ILLE : Thereus. 656 ATQUE : etiam ; SIT : Ytis ; QUERIT : interrogat ; QUERENTI : interroganti. 657 FURIALI : mortifera ; CEDE : rabie.

VI 658-659

Proiecit Philomena caput Ytidis contra Therea

Com iterum vocaret, Philomena prosiliit.

647-649 sederent] quod erat *ms.* maritis] matris *ms.* sine] sive *ms.* | 649* liceat] licia: *ms.* | 652-659 interrogaret[2]] interrogare *ms.*

VI 647-649

Procné invite Térée

Après avoir ainsi démembré et cuisiné Ytis, Procné prétendit qu'il était d'usage dans son pays que, quand les femmes avaient sacrifié à Bacchus, elles s'asseyaient pendant toute une journée avec leurs maris pour prendre le repas sans aucune autre compagnie, et elle lui demanda donc d'accepter de prendre le repas en tête à tête avec elle.

VI 651

Parce qu'en ingérant dans ses entrailles le fils conçu de ses entrailles, il rassemblait celui qui avait été mis en pièce.

VI 652-659

Comme Procné avait entendu Térée lui demander son fils Ytis qu'elle avait tué, elle se réjouit et lui dit : « ce que tu demandes est avec toi » ; Térée pensa qu'il était là en chair et en os, bien vivant, et regarda autour de lui ; comme il le demandait à nouveau, Philomène jeta la tête de l'enfant à la face du père.

655 INTUS (« à l'intérieur ») : ou parce qu'il est en toi, donc tu l'as à demeure.

VI 658-659

Philomène jeta la tête d'Ytis en face de Térée

Comme il appelait à nouveau, Philomène fit irruption.

658-659*

658 PROSILIIT : advenit ; YTIS : filii Therei ; PHILOMENA : proprium ; CRUENTUM : sanguinolentum. 659 MISIT : iactavit ; IN ORA : contra vultum ; PATRIS : Therei ; MALLUIT : melius noluit ; ULLO : aliquo.

VI 660

Si potuisset loqui, gaudia manifestasset que habebat de ultione sua.
660* MENTIS : sue ; TESTARI : dicere, manifestare ; DICTIS : sermonibus.

VI 661-664

Lamentatio Therei

TRACIUS : com Thereus vidisset Philomenam et caput filii sui cognosceret, exclamavit et voluit vomere, si posset, et multam lamentationem, ut in littera declaratur.

661-664*

661 TRACIUS : de Tracia ; INGENTI : magno ; CLAMORE : voce. 662 VIPEREAS : serpentinas ; CIET : commovet ; STIGIA : infernali. 663 MODO : tunc ; RESERATO : aperto ; DIRAS : crudeles. Quia crudele erat quod corpus comederat sui nati. 664 EGERE : expellere ; DAPES : escas ; IMMERSAQUE : intus mersa id est ; GESTIT : cupit.

VI 665

Quia carnem comederat et sic tumulus eius erat.
665* FLET : plorat ; MODO : aliquando ; -QUE : et ; BUSTUM : tumulum ; MISERABILE : triste ; NATI : sui filii.

VI 666

[1] Ita alio modo dicitur allegorice quam superius. Progne mutata est in hirondinem : nil aliud est nisi quod, quando abiit fugiendo, erat domina domorum et urbium, quod signatur per hyrondinem, que frequentat domos. Quod Philomena mutata fuit in rucivolam, nil aliud est nisi quod fugit quando amorosa erat, et bene frequentans nemora. [2] Quod habuerunt pectora cede signata, nil est nisi quod habuerunt plumas pectoribus rubeas, quod gaudebant sanguine, idest spoliatione. Quod Thereus mutatus est in hupupam, nil est nisi quod armatus erat quando eas ferociter sequebatur.

662* commovet] commove *ms.* | 666.1 quod fugit *ex* quod non fugit *ms.* nemora] nemo *ms.* | 666.2 rubeas] rubo as *ms.*

VI 660

Si elle avait pu parler, elle aurait manifesté sa joie de tenir sa vengeance.

VI 661-664

Lamentation de Térée

TRACIUS (« Le Thrace ») : à la vue de Philomène et reconnaissant la tête de son fils, il poussa un cri et aurait voulu vomir, s'il l'avait pu. Il se livra à de longues lamentations, comme le texte le raconte.
663 DIRAS (« terribles ») : cruelles. Parce qu'il était cruel d'avoir mangé le corps de son fils.

VI 665

Parce qu'il avait mangé sa chair et était donc son tombeau.

VI 666

[1] On peut donner une autre allégorie que ci-dessus : Procné fut métamorphosée en hirondelle, cela revient à dire que, quand elle prit la fuite, elle était la maîtresse de palais et de villes, ce qui est symbolisé par l'hirondelle, qui habite dans les demeures. Dire que Philomène fut métamorphosée en rossignol revient à dire qu'elle prit la fuite alors qu'elle était amoureuse et fréquentait souvent les forêts. [2] Dire qu'elles reçurent sur la poitrine les marques de leur crime revient à dire qu'elles eurent sur la poitrine des plumes rouges, parce qu'elles se repaissaient de sang, c'est-à-dire de pillage. Dire que Térée fut métamorphosé en huppe revient à dire qu'il était armé quand il les poursuivait férocement.

666* GENITAS : natas ; FERRO : ense.

VI 667-670

Mutatio Prognes in hirondinem et Philomene in rucivolam

Hic continetur mutatio Philomene et Progne et Therei.

667-670*

667 CICROPIDUM : Atheniensium ; PENNIS : plumis ; PENDERE : in ethere ; PUTARES : si presens esses. 668 PENDEBANT : in rei veritate dicit Ovidius ; QUARUM : Atheniensium ; ALTERA : scilicet Philomena ; SILVAS : nemora. 669 ALTERA : scilicet Progne ; PECTORE : suo ; CEDIS : mortis vel sanguinis. 670 EXCESSERE : recessere ; NOTE : noticie ; PLUMA : sua.

|f. 102v|

VI 671-674

Mutatio Therei in hupupam

Mutatio Therei et descriptio avis in quam mutatus fuit hic declaratur.

671-674*

671 ILLE : Thereus ; FEROX : crudelis ; -QUE : et ; CUPIDINE : volumptate. 672 VERTITUR : mutatur ; VOLUCREM : avem ; CUI : volucri ; VERTICE : capite. 673 MODICUM : magnum immodicum ; PRO : non ; CUSPIDE : lancea. 674 EPOPS : id est hupupa est ; FACIES : sua.

VI 675-676

Mors Pandionis

Mutatis filiabus Pandionis, tantum flevit quod cicius quam deberet ‹mortuus est›, unde postea filius suus Eritheus regnum accepit.

675-676*

675 HIC : tantus ; DIEM : terminum. 676 TARTAREAS : infernales.

VI 677

Regnatio Erithei

674* EPOPS] EPOS *ms.* | 675-676 deberet ‹mortuus est›] deberet *ms.* accepit *ex* haberet accepit *ms.*

VI 667-670

Métamorphose de Procné en hirondelle et de Philomène en rossignol

Ici est racontée la métamorphose de Philomène, de Procné et de Térée.

|f. 102v|

VI 671-674

Métamorphose de Térée en huppe

Ici sont contenues la métamorphose de Térée et la description de l'oiseau qu'il devint.

VI 675-676

Mort de Pandion

Après la métamorphose de ses filles, Pandion pleura tant qu'il mourut plus tôt qu'il n'aurait dû, et c'est ensuite son fils Érechthée qui reçut le royaume.

VI 677

Règne d'Érechthée

[1] Actor latenter intrat fabulam que in alio libro continetur, scilicet quomodo Iason ivit quesitum vellus aureum. Pandione mortuo, Eritheus successit in regnum et genuit quatuor filios et totidem filias. [2] Due primogenite erant pulcriores, quarum unam habuit Cephilus, alteram adamavit Boreas, scilicet Orichiam, et postea rapuit, et genuit ex illa duo iuvenes, scilicet Zetum et Calaym, qui a parte patris erant aves, a parte matris erant homines. [3] Hii perrexerunt com Iasone ad vellus aureum, ut inferius continetur, usque ad illum locum : IAMQUE FRETUM MINIE (VII 1).

677-678*

677 MODERAMEN : regimen ; ERITHEUS : proprium. 678 VALIDISNE : potentibus vel ; POTENTIOR : illo.

VI 679

Octo pueros genuit.

679-680*

679 QUIDEM : certe ; IUVENES : filios ; TOTIDEMQUE CREAVIT : quatuor et genuit. 680 FEMINEE : feminas ; PAR : equalis ; DUARUM : mulierum, scilicet Procris et Orichie.

VI 681

EOLIDES : de genere Eoli quia filius eius fuit.

VI 681-684

Generatio Procris et Orichie

681-688*

681 E QUIBUS : filiabus ; CEPHALUS : proprium ; CONIUGE : existente. 682 PROCRI : 'o tu' ; THEREUS : proprium ; TRACESQUE : Tracencesque. 683 DILECTAQUE : amica et. 684 DUM : quamdiu ; ROGAT : Erithea ; ET : etiam ; PRECIBUS : suis ; MAVULT : melius vult ; VIRIBUS : suis. 685 AGITUR : proficitur ut ita dicam ; HORRIDUS : timendus ; IRA : sua, ferocitate. 686 QUE SOLITA : ira consueta ; NIMIUMQUE : satis et ; DOMESTICA : privata. 687 MERITO : repellor ; QUID : quare ; ENIM : quia ; RELIQUI : desii.

677*tit.* Erithei] Etherei *ms.* | 677.1 libro *ex* meilibro *ms.* | 685* ferocitate] ferocita *ms.*

[1] L'auteur aborde insensiblement la fable qui est racontée dans le livre suivant, celle du voyage de Jason en quête de la Toison d'Or. Après la mort de Pandion, Érechthée lui succéda sur le trône et engendra quatre fils et autant de filles. [2] Ses deux filles aînées étaient les plus belles : Céphale épousa la première, Borée aima la deuxième, Orithye ; plus tard il l'enleva, et eut d'elle deux garçons, Zétès et Calaïs, qui étaient en partie oiseaux comme leur père, en partie humains comme leur mère. [3] Ils accompagnèrent Jason dans la conquête de la Toison d'Or, comme on le lit plus bas : le récit se prolonge jusqu'aux mots IAMQUE FRETUM MINIE (« Déjà les (poupes) minyennes (fendaient) les flots »).

VI 679

Il engendra huit enfants.

VI 681

EOLIDES (« L'Éolide ») : de la famille d'Éole, car il était son fils.

VI 681-684
Les enfants de Procris et d'Orithye

688 SEVICIAM : quare reliqui crudelitatem ; ET VIRES : quare reliqui ; IRAMQUE : quare reliqui ; ANIMOS : audaciam ; MINACES : quare hec omnia supradicta reliqui.

VI 689

Quia ego tantus sum quod ullum non consuevi rogare, imo quicquid volo, facio pacifice vel violenter.
689* ADMOVIQUE : addidi quare et ; QUARE : precum.

VI 690-701

In hac parte se iactat Boreas secum conquerendo de virtutibus suis et nimia crudelitate.

690-692*

690 APTA : congrua ; MICHI : violentia ; HAC : vi ; PELLO : removeo. 691 HAC : vi ; FRETA : maria ; CONCUTIO : commoveo ; -QUE : et ; VERTO : everto. 692 INDURO : congelo.

VI 693-696

Hic demonstratur quomodo ex concursione ventorum in ethere fit tonitruus et fulgetur.

693-696*

693 IDEM EGO : ipse ; FRATRES : meos, scilicet alios ; CELO : aere ; SUM NACTUS : ventos consecutus ; APERTO : claro. 694 CAPUT : planicies ; IS : talis ; MOLIMINE : violentia ; LUTOR : certo. 695 UT : postquam ; CONCURSIBUS : preliis. 696 EXILIUNT : saliunt ; CAVIS : cavatis ; IGNES : fulgores et fulmina.

VI 697-699

Hic demonstratur quomodo terremotus habet fieri uno modo : com ventus in foraminibus subterraneis se supposuit et ibi includitur, alia violentia adveniente vult exire et non potest, tunc tremit tellus, et fit aliquando ingens foramen, aliquando terra in aliquo loco elevatur, et fit mons vel tumulus.

693-696 tonitruus] tonitruum *ms.* | 693* aere] are *ms.* | 694* IS *ex* IDIS *ms.*

688 SEVICIAM ET VIRES IRAMQUE (« la violence, la force, la colère ») : pourquoi ai-je délaissé la cruauté, pourquoi l'ai-je délaissée, pourquoi l'ai-je délaissée ? J'ai délaissé tout ce que je viens d'énumérer.

VI 689

Parce que je suis si grand que je n'ai pas l'habitude de supplier quiconque : ce que je veux, je le fais, que ce soit pacifiquement ou par la violence.

VI 690-701

Dans cette partie Borée se vante en regrettant de ne pas avoir employé les forces et la grande cruauté qui le caractérisent.

VI 693-696

Ici est décrite la façon dont le tonnerre et les éclairs naissent des rencontres brutales des vents dans l'éther.

VI 697-699

Ici est décrite la seule façon dont un tremblement de terre peut arriver : lorsque le vent s'engouffre dans un trou souterrain et s'y trouve enfermé, quand survient une turbulence le vent veut s'échapper mais n'y parvient pas : alors la terre tremble, et parfois se forme un immense trou, parfois la terre se soulève par endroits et devient un mont ou un tertre.

697-699*

697 EGO : ipse ; SUBII : intravi ; CONVEXA : declivia. 698 -QUE : et ; FEROX : crudelis ; IMIS : profundis ; CAVERNIS : foveis. 699 SOLICITOQUE : commoneo etiam ; MANES : animas Inferni ; ORBEM : mondum.

VI 700-701

'Et quia, com tantus sim, non debueram petisse Eritheum, sed tam cito quam valde dilexeram rapuisse'.

VI 702

Hec] Hec supradicta omnia.

702-704*

702 HOC : supradicta ; BOREAS : deus ; HIIS : talibus ; INFERIORA : minora. 703 EXCUSSIT : commovit ; PENNAS : suas ; QUARUM : pennarum ; IACTATIBUS : motibus. 704 TELLUS : terra ; PERHORRUIT EQUOR : perfecte timuit mare.

VI 705-707
Raptus Orichie

705 PULVEREAM : plenam pulvere ; PER SUMMA CACUMINA : per summos montes. 706 VERTIT : dissipat ; HUMUM : terram ; PAVIDAM : Orichiam tumidam ; CALIGINE : obscuritate. 707 ORICHIAM : proprium ; AMANS : ille Boreas ; FULVIS : albis ; ALIS : suis, et ita eam tegendo rapuit.

VI 708-710

[1] Rei veritas est quod Boreas fuit rex tracensis, qui tanta ferocitate plenus fuit quod vento comparabatur et com maximo impetu et velocitate Orichiam rapuit et in patriam duxit. [2] Illa duos filios, scilicet Zetum et Calaym, peperit, et dicuntur fuisse alati, quia, sicut pater suus velox fuit et fortis atque crudelis, ita illi similiter fuerant similes suo patri et perrexerunt com Iasone.

708-711*

708 DUM : quando ; IGNES : amores. Quia, quanto magis stringebat amplectudo, tanto magis comburebatur cor suum in amando. 709 AERII : aeris ;

700-701 dilexeram] dilexerant *ms.* | 708-710.2 velox] velor *ms.* | 708* quanto] quando *ms.*

VI 700-701

Et parce que, vu mon importance, je n'aurais pas dû la demander à Érechthée, j'aurais dû l'enlever dès que j'ai ressenti la force de mon amour.

VI 702

Hec (« Cela »)] Tout ce qui a été énuméré plus haut.

VI 705-707

Enlèvement d'Orithye

707 ALIS (« par les ailes ») : les siennes, et ainsi il l'enleva en la recouvrant.

VI 708-710

[1] La vérité est que Borée était un roi thrace si plein de sauvagerie qu'on le comparait au vent et c'est avec la plus grande impétuosité et rapidité qu'il enleva Orithye et l'emmena dans sa patrie. [2] Elle enfanta deux fils, Zétès et Calaïs, dont on dit qu'ils avaient des ailes parce que, comme leur père était rapide, fort, cruel, ils l'étaient aussi, semblables à leur père ; ils participèrent à l'expédition de Jason.

708 IGNES (« les feux ») : les amours. Parce que, plus il la tenait embrassée, plus son cœur brûlait d'amour.

SUPPRESSIT : desiit. 710 QUAM : populorum illorum ; TENUIT : intravit vel possedit ; MENIA : id est Cichonum ; RAPTOR : ille existens. 711 ET GELIDI : et frigidi ; CONIUNX : uxor ; ACTEA : Hatheniensis ; TYRANNI : scilicet Boree.

VI 712-713

Nativitas Zeti et Calays

Quia fama erat quod com corpore non penne nate fuerant, sed, com tempus etatis qua barba advenit hominibus advenisset, ille loco barbe plume advenerunt.

712-719*

712 GENITRIX : mater ; PARTUS : filios ; GEMELLOS : duplices. 713 CETERA : alia quam pennas ; MATRIS : sue Orichie ; GENITORIS : patris Boree. 714 HAS : pennas ; UNA : pariter ; MEMORANT : dicunt gentes. 715 -QUE : sed ; ABERAT : deficiebat. 716 IMPLUMES : sine pluma ; CALAYSQUE : proprium etiam ; ZETUSQUE : proprium et. 717 MOX : consequenter ; RITU CAPERE : more inceperunt ; VOLUCRUM : avium. 718 CINGERE : lustrare ; FLAVESCERE MALE : candere gene sue plumis. 719 UBI : postquam ; PUERILE : infantinum ; IUVENTE : tempori iuventutis.

|f. 103r|

VI 720-721

Mineidum vel Miniarum progressio ad vellus aureum

Qui Yason fuit primus qui primum remigium maris et navium adinvenit.

720-721*

720 RADIANTIA : nitida ; VILLO : pillis. 721 NON NOTUM : quia ullus mare intraverat ; CARINA : navi.

712-713*tit.* Zeti] Zeli *ms.* | 712-713 nate *ex* nata *ms.* | 715* deficiebat] deficiebant *ms.*

VI 712-713

Naissance de Zétès et Calaïs

Parce que l'on racontait qu'ils n'étaient pas nés avec des plumes mais que, quand était arrivé l'âge où la barbe vient aux hommes, des plumes leur vinrent au lieu de barbe.

|f. 103r|

VI 720-721

Voyage des Minyéides ou des Minyens vers la Toison d'Or

Ce Jason fut le premier homme à inventer la navigation sur la mer au moyen de bateaux.

INCIPIT VII LIBER

[1] Hic incipit septimus liber istius operis, in cuius principio continebitur progressio Miniarum ad aureum vellus ; amor Medee et Iasonis ; raptus aurei velleris ; repatriatio Iasonis com Medea ; reiuvenescentia Esonis ; nutricio Bachi ; mors Pelie ; fuga Medee ; desponsatio ipsius et Egei ; enarratio probitatum Thesei ; infestatio Minois contra Athenienses ; acquisitio exercitus ad bellum ex utraque parte ; quomodo Athenienses miserunt Cephalum ad Eacum ; Eaci confabulatio ad Cephalum de morte suorum et confabulatio Cephali ad Phocum de cane et iaculo, et in recessione militum Eaci determinabitur liber iste.
[2] Neptunus ad vellus Minias com Iasone ducit. / Istum Colchis amat, auratum vellus habetur. / Regreditur Iason. Medicinis Colchidis Eson / fit iuvenis ; Pelias moritur ; Colchis fugit ; inde / Phasias Egeon nubit. Thesey probitates / narrantur. Doctas Minos opugnat Athenas : / hinc querit Minos, hinc querunt Athenienses / auxilium. Cephalum post suscipit Eacus ede ; / Eacus ad Cephalum narrat de morte suorum ; / conqueritur. Pariter Cephalus Phocusque loquntur : / querit hic, ille refert catuli iaculique valorem. / Suscepit Cephalus quas gentes prebuit illi / Eacus, et post hoc finitur septimus iste.
[3] *Integumenta* sunt hec. Primo DE MEDEA ET YASONE habetur sic : Auratum vellus Medeam dicimus ipsam. / Auro preda fuit hec speciosa magis. / Virginis est custos draco vel bos, virginis arte / virgine subducta, premia victor habet. / Arte tamen medica fieri custodia fertur / quia nonquam valeat aurea lana capi. [4] DE ESONE REIUVENESCENTE. Esona quid mirum iuvenescere gramine posse / Com serpens coctus solvere possit idem. DE THESEO. Hystorico sensu describas Thesea, cuius / virtus predones, menia, monstra domat. [5] DE PYRITHOO ET THESEO. Tartara Pyrithous poscens, activa vocatur / vita, sed est Theseus celica vita decens. /

---

3 arte] arce *ms.* medica] magica *Ghisalberti* quia] quod *Ghisalberti* aurea *Ghisalberti*] aure *ms.* | 4 coctus *Ghisalberti*] coitus *ms.* cuius *Ghisalberti*] quamvis *ms.* | 5 Pyrithous *ex* Pyrothous *ms.* vita *Ghisalberti*] vite *ms.*

DÉBUT DU SEPTIÈME LIVRE

[1] Ici commence le septième livre de cet ouvrage, dont le début contiendra le voyage des Minyens vers la Toison d'or ; l'amour de Médée et de Jason ; le vol de la Toison d'or ; le retour de Jason dans sa patrie avec Médée ; le rajeunissement d'Éson ; l'enfance de Bacchus ; la mort de Pélias ; la fuite de Médée ; les fiançailles de Médée et d'Égée ; l'énumération des prouesses de Thésée ; l'attaque de Minos contre les Athéniens ; le recrutement, de chaque côté, d'une armée pour faire la guerre ; l'envoi par les Athéniens de Céphale chez Éaque ; le récit d'Éaque à Céphale sur la mort de son peuple et celui de Céphale à Éaque à propos du chien et du javelot ; c'est sur la retraite des soldats d'Éaque que se terminera ce livre.
[2] Neptune conduit les Minyens et Jason vers la Toison. / La Colchidienne tombe amoureuse de Jason, il s'empare de la Toison d'or. Jason revient. La Colchidienne fait rajeunir Éson grâce à ses potions. Pélias meurt ; la Colchidienne s'enfuit ; puis la Phasienne épouse Egée. On raconte les prouesses de Thésée. Minos attaque les sages Athéniens ; Minos cherche de l'aide d'un côté, les Athéniens de l'autre. Ensuite Éaque reçoit Céphale dans sa maison ; Éaque raconte à Céphale la mort de son peuple ; il se lamente. De même Éaque et Phocus parlent : celui-ci questionne, celui-là rappelle le prix du chien et du javelot. Céphale reçut les hommes qu'Éaque lui offrit. Après cela se termine ce septième livre.
[3] Les *Integumenta* sont les suivants. Il est d'abord question DE MÉDÉE ET DE JASON, comme suit : La Toison d'or nous désigne Médée elle-même. / Cette belle femme valait plus qu'un butin en or. / Le dragon ou le bœuf est le gardien de la vierge, le vainqueur obtient le prix par l'art de la vierge, après avoir séduit la vierge. / C'est l'art magique, dit-on, qui constitue la garde, parce que jamais la Toison d'or ne pourrait être prise. [4] RAJEUNISSEMENT D'ÉSON. Quoi d'étonnant qu'Éson puisse rajeunir grâce à des herbes, puisqu'un serpent cuit pourrait produire le même résultat ? THÉSÉE. Tu peux décrire Thésée selon le sens historique, lui dont la vertu triomphe des pillards, des remparts, des monstres. [5] PIRITHOÜS ET THÉSÉE. Pirithoüs qui cherche à rejoindre le Tartare est appelé la vie active, mais Thésée qui cherche les cieux est la vie honorable,

Dum speculativa descendit preside tuta / Hercule gratatur palmaque fertur ei. De aconitis. Phisica testatur aconitum cautibus ortum / herbam mortiferam que quasi virus habet. [6] Mutationes huius libri sunt hee : dentes serpentis in armatos milites ; Eson de sene in iuvenem ; Aries in agnum ; ramus sicut in viridem ; Cerambus in avem ; Tyoneus in cervum ; Cee matres in iuvencas ; filia Alcidame in columbam ; puer Phillii in olorem ; Hyrie in aquam sui nominis ; Phocea, filia Hyemeli, in avem ; Ophias in avem ; nepos Cephesi in aquam ; Perhifas et Phineus com nepote Polidemonis in aves ; spuma Cerberi in venenum ; formice in Mirgondones ; mutatio belue et Lelape in lapides ; mors Procris a iaculo volatili, et sic terminabitur liber iste.

VII 1

Aplicatio Miniarum in terram Oete

Partem istam continuabimus precedenti particule sic dicentes : Ergo postquam tempus puerile concessit iuvente (VI 719), scilicet Deti et Calays, petiere prima carina per mare non notum (VI 721) ; com Miniis (720), sociis Iasonis, petierunt in qua vellera radianta villo lucido (VI 720) et, com essent in petitione Minie, secabant, dividebant, Iamque fretum (VII 1), mare, pupe (VII 1).

1-2*

1 fretum : mare ; Pegase : a Pegaso equo ibi picto ; pupe : nave ; secabant : dividebant. 2 perpetuaque : eterna et ; inopem : mestam ; nocte : cecitate.

VII 3

[1] Phineus habuit duos filios quos noverca crevit de coitu. Illi vero noluerunt consentire ei. Ipsa, timens accusari ab illis, eos accusavit erga patrem. Pater, offensus, eos privavit lumine. Dei autem in ultione huius facti eum pari pena pugnierunt : Arpias miserunt ut fedarent mensas eius. [2] Per regnum eius ivit Iason et quesivit viam. Phineus promisit ei dare unam columbam albam que eos duceret ad aureum vellus

---

Dum speculativa *Ghisalberti*] speculativa *ms.* gratatur] gratura *ms.* cautibus *Ghisalberti*] captibus *ms.* | 6 iuvenem *ex* iiuvenem *ms.* Cerambus] ceranibus *ms.* avem] annem *ms.* filia Alcidame] filicia civiede *ms.* | 1*tit.* Oete] Lete *ms.* | 1 petiere *ex* con miniis petiere *ms.* pupe] pupere *ms.* | 3.1 crevit] cuevit *ms.* noluerunt] voluerunt *ms.*

tandis que la vie spéculative descend en sécurité sous la conduite d'Hercule, qui est félicité et qui reçoit la palme. L'ACONIT. La physique enseigne que l'aconit qui pousse sur les rochers est une herbe mortelle qui contient une sorte de poison. [6] Les métamorphoses de ce livre sont les suivantes : les dents du serpent en soldats armés ; Éson de vieil homme en jeune homme ; le bélier en agneau ; le rameau comme reverdi ; Cérambe en oiseau ; le fils de Thyoné[12] en cerf ; les mères de famille de Cos en génisses ; la fille d'Alcidamas en colombe ; le fils de Phyllius en cygne ; Hyrié en eau qui porte son nom ; Périphas et Phéné avec la petite-fille de Polypémon en oiseaux ; la bave de Cerbère en poison ; les fourmis en Myrmidons ; pétrification de la bête et de Lélaps[13] ; mort de Procris frappée par le javelot rapide ; ainsi se termine ce livre.

VII 1

Les descendants de Minyas accostent sur la terre d'Eétès

Nous rattacherons cette partie à la petite partie précédente en disant : ERGO POSTQUAM TEMPUS PUERILE CONCESSIT IUVENTE (« Donc, quand le temps de l'enfance fit place à la jeunesse ») – il s'agit de Zétès et Calaïs, PETIERE PRIMA CARINA PER MARE NON NOTUM (« ils partirent sur le premier navire à travers la mer inconnue »), COM MINIIS (« avec les Minyens ») – les compagnons de Jason, ils partirent là où se trouvait VELLERA RADIANTA VILLO LUCIDO (« la toison radieuse au poil brillant ») et, comme ils étaient dans cette quête MINIE SECABANT (« les Minyens fendaient ») – séparaient, IAMQUE FRETUM (« déjà les flots ») – la mer, PUPE (« de leur poupe »).

VII 3

[1] Phinéus eut deux fils sur lesquels leur belle-mère eut des vues. Ils ne voulurent pas consentir à s'unir avec elle : aussi, craignant d'être accusée par eux, elle retourna contre eux l'accusation auprès de leur père. Le père, offensé, les priva de la lumière. Alors les dieux pour venger ce crime le punirent de la même peine : ils envoyèrent les Harpies souiller sa maison[14]. [2] Pendant son règne, Jason vint lui demander sa route. Phinéus promit de lui donner une colombe blanche qui les conduirait jusqu'à la Toison Dorée

12 Thyoné est la mère du cinquième Bacchus. Il s'agit en fait du fils du dieu Bacchus.
13 Chien de Céphale, cadeau de Procris.
14 Le texte dit « ses tables ». Il me semble que le pluriel entraîne une sorte de généralisation.

si fugarent Arpias, quas filii Boree, Zetus et Calays, fugaverunt usque ad portus qui post ea dicti sunt Strophades, a *Strophos*, quod est conversio, quia inde iuvenes reversi sunt ; et hoc est quod dicitur et est totum historicom.

3-6*

3 PHINEUS : proprium ; IUVENES : Zetus et Calays ; AQUILONE : Borea ; CREATI : geniti. 4 VIRGINEAS : Arpias ; VOLUCRES : aves ; SENIS : Phines ; FUGARUNT : fugaverunt. 5 -QUE : et ; PERPESSI : passi ; CLARO : famoso ; IASONE : rege ; TANDEM : ad ultimum. 6 LIMOSI : limopleni ; PHASIDIS : fluvii.

VII 7

PHRISEA, quia Phrisus et Helles fratres fuerunt et erant isti filii Stellenes, que deificata erat in celo, unde, com isti deberent pergere in regno Oete, illa misit eis quendam arietem ad transfretandum mare, et, com essent in medio maris, Helle cecidit in mari et Phrisus transfretavit similiter supra arietem, unde in honore illius facti mutatum fuit vellus illud in vellus aureum nec missi erant ultra mare nisi per exilium.
7* DUMQUE : quando ; ADEUNT : petunt ; REGEM : Oetam ; PHRISEA : a Phriso iuvene ; POSCUNT : interrogant.

VII 8

VOXQUE DATUR : Minie audierunt quod, si vellent habere vellus aureum, oporteret primo draconem insopitum dormire et postea dentes illius seminare et com hominibus armatis ex illis natis pugnare et terram com bobus indomitis et igneis arare inarabilem.
8* VOXQUE : responsum etiam ; HORRENDA : timenda.

VII 9

Rei veritas fuit totum quod Phrisus applicuit ad litus in navi in qua pictus erat aries et multum aurum secom attulit. Oeta recepit eum in domo sua, multum aurum dedit illi et navem in qua venerat, unde fictum est illum per arietem evasisse, et thesaurum illius ivit Iason quesitum.
9* INTEREA : tamdiu ; VALIDOS : magnos ; OETHIAS : Medea.

3* geniti] genti *ms.* | 4* Phines] plunes *ms.* | 7 quendam] quandem *ms.* | 9 fuit *ex* est fuit *ms.* Oeta *ex* Orta *ms.*

s'ils chassaient les Harpies, ce que firent les fils de Borée, Zétus et Calaÿs : ils les repoussèrent jusqu'aux ports qui pour cette raison furent appelés les Strophades, de στρόφος qui signifie « retournement », parce que les jeunes gens revinrent de cet endroit ; et ce qui est dit est entièrement historique.

VII 7

PHRISEA (« de Phrixus »), parce que Phrixus et Hellé étaient frère et sœur, enfants de Stelléné[15], qui avait été déifiée dans le ciel : aussi, comme ils devaient parvenir au royaume d'Eétès, elle leur envoya un bélier pour traverser la mer. Mais, alors qu'ils étaient au milieu de la mer, Hellé tomba à l'eau. Phrixus traversa sur le bélier ; en l'honneur de cela la toison de l'animal devint une Toison d'or. Ils n'avaient été envoyés de l'autre côté de la mer que pour être exilés.

VII 8

VOXQUE DATUR (« Sa réponse est donnée ») : les Minyens apprirent que, s'ils voulaient avoir la toison d'or, il leur fallait d'abord endormir le dragon qui ne dormait jamais, puis semer ses dents et combattre avec les hommes armés nés de ces dents, puis labourer une terre impossible à labourer avec des bœufs indomptables et crachant du feu.

VII 9

Il est totalement vrai que Phrixus se dirigea vers le rivage dans un vaisseau sur lequel était peint un bélier et emporta avec lui une grande quantité d'or. Eétès le reçut chez lui, lui donna une grande quantité d'or et le vaisseau dans lequel il était venu : c'est pourquoi on inventa qu'il s'était évadé grâce à un bélier. Et Jason alla chercher son trésor.

---

15 En réalité, Néphélé.

VII 10-13

Repugnatio Medee contra se ipsam ne amaret Iasona

Nolo amare Iasona quantum est de me, sed cupido mihi admovet ut amem illum.

10-19*

10 LUCTATA : certans ; DIU : longe ; RATIONE : aliqua ; FUROREM : ignem mentis. 11 VINCERE : superare ; FRUSTRA : invanum ; REPUGNAT : loquitur sibi ipsi. 12 DEUS : est qui ; OBSTAT : nocet ; AIT : dixit ; MIRUMQUE : est et. 13 AUT : est. 14 NAM : quia ; CUR : quare ; IUSSA : dicta ; PATRIS : mei Eote ; DURA : crudelia. 15 QUOQUE : certe ; DURA : crudelia ; NIMIS : valde ; CUR : quare ; QUEM : ille ; DENIQUE : in presenti. 16 PEREAT : moriatur ; TANTI : tam magni. 17 CONCEPTAS : captas ; PECTORE : in tuo. 18 INFELIX : 'o' ; ESSEM : in prima persona loquitur, mutando, ut inconstancia animi sui ‹hanc deducit›. 19 TRAHIT : ducit ; INVITTAM : me non volentem ; VIS : virtus ; ALIUD : unum ; -QUE : et ; CUPIDO : deus amoris.

VII 20-21

'Video bonum in commorando ; peiora sequor, alium adamando'.

20-23*

20 MENS : me. 21 DETERIORA : peiora ; QUID IN HOSPITE : quare modo se convertit in secunda persona, quasi aliene loqueretur ; VIRGO : 'o Medea'. 22 THALAMOS : maritagia ; CONCIPIS : cupis ; ORBIS : patrie. 23 HEC QUOQUE : ista certe ; TERRA : patria ; QUOD : illud ; AMAS : scilicet Iasona ; AN : vel.

VII 24

In ista terra sunt satis iuvenum, vel potest legi interrogative : 'ista TERRA POTEST DARE QUOD AMAS ?' Subintellige : non potest.

VII 24-25

'Posito quod non amarem eum, tamen mortem suam non debeo petere, ymo vitam', dicit Medea.

17* CONCEPTAS] COCEPTAS *ms.* | 18* inconstancia animi sui ‹hanc deducit›] inconstanciam animi sui *ms.*

VII 10-13

Médée débat avec elle-même pour ne pas aimer Jason

Je ne veux pas aimer Jason pour autant que cela dépend de moi, mais le désir me pousse à l'aimer.

18 ESSEM : elle parle à la première personne, en changeant selon les mouvements de son âme inconstante.

VII 20-21

Je vois le bien quand je m'arrête (à réfléchir) ; je poursuis le mal, en aimant un étranger.

VII 24

Sur cette terre il y a suffisamment de jeunes gens. On peut aussi lire la phrase de façon interrogative : « Cette terre peut-elle donner (un homme) à aimer ? » Sous-entendre : « Elle ne le peut pas. »

VII 24-25

« Admettons que je ne l'aime pas, je ne dois pas chercher sa mort pour autant, je dois vouloir sa vie au contraire », dit Médée.

24-25*

24 OCCIDAT : moriatur ; DIIS : deis. 25 VEL : etiam ; LICET : possum mihi ; ENIM : quia ; COMMISSIT : forefecit.

VII 26-27

'Neque mirum si hunc amo, quia de genere regio est ; iuvenis est fortis et pulcher, humilis et eloquens'.

26-27*

26 QUEM NISI CRUDELEM NON TANGAT IASONIS ETAS : crudelis esset qui etate sua non commoveretur. 27 GENUS : suum ; VIRTUS : sua ; QUEM : quamvis ; NON NUNC CETERA : non cetere virtutes ; DESINT : deficiunt.

VII 28

Quia in veritate ob amorem suum crudeliter vulneret.

VII 29

Mutatio continua animi Medee

'Quia tauri quibus arare debet terram flant ignem per nares'.
29* AT NISI : sed si non ; OPEM : auxilium ; TULERO : dedero ; AFFLABITUR : occidetur ; ORE : pulcritudine ; CERTE : dicet ; MOVIT : commovit.

VII 30

'Quia de dentibus serpentis nascentur homines armati qui erunt hostes sui et hunc occident'.
30* -QUE : et ; SUE : scilicet ; TELLURE : de terra ; CREATIS : natis.

VII 31

'Quia draco illum devoraverit cito, nisi auxulium tribuam'.

31-33*

31 HOSTIBUS : inimicis ; FERA : scilicet crudelis. 32 HEC : supradicta pericula ; TUM : tunc. 33 GESTARE : portare ; FATEBOR : dicam.

26-27 hunc] huc *ms.* | 26* TANGAT] TINGIT *ms.* | 30 de dentibus] dedetes *ms.* nascentur] vescentur *ms.* hunc] huc *ms.*

VII 26-27

« Il n'est pas étonnant que je l'aime, parce qu'il est de sang royal ; c'est un jeune homme courageux et beau, humble et éloquent. »

VII 28

Parce qu'en vérité il la blessait cruellement à cause de l'amour qu'elle avait pour lui.

VII 29

Médée change sans cesse de sentiment

« Parce que les taureaux avec lesquels il doit labourer la terre soufflent du feu par les narines. »

VII 30

« Parce que des dents du serpent naîtront des hommes en armes qui lui seront hostiles et le tueront. »

VII 31

« Parce que le dragon l'aura vite dévoré, si je ne lui apporte pas de l'aide. »

|f. 103v|

VII 34

Modo convertit se de eo quod superius dixerat, illum liberare.
34* CUR : quare ; EXPECTO : video ; PEREUNTEM : morientem ; OCULOS : me ; VIDENDO : quare non illum.

VII 35-36

'Ego omnia pericula terrigenarum taurorum et draconis deberem convertere contra eum'.

35-36*

35 CUR : quare ; EXORTOR : commoveo ; IN ILLUM : contra. 36 TERRIGENASQUE : terra genitos et ; FEROS : vivos ; INSOPITUM : indormientem.

VII 37-38

Quasi diceret : 'Ego istud non deberem precari quia potens sum ut liberem illum'.

VII 37

'Hoc non placeat deo, quod illum videam morientem'.

VII 38

Iterum se convertit ab amore Iasonis ad patrie amorem.

37-39*

37 QUAMQUAM : quamvis ; ISTA PRECANDA : ut liberetur. 38 MICHI : a me ; PRODAM : vel perdam ; NE : non quid ; PARENTIS : mei. 39 ATQUE : et ; OPE : auxilio ; ADVENA : alienus.

VII 40-41

'Quando liberavero eum, tunc me sumet, et abibit ut aliam acciperet in uxorem et ita proderet me'.

40-41*

40 SOSPES : sanus ; DET : tradat ; LINTHEA : vela. 41 VIRQUE : maritus et ; PENE : ad penam ; MEDEA : ego.

---

34 convertit] convertet *ms.* | 35* commoveo] commove *ms.* | 40-41 ut] et *ms.*

|f. 103 v|

VII 34

À ce moment-là elle revient sur ce qu'elle avait annoncé plus haut, qu'elle allait le libérer.

VII 35-36

« Je devrais échanger avec lui les dangers des taureaux nés de la terre et du dragon. »

VII 37-38

En d'autres termes : « Je ne devrais pas faire cette prière, parce que j'ai le pouvoir de le libérer. »

VII 37

« Le dieu n'aimerait pas que je le regarde mourir. »

VII 38

Elle revient à nouveau de l'amour de Jason à celui-ci de sa patrie.

VII 40-41

« Quand je l'aurai libéré, il me possèdera, puis s'en ira pour épouser une autre femme et me trahir. »

VII 42-43

'Si ita sit quod vellet supradicta facere, utinam moriatur'.
42* FACERE : potes ; POTEST : vel 'vult'.

VII 43

Ingratus dicitur ille, quicomque sit, qui est immemor beneficii accepti.

43-44*

43 OCCIDAT : moriatur ; IS VULTUS : talis similitudo ; IN ILLO EST : modo convertit se ad amorem Iasonis. 44 EA NOBILITAS : a parte generis ; ANIMO : suo ; EA : talis ; FORME : pulcritudinis sue, quia gracior est.

VII 45-46

De Medea

'Antequam ipsum liberem, affidabit me et iusiurandum faciet quod aliam non capiet'.

45-46*

45 UT TIMEAM : quod timere debeam. 46 FIDEM : suam ; IN FEDERA : in iusiurando.

VII 47-50

Modo loquitur in secunda persona, ut inconstancia animi sui hanc deducit.

47-50*

47 TUTA : secura ; ACCINGERE : para. 48 PELLE : remove. 49 FACE : teda ; SOLEMNI : nobili ; PELASGAS : Ecrocas. 50 SERVATRIX : Grecorum et Iasonis ; CELEBRABERE : honorabere.

VII 51

Modo se ipsam corrigit et castigat, de se faciendo loquelam.
51* GERMANAM : sororem ; FRATREM : meum ; PATREMQUE : Oetam et ; -QUE : et.

VII 52-53

RELINQUAM NEMPE ? : 'Sic et ecce ratio, quia pater meus durus est', et cetera.

43* amorem *ex* amoris *ms.* | 45-46 affidabit] ossidabit *ms.*

VII 42-43

« S'il advient qu'il veuille agir ainsi, fassent les dieux qu'il meure ! »

VII 43

On appelle ingrat quiconque se montre oublieux du bienfait qu'il a reçu.

VII 45-46

Médée

« Avant que je le libère, il me donnera sa foi et prêtera le serment qu'il n'épousera pas une autre femme. »

VII 47-50

À ce moment-là elle parle à la deuxième personne, comme l'y conduit l'inconstance de ses sentiments.

VII 51

À ce moment-là elle se corrige et se réprimande elle-même, en parlant d'elle-même.

VII 52-53

RELINQUAM NEMPE ? (« Je laisserai, n'est-ce pas ? ») : « Oui, et pour la raison suivante, parce que mon père est dur etc. ».

52-53*

52 ABLATA : rapta. 53 NEMPE : quia vel certe ; PATER : Oetas meus ; SEVUS : crudelis ; NEMPE : certe ; BARBARA : aliena ; TELLUS : terra.

VII 54

Et ita solvit ad illa que timebat deserere.
54* ADHUC : est ; STANT MECUM VOTA SORORIS : 'Quia quod volo, soror mea vult'.

VII 55-56

'Quodquid relinquam parvum est respectu illorum ad que tendo'.

55-57*

55 MAXIMUS : deus, id est cupido. 56 TITULUM : scilicet laudem ; PUPIS : navis ; ACHIVE : Grece. 57 -QUE LOCI : et quod sit iste locus ; OPIDA : castra ; QUORUM : opidorum.

VII 58

Quia in Grecia sunt castra nobilia et homines pulcri et studia optima.
58* QUOQUE : certe ; -QUE : et ; -QUE : et.

VII 59-60

Quasi diceret : 'Ego non vellem mutasse amicum meum com totis diviciis de mondo'.

59-60*

59 QUEM : Esonidem ; POSSIDET : habet ; ORBIS : mondus. 60 ESONIDEM : Iasona ; CONIUGE : Iasone ; FELIX : beata.

VII 61

'Quia, quando ero com amico meo, ego ero quasi dea et regina celi'.
61* GRATA : amata ; FERAR : dicar ; VERTICE : capite.

VII 62-63

Acroceronia sunt montes cornuti qui sunt in mari. Caribdis est aliud periculum quod vomit aquas et iterum potat.

54* quod] quo *ms.* soror *ex* secum soror *ms.*

VII 54

Ainsi elle se débarrasse de ce qu'elle craignait d'abandonner.
STANT (« se tiennent ») : parce que ce que je veux, ma sœur le veut.

VII 55-56

« Tout ce que je laisserai est peu de choses au regard des biens auxquels j'aspire. »

VII 58

Parce qu'en Grèce il y a de riches palais, de beaux hommes et les meilleures études.

VII 59-60

En d'autres termes : « Je ne voudrais pas changer mon ami contre toutes les richesses du monde. »

VII 61

« Parce que, quand je serai avec mon ami, je serai comme une déesse, comme la reine du ciel. »

VII 62-63

Les monts Acrocérauniens sont des monts cornus qui se trouvent en pleine mer. Charybde est un autre péril qui crache les eaux et les aspire à nouveau.

62-64*

62 QUID : est ; UNDIS : maris. 63 RATIBUSQUE : navis et ; CARIBDIS : periculum. 64 NUNC : aliquando ; FRETUM : mare ; NUNC : aliquando ; REDDERE : vomere ; CINCTA : lustrata ; SEVIS : crudelibus.

VII 65

Scilla est periculum in mari que cingitur canibus.
65* SCILLA : proprium ; SICULE : Sicilie ; PROFUNDO : mari.

VII 66

Quasi diceret : 'Quando ego in gremio amici mei, ego magis timebo de periculo illius quam mei'.

66-68*

66 NEMPE : certe ; AMO : ego. 67 FRETA : maria ; LONGUA : magna ; TRAHAR : ducar. 68 QUID : aliquid ; METUAM : timebo ; CONIUGE : marito.

VII 69

Modo castigat se quia dixerat de coniuge : 'O, putas quod amor sit coniugium ?'.
69* NE : nonquid ; SPECIOSAQUE : pulcra et ; CULPE : peccato.

VII 70

QUIN : modo se convertit se ipsam castigando.
70* IMPONIS : donas ; MEDEA : 'o' ; ASPICE : insuper ; QUANTUM : quam magnum.

VII 71

'In principio possem bene sanari'.
71* AGGREDIARE : incipias ; DUM : quamdiu.

VII 72-74

Quomodo Medea iterum mota fuit in amore Iasonis

IBAT : actor declarat in quo loco Medea habuit colloquium com Iasone et nobis demonstratur quod solo visu vivificatur amor, et hoc per Medeam.

72-74*tit.* mota] nota *ms.* | 72-74 loco] loquo *ms.*

VII 65

Scylla est un péril marin entouré de chiens.

VII 66

En d'autres termes : « Quand je serai dans les bras de mon ami, je craindrai les dangers pour lui plus que pour moi. »

VII 69

À ce moment-là elle se reproche d'avoir parlé d'époux : « Penses-tu donc que l'amour soit l'équivalent du mariage ? »

VII 70

QUIN (« Bien au contraire ») : à présent elle revient en arrière en se réprimandant elle-même.

VII 71

« En ce début je pourrais bien être soignée. »

VII 72-74

Comment Médée retomba dans l'amour de Jason

IBAT (« Elle allait ») : l'auteur décrit le lieu dans lequel Médée eut un entretien avec Jason, et nous démontre que l'amour est ranimé par la seule vue, en s'appuyant sur l'exemple de Médée.

72-75*

72 DIXIT : ita loquta est Medea ; OCULOS : mentis ; RECTUM PIETASQUE PUDOR : pro patria, pro amicis et pro se ipsa. 73 CONSTITERANT : simul steterant ; VICTA : superata ; CUPIDO : deus amoris. 74 IBAT : pergebat ; ANTIQUAS : veteres ; ECHATHOS : dee incantatorum. 75 QUAS : aras ; UMBROSUM : tegebat ; SECRETA : remota.

VII 76-77

Quia, solo visu illius amore, fuit mirabiliter concremata.

76-77*

76 ERAT : amor ; RESEDERAT : id est recesserat ; ARDOR : mentis sue. 77 ESONIDEM : Iasona.

VII 78-79

Hic tangitur modus amantium : visis amasiis, primo rubent, postea hoc pallescunt et iterum rubent pluries, et sic inconstancia coloris mentis inconstanciam manifestat.

78-85*

78 ERUBUERE : movere ; GENE : sue ; -QUE RECANDUIT ORE : et post palluit. 79 ALIMENTA : nutrimenta ; ASSUMERE : capere ; QUEQUE : quecomque. 80 INDUCTA : tecta. 81 VETERES : antiquas. 82 SIC : taliter ; LENIS : suavis ; QUEM : amorem ; PUTARES : si presens esses. 83 UT : quando ; IUVENEM : Iasona ; SPECIE : pulcritudine. 84 CASU : forte ; SOLITO : quam solet ; FORMOSIOR : pulcrior ; ESONE : Iason ; NATUS : quia aliquando homo meliorem dispositionem habet una vice quam alia. 85 LUCE : die ; POSSES : si tu esses ; IGNOSCERE : indulgere ; AMANTI : Medee propter furorem suum.

|f. 104r|

VII 86-87

Quia illum incessanter respiciebat ac si tunc primum illum cognosceret et videret.

73* steterant] stexerant *ms.* | 80* tecta] tecte *ms.* | 85* AMANTI *ex* AMANTIS *ms.*

VII 76-77

Parce que la seule vue de Jason la fit brûler d'un incroyable amour.

VII 78-79

Il est ici question du comportement des amants : à la vue de l'être aimé, ils rougissent d'abord, puis pâlissent, rougissent à nouveau, plusieurs fois. Ainsi les changements de couleur manifestent les changements de sentiments.
84 NATUS (« né ») : parce que parfois un homme a de meilleures dispositions à un moment qu'à un autre.

|f. 104r|

VII 86-87

Parce qu'elle le regardait sans cesse comme si elle le voyait pour la première fois ou le reconnaissait.

86-88*

86 SPECTAT : cernit ; IN VULTU : Iasonis ; TANQUAM : quasi ; TUM : tunc ; DENIQUE : primum. 87 LUMINA : oculos suos ; NEC : et non ; DEMENS : sine mente, ab amore vulnerata. 88 NEC : et non ; DECLINAT : movet ; ILLO : Iasone.

VII 89-90

Quomodo Iason promisit se ipsum Medee

Promisit illi Medee quod, si illum auxiliaretur, quod acciperet in uxorem. 'Per amorem si decipior, decipiar non iure'.

89-90*

89 UT : postquam ; CEPITQUE : incepit etiam ; DEXTRAMQUE : Medee et ; PREHENDIT : Iason cepit. 90 HOSPES : scilicet Iason ; SUBMISSA : tacita ; ROGAVIT : interrogavit.

VII 91

Hic tangitur modus amantium mulierum : quando fatentur se aliquem amare, tunc incipiunt lacrimari.

91-93*

91 -QUE TORUM : et maritagium ; ILLA : Medea ; PROFUSIS : ortis ; ut flerent oculos erudiverat suos. 92 NEC : et non ; VERI : veritatis. 93 SERVABERE : a morte.

VII 94-95

Echathes, scilicet Proserpine, que est dea magorum, et habet triplicem potestatem : illa est Dyana in silvis, luna in celo, Proserpina in Inferno.

94-96*

94 SERVATUS : tu ; DATO : fac. 95 ILLE : Iaso ; -QUE : et ; FORET : esset. 96 PATREM : per Phebum qui genuit Esona ; CERNENTEM : videntem ; CUNCTA : omnia ; FUTURI : venturi.

VII 97

Ecce quomodo Iason spondet iureiurando Medee quod hanc accipiet in uxorem.

89-90 auxiliaretur] auxilia rectori *ms.* | 91* Medea] Mede *ms.* erudiverat] erudiere *ms.* | 96* videntem] vidente *ms.*

VII 89-90

Comment Jason se promit à Médée

Il promit à Médée que, si elle l'aidait, il la prendrait pour femme. « Si je suis trompée par l'amour, je ne serai pas trompée par le droit. »

VII 91

Ici il est question de la façon dont aiment les femmes : quand elles avouent qu'elles aiment quelqu'un, elles se mettent à pleurer.

91 PROFUSIS (« répandues ») : sorties ; elle avait formé ses yeux à pleurer.

VII 94-95

Hécate, c'est-à-dire Proserpine, qui est la déesse des magiciens, et a un triple pouvoir : elle est Diane dans les forêts, la lune dans le ciel, Proserpine dans les Enfers.

VII 97

Voici comment Jason promet à Médée, en prêtant serment, qu'il la prendra pour femme.

97* EVENTUSQUE : per et ; ET TANTA : per quanta habet cavere.

VII 98-99

Iuramento accepto a Medea, sibi illa dedit herbas incantatas et usum edidicit Yason.

98-100*

98 CREDITUS : a Medea Iason ; CANTATAS : in(cantatas). 99 -QUE USUM : et illarum ; LETUS : gaudens ; TECTA : domos ; RECESSIT : perrexit. 100 POSTERA : crastina ; DEPULERAT : removerat ; MICANTES : splendentes.

VII 101-102

Quomodo Iason accepit tauros incaptabiles

Die crastina adveniente, qua prefixus erat terminus in quo Iason debebat rapere vellus aureum, omnes congregati sunt in campo ut viderent Iasona decertantem.

101-103*

101 CONVENIUNT : congregantur ; MAVORTIS : dei belli. 102 CONSISTUUNT : stant vel sedent ; IUGIS : montibus ; REX IPSE : Oeta. 103 AGMINE : consorcio ; PURPUREUS : purpura vestitus ; CEPTRO : virga regali ; INSIGNIS : nobilis ; EBURNO : ex ebore.

VII 104-105

Ecce quomodo oportuit Iasona com tauris igneis campum inarabilem arare.

104-105*

104 ADAMANTAEIS : duris sicut adamas. 105 ERIPEDES : es in pedibus habentes ; -QUE VAPORIBUS : et caloribus.

VII 106-109

Actor facit comparationem de sonitu flammarum inclusarum in bobus ad sonitum caminorum igne plenorum et ad sonitum calcis combuste, noviter aqua sparsa.

98-99 edidicit] ea didicit *ms.* | 99* LETUS] LECTUS *ms.* | 101* belli] pelli *ms.* | 106-109 facit] facit facit *ms.*

ET TANTA (« et par tant ») : par tous les dangers dont il doit se garder.

VII 98-99

Ayant reçu son serment, Médée donna à Jason des herbes enchantées et lui en apprit l'usage.

VII 101-102

Comment Jason affronta les taureaux imprenables

Le lendemain, qui était le jour fixé pour que Jason s'empare de la Toison d'or, tout le monde se rassembla sur le champ pour le voir combattre.

VII 104-105

Voici comment Jason dut labourer avec les taureaux crachant le feu la terre impossible à labourer.

VII 106-109

L'auteur compare le son des flammes contenues par les bœufs au son des fourneaux pleins de flammes et à celui de la chaux qui se consume, quand elle vient d'être aspergée d'eau.

106-114*

106 ARDENT : uruntur ; UTQUE : sicut et. 107 UBI : sicut ; SILICES : lapides ; SOLUTI : resolvi. 108 LIQUIDARUM : clararum. 109 PECTORA : taurorum ; SIC : taliter. 110 -QUE USTA : et cremata ; SONANT : re(sonant) ; ILLIS : bobus ; NATUS : Iason. 111 IT : pergit ; TRUCES : illi crudeles ; VENIENTIS : illius. 112 -QUE CORNUA : et sua. 113 PULVEREUMQUE : pulvere plenum et ; SOLUM : terra ; PEDE : suo. 114 -QUE : et.

VII 115

Tauris ita com impetu venientibus, omnes socii Iasonis timuerunt ne moreretur, sed medicamentis que sibi Medea tradiderat tutus erat.
115* METU : timore ; SUBITO : cito ; ILLE : Iason ; NEC : et non ; ULLOS : aliquos.

VII 116

Dicit actor ex parte sua : 'Medicamina Medee tantam contulerant potestatem'.

116-119*

116 SENSIT : percepit ; HANELATOS : calores ; MEDICAMINA : Medee. 117 -QUE : et ; AUDACI : secura ; PALEARIA : *fanons* gallice. 118 -QUE : et ; PONDUS : ponderosum. 119 INSOLITUM FERRO : non consuetum arari.

VII 120

Com ita Iason faceret, ut continetur.

120-121*

120 CLAMORIBUS : vocibus ; AUGENT : quia sibi dicebant : 'Vade audaciter'. 121 ADICIUNT : addunt ; ANIMOS : audaciam ; TUNC : postea ; SUMIT : capit.

VII 122

Dentes serpentis quomodo Yason seminavit

Com campum insolitum arasset, dentes unius serpentis hic existentis seminavit.
122* VIPEREOS : serpentinos ; SPARGIT : seminat ; AGROS : campos.

111* TRUCES] CRUCES *ms.* | 116* HANELATOS] HANELATUS *ms.* | 117* *fanons*] *favons ms.* | 122 existentis] existentibus *ms.*

VII 115

Comme les taureaux s'élançaient vers lui, tous les compagnons de Jason eurent peur qu'il ne meure, mais, grâce aux enchantements que Médée lui avait donnés, il était sain et sauf.

VII 116

L'auteur dit en aparté : tant étaient puissants les enchantements de Médée.

VII 120

Tandis que Jason agissait, comme le décrit le passage.
120 AUGENT (« accroissent ») : parce qu'ils lui disaient : « Allez, courage ! ».

VII 122

Comment Jason sema les dents du serpent

Comme il avait labouré le champ qui ne l'était pas d'habitude, il sema les dents d'un serpent qui vivait là.

VII 123-124

Mutatio dentium serpentis in homines armatos

Facit actor comparationem de dentibus serpentis vivificatis in terra ad puerum in utero matris formatum, tempore debito iam completo.

123-125*

123 SEMINA : dentes serpentis ; HUMUS : terra ; VALIDO : magno ; PRETINCTA : valde humida. 124 CRESCUNT : dentes ; FIUNTQUE : dentes et ; SATI : seminati. 125 UTQUE : sicut et ; SPECIEM : formam ; MATERNA : matris ; SUMIT : capit ; ALVO : ventre.

|f. 104v|

VII 126

PERQUE SUOS INTUS : secundum phisicos semen hominis sex primis diebus est in matrice quasi lac ; in nona die est quasi sanguis ; in decima die solidatur in sperma durum ; in decima et octava die accipit formam, unde versus : « Conceptum semen sex primis credo diebus. / Est quasi lac reliquisque novem fit sanguis et inde / id solidat duodena dies bis, nova deinceps / effigiat, tempus sequens producit ad ortum ».

126-129*

126 NUMEROS : dies numerabiles ; COMPONITUR : formatur. 127 NEC : et non ; MATURUS : completus. 128 SIC : taliter ; VISCERIBUS : interioribus ; GRAVIDE : ponderose ; TELLURIS : terre. 129 EFFECTA : facta ; FETO : fetibus pleno.

VII 130

Quia non est si de terra nati fuerunt, sed mirum est quod homines illi eodem momento quo nati fuerunt inceperunt bellare.

130-133*

130 -QUE : et ; SIMUL : pariter ; EDITA : nata ; CONCITAT : quatit ; ARMA : sua. 131 QUOS : natos ; UBI : postquam ; VIDERUNT : Pelasgi ; PREACUTE : valde acute. 132 HEMONII : Tebani ; IUVENIS : Yasonis ; TORQUERE : vertere. 133 METUQUE ANIMUM VULTUMQUE : timore etiam audaciam et.

123-124 vivificatis] vivificatos *ms.* | 126 sanguis[1]] si sanguis *ms.* octava] octima *ms.* | 130* CONCITAT *ex* CONCITA *ms.* | 132* Tebani] Tessabani *ms.* | 133* METUQUE *ex* METU *ms.*

VII 123-124

Les dents du serpent se changent en hommes armés

L'auteur compare les dents du serpent qui ont pris vie dans la terre à un enfant qui s'est formé dans le ventre de sa mère, une fois que le temps nécessaire est accompli.

|f. 104v|

VII 126

PERQUE SUOS INTUS (« et à travers ses (membres) à l'intérieur ») : selon les physiciens, la semence de l'homme dans la matrice ressemble les six premiers jours à du lait ; le neuvième jour elle prend l'aspect du sang ; le dixième elle se solidifie en sperme dur ; le dix-huitième jour elle reçoit une forme, d'où les vers : « Je crois que la semence se forme pendant les six premiers jours. Elle ressemble à du lait. Puis, les neuf jours suivants elle devient du sang. Ensuite elle se solidifie pendant vingt-quatre jours, et une nouvelle forme se crée, qui à la période suivante parvient jusqu'à la naissance. »

VII 130

Parce qu'il n'est pas étonnant qu'ils soient nés de la terre, mais il est étonnant que ces hommes aient commencé à se battre au moment même où ils venaient de naître.

VII 134

Quamvis dixit ei quod non timeret et armasset eum ad prelia, tamen timuit, quia solus erat contra plures.

134-136*

134 IPSA : Medea ; QUOQUE : similiter ; TUTUM : securum ; ILLUM : Yasona. 135 UTQUE : postquam ; IUVENEM : Yasona ; UNUM : solum. 136 PALLUIT : timore ; SANGUINE : pallida.

VII 137-138

Medea, timens quod gramina que Yasoni dederat parum virtutis haberent, per carmina sua invocabat deos communiter ut auxilium Yasoni commodarent.

137-138*

137 NEVE : quod non ; GRAMINA : herbe. 138 CANIT : dicit ; -QUE : et ; ARTES : magorum.

VII 139

Quia per quendam lapidem quem accepit prelium fecit mutari graviter inter illos.

139-140*

139 ILLE : Yason ; GRAVEM : ponderosam ; SILICEM : lapidem ; IACULATUS : iactavit ; HOSTES : terrigenas. 140 A SE : de ; DEPULSUM : remotum ; MARTEM : prelium ; IN IPSOS : fratres terrigenas.

VII 141

Interfectio terrigenarum a se ipsis

141* PEREUNT : moriuntur.

VII 142-143

Exultatio Myniarum

Com occisi essent illi, letantur socii Iasonis et pre gaudio eius nexibus concurrebant.

---

134 ei] eo *ms.* | 139 quendam] quandem *ms.* | 139* iactavit] lactant *ms.* terrigenas] terrigena *ms.* | 140* MARTEM *ex* MATREM *ms.*

VII 134

Bien qu'elle lui eût dit de ne pas avoir peur, bien qu'elle l'eût armé pour le combat, pourtant elle eut peur, parce qu'il était seul contre un grand nombre.

VII 137-138

Médée, craignant que les herbes qu'elle avait données à Jason n'aient pas une vertu suffisante, invoquait tous les dieux ensemble par ses incantations, pour qu'ils apportent leur aide à Jason.

VII 139

Parce qu'il ramassa une pierre (qu'il leur jeta), et retourna leur violent combat contre eux-mêmes.

VII 141

Les hommes nés de la terre s'entretuent

VII 142-143

Joie des Minyens

Après la mort de ces hommes, les compagnons de Jason, emplis de joie, accouraient pour le serrer dans leurs bras.

142-143*

142 CIVILIQUE : ad modum civium ; CADUNT : moriuntur ; GRATANTUR : letantur ; ACHIVI : Greci. 143 VICTOREMQUE : Yasona et ; AVIDISQUE : cupidis et.

VII 144

[1] Medea secundum quosdam et quandam expositionem dicitur ipsa sapientia, a *medeor-eris*, quia anime medetur, unde Yasona adamavit. Yason interpretatur intelligens, com ipse Iason queret vellus aureum, id est summitatem scientie. [2] Medea, ipsa scientia, adamavit, sed quod multum renuit illum amare, nichil est nisi quod in acquisitione scientie maxima pena toleratur. [3] Tum iste Yason terram inarabilem, scilicet opinionem plurium, bobus, id est exemplis, igneis et ferocibus, id est elucidis et fortibus, aravit, id est solvit, dentes serpentis, id est propositiones et questiones plurimas scientie seminavit, inde sunt nati homines armati, id est clerici instructi qui contra eum preliaverunt, id est disputaverunt. [4] Tantum iecit inter eos lapidem, id est argumentum difficile, per quem lapidem, id est argumentum, eos devicit, et illi per eius sentenciam adinvicem disputaverunt et sese confutaverunt. [5] Ille vero drachonem insopitum, id est similiter argumentum insolubile et aliud a primo sopivit, id est solvit herba, id est vividis rationibus. [6] Quod dicitur quod habebat tres cristas et tres linguas, nichil nisi propter tres propositiones, scilicet maiorem, minorem et conclusionem. Tunc vellus aureum habuit, id est magnam famam, et aurum preciosiorem, et Medeam sapientiam per mare portavit, id est per patriam suam. [7] Quia dicitur quod Medea Esonem vivificavit iuvenem de sene, nihil nisi quod sapientia sua magistrum suum qui eum docuerat herbis et vivacibus rationibus ab antiqua et inutili opinione ad novas rationes, fractis suis erroribus, hic reduxit. Socii sui erant discipuli. [8] Totum reliquum de materia dicitur fabulose.

144-145*

144 QUOQUE : similiter ; VICTOREM : Yasona ; BARBARA : aliena Medea. 145 OBSTITIT : nocuit ; INCEPTO : principio.

144.1 queret] que et *ms.* | 144.2 nichil] quid(?) *ms.*

VII 144

[1] Médée selon certains et selon une certaine exposition, est dite la sagesse en personne, du mot *medeor, eris* (« soigner »), parce que la sagesse soigne l'âme. Elle aima Jason. Jason est interprété comme l'homme intelligent, parce que Jason cherchait la Toison d'or, c'est-à-dire le summum de la science. [2] Médée, la science en personne, l'aima, mais, dit-on, elle repoussa longtemps cet amour : cela revient à dire que, pour acquérir la science, il faut supporter de très grandes souffrances. [3] Alors ce Jason laboura, c'est-à-dire démêla, une terre impossible à labourer, c'est-à-dire l'opinion du plus grand nombre, avec des bœufs, c'est-à-dire des exemples, féroces et qui crachaient du feu, c'est-à-dire solides et clairs ; il sema les dents du serpent, c'est-à-dire les nombreuses propositions et questions de la science, et des hommes en armes en naquirent, c'est-à-dire des clercs instruits qui luttèrent contre lui, c'est-à-dire débattirent avec lui. [4] Enfin il jeta entre eux une pierre, c'est-à-dire un argument difficile, et par cette pierre, c'est-à-dire par cet argument, il les vainquit, car ils se disputèrent mutuellement à cause de sa sentence, et se confondirent les uns les autres. [5] Mais lui endormit le dragon qui ne dormait jamais, c'est-à-dire démêla de la même façon un argument et un autre encore, qui étaient insolubles depuis l'origine, par une herbe, c'est-à-dire par des raisons vigoureuses. [6] Dire que le dragon avait trois crêtes et trois langues revient à dire qu'il y a trois propositions, la majeure, la mineure et la conclusion. Jason s'empara alors de la Toison d'or, c'est-à-dire acquit une grande renommée, et l'or le plus précieux, puisqu'il emporta Médée – la sagesse – à travers la mer, c'est-à-dire à travers sa patrie. [7] Dire que Médée rendit au vieil Éson sa jeunesse revient à dire que par sa sagesse celui-ci ramena le maître qui l'avait instruit sur les herbes – les raisonnements vigoureux –, d'une opinion ancienne et inutile, vers des raisons nouvelles, après avoir détruit ses erreurs. Ses compagnons étaient ses disciples. [6] Tout le reste de la matière peut être dit fabuleux.

VII 146

Modo convertit actor sermonem suum ad Medeam dicens quod, nisi dedecus obstasset, Yasona libentissime basiasset.

146-148*

146 (145T) NE : quod non ; FACERES : veheres ; REVERENTIA : dubium. 147 QUOD LICET : quantum potes ; LETARIS : gaudes. 148 CARMINIBUS : tuis incantationibus ; ACTORIBUS : factoribus ; HORUM : carminum.

VII 149-151

Ecce tercium, quia Yason dabat sopire drachonem insoporabilem, quod fecit, sicut in littera continetur, et post rapuit vellus pireum, ut inferius continetur.

149-151*

149 PERVIGILEM : perfecto ; SUPEREST : remanet ; SOPIRE : dorminationem dare. 150 QUI : draco ; PRESIGNIS : nobilis ; UNCIS : curvis. 151 HORRENDUS : timendus.

VII 152

De drachone insopitabili.

152-155*

152 HUNC : draconem ; LETHEI : obliviosi ; GRAMINE : herba. 153 VERBA : incantationes ; TER DIXIT : tribus vicibus ; SOPNOS : dormitationem. 154 QUE : verba ; TURBATUM : commotum ; QUE : verba ; CONCITA : commota ; SISTUNT : stare fuerunt. 155 SOMPNUS : dormitio ; IGNOTOS : cognitos ; UBI : postquam.

VII 156

Raptus velleris aurei

VII 156-163

Leticia Atheniensium

Regresso Yasone com vellere aureo et sociis suis, similiter Greci inceperunt letari et pro gaudio nimio deis sacrificia plurima obtinerunt, et Eson, pater Yasonis, non erat propter suam nimiam senectutem.

146* veheres] vecteres *ms.* | 147* gaudes *ex* gaudges *ms.* | 155* SOMPNUS *ex* SOMPNIS *ms.* | 156-163*tit.* Atheniensium] Anthemensium *ms.*

VII 146

À ce moment-là l'auteur tourne son récit vers Médée, disant que, si la honte ne l'avait pas retenue, elle aurait très volontiers embrassé Jason.

VII 149-151

Voici la troisième épreuve, parce que Jason devait endormir le dragon qui ne dormait jamais, ce qu'il fit, comme le récit le raconte. Ensuite il s'empara de la Toison de feu, comme il est écrit.

VII 152

Le dragon qui ne dormait jamais

VII 156

Jason s'empare de la Toison d'or

VII 159-163

Liesse des Athéniens

Au retour de Jason et de ses compagnons avec la Toison d'or, les Grecs aussi se mirent à se réjouir, et dans l'excès de leur joie ils instituèrent de nombreux sacrifices pour les dieux. Mais Éson le père de Jason n'y assistait pas à cause de sa trop grande vieillesse.

156-163*

156 HEROX : Yason. 157 ACTOREM : vel auctorem, scilicet Medeam; SPOLIA : scilicet. 158 VICTOR : superator; CICROPIOS : Athenienses vel Tebanos a Cicrope; CONIUGE : Medea; qui regnavit inter Thebanos et Troianos vel Athenienses. 159 HEMONIE : Athenienses; NATIS : filiis. 160 GRANDEVIQUE : antiqui et; CONGESTAQUE : congregata et. 161 INDUCTAQUE : vestita et. 162 VICTIMA : sacrificium; ABEST : deficit; GRATANTIBUS : letantibus; ESON : proprium. 163 LETO : morti; FESSUSQUE : lassus et.

VII 164-168

Oratio Iasonis ad Medeam

'Quia per te aureum vellus rapui, hostes devici, boves igneos superavi, et in veritate tibi non possem talia reddere que fecisti adhuc. Oportet quod tu facias reiuvenescere patrem meum'.

164-169*

164 COM : ait; SIC : taliter; ESONIDES : Yason; SALUTEM : totius vite mee. 165 CONFITEOR : dico; CONIUNX : Medea; QUAMQUAM : quamvis; CUNCTA : omnia que habeo. 166 SUMMA TUORUM : multitudo; 'vix possent credi que fecisti'. 167 QUID : parenthesis; ENIM : quia; GRAMINA : herbe. 168 DEMPTOS : remotos; PARENTI : patri meo Esoni. 169 NEC TENUIT : et non Yason flebat; MOTA : Medea; PARENTIS : loquentis.

VII 170

DISSIMILEM, quia Yason amabat patrem suum et Medea diligebat Oetam, et ita Oeta SUBIIT DISSIMILEM ANIMUM Medee; vel SUBIIT Medee, scilicet ANIMUM DISSIMILEM animo quem habuit quando suum patrem reliquit, quia forte mota fuit in pietate super illum; vel DISSIMILEM animo suo priori in hoc, quod plus habuit pietatem de Esone, patre Yasonis, quam de Oeta carnaliter patre suo.

170* -QUE : et.

VII 171

NEC TAMEN, quamvis haberet pietatem, TAMEN CONFESSA FUIT AFFECTUS, scilicet patrem suum se velle reiuvenescere.

156* HEROX] HROX *ms.* | 158* Thebanos] Theban *ms.* | 170 SUBIIT[1]] subii *ms.*

VII 164-168

Prière de Jason à Médée

« Parce que c'est grâce à toi que je me suis emparé de la Toison d'or, que j'ai vaincu mes ennemis, triomphé des bœufs qui crachaient du feu, et qu'en vérité je ne pourrais pas te rendre ce que tu as déjà fait. Mais il faut que tu rendes la jeunesse à mon père. »

VII 170

DISSIMILEM (« différent »), parce que Jason aimait son père et que Médée aimait Eétès, et ainsi Eétès SUBIIT DISSIMILEM ANIMUM (« surgit dans l'âme changeante ») de Médée ; ou SUBIIT (« surgit ») en Médée, c'est-à-dire ANIMUM DISSIMILEM (« dans son esprit changeant »), à l'état d'esprit qui était le sien quand elle quitta son père, parce qu'elle fut peut-être émue de pitié à son égard : ou DISSIMULEM (« différent ») de l'état d'esprit antérieur, en ce sens qu'elle eut plus de pitié pour Éson, le père de Jason, que pour Eétès, son père charnel.

VII 171

NEC TAMEN (« Pourtant (elle) ne ») : malgré sa pitié, TAMEN CONFESSA FUIT AFFECTUS (« pourtant elle (ne) confessa (pas) ses sentiments »), c'est-à-dire qu'elle voulait rajeunir son père.

171-173*

171 NEC : et non ; AFFECTUS : voluntatem ; INQUIT : dixit. 172 EXCIDIT : processit ; ORE : 'o marite' ; CUIQUAM : alicui. 173 TRANSCRIBERE : transmutare.

|f. 105r|

VII 174

Quasi diceret : 'ECATHE, que est dea magorum, NON SINAT HOC, quod ego demam aliquid de tuis annis ut dem patri tuo nec econverso'. SED ISTO : 'Sed ego maiora quam petis tibi dabo, quia faciam patrem tuum reiuvenescere arte mea'.
174* SINAT : desinat ; HOC : fieri ; ECHATHE : dea magorum ; NEC : et non ; TU : 'o Yason' ; EQUA : iusta.

VII 175-178

De pacto Medee com Yasone quod patrem faceret iuvenescere.

175-178*

175 EXPERIAR : tentabo ; MUNUS : donum ; IASON : 'o'. 176 ARTE : sapientia ; SOCERI : Esonis ; EVUM : etatem. 177 REVOCARE : reiuvenescere ; MODO : ad presens ; TRIFORMIS : Echathe. 178 ADIUVET : me ; INGENTIBUS : magnis ; AUSIS : audacibus.

VII 179-181

Quomodo Medea quesitum perrexit herbas

Describit actor per cronographiam tempus in quo Medea incepit querere herbas quibus posset Esonis corpus in iuventute reducere competenter, et dicit quod hoc fuit in plenilunio vel eo circa.

179-181*

179 ABERANT : deficiebant ; CORNUA : lune ; COHIRENT : iungerentur. 180 -QUE ORBEM : et rotunditatem ; FULSIT : resplenduit. 181 SOLIDA : perfecta ; SPECTAVIT : vidit.

VII 182-183

Ecce demonstratio quo habitu Medea ivit inquisitum herbas quibus Eson iuvenis ageretur.

---

174 tuum] suum *ms.* | 182-183 inquisitum *ex* insiquisitum *ms.*

|f. 105r|

VII 174

En d'autres termes : « Qu'ECATHE (« Hécate »), qui est la déesse des magiciens, NON SINAT HOC (« ne permette pas cela »), que j'ôte quelque chose de ta vie pour le donner à ton père, ni l'inverse ». SED ISTO (« Mais à cela ») : « Mais je te donnerai plus que tu ne demandes, parce que par mon art je rendrai sa jeunesse à ton père. »

VII 175-178

Médée promet à Jason de faire rajeunir son père.

VII 179-181

Comment Médée partit chercher des herbes

L'auteur établit chronologiquement le moment où Médée commença à chercher les herbes par lesquelles elle pourrait ramener de manière appropriée le corps d'Éson à la jeunesse, et il dit que c'était lors de la pleine lune, ou aux environs de la pleine lune.

VII 182-183

Voici la description de la manière dont Médée alla chercher les herbes par lesquelles Éson serait rajeuni.

182-183*

182 EGREDITUR : Medea ; TECTIS : domibus ; RECINCTAS : laxatas. 183 NUDA : Medea, dico ; HUMERIS : sui ; INFUSA : dispersa.

VII 184

MUTA dicuntur NOCTIS SILENTIA propter dormitationem noctis et pacificationem cure humane.

184-185*

184 FERT : ducit. 185 INCOMITATA : sine consortio ; GRADUS : iter suum ; VOLUCRES : aves ; FERAS : animalia.

VII 186

Serpendo vadit propter naturam serpentum.

186-188*

186 SOLVERAT : involverat ; ALTA : profunda ; ULLO : non ullo ; MURMURE : tumultu. 186 (186aT) SOPITO : dormienti ; NULLO : non ullo ; MURMURE : tumultu. 187 -QUE : et ; SILENT : tacent ; FRONDES : rami ; SILET : tacet ; HUMIDUS AER : propter cursum lune que naturaliter est planeta humidus et nocte videtur resplendere. 188 SIDERA : stelle ; MICANT : splendent ; AD QUE : sidera ; TENDENS : Medea.

VII 189

TER : tribus vicibus ; hic tangitur modus incantantum ter deos suos deprecantium et ter signa sua utrobique et omnia facientium.
189* TER SUMPTIS : tribus vicibus captis ; FLUMINE : aqua ; CRINEM : capillos suos.

VII 190

Quia ter, ut in corpore suo aer sacrum acciperet, ora sua apperuit et per consequens genua flexit et orationem incepit, ut in littera continetur.

190-191*

190 IRRORAVIT : aspersit ; TERNISQUE : triplicibus ; ORA : sua. 191 SOLVIT : apparuit ; SUBMISSO : incurvato ; POPLITE : genu.

187* resplendere] re *ms.* | 190 aer] aera *ms.* acciperet] accipere *ms.* | 191* incurvato] in ?ato *ms.*

VII 184

MUTA (« muets ») sont dits NOCTIS SILENTIA (« les silences de la nuit »), à cause du sommeil nocturne et de l'apaisement des soucis humains.

VII 186

Elle se déplace en rampant, comme le font naturellement les serpents. 187 À cause de la course de la lune qui est naturellement une planète humide et semble resplendir la nuit.

VII 189

TER (« trois fois ») : à trois reprises ; il est ici question de la façon dont ceux qui prononcent les formules magiques prient trois fois leurs dieux et font trois fois leurs signes et leurs gestes d'un côté et de l'autre.

VII 190

Parce que, pour recevoir dans son corps l'air sacré, elle ouvrit trois fois la bouche, puis fléchit le genou et commença à prier, comme le texte le décrit.

VII 192-219

Oratio Medee

192* AIT : dixit ; ARCHANIS : secretis ; QUEQUE : quecomque.

VII 193

Ecce invocatio Medee ad deos plurimos ut interesse in sui auxilio dignarentur.

193* IGNIBUS : splendoribus ; ASTRA : sidera.

VII 194

Achathe dicitur habere triplicem potestatem, quia secundum quosdam dicitur Dyana in silvis, luna in celo ; dicitur Proserpina apud inferos vel Echathe etiam dicitur dea magorum per se, et triplex propter hoc, quod virtus verborum consistit internis loqutionibus et coniurationibus in hiis factis.

194-197*

194 TUQUE : 'o et' ; CEPTIS : inceptis. 195 ADIUTRIX : auxiliatrix ; CANTUS : 'o vos' ; ARTESQUE : 'o' ; MAGORUM : incantatorum. 196 QUEQUE : et ; MAGOS : incantatores ; TELLUS : 'o terra' ; POLLENTIBUS : optimis ; INSTRUIS : doces. 197 AUREQUE : 'o et' ; VENTI : 'o' ; -QUE : et ; ANNESQUE : 'o' ; LACUSQUE : 'o'.

VII 198

ADESTE : 'Vos qui tanti estis, veniatis, ut presentes sitis incantationibus meis et operibus meis que incepi'.

198* DIIQUE OMNES : 'o, et ita quod omnes assint' ; DIIQUE : 'o, ita quod omnes assint'.

VII 199-200

Quasi dico : 'Quando volo, tonitrua moneo et pacifico, et, quando volo, mare conturbo et pacifico, et nubes removeo et induco et similiter ventos'.

199-200*

199 QUORUM : deorum supradictorum ; COM : quando ; RIPPIS : et ; ANNES : aquas. 200 REDIERE : iter perrexere ; CONCUSSA : commota.

---

193 interesse] interessem *ms.* | 198 incepi *ex* incepit *ms.*

VII 192-219

Prière de Médée

Voici l'invocation de Médée à plusieurs dieux pour qu'ils daignent lui venir en aide.

VII 194

Hécate a, dit-on, un triple pouvoir, puisque selon certains elle est appelée Diane dans les forêts, et lune dans le ciel ; elle est appelée Proserpine dans les Enfers, ou aussi Hécate, déesse des magiciens, par les magiciens eux-mêmes ; et on la dit triple parce que la force des mots repose sur les paroles intérieures et sur leur association dans ces actions.

VII 198

ADESTE (« Assistez-moi ») : « vous tous, autant que vous êtes, venez, pour être présents lors de mes enchantements et des actes que j'ai commencés. »

VII 199-200

En d'autres termes : « Quand je le veux, j'appelle les tonnerres et je les apaise, je trouble la mer et je l'apaise, je dissipe les nuages et je les amasse, et je fais de même pour les vents. »

VII 201-204

[1] Quasi dicat : 'Ego possum occidere solis carminibus meis', et hoc dicit homo quod solum per carmina sua possunt occidere incantatores homines. [2] VIVAQUE, et similiter dicit Medea : 'Ego saxa nativa ad me convoco per carmina mea'.

201-204*

201 CONCUTIO : commoneo ; CANTU : incantatione. 202 NUBILAQUE : nubes et ; INDUCO : adduco ; ABIGOQUE VOCOQUE : removeo et induco. 203 VIPEREAS : serpentinas ; RUMPO : lacero ; VERBIS : meis ; CARMINE : incantatione ; FAUCES : genas. 204 -QUE : et ; TRAHO : ad me ; CONVULSA : remota ; TERRA : de.

VII 205

'Ego carminibus meis ad me impossibilia ab aliis trahi adduco'.

205-206*

205 MOVEO : com(moveo) ; IUBEOQUE : dico et. 206 MUGIRE : iubeo ; MANES : animas ; SEPULCRIS : tumbis.

VII 207-208

Solebat adesse apud Corimbantes quod, quando luna paciebatur eclisim, quod com tympanis et aliis instrumentis tumultum faciebant, et hoc ne luna pateretur eclypsim propter vitantium voces, quia sibi videbatur quod incantatores hunc defectum capere faciebant, et tum dicit Medea : 'Quamvis ita faciant, ego te defectum pati cogo'.

207-209*

207 QUOQUE : similiter ; LUNA : 'o' ; CONCUSSA : impulsa. 208 CURRUS : lune ; QUOQUE : similiter ; CARMINE : incantatione. 209 AC : et ; VENENIS : incantationibus venenosis.

VII 210

'Vos qui tales estis, EBETAVISTIS' ; respicit ad illum supradictum de victoria Yasonis et de raptu velleris aurei.

201-204 convoco] convoca *ms.* | 207-208 adesse] addesse *ms.* paciebatur] paciebantur *ms.*

VII 201-204

[1] Autrement dit : « Je peux tuer par mes seules incantations ». L'on dit que les enchanteurs peuvent tuer par leurs seules incantations. [2] VIVAQUE (« et tout vifs ») : Médée dit de la même façon « Par mes incantations j'appelle à moi les rochers loin de leur lieu naturel. »

VII 205

« Par mes incantations j'attire vers moi ce que les autres hommes ne peuvent transporter ».

VII 207-208

La lune d'habitude assistait les Corybantes parce que, quand la lune subissait une éclipse, ils frappaient bruyamment sur leurs tambours et autres instruments, pour que la lune ne subisse pas cette éclipse grâce aux cris de ceux qui cherchaient à l'éviter : il leur semblait en effet que les enchanteurs étaient responsables de cette disparition ; c'est pourquoi Médée dit : « Quoi qu'ils fassent, je te force à subir cette disparition. »

VII 210

C'est vous, tels que vous êtes, qui EBETAVISTIS (« avez émoussé ») : elle fait référence au récit ci-dessus de la victoire de Jason et du vol de la Toison d'or.

210-216*

210 TAURORUM : eripedum ; FLAMMAS : calores ; HEBETASTIS : removistis ; UNCO : curvo. 211 HAUT : non ; COLLUM : boum. 212 SERPENTIGENIS : serpente genitis ; IN : inter ; FERA : crudelia. 213 CUSTODEMQUE : drachonem et ; RUDEM : quia dormire ; SOMPNO SOPISTIS : non noverat dormire ; AURUM : fecistis. 214 VINDICE : custode ; GRAIAS : grecas ; URBES : civitates. 215 QUOS : succos. 216 FLORES : iuventutis ; PRIMOSQUE RECOLLIGAT : iuvenes et iter capiat.

VII 217

'Bene sentio per signa exteriora quod vos mihi dabitis quod ego peto, quia bene cognosco per stellas', et cetera.

217-218*

217 NEC : et non ; ENIM : certe ; MICUERUNT : splenduerunt ; FRUSTRA : invanum. 218 FRUSTRA : invanum ; CERVICE : vertice.

VII 219
Raptus Medee in curru drachonum

|f. 105v|

ADERAT : in rei veritate dicit Ovidius ex parte sua : 'Hic advenit quidam currus quem serpentes ducebant'.

219-221*

219 ADEST : venit ; DEMISSUS : desuper missus. 220 QUO : curro ; SIMUL : postquam ; -QUE : et. 221 MANIBUS : suis.

VII 222

TEMPE : loca delectabilia et nomen neutrum plurale et indeclinabile tantum.

222-223*

222 SULLIMIS : alta ; RAPITUR : ducitur ; SUBIECTAQUE : subdita et ; THESALA : valles. 223 DESPICIT : desuper aspicit ; CRETIS : Cretensibus ; APPLICAT : ducit ; ANGUES : serpentes.

214* GRAIAS] GRABAS *ms.* | 217 quia] qi *ms.* | 222* subdita] subdicta *ms.*

VII 217

Je sens bien par des signes extérieurs que vous me donnerez ce que je demande, parce que je le reconnais bien par les étoiles, etc.

VII 219

Médée est emportée dans un char conduit par des dragons

|f. 105v|

ADERAT (« Il y avait près d'elle ») : en vérité, dit Ovide en aparté, un char conduit par des serpents arriva à cet endroit.

VII 222

TEMPE (« Tempé ») : un lieu de délices. Le nom existe seulement au neutre pluriel, il est indéclinable.

VII 224-231

Numeratio herbarum quas Medea collegit

Medea collegit herbas que crescebant in istis montibus nominatis. OSSA est mons Thesalie qui quinque montes continet nominatos. PARTIM : in aliquibus tantum suffecit radix, in aliquibus tantum truncus et folia, in aliquibus utrumque. ERIDANI : enumeratis multis locis, enumerat flumina.

224* ET QUAS : collegit herbas ; OSSA : mons ; TULIT : portavit ; PELION : mons.

VII 225

OLIMPUS derivatur ab *olon*, quod est totum, et *lampos*, quod est ardens, quasi 'totus in ardore' ; populis sui magnitudine videtur coniungi soli.

225-230*

225 OTRIX : mons ; PINDUS : mons ; OLIMPUS : mons. 226 PROSPICIT : cernit, eligit ; PARTIM : parte ; REVELLIT : removet. 227 FALCIS : instrumenti. 228 MULTA : gramina ; QUOQUE : similiter ; PLACUERUNT : Medee. 229 QUOQUE : similiter ; AMPHRISI : flumen ; NEC : et non ; INMUNIS : sine munere ; ENIPHEU : 'o, flumen'. 230 NECNON : insuper ; PENEYDOS : flumen ; NECNON : insuper ; PARCHEYDOS : flumen.

VII 231

Ubi Phebe colitur vel Phebus ; insula in qua iunci crescunt, quia limosa est. VIVAX (232) dicit quod mutat et auget vitam comedenti.

231* CONTRIBUERE : Medee ; IUNCOSA : plena iuncis ; PHEBES : illius paludis.

VII 232-233

NUNDUM EMBOICA : est insula in qua Glaucus, ut inferius continetur, mutatus fuit ; alio modo dicitur Anthedon, et gramen per quod mutatus fuit non erat adhuc cognitum, tamen Medea illud collegit et ad ultimum, mutato Glauco in deo marino, illud populi cognoverunt.

---

225 populis] populi *ms.* magnitudine] magnitudinem *ms.* | 226* cernit] cernis *ms.* | 231* iuncis] mentis *ms.* | 232-233 mutato Glauco] glauco mutato glauco *ms.*

VII 224-231

Énumération des herbes cueillies par Médée

Médée cueillit les herbes qui poussaient dans les montagnes qui sont nommées à cet endroit. OSSA (« l'Ossa ») est un mont de Thessalie, où se trouvent les cinq montagnes nommées là. PARTIM (« en partie ») : dans certaines plantes la racine suffit, dans d'autres il faut seulement la tige et les feuilles, et dans d'autres il faut l'ensemble. ERIDANI (« de l'Éridan ») : parmi les nombreux endroits énumérés se trouvent les fleuves.

VII 225

OLIMPUS (« l'Olympe ») : le mot vient de *olon*[16], qui signifie « tout », et *lampos*[17], qui veut dire « brûlant », pour ainsi dire « tout en feu » : sa taille donne l'impression aux gens qu'il rejoint le soleil.

VII 231

Là où Phébé et Phébus sont honorés ; une île sur laquelle poussent des joncs car elle est marécageuse. Il dit VIVAX (« vivifiante ») parce qu'elle change et augmente la vie de celui qui la mange.

VII 232-233

NUNDUM EUBOICA (« de l'Eubée, pas encore… ») : c'est l'île sur laquelle Glaucus, comme on le raconte plus bas, fut métamorphosé ; elle est autrement appelée Anthédon. L'herbe par laquelle Glaucus fut métamorphosé n'était pas encore connue, mais Médée la cueillit et finalement, quand Glaucus fut transformé en dieu marin, les gens la connurent.

---

16 ὅλον.

17 En réalité λάμπη.

232-233*

232 CARPSIT : collegit ; EMBOICA : illius patrie ; VIVAX : plena vita ; ANTHEDONE : civitas ; insula. 233 NUNDUM : non adhuc ; VULGATUM : cognitum.

VII 234

NONA : ita Medea, super currum vecta, collegerat multas herbas. Modo describit auctor tempus quo moram fecit et dicit : 'et novem diebus et novem noctibus drachones illam ducentes, solo odore tacti herbarum, iuvenes facti fuerunt quamvis essent antiqui'.

234-235*

234 NONA : IX ; ILLAM : Medeam ; CURRU : suo ; PENNISQUE : alis et. 235 NONA : IX.

VII 236

Reditus Medee

236* REDIIT : illa ; NE : et non, enim ; ODORE : solo herbarum.

VII 237

Mutatio drachonum de senibus in iuvenes

237* ANNOSE : antique ; POSUERE : de(posuere) ; SENECTE : antiquitatis.

VII 238-242

Com Medea adveniret, noluit intrare domum ne viros tangeret ut sanctitatem suam posset iustius custodire, et fecit duas aras, unam dee magorum ut Esonem mutaret, reliqua dee iuventutis ut iuvenis efficeretur, et de CESPITE, ad denotandum virtutem dearum, quia cespes est terra com gramine evulsa. VERBENIS : verbene dicuntur herbe calide, quasi Veneris vene, vel per contrarium, ut quidam dicunt.

238-242*

238 CONSTITIT : stetit ; CITRA : extra ; LIMENQUE : hostium et. 239 CELO : ethere ; VIRILES : mariti et aliorum. 240 STATUITQUE : fecit et ; ARAS : altaria ; BINAS : duo. 241 DEXTERIOREM : aram ; ECHATE : illi dee magorum ;

---

234 auctor] ac *ms.* | 238-242 Medea] me *ms.* noluit] voluit *ms.* intrare] intraret *ms.* evulsa *ex* emulsa *ms.*

VII 234

NONA (« le neuvième ») : ainsi Médée, portée sur son char, avait cueilli de nombreuses herbes. À ce moment-là l'auteur décrit la durée de son séjour en disant : « et les dragons qui la conduisirent pendant neuf jours et neuf nuits furent rajeunis, eux qui étaient archaïques, en étant touchés par le seul parfum des herbes. »

VII 236
Retour de Médée

VII 237
Rajeunissement des dragons

VII 238-242

[1] À son arrivée, Médée refusa d'entrer dans la maison et de toucher quelqu'un, pour pouvoir protéger plus convenablement son caractère sacré. Elle fit dresser deux autels, celui de la déesse des magiciens pour métamorphoser Éson, celui de la déesse de la jeunesse pour le rajeunir, deux autels de CESPITE (« gazon »), pour désigner le pouvoir des déesses, parce que le gazon est l'herbe qu'on arrache en même temps que la terre. [2] VERBENIS (« de verveine ») : on appelle verveines des herbes chaudes, qui, selon certains, sont comme les veines de Vénus, ou c'est par antiphrase.

LEVA : sinistra ; IUVENTE : dee iuventutis. 242 HAS : aras ; UBI : postquam ; VERBENIS : herbis ; -QUE : et ; INCINXIT : lustravit.

VII 243-245

Sacrificatio Medee

Quia, com Medea vellet sacrificare, obumbravit locum, ne nimius calor superveniret.

243-245*

243 HAUT : non ; PROCUL : longe ; EGESTA : emissa ; SCROBIBUS : fossis ; TELLURE : terra. 244 -QUE : et ; VELLERIS ATRI : mutonis nigri. Quia mutonem nigrum sacrificavit. 245 CONICIT : ponit ; PATULAS : receptibiles ; VENAS : vel fossas.

VII 246-247

Carthesium est vas amplum desuper acutum, in quo sacrificare solebant in signum religionis, et vocabatur alio nomine *futile*, quia, quicquid intus ponebatur, fundebatur, ut quidam dicunt ; *bochegle* gallice.

246-248*

246 DESUPER INFUNDENS : arietem vel fossas ; LIQUIDI : clari ; CARCHESIA : henapee. 247 IMMERGENS : infundens ; LIQUIDI : clari. 248 VERBA : carmina ; SIMUL : pariter ; FUNDIT : dicit ; TERRENAQUE : tartarique ; NUMINA : deos.

VII 249-250

Oratio Medee

RAPTA dicit, quia tangit materiam quomodo rapta fuit Proserpina, filia Cereris, apud inferos.

249-252*

249 UMBRARUMQUE : infernorum et ; CONIUGE : Prosperpina ; REGEM : Plutonem. 250 NE : et non ; ARTUS : membra ; FRAUDARE : vacuare ; SENILI : antiqua. 251 QUOS : deos ; UBI : postquam ; PRECIBUS : suis. 252 ESONIS : proprium ; EFFECTUM : antiquum ; PROFERRI : produci.

249-250 Cereris *ex* cereis *ms.*

VII 243-245

Sacrifice de Médée

Parce que, comme Médée voulait procéder au sacrifice, elle ombragea l'endroit, pour éviter un excès de chaleur.

244 VELLERIS ATRI (« d'une toison noire ») : d'un mouton noir. Parce qu'elle sacrifia un mouton noir.

VII 246-247

Une coupe (*carthesium*) est un large récipient resserré vers le haut, dans lequel on faisait les sacrifices en signe de respect religieux ; on l'appelait aussi « vase qui fuit » (*futile*), parce que tout ce qu'on posait à l'intérieur était répandu, dit-on ; en roman, bouteille (*bothegle*).

VII 249-250

Prière de Médée

Il dit « rapta » (« enlevée ») parce qu'il touche au sujet de l'enlèvement de Proserpine, fille de Cérès, aux Enfers.

VII 253-254

Quia per incantationem fecit sumpnos ita perfectos, quod vix aut nonquam posset evigilare.

253-254*

253 RESOLUTUM : involutum ; CARMINE : sua incantantione. 254 EXANIMI : mortuo ; STRATIS : paratis ; PORREXIT : iniecit.

VII 255-256

Com Medea Esonem fecisset dormire, iussit omnes servientes discedere ne forte propter peccata illorum aliquod infortunium eveniret.

255-257*

255 HINC : ab illo loco ; PROCUL : longe ; ESONIDEM : Yasona ; MINISTROS : famulos. 256 ARCHANIS : secreta. 257 MEDEA : proprium.

VII 258

BACCANTUM, quia sacrificantes Bacho sparsierant capillos ut furores simularent.

258-260*

258 BACCANTUM : Bacho sacrificantium ; RITU : more ; FLAGRANTES : per ignem. 259 -QUE : et. 260 TANGIT : tingit ; GEMINIS : duplicibus.

VII 261

[1] TRIBUS ponit propter incantantes qui dicunt omne omen esse in ternario ‹numero› vel propter Echatem que habet triplicem potestatem vel propter triplicem anime dispositionem : rationalem, irascibilem, concupiscibilem. [2] FLAMMA, ut combureret quicquid commiserit ; AQUA, ut vicia et senectutem ablueret ; SULPHURE, UT omnia astancia bona remanerent. 261* TERQUE : tribus vicibus ; SENEM : Esonem ; FLAMMA : lustrat ; AQUA : lustrat.

VII 262

INTEREA : com Medea Esonem lustraret, omnia supradicta quoquebantur in cacabo et exequitur de illis que illic missa erant.

258* sacrificantium] sacrificatum *ms.* | 261.1 TRIBUS] TIBI *ms.* ponit] poni *ms.* ternario ‹numero›] ternario # *ms.* | 261.2 UT] et *ms.*

VII 253-254

Parce que par ses incantations elle le plongea dans un sommeil si profond qu'on n'aurait pu le réveiller qu'à grand peine, ou pas du tout.

VII 255-256

Après avoir endormi Éson, Médée ordonna à tous les serviteurs de s'éloigner pour éviter que ne survienne quelque malheur à cause de leurs péchés.

VII 258

BACCANTUM (« des Bacchantes »), parce que les femmes qui sacrifiaient à Bacchus avaient les cheveux épars pour simuler la folie.

VII 261

[1] Il écrit TRIBUS (« trois fois ») à cause des enchanteurs qui prononcent chaque présage en nombre triple, ou à cause d'Hécate qui a un triple pouvoir, ou à cause des triples facultés de l'âme : la raison, la colère, le désir. [2] FLAMMA (« avec la flamme »), pour brûler tout ce qu'elle a assemblé ; AQUA (« avec l'eau »), pour laver les vices et la vieillesse ; SULPHURE (« avec le souffre »), pour que subsiste tout ce qui était bon en lui.

VII 262

INTEREA (« pendant ce temps ») : tandis que Médée purifiait Éson, tous les ingrédients cités ci-dessus cuisaient dans un chaudron, accompagnés de tout ce qu'elle avait jeté dedans.

262-263*

262 VALIDUM : magnum. 263 FERVET : bullit ; -QUE TUMENTIBUS : et inflatis.

VII 264-274

Confectio medicaminis Medee et nominatio earum que posita fuerunt

264-268*

264 RESECTAS : collectas. 265 SEMINAQUE : herbarum et ; ATROS : nigros. 266 ADICIT : addit ; EXTREMO : ultimo ; PETITOS : collectos. 267 QUAS : addicit ; OCCEANI : maris ; HARENAS : scilicet ligurites ; liguricis est lapis factus de urina lincis. 268 ACCEPTAS : collectas ; PRUINAS : gelua. Pruina est gelu ; quam cito venit, cito preterit.

|f. 106r|

VII 269

INFAMES dicit propter vetus crimen quod com patre concubuit, et propter hoc mutata fuit in noctuam vel strigem, quod idem est.
269* STRIGIS : avis ; INFAMES : male fame.

VII 270-271

[1] Antiquitus opinio erat quod erant adeo rabidi et demoniaci quod mutabantur in lupos, et adhuc est opinio multorum, et dicitur *garouf* gallice. [2] Cherindrus iuxta Enipheum fluvium habitat et dicitur a *ge*, quod est *terra*, et *ydrus*, quod est *aqua*, quia partim est in terra, partim in aqua.

270-271*

270 SOLITI : consueti ; VULTUS : suos ; FERINOS : lupinos. 271 AMBIGUI : dubii ; PROSECTA : exta.

VII 272-273

Quia per ducentes et tres annos vivit, et tunc comedit serpentem et propter venenum siciens in aquam vadit et totum se mergit et ibi deponit cornua et veterem pellem, et sic multum vivit.

264-274*tit.* medicaminis] medicanis *ms.* | 267* factus] factis *ms.* | 269 vetus crimen] vectiminem *ms.* | 269* STRIGIS] STIGIS *ms.* | 270-271.1 adeo] hec *ms.* | 270-271.2 partim[1]] parum *ms.* | 270* SOLITI] SOLVI *ms.* | 272-273 in aquam] via qua *ms.*

VII 264-274

Confection de la drogue de Médée et nom des ingrédients incorporés

267 HARENAS (« sables ») : c'est-à-dire ligures ; le ligure est une pierre issue de l'urine de lynx. 268 PRUINAS (« frimas ») : gelées. Le frimas est le gel ; il disparaît aussi vite qu'il arrive.

|f. 106r|

VII 269

Il dit INFAMES (« maudites ») à cause de son crime ancien : elle avait couché avec son père, et pour cela fut changée en chouette ou strige, ce qui est la même chose.

VII 270-271

[1] Autrefois on croyait qu'ils étaient si enragés et si démoniaques qu'ils étaient changés en loups, et encore maintenant bien des gens le croient : on parle de « garou » en roman. [2] Le chélydre demeure près du fleuve Cinyps et tire son nom de *ge*[18], « la terre » et de *ydrus*[19], « l'eau », parce qu'il vit en partie sur terre, en partie sur l'eau.

VII 272-273

Parce qu'il vit deux cent trois ans, et se nourrit de serpents, dont le venin l'assoiffe : il se dirige alors vers l'eau, y plonge totalement, y dépose ses cornes et sa vieille peau, et de la sorte vit très longtemps.

18 γῆ.
19 ὕδωρ.

272-273*

272 TENUIS : parvis ; MEMBRANA : pellicula ; CHERINDRI : serpentis. 273 VIVACISQUE : longevi et ; QUIBUS : supradictis.

VII 274

Quia cornix vivit novem centum annis vel amplius ; seculum est spacium centum annorum.
274* CORNICIS : avis.

VII 275-278

Com Medea medicamentum paravisset ut Esonem faceret reiuvenescere, in cacabo multa alia posuit que non inibi nominantur.

275-281*

275 HIIS : supradictis. 276 INSTRUXIT : paravit ; MORTALI : Esoni ; BARBARA : Medea. 277 MITTIS : propter pacem quam denotat. 278 CONFUNDIT : commiscuit ; -QUE : et. 279 VETUS : antiqus ; AENO : cacabo. 280 NEC : et non. 281 SUBITO : cito ; GRAVIDIS : nobilibus ; OLIVIS : fructibus.

VII 282-284

Mutatio spumarum in herbas

Nota quod, ubicomque spume cacabi emanaverunt, terra propter virtutem herbarum incepit florare, et, com hec Medea videret, Esonem incepit iugulare, ut, vetere sanguine exeunte, novo succo venis repletis, Eson reiuvenesceret.

282-289*

282 AT QUACOMQUE : et parte ; CAVO : cavato. 283 IGNIS : fervor bulli. 284 VERNAT : florescit ; HUMUS : terra ; -QUE : et ; ET MOLLIA : ab effectu ; PABULA SURGUNT : incipiunt crescere. 285 QUE SIMUL AC : supradicta postquam ; STRICTO : evaginato ; RESOLVIT : patefecit. 286 SENIS : Esonis ; CRUOREM : sanguinem. 287 QUOS : succos ; COMBIBIT : simul. 288 VULNERE : facto ; BARBA : sua ; COMEQUE : capilli. 289 POSITA : de(posita) ; RAPUERE : cepere.

275-278 Esonem] Iasona *ms.* faceret] fecisset *ms.*

VII 274

Parce que la corneille vit neuf cents ans ou plus ; un siècle est une durée de cent ans.

VII 275-278

Après avoir préparé la drogue destinée à rajeunir Éson, Médée déposa dans le chaudron de nombreux autres ingrédients qui ne sont pas nommés à cet endroit.
277 MITTIS (« doux ») : à cause de la paix qu'il désigne.

VII 282-284

Changement des écumes en herbes

Noter que les écumes jaillirent partout hors du chaudron, et la terre, par la vertu des herbes, commença à fleurir. Voyant cela, Médée commença à égorger Éson pour faire sortir son vieux sang et remplir ses veines du suc nouveau, afin de rajeunir Éson.

VII 290-293

Reiuventio Esonis

[1] Pallidi et macillenti sunt senes propter deffectum sanguinis vitalis et, quia barba et ceteri pili in calore vitali nutriuntur, defficiente sanguine, sepius albescunt. [2] SITUS est proprie illa inmondicies que est in rebus intermissis. RUGE : proveniunt ex deffectu carnis et sanguinis et pelle vacua.

290-291*

290 PULSA : remota ; ABEUNT : discedunt ; SITUS : ruge. 291 ADIECTO : agmentato ; CAVE : cavate ; CORPORE : suo.

VII 292-293

ET OLIM. Construe : Eson – supple – REMINISCITUR SE esse nunc talem qualis erat OLIM ante, id est ante quam haberet QUATER DENOS ANNOS, idest XL.

292* LUXURIANT : lasciviunt ; MIRATUR : stupet ; OLIM : antiquitus.

VII 293

Reiuventus nutricum Bachi

[1] QUATER DENOS : possunt esse due diciones vel una dicio, quia videbatur illi quod talis erat, qualis erat, antequam haberet quadraginta annos. [2] DISSIMILEM priori, quia iuvenes volunt esse in lascivia, senes in quiete, et quia lasciviebat mirabatur, unde monstrum erat quod antiquus esset iuvenis. 293* REMINISCITUR : esse talem. 293*app.* T DISSIMILEMQUE : priori ; SUBIIT : rexit ; ETATE : sua.

VII 294-296

Oratio Bachi ad Medeam

[1] VIDERAT : com Medea Esonem fecisset iuvenescere, Bachus, hoc videns, petiit illam quatinus tale munus et impetravit. [2] In rei veritate vinee et palmites sunt nutrices Bachi, quas Medea, id est cultor vel estat, facit anno quolibet iuvenescere propter tonsuram illarum et uvarum procreationem. [3] Medea, fingens odium com Iasone, perrexit ad domum Pelye, qui odium habebat com Iasone, quem, ut in textu continetur, occidit, et postea fugit.

290* ruge] euge *ms.* | 293.2 volunt] nolunt *ms.* | 293*app.* T rexit] rectit *ms.* | 294-296.2 iuvenescere] iuvenes cere *ms.*

VII 290-293

Rajeunissement d'Éson

[1] Les vieillards sont pâles et maigres par défaut de sang vital, et parce que la barbe et les cheveux se nourrissent de la chaleur de la vie, ils blanchissent souvent quand ils manquent de sang. [2] SITUS (« la détérioration ») est au sens propre cette impureté qu'on trouve dans les choses abandonnées. RUGE (« les rides ») proviennent du défaut de chair et de sang, et du vide sous la peau.

VII 292-293

ET OLIM (« et autrefois »). Construire : Éson – suppléer – REMINISCITUR SE ESSE NUNC (« se rappelle qu'il est maintenant ») tel qu'il était OLIM, autrefois, c'est-à-dire avant qu'il ait quatre fois dix ans, c'est-à-dire quarante ans.

VII 293

Rajeunissement des nourrices de Bacchus

[1] QUATER DENOS (« quatre fois dix ») : on peut l'écrire en deux mots ou en un seul ; parce qu'il avait l'impression qu'il se retrouvait tel qu'il avait été avant d'avoir quarante ans. [2] DISSIMILEM (« différent ») de celui qu'il était d'abord, parce que les jeunes gens veulent vivre dans la gaieté et les vieux dans le repos, et il s'étonnait d'être d'humeur folâtre : il était un prodige parce qu'il était un antique jeune homme.

VII 294-296

Prière de Bacchus à Médée

[1] VIDERAT (« avait vu ») : comme Médée avait fait rajeunir Éson, Bacchus, voyant cela, lui demanda et obtint le même présent. [2] En vérité les vignes et les sarments sont les nourrices de Bacchus que Médée fait rajeunir, Médée c'est-à-dire le cultivateur, qui chaque année les rajeunit en les coupant, ou l'été, qui les rajeunit en produisant les raisins. [3] Médée, devenue odieuse à Jason, se rendit chez Pélias, qui haïssait Jason ; elle le tua, comme le texte le raconte, et s'enfuit ensuite.

294-297*

294 ALTO : celo ; TANTI : supradicti ; MONSTRI : monstruosi facti. 295 LIBER : Bachus ; AMMONITUS : commotus pietate ; IUVENES : iuveniles. 296 REDDI : dari ; COLCHIDE : Medea ; MUNUS : donum. 297 NEVE : quod non ; DOLI : fraudes ; CONIUGE : Iasone.

VII 298-299

Disgressio Medee a Iasone penes Peliam

298-303*

298 PHASIAS : Medea ; ASSIMULAT : fingit ; PELYEQUE : proprium et ; LIMINA : domum. 299 CONFUGIT : adit ; ATQUE : et ; IPSE : pater ; SENECTA : vetustate. 300 EXCIPIUNT : hospitantur ; NATE : filie ; QUAS : natas ; CALLIDA : decipiens. 301 COLCHIS : Medea ; MENDACIS : fallacis ; YMAGINE : forma ; CEPIT : de(cepit). 302 DUMQUE : quando ; REFERT : dicit ; MERITORUM : operum ; DEMPTOS : remotos. 303 ESONIS : patris Iasonis ; SITUS : ruge ; ATQUE : et ; HAC : narrando ; PARTE : ista.

VII 304-305

Quia narravit illis quomodo Esonem fecerat iuvenescere, ut illas deciperet, ille vero, similem rem sperantes, patrem suum occiderunt.

304-305*

304 SPES : voluntas ; SUBIECTA : data ; CREATIS : natis. 305 ARTE : ingenio ; PARILI : tali ; PARENTEM : Peliam.

VII 306

Oratio Peliadum ad Medeam

Ut patri suo de se concedat similiter fieri iuvenem.
306* IUVENIS : iuventutis.

VII 307

Utrum posset facere an non, et com cogitavit antequam responderet, more sapientis.
307* ILLA : me ; SILET : tacet.

296* COLCHIDE *ex* COLCHIDIS *ms.* | 297* fraudes] frondes *ms.* | 299* adit] arit *ms.*

VII 298-299

Médée quitte Jason et se rend chez Pélias

VII 304-305

Parce qu'elle leur raconta comment elle avait rajeuni Éson, pour les tromper, les filles de Pélias, espérant la même chose, tuèrent leur père.

VII 306

Prière des filles de Pélias à Médée

Pour qu'elle leur accorde de rajeunir de la même façon leur père.

VII 307

Si elle pourrait le faire ou non, et comme elle réfléchirait avant de répondre, à la manière du sage.

VII 308

SUSPENDIT, id est sub dubio reddit, dicens quod multum grave esset, tale posse iterum facere ; tum ad ultimum spopondit.

308-309*

308 SUSPENDIT : subdubitat animo. 309 MOX : consequenter ; UBI : postquam ; POLLICITA : promisit ; QUO : quanto.

VII 310-311

Quando Medea ita spopondit, sequitur de mutatione mutonis in agnum parvum.

310-311*

310 MUNERIS : doni ; MAXIMUS : antiquissimus ; EVO : per evum. 311 DUX : aries ; MEDICAMINE : meo.

|f. 106v|

VII 312-321

Mutatio arietis in agnum

Muto in fervore herbarum dicitur fuisse iuvenis, quia in fervore estatis decoctus et plenitudine populorum remittitur, lascivit estque optime aptus ad gignendum.

312-323*

312 EFFECTUS : antiqus ; LANIGER : muto. 313 ATTRAHITUR : capitur ; FLEXO [...] CORNU : et hoc dico ; CORNU : suo. 314 HEMONIO : Thesalensi. 315 FODIT : laceravit ; EXIGUO : parvo ; MACULAVIT : tinxit. 316 PECUDIS : mutonis ; VALIDOS : valentes ; VENEFICA : incantatrix. 317 CAVO : cavato ; MINUUNT : adnichilant ; EA : immersa ; ARTUS : membra. 318 -QUE EXURUNT : et abreviant ; CORNIBUS : exutunt. 319 BALATUS : vox agni. 320 MORA : fuit ; BALATUM : propter ; MIRANTIBUS : natis admirantibus ; EXILIT : extra salit ; AGNUS : Et sic miro modo mutatus fuit antiquus in iuvenem. 321 LASCIVITQUE : gaudet et ; FUGA : sua. 322 SATE : nate ; -QUE POSTQUAM : et quando. 323 INSTANT : illi Medee.

316* VENEFICA] VENENIFICA *ms.*

VII 308

SUSPENDIT (« elle tient en suspens »), c'est-à-dire qu'elle répond en hésitant, disant que c'est très difficile de refaire une telle chose ; à la fin elle promit.

VII 310-311

Ayant fait cette promesse, Médée la fait suivre de la métamorphose d'un mouton en petit agneau.

|f. 106v|

VII 312-321

Métamorphose du bélier en agneau

Le mouton, dit-on, fut rajeuni dans le bouillonnement des herbes, parce que, cuit pendant la chaleur de l'été, lorsque le troupeau est le plus nombreux, il se régénère, parce qu'il est folâtre et particulièrement apte à engendrer.
320 AGNUS (« l'agneau ») : et ainsi d'une certaine façon il fut métamorphosé, de vieux en jeune.

VII 324

TER IUGA : describit actor tempus in quo nate Pelye patrem suum occiderunt, et dicit quod iam tres noctes preterierant postquam muto factus fuerat agnus.

324-326*

324 PHEBUS : sol ; IN HIBERO : occidentali ; MERSIS : quia dicitur mergi in aquis quando per interpositionem montium et terre removetur ab aspecto nostro. 325 DEMPSERAT : spillaverat ; RADIANTIA : splendentia ; MICABANT : splendebant. 326 FALLAX : decipiens ; OETHIAS : Medea filia Oethe.

VII 327-328

De medicamento Medee facto pro Pelya

327 IMPONIT : ponit ; LATICEM : aquam ; VIRIBUS : quia iamque extorquebantur. 328 NECI : morti ; RESOLUTO : a curis liberato ; REGEM : Pelyam.

VII 329

Sompnus est quies omnium animalium com ostensione naturalium, curas et corpora involvens, medicina quasi dolorum plurimorum.

VII 329-333

[1] Sompnus dicitur corpora incantationibus occupare quia ibi, per carmina mota, venit tanta oblivio menti humane quod homines non curant de huiusmodi terrenis ex offuscatione fantasmatum. [2] STRINGITE, id est extraite. Tractum est a tenentibus ensem in bello qui stringunt. HAURITE – inquam –, id est evacuate veterem cruorem.

329-333*

329 REGE : Pelya ; CUSTODES : milites ; HABEBAT : tenebat. 330 QUEM : sompnum ; DEDERANT : fecerant ; CANTUS : incantationes. 331 INTRARANT : intraverant ; IUSSE : a Medea ; COLCHIDE : Medea ; LIMINA : cameras ; NATE : Pelie filie. 332 AMBIERANT : lustraverant. 333 STRINGERE : extrahite vel ite ; AIT : dixit me ; VETEREM : nocivum ; EXHAURITE : evacuate.

324* IN HIBERO *ex* INHIBUERO *ms.* | montium] mocium *ms.* | removetur] remotur *ms.* | 325* spillaverat] spisaverat *ms.* | 329 quasi] quia *ms.* | 329-333.1 quod] quo *ms.* | 333* EXHAURITE] EXHAURIRE *ms.*

VII 324

TER IUGA (« Trois fois leur joug ») : l'auteur décrit le moment où les filles de Pélias tuèrent leur père, en disant que trois nuits étaient passées depuis que le mouton était devenu agneau.
324 MERSIS (« plongés ») : parce que, dit-on, (le soleil) est immergé dans les eaux quand, les montagnes s'interposant entre la terre et lui, il disparaît à nos regards.

VII 327-328

Potion fabriquée par Médée pour Pélias

VII 329

Le sommeil est le repos de tous les êtres vivants, manifestation naturelle, qui fait sombrer les corps et les soucis, qui est presque un remède à bien des douleurs.

VII 329-333

[1] Le sommeil, dit-on, envahit les corps de façon magique parce qu'alors survient, provoqué par des charmes, un oubli si grand dans l'esprit humain, obscurci par les songes, que les hommes ne se préoccupent plus des choses terrestres, quelles qu'elles soient. [2] STRINGITE (« Dégainez »), c'est-à-dire « tirez ». (On dit que) l'épée est tirée par ceux qui la tiennent, qui la dégainent pendant un combat. HAURITE (« videz »), dis-je – c'est-à-dire évacuez le vieux sang.

VII 334-338

Admonitio Medee ad Pelyades

Quia illi potestis etatem augmentare mediante munere meo vel minuere. INANES, id est 'Si non speratis de re inani et inutili'.

334-336*

334 UT : quod ; IUVENILI : virtuoso. 335 MANIBUS : potestate ; ETAS : est. 336 ULLA : aliqua ; EST NE : in vobis ; SPES : putationes ; INANES : vanas.

VII 337

Si estis bene certe de promissione mea, PRESTATE OFFICIUM, id est 'munus vite, patri vestro'.

337-338*

337 OFFICIUM : munus ; PRESTATE : date ; TELIS : vestris ; SENECTAM : antiquitatem. 338 EXIGETE : extra agite, pellite ; SANIEM : veterem cruorem ; CONIECTO : posito ; EMITTITE : iacite.

VII 339-340

PRIMA, id est potissima, quasi dicat : 'Prior parcus sit illa que ante exortationem nullo modo vellet percutere, et sic facta fuit pia volendo augere vitam, impia percuciendo ad mortem patrem suum'. SCELUS FACIT percuciendo quod non SIT SCELERATA etatem minuendo.

VII 339-341

Ita monuerat Medea Pelyades ut patrem suum occiderent ad hoc, quod vita sibi augeretur ; nunc dicitur UT, sicut, QUEQUE PIA, quia pium esse videbatur ut patri suo darent munera iuventutis ; SPECTARE, quia videbatur illi scelus esse patrem percutere.

339-342*

339 HIIS : monitis sicut quelibet ; ORTATIBUS : monitionibus ; IMPIA : crudelis. 340 ET NE : quod non ; HAUT : non ; ICTUS : percussiones. 341 SPECTARE : videre ; -QUE : sed. 342 SEVAQUE : crudelia ; ET DANT : inferunt ; AVERSE : retroverse ; VULNERA : plaga.

338* EMITTITE] EMITTE *ms.*

VII 334-338

Avertissement de Médée aux filles de Pélias

« Parce que grâce à mon présent vous pouvez accroître sa vie ou la diminuer ». INANES (« vains »), c'est-à-dire « si vous n'espérez pas une chose vaine et inutile ».

VII 337

« Si vous êtes bien certaines de ma promesse », PRESTATE OFFICIUM (« prêtez moi votre concours »), c'est-à-dire « mon cadeau de vie pour votre père ».

VII 339-340

PRIMA (« la première »), c'est-à-dire la plus valeureuse, en d'autres termes : elle serait d'abord faible celle qui, avant l'exhortation, ne voudrait frapper sous aucun prétexte ; et ainsi elle devint pieuse en voulant augmenter sa vie, mais impie en frappant son père à mort. SCELUS FACIT (« elle commet un crime ») en frappant pour ne pas être criminelle en diminuant sa vie.

VII 339-341

Ainsi Médée avait averti les filles de Pélias qu'elles allaient tuer leur père pour augmenter sa vie : alors, dit-on, UT, comme, QUEQUE PIA (« chacune, pieuse »), parce qu'il leur semblait pieux de vouloir donner à leur père le présent de la jeunesse ; SPECTARE (« regarder »), parce qu'il leur semblait criminel de frapper leur père.

VII 343

Quia ab omni parte fluebat sanguis.

343-344*

343 ILLE : Pelyas ; ARTUS : membra. 344 SEMILACERQUE : partim laceratus sed ; THORO : lecto ; CONSURGERE : levare ; TEMPTAT : vult.

VII 345-351

Mors Pelye

Loquente sic Pelya et plurima loqui volente, Medea ipsum occidit et in aquis fluentibus posuit, et sic Pelyades decepit, unde ille hanc voluerunt occidere, sed fugit.

345-347*

345 TOT : stans ; PALLENTIA : ex deffectu sanguinis et propter antiquitatem, vel erat pallidus quia erat in articulo mortis ; omnis enim homo de morte timens pallescit. 346 NATE : 'o mee' ; FATA : mortem ; PARENTIS : mei existentis parentis vestri. 347 ARMAT : animat ; ILLIS : natis ; ANIMUS : ausus ; MANUS : virtutem.

VII 348

PLURA LOQUTURO : hic agit actor quomodo Medea effugit filias Pelye postquam Pelyam interfecit, unde filie Pelye ab interfectione paterna retraxerunt manus suas, sed Medea, putans acquirere amorem Iasonis, eum interfecit, quia Pelyas habebat Iasonem in odio, qua de causa, ut supra dictum est, ipsum misit quesitum vellus ut ibi occideretur, unde hic tractatur de transitu Medee, per que loca fugit a facie filiarum Pelye.

348-351*

348 PLURA : alia ; LOQUTURO : dicturo ; COLCHIS : Medea. 349 ABSTULIT : perforavit ; CALIDIS : ferventibus ; LANIATUM : occisum ; MERSIT : posuit in undis. 350 QUE : Medea ; PENNATIS : velocibus ; AURAS : ethera. 351 EXEMPTA : remota ; PENE : morti.

VII 352

Incipit transitus Medee

---

343 omni *ex* ideo omni *ms.* | 345* PALLENTIA *ex* PALLAENTIA *ms.* | 348 quomodo] que # *ms.*

VII 343

Parce que le sang giclait de toutes parts.

VII 345-351

Mort de Pélias

Alors que Pélias parlait ainsi et voulait en dire plus, Médée le tua et plaça son corps dans les flots liquides : c'est ainsi qu'elle trompa les filles de Pélias. Celles-ci voulurent alors la mettre à mort, mais elle s'enfuit. 345 PALLENTIA (« décolorés ») : à cause du manque de sang et de sa vieillesse, ou bien il était pâle parce qu'il était à l'article de la mort ; tout homme qui craint la mort devient pâle en effet. 346 PARENTIS (« du père ») : de moi qui suis votre père.

VII 348

PLURA LOQUTURO (« qui allait en dire plus ») : ici l'auteur traite de la façon dont Médée échappe aux filles de Pélias après avoir tué Pélias : les filles de Pélias retirèrent les mains du corps de leur père, renonçant à le tuer, mais Médée, pensant reconquérir l'amour de Jason, le tua, parce que Pélias haïssait Jason, et l'avait pour cela, comme on l'a dit plus haut, envoyé chercher la Toison pour le faire mourir. Puis il est question du voyage de Médée et des lieux par lesquels elle s'enfuit loin des filles de Pélias.

VII 352

Début du voyage de Médée

PELYON : mons est in Thesalia et in illo monte sunt tecte Philleria. Hec preteriit, et Otrix est alius altus mons quo preteriit.
352* PELION : montem ; UMBROSUM : fugit ; PHILLERA : a Phillero ; TECTA : regnante ; SUPER : fugit.

VII 353

Cherambus fuit quidam qui precipue colebat nimphas et ille tulerit eum super mare ne esset obrutus in diluvio.
353* OTRIM : mortem fugit ; EVENTU : mutatione ; CHERAMBI : illius hominis.

VII 354-355

Rei veritas est quod Cherambus fuit quidam qui, com bona sua per diluvium luxuriose vivendo expendisset, factus fuit exul a patria, et fugit, unde fingitur mutari in avem, et hoc est quod dicitur.

354-355*

354 HIC OPE : Cherambus ; SULLATUS : elevatus ; PENNIS : alis. 355 COM : quando ; GRAVIS : ponderosa ; OBRUTA : tecto ; PONTO : mari.

VII 356

[1] DEUCALIONEAS : idest diluviales, et tangitur quomodo Iupiter mundum per diluvium devastavit, ut in primo libro continetur, sed Deucalioni et Pirre pepercit, mediantibus quibus totum genus humanum ex iactibus lapidum restauratum fuit, et hoc est quod tangit. [2] Facta : hic tangitur quomodo Orpheus, iterum amissa muliere, resedit, cantans in Rodopem montem ; quem Cicones interfecerunt cumque membra eius essent sparsa, caput positum fuit in Ebro, quod quidam serpens inveniens voluit devastare, sed Phebus, hoc videns, mutavit illam serpentem in lapidem ; hoc preteriit.
356* EFUGIT : abivit ; OBRUTUS : immersus.

VII 357

Pithane erat civitas in qua Eolus regnabat, qui fingitur esse deus ventorum eo quod optimus astronomus erat.

PELYON (« le Pélion ») est un mont en Thessalie sur lequel se trouve la demeure de Philyra. Médée le dépassa, ainsi que l'Othrys, un autre mont élevé.

VII 353

Cérambus était un homme qui révérait les nymphes de façon exceptionnelle : elles le portèrent au-dessus de la mer pour lui éviter d'être englouti par le déluge.

VII 354-355

La vérité est que Cérambus était un homme qui, ayant dépensé sa fortune sous le déluge d'une vie de luxe, fut exilé de sa patrie et s'enfuit : aussi invente-t-on qu'il fut changé en oiseau, c'est cela qui est écrit.

VII 356

[1] DEUCALIONEAS (« de Deucalion ») : c'est-à-dire du déluge ; il est question de la façon dont Jupiter détruisit le monde par le déluge – récit contenu dans le premier livre – mais épargna Deucalion et Pyrrha, qui furent les instruments de la restauration de tout le genre humain en jetant des pierres : c'est de cela qu'il est question. [2] FACTA (« tirée ») : ici il est question de la façon dont Orphée, qui avait perdu son épouse une deuxième fois, s'assit pour chanter sur le mont Rhodope ; les Ciconiennes le tuèrent et, après avoir dispersé ses membres, jetèrent sa tête dans l'Hèbre ; un serpent la trouva et voulut la dévorer mais Phébus, le voyant, pétrifia le serpent. Médée dépassa ce mont.

VII 357

Pitane était une cité où régnait Eole, dont on invente qu'il était le dieu des vents parce qu'il fut un excellent astronome.

357-358*

357 EOLIAM PITHANEM : et fugit ; ab Eolo regnatam ; civitas ; LEVA PARTE : sinistra ; RELINQUIT : Medea sivit. 358 DE SAXO : reliquit ; SIMULACRA : ymagines.

|f. 107r|

VII 359

[1] IDEUM : Bachus habuit quendam filium nomine Tyoneum qui furatus est quendam taurum quem, dum rustici insequerentur, Bachus mutavit in venatorem ; taurum autem mutavit in cervum et ita evasit. [2] Rei veritas est quod Tyoneus furatus fuit taurum, quem rustici insequentes ita inebriati sunt quod putabant taurum esse cervum et preterierunt, vel in nemore texit illum, et hac transivit via.

359-360*

359 IDEUM : reliquit ; FURTA : scilicet latrocinia ; IUVENCUM : taurum. 360 OCCULUIT : abscondidit ; LIBER : Bachus.

VII 361

[1] PATER CHORITHI fuit inter mortales pessimus, quod Iupiter noluit ut haberet sepulturam ; tamen filius eius ipsum sepelivit, quare Iupiter fulminatum illum reddidit. [2] Rei veritas est quod pessimus erat pater Choriti. Com hoc audisset rex cretensis quod a filio sepultus esset, ipsum filium occidit et domos combussit.
361* PATER : fugit ; HARENA : sabulo.

VII 362

[1] MECHA, id est Echuba, regina Troianorum, com videret Troiam devastatam et Priamum mortuum et omnes filios suos occisos et filiam suam propter monitionem Achillis resurgentis et Polidorum filium inventum, tantum flevit, precipue propter mortem Hectoris, quod mutata fuit in caniculam. [2] Mutatio sua fingitur quia tanta convicia dixit pre rabie quod fingitur mutari, vel legitur de Mecha que semper deos despiciebat, quare propter convicia dicitur mutari in caniculam.
362* ET QUOS : relinquit ; MECA : proprium ; LATRATU : suo.

357* sivit] finit *ms.* | 359.2 Tyoneus] Tyoneum *ms.* via] vie *ms.* | 361.1 noluit] voluit *ms.* haberet] haberem *ms.* | 362.1 Hectoris] Hecoris *ms.*

|f. 107r|

VII 359

[1] IDEUM (« de l'Ida ») : Bacchus eut un fils du nom de Thyoné qui déroba un taureau ; quand les paysans le poursuivirent, Bacchus le transforma en chasseur ; quant au taureau il le changea en cerf, et permit ainsi à son fils de s'échapper. [2] La vérité est que Thyoné déroba un taureau, mais que les paysans qui le poursuivirent étaient tellement ivres qu'ils crurent que le taureau était un cerf et qu'ils passèrent devant lui sans le voir, ou qu'il le cacha dans un bois, et s'échappa par ce moyen.

VII 361

[1] PATER CHORITHI (« Le père de Corythus ») était le plus méchant des mortels, au point que Jupiter refusa qu'il reçût une sépulture. Son fils cependant l'ensevelit, c'est pourquoi Jupiter le foudroya. [2] La vérité est que le père de Corythus était très méchant : ayant appris que son fils l'avait enseveli, le roi de Crète tua le fils et fit brûler leur demeure.

VII 362

[1] MECHA (« Méra »), c'est-à-dire Hécube, la reine des Troyens : lorsqu'elle vit Troie dévastée, Priam mort, tous ses fils tués et sa fille abattue sur la demande d'Achille revenant des morts, et Polydore son fils trouvé mort, elle pleura tant, surtout pour la mort d'Hector, qu'elle fut changée en petite chienne. [2] Sa métamorphose fut inventée parce que sa rage lui fit prononcer tant d'injures qu'on imagina qu'elle avait été métamorphosée ; on lit autrement sur Méra qu'elle méprisait toujours les dieux, c'est pourquoi l'on dit qu'elle fut changée en petite chienne, à cause de ses injures.

VII 363

[1] EURIPILI : Euripilus fuit quidam rex qui optimus erat et iuxta civitatem preteriit Medea in qua matres Cee manebant. [2] Com Hercules rediret quando devicit Geriona in urbe Euripili, incepit narrare de probitatibus suis habitis per mandatum Iunonis, unde matres Cee inceperunt conviciare Iunoni, quare mutavit illas in vacas. [3] Rei veritas est quod de Iunone et de deis convicia dicebant et sic mutate dicuntur in vacas, vel erant publice meretrices, quare decus et pudorem proposuerant, unde dicuntur cornute et vace fieri.

363-364*

363 EURIPILIQUE : regis et ; URBEM : civitatem ; QUA : urbe. 364 GESSERUNT : portaverunt ; AGMEN : concio.

VII 365

[1] THELEGINE : fuerunt fratres, filii Plutonis et Invidie, qui, omnes videntes, illos mutabant in aliqua forma, qua de causa Iupiter, exosus, illos mutavit iaciens illos in mari. [2] Rei veritas est quod erant optimi incantatores, quos dicunt propter suas incantationes mutare gentes, quos Iupiter interfecit vel submergi in pelago precepit.

365-367*

365 PLEBEAM : plenam plebe ; RODON ET IASYLYOS THELEGINAS : linquit civitatem ; inquit urbes vel insulas vel populos. 366 QUORUM : Yasilios. 367 EXOSUS : habens odium ; FRATERNIS : Neptuni ; SUBDIDIT : mersit.

VII 368

In ea civitate erat Alcidamas, qui filiam suam inscienter imprenavit. Illa autem pariente, monstravit illi columbam, quare pater, credens esse editam partu et illam divino semine imprenatam, abiussit eam servari, et hoc potest esse verum, quia per mulieres viri quamplurimum defraudantur.

368-371*

368 ET : etiam ; CARTHESIA : a loco dicta ; CEE : civitas. 369 PATER : Cee ; ALCHIDAMAS : proprium ; PLACIDAM : nobilem ; NATE : sue. 370 MIRATURUS : stupens ; COLUMBAM : unam. 371 INDE : postea ; LACUS : transit illius ; HYRIES : proprium ; TEMPE : loca delectabilia ubi cigni habitant.

365.1 filii] filiis *ms.* | 367* odium] odio *ms.* | 368 eam] et *ms.*

VII 363

[1] Euripili (« d'Eurypylus ») : Eurypylus était un excellent roi. Médée passa le long de sa cité, dans laquelle demeuraient les mères de famille de Cos. [2] Comme Hercule, après avoir vaincu Géryon, revenait dans la ville d'Eurypyle, il commença à raconter les prouesses accomplies sur l'ordre de Junon : les mères de famille de Cos se mirent alors à injurier Junon, qui les changea en vaches. [3] La vérité est qu'elles disaient des injures sur Junon et sur les dieux, c'est ainsi, dit-on, qu'elles furent changées en vaches. Ou bien elles étaient des femmes publiques, qui avaient abandonné tout honneur et toute pudeur, c'est pourquoi on les dit cornues et transformées en vaches.

VII 365

[1] Thelegine (« les Telchines ») : c'étaient des frères, fils de Pluton et d'Envie qui, dès qu'ils voyaient des hommes, les changeaient en toutes sortes de formes. C'est pourquoi Jupiter, excédé, les changea en les jetant dans la mer. [2] La vérité est qu'ils étaient d'excellents enchanteurs, qui, dit-on, changeaient les gens par leurs enchantements, et que Jupiter tua ou qu'il ordonna d'engloutir dans la mer.

365 Rodon et Iasylyos Theleginas (« Rhodes et Ialysus, les Telchines ») : elle laisse la cité derrière elle ; l'auteur parle de villes, d'îles ou de peuples.

VII 368

Dans cette cité vivait Alcidamas, dont la fille fut fécondée à son insu. Mais au moment où elle accoucha, elle lui montra une colombe ; c'est pourquoi le père, croyant qu'elle avait été mise au monde lors de l'accouchement et que sa fille avait été fécondée par une semence divine, ordonna qu'elle soit gardée saine et sauve. Cela peut être vrai, parce que les hommes sont très souvent trompés par les femmes.

371 Tempe (« Tempé ») : endroit délicieux où vivent des cygnes.

VII 372

[1] PHILLIUS fuit quidam rex qui habuit quendam filium quem pre cunctis diligebat et amore suo volucres et feras domabat, et taurum similiter domabat, quem taurum domitum cum puer interrogaret, pater negavit, timens ne taurus illum lederet. Puer, iratus gravissime, se e saxo precipitavit, sed miseratione deorum mutatus fuit in cignum. [2] Hirie, mater sua, tantum flevit quod e lacrimis suis fecit stagnum et in aquam sui nominis, diis miserentibus, est mutata, et per illud stagnum transivit Medea fugiens. [3] Rei veritas est quod iste Phillius fuit rex adamans valde filium suum, cui com taurum denegasset dare, ille iratus se turri precipitavit et submersus fuit, unde fingitur mutari magis in cignum quam in alia ave, quia, sicut cantus cigni pre cunctis congruus est, ita cantus suus populo competebat. [4] Hyrie mater sua, sciens ipsum submersum, amarissime tantum flevit quod pre dolore flendo dicitur mutari in aqua, quod nil est nisi flendo mortua fuit, vel forte in stagnum se precipitavit et submersus fuit, unde propter infamiam submersionis illius stagnum vel aqua dicta fuit nomine suo 'stagnum Hyrie'.

372-381*

372 QUE : tempe ; SUBITUS CELEBRAVIT : cur mutatus habitavit ; OLOR : cignus ; NAM : quia ; PHILLIUS : proprium. 373 IMPERIO : iusso ; PUERI : filii sui ; VOLUCRES : aves. 374 TRADIDERAT : dederat ; DOMITOS : mitigatos ; QUOQUE : similiter ; VINCERE : mitescere. 375 VICERAT : mitem fecerat. 376 POSCENTI : filio suo ; TAURUM : scilicet ; SUPREMA NEGAVIT : quia numquam post aliud illum petiit, imo se submersit. 377 ILLE : puer ; DARE : dedisse in taurum. 378 DESILLUIT : deorsum saliit ; SAXO : scopulo ; CUNCTI : homines ; CECIDISSE : e saxo. 379 OLOR : cignus ; PENNIS : alis. 380 AT : et ; GENITRIX : mater ; HYRIE : scilicet ; SERVATUM : mutatum esse. 381 DELICUIT : fluxit ; -QUE : et ; FECIT : quia tantum pro morte flevit quod mutata fuit in stagnum.

VII 382-385

Transitus Medee

[1] ADIACET : Combe, filia Offi, habuit plures filios, et, morte patris preterita, tres matri remanserunt : Pleuron, Olenon et Calidon.

372.1 e saxo *ex* exa e saxo *ms.* | 372.2 transivit *ex* et in aqua transivit *ms.* | 372.3 adamans] adanans *ms.* quia] qui *ms.* populo] # populo *ms.* | 376* SUPREMA] SUPINA *ms.*

VII 372

[1] PHILLIUS (« Phyllius ») était un roi qui avait un fils qu'il aimait par-dessus tout. Par amour pour lui il domptait des oiseaux et des bêtes sauvages. Il avait aussi dompté un taureau. Mais quand son fils lui demanda le taureau dompté, le père le lui refusa, craignant que le taureau ne lui fît du mal. L'enfant entra dans une grande colère et se jeta du haut d'un rocher, mais les dieux par pitié le changèrent en cygne. [2] Sa mère Hyrié pleura tant qu'elle fit naître un lac de ses larmes et fut changée en cette eau qui porte son nom, par la pitié des dieux. Médée dans sa fuite passa au-dessus de ce lac. [3] La vérité est que ce Phyllius était un roi qui aimait par-dessus tout son fils. Mais lorsqu'il refusa de lui donner un taureau, l'enfant en colère se jeta du haut d'une tour et se noya : c'est pourquoi on imagine qu'il s'est changé en cygne plutôt qu'en un autre oiseau parce que, comme le chant du cygne est harmonieux entre tous, de même son chant plaisait au peuple. [4] Sa mère Hyrié, apprenant sa noyade, pleura si amèrement que, dit-on, en pleurant de douleur elle fut changée en eau, ce qui revient à dire qu'elle mourut à force de pleurer, ou peut-être qu'elle se jeta dans le lac et s'y noya : le malheur de cette noyade fit que le lac ou l'eau reçut son nom, « lac d'Hyrié ».

375 SUPREMA NEGAVIT (« il refusa ces dernières demandes ») : parce que jamais ensuite il ne demanda autre chose, au contraire il se noya. 381 FECIT (« elle fit naître ») : parce qu'elle pleura tant à cause de sa mort qu'elle fut changée en lac.

VII 382-385

[1] ADIACET (« s'élève à côté ») : Combé, fille d'Ophis, eut plusieurs fils. Après la mort de leur père, il lui resta trois fils : Pleuron, Olénon et Calydon.

Voluerunt regnare supra totum regnum matremque suam cogitaverunt interficere. Que, dum maliciam illorum comperisset, fugit, et mutata fuit in avem, ut quidam dicunt, paserem, et ita effugit manus illorum. [2] Vel OFFIA potest esse proprium nomen, et similiter OFFIAS uxor patris illorum qui non nominatur, unde OFFIAS EFFUGIT VULNERA NATORUM, et tunc declinatur hec Offias, huius -e, et potest declinari hec Offias, huius -dis, -dos. [3] Rei veritas quod Combe, marito suo defuncto, facta fuit publica meretrix, unde privigni sui, illam habentes in odio, illam fugaverunt, unde sic mutari fingitur, et pocius in passerem, quia volucris illa est calidissime nature ; hec est quod dicit. [4] REGINA Calauree pretulit se ninphis pulcritudine ; pretulit, cui maritus suus consentivit, unde mutati fuerunt in rivos, quod nichil est aliud nisi quod submersi fuerunt in ulcione illarum, vel dicunt in aves eo quod fugerunt, paupertate exules facti, vel legitur et melius de Alcione et marito suo qui, ut inferius continetur, mutati fuerunt in aves qui dicuntur marini et dicuntur alcione, ut illa dicebatur.

382-385*

382 ADIACET : iungitur ; HIIS : locis ; PLEURON : civitas ; IN QUA : civitate. 383 OPHIAS : proprium vel patronomicom ; NATORUM : suorum ; COMBE : proprium. 384 INDE : postea ; LATHOIDOS : vel Latona colitur ; ARVA : in qua regione Dyana, filia Lathone, precipue veneratur. 385 VOLUCREM : avem ; CONIUGE : uxore ; CONSCIA : culpabilis.

VII 386

[1] MEREPHON, vesana accensus libidine, voluit concombere com sua matre, sicut fere et iumentum, unde dei mutaverunt illum in canem in ultionem tanti facti. [2] Rei veritas est quod iste voluit comcombere com matre sua, quod dicitur mutari in canem, quia multociens ad peccatum reversus more canis ad voratum, vel quia factus fuit vecors et rabidus sicut canis.

386-387*

386 DEXTRA : parte ; CILLENE : civitas ; QUA : Cillene. 387 CONCUBITURUS : coitum facturus.

382-385.2 uxor] uxores *ms.* | 382-385.3 est[1]] et *ms.* | 382-385.4 ulcione] ultrone *ms.* | 386.2 voratum] voraitum *ms.*

Ils voulurent régner sur tout le royaume et songèrent à tuer leur mère. Ayant découvert leur méchanceté, elle s'enfuit, et fut changée en oiseau, en moineau selon certains, et put ainsi leur échapper. [2] Ou bien OFFIA (« fille d'Ophis ») peut être un nom propre, et ainsi OFFIAS (« la fille d'Ophis ») (était) l'épouse de leur père, qui n'est pas nommé ; d'où OFFIAS EFFUGIT VULNERA NATORUM (« La fille d'Ophis échappa aux coups de ses enfants ») ; le mot se décline au nominatif *Ophias*, génitif *Ophie*, mais on peut aussi le décliner au nominatif *Ophias*, au génitif *Ophiadis* ou *Ophiados*. [3] La vérité est que Combé, après la mort de son mari, devint une femme publique. Aussi ses beaux-fils, qui la haïssaient, la chassèrent : c'est pourquoi l'on invente qu'elle fut métamorphosée, et plutôt en un moineau, parce que cet oiseau est d'une nature très rusée. C'est ce qui est dit. [4] REGINA (« la reine ») Calaurée se déclara plus belle que les nymphes ; son mari lui accorda la préséance, aussi tous deux furent-ils changés en rivières, ce qui revient à dire que les nymphes se vengèrent en les noyant ; ou ils furent, dit-on, changés en oiseaux parce qu'ils s'enfuirent, furent exilés et tombèrent dans la pauvreté. Ou bien on fait une meilleure lecture en parlant d'Alcyone et de son mari qui, comme le récit le contient plus bas, furent changés en oiseaux qu'on appelle marins ou alcyons, du nom de l'héroïne.

384 ARVA (« les champs ») : la région dans laquelle Diane, la fille de Latone, est principalement honorée.

VII 386

[1] MEREPHON (« Ménéphron »), enflammé d'un désir insensé, voulut coucher avec sa mère, comme les animaux sauvages et les bêtes de somme. Aussi les dieux le changèrent-ils en chien pour le punir d'un tel crime. [2] La vérité est qu'il voulut coucher avec sa mère, ce qui est traduit par la métamorphose en chien, parce qu'il retomba bien des fois dans son péché, comme un chien qui s'apprête à dévorer, ou parce qu'il était insensé et furieux comme un chien.

VII 388

Cephisus vel Cephesus, pater Narcissus, nepotem habuit Phocen, quem Apollo devicit et in Phocen mutavit piscem marinum. Rei veritas est quod Phoceus fuit quidam imperitus qui com quodam sapiente disputavit ; ab eo devictus, mutatus fuit in piscem, quod nichil est aliud nisi quod inductum est ei sillentium more piscium qui muti sunt natura, et pocius in Phocen quam in alium quia illi pisces naturaliter sunt sompnolenti ; vel submersus fuit in mare et piscis ille Phocen devoravit.

388-389*

388 CEPHISON : mons ; proprium ; civitas ; PROCUL : longe. 389 TUMIDUM : magnum ; PHOCEM : piscem ; APPOLLINE : Phebo ; VERSI : mutati.

VII 390

[1] Eurimelus, solis vicarius, filiam habuit, quam, dum Mercurius vellet oprimere, in avem mutata fuit, et sic amisit illam. Secundum alios pater iste, Eurimelus rex, com filia sua voluit concombere, sed, Mercurio faciente, mutata fuit in avem que turtur dicitur. [2] Hoc totum est allegoricum usque ad mutationem, sed, quod mutata fuit, nihil est dictum nisi quod fugit et avis illa mutata dicitur valde pudica.
390* DOMUM : respicit ; LUGENTIS : flentis ; NATAM : filiam.

VII 391-399

[1] TANDEM : Ephire, civitas iuxta Phirenos montes, in qua homines nati fuerunt de fungis, dicuntur homines cubitales, et dicit quod vivebant de illis fungis. [2] PHIRENDA, id est altam, a *pir*, quod est *ignis*, quia ignis tendit in altum. Ibi erant Curetes, populi qui in principio deum coluerunt, sed postea facti sunt pravi, unde Iupiter eos per diluvium destruxit, sed postea, dis existentibus sine igne, quia nullus erat qui diis sacrificaret, restauraverunt eos per boletos a pluvia in paludibus generantes. [3] Rei veritas est quod isti sunt parvi populi et sunt ita debilis nature quod calorem solis nullo modo possunt pati, sed ex maxima habundancia pluvie nutriuntur. Ita Medea erravit per |f. 107v| multa loca et, dum moram faceret maximam, Iason introduxit Creusam, filiam magni Creuntis. [4] Hoc audiens, Medea misit ei camisiam intonsicatam veneno cremabili quam, dum induxisset, combusta fuit veneno et sic mortua fuit.

---

388 inductum] indutum *ms.* alium quia] alii qui *ms.* naturaliter sunt] sunt naturaliter sunt *ms.* | 391-399.2 Curetes *ex* Currete *ms.* boletos] bulletas *ms.* | 391-399.3 erravit] errant *ms.*

VII 388

[1] Céphise ou Céphèse, le père de Narcisse, était le grand-père de Phoca, qu'Apollon vainquit et métamorphosa en phoque, un poisson marin. [2] La vérité est que Phoca était un ignorant, qui débattit avec un sage ; vaincu par lui il fut changé en poisson, ce qui revient à dire qu'il fut réduit au silence comme les poissons qui sont muets de nature, et plutôt en phoque qu'en un autre poisson, parce que ces poissons sont naturellement somnolents ; ou il se noya dans la mer et ce poisson dévora Phoca.

VII 390

[1] Eurymèle, remplaçant du soleil, avait une fille que Mercure voulut violer : elle fut alors changée en oiseau, et il la perdit. Selon d'autres ce père, le roi Eurymèle, voulut coucher avec sa fille mais, par l'action de Mercure, elle fut changée en un oiseau qu'on appelle tourterelle. [2] Ce récit est entièrement allégorique jusqu'à la métamorphose mais dire qu'elle fut métamorphosée revient à dire qu'elle s'enfuit : cet oiseau qu'elle devient est, dit-on, très pudique.

VII 391-399

[1] TANDEM (« Enfin ») : Éphyré est une cité voisine des monts Pirène, dans laquelle des hommes naquirent de champignons : on les dit hauts d'une coudée. Ils vivaient, dit-on, de ces champignons. [2] PHIRENIDA (« du Pirène ») : c'est-à-dire élevée, de *pur*[20], qui est le feu, parce que le feu tend vers les hauteurs. Là vivaient les Curètes, peuple qui au commencement honora le dieu, mais ensuite devint dépravé, c'est pourquoi Jupiter les détruisit par le déluge. Mais par la suite, les dieux manquant de feu parce que plus personne ne leur faisait de sacrifices, ils les restaurèrent grâce à des champignons qui les engendrèrent après les pluies, dans les marais. [3] La vérité est que ce sont de petits hommes d'une nature si fragile qu'ils ne peuvent absolument pas supporter la chaleur du soleil, mais se nourrissent grâce une pluie très abondante. Ainsi Médée traversa |f. 107v| de nombreux endroits et pendant ce très long voyage, Jason épousa Créuse, fille du grand Créon. [4] Lorsqu'elle l'apprit, Médée lui envoya une tunique enduite d'un poison inflammable : quand elle l'enfila, elle fut brûlée par le poison et mourut.

---

20 πῦρ.

Medea, iterum rediens, posuit ignem in domo regali, et sic totam substantiam regis devastavit et parvos occidit qui ex propria carne et illa matre natos, et sic iterum incepit fugere.

391-401*

391 TANDEM : ad ultimum ; VIPERIIS : serpentinis ; EPHIREM : civitatem vel montem ; PHIRENIDA : a Phirenus, regnavit ; PENNIS : a *pir*, quod est ignis, vel Phirenida. 392 EVO : etate ; VETERES : antiqui homines. 393 VULGARUNT : dixerunt ; EDITA : generata ; FUNGIS : fungus est illud quod in modum oculi boni elevatur in nemoribus et paludibus. 394 POSTQUAM : quando ; COLCHIS : Medea ; NUPTA : coniux vel pelex. 395 FLAGRANTE : combusta ; DOMUM : aulam ; REGIS : Yasonis. 396 SANGUINE : suo. 397 ULTAQUE : vindicata et ; MATER : existens ; YASONIS : mariti sui. 398 HINC : postea ; DRACONIBUS : curru draconibus agitato. 399 PALLADIAS ARCES : Athena ; a Pallade amatas ; PHINEU : o, proprium. 400 PERIPHA : o, proprium ; VOLANTES : mutatos in aves. 401 IMMIXTAMQUE : coniunctam et ; NEPTEM : similiter ; POLIPHEMONIS : in avem mutatam.

VII 402-403

Adventus Medee penes Egeum

[1] Phineus et Periphas Athenienses iustissimi fuerunt. Com homines Achemenensses illos ‹ceperunt› ut occiderent, dei, miserentes, mutaverunt illos in vultures, de quorum genere erat Polydemon qui habebat quandam neptem, scilicet Adelphin que pro dea habebatur, unde mutata fuit in piccam. [2] Totum istud est hystoria usque ad mutationem ; quod dicuntur mutari in vultures nichil est nisi quod ipsi sponte exules vitam celibem actitare satagebant, quia neptis mutata fuit in piccam nisi quod ipsa erat garrula nimis more piccarum, que sunt aves garrule. [3] EXCIPIT. Egeus iustus erat rex Atheniensis qui, quamquam iustus erat, tamen criminandus erat, eo quod Medeam recepit hospicio et adhuc magis eo quod illam sibi maritagio copulavit, et propter hoc dicitur DAMPNANDUS IN UNO FACTO, id est in solo isto. [4] IAMQUE (404) ita accepit Egenus Medeam fugatam a Yasone et Theseus qui missus fuerat venerat et ignorabatur a patre suo Egeo propter moram quam fecerat ; iste erat valde virtuosus.

393* oculi] oculis *ms.* nemoribus] mecris *ms.* | 402-403.1 illos[1] ‹ceperunt›] illos *ms.*

Médée revint alors, mit le feu au palais royal et dévasta toutes les possessions du roi, puis tua les enfants nés de sa propre chair, les enfants dont elle était la mère, et reprit la fuite.
393 FUNGIS (« de champignons ») : le champignon est ce qui à la manière d'un bon tubercule pousse dans les bois et les marais.

VII 402-403
Arrivée de Médée chez Égée

[1] Phinée et Périphas étaient des Athéniens modèles de justice. Comme les Athéniens voulaient les tuer, les dieux, miséricordieux, les changèrent en vautours. Polypémon, un de leurs parents, avait une petite-fille, Adelphis, qui était considérée comme une déesse : c'est pourquoi elle fut métamorphosée en pie. [2] Tout est historique, jusqu'à la métamorphose ; dire qu'ils furent changés en vautours revient à dire qu'ils s'exilèrent de leur propre chef et s'efforcèrent de mener constamment une vie de célibataire ; que la nièce fut changée en pie signifie qu'elle était très bavarde à la façon des pies, qui sont des oiseaux bavards. [3] EXCIPIT (« il la reçoit ») : Égée était un roi Athénien plein de justice qui, malgré sa justice, était criminel, parce qu'il offrit l'hospitalité à Médée et encore plus parce qu'il s'unit à elle par le mariage : c'est pourquoi il est dit DAMNANDUS IN UNO FACTO (« condamnable pour un seul acte »), c'est-à-dire pour ce seul fait. [4] IAMQUE (« Et déjà ») : ainsi Égée accueillit Médée chassée par Jason ; Thésée était de retour de sa mission et ne fut pas reconnu par son père, parce qu'il était resté absent longtemps. Il était plein de vaillance.

[5] HYSMON : Hysmus est mons habens ab una parte Yoneum mare, ab alia Egeum. Ibi erant quamplurima monstra que omnia interfecit Theseus et populum ibi habitantem viriliter superaverit, et hoc est quod dicit BIMAREM PLACCAVERAT YSMON. [6] Egeus, pater Thesey, rex Athenienis, Medeam fugientem recepit et in lecto sibi iunxit ; Theseo reverso, patre non cognoscente, Medea voluit illum interficere, et miscuit, id est paravit aconita, ut illum intonsicaret. [7] Com Theseus esset hausturus, a patre suo cognitus fuit, per intersigna capuli ensis. Pater, percipiens potus esse venenosum, removit illum ab ore pueri, et ita liberatus fuit. Medea fugit, nebulis motis per carmina sua, et sic mortem effugit. De illa non habebimus amplius mentionem. [8] Hoc totum potest esse verum, non indiget expositione.

402-403*

402 HANC : Medeam ; EGEUS : proprium ; UNO : isto solo. 403 SATIS HOSPICIUM EST : illam suscipere in hospicio ; THALAMI : maritagii ; QUOQUE : similiter ; FEDERE : amore.

VII 404

Adventus Thesei ad nuptias patris com Medea

404-406*

404 ADERAT : venerat ; PROLES : existens ; PARENTI : quia pater non cognoscebat illum. 405 QUI : Theseus ; BIMAREM : in duplici mari inclusam. 406 EXICIUM : mortem ; MISCET : molitur ; QUOD : aconiton ; OLIM : iamdudum.

VII 407-408

ECHYNEI, canis Echinei, id est Cerberi, qui habet crines serpentis echinagi. Echinagus est serpens ferocissimus infernalis, vel ponitur ECHINEUS ad denotandum seviciam veneni illius.

407-408*

407 ATTULERAT : portaverat ; SITICIS : libicis ; ACONITON : venenum sic dictum ; ARVIS : campis, regionibus vel ab horis. 408 ILLUD : venenum ; ECHINEI : canis inferni ; MEMORANT : gentes ; ORTUM : procreatum.

402-403.6 Atheniensis] Athensis *ms.* fugientem] fugiente *ms.* | 402-403.7 capuli] scapuli *ms.* Pater] perter *ms.* motis *ex* mortis *ms.* habebimus *ex* a habebimus *ms.* | 404*tit.* com] de *ms.* | 406* iamdudum] lendudum *ms.*

[5] HYSMON (« l'Isthme ») : l'Isthme est un mont longé d'un côté par la mer Ionienne, de l'autre par la mer Égée. Là se trouvaient de très nombreux monstres que Thésée tua tous ; il triompha courageusement du peuple qui habitait là, c'est le sens de BIMAREM PLACCAVERAT YSINON (« il avait pacifié l'Isthme battu par deux mers »). [6] Égée, le père de Thésée, roi d'Athènes, accueillit Médée en fuite et s'unit charnellement à elle ; au retour de Thésée, comme son père ne le reconnaissait pas, Médée voulut le tuer, et mélangea, c'est-à-dire prépara de l'aconit, pour l'empoisonner. [7] Au moment où Thésée s'apprêtait à boire, son père le reconnut, grâce aux armoiries de la poignée de son épée. Comprenant que la boisson était empoisonnée, il l'arracha de la bouche de son fils et le sauva. Médée s'enfuit, en assemblant des ténèbres par ses enchantements, et ainsi évita la mort. Nous n'entendrons plus parler d'elle. [8] Tout cela peut être vrai, il n'est pas besoin d'explication.

VII 404

Arrivée de Thésée au mariage de son père avec Médée

VII 407-408

ECHYNEI (« d'Échidna ») : du chien d'Échidna, c'est-à-dire de Cerbère, qui a la crinière d'une vipère femelle. La vipère est un serpent très cruel de l'Enfer. Ou bien ECHINEUS (« Échidna ») est utilisé pour dénoter la violence de son poison.

VII 409-413

Descriptio vie per quam Cerberus exivit ab Inferno

[1] Describit actor locum per quem abstraxit Hercules Cerberum ab Inferis. [2] Fabula talis est : erant duo fratres, Theseus et Piritous ; iactitaverunt se quod non haberent uxores nisi filias Iovis, unde Theseus rapuit Helenam, sed postea reddidit Castori et Polluci. [3] Pirithous descendit apud Inferos ut raperet Prosperpinam ; ibi ligatus fuit gravibus cathenis, unde Theseus, descendens apud Inferos ut eum liberaret, abstraxit Cerberum et eum verberavit ita quod super cautem quoddam notrimentum coegit et post concrete sunt spume cadentes ab ore eius, et inde factum est aconitum, quasi a caute natum, quod Medea habebat. [4] Deinde voluit interficere Theseum ; de spuma Cerberi aconitum cecidisse dicitur. Nam per Cerberum tricipitem terram habemus, que tria habet capita : Europam, Asiam, Affricam, de cuius terre bone succo proveniunt bone herbe. [5] De spuma vero, idest de malo succo, oritur aconitum, que est herba venenosa similis thuri, ut dicont, vel est similis pastinacee, ut dicunt, et hoc est dicitur de Cerbero.

409-413*

409 SPECUS : fovea ; TENEBROSO : obscuro ; HYATU : introitu in quo specus est via declivis. 410 EST VIA : una ; DECLIVIS : tortilis ; PER QUAM : via ; THIRINCIUS : a Thyiracio monte ; HEROX : Theseus. 411 RESTANTEM : obstantem ; -QUE : et ; DIEM : contra ; RADIOSQUE : solis et ; MICANTES : splendentes. 412 OCULOS : suos ; NEXIS : coniuctis ; ADAMANTE : lapide illo ; CHATHENIS : vinculis. 413 CERBERON : ianitorem Inferni ; RABIDA : violenta rabie ; QUI : Cerberus ; IRA : sua.

VII 414

Dicit TERNIS propter tres partes mondi, scilicet propter Europam, Asiam, Affricam ; vel propter tres proprietates : uno ore devorat senes, alios viros, tercio iuvenes ; vel TERNIS eo quod devorat corpus, animam et divicias, et dicitur Cerberon a *ceos*, quod est caro, et *boron*, quod est vorare, quasi 'carnes vorans', id est homines voluptatibus carnis deditos vel terrenis. 414* LATRATIBUS : vocibus.

409-413.3 notrimentum] nom(en) ? *ms.* | 409-413.4 tricipitem *ex* trip *ms.* | 409-413.5 Cerbero] Cebero *ms.* | 409* SPECUS] SPECUM *ms.* | 414 partes] preces *ms.*

VII 409-413

Description du chemin par lequel Cerbère sortit de l'Enfer

[1] L'auteur décrit l'endroit par lequel Hercule arracha Cerbère aux Enfers. [2] La fable est la suivante : Thésée et Pirithoüs étaient deux frères, qui se vantèrent de ne prendre pour femmes que des filles de Jupiter. Thésée enleva Hélène, mais la rendit ensuite à Castor et Pollux. [3] Pirithoüs descendit aux Enfers pour enlever Proserpine ; mais il y fut entravé par de lourdes chaînes, aussi Thésée descendit-il à son tour aux Enfers pour le libérer ; il s'empara de Cerbère et le frappa au-dessus d'un rocher afin de recueillir quelque substance, et alors la bave sortie de sa bouche se solidifia, ce qui donna naissance à l'aconit, qui semblait né de ce rocher, et que Médée cueillit. [4] Elle voulut ensuite tuer Thésée : de l'aconit était dit-on tombé de la bave de Cerbère. Par Cerbère nous avons la terre triple, qui a trois têtes : l'Europe, l'Asie et l'Afrique ; c'est du suc de cette bonne terre que proviennent les bonnes herbes. [5] Mais de la bave, c'est-à-dire du mauvais suc, naît l'aconit, une herbe vénéneuse qui ressemble à l'encens, dit-on, ou à la carotte, selon d'autres, et c'est ce qui est dit de Cerbère.

409 HYATU (« à l'ouverture ») : à l'entrée, là où la grotte est VIA DECLIVIS (« sur une route en pente »).

VII 414

Il dit TERNIS (« triples ») à cause des trois parties du monde : l'Europe, l'Asie, l'Afrique ; ou à cause des trois propriétés (du chien) : d'une bouche il dévore les vieillards, de l'autre les hommes mûrs, de la troisième les jeunes gens ; ou triples parce qu'il dévore le corps, l'âme et les richesses. Le nom « Cerbère » vient de *ceos*[21], la chair, et *boron*[22] qui signifie « dévorer », en d'autres termes « qui dévore les chairs », à savoir les hommes qui se vouent aux plaisirs de la chair ou aux biens terrestres.

---

21 ?

22 βορός, « vorace ».

VII 415-423

De aconito virus

415 SPARSIT : cinxit ; ALBENTIBUS : candidis. 416 HAS CONCRESSE : spumas durere ; PUTANT : homines ; NACTASQUE : consecutas et ; ALIMENTA : nutrimenta ; FERACIS : fertilis. 417 FECONDIQUE : fertilis et ; SOLI : terre ; CEPISSE : ac(cepisse) ; NOCENDI : quia dicunt homines quod ex bitumine terre illud venenum generatur. 418 QUAS : spumas ; NASCUNTUR : oriuntur ; CAUTE : petra. 419 AGRESTES : rustici ; ACONITA : a caute nata ; VOCANT : dicunt ; EA : aconita ; CONIUGIS : Medee ; ASTU : fallacia. 420 PARENS : pater ; EGEUS : proprium ; NATO : Theseo ; PORREXIT : tradidit ; UT : essem ; HOSTI : hostis, ut traderet hosti suo. 421 SUMPSERAT : acceperat ; IGNARA : nescienti ; THESEUS : proprium ; POCULA : potus. 422 PATER : Egeus ; GLADII : ensis ; EBURNO : ex ebore facto ; quia omnes de genere suo habebant capulum de ebore factum in mucronibus suis, vel ensis Egei fuerat filio suo ab eo datus, quem bene cognovit. 423 SIGNA : intersignia ; GENERIS : filii Thesei ; EXCUSSIT : removit ; ORE : filii sui.

VII 424-426

Fuga Medee finaliter

[1] Paratum erat quod Medea interficeretur nisi effugisset. [2] AT GENITOR : com Medea mortem effugisset, tamen Egenus letabatur filio suo a morte pessima liberato, sed mirabatur quomodo tantum nephas poterat a Medea committi.

424-425*

424 ILLA : Medea ; NECEM : mortem ; TENEBRIS [...] MOTIS : et hoc dico ; PER CARMINA : incantationes. 425 AT GENITOR : sed Egenus ; QUAMQUAM : quamvis ; LETATUR : gaudet ; SOSPITE : salvata ; NATO : Theseo.

VII 427-429

Sacrificatio Egeos pro vita filii liberata

Moris erat antiquitus divitibus hominibus quod, quando sacrificabant, ligabant taurorum capita albis peplis ad hoc, ut castitate mentes mediantibus vestimentis candidis notarentur.

415* ALBENTIBUS] ALLENTIBUS *ms.* | 416* consecutas] aconsuetas *ms.* | 422* capulum] scapulum *ms.* datus] datas *ms.* | 427-429 mediantibus] mediebus *ms.*

VII 415-423

Le poison tiré de l'aconit

417 NOCENDI (« de nuire »); parce qu'on dit que ce poison est généré par le bitume de la terre. 422 EBURNO (« d'ivoire ») : fait en ivoire; parce que tous les hommes de sa famille avaient une poignée en ivoire sur leurs épées, ou parce qu'Égée avait donné son épée à son fils, et la reconnut bien.

VII 424-426

Fuite définitive de Médée

[1] On avait préparé la mise à mort de Médée si elle ne s'était pas enfuie. [2] AT GENITOR (« Quant au père ») : bien que Médée eût échappé à la mort, Égée était cependant heureux que son fils fût sauvé d'une mort atroce, mais il se demandait comment Médée avait pu commettre un tel crime.

VII 427-429

Sacrifices d'Égée pour la vie sauve de son fils

Les hommes puissants avaient autrefois l'habitude, quand ils faisaient des sacrifices, de lier les têtes des taureaux avec des tissus blancs, pour signifier la pureté de leurs pensées par l'intermédiaire de ces vêtements immaculés.

VII 429

Thori sunt pallearia, id est replicationes que sunt in collis boum propter pinguedinem.

427-429*

427 COMMITTI : fieri ; IGNIBUS : sacrificiis. 428 MUNERIBUS : donis ; FERIUNT : percuciunt ; SECURES : mactatorum. 429 VINCTORUM : ligatorum ; VITTIS : peplis.

VII 430

ERITHEIS : Erithei dicuntur Atheniensses ab Eritheo, filio Pandionis, qui post mortem patris sui ibi regnavit, unde universi gaudebant de salvatione Thesey.
430* ERITHEIS : Athenienssibus ; FERTUR : dicitur ; CELEBRATIOR : plus celebris ; ILLO : die.

VII 431-432

Convivium Egee pro filio salvato

431-432*

431 ILLUXISSE : venisse ; AGITANT : faciunt ; PATRES : reges et principes terre. 432 MEDIUM : parvum ; VULGUS : populus ; NEC NON : insuper ; CARMINA : cantus.

VII 433

Enumeratio laudum Thesei a populo

[1] Nota quod omnes iste operationes dicuntur principaliter de Hercule, secundario de Theseo, vel possunt esse similes operationes utriusque. [2] Fabula talis est : Nepturnus Minoy regi misit taurum ut illum sibi sacrificaret. Minos autem, accensus cupidine, retinuit et noluit sacrificare, qua de causa iratus, Nepturnus fecit illum furibundum et omnes destruebat nec erat qui resistere sibi posset. Theseus huc venit et occidit, et hoc totum legitur de Hercule. [3] Alii dicunt quod hoc dicitur de Minotauro, quod Theseus vere consilio Adrianne interfecit, ut inferius continetur.

429* VINCTORUM] VICTORUM *ms.* | 430* CELEBRATIOR] CELEBRABRIOR *ms.* die] di *ms.* | 433.2 noluit] voluit *ms.*

VII 429

Les bourrelets sont les fanons, c'est-à-dire les replis de graisse que les bœufs ont au cou.

VII 430

ERITHEIS (« d'Érechthée ») : les Athéniens sont dits Érechthéens à cause d'Érechtée, le fils de Pandion, qui régna sur la cité après la mort de son père. Tous se réjouissaient donc du salut de Thésée.

VII 431-432

Festin organisé par Égée pour la vie sauve de son fils

433 THESEU (« ô Thésée ») : voici comment ils chantaient un cantique.

VII 433

Enumération des louanges de Thésée par le peuple

[1] Noter que toutes ces prouesses ont été, dit-on, accomplies surtout par Hercule, Thésée n'y jouant qu'un rôle secondaire ; ou peut-être l'un et l'autre accomplirent des prouesses similaires. [2] La fable est la suivante : Neptune envoya au roi Minos un taureau qui devait lui être sacrifié. Mais Minos, enflammé de désir, le garda et refusa de le sacrifier. Aussi Neptune, irrité, rendit l'animal furieux : il détruisait tout et personne ne pouvait lui résister. Mais Thésée arriva et le tua, et cet exploit est attribué entièrement à Hercule. [3] Certains disent qu'il s'agit du Minotaure, que Thésée tua grâce aux conseils avisés d'Ariane, comme on le raconte plus bas.

433* INGENIUM : loquelam ; CANUNT : cantant ; THESEU : 'o', ecce quomodo cantabant canticom.

VII 434-435

Iuxta Cretem regionem erant duo latrones qui omnes cultores interficiebant et substancias illorum lacerabant, quos Theseus, hac preteriens, occidit, et, quamvis essent fortes, vires eorum viriliter superavit.

434-435*

434 MIRATA : laudata ; MARATHON : patria vel insula vel civitas ; CRETHEI : cretensis ; SANGUINE : occisione ; MONSTRI : vel tauri. 435 ARAT : colit ; CREMONAM : groute *gallice* ; COLONUS : cultor.

VII 436

EPIDARIA est quedam regio et ibi erat Chacus, qui noctu omnes interficiebat ; huc veniens, Theseus interfecit, vel vocat illam prolem Eritheum, qui similiter erat in speleo, quod Theseus interfecit ; vel legitur de alio qui non nominatur.

436-437*

436 MUNUS : tuum est ; OPUSQUE : operatio et ; TELLUS : terra ; EPIDARIA : a rege dicte ; PER TE : 'o Theseu'. 437 CLAVIGERAM : portantem clavam ; VULCANI : proprium ; OCUMBERE : mori.

VII 438

PROCUSTES erat quidam qui pretereuntes faciebat deviare et usque ad humeros illos vivos inhumabat ; quem Theseus pena simili interfecit.

438-439*

438 IMMITEM : crudelem ; CEPHESYAS : a Cepheso ibi ; ORA : regio ; PROCUSTEM : proprium. 439 LETUM : mortem ; CEREALIS : a Cerere plena ; ELEMPSIS : mons.

436 speleo] spilio *ms*.

VII 434-435

Près de la Crète vivaient deux brigands qui tuaient tous les habitants et détruisaient leurs récoltes ; Thésée qui passait par là le tua, car il les surpassa courageusement malgré leurs forces.

VII 436

EPIDARIA (« Épidaure ») est une région ; c'est là que vivait Cacus, qui tuait les gens la nuit : passant par là, Thésée le tua, ou bien l'auteur appelle ce fils Érechthée – il se trouvait aussi dans la caverne et Thésée le tua ; ou il est question d'un autre homme qui n'est pas nommé.

VII 438

PROCUSTES (« Procruste ») était un homme qui détournait de leur chemin ceux qui passaient par là, et les enterrait vivants jusqu'aux épaules : Thésée le tua en lui infligeant la même peine.

|f. 108r|

VII 440-442

Cenis erat quidam latro fortissimus qui arbores magnas inclinabat et in summitate arboris pretereuntes faciebat sedere, et tunc arborem desinebat, et sic homines iactabantur in ethere et expirabant ; quem Theseus similiter interfecit.

440-444*

440 OCCIDIT : mortuus fuit ; CENIS : proprium. 441 AGEBAT : ducebat. 442 SPARSURAS : vel (sparsu)rus ; PINUS : arbores. 443 TUTUS : securus ; ALCHATOEM : civitatem ; LELEGIA : insula ; LIMES : semita. 444 COMPOSITO : occiso ; CHIRONE : proprium ; -QUE : sed ; LATRONIS : Chironis

VII 446-447

Chiron erat quidam latro qui vivos homines capiebat et com mortuis ligabat, et sic ex putredinis fetore cogebat eos expirare ; quem Theseus pena simili interfecit.

446-447*

446 VETUSTAS : antiquitas. 447 SCOPULOS : lapides ; CHYRONIS : a latrone.

VII 448

[1] SI TITULOS ANIMOS : quamvis omnia et pauca dicerent illi de laudibus Thesei, ad ultimum dixerunt impossibile esse illis quod omnes laudes illius dicerent, imo ad honorem nobilissime epulabantur et Bachi munera cupientes cognoscebant. [2] Verumptamen dicit Ovidius ex parte sua quod in mondo non est perfectum gaudium, quamvis pro Theseo Egeus letaretur. [3] Minos sibi prelia preparabat, qui, com Androgeus, filius Minois, esset scolaris Athenis, ibi occisus fuit, ut quidam dicunt, a Theseo, quare Minox volebat debellare civitatem, et enumerat actor civitates et populos quos per prelia sibi iunxit Minos.

448-455*

448 TITULOS : laudes ; ANIMOS : ausus ; NUMERARE : dicero. 449 PREMUNT : vel 'prement' ; TE FORTISSIME : o Theseu. 450 PUBLICA : idest convivia ; SUMIMUS : capimus ; HAUSTUS : ad honorem tui potamus. 451 CONSONAT : concordat. 452 REGIA : aula ; NEC : et non. 453 USQUE : perfecte ; SINCERA : pura ; VOLUPTAS : gaudium.

|f. 108r|

VII 440-442

Sinis était un brigand d'une très grande force, qui inclinait de grands arbres. Puis il faisait asseoir les passants au sommet de l'arbre, et relâchait l'arbre, jetant ainsi les hommes dans les airs et les tuant. Thésée le tua de la même façon.

VII 446-447

Chiron était un brigand qui prenait les hommes vivants et les enchaînait avec des morts : ainsi il les faisait mourir par l'infection de la gangrène. Thésée le tua par une peine semblable.

VII 448

[1] SI TITULOS ANIMOS (« Si les titres de gloire et les actes de courage ») : quoique disant tout et trop peu à la fois sur les louanges de Thésée, à la fin ils avouèrent qu'il leur serait impossible de chanter toutes ses louanges, mais ils faisaient bonne chère pour l'honorer très noblement, et reconnaissaient qu'ils aspiraient aux présents de Bacchus. [2] Mais pourtant Ovide dit en aparté que dans le monde il n'y a pas de joie parfaite, bien qu'Egée se réjouît du retour de Thésée. [3] Minos lui préparait une guerre, parce que, comme son fils Androgée étudiait à Athènes, il y fut tué, par Thésée selon certains ; aussi Minos voulait-il attaquer la cité, et l'auteur énumère les cités et les peuples que Minos s'adjoignit pour la guerre.
450 HAUSTUS (« gorgées ») : nous buvons en ton honneur. 454 EGEUS (« Égée ») : voilà pourquoi, parce qu'Egée etc.

454 SOLLICITUM : curiosum ; LETIS : gaudentibus rebus ; EGENUS : ecce quare, quia Egenus, et cetera. 455 PERCEPIT : obtinuit ; NATO : filio suo Theseo.

VII 456

Incipit de Minoe

[1] Chiron erat quidam latro qui, secus viam sedens, faciebat pretereuntes osculari pedes suos. Quod Theseus com vidisset, inclinavit se ut basiaret ; per pedem traxit tantum eum super terram quod mortuus fuit, et propter nequiciam eius terra noluit ossa eius tempore nec unda, sed mutata sunt in scopulum marinum, qui Chiron latronis nomine noncupatur. [2] Quod est dictu, nichil nisi quod tumulus lapidum positus fuit super illum, et sic fingitur mutari.

456-460*

456 MINOS : proprium ; QUAMQUAM : quamvis ; MILITE : multitudine militum. 457 PATRIA : naturali. 458 ANDROGEI : filii sui, proprium ; NECEM : mortem ; ULCISCITUR : vindicat. 459 ANTE : quam veniret ; ACQUIRIT : agmentat ; AMICAS : amicabiles. 460 QUAQUE : parte et ; ADITUS : introitus ; VOLUCRI : cita ; FRETA : maria.

VII 461-468

Numeratio civitatum quas adduxit Minos in auxilio suo

461-463*

461 HINC : ab una parte ; HINC : ab alia parte ; STEPHALIDA : castra. 463 HINC : a tercia parte ; HUMILEM : civitas ; MICONUM : castrum ; THIMOLI : montis.

VII 464

Ciprus est regio ubi sunt multi pisci et flores pulcherrimi, quibus tingitur purpura.

464* CIPRUM : insulam ; ZEPHIRON : insulam planicie sitam.

VII 465-468

[1] Fabula talis est : Sithonis, sic a patre dicta, auri amore inflammata, patriam prodidit et vendidit et auri copiam accepit, unde dei, ultionem accipientes,

---

456.1 noluit] voluit *ms.* | 456.2 lapidum] lipidum *ms.*

VII 456

Début du récit sur Minos

[1] Sciron était un brigand qui, assis au bord de la route, obligeait les passants à lui baiser les pieds. Voyant cela, Thésée s'inclina pour le baiser, mais il le traîna à terre par le pied jusqu'à ce qu'il mourût ; sa méchanceté fit que la terre refusa ses ossements à ce moment-là, ainsi que l'onde, mais ils furent mués en rocher marin, qui est appelé du nom de Sciron. [2] Ce qui revient à dire qu'un tas de pierres fut posé sur lui, et qu'on invente qu'il fut métamorphosé.

VII 461-468

Énumération des cités dont Minos obtint l'aide

VII 464

Chypre (« Cythnus ») est une région où abondent en grand nombre de magnifiques poissons et fleurs, qui teignent les tissus de pourpre.
464 ZEPHIRON (« Sériphos ») : une île posée à plat.

VII 465-468

[1] La fable est la suivante : la Sithonienne, appelée ainsi du nom de son père, brûlait de cupidité : elle trahit et vendit sa patrie en échange d'une grosse somme d'or ; pour cela les dieux la châtièrent

illam in avem mutaverunt, que monedula dicitur, et dicitur monedula, quasi monetam diligens. [2] Rei veritas est quod ista Sithonis patriam vendidit, sed fingitur mutari. Nil est aliud nisi quod noctu fugit com precio vendicionis et suspensa fuit in turre. Potest dici *Arne*, et sic erit Sithonis, vel *Arnem*, et sic erit civitas.

465-468*

465 MARMOREAMQUE : ubi marmor habundat et ; PARON : insulam ; ARNE : vel 'Arnem'. 466 SITHONIS : proprium ; ACCEPTO : capto ; AVARA : per avariciam. 468 NIGRA : illa dico ; VELATA : tecta ; MONEDULA : sic dicta.

VII 469-472

[1] Ita multe civitates erant confederate Minoi, sed iste que secontur nomina illarum civitatum que non venerunt in auxilium illius, et maxime civitatem Eaci, que confederata erat Athenienssibus, ut in littera continetur. [2] EACIDA REGNA : ubi Eacus, filius Iovis et Egine, regnabat. Egina mater erat Eaci et in honore matris sue vocavit eam civitatem Eginam.

469-472*

469 AT NON : insuper ; OLEAROS : insula ; DUNEQUE : insula et ; SENOS : insula ; ANDROS : insula. 470 GLAROS : insula ; PIRETHOS : insula ; OLIVE : quia ibi habundant olive. 471 GOSIACAS : grecas, scilicet naves Minois ; LATERE : parte sinistra. 472 EUOPIAM : civitas ; MINOS : proprium, rex ; EACIDA : scilicet ; REGNA : in quibus Eacus regnavit.

VII 473-474

Progressio Minois ad Enopiam, civitatem Eaci

473-479*

473 EUOPIAM : dixere sic. 474 EGINAM : ita dictam ; GENITRICIS : sue ; DICIT : (di)x(it). 475 TURBA : civitas ; -QUE : et ; FAME : quante erat Minos. 476 APPETIT : cupit ; THELAMON : proprium. 477 THELAMON : est ; PELEUS : proprium ; PROLES : Eaci ; PHOCUS : illi tres erant filii Eaci. 478 IPSE : Eacus ; EGREDITUR : ex(greditur) ; TARDUS : piger ; GRAVITATE : ponderositate ; SENILI : quia vetus erat. 479 EACUS : proprium ; REQUIRIT : interrogat quare venit.

465-468.2 in turre] intarre *ms.* | 478* IPSE *ex* IPSA *ms.*

en la métamorphosant en un oiseau qu'on appelle choucas (*monedula*), pour ainsi dire aimant l'argent (*monetam diligens*[23]). [2] La vérité est que cette Sithonienne vendit sa patrie, mais la métamorphose est une invention : c'est tout simplement qu'elle s'enfuit de nuit avec le prix de sa trahison, et se réfugia dans une tour. Si l'on parle d'*Arné*, il s'agira de la Sithonienne ; si l'on dit *Arnem*, on parlera de la cité.

VII 469-472

[1] Ainsi de nombreuses cités s'étaient alliées à Minos, mais les noms qui suivent sont ceux des cités qui ne lui vinrent pas en aide : parmi elles en particulier la cité d'Éaque, qui était l'alliée d'Athènes, comme le dit le récit. [2] EACIDA REGNA (« le royaume d'Éaque ») : là où régnait Éaque, fils de Jupiter et d'Égine. Égine était la mère d'Éaque et c'est en l'honneur de sa mère qu'il appela sa cité Égine.

470 OLIVE (« à l'olive ») : parce que les olives poussent là en abondance.

471 GOSIACAS (« de Gnose ») : grecs, c'est-à-dire les navires de Minos.

472 REGNA (« les royaumes ») : sur lesquels régnait Éaque.

VII 473-474

Minos progresse vers Énopie, la cité d'Éaque

475 FAME (« à la renommée ») : aussi grande que Minos. 477 PHOCUS (« Phocus ») : Éaque avait trois fils. 479 REQUIRIT (« demande ») : il l'interroge sur la raison de sa venue.

23 Le jeu de mots est difficile à rendre en français : « faisant cas des sous » serait un peu familier.

VII 480
Petitio Minois ad Eachum

[1] AMMONITUS : fabula que ibi superius tangitur est quod Androgenus, filius Minois, missus fuit Athenis philosophie, qui ‹suos› socios et magistros superavit addiscendo ; quo viso, magistri ei invidentes nocte interfecerunt. [2] Quo audito, Minos fratrem suum, scilicet Eacum, filium Iovis, petiit ut eum adiuvaret, sed auxilium denegavit, ut in textu continetur. [3] Tamen postea Minos obsedit civitatem Athenienssem et illam devicit et leges imposuit ut singulis annis VII corpora devoranda Minotauro offerentur, et ita rediit com victoria.
480* AMMONITUS : commotus ; PATRII : vel 'o' ; LUCTUS : vel 'u' ; ILLI : Eaco querenti.

VII 481-486
Repulsio Eaci ad Minoa

CENTUM dicit, quod in Creta sunt centum civitates, et sunt ista verba Minois ad Eacum. HUIC AUSOPIADES : com Minox ita fratrem suum petisset, respondit quod non poterat, propter federa inter ipsum et Athenienses federata.

481-486*

481 REFFERT : que secontur ; RECTOR : 'o' ; CENTUM : qualia tu vides hic in presenti. 482 ARMA : viros armatos ad ; ORO : precor ; NATO : meo ; SUMPTA : capta ; PIEQUE : dicit quia pium et iustum erat ulcisci mortuos. 484 HUIC : vel 'hinc' ; AUSOPIADES : Eacus, filius Egine, filie Ausopi ; IRRITA : vana ; URBI : ullo modo facerem. 485 NEC : non ; ENIM : quia ; CONIUNTIOR ULLA : propinquior tam per civitatem quam per pacem. 486 CICROPIDIS : Athenienssibus ; HAC : terra ; EA FEDERA NOBIS : talia quod Athenienses non infestabunt mihi nec ego illis.

VII 487-489
Disgressio Minois

Cum audisset Minos quod frater suus non daret ei auxilium, obiurgando tristis recessit.

480.1 ‹suos› socios] # socios *ms.* interfecerunt] interferunt *ms.* | 480.2 adiuvaret] adimaret *ms.* | 482* capta] capte *ms.* ulcisci] ulcissi *ms.*

VII 480

Demande de Minos à Éaque

[1] AMMONITUS (« remis en mémoire ») : la fable qui est ici rappelée est racontée plus haut : Androgée, fils de Minos, fut envoyé à Athènes, la ville de la philosophie, mais en apprenant il surpassa ses compagnons et ses maîtres : voyant cela, ses maîtres le jalousèrent et, une nuit, ils le tuèrent. [2] Quand il l'apprit, Minos vint demander à son frère Éaque, le fils de Jupiter, de l'aider, mais celui-ci lui refusa son aide, comme le texte le raconte. [3] Cependant Minos assiégea ensuite la cité d'Athènes, et, l'ayant vaincue, lui imposa un tribut : tous les sept ans ils devaient offrir au Minotaure des corps à dévorer. Ainsi il revint victorieux.

VII 481-486

Réponse d'Éaque à Minos

Il dit CENTUM (« cent ») parce qu'en Crète il y a cent cités, c'est ce que Minos dit à Éaque. HUIC AUSOPIADES (« à lui le petit-fils d'Asopus ») : à la demande de Minos, son frère répondit qu'il ne pouvait (l'aider), à cause des traités qui le liaient aux Athéniens.

481 CENTUM (« cent ») : celles que tu vois ici devant toi. 482 PIEQUE (« et pieuse ») : il dit qu'il était pieux et juste de venger les morts. 484 AUSOPIADES (« le petit-fils d'Ausopus ») : Éaque, fils d'Égine, la fille d'Ausopus. URBI (« à ma cité ») : je ne le ferais en aucune manière. 485 CONIUNTIOR ULLA (« aucune n'est plus étroitement unie ») : plus proche tant du point de vue de la localisation que du point de vue de la paix. 486 EA FEDERA NOBIS (« ces traités pour nous ») : tels que les Athéniens ne m'attaqueront pas, et que je ne les attaquerai pas.

VII 487-489

Départ de Minos

Quand Minos apprit que son frère ne l'aiderait pas, il s'en alla tristement en lui faisant des reproches.

487-489*

487 ABIT : vadit ; STABUNTQUE : erunt et. 488 BELLUM : prelium. 489 GERERE : facere ; PRECONSUMERE : devastare.

VII 490-492

Adventus Cephali penes Eacum

Recedente Minoe et auxilio sibi denegato a fratre, adhuc poterat navis videri, com aparuit intrans civitatem Cephalus com militibus Atheniensibus qui veniebant quesitum auxilium.

490-496*

490 CLASSIS : navigium ; ETIAM NUNC : tunc. 491 SPECTARI : cerni ; CONCITA : commota. 492 ACTICA : Athenienssis ; PUPIS : navis ; ADEST : venit ; AMICOS : amicabiles. 493 CEPHALUM : proprium ; SIMUL : pariter ; FEREBAT : portabat. 494 EACIDE : filii Eaci ; POST : adverbium ; TEMPORE VISUM : quia longum tempus erat preteritum ex quo non viderant isti iuvenes Cephalum. 495 AGNOVERE : com cognovere ; TAMEN : in veritate ; CEPHALUM : proprium ; DEXTRASQUE : suas et. 496 DOMUM : tectum ; SPECTABILIS : nobilis ; HEROS : Cephalus.

|f. 108v|

VII 497

VETERIS FORME dicit quia solebat esse pulcher in iuventute, inde tenebat adhuc signum iuventutis propter pulcritudinem, quia adhuc nitebat. 497* VETERIS : antique ; ECIAM : adhuc ; FORME : pulcritudinis.

VII 498-500

TENENS RAMUM OLIVE POPULARIS. Construe : ET TENENS A DEXTRA et A LEVA DUOS, scilicet duos filios Eaci. MINORES : ibi notat maximam urbanitatem. MAIOR, id est maior filius ; HABET, id est tenet ; CLITON ET BUTEN : natos Pallante illo rege.

498-500*

498 INGREDITUR : intrat ; -QUE : et ; POPULARIS OLIVE : communis et pacifice. 499 LEVA : parte sinistra. 500 MAIOR : filius ; CLITON : proprium ; BUTEN : proprium ; PALLANTE : proprium ; CREATOS : natos.

489* PRECONSUMERE] PRECONSURE *ms.*

VII 490-492

Céphale arrive chez Éaque

Alors que Minos s'éloignait après le refus de son frère de lui accorder son aide, on pouvait encore voir son navire, lorsqu'apparut Céphale qui entrait dans la cité avec de nombreux Athéniens qui venaient demander de l'aide.

494 TEMPORE VISUM (« vu (depuis) longtemps ») : parce qu'une longue période s'était écoulée depuis que ces jeunes gens n'avaient pas vu Céphale.

|f. 108 v|

VII 497

Il dit VETERIS FORME (« de son ancienne beauté ») parce qu'il était beau dans sa jeunesse, et gardait encore les marques de la jeunesse à cause de la beauté qui le rendait encore éclatant.

VII 498-500

TENENS RAMUM OLIVE POPULARIS (« tenant à la main un rameau de l'olivier de son peuple »). Construire : ET TENENS (« et tenant ») A DEXTRA ET A LEVA DUOS (« par la main droite et par la main gauche les deux »), c'est-à-dire les deux fils d'Éaque. MINORES (« plus jeunes ») : ici est notée sa très grande politesse. MAIOR (« plus âgé »), c'est-à-dire le fils aîné ; HABET (« il a »), c'est-à-dire il tient ; CLITON ET BUTEN (« Clytos et Butès ») : les fils du roi, Pallas étant ce roi.

VII 501-504

Petitio Cephali ad Eacum pro Atheniensibus

[1] Ita tres filii Eaci duxerunt Cephalum in domo patris sui, unde iste incepit narrare causam sui adventus. [2] Dixit quod Minos non solum contra Athenienses pugnare volebat, sed contra totam Greciam, quia Athene sunt in Grecia regione.

501-505*

501 CONGRESSI : intrati ; PRIMO : primitus ; VERBA : mandata vel salutes ; TULERUNT : dixerunt. 502 CICROPIDE : Athenienses ; CEPHALUS : proprium ; PERAGIT : dicit ; MANDATA : petitiones ; ROGAT : petit. 503 FEDUSQUE : confederationem et ; REFFERT : dicit ; PARENTUM : antiquorum. 504 -QUE : et ; ACHAIDOS : Grecie. 505 UBI : postquam ; MANDATAM : dictam ; FACONDIA : sapientia et eloquentia.

VII 506

Ita Cephalus petebat auxilium.

506* EACUS : rex ; CAPULO : ceptro ; NITENTE : sui ; SINISTRA : vel 'o'.

VII 507

Quasi diceret : 'O Athenienses, valde turpe est quod me petitis, ymo accipite omne quod habeo quasi vestrum, et utinam melius pro vobis haberem'.

507* NEC : ne ; SUMITE : capite ; ATHENE : 'o Athenienses'.

VII 508-509

Concessio militum Eaci ad Cephalum

'Omnis possessio mearum rerum eat vobiscum, ita tamen ut mihi remaneant deffensores'.

508-511*

508 DUBIE : dubitabiliter. 510 DESUNT : defficiunt ; SUPER : vel 'et'. 511 GRATIA : sit ; TEMPUS : 'Dii gratiantur quod ego tantum habeo'.

501-504*tit.* Atheniensibus] Acheniensibus *ms.* | 501* intrati] intrari *ms.* | 505* FACONDIA *ex* FACONDIAM *ms.* | 506 Cephalus] Eacus *ms.* | 507 valde] tede *ms.* | 507* Athenienses *ex* Atheniensis *ms.*

VII 501-504

Demande de Céphale à Éaque au nom des Athéniens

[1] Ainsi les trois fils d'Éaque conduisirent Céphale dans la demeure de leur père, et Céphale commença à raconter la cause de sa venue. [2] Il dit que Minos voulait combattre non seulement les Athéniens, mais toute la Grèce – Athènes est une région de Grèce.

VII 506

Ainsi Céphale demandait de l'aide.

VII 507

En d'autres termes : « Ô Athéniens, il est tout à fait déshonorant que vous m'en fassiez la demande : recevez tout ce que je possède comme vôtre ; plût au ciel que j'eusse mieux à vous offrir ! ».

VII 508-509

Éaque accorde des soldats à Céphale

Prenez tout ce qui m'appartient, laissez-moi seulement des défenseurs. 511 TEMPUS (« les circonstances ») : Que les dieux soient remerciés de m'accorder tant de possessions.

VII 512-513

Respondet Cephalus : ' Ita sit, primo dii adorentur et deus adoptet tibi tuos concives'.

512-514*

512 IMO : sed ; CEPHALUS : proprium. 513 URBS : civitas ; EQUIDEM : certe ; CEPI : concepi. 514 COM : quando ; PAR ETATE : equalis ; IUVENTUS : quam pulcri et pares sunt sui concives.

VII 515-516

Confabulatio Cephali ad Eacom

Quasi diceret : 'Dic michi ubi sunt multi milites quos vidi com in urbe ista primo receptus fui, quia vidi multos et cognovi, sed istos non cognosco quos hic cerno'.

515-517*

515 OBVIA : contra me ; PROCESSIT : venit ; REQUIRO : interrogo. 516 CONDAM : aliquo ; URBE : civitate. 517 EACUS : proprium ; INGEMUIT : gemitum dedit ; -QUE : et ; ITA VOCE : ut sequitur.

VII 518-519

Responsio Eaci de militibus suis

518-520*

518 FLEBILE : triste est ; SEQUETUR : possunt esse verba actoris vel Eaci. 519 HANC : fortunam ; MEMORARE : dicere ; ULLO : aliquo. 520 ORDINE : a turbatione ; NUNC : tum dicam ; NEU : quod non ; AMBAGE : nuga ; MORER : detineam.

VII 521-522

Quasi diceret : 'Mortui sunt illi de quibus interrogas et combusti', quia moris erat quod, quando aliquis moriebatur, urebatur.

521-522*

521 -QUE : et ; MEMORI : memorativo ; QUOS : illi ; REQUIRIS : interrogas. 522 QUOTA : magna vel aliqua ; PERIERE : mortue fuere.

517* gemitum] genitum *ms.*

VII 512-513

Céphale répond : « Qu'il en soit ainsi ; que d'abord les dieux soient adorés et que le dieu te soit favorable, ainsi qu'à tes concitoyens ».

514 IUVENTUS (« une jeunesse ») : combien ses concitoyens sont beaux et du même âge.

VII 515-516

Céphale s'entretient avec Éaque

En d'autres termes : « Dis-moi où sont les nombreux soldats que j'ai vus dans cette ville la première fois que j'y fus reçu, parce que j'en vis beaucoup que je connaissais, mais je ne reconnais pas ceux que je vois ici. »

VII 518-519

Réponse d'Éaque à propos de ses soldats

518 SEQUETUR (« suivra ») : peut désigner les paroles de l'auteur ou celles d'Éaque.

VII 521-522

En d'autres termes : « Ceux sur lesquels tu m'interroges sont morts et consumés », parce que l'usage était alors de brûler la personne qui était morte.

VII 523-527

De peste gentium et regni Eaci

[1] DIRA LUES : modo incipit Eacus narrare de dolore suo : primo Iuno habebat in odio Atheniensses vel etiam Eginenses, eo quod Eacus nominavit civitatem suam nomine sue genitricis. Iuno, hoc irata, pestem pessimam misit in illa civitate ut ulcisceretur se, et, ut inferius continetur in textu, tunc Eacus rogavit patrem suum Iovem ut cives restitueret sibi. [2] Tandem Iupiter in quercu sibi annuit motu quercus, quia, per formicas ibi visas, restituti fuerunt cives illis, et nocte Eaco sompniante, formice venerunt sibi ; in specie humana mutate venerunt et illum salutaverunt. Mirmidonas vocavit illos : *Mirmidon* enim grece formica, vel formicen dicitur.

523-527*

523 DIRA : crudelis ; LUES : putredo ; IRA : per iram ; POPULIS : mei ; INIQUE : crudelis. 524 EXCIDIT : cecidit ; EXOSE : quia odit ; PALLADE : pellice *alia manus*. 525 DUM : quamdiu ; -QUE LATEBAT : et non erat patens quare tanta infortunia veniebant. 526 CLADIS : pestilencie ; MEDENDI : medicinali. 527 EXICIUM : destrutio ; SUPERABAT : vincebat ; VITE : opes.

VII 528

[1] PRINCIPIO : ecce quomodo prima pestis venit. Primo inclusus fuit calor in nubibus, ita quod omnes nubes emittebant calorem et homines recreationem aeris temperati non habebant et quatuor mensibus non pluit super terram, imo erant ita venti calidi quod calore inconsueto homines moriebantur. [2] Secunda pestis fuit quod flumina aere corrupta corrumpebantur. Tercia quod serpentum multitudo viciavit ita semina quod nullus poterat ire per agros, et ita homines, feras et animalia.

528-533*

528 PRINCIPIO : morbi. 529 PRESSIT : Iuno ; IGNAVOS : pravos ; ESTUS : calores. 530 QUATER : quatuor vicibus. 531 PLENUM : plenis *alia manus* ; ORBEM : rotunditatem ; TENUATA : adnichilata ; RETEXUIT : laceravit ; ORBEM : rotunditatem. 532 LETIFERIS : mortalibus ; SPIRARUNT : emiserunt ; AUSTRI : venti illi ; a vento 'Austrum'. 533 LACUSQUE : aquis ; lacus est congregatio aquarum in planicie.

523-527.1 ut[3]] et *ms.* | 523-527.2 Mirmidonas] Mirmidonas quia *ms.* | 524* EXOSE *ex* EXOSAS *ms.* | 527* EXICIUM *ex* EXCICIUM *ms.* | 532* a vento] aveo *ms.*

VII 523-527

La peste d'Égine et le royaume d'Éaque

[1] DIRA LUES (« Une peste terrible ») : alors Éaque commence à raconter son malheur. D'abord Junon avait pris en haine les Athéniens et aussi les habitants d'Égine, parce qu'Éaque avait donné à sa cité le nom de sa mère. Junon s'en irrita et envoya sur cette cité une terrible peste pour se venger. Éaque demanda donc à son père Jupiter, comme le texte le raconte plus bas, de lui rendre des citoyens. [2] Finalement Jupiter, dans un chêne, lui manifesta son accord par un mouvement du chêne : en effet, c'est par les fourmis qu'on y voyait que les citoyens lui furent rendus. Une nuit, alors qu'Éaque dormait, les fourmis s'approchèrent de lui, en ayant pris l'aspect humain : c'est ainsi qu'elles le sauvèrent. Il les appela les Mirmidons, car *Mirmidon* en grec signifie fourmi (on dit aussi « formicen »).

525 – QUE LATEBAT (« et était caché ») : et on ne voyait pas clairement la raison d'un tel malheur.

VII 528

[1] PRINCIPIO (« Au commencement ») : voici comment arriva le premier fléau. D'abord la chaleur fut enfermée dans des nuages, de sorte que tous les nuages émettaient de la chaleur et que les hommes ne trouvaient pas le réconfort d'un air tempéré. Pendant quatre mois il ne tomba pas de pluie sur la terre, mais les vents étaient si chauds que les hommes mouraient de cette chaleur inhabituelle. [2] Le deuxième fléau fut un air qui corrompit les fleuves. Le troisième une multitude de serpents qui envahit les récoltes, au point que personne ne pouvait aller dans les champs, que ce soit les hommes ou les animaux, sauvages ou domestiques.

533 LACUSQUE (« et les lacs ») : un lac est une masse d'eau dans une plaine.

VII 534-546

Quomodo animalia morta fuerunt

534-541*

534 MILIAQUE : constat et ; INCULTOS : non cultos ; AGROS : campos. 535 ERRASSE : perrexisse ; ATQUE : et ; FLUVIOS : aquas ; TEMERASSE : violasse ; VENENIS : suis. 536 STRAGE : morte ; VOLUCRUMQUE : avium et ; OVIUM : bidentum ; BOUM : armetorum. 537 DEPRENSA : capta ; MORBI : infirmitatis. 538 CONCIDERE : cadere ; VALIDOS : fortes ; MIRATUR : stupet ; ARATOR : cultor ; quia quando aliquis arabat ex corrupto boves moriebantur. 539 -QUE RECOMBERE : et cadere ; SULCO : reon *gallice*. 541 SPONTE : nullo cogente ; -QUE : et ; TABENT : deficiunt.

|f. 109r|

VII 542

Quamvis equs esset fortis et bellator, tamen intemperantiam aeris non poterat tolerare.
542* ACER : fortis.

VII 543-544

[1] Quia phalera habita non recolebat neque superbiam suam, imo erat immotus in stabulo et calore naturali defficiente. [2] INHERTI : infirmitate inherenciam tribuente, et dicit quod INHERTI est subiectum.

543-546*

543 DEGENERAT : quia non movetur ; PALME : victorie. 544 PRESEPE : cresce *gallice* ; INHERMI : vel inherti non meminit. 545 MEMINIT : recordatur ; FIDERE : fidem habere. 546 ARMENTIS : bobus et ceteris ; FORTIBUS URSI : quamvis prius essent fortes, tamen virtus eis deficiebat.

VII 547-549

OMNIA. Quasi dicat : 'Tam corpora animalium quam corpora volucrum erant in viis putrefacta'. MIRA : ecce 'mirum' dicit Eacus, quia ab feris non erant cadavera devastata.

536* armentorum] armetorum *ms.* | 538* VALIDOS *ex* VALIDO *ms.* cultor] culto *ms.* | 547-549 corpora *ex* or corpora *ms.*

VII 534-546

Comment les animaux mouraient

538 ARATOR (« le laboureur ») : parce que, quand on voulait labourer, les bœufs mouraient à cause de la corruption.

|f. 109r|

VII 542

Bien que le cheval fût fort et combatif, il ne pouvait supporter la corruption de l'air.

VII 543-544

[1] Parce qu'il ne retrouvait pas ses phalères habituelles ni sa noble fierté, mais restait immobile dans son étable, en raison de cette chaleur anormale. [2] INHERTI (« sans énergie ») : affecté d'une faiblesse insurmontable. Il dit qu'on l'a substitué à un cheval INHERTI (« sans énergie »).
546 FORTIBUS URSI (« les ours sur les forts (troupeaux) ») : alors qu'auparavant ils étaient forts, leur vigueur leur faisait cependant défaut.

VII 547-549

OMNIA (« Toutes choses »). En d'autres termes : « Les corps des bêtes et ceux des oiseaux pourrissaient également sur les chemins. » MIRA (« chose extraordinaire ») : « voilà ce qui était extraordinaire », dit Éaque, « c'est que les cadavres n'étaient pas dépecés par les bêtes sauvages. »

547-553*

547 LANGUOR : mortis. 548 FEDA : putrida ; VICIANTUR : corrumpuntur ; ODORIBUS AURE : mortuorum cadaverum. 549 MIRA LOQUAR : mirabilia dicam ; ILLA : corpora ; -QUE : et ; VOLUCRES : avide dicuntur volucre quia avide comedunt. 550 CANI : canuti ; DILAPSA : putrefacta. 551 NOCENT : noxia sunt ; CONTAGIA : pollutiones. 552 PERVENIT : perfecte venit ; MISEROS : quia dapis erat ; COLONOS : cultores. 553 PESTIS : mortis ; DOMINATUR : intrat ; URBIS : mee.

VII 554-555
De morte gentium Eaci

'Gravi infirmitate morientibus animalibus, – dicit Eacus – ecce quid pessimum : homines et cultores et omnes populi inceperunt mori', et primo pre calore rubescere, quia sanguis, qui est amicus nature, ex calore inflammatus eminet in superficie humana, et sic calore non debito proveniente humor naturalis desiccatur et pori clauduntur et sic non possunt desudare, imo semper appetunt humorem et siciunt infirmantes. 554* VISCERA : hominum ; TORQUENTUR : cruciantur ; -QUE : et.

VII 555

HANELITUS : Nota quod per interiorem calorem hanelant homines, quia, regnante calore, interius humana natura apparent rigescere, et sic, ore aperto, appetitur aspiratio aeris et venti frigidorum ; namque ex astratione aeris et missione interiora nutriuntur.

555-563*

555 INDICIUM : demonstrationem ; RUBOR : facit ; DUCTUS : emissus. 556 LINGUA : infirmorum ; TUMET : inflatur ; ARENTIA : sicca. 557 PATENT : patentia ; GRAVES : prave ; HYATU : apertione oris. 558 STRATUM : lectum ; VELAMINA : texturas ; PONUNT : iactant. 560 HUMO : terra ; GELIDUM : frigidum ; FERVET : quia tantus calor inerat quod non a frigiditate terre poterat superari. 561 MODERATOR : medicus ; SEVA : crudelis ; MEDENTES : medicos. 562 ERUMPIT : pervenit ; CLADES : mortis ; OBSTANT : nocent ; ARTES : quia, qui plus volebat sic parcere, magis cruciabatur. 563 QUISQUE : aliquis ; -QUE : et ; EGRO : infirmo.

549* avide[2]] aude *ms.* | 554-555 calore[1]] calorem *ms.* calore[2] *ex* cla calore *ms.* | 558* lectum] letum *ms.*

549 VOLUCRES (« les oiseaux ») : les oiseaux sont dits avides parce qu'ils mangent avec avidité.

VII 554-555

Mort du peuple d'Éaque

« Alors que les animaux mouraient de cette terrible faiblesse, dit Éaque, voici le pire : les hommes et les cultivateurs et tout le peuple commencèrent à mourir ». Ils rougissent d'abord à cause de la chaleur, parce que le sang, qui est nécessaire à la vie, est enflammé par la chaleur et affleure à la surface de la peau, et l'arrivée de cette chaleur excessive dessèche les humeurs naturelles, les pores se ferment et la sueur ne peut plus s'écouler : ils recherchent sans cesse l'humidité et sont assoiffés et affaiblis.

VII 555

HANELITUS (« l'haleine ») : noter que les hommes sont essoufflés à cause de la chaleur à l'intérieur de leur corps, parce que, la chaleur étant partout, ils semblent se durcir naturellement, et, la bouche ouverte, ils cherchent à aspirer l'air et les vents froids, car ce sont les aspirations et les expirations d'air qui soutiennent l'intérieur du corps.
560 FERVET (« brûle ») : parce que la chaleur interne était si forte qu'elle ne pouvait être apaisée par la fraîcheur de la terre. 562 ARTES (« leur art ») : parce que, plus on voulait sauver, plus on souffrait.

VII 564

Quasi diceret : 'Custodes infirmorum primo moriebantur, et sic omnes tam primo sani quam secundo moriebantur'.
564* LETI : mortis.

VII 565

Non erat repperire finem morbi, non tantummodo mortem.

VII 566-567

Quia non habebant curam utilitatis, nichil enim erat illis utile ; imo, quidquam voluptas appetebat, faciebant.

566-568*

566 INDULGENT : concedunt ; ANIMIS : voluntati ; UTILE : competens. 567 ENIM : certe. PASSIM : communiter ; POSITO : deposito. 568 CAPACIBUS : receptibilibus ; HERENT : ut potarent.

VII 569

Extincta erat vita et sitis, quia ex haustu fluviorum moriebantur propter flumina corrupta ex venenis.

569-572*

569 NEC : et non ; EXTINCTA : deficiens ; VITA : sua. 570 INDE : postea ; GRAVES MULTI : praviter inflati ; CONSURGERE : levare. 571 ALIQUIS : infirmus ; HAURIT : capit, bibit ; ET : etiam ; ILLAS : aquas. 572 TANTAQUE : secura et ; MISERIS : infirmis ; INVISI : odiosi ; LETI : mortis.

VII 573-574

Aliqui saliebant de turribus et muris ne mortem incurrerent, et sic moriuntur ut non moriantur.

573-574*

573 PROSILIUNT : de longe saliunt ; AUT : ut se precipitent ; PROHIBENT : vetant ; CONSISTERE : levare se. 574 DEVOLVUNT : regirant ; HUMUM : terram ; PENATES : cameras, domos.

570* GRAVES MULTI] multi *add. m.d. alia manus* | 573* vetant] necant *ms.*

VII 564

En d'autres termes : « Les gardiens mêmes des malades mouraient les premiers, et ainsi tous ceux qui étaient d'abord en bonne santé mouraient ensuite. »

VII 565

On ne pouvait trouver de fin à la maladie, sauf seulement la mort.

VII 566-567

Parce qu'ils n'avaient cure de ce qui était utile, puisque rien ne leur était utile. Alors ils faisaient ce que leur désir les poussait à faire.

VII 569

La vie s'éteignait en même temps que la soif, parce qu'ils mouraient en absorbant l'eau des fleuves, qui étaient souillés par les poisons.

VII 573-574

Certains se jetaient du haut des tours et des murailles pour échapper à la mort, et ainsi mouraient[24] pour ne pas mourir.

24 Le manuscrit a bien « moriuntur », le présent.

VII 575

DOMUS FUNESTA : unusquisque putabat quod infortunium suum et loci sui sibi nocerent et hac de causa fugiendo vitabant domos suas et loca quam poterant, et ita ubique vagabantur morientes.

575-576*

575 SUOS : fugat Penates ; FUNESTA : mortalis ; VIDETUR : putatur. 576 CAUSA : mortis ; LATET : non est evidens.

VII 577

Dicit Eacus : 'O tu, Cephale, si tu esses presens, aspiceres'.

577-581*

577 SEMIANIMES : semimortui ; ERRARE : pergere ; DUM : quando ; VOLEBANT : vel 'putabant'. 578 ASPICERES : si tu esses ; ALIOS : quosdam ; FLENTES : plorantes ; -QUE : et. 579 LAPSAQUE : vel lassa et ; VERSANTES : vertentes ; SUPREMO : ultimo ; LUMINA : oculos. 580 -QUE : et ; PENDENTIS : convexi ; TENDUNT : levant ; SIDERA : stellas. 581 HIC : undique ; UBI : in quo ; DEPRENDERAT : ceperat ; EXALANTES : hanelantes.

VII 582-583

Dicit Eacus : 'O tu, Cephale, quantum doloris pertuli com viderem ita meos cives mori ! In rei veritate volui mori, quia, ubicomque vertebam oculos, videbam mortuos meos cives'.

582-584*

582 QUID : quantum ; MICHI : in illo tempore ; QUID : quantum. 583 NI : nisi ; CUPEREM : velle ; MEORUM : in moriendo sicut illi. 584 QUO SE : themenssis est ; ACIES : visus ; OCULORUM : meorum ; ILLUC : ea parte dicit Eacus.

VII 585-586

Utitur actor comparatione dicens quod populus morte cadebat sicut poma putrefacta motu, sicut glandes vento labuntur agitate.

---

575 nocerent] noceret *ms.* | 577 Eacus] Egeus *ms.* | 581* UBI ex IBI *ms.* | 582-583 Eacus] Egeus *ms.*

VII 575

Domus funesta (« la demeure funeste ») : chacun pensait que le malheur attaché à sa propre demeure lui était nuisible, et pour cette raison s'échappait de sa maison et des endroits qu'il habitait pour fuir le plus vite possible : ainsi ils mouraient en errant n'importe où.

VII 577

« Ô Céphale, dit Éaque, si tu avais été présent, tu aurais vu[25]. »

VII 582-583

« Ô Céphale, dit Éaque, quelle douleur ai-je ressentie en voyant mes concitoyens mourir ainsi ! J'aurais vraiment voulu mourir, parce que, partout où je tournais mes regards, je voyais mes concitoyens morts. »

VII 585-586

L'auteur utilise une comparaison quand il dit que les gens tombaient morts comme au moindre mouvement tombent les fruits pourris, ou les glands secoués par le vent.

25 Littéralement : « si tu étais présent, tu verrais ».

585-586*

585 VULGUS : parvus populus ; STRATUM : mortuum ; VELUTI : sicut sit ; PUTRIDA : putrefacta. 586 AGITATE : et sicut fit com commote ; YLICE : quercu.

VII 587

TEMPLA : adhuc exequitur actor.
587* VIDES : 'o Cephale' ; CONTRA : a contrario ; CELSIS : vel 'magnis'.

|f. 109v|

VII 588-592

De narratione Eaci ad Cephalum, quomodo narrabat sibi de morte civium suorum et monstravit illis templum Iovis in quo antiqui sacrificia faciebant.

588-592*

588 ILLA : templa. 589 IRRITA : vana ; THURA : sacrificia ; DEDIT : quasi omnes ; QUOCIENS : quasi dicat 'multociens' ; CONIUGE : marito ; CONIUNX : sponsa. 590 NATO : suo ; GENITOR : pater quisquis esset ; DUM : quando. 591 EXORATIS : perfecte precatis ; ANIMAM : vitam. 592 MANU : sua ; THURIS : sacrificii ; INCONSUMPTA : incombusta ; REPERTA EST : inventa ; quia perfecta sacrificia non erant antequam morientur.

VII 593-594

Moris erat antiquitus quod vinum fundebatur et lavabant vino tempora animalium ut odorem virtutum demonstrarent.

593-595*

593 ADMOTI : additi thuris ; DUM : quando ; VOTA : preces. 594 CONCIPIT : facit ; FUNDIT : ponit ; PURUM : mundum ; CORNUA : tauri. 595 HAUT : non ; EXPECTATO : putato ; CECIDERUNT : mortui fuerunt.

VII 596

'PRO ME – dicit Eacus –, quia primo sanitate indigebam ; PATRIA, quia pro salute civium sacrificabam ; PRO TRIBU, idest pro cognatis et nepotibus ; PRO NATIS, pro tribus filiis meis, et sic quaternum officium vel sic sacrificium faciebam'.

592* incombusta] com combusta *ms.* morientur] morentur *ms.* | 593-594 fundebatur] fundabatur *ms.* | 596 idest *ex* quasi idest *ms.*

VII 587

TEMPLA (« les temples ») : l'auteur continue encore le récit.

|f. 109v|

VII 588-592

Récit d'Éaque à Céphale, de la façon dont il lui racontait la mort de ses concitoyens, et lui montra le temple de Jupiter dans lequel les anciens faisaient les sacrifices.

VII 593-594

L'usage était dans l'antiquité de répandre du vin et de laver avec ce vin les tempes des animaux pour leur donner l'odeur des bonnes choses.

VII 596

« PRO ME (« pour moi »), dit Éaque, parce que pour la première fois ma santé était faible ; PATRIA (« pour ma patrie ») : parce que je sacrifiais pour le salut des citoyens ; PRO TRIBU (« pour la tribu ») : c'est-à-dire pour mes parents et mes descendants ; PRO NATIS (« pour mes fils ») : pour mes trois fils, et ainsi je remplissais une quadruple fonction, ou faisais un quadruple sacrifice. »

VII 596-597
Quomodo Eacus Iovi sacrificavit

596-598*
596 EGO : Eacus ; IOVI : patri meo ; ME : pro ; -QUE : et ; TRIBU : pro. 597 NATIS : pro ; MUGITUS : voces ; VICTIMA : sacrificium ; DUROS : vel 'diros'. 598 EDIDIT : dedit ; SUBITO : cito ; COLLAPSA : cadens ; ULLIS : aliquibus.

VII 599
Non poteramus considerare per fibras, ut moris est, quid dei volebant facere vel proponebant. EXIGUO SANGUINE, quia in morte corpus infrigescit et in frigiditate corporis sanguis congelatur et ita nescit deffluere.

599-603*
599 EXIGUO : parvo ; SUBIECTOS : subditos ; SANGUINE : suo. 600 FIBRAQUE : vena et ; NOTAS VERI : noticia veritatis ; -QUE : et. 601 PERDIDERAT : non noverat monstrare ; PENETRANT : perveniunt. 602 SACROS : sacratos ; VIDI : ego. 603 QUO : quanto ; FORET : esset ; INVIDIOSIOR : odiosior vel miserabilior.

VII 604-605
Quia partim homines se suspendebant, partim se precipitabant.

604-607*
604 PARS : gentis ; ANIMAM : vitam ; CLAUDUNT : vel (clau)dit. 605 ULTRO : sponte ; FATA : mortem. 606 MISSA : data ; NECI : morti ; NULLO : vel (nul)lis ; FERUNTUR : portantur. 607 NEQUE : quia non ; ENIM : certe.

VII 608
Quia tanta erant corpora mortuorum quod non poterant pro multitudine inhumari. INDOTATA : sine exequiis.
608* AUT : vel ; INHUMATA : non interrata.

VII 609-610
Dives, pauper, nobilis, ignobilis, viri, mulieres, iuvenes, senes in terra nullo ordine ponebantur. DEQUE ROGIS, quia antiquitus quodlibet corpus mortuum suo igne cremabatur.

604* vitam *ex* vita *ms.* | 606* nul(lis)] dis *ms.*

VII 596-597
Comment Éaque sacrifia à Jupiter

VII 599
Nous n'avions pas pu, comme d'habitude, examiner les viscères des animaux pour savoir ce que les dieux voulaient ou proposaient de faire. EXIGUO SANGUINE (« peu de sang ») : parce que le corps une fois mort se refroidit et que ce froid fige le sang qui ne peut donc plus s'écouler.

VII 604-605
Parce que les hommes se pendaient, ou se jetaient (dans le vide).

VII 608
Parce qu'il y avait tant de cadavres qu'on ne pouvait pas les enterrer, ils étaient trop nombreux. INDOTATA (« sans recevoir les derniers honneurs ») : sans funérailles.

VII 609-610
Le riche, le pauvre, le noble, le vilain, les hommes, les femmes, les jeunes, les vieux, étaient posés en tas sur la terre. DEQUE ROGIS (« pour ce qui concerne les bûchers »), parce qu'autrefois tout corps mort était brûlé sur son bûcher.

609* INDOTATA : sine dote ; ROGOS : ignes ; ECIAM : certe.

VII 611

VAGANTUR : dicebant antiquitus animas que sine honore sepeliebantur per centum annos vagari, unde Virgilius : « Centum erant annis habitantque hoc littore circum ».

611-613*

611 LACRIMENT : plorent ; DESUNT : deficiunt ; VAGANTUR : errant. 612 VIRUM : veterum. 613 NEC LOCUS IN TUMULO : sufficit vel est.

VII 614-618

Oratio Eaci ad Iovem

Loqutus fuit Atheniensis Eacus de fortuna sua parva ; modo accedit ad fortunam bonam, quia dixerat superius : « Debile principium melior fortuna sequetur » (VII 511).

614-615*

614 ATTONITUS : ego Eacus ; TURBINE : peste. 615 SI : quia ; LOQUUNTUR : dicunt gentes.

VII 616-620

[1] AUSOPIDOS : extasis est ibi, vel quidam pes qui dicitur anapestus, contrarius daptilo, quia littera – *pi* – producitur scambiendo. [2] Iupiter com ea concubuit, ut superius patet, et hac de causa Iuno habebat illam in odio, quia pelex sua erat. [3] Ecce dis‹tinctio› : AUT MICHI REDDE MEOS aut per mortem comitabor illos, unde versus : « Si verus pater es, si sum verus Iovis heres, / aut michi redde meos aut comitabor eos ». Ita fecit Eacus orationem suam Iovi. [4] SECUNDOS, vel sequenti, quia primo fulgurat quam tonat ; licet velocior sit auditus quam visus, prius facit fulgetrum quam tonitrum, et ita dicit SECUNDOS.

616-620*

616 AMPLEXUS : nexus concubitus ; QUONDAM : antiquitus ; AUSOPIDOS : filie Ausopi ; EGINE : matris mee. 617 TE : 'o' ; PATER : Iupiter ; PUDET : dedecet ; PARENTEM : patrem. 618 REDDE : da ; MEOS : cives ; AUT : vel ;

609* dote] doto *ms.* | 612* veterum] rerum *ms.* | 614-618 Atheniensis] Atheus *ms.* | 616-620.3 dis‹tinctio›] dis # *ms.* Iovi *ex* Iovis *ms.* | 616.4 fulgurat] surgerat *ms.* tonat] tenet *ms.*

VII 611

VAGANTUR (« ils errent ») : on disait autrefois que les âmes qui n'étaient pas ensevelies avec les honneurs erraient pendant cent ans, comme le dit Virgile : « Elles errent depuis cent ans et habitent autour de ce rivage. »

VII 614-618

Prière d'Éaque à Jupiter

Éaque l'Athénien a parlé de sa pauvre destinée ; mais peu après il retrouve le bonheur, puisqu'il avait dit plus haut : « Le bonheur succède à un début malheureux. »

VII 616-620

[1] AUSOPIDOS (« de la fille d'Asopus ») : il y a ici une ectasie, ou un pied appelé anapeste, le contraire du dactyle, parce que la syllabe -pi- est prononcée avec un allongement. [2] Jupiter coucha avec elle, comme le récit le révèle plus haut, et pour cette raison Junon la prit en grippe, parce qu'elle était sa rivale. [3] Voici le dilemme : « AUT MICHI REDDE MEOS » (« ou tu me rends mon peuple ») ou je les rejoindrai dans la mort, d'où les vers : « Si tu es vraiment mon père, si je suis vraiment l'héritier de Jupiter, ou tu me rends mon peuple ou je les rejoindrai ». Telle est la prière qu'Éaque adressa à Jupiter. SECUNDOS (« seconds »), ou suivants, parce qu'il lance l'éclair avant de faire entendre le tonnerre ; bien que le bruit précède la vision, l'éclair précède le tonnerre, c'est pourquoi il dit « secundos ».

QUOQUE : similiter ; CONDE : absconde ; SEPULCRO : morti. 619 NOTAM : signum ; FULGORE : fulgetris ; -QUE SECUNDOS : et dedit. 620 ACCIPIO : signa.

VII 621

OMEN QUE DAS MIHI PIGNORIS OMEN, vel numen pignoris.
621* QUE : signa.

VII 622

[1] FORTE FUIT : hic enarrat quomodo cives sibi restituti fuerunt et in quo loco vidit formicas et quomodo audivit responsa, dicens quod quercus erat iuxta templum DE SEMINE DODONEO, id est de natura illarum arborum que crescunt in Dodona silva vel semen de quo illa arbor fuit ; venit de *dona* silva, ubi Iupiter dabat responsa per columpnas ereas vel columbas, quarum una volavit ad Delphon insulam, aliam Libiam, ad templum Hamonis. [2] Hic erant formice. Tunc petiit Iovem quatinus tantos et tot et talium morum cives sibi daret, et nocte veniente sompniavit et illos cives qui sibi dati fuerunt vidit a formicis mutari et exire, ut in textu continetur.

622-623*

622 FORTE : id est casu ; PATULIS : templum ; RARISSIMA : clara ; QUERCUS : patulum est quod ad horam et locum patet, sic oculus. 623 DODONEO : illius silve.

VII 624-626
De formicis

624-630*

624 HIC : in quercu ; FRUGILEGAS : grana legentes ; ASPEXIMUS : vidimus. 625 GRANDE : scilicet ; EXIGUO : parvo. 626 CALLEM : iter vel limitem. 627 DUM : quando ; NUMERUM : propter ; PATER : 'o Iupiter'. 628 INANIA : vacua ; MENIA : civitatis ; SUPPLE : vel 'reple'. 629 INTREMUIT : tremitum dedit ; RAMIS [...] MOTIS : et hoc dico ; FLAMINE : vento. 630 DEDIT : fecit ; PAVIDO : timoroso ; MEMBRA : mea ; TIMORE : sanguine.

622.1 arbor] arboris *ms.* | 622* RARISSIMA] ratissima *ms.*

VII 621

OMEN QUE DAS MIHI PIGNORIS OMEN (« Le signe que tu m'envoies est pour moi comme un gage »), ou le gage de ta volonté.

VII 622

[1] FORTE FUIT (« Il y avait par hasard ») : ici il raconte comment ses concitoyens lui furent rendus et à quel endroit il vit des fourmis ; comment il comprit la réponse, qui lui disait qu'il y avait près du temple un chêne né DE SEMINE DODONEO (« d'un gland de Dodone »), c'est-à-dire de la nature de ces arbres qui poussent dans la forêt de Dodone, ou la semence dont cet arbre était issu ; le mot vient de *dona*, la forêt où Jupiter donnait ses réponses à travers des colonnes de bronze, ou par l'intermédiaire de colombes, dont l'une vola jusqu'à l'île de Delphes, une autre en Lybie, vers le temple d'Hamon. [2] Il y avait là des fourmis. Alors il demanda à Jupiter de lui rendre des citoyens aussi nombreux, aussi valeureux, aussi vertueux ; la nuit venue, pendant son sommeil, il vit les citoyens qui lui avaient été donnés à partir de la métamorphose des fourmis, dont ils provenaient, comme le texte le raconte.

622 QUERCUS (« le chêne ») : est dilaté ce qui s'ouvre ainsi en temps et en heure, comme l'œil.

VII 631-632

Hic demonstratur devocio illius. Spes est futurorum bonorum expectatio ex meritis et gratia proveniens.

631-632*

631 HORRUERANT : horrida erant ; -QUE : et ; COME : mee ; OSCULA : basia. 632 ROBORIBUSQUE : arboribus et ; FATEBAR : aliquid bonum esse.

VII 633

Sompnium Eaci

[1] FOVEBAM : ille fovet votum suum qui sperat illud quod sibi eveniet : 'et servabam signum quod michi datum erat desuper, et tunc nox venit'. Nota |f. 110r| quod multis modis generantur sompnia : aliquando ita est, quod affectu volumptatis ita cor afficitur, com omnes sensus sint amici cordis quod nocte et die omnes sensus sibi famulantur, et sic quod optamus die, noctu videmus. [2] Aliquando cella fantastica ita ex humoribus et caloribus corporis ita degravatur quod sit sensibus quinque corporis coniuncta, quod totum corpus concitat et sensus ad operationes suas complendas et ad visa et audita preparatos recitanda. [3] Aliquando ex conturbatione spirituum, et sic aliquando tristamur, lugemus et cetera. Aliquando ex amonitione dyaboli, et sic turpia et mala operamur. Aliquando ex inspiratione divina, ut in sanctis, et aliquando pluribus aliis que sub istis quinque continentur.

633-637*

633 SPERABAM TAMEN : in rei veritate. 634 SUBIT : venit ; EXERCITA : usitata. 635 OCCUPAT : capit ; ADESSE : esse. 636 ANIMALIA : formicas. 637 FERRE : portare.

VII 638-642

Mutatio formicarum in homines

Ecce quomodo fuerunt mutate formice in homines qui sue nature concordant.

632* esse] omne *ms.* | 633.2 coniuncta] coniucta *ms.* visa] ima *ms.* | 633.3 divina] divinis *ms.* | 638-642 mutate] mutati *ms.*

VII 631-632

Ici est démontrée sa dévotion. L'espoir est l'attente d'un futur heureux qui provient des mérites et de la grâce.

VII 633

Songe d'Éaque

[1] FOVEBAM (« je caressais ») : il caresse son souhait celui qui espère que quelque chose lui arrivera. « Je gardais en esprit le signe qui m'avait été donné plus tôt, et la nuit vint. » Noter |f. 110r| que les songes surviennent de multiples façons : parfois il arrive que le cœur soit affecté d'une disposition de la volonté : comme tous les sens sont liés au cœur, ils sont à son service nuit et jour ; ainsi, ce que nous souhaitons le jour, nous le voyons la nuit. [2] Parfois la chambre de l'imagination est si accablée par les humeurs et la fièvre du corps qu'elle est reliée aux cinq sens, ce qui excite le corps tout entier et prépare les sens à accomplir leurs fonctions et à reproduire les choses vues et entendues. [3] Parfois cela vient de la perturbation des esprits : ainsi parfois nous sommes tristes, nous sommes en deuil etc. Parfois c'est dû à une intervention du diable, et ainsi nous commettons des actions honteuses et mauvaises. Parfois cela vient d'une inspiration divine, comme c'est le cas pour les saints ; et parfois c'est pour de nombreuses autres raisons qui sont contenues sous ces cinq sens.

VII 638-642

Métamorphose des fourmis en hommes

Voici comment les fourmis furent métamorphosées en hommes aux mêmes caractères qu'elles.

638-644*

638 AGMEN : formicarum ; AGRIS : campis. 639 CRESCEREQUE : agmentari et ; VIDETUR : vel 'videntur'. 640 TOLLERE : levare ; HUMO : a terra ; RECTO : videntur ; ASISTERE : astare ; TRONCO : arboris. 641 ET MACIE : videntur deponere ; NUMERUM : multitudinem. 642 PONERE : de(ponere) ; INDUCERE : capere. 643 ABIT : recedit ; DAMPNO : criminor ego ; VISA : sompnia ; QUEROR : conqueror. 644 IN SUPERIS : deis ; OPIS : auxilii ; INGENS : magnum.

VII 645

[1] Moralitas talis est : Eacus interpretatur predicator, et dicitur ab – *e* –, quod est extra vel excelsum, et *icos*, quod est custos vel scientia, quasi 'custos excellens', vel 'scientiam supernam' ; bene vidit mori cives suos, id est peccatores descendere per peccata ad Inferos. [2] Iuno, id est mondus, eos occidebat, quia tantum erant dediti mondo quod de super celestibus non curabant. Ad quercum venit, id est ad tumulum predicationis fructuose ; ibi in predicatione sua cognovit multos qui, quasi formice, in terraneis erant dediti, quos fecit tam oratione quam predicatione et terrore – qui signatur per tonitrum – in homines converti, id est deum recognoscere macillentes propter penitenciam. [3] Parci propter paucitatem cibariorum tenent quesita, quia predicationis et amoris Dei recordantur. Ad bella sunt prompti ire quia temptationibus dyaboli viriliter resistunt.
645* HOMINUM : gentium.

VII 646

DISSUETAS dicit propter paucitatem civium, quia fere omnes mortui fuerunt, et, ubi paucitas hominum, ibi parvum murmur.

646-648*

646 DISSUETAS : non consuetas ; SUSPICOR : credo ; QUOQUE : similiter. 647 TELAMON : proprium, filius meus ; RECLUSIS : apertis. 648 FIDE : credulitate.

VII 649-651

Sicut in sompno vidi illos variari, sic variatos in aula cognovi.

VII 645

[1] La moralité est la suivante : Éaque s'interprète comme le prédicateur, son nom vint de *-e-* qui signifie « extra » ou « excellent » et de *icos*, qui est « le gardien », ou « la science », donc pour ainsi dire « gardien excellent », ou « science supérieure ». Il voit bien mourir ses concitoyens, c'est-à-dire les pécheurs qui descendent aux enfers à cause de leurs péchés. [2] C'est Junon, à savoir le monde, qui les tuait, parce qu'ils se consacraient tant au monde qu'ils n'avaient cure des biens célestes. Éaque vient auprès du chêne, c'est-à-dire sur la tribune pour prêcher efficacement : dans cette prédication il en identifie beaucoup qui, comme des fourmis, se consacraient aux choses terrestres et qu'il réussit, à force de prières, de prédication, et en les effrayant – ce qui est signifié par le tonnerre –, à convertir en hommes, c'est-à-dire à ramener à Dieu et à amaigrir par la pénitence. [3] Économes parce qu'ils consomment peu, ils conservent les biens qu'ils ont acquis, c'est-à-dire qu'ils se souviennent de la prédication et de l'amour de Dieu. Ils sont prompts à faire la guerre parce qu'ils résistent virilement aux tentations du diable.

VII 646

Il dit DISSUETAS (« dont j'avais perdu l'habitude ») à cause du petit nombre de ses concitoyens, qui étaient presque tous morts : là où il y a peu de monde, il y a peu de murmures.

VII 649-651

De même que, dans mon rêve, je les ai vus se transformer, de même je les ai retrouvés métamorphosés dans ma cour.

649-651*

649 EGREDERE : exi ; EGREDIOR : exeo ; YMAGINE : dormiendo. 650 VIDISSE : sompniasse. 651 ADEUNT : petunt ; REGEM : me.

VII 652-654

Quia Iupiter, pater meus, tanta bona mihi contulit, laudavi illum et sacrificia iterum preparavi et civitatem mansionesque vacuas illis dictis Mirmidonibus corde dedi.

652-654*

652 SOLVO : reddo ; -QUE : et ; RECENTIBUS : novis ; URBEM : civitatem. 653 PARTIOR : do ; PRISCIS : antiquis. 654 MIRMIDONAS : sic ; NOMINA : sua.

VII 655

CORPORA VIDISTI : 'O Cephale, nichil de corporibus dicam, sed de moribus : sunt enim acquirentes laborem pacientes, bene conservantes que acquirunt ; parvi nigri sunt sicut formice', et hoc est totum secundum rei veritatem, quare finguntur esse creati a formicis propter proprietates et similitudines quas habuerunt com illis.

655-660*

655 CORPORA : 'o Cephale' ; GEREBANT : habebant ; quia Mirmidon dicitur formica. 656 NUNC : in presenti ; GENUS : suum ; -QUE : et. 657 TENAX : est conservans ; QUE : vel 'quod'. 658 HII : milites ; ANNIS : etate ; -QUE : ausu. 659 PRIMUM : cito ; ATTULIT : aportavit ; EURUS : ventus est. 660 EURUS ; dicit Ovidius ex parte pro te ; ATTULERAT : apportaverat ; MUTATUS : conversus.

VII 661-663

Com ita narrasset Eacus de mutatione formicarum in homines, tunc discubuerunt, postea cubuerunt, die adveniente convenerunt, nec redierunt, quia ventus erat contrarius illis.

---

655 finguntur] fingimur *ms.* | 661-663 redierunt] redire *ms.*

VII 652-654

Parce que Jupiter, mon père, m'avait accordé de si grands bienfaits, je le louai et lui préparai de nouveaux sacrifices. Puis je donnai de tout cœur la cité et les maisons vides à ces Mirmidons dont il est question.

VII 655

CORPORA VIDISTI (« Tu as vu leurs corps ») : « Ô Céphale, je ne dirai rien de leurs corps, je parlerai de leurs mœurs : ils s'enrichissent par leur travail patient, ils savent conserver ce qu'ils ont acquis ; ils sont petits et noirs comme des fourmis. » Tout cela est entièrement conforme à la vérité, c'est pourquoi on imagine qu'ils ont été créés à partir de fourmis, parce qu'ils ont des caractéristiques semblables à celles des fourmis.
655 Parce que le Mirmidon est, dit-on, une fourmi. 660 EURUS (« l'Eurus »), dit Ovide en aparté pour expliquer « toi ».

VII 661-663

Comme Éaque avait ainsi raconté la métamorphose des fourmis en hommes, ils prirent place à table. Ensuite ils se couchèrent et, le jour venu, ils se rassemblèrent, mais ne purent faire le voyage de retour, parce que le vent leur était contraire.

661-664*

661 TALIBUS : supradictis. 662 LUCIS : diei ; ULTIMA : suprema. 663 NOX : est data ; IUBAR : die crastina ; EXTULERAT : levaverat. 664 EURUS : ventus ; -QUE : et ; VELA TENEBAT : quia ventus erat contrarius.

VII 665-667

AD CEPHALUM. Construe : SATI PALLANTE, scilicet Clitus et Butes CONVENIUNT AD CEPHALUM. CEPHALUS CUI GRANDIOR ETAS – erat suple – et predicti SATI PALLANTE, scilicet Clitus, Butes, CONVENIUNT AD REGEM, scilicet Eacum, quasi dicat : 'Clitus et Butes venerunt ad dominum suum Cephalum et Cephalus venit com illis, ut viderent Eacum regem, CUI ETAS GRANDIOR erat quam aliis'.

665-667*

665 CEPHALUM : dominum suum ; CUI : Cephalo. 666 REGEM : Eacum ; CEPHALUS : proprium ; CREATI : Clitus et Butes. 667 REGEM : Eacum ; SOPOR : dormitio ; ALTUS : perfectus.

VII 668-671

Preparatio hominum Eaci ad bellum

Com venisset Cephalus et sui socii ut regem Eacum viderent iterum, Phocus, filius Eaci, illos honorifice recepit in camera vel aula pulchra eo quod rex adhuc dormiebat, quia Thelamon et suus frater preparabant milites ad prelia quibus impediti erant ab illis et com illis sedit ut loqueretur ne illos cederet.

668-671*

668 EXCIPIT : recipit ; EACIDES : filius Eaci ; LIMINE : camera ; PHOCUS : proprium. 669 NAM : quia ; THELAMON : proprium ; FRATRES : vel '(frat) e(r)' ; VIROS : milites ; AD BELLA PARABANT : ut pecierat Cephalus. 670 PHOCUS : proprium ; RECESSUS : cameras. 671 CICROPIDAS : Athenienses ; QUIS : id est quibus.

VII 672-675

Admiratio Phoci pro iaculo

[1] ASPICIT : ita excepit Phocus Cephalum et tunc confabulatus est, dum illi sederent. [2] PAUCA : antequam quereret de iaculo, MEDIIS

664* ventus] vetus *ms.* | 668-671 recepit] recepi *ms.* impediti] impetiti *ms.*

664 VELA TENEBAT (« il retenait les voiles ») : parce que c'était un vent contraire.

VII 665-667

AD CEPHALUM (« auprès de Céphale »). Construire : SATI PALLANTE (« les fils de Pallas »), à savoir Clytus et Butès, CONVENIUNT AD CEPHALUM (« se rendent auprès de Céphale »), CEPHALUS CUI GRANDIOR AETAS – suppléer « erat » (« qui était leur aîné »), et les dits SATI PALLANTE (« fils de Pallas »), à savoir Clytus et Butès, CONVENIUNT AD REGEM (« se rendent auprès du roi »), à savoir Éaque ; autrement dit Clytus et Butès vinrent trouver leur seigneur Céphale et Céphale vint avec eux voir le roi Éaque CUI ETAS GRANDIOR erat (« qui était plus âgé ») que les autres.

VII 668-671

Les hommes d'Éaque se préparent à la guerre

Comme Céphale était venu avec ses compagnons retrouver le roi Éaque, Phocus, le fils d'Éaque, les reçut avec les honneurs dans une chambre ou dans la belle salle de la cour, parce que le roi dormait encore, et que Télamon et son frère préparaient les soldats pour les combats dont on les avait chargés ; Phocus s'assit avec eux pour parler et ne pas les laisser seuls.

VII 672-675

Phocus admire le javelot (de Céphale)

[1] ASPICIT (« Il regarde ») : ainsi Phocus accueillit Céphale et se mit à parler avec lui, tandis qu'ils s'asseyaient. [2] PAUCA (« peu de (mots) ») : avant de poser des questions au sujet du javelot, MEDIIS (« au milieu »)

sermonibus, id est communibus verbis, sicut solet fieri in adventu aliquorum, vel MEDIIS, in adventu Cephali antequam quereret de iaculo, vel MEDIIS, idest pro versu alibi, quia dicitur versus : « Querens nescita fertur fore lingua perita ».

672-676*

672 EOLYDEN : Cephalum ; IGNOTA : non cognitum. 673 FERRE : portare ; IACULUM : quoddam. 674 PAUCA : verba. 675 STUDIOSUS : id est curiosus ; FERINE : sum curiosus ferarum. 676 RECISUM : factum.

VII 677-678

Licet dixerim quod sum studiosus, tamen dubito neque de fraxino neque cornu, quia fraxinus est arbor alba, cornus arbor nodosa, et, quamvis e duabus non sit, numquam vidi pulcrius.

677-680*

677 IAMDUDUM : penitus. 678 FULVA : candida ; FORET : esset ; SI CORNUS : esset ; NODUS : nodosum ; INESSET : esset. 679 UNDE : ex qua arbore ; IGNORO : nescio ; FORMOSIUS : pulcrius ; ISTO : iaculo. 680 IACULABILE : apertum ad iaculandum.

VII 681

E FRATRIBUS : scilicet unus e duobus filiis Pallantis, vel Clitus vel Butes.

681-682*

681 EXCIPIT : loqui incipit ; ATHEYS : Atheniensibus ; ALTER : quidam ; USUM : utilitatem. 682 SPECIE : pulcritudine ; MIRABERE : laudabis ; ISTO : iaculo.

|f. 110v|

VII 683-684

Quasi diceret : 'Non casu vadit, sed certe percutit quodcomque insequitur' ; nullo referente, quia nemo possidet.

683-684*

683 CONSEQUITUR : occidit ; -QUE : et ; MISSUM : iactatum. 684 ET : quia ; REVOLAT : revenit ; REFERENTE : reportante ; CRUENTUM : cruentatum.

677-678 dubito *ex* debito *ms.* neque *ex* nec *ms.*

de la conversation, c'est-à-dire des paroles échangées entre eux, comme cela arrive d'habitude quand on accueille des hôtes; ou MEDIIS (« au milieu »), c'est-à-dire selon un vers qu'on lit ailleurs. Parce que le vers est, dit-on : « On dit que la langue serait habile à questionner sur des faits ignorés ».

VII 677-678

J'ai dit que j'aimais la chasse; cependant je me demande (de quel bois il est fait) : il n'est ni en frêne ni en cornouiller, parce que le frêne est un arbre blanc, le cornouiller un arbre noueux et, bien qu'il ne soit fait d'aucun de ces deux bois, je n'en ai jamais vu de plus beau.

VII 681

E FRATRIBUS (« des frères ») : c'est-à-dire l'un des deux fils de Pallas, ou Clytus ou Butès.

|f. 110v|

VII 683-684

En d'autres termes : « Il ne va pas au hasard, mais frappe de façon sûre ce qu'il cherche à atteindre », et personne ne le renvoie, parce que personne ne s'en empare.

VII 685-686

Com audisset IUVENIS NEREIUS, id est Phocus, filius Labate, filie Nerei, vel Psal‹mate›, filie Nerei, loqui de tanta utilitate, quesivit qua de causa, et unde venit et quis tale donum contulit.

685-686*

685 VERO : certe ; IUVENIS : Phocus ; NEREIUS : de genere Nerey ; OMNIA : vera ; QUERIT : inquirit. 686 CUR : ita ut dicitur ; UNDE : qua de causa ; QUIS : fuit ; TANTI : fuit ; MUNERIS : doni.

VII 687

PUDORE SILET, quia aurora dederat propter stuprum quod erat sibi turpe dicere, vel NOTA PUDORE, id est ad pudorem, scilicet quam mercedem habuerit Procris, que dedit illi, quia eam interfecit.

687-689*

687 ILLE : Cephalus. 688 QUA : scilicet ; TULERIT : habuerit ; SILET : celat ; -QUE : et. 689 CONIUGIS : id est sponse sue, scilicet Procris perdite ; FATUR : loquitur.

VII 690

Confabulatio Cephali ad Phocum de Procri uxore sua

[1] HOC ME : incipit Cephalus plorans narrare de infortunio suo, et est fabula talis : Eritheus habuit duas filias, Procrim et Orichiam. Boreas rapuit Orichiam, ut alibi habetur antea. Cephalus iste habuit amore et pro connubio Procrim. [2] Com aliquo tempore pacifice pariter fuissent, Aurora adamavit Cephalum inventum in silvis ; in venatione ille voluit sibi consentire, qua de causa com rediret, incepit esse zelotipus, et ad ultimum, ut in textu continetur, coegit illam, quia se finxerat et vultum mutaverat, muneribus promissis multis, dubitare utrum ei famularetur an non. [3] Tunc ostendit se esse maritum suum. Illo dolens facta fuit et fugit et venatrix facta fuit ; tamen Cephalus, dolens graviter, illam tantum peciit et diu vixerunt pacifice, et tunc dedit illi iaculum et canem quem Diana illi dederat, qui universa que petebat occidebat,

685-686 Labate *ex* Labante *ms.* Psal‹mate›] sal# ms. utilitate] militante *ms.* | 690.1 connubio] connubia *ms.* | 690.3 quem] quos *ms.* petebat] petebant *ms.* occidebat] occidebant *ms.*

VII 685-686

Comme JUVENIS NEREIUS (« le jeune héros, petit-fils de Nérée »), c'est-à-dire Phocus, fils de Labate ou Psamathée, la fille de Nérée, avait entendu parler d'une si grande utilité, il demanda pour quelle raison (le javelot avait été donné), d'où il venait et qui avait conféré un tel don.

VII 687

Il se tait par pudeur, parce que l'Aurore le lui avait donné en récompense de ses relations coupables avec elle, et qu'il avait honte de le dire. Ou NOTA PUDORE (« révélant sa honte »), c'est-à-dire par honte, celle (de dire) quelle récompense reçut Procris, qui le lui avait donné, parce qu'il la tua.

VII 690

Céphale parle à Phocus de son épouse Procris

[1] HOC ME (« Ce (javelot) me… ») : Céphale commence à raconter son malheur en pleurant. La fable est la suivante : Érithée eut deux filles, Procris et Orithye. Borée enleva Orithye, comme un autre récit le raconte plus haut. Céphale tomba amoureux de Procris et la reçut en mariage. [2] Ils vécurent en paix ensemble pendant quelques temps. Mais Aurore tomba amoureuse de Céphale qu'elle rencontra alors qu'il chassait dans les forêts. Il refusa de la satisfaire, et pour cette raison, pendant qu'il revenait chez lui, elle le rendit jaloux. Finalement, comme le raconte le texte, déguisé et le visage transformé, il poussa Procris, à force de multiples promesses de cadeaux, à se demander si elle lui cèderait ou non. [3] Alors il révéla qu'il était son mari. Elle en souffrit et s'enfuit, devenant chasseresse. Cependant Céphale, accablé de douleur, la supplia tant qu'ils vécurent longtemps en paix. Procris lui donna un javelot et un chien, dont Diane lui avait fait présent et qui tuaient tout ce qu'ils cherchaient à atteindre.

et hoc potest esse veritas totum, quia canis optimus erat atque citus, iaculum optimum et dirum et rectum atque crudum, et illa erat sagitatrix optima, sed continetur de cane quomodo mutatus fuit.

690-692*

690 NATE : 'O Phoce' ; QUIS : interposicio est. 691 FLERE : plorare ; -QUE : plorare ; DIU : longe. 692 DEDERINT : concesserint ; HOC : celum ; CONIUGE : Procri.

VII 693

Quia melius amassem quod nonquam vidissem, quia forte uxor mea non mortua esset, forte audivisti citius famam Orichie, quia maioris fame erat, quamvis non esset pulcrior.

693-699*

693 PERDIDIT : occidit ; UTINAM : vellem ; MUNERE : dono. 694 PROCRIS ERAT : uxor mea ; SI FORTE : nescio – dicit Cephalus – si Orichia pervenit ad aures. 695 ORICHIA : proprium ; SOROR : fuit ; ORICHIE : proprium. 696 FACIEM : pulcritudinem ; -QUE : et ; CONFERRE : comparare ; DUARUM : scilicet Procris et Orichie. 697 IPSA : Procris ; HANC : si vis Procrim ; IUNXIT : thalamo ; ERITHEUS : proprium. 698 HANC : Procrim ; FELIX : beatus ; -QUE : et. 699 VISUM : placuit ; QUOQUE : in presenti.

VII 700

Quia secundo mense a sponsalibus, expulsa fuit uxor mea a me, quamvis non vellem.

VII 701-704

Amor Aurore com Cephalo

700-706*

700 ALTER : secondus. 701 CORNIGERIS : cornua gerentibus ; RETHIA : mea ; SILVIS : cervis. 702 VERTICE : monte ; SUMMO : alto ; HYMETI : montis, proprium. 703 PULSIS : et hoc dico 'fugatis'. 704 INVITUM : contra volumptatem ; CAPIT : me ; LICEAT : licitum sit ; REFFERRE : dicere. 705 PACE : silva ; DEE : Aurore ; QUOD : quia ; ROSEO : nobili ; SPECTABILIS ORE : rubicondo nobilis. 706 LUCIS : confinia ; TENEAT : quod ; CONFINIA : proximitates.

---

crudum] crudens *ms.* illa] illo *ms.* | 700 a me] ante *ms.*

Cela peut être totalement vrai, parce que le chien était excellent et rapide, et que le javelot était excellent aussi, redoutable, direct, terrible. Et elle était une excellente archère. Mais le récit raconte comment le chien fut métamorphosé.
690 QUIS (« qui ») : c'est une incise.

VII 693

Parce que j'aurais préféré ne l'avoir jamais vu, et que ma femme serait peut-être encore vivante. Tu as peut-être entendu plutôt parler d'Orithye, dont la renommée était plus grande, bien qu'elle ne fût pas plus belle.
694 SI FORTE (« si par hasard ») : je ne sais – dit Céphale – si le nom d'Orithye est parvenu à tes oreilles.

VII 700

Parce que, deux mois après le mariage, je chassai ma femme sans le vouloir.

VII 701-704

Amour d'Aurore pour Céphale

VII 707-713

Amor Cephali ad sponsam suam

MOTA, dicit Cephalus. Com Aurora audisset quod ullam amaret preter quam Procrim, irata fuit valde et dixit : 'HABE PROCRIM, quia tempus veniet quo noluisses habere illam'.

707-715*

707 NECTAREIS : odoratis ; ALATUR : nutriatur ; EGO : quamvis ita essem. 708 PECTORE : cogitatione ; ORE : loqutione. 709 THORI : maritagii ; COITUS : puellaritatem ; THALAMOS : cameras ; RECENTES : novos. 710 DESERTI : relicti ; REFEREBAM : narrabam ; FEDERA : amores. 711 MOTA : com(mota) pro talibus ; DEA EST : Aurora ; SISTE : desine ; INGRATE : 'o'. 712 QUOD : sed ; PROVIDA MENS : sapiens cogitatio. 713 VOLES : aliquo tempore ; -QUE : et ; ILLI : Procri ; IRATA : Aurora. 714 DUM REDEO : quando venio ; MEMORATA : opera et dicta ; RETRACTO : recordor. 715 METUS : timor ; QUIN : quod non ; IUGALIA : maritalia.

VII 716

'Quia pulcra erat et iuvenis et sic moris est quod pulcre et iuvenes sunt meretrices, timui ne illa esset adultera'.

716* SERVASSET : custodisset ; FACIES : sua, Procris.

VII 717

'Quamvis etas et pulcritudo credere facerent illam incastam, tamen optime morigerata erat et mores prohibebant credere adulterium. Illa Aurora mihi dabat exemplum ut crederem omnes esse sibi similes pravitate'.

717-718*

717 CREDERE : quod adulterium ; PROHIBEBANT : vetabant ; CREDERE : me adulterium ; MORES : sui. 718 AFFUERAM : defeceram ; ET : etiam ; UNDE : a quo ; REDIBAM : veniebam.

VII 719

EXEMPLUM : 'Sicut credebam de Aurora, ita timebam de Procri'.

707-713 amaret] amorem *ms.* fuit *ex* fuit s *ms.* noluisses] voluisses *ms.* 717 credere facerent] crederent facere *ms.* morigerata] inoriginata *ms.*

VII 707-713

Amour de Céphale pour sa femme

MOTA (« émue »), dit Céphale. En apprenant qu'il n'aimerait aucune autre femme que Procris, elle fut très en colère : « HABE PROCRIM (« Garde Procris »), dit-elle, parce que le temps viendra où tu regretteras de l'avoir gardée ».

VII 716

« Parce qu'elle était belle et jeune, et qu'il est habituel que les femmes jeunes et belles deviennent débauchées, je craignis qu'elle ne fût adultère. »

VII 717

« Bien que sa jeunesse et sa beauté fissent penser qu'elle était impudique, elle avait des mœurs excellentes, qui empêchaient de croire à l'adultère. Mais Aurore me donnait l'exemple qui me poussait à croire que toutes les femmes étaient dépravées de la même façon. »

VII 719

EXEMPLUM (« l'exemple ») : « comme je le croyais pour Aurore, je le craignais pour Procris. »

719-722*

719 CRIMINIS : facti criminosi ; CUNCTA : omnia ; AMANTES : nos existentes. Nota, unde alibi : « res est solliciti plena timoris amor » (*Epist.* I 12). 720 QUOD : per quod ; DOLEAM : ego ; STATUO : volo ; PUDICAM : castam. 721 SOLICITARE : commovere ; FIDEM : fidelitatem ; FAVET : concedit ; AURORA : dea illa. 722 IMMUTAT : intus me mutat ; SENSISSE : percepisse.

VII 723

Deceptio Procris a marito

'Quia Aurora mutavit vultum meum, et percepi, tunc intravi civitatem non cognitus ab aliquo'. ATHENAS PALLADIAS, a Pallade nominatas.

723-726*

723 PALLADIAS : a Pallade cultas ; INEO : intro ; COGNOSCENDUS : ego non ; ATHENAS : civitas. 724 INGREDIOR : intro ; DOMUM : meam ; CULPA : crimine ; DOMUS : sponsa. 725 -QUE : et ; DABAT : faciebat michi ; DOMINO : suo ; ANXIA : tristi. 726 ADITUS : accessus ; ERITHIDA : filiam Erithei.

VII 727-729

Loquitur Cephalus ad Phocum

'Multum eram curiosus ut illam deciperem, et tamen temptavi quoadusque PENE quod putaveram RELIQUI'. FIDE potest dici pro fidei.

727-729*

727 UT : postquam ; MEDITATA : cogitata. 728 FIDE : fidei ; ME : quod ; QUIN : non ; FATERER : dicerem. 729 QUIN : quod non ; OPORTUIT : convenit ; OSCULA : basia ; FERREM : darem.

VII 730-731

Dictum fuerat illi quod Aurora me adamabat et rapuerat me, et hac causa erat tristis.

719* criminosi] criminos *ms.* plena] plana *ms.* | 722* mutat] muta *ms.* | 723* ego non] egno *ms.* | 725* michi] me *ms.* | 730-731 adamabat] (?)damabat *ms.*

719 À noter. D'où, ailleurs : « l'amour est une chose pleine de crainte et d'inquiétude ».

VII 723
Procris est trompée par son mari

« Comme Aurore avait transformé mon visage, je m'en aperçus, et ainsi entrai dans la cité sans être reconnu par personne. » ATHENAS PALLADIAS (« Athènes chère à Pallas »), qui tenait son nom de Pallas.

VII 727-729
Céphale parle à Phocus

« J'étais très désireux de la tromper, et cependant je la tentai jusqu'au moment où je faillis abandonner ce que j'avais imaginé. » FIDE (« par fidélité »), peut être mis pour *fidei* (« de fidélité »).

VII 730-731

On lui avait dit qu'Aurore m'aimait et m'avait enlevé, c'est pourquoi elle était triste.

730-731*

730 TRISTIS : irata Procris ; NULLA : non ulla mulier ; FORMOSIOR : pulcrior ; ILLA : Procri. 731 TRISTI : irata ; DESIDERIOQUE : amore et ; CALEBAT : 'Quia TRISTIS ERAT eo quod me sponsum suum perdiderat, et sic CALEBAT, et tunc pulcrior erat, quia color suus inflamabatur ab ira com candore'.

|f. 111r|

VII 732-733

PHOCE COLLIGE, quasi dicat : 'In illa dolente tantus decor erat quod multa magis erat pulcrior quando leta erat, quia ira deturbat faciem hominis'.

732-733*

732 CONIUGIS : mei sponsi ; AMISSI : perditi ; COLLIGE : cogita. 733 PHOCE : 'o' ; DECOR : pulcritudo ; QUAM : quantum.

VII 734-736

UNI soli MEA GAUDIA, id est meum solacium UBICUMQUE sit, sive raptus sive non. CUI (737), quasi dicat : 'Nonne deberet istud sufficere sic ? Tamen non suffecit, ymo ad ultimum coegi dubitare'.

734-736*

734 QUOTIENS : certe multociens ; PUDICI : casti. 735 REPPULERANT : respuerant ; QUOCIENS : certe multociens ; UNI : soli. 736 SERVOR : ego ; UNI : soli ; GAUDIA : solacium corporis.

VII 737-738

'Certe omnibus deberet sufficere quod sic repellebat me'.

737-741*

737 FIDE : id est fidei ; SANO : fideli vel sano ab amore illicito. 738 ET : sed. 739 VULNERA : dampna ; DUM : quando ; CENSUS : divicias ; LOQUENDO : iacendo. 740 MUNERAQUE : dona et ; AUGENDO : augmentando ; TANDEM : ad ultimum ; COEGI : quia forte dixit : 'Ego nescio utrum faciam ; non auderem, quia forte amicus meus veniret et maritus'. 741 PACTA : promissa ; PACTUS : promissus ; ADULTER : ego.

737* illicito *ex* so illicito *ms.*

731 TRISTIS ERAT (« elle était triste ») parce qu'elle m'avait perdu, moi, son époux, et ainsi CALEBAT (« elle brûlait »), et elle était alors plus belle, parce que son teint s'enflammait d'une blancheur éclatante à cause de sa colère.

|f. 111r|

VII 732-733

PHOCE COLLIGE (« Phocus, conclus »), en d'autres termes : « Elle était si belle dans la souffrance, que sa beauté était beaucoup plus grande dans le bonheur, car la colère déforme les traits du visage humain ».

VII 734-736

UNI soli MEA GAUDIA (« pour un seul mes joies »), c'est-à-dire ma consolation UBICUMQUE sit (« où qu'il soit »), qu'il soit absent ou non. CUI (« à qui »), en d'autres termes « Est-ce que cela ne devrait pas suffire ? Pourtant cela ne me suffit pas, mais je m'efforçais de la faire douter enfin. » 737 SANO (« à quelqu'un de sain ») : de fidèle ou d'exempt d'un amour illicite.

VII 737-738

« Certes le fait qu'elle me repoussait ainsi devrait suffire à quiconque. » 740 COEGI (« je la pousse ») : parce que peut-être elle dit : « je ne sais que faire ; je n'oserais pas, parce que mon ami, mon mari, pourrait venir ».

VII 742-743

Interceptio Procris a Cephalo

Com se percepisset decipi, nichil contra loquta fuit, quia percepit maritum suum, unde tristis facta fuit.

742-743*

742 CONIUNX : maritus ; ME : dixi 'o' ; TENERIS : caperis. 743 ILLA : Procris ; NICHIL : dixit ; PUDORE : dedecore.

VII 744-745

Fuga Procris

'Dum illam dubitare muneribus coegi, eclamavi et faciem meam monstravi et convicia aliqua de infortunio suo sibi dixi, unde tristis fuit et incepit fugere pro dolore tam patriam quam maritum'.

744-746*

744 INVIDIOSA : odiosa ; MALO : malicia ; CONIUGE : me sponso ; LIMINA : domum ; VITTAT : fugit. 745 OFFENSAQUE : propter offensam et ; VIRORUM : hominum. 746 ERRABAT : pergebat ; OPERATA : vel 'operosa'.

VII 747-756

Recedente illa, dicit Cephalus : 'Ego fui vulneratus ab amore et tantum excusavi illam de negocio facto, unde concordia mota fuit et pacificatum est, et mihi dedit canem et iaculum'.

748-751*

748 ORABAM : petebam ; PECCASSE : me ; FATEBAR : dicebam. 749 POTUISSE : dicebam ; DATIS : donis vel donatis ; PROCUMBERE : inclinari ; CULPE : peccato. 750 QUOQUE : similiter ; MUNERIBUS : donis ; MUNERA : dona ; TANTA : tam magica. 751 HOC : supradicto ; CONCESSO : vel 'confesso' ; PUDOREM : castitatem.

VII 752

Regressus Procris

Visum fuit illi quod donum parvum erat.

VII 742-743

Procris est trompée par Céphale

Comprenant qu'elle avait été trompée, elle ne répondit rien pour se défendre : elle reconnut son mari, et fut emplie de tristesse.

VII 744-745

Fuite de Procris

« Comme je l'avais poussée à hésiter par mes présents, je me mis à crier en dévoilant mon (vrai) visage et la couvrit d'injures sur son malheur, ce qui l'emplit de tristesse : la douleur la fit fuir sa patrie et son mari. »

VII 747-756

Comme elle était revenue, Céphale dit : « J'avais été blessé par l'amour et lui présentai tant d'excuses pour cette affaire, que la concorde et la paix se firent entre nous : elle m'offrit un chien et un javelot ».

VII 752

Retour de Procris

Elle avait l'impression que c'était un petit présent.

752-754*

752 REDDITUR : coniungitur ; CONCORDITER : pacifice ; EGIMUS : perfecimus. 753 PRETEREA : ad ultimum ; TAMQUAM : quasi. 754 CANEM : scilicet ; MUNUS : donum ; QUEM : canem ; SUA : domina ; UNI : illi.

VII 755

Fatatum erat de cane quod omnia que sequeretur caperet. Fatatum erat de fera quod numquam ab aliquo caperetur.

755-758*

755 CINCIA : Diana ; SUPERABIT : vincet ; OMNES : res currentes. 756 CERNIS : 'o Phoce'. 757 MUNERIS : scilicet canis ; REQUIRIS : interrogas. 758 ACCIPE : audi.

VII 759-760

Precipitatio Themis de Thebana ‹rupe›

[1] NAIADES SOLVUNT CARMINA : hic incipit Cephalus narrare de cane suo et de infortunio suo. Themis vaticinatrix fuit, que, consulta de patrio genere, dixit sibi hoc problema. De quo Themis nescivit dare responsum, unde erat precipitata et confusa. [2] Illud misterium erat hoc problema : 'Quoddam animal est quod primo est quadrupes, postea tripes, postea bipes, post quasi unipes et iterum bipes et postea tripes et postea quadrupedes ?'. [3] Naiades exposuerunt hominem esse qui, quando nascitur, vacillat, postea adiutorio aliquo adiutus, incedit ; iterum impetu iuventutis appropinquante sic bipes ; post virtuosus videtur unipes et ita per senectutem revertitur ad ordines sui itineris precedentes. [4] Sibilla dedit aliud problema tale de cane et fera que vastabat thebana arva : duo erunt in campo, unus fugiet, alter sequetur ; alter capiet, alter capietur ; alter vincet, alter vincetur ; alter vivet, alter morietur. [5] Quia uterque mutatus fuit, Naiades exposuerunt ; Themis nescivit et sic ymagine sue erant precipitate, unde irata misit feram que arva thebana devastavit.

759* CARMINA : problemata ; PRIORUM : avorum vel vaticinatorum.

753* PRETEREA] PETEREA *ms.* | 755 fera *ex* fara *ms.* | 759-760*tit.* Thebana ‹rupe›] Thebana *ms.* | 759-760.1 patrio genere] patrigenie(?) *ms.* | 759-760.2 bipes[1] *ex* bispes *ms.* | 759-760.3 qui quando] quidem *ms.* vacillat] quatillat *ms.* adiutorio] adiutoria *ms.* bipes] bibes *ms.* | 759-760.4 alter[2] venter *ms.* alter[3] venter *ms.* alter[4] venter *ms.* alter[5] venter *ms.* alter[6] venter *ms.* alter[7] venter *ms.*

VII 755

On avait prédit de ce chien qu'il attraperait tout ce qu'il poursuivrait. On avait prédit de la bête sauvage qu'elle ne serait attrapée par personne.

VII 759-760

Thémis[26] est précipitée du haut d'un rocher de Thèbes

[1] NAIADES[27] SOLVUNT CARMINA (« Les Naïades expliquent les formules ») : ici Céphale commence à raconter l'histoire de son chien et de ses malheurs. Thémis était une prophétesse qui, consultée sur une question d'origine, répondit que c'était une énigme pour elle. Comme elle ne savait pas répondre, elle fut confondue et précipitée dans le vide. [2] Ce mystère était l'énigme suivante : « Quel animal marche d'abord sur quatre pattes, puis sur trois, puis sur deux, puis semble marcher sur une seule patte, puis marche de nouveau sur deux, puis sur trois, puis sur quatre ? » [3] Les Naïades expliquèrent qu'il s'agissait de l'homme qui, quand il naît, ne tient pas debout, puis réussit à marcher avec l'aide de quelqu'un ; puis, à l'approche de la jeunesse impétueuse, il marche sur deux jambes ; puis, plein de vigueur, il semble marcher sur une seule jambe, puis, la vieillesse le fait revenir dans l'ordre à ses façons de marcher précédentes. [4] La Sybille proposa une autre énigme du même ordre à propos du chien et de la bête qui dévastait la campagne thébaine : « Ils seront deux dans un champ, l'un fuira, l'autre le suivra ; l'un attrapera, l'autre sera attrapé ; l'un vaincra, l'autre sera vaincu ; l'un vivra, l'autre mourra. » [5] Parce que l'un et l'autre furent métamorphosés, les Naïades résolurent cette énigme. Mais Thémis ne sut répondre, c'est pourquoi ses statues furent renversées, ce qui la mit en colère : elle envoya donc une bête dévaster la campagne thébaine.

---

26 Il semble qu'un vers extrapolé, « débris d'un morceau perdu » selon G. Lafaye, et qui contenait le nom de Thémis, soit à l'origine de la confusion de notre copiste entre le sphinx et « Thémis ».

27 Le copiste écrit « Naïades » pour « Laiades », le fils de Laius, Œdipe. Il fait donc l'accord des verbes au pluriel.

VII 760

'Tu movebere propter factum miraculosum'. NOVITATE (758), quia novum et inauditum est de illo cane. IACEBAT : ymago Temis. Themis precipitata erat quia non potuit exponere problemata, quare vilis habebatur. 'Dixi de iaculo, nunc dicam de cane'.

760-763*

760 SOLVUNT : exponunt ; PRECIPITATA : despecta. 761 IMMEMOR : non recordans ; VATES : vaticinatrix ; OBSCURA : despecta ; SUARUM : et que vates inquam ; scilicet alme Themis. 762 ALMA : sancta ; NEC : et non facta ; LINQUIT : desinit. 763 AONIIS : Thebanis ; BELVA : fera, monstrum.

VII 764-765

'Quia universi timebant, nos congregati fuimus – ut in textu continetur –, usque quo nos inveniremus illam feram'.

764-766*

764 ET : etiam ; EXICIO : morti ; MULTIS : hominibus ; PECCORI : animalibus. 765 RURICOLE : agrestes ; PAVERE : timuere ; FERAM : illam ; VICINA : proxima ; IUVENTUS : nos existentes. 766 LATOS : magnos ; INDAGINE : inquisitione ; CINXIMUS : lustravimus.

VII 767

Com surgeret et rethia superaret, canes missi fuerant quos omnes illa, citius alite preteriens, superabat.
767* ILLA : fera ; LEVI : veloci.

VII 768

LINA : magna rechia et parva TRANSIBAT ; vel magna rethia LINA appellat, plagas parva.

768-770*

768 SUMMA : altissima ; TRANSIERAT : vel (transie)bat ; LINA : luna. 769 COPULA : ligamen ; DETRAHITUR : removetur ; ILLA : canes ; SEQUENTES : illam. 770 CETUM : agmen ; SEGNIOR : pigrior ; ALITE : ave ; LUDIT : deludit.

---

760 Themis] athemis *ms.* potuit *ex* erat potuit *ms.* | 761* vaticinatrix] vaticinatris *ms.* | 767 surgeret] surgere *ms.*

VII 760

Tu seras étonné par cette histoire extraordinaire. NOVITATE (« par la nouveauté »), parce que l'histoire de ce chien était nouvelle et inouïe. IACEBAT (« gisait ») : la statue de Thémis. Thémis avait été jetée dans le vide parce qu'elle ne put résoudre l'énigme, et qu'elle était méprisée pour cela. « J'ai parlé du javelot, je parlerai maintenant du chien. »

VII 764-765

« Parce que tout le monde avait peur, nous nous réunîmes », comme le texte le raconte, « jusqu'à ce que nous trouvions cette bête sauvage ».

VII 767

Comme l'animal surgissait et franchissait les filets, nous avions envoyé les chiens, mais la bête, plus rapide qu'un oiseau, échappait à toutes leurs poursuites.

VII 768

LINA (« les cordes ») : les filets, grands et petits, TRANSIBAT (« elle traversait ») – ou bien il appelle « lina » les grands filets, et « plaga » (« pièges ») les petits.

VII 771

'Com universos canes superavisset fera et rethia evasisset, universi socii petierunt meum canem, quibus ego consentire permissi et iamque canis, accen‹sus› desiderio currendi, tendebat vincula'.

VII 771-774

'Lalapa dicebatur canis quem mihi dedit uxor mea'. VIX BENE : 'Desieram ipsum currere, com pre nimia velocitate ab occulis meis ereptus fuit'.

771-776*

771 ET : etiam ; IPSE : ego Cephalus ; CONSENSU : volumptate ; LALAPA : canem. 772 HOC : tale ; DUDUM : penitus ; PUGNAT : certat. 773 EXUERE : removere ; -QUE : et ; MORANTIA : detinentia ; TENDIT : prolongat. 774 MISSUS : canis ; NEC : et non ; UBI ESSET : in quo loco. 775 SCIRE : noscere ; PEDUM : suorum ; VESTIGIA : passus. 776 IPSE : canis ; OCULIS : meis ; EREPTUS : remotus ; OCCIOR : velocior ; ILLO : cane.

|f. 111v|

VII 777

Glandes sunt instrumenta plumbea que com tormentis erga castra mittuntur ut lacerentur ; quibus comparat canem suum dum sunt in motu. 777* HASTA : iaculum ; GLANDES : lapides tormenti.

VII 778-779

In Corintho, opido Grecie, sunt optimi sagitatores et preliatores et propter hoc dicit CORINTHIACO ; COLLIS APEX. Describit Cephalus locom a quo vidit canem et feram variari in marmora.

778-779*

778 CORINTHIACO : a Corintho opido ; CALAMUS : sagita. 779 COLLIS : monticulus ; APEX : summitas ; IMMINET : apparet ; ARVIS : campis.

VII 780-784

Cursus belue et Lelapa

---

771 accen‹sus›] accen # *ms.* | 773* removere *ex* removera *ms.* | 777 comparat *ex* decomparat *ms.*

VII 771

« Comme la bête avait échappé à tous les chiens et franchi tous les filets, tous les compagnons me demandèrent mon chien, et je le leur accordai. Pris d'un ardent désir de courir, il tirait sur sa laisse. »

VII 771-774

« Le chien que m'avait donné mon épouse s'appelait Lélaps ». VIX BENE (« À peine bien ») : « je l'avais à peine lâché, que déjà je ne pouvais plus le voir tant il courait vite. »

|f. 111v|

VII 777

Les balles sont des objets de plomb qu'on lance contre les fortifications au moyen de machines, pour les éventrer ; c'est à ces objets quand ils sont en mouvement qu'il compare son chien.

VII 778-779

À Corinthe, ville de Grèce, il y a d'excellents archers et combattants, c'est pourquoi il dit CORINTHIACO ; COLLIS APEX (« de Corinthe ; le sommet d'une colline… »). Céphale décrit l'endroit où il vit le chien et la bête transformés en statues de marbre.

VII 780-784

Course de la bête et de Lélaps

780-784*

780 TOLLOR : levor ; HUNC : illum collem ; -QUE : et ; SPECTACULA : visiones. 781 QUO : a colle ; MODO : aliquando ; DEPRENDI : capi visa est ; MODO : aliquando ; SEDUCERE : removere. 782 NEC : et non ; LIMITE : itinere ; CALLIDA : decipiens. 783 -QUE : sed ; FUGIT : abit ; SEQUENTIS : canis illam. 784 IN GIRUM : circuitum ; IMPETUS : volumptas capiendi ; HOSTI : cani.

VII 783-791

Quando fera propter fallaciam suam videbat canem fere capturum illam, in oblico vertebat se et sic illum effugiebat. Dicit Cephalus : 'Com ego talia viderem, volui mittere iaculum, sed subito vidi illos in marmora variari'. Amentum est corrigia que com iaculo ligatur quo iaculatur.

VII 785

PAREM dicit quia uterque mutatus fuit in marmora.

785-787*

785 IMMINET : apparet ; HIC : canis ; SIMILISQUE : est canis. 786 VACUOS : inanes ; EXCERCET : facit ; AERE : ethere ; MOTUS : vel 'morsus'. 787 VERTEBAR : ducebar ; QUOD : est iaculum ; DEXTERA : mea.

VII 788-789

Rei veritas est quod illa fera velox erat valde, canis Cephali optimus per venationem, sed, dum canis illam sequeretur, ambo precipitaverunt se e scopulo, fera spe salutis, canis autem spe prede capiende.

788-789*

788 DIGITOS : meos ; AMENTIS : cordis. 789 LUMINA : oculos meos ; REVOCATAQUE : reducta et ; RURSUS : iterum ; EODEM : cursu vel momento.

VII 790-793

Mutatio canis et belue in lapides

Quia quis deus favorem suum exibuit et se intromisit de illis.

783-791 fere] fere ipsum canem *ms.*

VII 783-791

Quand la bête rusée voyait que le chien était près de l'attraper, elle obliquait et ainsi lui échappait. « Voyant cela, dit Céphale, je voulus lancer mon javelot, mais je les vis soudain se transformer en statues de marbre. » La courroie est une lanière qui tient le javelot là où (on le saisit pour le) lancer.

VII 785

Il dit PAREM (« semblable ») parce que l'un et l'autre furent changés en statues de marbre.

VII 788-789

La vérité est que cette bête était d'une très grande rapidité et que le chien de Céphale était excellent pour la chasse. Mais, comme il poursuivait la bête, tous deux se précipitèrent du haut d'un rocher, la bête dans l'espoir de se sauver, le chien dans l'espoir d'attraper sa proie.

VII 790-793

Métamorphose du chien et de la bête en pierres

Parce qu'un dieu témoigna de sa faveur et s'entremit pour eux.

790-793*

790 RETTULERAM : apportaveram ; MIRUM : est interpositio. 791 FUGERE : putares ; HOC : quodam ; PUTARES : quia utrumque mutatum fuit eodem statu quo currebant. 792 SED : certe ; AMBOS : duos. 793 SI QUIS : quia aliquis ; AFFUIT : presens ; ILLIS : duobus, tam fere quam cani.

VII 794
De iaculo

Hucusque loqutus fuit Cephalus de cane suo, quia actor dixerat superius : ET CETERA NOTA PUDORE QUAM TULERIT MERCEDE SILET (687).

VII 794-795

Phocus dixit : 'Quod crimen est in isto iaculo ?', quia superius dixit : 'Hoc iaculum facit me flere'.

794-795*

794 HACTENUS : tunc loqutus fuit Cephalus. 795 REDDIDIT : rettulit Cephalus.

VII 796

GAUDIA : 'Telum fuit principalis causa qua primo habui gaudium, sed inde sequtum est infortunium magnum'.
796* PHOCE : 'o'.

VII 797

IUVAT O MEMINISSE : hic, suspirro interposito, incepit Cephalus narrare de infortunio teli sui, quomodo occidit telo uxorem suam Procrim.

797-800*

797 ILLA : gaudia ; REFERAM : dicam ; IUVAT : placet ; BENI : felicis. 798 EACIDE : 'o' ; QUO : tempore. 799 CONIUGE : mea Procri ; FELIX : beatus ; ILLA : Procris ; MARITO : me. 800 MUTUA : mutabilis vel cura ; DUOS : nos.

VII 801

Illa erat per me felix et ego pro illa ; in amore eramus compares.
801* ILLA : Procris ; THALAMOS : connubia.

791* mutatum] mutatus *ms.* | 797* placet] place *ms.*

791 PUTARES (« on croirait ») : parce que chacun des deux fut métamorphosé dans la position qu'il avait en courant. 793 ILLIS (« à eux ») : aux deux animaux, autant la bête que le chien.

VII 794
Le javelot

Jusque-là Céphale parlait de son chien, puisque l'auteur avait dit plus haut : ET CETERA NOTA PUDORE QUAM TULERIT MERCEDE SILET (« ayant fait connaître tout le reste il tait par pudeur à quel prix il avait payé cette arme »).

VII 794-795

« Quel crime est attaché à ce javelot ? », demanda Phocus, puisque Céphale a dit plus haut : « Ce javelot fait couler mes pleurs ».

VII 796

GAUDIA (« ma joie ») : le javelot fut d'abord la cause principale de ma joie, mais ensuite un grand malheur s'ensuivit.

VII 797

IUVAT HO MEMINISSE (« Oh ! Il me plaît de me rappeler ») : ici, interrompu par des soupirs, Céphale commence à raconter le malheur dû à son arme, c'est-à-dire comment il tua de cette arme son épouse Procris.

VII 801

« Elle était heureuse par moi et je l'étais grâce à elle ; nous étions égaux dans l'amour que nous nous portions ».

VII 802

'Quamvis Venus dea venustatis veniret, non illam caperem pro Procri relinquenda', dicit Cephalus.

802-803*

802 ME : Cephalum. 803 ULLA : aliqua ; UREBANT : cremabant ; FLAMME : amores.

VII 804-856

Loquitur Cephalus ad Phocum

[1] Fabula talis est, quam narrat Cephalus. Com Cephalus qualibet die surrexisset, in venatione pergebat, et, com aliquantulum erat fessus, Auram per insipienciam suam appellabat, ut, illi miserta, succurreret degravato. [2] Aliquis putavit nomen Aure esse quandam deam vel nimpham. Dixit mulieri sue amores veros et non veros, unde tristis fuit, et voluit scire utrum esset verum an non et quadam die latuit in dumo illa. [3] Ille autem appellavit iterum Auram, ut moris sui erat. Illa gemebunda aliquo motu mota fuit et putavit Cephalus quod esset fera ; misit iaculum et illam occidit, ut in textu plenius continetur, et ad ultimum rogavit quatinus Auram non reciperem in thalamo'.

804-805*

804 SOLE [...] FERIENTE : et hoc dico ; FERIENTE : percuciente ; CACUMINA : summitates. 805 IUVENILITER : ad modum iuvenum ; IRE : pergere.

VII 806-807

'Nulla instrumenta venationis mecom portabam, qui per iaculum tutus eram'.

806-810*

806 ACRES : utiles. 807 LINA : rechia. 808 TUTUS : securus ; IACULO : meo ; CONSOCIATA : repleta. 809 DEXTERA : mea ; CEDIS : occisionis ; FRIGUS : loca frigida. 810 QUE : petebam ; GELIDIS : frigidis ; EXALAT : exit ; AURAM : ventum.

804-856*tit.* ad Phocum] a Phoco *ms.* | 804-856.1 succurreret *ex* sic succurreret *ms.* | 804-856.2 Dixit] dixi *ms.*

VII 802

« Même si je voyais arriver Vénus, la déesse de la beauté, je n'abandonnerais pas Procris pour la choisir », dit Céphale.

VII 804-856

Céphale s'entretient avec Phocus

[1] La fable que raconte Céphale est la suivante. Chaque jour, dès qu'il s'était levé, Céphale partait à la chasse et, lorsqu'il était un peu fatigué, il appelait la Brise en toute innocence pour qu'elle le prenne en pitié et le secoure dans son accablement. [2] Quelqu'un pensa que le nom de Brise était celui de quelque déesse ou nymphe. Il parla à son épouse des amours vraies et des amours fausses, ce qui la rendit malheureuse : elle voulut vérifier si la nouvelle était vraie ou non, et se cacha un jour dans un buisson. [3] Alors il appela à nouveau la Brise, comme il en avait l'habitude. Elle fit alors un mouvement en gémissant, et Céphale crut qu'il s'agissait d'un animal sauvage : il envoya son javelot et la tua, comme le texte le raconte clairement, et elle lui demanda en mourant de ne pas accueillir Brise dans son lit.

VII 806-807

« Je n'emportais avec moi aucun autre instrument de chasse, tant je me fiais à ce javelot. »

VII 811-815
Appellatio Aure a Cephalo

811* MICHI : id est a me ; LENIS : parva ; AB ESTU : pro calore.

VII 812

Quia laboriosum erat venationem insequi.

812-815*

812 LABORI : meo. 813 ENIM : bene certe. 814 -QUE : et ; GRATISSIMA : 'o'. 815 UT : sicut ; RELEVARE : consolari ; ESTUS : calores.

VII 816

'Ita michi fatatum erat, michi quod debebam blandicias quibus ego lesus fui'.

816-817*

816 FORSITAN : a casu ; ADDIDERAM : dederam ; TRAHEBANT : ducebant. 817 BLANDICIAS : verba blanda ; PLURES : multas ; MODO : aliquando ; VOLUPTAS : delectatio.

VII 818

'REFICIS me ad laborem, reficis ad calorem'.
818* -QUE : etiam.

VII 819-820

Hoc totum potest esse veritas, quia inscienter uxorem suam sagitavit et occidit.

819-820*

819 AMEM : diligam. 820 ISTE : spiracio talis ; CAPIATUR : vel 'capietur' ; ORE : vultu.

VII 821

VOCIBUS AMBIGUIS : ambiguum est quod ad utrasque partes habet rationem ; vel ambiguum, id est non bene intellectum, quasi ambo agens.
821* VOCIBUS : sermonibus ; AMBIGUIS : dubiis ; PREBUIT : cedit ; AUREM : auditum suum.

811-815*tit.* Aure a] aurea *ms.* | 816* FORSITAN] FORSITAM *ms.* | 819-820 inscienter] luscienter *ms.*

VII 811-815
Céphale appelle la Brise

VII 812
Parce qu'il était fatigant de poursuivre la chasse.

VII 816
« Tel était mon destin, parce que je lui donnais de douces paroles par lesquelles je reçus ma blessure. »

VII 818
« Tu me redonnes des forces quand je peine, tu me redonnes des forces quand je souffre de la chaleur. »

VII 819-820
Tout cela peut être la vérité, parce qu'il lança une flèche vers son épouse sans le savoir et la tua.

VII 821
VOCIBUS AMBIGUAM (« (trompée) par ces paroles ambiguës ») : est ambigu ce qui a deux explications contraires ; ou est ambigu ce qui n'est pas bien compris, comme « ambo agens », ayant deux sens.

|f. 112r|

VII 822

AURE, quia aura est res incorporea, vel quia ventus est res invisibilis tantum est corpulentus. Ventus nichil aliud est quam aer commotus, et est corpulentus, non palpabilis, et ita fuit stultus qui putavit illam esse nimpham.

822-823*

822 QUIS : homo ; AURE : ventus ; VOCATUM : appellatum. 823 NIMPHE : unius ; MICHI : a me.

VII 824-826

'Ita solebam cantare dicens, et, com ita cantarem, nescio quis audivit me et credidit quod amarem ninpham'. FALSI, quia non erat verum. SUSURRA : susurrus est parvus sonus non perfecte prolatus. CREDULA, quia amor est quid impellens ad cito credendum.

824-828*

824 EXTEMPLO : protinus ; TEMERARIUS : stultus ; INDEX : demonstrator vel accusator. 825 PROCRIN : uxorem ; LINGUA : com ; REFERT : dicit ; SUSURRA : murmurantia. 826 CREDULA : nota cito credens ; SUBITO : cito. 827 UT : sicut ; NARRATUR : dicitur ; REFECTA : pacificata. 828 SE : dixit ; INIQUI : pravi.

VII 829-830

Lamentatio Procris

'DE FIDE, id est de infidelitate, quia fidelis non fuissem erga illam'.

829-830*

829 FIDE : credulitate ; CONCITA : commota. 830 METUIT : timuit.

VII 831-832

INFELIX propter rei infelicem excusationem vel accusationem ; licet doleat tamquam DE VERA PELICE, TAMEN SEPE.

824* EXTEMPLO *ex* EXEMPLO *ms.*

|f. 112 r|

VII 822

AURE (« de Brise »), parce que la brise est incorporelle, ou parce que le vent est un corps invisible autant que dense. Le vent n'est rien d'autre que de l'air mis en mouvement, et il est dense mais impalpable. Aussi fut-il sot celui qui crut qu'il s'agissait d'une nymphe.

VII 824-826

« Telles sont les paroles que j'avais l'habitude de dire en chantant et, tandis que je chantais, je ne sais qui m'entendit et crut que j'aimais une nymphe. » FALSI (« faux »), parce que ce n'était pas vrai. SUSURRA (« murmures ») : le murmure est un petit son imparfaitement proféré. CREDULA (« crédule »), parce que l'amour est un sentiment qui pousse à croire trop vite.

VII 829-830

Lamentation de Procris

« DE FIDE (« au sujet de la fidélité »), c'est-à-dire de l'infidélité, parce que soi-disant je ne lui avais pas été fidèle. »

VII 831-832

INFELIX (« infortunée ») : à cause de l'excuse ou de l'accusation malheureuse : encore qu'elle se plaigne comme d'une vraie rivale, souvent cependant…

831-834*

831 INFELIX : misera ; VELUTI : sicut ; PELICE : meretrice ; VERA : sicut verum esset. 832 FALLI : decipi. 833 INDICIO : demonstratione ; FIDEM : credulitatem ; IPSA : quia numquam crederet nisi videret presentialiter. 834 DAMPNATURA : criminatura ; DILECTA : peccata ; MARITI : mei existentis.

VII 835-839

'Ita aliquis audierat et falso dixerat et ego die crastina ‹ivi› ad nemus et tunc audivi nescio quod murmur.'

835-839*

835 POSTQUAM : quando ; DEPULERANT : removerant. 836 EGREDIOR : exeo ; -QUE : et ; -QUE : et. 837 AURA : 'o' ; -QUE MEDERE : et da medulum. 838 SUBITO : cito ; VIDEBAR : 'Dum ego ita ego loquerer'. 839 OPTIMA : 'o aura' ; DIXI : 'Quamvis ita audirem, tamen dixi'.

VII 840-843

Exequitur de morte Procris quia audivit frondem moveri et tunc misit iaculum quod occidit eam.

840-865*

840 LEVEM : parvum ; STREPITUM : motum ; CURSUS : vel 'rursus' ; CADUCA : veni. 841 RATUS : 'putavi quod esset' ; TELUMQUE : iaculum et ; MISI : ieci. 842 PROCRIS : in veritate ; -QUE TENENS : et illa ; PECTORE : suo ; VULNUS : plagam. 843 VOX : verbum ; FIDE : 'Fidelis, quia iamque illam cognovi per vocem'. 844 CONIUGIS : mulieris Procris ; VOCEM : suam ; PRECEPS : citus ; AMENSQUE : tristis et. 845 ET SPARSAS : partim vel fere mortuam ; FEDANTEM : maculantem. 846 ET : scilicet ; ME MISERUM : unde dico me ; VULNERE : plaga ; TRAHENTEM : removentem. 847 -QUE MEO : et corpore ; ULNIS : brachiis. 848 MOLLIBUS : levibus ; ATTOLLO : levo ; -QUE : et ; PECTORE : corpore ; VESTE : me. 849 VULNERA : plagas ; CONOR : volo ; INHIBERE : refringere ; CRUOREM : sanguinem. 850 NEU : et non ; SCELERATUM : reum ; DESERAT : relinquit ; ORO : 'Precor ne me acuset de morte sua'.

835-839 ‹ivi› ad nemus] # ad nemus *ms.* | 841* RATUS] IRATUS *ms.* ieci] iesi *ms.* | 844* suam] sua *ms.* | 846* removentem] removente *ms.*

833 IPSA (« elle-même ») : parce qu'elle ne le croirait jamais si elle ne le voyait pas de ses propres yeux.

VII 835-839

« Ainsi quelqu'un avait entendu et répété faussement. Le lendemain matin je partis vers le bois, et j'entendis je ne sais quel murmure. »
838 VIDEBAR (« j'avais l'impression ») : « tandis que je parlais ainsi. » 839 DIXI (« je dis ») : « malgré ce que j'entendais, je parlai quand même. »

VII 840-843

Le récit se poursuit sur la mort de Procris : Céphale entendit bouger le feuillage et lança son javelot qui la tua.
843 FIDE (« dans la foi ») : « fidèle ; parce que je l'avais reconnue à la voix. »
850 ORO (« je prie ») : « je la supplie de ne pas m'accuser de sa mort. »

852 QUE SE PAUCA : que secontur ; PER : oro ; FEDERA : amores ; LECTI : connubii. 853 ORO : precor ; -QUE : et ; MEOS : deos. 854 PER SI : quia ; MANENTE : remanente. 855 NUNC : in presenti ; PEREO : morior scilicet. 856 NE : que non ; THALAMIS : tuis ; NUBERE : intrare. 857 DIXIT : ita loquta fuit ; ERROREM : illam decepta ; ESSE : 'Quia deceptam percepi et dixi sed non profuit nobis'. 858 SENSI : percepi ; DOCUISSE : certe nichil. 859 LABITUR : moritur ; SANGUINE : suo vel com anima. 860 SPECTARE : cernere ; SPECTAT : cernit. 861 INFELICEM : tristem ; ANIMAM : vitam ; EXALAT : educit ; ORE : 'Cernendo me inferre quia secura fuit de amore nullo'. 862 MELIORE : gaudentiore. 863 FLETIBUS : vel flentibus sociis ; LACRIMANS : flens ; MEMORAVERAT : dicebat. 864 EACUS : proprium ; INGREDITUR : intrat ; PROLE : sua ; Thelamone vel Peleo ; NOVOQUE : idest nova multitudine militum. 865 QUEM : militem, concionem militum ; CEPHALUS : proprium ; FORTIBUS EXCIPIT ARMIS : optime erant armati.

857 ESSE (« être ») : « parce que je compris qu'elle avait été trompée et lui dis que cela nous était inutile. » 861 ORE (« sur la bouche ») : « en me regardant elle montre qu'elle était sûre de notre amour. »

HIC INCIPIT OCTAVUS LIBER

[1] Hic incipit octavus liber huius operis in quo multe mutationes continentur, quarum prima talis : Cilla in meretricem. Mutatio Nisi in alietum. Cilla in aulaudam. Corona Andriannes in stellas resplendentes. Perdrix in avem sui nominis. Interfectio Meleagri. Mutatio sororum in aves. Naiades in silvas. Ciclades Apedamantis in insulas sui nominis. Mutatio Pilemonis et Baucidis in sacerdotes ; mutatio domus sue in templum ; mutatio illorum in arbores. Progressio Famis ad domum Erisitonis. Adflatur halitus, halitus famelici. Mutatio filie Erisitonis in diversas figuras. Mutatio Acheloi in diversas figuras, et in hoc terminabitur liber iste.
[2] Octavus narrat ut Minos obsidet urbem / Archatione. Cepit hanc Minos et diligit illum / Cilla ; fit ancipiter Nisus pater illaque Cyris / regreditur. Minos facit includi Minotaurum ; / vincit eum Theseus ; Adriannem litore linquit. / Dedalus est exul, submergitur Ycarus alto ; / versio Perdicis narratur et ira Dyane. / Conveniunt iuvenes ut aprum perimat Meleager. / Hunc perimit, cuius patrui moriuntur et ipse / Thesea suscepit tecto Calidonius annis. / Narrat hic ut Baucis com coniuge vertitur utque, / contempnens superos, dapibus fuit egens Erisithon ; / illius proles retinebat nata figuras. / Acheloo fonte sic finitur liber iste.
[3] Hic incipiunt *Integumenta* VIII libri que per istos versiculos cognoscuntur ordinate : ‹De capillo Nisi›. Nisi purpureus crinis caput esse cruentum / fine notat, cuius munere vivit homo. De Cilla et Niso. Vertitur in nisum Nisus, contraria Niso / filia vivit eius facta molesta patri. [4] De Minotauro idem. Taurus adulter erit regisque notarius ‹ille› / est dictus pueros progenuisse diros. / Hii sunt Minois, sunt Tauri, sed sapientes / propter adulterium monstra fuisse volunt. De Perdice. Efficitur perdix conformi nomine Perdix. / Artis homo perdix, iure fit artis avis. [5] De Meleagro. Fax est fatalis Meleagri perdere fortis /

---

1 in sacerdotes *ex* in templum in sacerdotes *ms.* Erisitonis[1]] irrisionis *ms.* Adflatur halitus, halitus] effectus alius alius *ms.* | 2 Octavus [...] liber iste] versus *add. m.s. eadem manus* fit] sit *ms.* | 3 ‹De capillo Nisi›. Nisi *Ghisalberti*] nil *ms.* Cilla (Scilla *Ghisalberti*)] Olla *ms.* Nisus *Ghisalberti*] nisi *ms.* eius] avis *Ghisalberti* | 4 erit] erat *Ghisalberti* notarius ‹ille›] notarius idem *Ghisalberti*, notarius *ms.* diros] duos *Ghisalberti* fuisse *Ghisalberti*] fuisset *ms.* fit *Ghisalberti*] fur *ms.*

ICI COMMENCE LE HUITIÈME LIVRE

[1] Ici commence le huitième livre de cet ouvrage, qui contient de nombreuses métamorphoses, dont la première est la suivante : Scylla en femme publique. Métamorphose de Nisus en épervier. Scylla en alouette. La couronne d'Ariane en étoiles resplendissantes. Perdix en oiseau qui porte son nom. Méléagre meurtrier. Métamorphose de ses sœurs en oiseaux. Les Naïades changées en forêts. Les Cyclades filles d'Hippodamas en îles qui portent leur nom. Métamorphose de Philémon et Baucis en prêtres ; métamorphose de leur maison en temple. Métamorphose du couple en arbres. Voyage de la Faim vers la maison d'Érysichthon. L'haleine s'exhale, l'haleine de l'affamé. Métamorphoses de la fille d'Érysichthon en diverses figures. Métamorphose d'Achéloös en diverses figures. Là-dessus ce livre se termine.
[2] Le huitième livre raconte que Minos assiège la ville d'Alcathoé. Minos s'en empara. Scylla tombe amoureuse de lui ; Nisus devient un épervier et Scylla se retrouve aigrette. Minos fait enfermer le Minotaure ; Thésée triomphe de lui ; il abandonne Ariane sur le rivage. Dédale est exilé, Icare se noie en haute mer ; récit du changement de Perdix et de la colère de Diane. Les jeunes gens conviennent que Méléagre doit tuer le sanglier. Il le tue, mais ses oncles meurent. Le Calydonien lui-même reçut Thésée sous son toit pendant des années. Ici l'auteur raconte que Baucis et son époux furent transformés et que, méprisant les dieux, Érysichthon fut privé de nourriture ; sa fille changeait de figures. C'est sur la métamorphose d'Achéloös en fontaine que se termine se livre.
[3] Ici commencent les *Integumenta* du livre VIII, qu'on connaît dans l'ordre par ces petits vers : LE CHEVEU DE NISUS. Le cheveu pourpre de Nisus note que le sang afflue aux extrémités de la tête, ce qui permet à l'homme de vivre. SCYLLA ET NISUS. Nisus est transformé en épervier, sa fille s'oppose à lui et vit en causant du tort à son père. [4] MÊME CHOSE SUR LE MINOTAURE. Taurus sera l'homme adultère, notaire du roi, qui, dit-on, engendra des enfants cruels. Ce sont les fils de Minos, les Taureaux, mais les sages estiment qu'ils furent des monstres à cause de l'adultère. PERDIX. Perdix devient une perdrix en conservant son nom. Perdix, homme ingénieux, devient à bon droit un oiseau ingénieux. [5] MÉLÉAGRE. Le brandon fatal du courageux Méléagre a le pouvoir de perdre le héros

rite virum magica qua fuit usa parens. / Germanas velat Meleagri pluma vagantes ; / dum volat, instabilis est fugitiva cohors. ITEM ALITER. Stipes fatalis est frater quo Meleager / occisus mortis tristia fata subit. [6] DE ECHINADIBUS ET CICLADIBUS. Terras vicinas germanas dicimus esse / quas sibi distinctas dividit unda maris. DE BAUCIDE ET PILEMONE. Baucidis ostendit mondique Pilemonis alma / religio superos quod timeas et ames. DE FAME VEXANTE ERISITONA. Regna tenere Fames lapidosa per arva videtur / qua se diminuit vir sibi corpus alens. [7] DE FILIA IPSIUS ERISITHONIS. Filia quam vendit Erisiton nunc equa, nunc bos, / nunc ales, pisces nunc capit ere cibo. / Est equa dum subportat honus, bos cultibus agri, / ales dum querit oraque patris alit. / Piscator lucrum piscatur, frondet et arbor / fructificans, aliis hoc tribuisse potes. DE ACHELOO FLUVIO. Est Achelous aqua, pars eius quam sibi claudit / est cornu, pars est fructibus illa ferax.

VIII 1

Liber octavus

[1] Precedentia continuantur consequentibus in hac forma. Ita venerat Cephalus penes Eacum ut daret auxilium Atheniensibus, et diu moratus fuerat et confabulaverat de cane suo et iaculo. [2] Modo venerat Eacus com militibus suis paratis ad prelium, et Cephalo tribuit eos, quos recepit, et, dum recepisset, EURUS CADIT, et hoc dico : LUCIFERO RETEGENTE DIEM ET FUGANTE TEMPORA NOCTIS, et cetera.

|f. 112v|

VIII 1-3

Venerat ita Cephalus penes Eacum et aliquamdiu moram fecerat eo quod ventus erat illi contrarius. [3] Die crastina adveniente, Auster successit Euro et recesserunt illi ita leviter quod non credebant tam cito contingere portus quam cito contigerunt. [4] REDEUNTIBUS : dicit quod Eacus redibat versus Eginam civitatem ; Cephalus versus patriam remeabat. Fatatum erat quod, quandiu haberet capillum suum, regnum suum finaliter obtineret.

---

5 perdere *scripsit post* MELEAGRO *eadem manus ms.* rite *Ghisalberti*] ecce *ms.* qua *Ghisalberti*] quam *ms.* | 6 ECHINADIBUS *Ghisalberti*] ECHIMATIBUS *ms.* mondique] timidique *Ghisalberti* | 7 subportat *Ghisalberti*] superat (?) *ms.* lucrum *Ghisalberti*] luteum *ms.* ferax *Ghisalberti*] ferox *ms.* | 1.2 paratis *ex* partibus paratis *ms.*

grâce aux rites magiques utilisés par sa mère. La plume recouvre les sœurs errantes de Méléagre ; en s'envolant la troupe craintive prend la fuite. LA MÊME CHOSE D'UNE AUTRE FAÇON. Le bâton fatal est le frère qui tue Méléagre, qui le soumet au funeste destin de la mort. [6] LES ÉCHINADES ET LES CYCLADES. Nous disons que les sœurs sont les terres voisines que l'eau de la mer sépare et distingue. BAUCIS ET PHILÉMON. La foi bienfaisante de Baucis et du pieux Philémon montre qu'il faut craindre et aimer les dieux. LA FAIM QUI PERSÉCUTE ÉRYSICHTHON. La faim semble régner sur des champs pierreux, elle qui affaiblit l'homme qui veut se nourrir. [7] LA FILLE DE CET ÉRYSICHTHON. La fille qu'Érysichthon cherche à vendre devient tantôt jument, tantôt bœuf, tantôt oiseau, et tantôt pêche des poissons avec un hameçon pour se nourrir. Elle est jument quand elle porte une charge, bœuf pour cultiver les champs, oiseau quand elle cherche de quoi nourrir son père. Elle est pêcheur quand elle trouve de l'argent, arbre fécond quand elle se couvre de feuillage, ce qu'on pourrait attribuer à d'autres. LE FLEUVE ACHÉLOÖS. Achéloös est de l'eau pour la partie qu'il se réserve, et de la corne pour la partie fertile en fruits.

VIII 1

Livre huitième

[1] Ce qui précède peut s'enchaîner sur ce qui suit de la façon suivante. Céphale était donc venu chez Éaque pour qu'il donne de l'aide aux Athéniens, et il s'était attardé longtemps en racontant l'histoire de son chien et de son javelot. [2] À ce moment-là Éaque était arrivé avec ses soldats prêts à combattre, et les remit à Céphale, qui les reçut et, les ayant reçus, EURUS CADIT (« l'Eurus tombe »), et, dis-je, LUCIFERO RETEGENTE DIEM ET FUGANTE TEMPORA NOCTIS (« Lucifer dégageant la lumière du jour et mettant en fuite les heures de la nuit ») etc.

|f. 112v|

VIII 1-3

Ainsi Céphale était venu chez Éaque et avait tardé quelque temps, parce que le vent lui était contraire. [3] Le lendemain, l'Auster succéda à l'Eurus et ils repartirent si facilement qu'ils ne croyaient pas atteindre le port aussi vite qu'ils l'attinrent. [4] REDEUNTIBUS (« à leur retour ») : l'auteur dit qu'Éaque revenait vers la cité d'Égine ; Céphale retournait vers sa patrie. Il avait été prédit que, aussi longtemps que (Nisus) garderait son cheveu, il conserverait finalement son royaume.

1-3*

1 NITIDUM : splendentem ; RETEGENTE : illuminante ; -QUE : et. 2 LUCIFERO : stella matutina ; EURUS : proprium venti. 3 NUBILA : nubes ; DANT : faciunt ; REDEUNTIBUS : remeantibus in patriam ; AUSTRI : venti tales.

VIII 4

De gressu in patriam Atheniensium ab Eaco

EACIDIS dicit, quia Eacus com sociis suis conduxerant illos, et redierunt a portu.

4-5*

4 QUIBUS : Austris ; ACTI : agitati. 5 ANTE EXPECTATUM : antequam putarent ; TENUERE : intravere.

VIII 6

INTEREA : com Athenienses auxilium quererent, Minos Alchatoes obsederat civitatem.

6-10*

6 INTEREA : com discederent ; MINOS : proprium, rex ; VASTAT : dilacerat. 7 PRETEMPTATQUE : temptat et ; MAVORTIS : prelii ; IN URBE : vel 'arce'. 8 QUAM : urbem ; NISUS : proprium, rex ; HABET : tenet ; CUI : Niso ; SPLENDIDUS : nitidus ; OSTRO : purpura. 9 HONORATOS : venerandos ; CANOS : canicies. 10 CRINIS : capillus ; INHEREBAT : scilicet ; REGNI : sui.

VIII 11-13

SEXTA RESURGEBANT : describit actor tempus et spacium in quo bellum duraverat inter Nisum et Minoa, et dicit quod duraverat inter eos sex mensibus, et tamen dubium erat quis eorum victoriam obtineret.

11-13*

11 RESURGEBANT : apparebant ; ORIENTIS : nascentis. 12 PENDEBAT : in dubio erat ; DIUQUE : longe. 13 INTER UTRUMQUE : tam inter Nisum quam Minoa.

4*tit.* patriam] patria *ms.* | 4 com *ex* com com *ms.* | 11-13 Nisum] visum *ms.*

VIII 4

Voyage des Athéniens de la cité d'Éaque à leur patrie

Il dit EACIDIS (« aux soldats d'Éaque »), parce qu'Éaque les avait conduits avec ses compagnons, et qu'ils revinrent du port.

VIII 6

INTEREA (« Pendant ce temps ») : comme les Athéniens cherchaient de l'aide, Minos avait assiégé la cité d'Alcathoé.

VIII 11-13

SEXTA RESURGEBANT (« Pour la sixième fois reparaissaient ») : l'auteur décrit le moment et le lieu de la guerre qui s'était prolongée entre Nisus et Minos ; il dit qu'ils étaient en guerre depuis six mois, et que pourtant on ne savait pas qui d'entre eux obtiendrait la victoire.

VIII 14-17

Incipit de Minoe et Cilla et Niso

[1] REGIA TURRIS : describit actor locum a quo primo Cilla vidit Minoa, et illicite adamavit, et dicit REGIA [...] VOCALIBUS. [2] Phebus hospitatus fuit a Niso et citharam suam appodiavit muris civitatis, a qua cithara sonus translatus fuit muris. [3] Quod nichil est nisi quod in illa civitate erant optimi viellatores qui super muros sepiissime residebant, et illis scandebat Cilla et muros percutiebat, a quibus resonando consolabatur.

14-17*

14 REGIA : regis ; VOCALIBUS : resonantibus ; ADDITA : posita. 15 QUIBUS : muris ; PROLES LATHONIA : scilicet Phebus, filius Latone ; FERTUR : dicitur. 16 DEPOSUISSE : appendisse ; LIRAM : citharam ; SAXO : muro ; EIUS : lire ; INHESIT : remansit. 17 FILIA NISI : scilicet Cilla.

VIII 18

Resonantia saxa lapillo] Quia percuciebat murum et murus reddebat sonitum ex illa percussione.

18* PETERE : tangere ; EXIGUO : parvo ; LAPILLO : lapide parvo.

VIII 19-20

Quando pax erat, ludebat ; quando gerra erat, a turre preliantes cernebat.

19-23*

19 TUNC : quamdiu ; BELLO : tempore belli ; QUOQUE : similiter. 20 SPECTARE : cernere ; ILLA : turri ; RIGIDI : fortis ; MARTIS : belli. 21 IAMQUE : propter ; QUOQUE : similiter ; NORAT : noverat. 22 -QUE : et ; EQUOS : noverat ; CIDONIAS : cretenses. 23 NOVERAT : cog(noverat) ; ALIOS : milites ; FACIEM : vultum ; EUROPEI : filii Europe.

VIII 24

Amor Cille ad Minoa

PLUS ETIAM, quasi dicat : 'Illum adamabat in corde, quod erat plusquam nosset illum solummodo, quod et noverat et amabat'.

24* ETIAM : certe ; NOSSE : novisse ; HAC : et hoc dico ; MINOS : rex.

16* appendisse] aspendisse *ms.* | 19-20 cernebat] cernebant *ms.*

VIII 14-17

Début de l'histoire de Minos, Scylla et Nisus

[1] REGIA TURRIS (« Une tour royale ») : l'auteur décrit l'endroit d'où Scylla vit Minos pour la première fois, et l'aima de manière illégitime : il dit REGIA [...] VOCALIBUS (« royale... harmonieux »). [2] Phébus avait reçu l'hospitalité de Nisus : il posa sa cithare contre la muraille de la cité, et le son de cette cithare se transmit à la muraille. [3] Cela revient à dire que dans cette cité il y avait d'excellents joueurs de vielle, qui s'asseyaient très souvent sur les murs, et Scylla y montait aussi et frappait les murs, qui, en résonnant, la consolaient.

VIII 18

Resonantia saxa lapillo (« les blocs qui résonnaient, frappés par un petit caillou ») : parce qu'elle frappait le mur, qui sous ces coups émettait un son.

VIII 19-20

Quand c'était la paix, elle jouait ; quand c'était la guerre, elle regardait les combattants du haut de la tour.

VIII 24

Amour de Scylla pour Minos

PLUS ETIAM (« Plus même »), en d'autres termes : « elle l'aimait du fond du cœur, parce qu'elle faisait plus que le reconnaître seulement, elle le reconnaissait et l'aimait ».

VIII 25

cristata casside pennis] Quia milites aponunt pennas pavonis in summitate galearum, ut melius sint decori.
25* SEU : vel ; ABDIDERAT : absconderat.

VIII 26-27

Laus Minois a Cilla

26-27*

26 GALEA : sua ; FORMOSUS : pulcher ; SEU : vel ; SUMPSERAT : ceperat ; ERE : ferro. 27 FULGENTEM : splendentem ; CLIPEUM : scutum ; CLIPEUM : scutum ; SUMPSISSE : cepisse ; DECEBAT : pulchrum illi erat.

VIII 28

[1] Fabula et materia partis istius est talis : com Minos Archatoes civitatem obsedisset, longuo tempore duravit bellum, quia Nisus rex habebat capillum aureum in crine, de quo fatatum erat quod, quamdiu haberet, civitas non caperetur. [2] Cilla autem multociens visum Minoa concupivit et in omnibus operibus suis illum laudabat, sicut in textu continetur. Tamen actor inconstanciam mentis illius describit in littera ; ad ultimum scelus concupivit et patrem, amputato capite, occidit, et caput Minoi presentavit. [3] Minos vero, caput renuens, civibus legem novam imposuit et illam reliquit, qua de causa illa irata voluit illum per mare consequi, sed miseratione deorum mutata fuit in alaudam cupatam et Nisus mutatus fuit in alietem qui alio nomine nisus noncupatur, et hoc est quod dicit.

28-30*

28 TORSERAT : concusserat ; ABDUCTIS : levibus ; HASTILIA : tela ; LENTA : flexibilia ; LACERTIS : brachiis. 29 VIRGO : Cilla ; ARTEM : preliandi, quia preliabatur arte et virtuosus erat. 30 IMPOSITIS : coniunctis ; CALAMIS : sagitis ; PATULOS : curvos ; SINUAVERAT : flexerat.

VIII 31

Diligebat tantum illum quod vere non hominem, sed deum verum illum esse credebat, et maxime Phebum, quia optimus sagitator Delius reputatur.

26* ceperat] ceparat *ms.* | 28.1 caperetur] caperentur *ms.* | 28.3 cupatam] cucupatam *ms.* | 29* arte] arce *ms.*

VIII 25

cristata casside pennis (« un casque orné d'une aigrette de plumes »)] Parce que les soldats placent des plumes de paon au sommet de leurs casques, pour avoir une apparence plus glorieuse.

VIII 26-27

Éloge de Minos par Scylla

VIII 28

[1] La fable et la matière de ce passage sont les suivantes : comme Minos avait assiégé la ville d'Alcathoé, la guerre dura longtemps, parce que le roi Nisus avait un cheveu d'or sur la tête, dont il avait été prédit que, aussi longtemps qu'il l'aurait, la cité ne serait pas prise. [2] Mais Scylla, à regarder sans cesse Minos, conçut du désir pour lui : elle le louait dans toutes ses actions, comme le texte le raconte. Cependant l'auteur décrit dans le texte l'inconstance de ses sentiments ; elle désira Minos jusqu'au crime ultime, et tua son père en lui coupant la tête. Puis elle présenta cette tête à Minos. [3] Mais Minos, refusant la tête, imposa de nouvelles lois à la cité, et abandonna Scylla. Désespérée pour cela, elle voulut le suivre à la nage, mais la compassion des dieux la transforma en alouette coupée[28]. Nisus quant à lui fut transformé en épervier, appelé autrement « nisus ». C'est ce que dit l'auteur.
29 ARTEM (« adresse ») : à combattre, parce qu'il combattait avec art et était plein de vaillance.

VIII 31

Elle l'aimait tant qu'elle croyait qu'il n'était pas vraiment un homme, mais qu'il était un dieu authentique, et même Phébus, parce que le Délien a la réputation d'être un excellent archer.

---

28 Dans l'hypotexte, Scylla devient un oiseau appelé *ciris* en latin : une note de l'éditeur des Belles-Lettres explique que « le nom de cet oiseau, κειρις (l'aigrette), serait venu de κειρειν, couper. Pure fantaisie, dont Ovide n'est pas responsable », *loc. cit.*, t. II, p. 66, n. 1. Dans la version romane, l'*Ovide moralisé*, Scylla devient une alouette, *aloë coupee* au vers 347 du livre VIII de l'édition De Boer. Le texte ajoute que l'oiseau *Porte une hupe sor son chié* (350). La variante du manuscrit C (= Y[1]), que De Boer cite en note, donne *houppee aloete*. C'est donc une confusion entre « houpee » et « coupee », qu'on trouve dans notre ms Vat. lat. 1479 et qui est reprise par le ms A[1] de l'*Ovide moralisé*.

31-34*

31 SIC : taliter ; SUMPTIS : captis ; IURABAT : asserebat ; STARE : esse. 32 VERO : certe ; DEMPTO : remoto ; FACIEM : vultum ; ERE : galea. 33 PURPUREUS : purpura tectus vel rubens ; STRATIS : ornamentis ; INSIGNIA : nobilia. 34 TERGA PREMEBAT : sedendo premebat ; SPUMANTIAQUE : spumis plena et.

VIII 35-42

Inconstancia mentis Cille

Ostenditur ibi inconstancia mentis illius et dicit actor quod aliquando volebat per hostes incedere ad amicum, aliquando volebat a turribus salire, aliquando hosti portas aperire, et multa alia que in littera continentur.

35-42*

35 VIX : pene ; SUA : sue iurisdictionis ; SANE : certe ; VIRGO NYSEIA : Cilla, filia Nisi ; COMPOS : ordinatrix. 36 FELIX : beatum ; IACULUM : telum ; QUOD : iaculum ; TORSERAT : quasserat ; ILLE : Minos. 37 QUEQUE : frena et ; MANU : sua. 38 IMPETUS : volumptas ; LICEAT : Cille, si liceret ; MODO : aliquando ; AGMEN : concionem. 39 VIRGINEOS : suos ; HOSTILE : agmen ; GRADUS : vias ; IMPETUS : velle ; ILLI : Cille. 40 SUMMIS : celsis ; IN CNOSIA : cretensia ; MITTERE : iactare ; CORPUS : suum. 41 ERATAS : ferreas ; HOSTI : Minoi ; RECLUDERE : aperire ; PORTAS : civitatis sue. 42 VEL SI : impetus est illi ; MINOS : rex ; ALIUD : quam supradicta ; UT : quando ; SEDEBAT : Cilla.

VIII 43

DITHEI : Dithe est civitas sita in parte Cretes, a qua dicitur *diceus-a-um*. 43* CANDIDA : alba ; DITHEI : cretensis ; SPECTANS : cernens ; REGIS : Minois.

VIII 44

'DOLEO, quia piget me quod illum Minoa tantum amo, vel quod hostis mihi tamdiu est'.

35-42 inconstancia] in constancia *ms.* | 40* IN CNOSIA] innoxia *ms.* cretensia] cretensio *ms.* | 43 *diceus-a-um*] diceus. a. *ms.*

VIII 35-42

Inconstance de Scylla

On montre ici l'inconstance de ses sentiments : l'auteur dit que tantôt elle voulait traverser l'armée ennemie pour retrouver son ami, tantôt elle voulait sauter du haut des tours, tantôt elle pensait ouvrir les portes à l'ennemi, parmi bien d'autres sentiments que décrit le récit.

VII 43

DITHEI (« de Dicté ») : Dicté est une cité située dans une région de la Crète. De ce nom vient l'adjectif *diteus, a, um*.

VIII 44

« DOLEO (« je souffre »), parce que j'ai honte d'aimer autant ce Minos, ou parce qu'il est mon ennemi depuis si longtemps. »

44-48*

44 LETER : gaudeam ; VE : vel ; GERI : fieri. 45 QUOD : ideo ; MINOS : proprium ; AMANTI : mihi ; EST : illum. 46 FORENT : essent ; COGNITUS : Minos ; ESSET : unde sic est partim gaudendum et partim flendum. 47 ACCEPTA : capta ; DEPONERE : finire. 48 OBSIDE : comite ; ME [...] HABERE : poterit ; COMITEM : uxorem ; PIGNUS : confederatione.

|f. 113r|

VIII 49

SI TE QUE : modo convertit sermonem suum ad illum, quasi esset presens, dicens quod Iupiter merito matrem suam ‹amavit›, si sibi compar in forma fuit, et sic matrem laudat.

49-51*

49 QUE : ille ; GENUIT : peperit ; PULCHERRIME : 'o Minos' ; REGUM : omnium. 50 DEUS : Iupiter. 51 FELIX : beata ; PENNIS : alis ; AURAS : ethera.

VIII 52

'Confitens me esse filiam regis et amare ipsum'.

52-54*

52 GNOXIACI : cretensis ; CASTRIS : tentoriis ; INSISTERE : pervenire vel stare ; REGIS : Minois. 53 FASSAQUE : confessa et ; FLAMASQUE : amores et ; QUA DOTE : quo premio ; ROGAREM : interrogarem illum. 54 VELLET : ille comparari ; TANTUM : tantummodo ; NE : an ; ARCES : turres.

VIII 55

De perfida Cilla

'HA PEREANT POCIUS'. Dixerat superius quod vellet eum adamare, modo corrigit se ipsam et dixit quod melius vellet mori quam esset proditoria ; iterum se reducit ad amorem illius : QUAMVIS [...] CLEMENCIA (56-57).

55-57*

55 PEREANT : deficiant ; POCIUS : melius ; QUAM SIM : ego. 56 PRODICIONE : traditione. 57T VINCI : aliquos. 57 VICTORIS : quicomque fuerit ille ; PLACIDI : mittis.

45* AMANTI] AMATI *ms.* | 49 matrem suam ‹amavit›] matrem suam *ms.* | 49* REGUM] REGNUM *ms.* | 55 proditoria] prodigiosa *ms.*

46 ESSET (« aurait été ») : aussi faut-il en partie s'en réjouir et en partie s'en affliger.

|f. 113r|

VIII 49

SI TE QUE (« Si celle qui t'a… ») : à ce moment-là elle tourne ses paroles vers lui, comme s'il était présent, en disant que Jupiter aima à juste titre la mère de Minos, si elle avait la même beauté que lui, et ainsi elle fait l'éloge de sa mère.

VIII 52

« Avouant que je suis la fille du roi et que je l'aime. »

VII 55

Perfidie de Scylla

« HA PEREANT POCIUS » (« Ah ! que périssent plutôt ») : après avoir dit plus haut qu'elle voulait l'aimer, à présent elle se corrige et dit qu'elle préfèrerait mourir qu'être une traitresse ; mais elle revient vers son amour une nouvelle fois : QUAMVIS […] CLEMENCIA (« Quoique […] la clémence ») …

VIII 58

IUSTA : modo incipit allegare pro Minoe eo quod non poterat separari ab amore suo, dicens quod iustum erat quod preliaretur contra patrem et Athenienses, quia philosophi filium suum Androgeum ‹necaverant›, et sic dicit quod 'bene VELLET' (54), ut puto.

58* GERIT : facit ; NATO : Androgeo ; PEREMPTO : occiso.

VIII 59-63

Loquitur Cilla com se ipsa

'Melius est, ex quo nos vincemur, quod ego aperiam illi pacifice portas quam per prelia huic patescant, et sic vincet sine effusione sanguinis sociorum'.

59-63*

59 CAUSAQUE : iusta et ; VALET : ius habet ; TUENTIBUS : deffendentibus. 60 UT PUTO : sicut ego credo ; VINCEMUR : ab illo ; ENIM : certe ; MANET : expectat ; EXITUS : finis. 61 RESERET : apperiat ; ILLI : regi ; MAVORS : prelium. 62 ET NON : reserabit ; SINE CEDE MORAQUE : occisione et sine. 63 IMPENSAQUE : et sine effusione ; SUPERARE : vincere ; CRUORIS : sanguinis.

VIII 64

HA METUO : modo ostendit inconstanciam suam convertendo sermonem ad illum absentem et quod timet de penis suis.

64-66*

64 METUO : timeo ; NE QUIS : quod aliquis ; MINOS : o. 65 VULNERET : percuciat ; IMPRUDENS : stultus ; DURUS : crudelis ; IN : contra. 66 DIRIGERE : levare ; IMMITTEM : crudelem ; NON IUSTIUS : imo stultus ; HASTAM : lanceam.

VIII 67

CEPTA. Modo dicit : 'Melius est quod primo proposui, id est tradere patriam et me ipsam, quod sic finem imponam bello'.

---

58 Androgeum ‹necaverant›] Androgeum *ms.* | 60* VINCEMUR] VINCEM *ms.* | 65* percuciat] percuciet *corr.* in percuciat *alia manus* | 66* lanceam] laceam *ms.*

VIII 58

IUSTA (« juste »). À ce moment-là elle commence à plaider en faveur de Minos pour la raison qu'elle était incapable de se détacher de son amour : elle dit qu'il avait le droit de combattre contre son père et contre les Athéniens, parce que les philosophes avaient tué son fils Androgée, et ainsi elle dit que « VELLET » (« il voudrait ») bien, je pense.

VIII 59-63

Monologue de Scylla

« Il est préférable, puisque nous allons être vaincus, que je lui ouvre pacifiquement les portes, plutôt que ce soient les combats qui les lui ouvrent : ainsi il vaincra sans verser le sang de ses compagnons. »

VIII 64

HA METUO (« Ah, je crains ») : à ce moment-là elle montre son inconstance en tournant ses paroles vers lui en son absence, disant qu'elle craint qu'il ne soit blessé.

VIII 67

CEPTA (« Ces projets »). À ce moment-là elle dit : « Mon premier projet est préférable, celui de livrer ma patrie et moi-même, parce qu'ainsi je mettrai un terme à la guerre. »

67-68*

67 CEPTA : principia mea ; PLACENT : michi ; STAT : permanet ; SENTENCIA : volumptas ; TRADERE MECUM : dare regi patriam meam et me ipsam. 68 PATRIAM : meam ; FINEMQUE IMPONERE : sententia stat.

VIII 69

VELLE PARUM EST : habere voluntatem et nichil plus facere PARUM EST, unde « Omnes res gestas faciunt, ne divisim operentur ».

69-71*

69 VERUM : certe et pro 'sed' ; VELLE : aliquid ; ADITUS : introitus ; CUSTODIA : ianitor. 70 -QUE : et ; GENITOR : meus, Nisus ; HUNC : Nisum. 71 INFELIX : misera ; SOLUS : ille unicus ; MORATUR : detinet.

VIII 72

'DII FACERENT, quia ita est, quod pater meus michi nocet ; utinam mortuus esset !'. QUISQUE [...] EST DEUS (72-73) : quia quisque captat adimplere quod vult, sicut deus facit quod vult.

72-76*

72 DII FACERENT : 'Utinam dei concederent !' ; FOREM : essem ; PROFECTO : certe. 73 IGNAVIS : pravis ; NATURA : humana ; REPUGNAT : certat. 'Quia, quamvis varia cupiam, Fortuna certat mecom'. 74 ALTERA : mulier a me ; IAMUDUM : omnino ; SUCCENSA : accensa ; CUPIDINE : amore. 'Quia, si aliqua mulier a me esset tam amore tanto combusta, non timeret peccatum facere ut volumptatem haberet, sed gauderet. Ergo similiter deberem congaudere'. 75 PERDERE : occidere ; QUODCOMQUE : universum ; OBSTARET : noceret ; AMORI : suo. 76 ILLA : aliqua ; FORET : esset ; IRE : pergere.

VIII 77-78

'Pro amore illius tantum bene sum audax quod irem per ignes et gladios ut com illo possem copulari, et tamen solum indigeo capite patris, non talibus supradictis'.

---

69 ne] ut *ms.* | 77-78 indigeo] indige *ms.*

VIII 69

VELLE PARUM EST (« le vouloir est insuffisant ») : il est insuffisant d'avoir la volonté sans rien faire de plus, c'est pourquoi l'on dit que « Ils font tout pour que leurs actions ne soient pas divisées ».

VIII 72

« DII FACERENT (« Plût aux dieux »), parce qu'il est vrai que mon père me fait obstacle. Si seulement il était mort ! » QUISQUE [...] EST DEUS (« Chacun est un dieu [...] ») : parce que chacun cherche à satisfaire ses désirs, comme un dieu agit selon ses désirs.
73 REPUGNAT (« résiste ») : combat. Parce que, quoique je désire des choses variées, la Fortune combat contre moi. 74 CUPIDINE (« par la passion ») : par l'amour. Parce que, si une autre femme que moi était aussi consumée d'un amour si grand, elle ne craindrait pas de commettre un péché pour obtenir sa volonté, mais elle s'en réjouirait. Je devrais donc m'en réjouir de la même façon.

VIII 77-78

« J'ai tant d'audace par amour pour lui que je traverserais les flammes et les épées pour pouvoir m'unir à lui, et tout ce qui me manque c'est la tête de mon père, et non tout ce que j'ai énoncé plus haut. »

77-80*

77 GLADIOS : per ; AUSIM : ausa sum ; AD HEC : exequenda ; ULLIS : aliquibus. 78 GLADIIS : aliquibus ; OPUS : necessitas ; OPUS : necessitas ; CRINE : capillo. 79 ILLE : crinis ; PRECIOSIOR : melior. 80 VOTI : desiderii.

VIII 81

Descriptio temporis in quo Cilla patrem occidit

TALIA DICENTI. Hec omnia supradicta loquente et cogitante Cilla, nox venit. NUTRIX, quia cure nutriuntur dum aliquis non potest dormire, et sic describitur tempus in quo Cilla patrem suum crine spoliavit et eum interfecit. 81* TALIA : supradicta ; DICENTI : Cille ; NUTRIX : aumentatrix.

VIII 82

TENEBRIS, quia illa que de die sunt pudori, de nocte sunt audaciter perpetrata, unde alibi : « Noctis, quando solent patrari turpia facta ».

82-84*

82 TENEBRISQUE : obscuritate ; AUDACIA : ausus. 83 ADERAT : erat ; QUA : quiete ; CURIS : operibus curiosis ; DIURNIS : longis. 84 PECTORA : vel 'corpora' ; SOMPNUS : dormicio ; HABET : tenet ; THALAMOS : cameras ; TACITURNA : tacens.

VIII 85-86

Mors Nisi

85-87*

85 INTRAT : Cilla ; FACINUS : est ; FATALI : mortali ; NATA : alia filia existens ; PARENTEM : suum. 86 CRINE : capillo vel capite ; POTITA : freta ; NEPHANDA : pessima, excommunicanda. 87 FERT : portat ; SCELERIS : iniquitatis ; -QUE : et ; PORTA : tantum confidebat male de merito suo quod com capite venit ad regem.

VIII 89-91

Presentatio capitis Nisi a Cilla Minoy

Ecce quomodo Cilla tradidit Minoi caput patris et amores suos exposuit illi, ut in textu plenius continetur, et excusat se ne facinus Minoi displiceret.

---

81 nox *ex* vox nox *ms.* aliquis *ex* aliquid aliquis *ms.* crine] crinem *ms.* | 89-91 displiceret] displicere *ms.*

VIII 81

Description du moment où Scylla tue son père

TALIA DICENTI (« Tandis qu'elle parle »). Comme Scylla pensait et disait tout ce qu'on a énoncé plus haut, la nuit vient. NUTRIX (« nourrice »), parce que les soucis sont nourris quand on ne peut pas dormir. Ainsi est décrit le moment où Scylla dépouilla son père de son cheveu et le tua.

VIII 82

TENEBRIS (« dans les ténèbres »), parce que, le jour, la honte met un frein aux forfaits, mais la nuit il sont commis avec audace, d'où on lit ailleurs : « De la nuit, quand les forfaits sont commis d'habitude ».

VIII 85-86

Mort de Nisus

87 PORTA (« la porte ») : elle faisait une telle confiance à son méchant mérite qu'elle vint trouver le roi avec la tête (de son père).

VIII 89-91

Scylla présente à Minos la tête de Nisus

Voici comment Scylla remit à Minos la tête de son père[29] et lui témoigna son amour, comme le texte le raconte en détails, et elle se disculpe pour que son acte ne déplaise pas à Minos.

29 Ainsi l'erreur qu'on lit dans le ms. A[1] de l'*Ovide moralisé*, qui ne comprend pas que le vers d'Ovide : « nec me nunc tradere crinem, / Sed patrium tibi crede caput » (v. 93-94) souligne seulement l'importance du cheveu, vient déjà des gloses et commentaires antérieurs à l'*Ovide moralisé*.

89-94*

89 REGEM : Minoa ; QUEM : regem ; SIC AFFATA : ut sequitur ; TIMENTEM : alloquta est, quia timebat. 90 SUASIT : monuit ; AMOR : tuus ; FACINUS : magnum ; PROLES : filia ; NISI : proprium, regis. 91 -QUE : et ; MEAM : vel 'meos' ; PENATES : cameras. 92 PREMIA : remunerationem ; TE : solum ; AMORIS : mei. 93 CRINEM : patris mei ; NUNC : tantummodo ; CRINEM : capillum aureum. De quo fatatum erat quod, quamdiu esset in capite, non vinceretur. 94 SED PATRIUM : 'Crede me tradere' ; CAPUT : totum ; SCELERATAQUE : prava et.

VIII 95

Renunciatio Minois ad Cillam

95* MUNERA : dona ; PORREXIT : tetendit ; MINOS : rex ; PERRECTA : tensa.

|f. 113v|

VIII 96

NOVI, quia nomquam tale factum visum fuerat, quod propter amorem illicitum filia patrem proprium enecaret.
96* TURBATUSQUE : commotus et ; RESPONDIT : dixit ; YMAGINE : forma ; FACTI : ecce responcio regis Minois ad Cillam.

VIII 97

Infamia secli] 'Quia dicetur in tempore Minois regis : « Factum fuit tale monstrum », vel quod propter me fecisti tale factum'.

97-100*

97 SECULI : temporis, seculi. 98 ORBE SUO : firmamento ; -QUE : et ; -QUE : et ; NEGENTUR : removeantur. 99 IOVIS : scilicet ; CRETEM : terram. 100 MEUS EST ORBIS : mea regio ; CONTINGERE : tangere.

VIII 101

Victoria Minois a Lelegibus

DIXIT : ita loqutus fuit Minos et imposuit leges, quia consuetudo est quod ille qui est victor victis leges imponit, qualescomque voluerit.

---

96 enecaret] enecare *ms.* | 101 loqutus *ex* loquta *ms.*

93 CRINEM (« le cheveu ») : le cheveu d'or, dont il avait été prédit que, tant qu'il serait sur la tête de Nisus, celui-ci ne serait pas vaincu.

VIII 95

Réponse[30] *de Minos à Scylla*

[f. 113v]

VIII 96

NOVI (« inouï »), parce que jamais on n'avait vu un tel acte, le fait que, pour un amour illicite, une fille tue son propre père.
96 FACTI (« le fait ») : voici la réponse du roi Minos à Scylla.

VIII 97

Infamia secli (« honte du siècle »)] « Parce qu'on dira que c'est au temps du roi Minos que fut accompli un acte aussi abominable », ou « parce que tu as commis un tel crime à cause de moi ».

VIII 101

Victoire de Minos sur les Lélèges

DIXIT (« Il dit ») : après avoir parlé ainsi, Minos imposa ses lois, parce que d'habitude celui qui est vainqueur impose aux vaincus toutes les lois qu'il veut.

30 D'après le sens dans le dictionnaire Du Cange : RENUNCIATIO, perperam pro *Remuneratio*, Merces, præmium.

VIII 101-102

[1] LEGES : imposuit leges quod de tribus annis in tribus tres Athenienses irent ut sanguine suo Minotaurum saciarent ; vel dicitur LEGES, id est pacem imposuisse et confederationem, quia Minos, Radamantus et Eacus optimi iudices sunt, et electi fuerunt iudicare apud Inferos, unde in *Grecismo* : [2] « Tres quoque censores apud infera sunt, quasi reges ; / cognitor est veri Minos cogitque fateri, / veraque scrutanti censura datur Radamanti. / Tu miseros punis ardentibus, Aeace, prunis ».

101-103*

101 DIXIT : inde Minos ; UT : sic ; CAPTIS : imponeret. 102 HOSTIBUS : suis ; IMPOSUIT : dedit ; CLASSIS : navigii ; RECINACULA : anchoras ; SOLVI : resolvi. 103 ERATAS : ferratas ; REMIGE : gubernacula ; PUPES : naves.

VIII 104-105

Disgressio Minois

Quia, ut amorem Minois acquireret, patrem suum interfecit, sed propter hoc amorem illius non acquisivit.

104-105*

104 FRETO : mari ; POSTQUAM : quando ; DEDUCTAS : positas ; CARINAS : naves. 105 NEC : et non ; PRESTARE : dare ; DUCEM : Minoa ; SCELERIS : impietatis ; PREMIA : dona.

VIII 106-107

Tristicia Cille et lis

Dictum est superius qualiter Minos fecit naves aptari et voluit reverti ad patriam. Cilla, videns quod eam reliquerat, voluit sequi illum, et incipit actor narrare quomodo iurgiose loquta fuit contra Minoa discedentem.

106-107*

106 CONSUMPTIS : vastatis ; PRECIBUS : suis ; VIOLENTAM : crudelem. 107 INTENDENSQUE : coniungens ad celum ; MANUS : et suas ; FURIBUNDA : illa – dico – furens.

101-102.1 in *Grecismo*] in gressimo *ms.* | 101-102.2 datur] dura *ms.* | 106-107 reliquerat] relinquerat *ms.*

VIII 101-102

[1] LEGES (« les lois ») : il imposa comme loi que, tous les trois ans, trois Athéniens iraient rassasier le Minotaure de leur sang ; ou on dit « lois », pour « imposer la paix et une alliance, parce que Minos, Rhadamanthe et Éaque sont d'excellents juges, qui furent choisis pour juger aux Enfers, d'où dans le *Graecismus* : "Il y a aussi trois censeurs aux Enfers, qui sont comme des rois : Minos connaît la vérité et oblige à l'avouer, le jugement est confié à Rhadamanthe qui examine les faits vrais. Toi, Éaque, tu punis les malheureux en les jetant dans les braises ardentes." »

VIII 104-105

Départ de Minos

Parce que, pour obtenir l'amour de Minos, elle avait tué son père, et c'est à cause de ce meurtre qu'elle n'obtint pas son amour.

VIII 106-107

Colère et dispute de Scylla

On a dit plus haut que Minos avait fait préparer ses vaisseaux dans l'intention de retourner dans sa patrie. Scylla, voyant qu'il l'abandonnait, voulut le suivre, et l'auteur commence à raconter de quelle façon injurieuse elle s'adressa à Minos qui s'éloignait.

VIII 108

ACTORE : 'Me, que debui remunerari a te, que patrem meum occidi, et ita patrem per meum vicisti et etiam superasti'.
108* QUO : loco ; MERITORUM : tue victorie ; ACTORE : vel 'auctore' ; ACTORE RELICTA : et hoc dico.

VIII 109

'Quia plus amavi te quam patriam atque patrem'.

109-112*

109 O PATRIE : 'o Minos' ; PARENTI : patri meo Niso. 110 QUO : loco ; IMMITTIS : crudelis. 112 NEC QUOD : et non motus ideo ; SPES : mea ; UNUM : te solum.

VIII 113-114

'Vere comesta est spes mea vite solum quia propter ‹te› patrem interfeci et super hoc debui remunerari'. 'Ego DESERTA, QUO loco REVERTAR ?', quasi diceret : 'Revertarne IN PATRIAM ?'. 'Non' – suple –, quia SUPERATA IACET.

113-115*

113 CONGESTA : posita ; NAM : quia ; QUO : loco ; DESERTA : derelicta ; REVERTAR : redibo. 114 IN PATRIAM : revertar 'ne', non 'quia' ; SUPERATA : victa ; FINGE MANERE : 'Ponatur quod ego remaneam'. 115 PRODICIONE : tradicione ; CLAUSA : exclusa ; PATRIS : mei ; OB : propter.

VIII 116-117

'Quia bene promerui odium civium, quia patrem meum occidi propter te, et FINITIMI metuunt ne filie sue talia operentur et eos occidant'.

116-118*

116 QUE : ora ; CIVES : mei ; MERENTEM : quia bene promerui. 117 FINITIMI : vicini ; EXEMPLUM : per ; METUUNT : timent ; ORBEM : refugium vel girum. 118 UT CRETE : terra illa.

VIII 119

INGRATE : ille est ingratus qui est immemor beneficii acepti.

113-114 comesta] coniesta *ms.* propter ‹te›] propter *ms.* | 115* mei] me *ms.*

VIII 108

ACTORE (« l'auteur ») : « moi, qui aurais dû recevoir une récompense de ta part, qui ai tué mon père, et par qui tu as vaincu mon père et triomphé de lui. »

VIII 109

« Parce que je t'ai aimé plus que ma patrie et mon père. »

VIII 113-114

« Tout espoir de vie s'est vraiment dissipé pour moi, par le seul fait que j'ai tué mon père pour toi, et pour cela j'aurais dû être récompensée ». « EGO DESERTA, QUO LOCO REVERTAR ? » (« Moi qui suis abandonnée, vers quel endroit me tournerai-je ? ») en d'autres termes : « Retournerai-je dans ma patrie ? – Non » – suppléer : parce que SUPERATA IACET (« elle est vaincue, abattue »).

VIII 116-117

« Parce que j'ai bien mérité la haine de mes concitoyens, en tuant mon père à cause de toi, et les rois voisins craignent que leurs filles ne commettent les mêmes crimes et ne les tuent. »

VIII 119

INGRATE (« ingrat ») : est ingrat celui qui oublie le bienfait reçu.

119* HANC : Cretem ; QUOQUE : certe ; SI PROHIBES : quia vetas michi ; INGRATE : 'o prave'.

VIII 120

SYRCIS est quoddam periculum marinum, et dicitur a *syren*, quod est tractus, quia astrahit ad se naves. CARIBDIS est aliud periculum, et dicitur quasi 'carinas abdens'.

120* GENITRIX : mater ; EUROPA : proprium ; SED : est ; INHOSPITA : non hospitabilis ; SYRCIS : periculum maris.

VIII 121

ARMENIE : 'In Armenia habitant tigres, et de natura illorum ‹es›, et non est credendum quod tu sis filius Iovis'.

121* ARMENIE : a loco sunt matres ; VEL : ve ; AUSTROQUE : vento et ; AGITATA : commota ; CARIBDIS : periculum maris.

VIII 122-123

Convicia ‹de› Iove ad Minoa

'Genitrix est falsa vel fabula est falsa vel rumor tui generis est falsa fabula', et sic verum est, id est 'falsum est quodcumque de genere tuo dictum est', quia illa fabula que omiserit veritatem non est fabula, et sic fabula dicitur esse falsa.

122-126*

122 NEC : et non ; IOVE : de ; TU NATUS : es ; MATER : tua ; YMAGINE : forma. 123 LUSA : elusa ; GENITRIX : tua mater Europa ; VERUM : est. 124 FERUS : crudelis ; CAPTUS : deceptus. 125 EXIGE PENAS : 'Immitte mihi, ut punias me de facto meo, quia merui'. 126 NISE : O ; PATER : mi ; MODO : nuper ; PRODITA : tradita.

VIII 127

[1] Moralitas talis est : Cilla adamavit Minoa ; verum est. Nisus, pater Cille, dicitur habere crinem purpureum, quia habebat thesaurum maximum, de quo fatatum erat quod, quamdiu duraret, civitas non caperetur, quia milites conducebat fortissimos ad deffensionem terre.

---

120 *syren*] *syre ms.* | 121 illorum ‹es›] illorum *ms.* | 122-123*tit.* ‹de› Iove] Iove *ms.* | 122-123 omiserit] miserit *ms.* | 125* Immitte] immite *ms.* | 127.1 terre] terris *ms.*

VIII 120

SYRCIS (« la Syrte ») est un péril marin, qui tire son nom de *syren*, qui signifie traînée, parce qu'il attire à lui les navires. CARIBDIS (« Charybde ») est un autre péril, dont le nom équivaut à « dérobant les carènes ».

VIII 121

ARMENIE (« d'Arménie ») : « l'Arménie est peuplée de tigres, tu es de leur nature, et il ne faut pas croire que tu es le fils de Jupiter. »

VIII 122-123

Insultes à Minos à propos de Jupiter

« Ta mère a menti, ou l'histoire est fausse, ou la rumeur de ta naissance est une histoire fausse », et ainsi il est vrai de dire que « tout ce qui touche à tes paroles est faux », parce que cette fable qui a omis la vérité n'est pas une fable, et ainsi il est faux de dire que c'est une fable.

125 EXIGE PENAS (« Exige un châtiment ») : impose-moi ce châtiment, pour me punir de mon acte, parce que je l'ai mérité.

VIII 127

[1] La moralité est la suivante : Scylla s'éprit de Minos : c'est la vérité. Nisus, père de Scylla, avait, dit-on, un cheveu de pourpre, ce qui signifie qu'il possédait un très grand trésor, dont il avait été prédit que, tant qu'il durerait, la cité ne serait pas prise, parce que Nisus pouvait être à la tête de soldats très courageux pour défendre sa terre.

[2] Cilla vero dedit thesaurum Minoi et portas apperuit, et ita victoriam illi tribuit, sed Nisus dicitur mutari in alietum quia fugit in nemoribus et planis et de rapina vixit. [3] Cilla postea, a Minoe derelicta, fingitur mutari in alaudam, quia publica meretrix a patria fugit, et, dum fugeret, pater ei obviavit, quam voluit occidere, sed fugit.

127-129*

127 MENIA : 'o' ; NAM : quia ; FATEOR : dico ; MERUI : bene ; PERIRE : mori. 128 ALIQUIS : unus ; IMPIA : ego ; LESI : decepi. 129 PERIMAT : occidat ; QUI : 'o tu' ; VICISTI : superasti.

VIII 130-131

'Non debes reputare istud factum pro scelere, sed pro merito'. INSEQUERIS, id est : 'Quare me accusas de scelere, com sit factum pro te', vel 'Quia me relinquis, qui habuisti victoriam per me, o tu, Minos ?'.

130-135*

130 CRIMEN : meum, me linquendo ; HOC : tale ; PATRIE : mee ; PATRIS : mei. 131 VERO : certe ; CONIUGE : sponso. 132 TORVUM : crudelem ; ADULTERA : meretrix. 133 DISCORDEM : diversum ; UTERO : ventre ; FETUM : progeniem ; ECQUID : nonquid. 134 PERVENIUNT : perfecte ; AN : nonquam ; INANIA : vana. 135 VERBA : que loquor ; FERUNT : afferunt ; IDEMQUE : venti ferunt ; CARINAS : id est naves.

VIII 136

IAM IAM PASIPHEN : com Minox Pasiphem duxisset et ille esset in expedicione belli, illa taurum adamavit et fecit fieri vacam ligneam et com illa concubuit, et sic genitus fuit Minotaurus.

136-144*

136 PASIPHEM : proprium ; MIRABILE : mira res. 137 PREPOSUISSE : in amore ; PLUS FERITATIS : magis crudelitatis. 138 ME MISERAM : dico ; IUVAT : placet ; DIVULSAQUE : commota et. 139 SONAT : re(sonat) ; -QUE : et ; SIMUL : pariter. 140 FRUSTRA : invanum ; OBLITE : 'o'. 141 INVITUM : quamvis non velles ; PUPIM : navim ; RECURVAM : epitheton. 142 FRETA : maria ; LONGUA : magna ; TRAHAR : ducar ; VIX DIXERAT : Cilla supradicta ; UNDIS : aquis. 143 RATES : naves ; FACIENTE CUPIDINE : et hoc dico ; CUPIDINE : amoris.

127.3 derelicta *ex* derelincta *ms.*

[2] Mais Scylla donna le trésor à Minos et ouvrit les portes de la ville, lui offrant ainsi la victoire. Cependant Nisus, dit-on, fut changé en épervier parce qu'il s'enfuit dans les bois et les champs et vécut de rapine. [3] Ensuite Scylla, abandonnée par Minos, fut changée, d'après la légende, en alouette, parce qu'elle s'enfuit de sa patrie et devint une femme publique ; tandis qu'elle s'enfuyait, son père lui fit obstacle, et voulut la tuer, mais elle s'échappa.

VIII 130-131

« Tu ne dois pas juger cet acte comme un crime, mais comme un bienfait. » INSEQUERIS (« pourchasses-tu »), c'est-à-dire « Pourquoi m'accuses-tu de crime, alors que j'ai fait cela pour toi ? » ou « Pourquoi m'abandonnes-tu, toi, Minos, qui as obtenu la victoire grâce à moi ? ».

VIII 136

IAM IAM PASIPHEN (« Désormais, désormais, (que) Pasiphaé… ») : comme Minos avait épousé Pasiphaé et qu'il était en expédition militaire, elle s'éprit d'un taureau et fit fabriquer une vache de bois : elle coucha avec lui, et c'est ainsi que fut engendré le Minotaure.

144 GNOXIACE : grece ; HERET : ad(heret) ; COMES : illa dico ; INVIDIOSA : exosa ; CARINE : navi ; quia cuncti habebant illam in odio propter factum suum.

|f. 114r|

VIII 145-147

Mutatio Nisi in alietum

Com Minos renuisset Cillam, illa voluit sequi, et sic pendebat in mari et illam pater voluit occidere, sed miseratione deorum mutata fuit in cirrim.

145-149*

145 AURAS : ethera. Putabat patrem suum esse mortuum, sed mutatus erat in avem alietum. 146 MODO : nuper ; FACTUS : Nisus ; FULVIS : candidis ; ALIETUS : *espervier.* 147 HERENTEM : ad(herentem) navi illam ; ROSTRO : suo ; ADUNCO : curvo. 148 ILLA : Cilla ; METU : timore ; PUPIM : navim ; DIMISIT : sinit ; AURA : ventus. 149 SUSTINUISSE : tenuisse.

VIII 150-151

Mutatio Cille in alaudam

Vocatur cirris a capite tonso ; *cirris* grece, *capillus* latine dicitur, vel a *cirris*, quod est 'tondere' latine, per antifrasim, eo quod minime tondebatur, quia habet globum capillorum super caput, et dicitur *alauda*, quasi sine laude, quia non debuit laudari eo quod occidit patrem suum, vel vere, quia dicitur semper laudare deum.

150-151*

150 PLUMA FUIT : que illam sustinuit ; MUTATA : illa. 151 CIRRIS : allauda cupata ; TONSO : ciso ; HOC : tale.

VIII 152-153

Sacrificium Minois

[1] Dictum est superius quomodo Minos rediit in patriam suam, victoria habita de inimiciis suis. [2] Modo dicitur quomodo vota que Iovi reddidit promiserat, ut haberet victoriam de inimicis, et erat rex centum civitatum que sunt in Creta, et hac de causa centum tauros sacrificavit.

147* illam] illa *ms.*

144 Parce que tous l'avaient prise en haine à cause de son acte.

|f. 114r|

VIII 145-147

Métamorphose de Nisus en épervier

Comme Minos avait repoussé Scylla, elle voulut le suivre, et elle était suspendue au-dessus de la mer, quand son père voulut la tuer. Mais par compassion les dieux la changèrent en aigrette.

145 Elle pensait que son père était mort, mais il avait été changé en épervier.

VIII 150-151

Métamorphose de Scylla en alouette

L'aigrette porte ce nom à cause de sa tête sans plumes, du grec *ciris* qui signifie *capillus* (« cheveu ») en latin, ou de *cirris* qui signifie *tondere* (« tondre ») en latin. C'est par antiphrase, parce qu'elle n'est pas vraiment tondue : elle a une touffe de poils sur le sommet de la tête. Elle est dite aussi « alouette », comme « sans louanges », parce qu'elle ne doit pas être louée d'avoir tuée son père, ou parce que, dit-on, elle passe son temps à « louer dieu » en vérité.

VIII 152-153

Sacrifice de Minos

[1] On a dit plus haut comment Minos retourna dans sa patrie, après avoir vaincu ses ennemis. [2] À ce moment-là on dit comment il s'acquitta des vœux qu'il avait faits à Jupiter, pour obtenir la victoire sur ses ennemis. Il était roi des cent cités qui sont en Crète, et pour cette raison il sacrifia cent taureaux.

152-158*

152 MINOS : rex ; SANGUINE : sacrificio. 153 SOLVIT : dona ; EGRESSUS : Minos ; RATIBUS : navibus ; CRETEIDA : cretensem. 154 CONTIGIT : tetigit ; SPOLIIS : cortinis ; DECORATA : nobilitata ; REGIA : aula ; FIXIS : quia aula cortinis polita fuit. 155 CREVERAT : multiplicatum erat ; OBPROBRIUM : crimen ; GENERIS : sui ; FEDUM : turpe ; PATEBAT : apparebat. 156 MONSTRI : tauri monstruosi ; NOVITATE : quia novum erat videre talem genituram, scilicet Minotaurum ; BIFORMIS : quia partim erat homo, partim taurus ; a parte patris taurus, quia taurus illum genuit ; a parte matris homo, quia mater regina. 157 DESTINAT : proponit ; MINOS : rex ; THALAMIS : domo sua ; PUDOREM : dedecus. 158 MULTIPLICI : quia multis modis domus illa replicabatur ; DOMO : destinat ; CECIS : obscuris.

VIII 159

[1] DEDALUS : ita reversus est Minos et invenit opprobrium quod uxor sua Pasiphe concubuerat com tauro in absentia Minois per vacam aeneam factam, vel lineam arte Dedali, de quo concubitu Minotaurus semivir et semitaurus natus fuit. [2] Minos autem, ad dedecus illud celandum, arte Dedali sibi fecit domum tortuosam, ubi Minotaurum inclusit. [3] Moraliter intelligitur sic : quod Pasiphe concubuit com tauro et habuit Minotaurum nichil aliud est quam com notario, qui Taurus vocabatur, concubuit, et ex eo habuit duos pueros, unde tauri dicebantur a parte notarii, Minoes a parte patris : [4] « Taurus adulter erat regisque notarius ille / est dictus pueros progenuisse duos. / Minois illi sunt, hii Tauri, sed sapientes / propter adulterium monstra fuisse volunt ».
159* FABRE : fabrilis ; CELEBERRIMUS : subtilissimus.

VIII 160-168

Edificatio domus Dedali

NON SECUS : actor facit comparationem de laberinto ad fluxum aquarum Meandri qui multis replicationibus fluit ac refluit. Sic domus illa que laberintus dicitur tam erat fallax quod Dedalus VIX AD LIMEN, completo opere, POTUIT remeare.

154* cortinis] coriinis *ms.* | 156* taurus[1]] tauro *ms.* genuit *ex* ge genuit *ms.* matris] patris *ms.* | 159.4 regisque *ex* regis sed *ms.* volunt] voluit *ms.*

154 FIXIS (« fixées »), parce que la cour fut ornée de tentures. 156 NOVITATE (« par la nouveauté ») : parce qu'il était nouveau de voir une telle progéniture, à savoir le Minotaure ; BIFORMIS (« à deux formes »), parce qu'il était moitié homme, moitié taureau : taureau du côté de son père, parce qu'un taureau l'avait engendré, homme du côté de sa mère, parce que sa mère était la reine. 158 MULTIPLICI (« multiples ») : parce que sa demeure contenait de très nombreux recoins.

VIII 159

[1] DEDALUS (« Dédale ») : ainsi Minos revint et découvrit la honte de l'union, en son absence, de sa femme Pasiphaé avec un taureau, sous la forme d'une vache en airain, ou en bois, fabriquée par l'art de Dédale. De cette union était né le Minotaure, mi-homme mi-taureau. [2] Mais Minos, pour cacher ce déshonneur, se fit construire par l'art de Dédale une demeure tortueuse, dans laquelle il enferma le Minotaure. [3] On peut comprendre la moralité de la façon suivante : dire que Pasiphaé coucha avec le taureau revient à dire qu'elle coucha avec un notaire du nom de Taurus, dont elle eut deux fils, qui étaient appelés fils de Taurus dans la famille du notaire, fils de Minos dans la famille de leur père : [4] « Taurus l'adultère était aussi le notaire du roi, l'on dit qu'il engendra deux fils, fils de Minos, fils de Taurus, mais les sages veulent en faire des monstres à cause de l'adultère. »

VIII 160-168

Construction de la demeure de Dédale

NON SECUS (« Non autrement ») : l'auteur compare le labyrinthe au cours des eaux du Méandre qui descend et remonte en de multiples détours. Mais cette demeure appelée labyrinthe était si trompeuse que Dédale, une fois son œuvre achevée, VIX AD LIMEN POTUIT (« put à peine (revenir) sur le seuil »).

160-168*

160 PONIT : edificat ; NOTAS : noticias ; LUMINA : introitus ; FLECTIT : vel 'flexu'. 161 DUCIT : conducit ; VARIARUM : diversarum ; AMBAGE : dubio. 162 SECUS : aliter ; LIQUIDIS : claris ; PHRIGIIS : Troianis ; MEANDER : fluvius. 163 AMBIGUO : dubio ; -QUE : etiam. 164 -QUE : et ; SIBI : ipsi ; ASPICIT : cernit ; UNDAS : aquas. 165 NUNC : aliquando ; AD : versus est ; FONTES : suos ; NUNC : aliquando ; APERTUM : manifestum. 167 INNUMERAS : innumerabiles ; ERRORE : dubio ; -QUE : et ; IPSE : Dedalus ; REVERTI : redire. 168 LIMEN : introitum ; FALLATIA : deceptio ; TECTI : domus.

VIII 169

Mors Minotauri ab Theseo et raptus Adriannes et eius derelitio

[1] Postquam Athenienses devicti fuerunt a Minoe, Minos imposuit illis leges quod de tribus annis in tribus tres milites irent ut Minotaurum sanguine suo saciarent. [2] Primo missi fuerunt pauperes, unde illi pauperes conquerebant quod filios suos ‹mittebant› et divites filios suos observabant, unde voluerunt quod sorte eligerentur, et cecidit sors super Thesea, et perrexit qui, com ab Adrianna videretur, adamatus est ab illa et globum fili sibi tribuit. [3] Quo mediante, ivit ad Minotaurum et illum occidit, pice et cemento proiectis in ore, et mediante filo reversus est et rapuit Adriannam, quam in lictore dereliquit. [4] Bachus, videns eam reginam et desolatam, coronam rapuit de capite, et illam deificavit, et facta est stella vel stelle corona illius que iuxta Anguem in ethere situantur. [5] Movens Theseus alba vela et nigra portavit : si bene accideret reveniendo, alba vela patri monstraret ; si male, nigra. [6] Pre gaudio oblitus fuit vertere alba vela, que nigra videns, pater sese precipitavit et pro peccato filii qui Adriannam reliquerat, mortuus fuit pater.

169-174*

169 QUO : in quo tecto ; GEMINAM : duplicatam ; IUVENIS : hominis. 170 CLAUSIT : inclusit ; ATHEO : Atheniensi ; PASTUM : saciatum ; MONSTRUM : Minotaurum. 171 SORS : electio ; REPETITA : collecta ; NOVENIS : novem. 172 UTQUE : postquam et ; OPE : auxilio ; VIRGINEA : Adrianne ; INTACTA : incognita ; PRIORUM : antiquorum ;

162* aliter] alit *ms.* | 169.2 conquerebant] conquerentes *ms.* filios suos ‹mittebant›] filios suos *ms.* ab Adrianna] ab drianna *ms.* | 169.3 illum] illi *ms.* | 169.4 vel stelle *ex* et stelle *ms.* | 171* REPETITA] REPITATA *ms.*

VIII 169

Thésée tue le Minotaure et enlève Ariane, avant de l'abandonner

[1] Après avoir vaincu les Athéniens, Minos leur imposa comme règle d'envoyer tous les trois ans trois soldats pour rassasier le Minotaure de leur sang. [2] On envoya d'abord des (fils de) pauvres, mais ceux-ci se plaignirent que leurs fils fussent envoyés et que les fils des riches fussent épargnés. Ils voulurent donc que les victimes fussent tirées au sort, et le sort tomba sur Thésée, qui fit la traversée. Lorsqu'elle le vit, Ariane s'éprit de lui et lui donna une bobine de fil. [3] Grâce à ce fil, Thésée trouva le Minotaure, le tua en lui jetant dans la bouche de la poix et du mortier, et retrouva son chemin grâce au fil. Il enleva Ariane, mais l'abandonna sur un rivage. [4] Bacchus vit la reine désolée, ôta sa couronne de sa tête, et la déifia : elle devint une étoile, ou sa couronne devint la constellation qui se trouve dans le ciel à côté du Serpent. [5] Au départ Thésée emporta une voile blanche et une voile noire : s'il revenait après avoir réussi, il devait le montrer à son père en hissant la voile blanche ; s'il avait échoué, c'est la noire qui devait être hissée. [6] Tout à sa joie il oublia de hisser la voile blanche : voyant la voile noire, son père se jeta dans la mer. C'est à cause du péché du fils, qui avait abandonné Ariane, que le père mourut.

172 PRIORUM (« des premiers ») : des anciens, qui avaient été envoyés, mais qui étaient morts.

qui missi fuerant, imo mortui erant. 173 IANUA : porta ; DIFFICILIS : fortis ; RELICTO : recollecto. 174 EGIDES : Theseu ; MINOYDE : Adriana, filia Minois ; CHYAM : civitatem. 175 DEDIT : vertit ; COMITEM : Adrianam sociam ; CRUDELIS : ille. 176 DESTITUIT : dereliquit ; DESERTE : relicte illi ; QUERENTI : (com)querenti. 177 OPEM : auxilium ; LIBER : Bachus ; TULIT : dedit ; PERHENNI : perpetuo.

VIII 178-181
Deificatio corone Adriannes

[1] Hoc totum de raptu Adrianne, et quomodo Theseus illam rapuit est veritas, et quomodo illam deliquit et quomodo pater suus, illam videns, timuit de salute et precipitatus fuit, sed quod corona Adrianne stellificata fuit nichil est aliud quod in celo est quoddam signum ad modum corone, quod maxime in illis partibus apparet. [2] Dicitur quod Bachus deificavit quia illud signum vel planeta calori est proximum et maxime vineis prodest.

178-181*

178 SIDERE : stella ; SUMPTAM : captam ; FRONTE : capite suo. 179 IMMISIT : imposuit ; TENUES : claras ; ILLA : corona. 180 DUMQUE : quando ; VOLAT : corona ; GEMME : lapides preciosi ; VERTUNTUR : mutantur ; IGNES : stellas. 181 CONSISTUNT : stant ; SPECIE REMANENTE : et hoc dico.

VIII 182

[1] NEXIQUE GENU : id est Herculis qui, vincendo leonem, nexus est genu, et ita transfertur, vel certando com Acheloo fregit sibi cornu, vel quando removit ab hostio caverne Caci lapidem, quem interfecit. [2] ANGUEMQUE TENENTIS : Herculis, qui interfecit serpentes in cunis missos a Iunone, et ita totum legitur de Hercule qui multimode transfertur in celum, vel NEXI GENU, id est Thesei qui, com deberet ire ad Minotaurum interficiendum, pater eius, experiens vires suas, gladium suum opponit quem contraheret ; nexus est genu, et translatus est in celum. [3] Vel ANGUEM TENENTIS, id est Esculapii, qui in specie serpentis colitur apud Romam, et ita translatus fuit in celum, et ita ANGUEMQUE TENENTIS legitur de Hercule et Theseo et Esculapio.

173* recollecto *ex* recolecto *ms.* | 174* civitatem] civitate *ms.* | 178-181.1 stellificata *ex* st stellificata *ms.* | 178-181.2 Dicitur *ex* et dicitur *ms.* signum] sinum *ms.* | 182.2 cunis *ex* cuius *ms.* et ita totum legitur] et ita totum legitur et ita totum legitur *ms.*

VIII 178-181
Déification de la couronne d'Ariane

[1] Toute l'histoire du rapt d'Ariane, de la façon dont Thésée l'enleva, est la vérité, comme la façon dont il l'abandonna et dont son père, voyant (la voile noire), redouta qu'il fût mort et se jeta dans la mer ; mais la stellification de la couronne d'Ariane est tout simplement le fait que, dans le ciel, il y a un astre de la forme d'une couronne, qui apparaît surtout dans cette région du ciel. [2] On dit que Bacchus la déifia parce que cet astre ou cette planète est proche de la zone de chaleur et très profitable aux vignes.

VIII 182

[1] NEXIQUE GENU (« l'Homme à genoux ») : c'est-à-dire Hercule qui, en triomphant du lion, fut lié à genoux, et transporté ainsi, ou qui, en combattant contre Achéloös, lui brisa la corne, ou qui enleva la pierre qui fermait la porte de la caverne de Cacus, qu'il tua. [2] ANGUEMQUE TENENTIS (« celui qui tient un serpent ») : Hercule, qui dans son berceau tua les serpents envoyés par Junon : tout cela se lit, et se lit entièrement à propos d'Hercule, qui est transporté au ciel sous de multiples formes. Ou bien NEXI GENUS (« l'homme à genoux ») désigne Thésée qui, comme il devait aller tuer le Minotaure, dut affronter son père : celui-ci, voulant expérimenter ses forces, lui présente son épée qu'il devait tirer à lui. Il est enchaîné à genoux, et transporté au ciel. [3] Ou ANGUEM TENENTIS (« celui qui tient un serpent ») désigne Esculape, qui est honoré à Rome sous l'aspect d'un serpent, et qui fut transporté au ciel sous cette forme, et ainsi ANGUEM TENENTIS (« celui qui tient un serpent ») se lit à propos d'Hercule, de Thésée, et d'Esculape.

182* NIXI : compliciti ; GENU : suum ; ANGUEMQUE : serpentem signum et.

VIII 183-189

Exilium Dedali et operatio alarum eius et filii

ignotas (188)] Quia novum et inauditum erat quod homo volaret aut haberet alas in quibus portaretur.

183-193

183 DEDALUS : proprium ; CRETEM : regionem. 184 TACTUS : motus ; LOCI NATALIS : in quo natus fuit. 185 CLAUSUS : inclusus ; PELAGO : mari ; LICET : quamvis ; INQUIT : dixit ; UNDAS : possideat. 187 OMNIA POSSIDEAT : et licet habeat ; POSSIDET : habet ; MINOS : rex. 188 DIXIT : ita loqutus fuit Dedalus ; IGNOTAS : non cognitas ; ANIMUM : ingenium. 189 -QUE : et ; NOVAT : re(novat) ; NAM : quia ; PONIT : com(ponit) ; PENNAS : plumas. 190 MINIMA : parva ; CEPTAS : in(ceptas) ; LONGUA [...] SEQUENTE : et hoc dico ; BREVIORE : parva. 191 CLIVO : colle ; PUTES : tu si esses ; RUSTICA : campestris ; QUONDAM : antiquitus. 192 DISPARIBUS : non equalibus ; PAULLATIM : successive ; AVENIS : calamis de avena. 193 LINO : filo ligat ; MEDIAS : plumas ; YMAS : inferiores.

|f. 114v|

VIII 194

[1] Fabula talis est : com Minos audivisset quod per Dedalum uxor sua stuprum monstruosum fecisset et illum Minotaurum prodidisset, misit eum in exilium. [2] Tunc cogitavit et sibi et filio suo fecit alas, quibus, dum volaret, calore deficientibus, Ycarus submersus fuit in mari, unde tristis factus fuit Dedalus et illum intumulavit et ab illo dictum est mare Ycareum.

194-196*

194 ATQUE ITA : hoc facto ; COMPOSITAS : ordinatas ; PARVO : minimo. 195 IMITETUR : sequatur ; YCARUS : proprium ; UNA : pariter. 196 STABAT : erat ; IGNARUS : nescius ; TRACTARE PERICULA : facere pericula.

194.1 fecisset] fuisset *ms.* prodidisset] perdidisset *ms.* | 194.2 quibus] quilibet *ms.*

VIII 183-189

Exil de Dédale et confection d'ailes pour lui et son fils

ignotas (« inconnues »)] Parce qu'il était nouveau et inouï qu'un homme pût voler ou avoir des ailes capables de le porter.

|f. 114v|

VIII 194

[1] La fable est la suivante : comme Minos avait appris que Dédale avait permis à sa femme d'accomplir sa monstrueuse union, et que celle-ci avait donné naissance au Minotaure, le roi envoya Dédale en exil. [2] Celui-ci réfléchit et fabriqua, pour son fils et pour lui, des ailes, qui, à cause de la chaleur, firent défaut à Icare pendant qu'il volait : il sombra dans la mer, ce qui provoqua la douleur de Dédale, qui lui dressa une sépulture ; la mer s'appelle Icarienne du nom du héros.

VIII 197

RENIDENTI, id est aplaudenti, a *redeo-redis* et *nidus-di*. Quando aquile redeunt ad nidum, pulli aplaudunt ; vel RETINENTI, quia hanelitus oris retinebat per plumas, ne caderent.

197-202*

197 ORE : vultu ; RENIDENTI : applaudenti ; MODO : aliquando ; VAGA : lenis ; AURA : ventus. 198 CAPTABAT : sepe capiebat ; FLAVAM : candidam ; MODO : aliquando. 199 MOLLIBAT : parabat ; LUSUQUE : gaudio et ; PATRIS : Dedali. 200 OPUS : operationem ; MANUS : perfectio operis ; CEPTIS : operibus. 201 IMPOSITA : coniuncta ; GEMINAS : duplicatas ; OPIFEX : Dedalus ; LIBRAVIT : movit ; IN AURAS : vel 'alas'. 202 IPSE : Dedalus ; MOTA : (com)mota ; QUE : et ; AURA : ethere.

VIII 203-205

Quomodo Dedalus docuit Ycarum ut sapienter volaret et eius superbia

203-205*

203 INSTRUIT : docet ; ET NATUM : filium Ycarum ; -QUE : et ; CURRAS : vadas. 204 Ycare : 'o' ; AIT : dixit ; SI DIMISSIOR : quia inferior ; IBIS : perges. 205 UNDA : aqua ; GRAVET : aponderet ; SI CELSIOR : ibis alte ; IGNIS : calor solis ; ADURAT : cremet.

VIII 206-207

[1] BOOTEM, id est septentrionalem partem vel australem. AUT ELICEM : signa sunt vicina in australi parte. [2] GERIONIS VEL ORIONIS : Orion vel Gerion natus fuit de urina Iovis et Mercurii, et dicitur Orion, quia Urion eo quod de urina natus fuit. [3] Iste fuit venator et raptus fuit in celum et habet ensem nudum, et est in australi regione. Fabula illius continetur in Ovidio *de Fastis* (*Fast.* V 4).

206-208*

206 INTER : inter calorem solis et humorem aque ; SPECTARE : videre ; BOOTEM : signum celeste. 207 AUT ELICEM : vel aliud signum ; STRICTUMQUE : aliud signum et. 208 ME DUCE : ex te ; CARPE : cape ; PRECEPTA : documenta.

---

197 aquile] aliqui *ms.*

VIII 197

RENIDENTI (« souriant »), c'est-à-dire applaudissant, de *redeo-redis* (« revenir ») et *nidus-di* (« le nid »). Quand les aigles reviennent au nid, les petits applaudissent ; ou RETINENTI (« retenant »), parce qu'il retenait son souffle à cause des plumes, pour qu'elles ne tombent pas.

VIII 203-205

Comment Dédale enseigna à Icare à voler sagement, et son orgueil

VIII 206-207

[1] BOOTEM (« le Bouvier »), c'est-à-dire la partie septentrionale ou australe. AUT ELICEM (« ou Hélice ») : les signes sont voisins dans la partie australe. [2] GERIONIS VEL ORIONIS (« de Gérion ou d'Orion ») : Orion ou Gérion naquit de l'urine de Jupiter et de Mercure ; le nom d'Orion vient d'Urion, parce qu'il naquit de l'urine. [3] C'était un chasseur, il fut enlevé dans le ciel ; il brandit une épée dénudée, et se situe dans la région australe. Son histoire est contenue chez Ovide dans *Les Fastes*.

VIII 209

IGNOTAS dicit quia incognitum erat quod homo haberet alas artificiales pro volando.
209* TRADIT : docet ; IGNOTAS : non cognitas ; ACCOMODAT : tradit.

VIII 210-212

Quia de cetero non tetigit illum basiando, imo dum volando consequeretur, temerarius factus, voluit tangere celum, et sic cecidit.

210-212*

210 OPUS : suum ; MONITUSQUE : inter et ; MADUERE : madide fuere ; SENILES : antique ; vel Dedali senis. 211 TREMUERE : propter timorem ; OSCULA : basia ; NATO : Ycaro filio. 212 ITERUM : amplius ; REPETENDA : iterum facta ; PENNISQUE : alis et ; LEVATUS : Dedalus.

VIII 213

Volatus Dedali et Ycari

VELUD ALES : facit actor comparationem de Dedalo ducente volitando filium suum ad volucrem que pullum suum ducit primitus a nido.

213-216*

213 COMITI : pro comite ; VELUD : sicut. 214 QUE : ales ; TENUEM : iuvenem. 214 PROLEM : pullum. 215 ORTATUR : admovet ; SEQUI : seipsum ; DAMPNOSAS : ad dampnum suum ; ERUDIT : docet. 216 IPSE : Dedalus ; NATI : Ycari sui.

VIII 217-220

Dum ita Dedalus et suus filius Ycarus volarent, aliquis, videns illos, putavit quod essent dei, sive essent illi videntes sive piscatores vel pastores vel cultores.

217-220*

217 HOS : de Ycaro ; TREMULA : gracili ; CAPTAT : sepe capit ; HARUNDINE : virga. 218 AUT PASTOR : vel aliquis ; BACULO : innixus ; STIVAQUE : sua, *machon* gallice ; INNIXUS : appodiatus ; ARATOR : cultor. 219 ET OBSTIPUIT : propter illos volantes ; CARPERE : scindere pergendo et volando. 220 ET IAM : ubi Iuno colitur ; LEVA : sinistra.

---

209 haberet] herat *ms.* | 210* OPUS *ex* OPES *ms.* | 217-220 videns] ludens *ms.*

VIII 209

Il dit IGNOTAS (« inconnues ») parce qu'on n'avait pas eu connaissance d'un homme qui ait eu des ailes artificielles pour voler.

VIII 210-212

Parce qu'il ne devait plus le toucher en l'embrassant, mais l'accompagnait dans le vol ; prenant de l'audace, il voulut toucher le ciel, et tomba.

VIII 213

Vol de Dédale et Icare

VELUD ALES (« comme l'oiseau ») : l'auteur compare Dédale qui conduit son fils pendant le vol à l'oiseau qui conduit pour la première fois son petit hors du nid.

VIII 217-220

Tandis que Dédale et son fils Icare volaient ainsi, quelqu'un, les voyant, pensa qu'ils étaient des dieux, ou ceux qui les virent étaient peut-être des pêcheurs, des bergers, des cultivateurs.

VIII 221

SAMOS est insula in qua Iuno colitur eo quod ibi maxima copia aquarum emanat.
DELOS est insula in qua Phebus et Diana coluntur, quia ibi est aer optime temperatus et ipsi philosophi ibi student.
PHAROS est similiter insula ibi coniuncta, sed per intervallum maris dividitur ab illa, et dicitur a *phares*, quod est divisio.
221* SAMOS : insula; DELOSQUE : insula; PHAROS : insula.

VIII 222

LIBINTOS est insula in qua Mercurius, ut dicont, colebatur, vel maxime habitabat. CACHINE est insula ubi florescunt herbe, et ibi sunt apes optime mellificantes.

222-224*

222 LIBINTOS : insula; FECONDAQUE : fertilis et; CACHINE : insula. 223 PUER : Ycarus; CEPIT : incepit; VOLATU : quia secure volabat. 224 DESERUIT : desinit; DUCEM : patrem suum; CUPIDINE : volumptate.

VIII 225

RAPIDI dicit, quia de natura solis est sursum elevare humores et liquentia mollescere viribus radiorum.
225* ALCIUS EGIT ITER : plus alte quod debuit ducit viam.

VIII 226

« YCARE NATE, vivis; modo tu sine patre peribis, / qui dixit tibi bis : 'medio tutissimus ibis' (II 137) ».

226-229*

226 ODORATAS : odore plenas; PENNARUM : suarum; VINCULA : scilicet. 227 TABUERANT : defecerant; NUDOS : nudatos; QUATIT : commovet; LACERTOS : brachia. 228 REMIGIO : gubernaculo; CARENS : ille Ycarus; NON ILLAS : vel 'ullas'; PERCIPIT : id est aliquas capit. 229 -QUE : et; CERULEA : candido; CLAMANTIA : vocantia.

---

225 liquentia] liquetia *ms.* viribus] uribus *ms.* | 226 YCARE [...] ibis] versus *add. m.s. eadem manus* vivis] bibis *ms.* | 227* TABUERANT *ex* TABUEREANT *ms.*

VIII 221

SAMOS (« Samos ») est une île sur laquelle on honore Junon, parce qu'une très grande quantité d'eau y coule.
DELOS (« Délos ») est une île sur laquelle on honore Phébus et Diane, parce que l'air y est très tempéré : même les philosophes viennent y étudier.
PHAROS (« Pharos ») est semblablement une île proche de là, mais séparée de Délos par un bras de mer ; elle tire son nom de *phares*, qui signifie « division ».

VIII 222

LIBINTOS (« Lébinthos ») est une île sur laquelle Mercure, dit-on, était honoré, ou résidait très souvent. CACHINE (« Calymné ») est une île où fleurissent les plantes, et où les abeilles donnent un excellent miel.

VIII 225

Il dit RAPIDI (« rapide »), parce que par nature le soleil soulève l'humidité vers le haut et rend les choses liquides par la force de ses rayons.
225 ALCIUS EGIT ITER (« il chemina trop haut ») : il voyage plus haut qu'il n'aurait dû.

VIII 226

« YCARE NATE (« Icare, mon fils »), tu es vivant ; mais maintenant tu vas mourir sans ton père, qui t'a dit deux fois : "tu voyageras tout à fait sûrement si tu restes au milieu". »

VIII 230

Mors Ycari

Quia tam mare dicitur mare Ycareum et tellus dicta est Ycarea.
230* EXCIPIUNTUR : capiuntur ; QUE : aqua ; NOMEN : nominationem ; ILLO : Ycaro.

VIII 231-232

AT PATER : com ita Ycarus submersus esset, Dedalus exclamavit : 'UBI ES ? Ubi te inveniam ?'. NEC IAM PATER, quia, destructa filiatione, destruitur paternitas, unde correlative se habent.

231-233*

231 AT PATER : et Dedalus ; INFELIX : miser ; NEC : et non. 232 YCARE : 'o'. 233 YCARE : 'o' ; REGIONE : patria ; REQUIRAM : queram ; YCARE : 'o' ; PENNAS : alas ; ASPEXIT : vidit.

VIII 234-236

Intumulatio Ycari et nominatio maris

Com ita Dedalus tumularet natum suum, Perdix vidit illum et gavisus est, quia illum a turri precipitaverat.

234-236*

234 DEVOVIT : maledixit ; CORPUS : Ycari ; SEPULCRO : in. 235 CONDIDIT : abscondidit ; TELLUS : terra ; DICTA : vocata ; SEPULCRI : vel sepulti, id est Ycari, qui ibi separatim sepultus fuit a patre. 236 HUNC : Dedalum ; MISERI : mortui ; TUMULO : in ; NATI : Ycari.

VIII 237

De Perdice

237* GARRULA : loquax ; PROSPEXIT : vidit ; YLICE : quercu ; PERDIX : avis illa vel proprium nomen.

VII 238

[1] Quod Ycarus et Dedalus volaverunt, nichil est nisi quod famam suam de subtilitate vulgaverunt, sed quod submersus fuit, vel in rei veritate, dum illi duo navigarent, puer, stulticia commotus,

VIII 230

Mort d'Icare

Parce que la mer s'appelle Icarienne et que la terre porte le nom d'Icarienne.

VIII 231-232

AT PATER (« Mais le père ») : comme Icare s'était noyé, Dédale s'écria : "Où es-tu ? Où vais-je te trouver ?" NEC IAM PATER (« qui n'est déjà plus père »), parce que, lorsqu'il n'y a plus de progéniture, il n'y a plus de paternité, c'est pourquoi elles sont liées.

VIII 234-236

Sépulture d'Icare et dénomination de la mer

Comme Dédale dressait une sépulture pour son fils, Perdix le vit et s'en réjouit, parce que Dédale l'avait précipité du haut d'une tour.
235 SEPULCRI (« du sépulcre ») ou de l'enseveli, c'est-à-dire d'Icare, qui, séparé de son père, fut enseveli par lui à cet endroit.

VIII 237

Perdix

237 PERDIX (« Perdix ») : l'oiseau ou le nom propre.

VIII 238

[1] Dire qu'Icare et Dédale volèrent revient à dire que la réputation de leur ingéniosité se propagea, mais qu'il se noya, ou qu'en réalité, tandis qu'ils naviguaient tous les deux, l'enfant, dans un mouvement stupide,

sese in mare precipitavit, et hoc est quod dicitur. [2] « Ycarei fati memores, estote parati / iussa paterna pati ; medium tenuere beati ».

238-240*

238 PLAUSIT : percussit gaudendo ; GAUDIA : sua. 239 UNICA : sola ; TUNC : in illo tempore ; VOLUCRIS : avis ; NEC : et non ; PRIORIBUS : preteritis ; ANNIS : temporibus. 240 LONGUM : scilicet magnum ; DEDALE : o.

|f. 115r|

VIII 241-245

[1] Fabula talis est : mater Perdicis erat soror Dedali et filium suum tradidit Dedalo, subtilissimo fabro, erudiendum. [2] Tamen puer ille fuit ingeniosissimus et primo invenit usum circini et serre, ut in littera declaratur. [3] Quod videns, Dedalus motus fuit invidia et illum a turri precipitavit. Tamen Pallas, mota misericordia, illum mutavit in perdicem.

241-245*

241 NAMQUE : quia ; HUIC : Dedalo ; IGNARA : nescia. 242 PROGENIEM : natum, scilicet Perdicem ; GERMANA : soror ; ACTIS : preteritis ; BIS : scilicet. 243 PUERUM : duodecim ; ANIMI : ingenii ; PRECEPTA : documenta. 244 ILLE : Perdix ; ETIAM : certe ; PINNAS : natatorias ; PISCE : quodam ; NOTATAS : cognitas. 245 EXEMPLUM : alicuius ; (246T) ET SERRE : illius instrumenti ; REPPERIT : invenit.

VIII 246

De Perdice

[1] Rei veritas est quod Dedalus optimus faber fuit et subtilissimus, sed Perdicem habuit discipulum, qui cum subtilitate superavit ; quod videns, Dedalus precipitavit, id est fugavit vel mortem paravit. [2] Quo cognito, perdix fuit et in dumis latuit, et sic velocitate fuge et latitatione in dumis fingitur mutari in avem.

246* PERPETUOS : duros ; (245T) : -QUE : et ; ACUTO : duro.

VIII 247-249

Subtilitas Perdicis

238.2 Ycarei [...] beati] versus *add. m.s. eadem manus*

se précipita dans la mer, c'est ce qui est raconté. [2] « Souvenez-vous du destin d'Icare, soyez prêts à souffrir les ordres paternels : contentez-vous de tenir la voie du milieu. »

|f. 115r]

VIII 241-245

[1] La fable est la suivante : la mère de Perdix était la sœur de Dédale ; elle confia l'éducation de son fils à Dédale, forgeron très ingénieux. [2] Mais l'enfant était très habile et trouva le premier l'usage du compas et de la scie, comme le texte le déclare. [3] Voyant cela, Dédale fut empli de jalousie et jeta son neveu du haut d'une tour. Mais Pallas, prise de pitié, le changea en perdrix.

VIII 246
Perdix

[1] La vérité est que Dédale était un forgeron très expert et très ingénieux, mais eut comme élève Perdix, qui le surpassa en ingéniosité ; voyant cela, Dédale le jeta (du haut d'une tour), c'est-à-dire le chassa et prépara sa mort. [2] L'ayant appris, il devint une perdrix et se cacha dans des buissons : c'est à cause de la rapidité de sa fuite et parce qu'il se dissimula dans des buissons qu'on imagine qu'il fut changé en oiseau.

VIII 247-249
Ingéniosité de Perdix

247-250*

247 PRIMUS : ille – dico – primo. 248 IUNXIT : com(iunxit) ; EQUALI : equo ; DISTANTIBUS : differentibus. 249 ALTERA : quedam ; STARET : nec moveretur ; DUCERET : facerem ; ORBEM : rotunditatem. 250 DEDALUS : in media motus fuit ; ARCE : turri ; MINERVE : Palladis.

VIII 251-252

Quia Pallas dicitur dea sapientie et ingenii.

251-254*

251 PRECIPITEM : labilem ; MISIT : iactavit ; LAPSUM : quia dicit quod cecidit per ignorantiam ; ILLUM : Perdicem. 252 FAVET : concedit ; INGENIIS : ingeniosis. 253 REDDIDIT : fecit ; VELATUR : tegitur ; PENNIS : plumis. 254 VIGOR : virtus ; INGENII : sui ; CONDAM : antiquitus ; VELOCIS : abiit.

VIII 255

Mutatio Perdicis in avem sui nominis

NOMEN REMANSIT, sed tantummodo genus variatur, quia primo dicebatur 'hic Perdix', dum homo et puer erat ; modo dicitur 'hec perdix' pro ave.

255* QUOD : nomen erat ; ANTE : mutationem.

VIII 256-259

Describit actor avem et modum suum vivendi.

256-259*

256 NEC : et non ; VOLUCRIS : scilicet Perdix ; TOLLIT : elevat. 257 FACIT : avis illa ; ALTOQUE : in alto vel. 258 PRETER HUMUM : iuxta terram ; SEPIBUS : *haies* gallice ; OVA : sua. 259 ANTIQUIQUE : veteris sed ; METUIT : timet ; SUBLIMIA : alta ; CASUS : cadentie ; quia recordatur eo quod precipitata fuit.

VIII 260

Requies Dedali

Ita Dedalus fugerat de terra Minois et filium suum amiserat et IAM FATIGATUM.

260*tit.* Requies] requie *ms.*

VIII 251-252

Parce que Pallas est, dit-on, la déesse de la sagesse et de l'ingéniosité.
251 LAPSUM (« tombé ») : parce qu'il raconta qu'il était tombé par maladresse.

VIII 255

Métamorphose de Perdix en oiseau qui porte son nom

NOMEN REMANSIT (« Il a gardé son nom »), mais a seulement changé de genre, parce que d'abord il était question de « ce Perdix », tant qu'il était un enfant et un homme, puis il est question de « cette perdrix », pour l'oiseau.

VIII 256-259

L'auteur décrit l'oiseau et son mode de vie.
259 CASUS (« chute ») : culbute, parce qu'elle se souvient qu'elle a été précipitée (du haut d'une tour).

VIII 260

Repos de Dédale

Ainsi Dédale avait fui la terre de Minos et avait perdu son fils, et IAM FATIGATUM (« déjà fatigué ») …

VIII 260-261

Dedalus, in Siciliam veniens, auxilium Crocali regis petiit, quia Minos insequebatur eum. Prece cuius Crocalus motus, Minoa devicit. Milites autem Cretenses corpus Minois regis in patriam detulerunt.

260-261*

260 FATIGATUM : lassatum ; ETHNEA : ab Eneo regna. 261 DECALON : proprium ; SUMPTIS : captis ; SUPLICE : illo ; CROCHALUS : proprium.

VIII 262-263

[1] LAMENTABILE : erat enim lamentabile tributum, quia omnes homines pergentes solutum, id est visum Minotaurum, occidebantur ab eo. [2] LAUDE THESEA, quia Theseus illum devicerat, ut superius continetur. [3] SPARSERAT (267) : ita reversus est Theseus com magna laude habita de victoria Minotauri, et tunc FAMA (267).

262-264*

262 MITTIS : pius ; LAMENTABILE : triste ; ATHENE : civitas. 263 PENDERE : solvere ; LAUDE : virtute. 264 CORONANTUR : lustrantur ; BELLATRICEM : deam belli ; MINERVAM : vocant Pallada.

VIII 265

Festum Atheniense pro Theseo

SANGUINE : quia omnes sacrificabant, quisque secundum statum suum, eo quod Theseus devicerat Minotaurum.
265* VOCANT : in(vocant) ; QUOS : deos ; VOTO : votivo.

VII 266-267

ACCERRIS : Accerra est vas ubi thus ponitur. VAGA : epitheton, quia fama est mobilis.

266-269*

266 MUNERIBUSQUE : donis et ; DATIS : donatis ; ACCERRIS : *encensiers* gallice ; TURRIS : incensi. 267 SPARSERAT : multiplicaverat ; ARGOLIDAS : grecas ; NOMEN : famam ; URBES : civitates. 268 THESEOS : Thesei ;

260-261 Minoa devicit *ex* Minoa devicit Minoa *ms.* | 262-263.2 Theseus *ex* Thesueus *ms.* | 266* incensi] incessi *ms.*

VIII 260-261

Dédale, arrivant en Sicile, demanda l'aide du roi Cocale, parce que Minos le poursuivait. Ému par sa prière Cocale vainquit Minos. Les soldats crétois rapportèrent le corps du roi Minos dans leur patrie.

VIII 262-263

[1] LAMENTABILE (« lamentable ») : c'était en effet un lamentable tribut, parce que le Minotaure tuait tous les hommes qui pour payer le tribut parvenaient jusqu'à lui, c'est-à-dire qui l'avaient vu. [2] LAUDE THESEA (« la gloire de Thésée ») : parce que Thésée l'avait vaincu, comme le récit le raconte plus haut. [3] SPARSERAT (« avait répandu ») : ainsi Thésée revint couvert de gloire après la victoire contre le Minotaure, et alors FAMA (« la renommée ») …

VIII 265

Fête athénienne pour Thésée

SANGUINE (« le sang ») : parce que tous faisaient des sacrifices, chacun selon sa condition, pour la victoire de Thésée sur le Minotaure.

VIII 266-267

ACCERRIS (« avec des boites ») : *acerra* est un récipient où l'on place l'encens. VAGA (« vagabonde ») : épithète, parce que la renommée est mouvante.

QUOS : populos ; ACHAIA : Grecia. 269 HUIUS : Thesei ; OPEM : auxilium ; IMPLORAVERE : petiere ; PERICLIS : periculis, quia audax erat et sic multi petierunt.

VIII 270

Incipit de apro et Meleagro

270 HUIUS : Thesei ; OPEM : auxilium ; MELEAGRON : proprium ; MELEAGER optimus et fortissimus erat.

VIII 271-272

PETENDI : petebat – inquam – Calidon, quia SUS ERAT CAUSA PETENDI.

271-272*

271 SOLICITA : curiosa ; PETENDI : illum. 272 SUS : aper ; INFESTE : exose ; FAMULUS : scilicet ; -QUE : et.

VIII 272

DIANE FAMULUS, quia misit eum ut vindicaret eam de contemptu.

VIII 273-278

De sacrificiis Oenei, regis Calidonis civitatis

[1] Fabula talis est : Oeneus, rex Calidonie, com omnibus deis sacrificasset, Dianam pretermisit, et ideo Diana, irata, misit illis in regione existentibus aprum, a quo omnia fuerunt devastata, scilicet homines, segetes et arbores, greges et armenta, propter quod universi sese iuvenes collegerunt, ut eum interficerent, et, com multi ibi essent, multos occidit. [2] Tamen Athalanta, quedam mulier pulcherrima, ibi venit ut eum interficeret et primitus sagitavit. [3] Hanc tamen adamavit Meleager ; ab Meleagro sue devicto, dedit Athalante caput, unde fratres, moti invidia, voluerunt illum removere ; quod videns, Meleager illos interfecit, unde postea periit.

273-278*

273 OENEA : proprium ; NAMQUE : quia ; FERUNT : gentes dicunt ; SUCCESSIBUS : occasionibus bonis. 274 PRIMICIAS : renovamina ; FRUGUM : messium ; CERERI : dee ; LIEO : Bacho. 275 PALLADIAS : a Pallade amatas ; FLAVE : candide ; LATICES : aquas ; LIBASSE : sacrificasse ;

272 eam] eum *ms.* | 273-278.3 illum] illi *ms.*

269 PERICLIS (« dans les dangers ») : parce qu'il était audacieux et que nombre de peuples le sollicitèrent.

VIII 270

Début du récit sur le sanglier et Méléagre

270 MELEAGER (« Méléagre ») était un homme très valeureux et très courageux.

VIII 271-272

PETENDI (« de sa demande ») : Calydon demandait, dis-je, parce que SUS ERAT CAUSA PETENDI (« un sanglier était la cause de sa demande »).

VIII 272

DIANE FAMULUS (« serviteur de Diane »), parce qu'elle l'envoya pour la venger d'avoir été méprisée.

VIII 273-278

Sacrifices d'Œnée, roi de la cité de Calydon

[1] La fable est la suivante ; Œnée, roi de Calydon, avait fait des sacrifices à tous les dieux, mais avait oublié Diane ; aussi la déesse, irritée, envoya-t-elle aux habitants de cette région un sanglier qui dévasta tout, aussi bien les hommes que les moissons et les arbres, et les troupeaux d'ovins et de bovins ; c'est pourquoi tous les jeunes hommes se réunirent pour le tuer. Mais, tout nombreux qu'ils étaient, la bête en tua beaucoup. [2] Cependant Atalante, une femme très belle, vint là pour le tuer et commença par lui décocher une flèche. [3] Méléagre tomba amoureux d'elle et, après avoir tué le porc, donna sa tête à Atalante : aussi les frères (de sa mère), emplis de jalousie, voulurent l'écarter ; voyant cela, Méléagre les tua, ce qui plus tard causa sa mort.

MINERVE : Palladi. 276 CEPTUS : inceptus ; AGRICOLIS : rusticis. 277 AMBICIOSUS : cupidus ; THURE : sacrificio. 278 CESSASSE : a sacrificiis ; FERUNT : dicunt ; LATHOIDOS : Lathone ; ARAS : templa.

VIII 279

TANGIT, quasi dicat : 'Non solum sunt homines irascibiles, sed dei, non quia sint irati, sed quia faciunt ut irati'.
279* TANGIT ET : commovet etiam ; AT : sed ; IMPUGNE : sine pena ; FEREMUS : patiemur.

VIII 280

INULTE : 'Quia ex quo ita est, quod nos non honorant, accipiemus super talibus nos vindictam'.

280-281*

280 NOSQUE : -et ; INHONORATE : sine honore ; INULTE : non vindicate. 281 INQUIT : dixit ; AONIOS : Thebanos ; ULTOREM : vindicatorem ; SPRETA : despecta ; AGROS : campos.

VIII 282-283

MISIT : 'Tam magnum' potest dici interrogative vel serio. EPHIROS est insula in qua sunt optima pascua ubi sunt maximi tauri, sed non sunt maiores quam ille aper est.

282-283*

282 QUANTO : tanto corpore ; MAIOR : et ; HERBIDA : herbosa. 283 EPYROS : insula ; SICULA : Cicilie.

VIII 284

Hoc totum est historia de fuga apri qui a silvis exivit, et dicitur quod erat vecors.

284-287*

284 MICANT : splendent ; OCULI : sui ; HORRIDA : hispida ; CERVIX : caput. 285 SETE : pili ; HASTILLIBUS ; lanceis ; HORRENT : Hic notat crudelitatem illius apri. 286 -QUE : et ; VELUD : sicut ; VALLUM : *palis* gallice ; HASTILIA : tela. HASTILIA sunt ligna hastarum rigida sine ferro. 287 FERVIDA : calida.

VIII 279

TANGIT (« touche »), en d'autres termes : « Les hommes ne sont pas les seuls à être irascibles, les dieux le sont aussi, non pas en réalité, mais parce qu'ils agissent comme des hommes en colère. »

VIII 280

INULTE (« sans vengeance ») : « parce que, puisqu'ils ne nous honorent pas, nous tirerons vengeance de tels manquements ».

VIII 282-283

MISIT (« Elle envoya ») : "si grand" peut être dit sur un ton interrogatif ou sérieux. EPHIROS (« Épire ») est une île dans laquelle se trouvent d'excellents pâturages où paissent d'énormes taureaux, mais ils ne sont pas plus grands que ce sanglier.

VIII 284

Tout cela est l'histoire de la fuite d'un sanglier qui sortit des bois, et qui, dit-on, était furieux.
285 HORRENT (« se hérissent ») : ici il note la cruauté de ce sanglier. 286 Les HASTILIA (« hampes ») sont les bois rigides des lances sans leurs fers.

|f. 115v|

VIII 288

dentibus Indis] quia in India sunt maximi elephantes.
288* DENTES : sue ; EQUANTUR : assimilantur ; INDIS : elefantinis.

289-291*

289 FULMEN : hanelitus fulmineus ; FRONDES : nemorum ; AFFLATIBUS : suis. 290 IS : aper ille ; MODO : aliquando ; SEGETES : messes. 291 NUNC : aliquando ; METIT : colligit ; COLONI : cultoris.

VIII 292

INTERCIPIT, id est destruit, ne umquam ad maturitatem possint devenire consuetam.

292-294*

292 CEREREM : messem ; INTERCIPIT : colligit ; FRUSTRA : invanum. 293 FRUSTRA : invanum ; PROMISSAS : a cultoribus ; HORREA : *guerniers* gallice. 294 STERNUNTUR : vastantur ; GRAVIDI : ponderosi ; LONGUO : magno.

VIII 295

olive] Olea vel oliva dicitur arbor a qua optimum oleum habet fieri, et dicitur ab *olon*, quod est totum, et *vallo-las*.

295-297*

295 BACCA : fructus sternitur ; OLIVE : arboris. 296 SEVIT : aper ; IN PECUDES : contra animalia ; HAS : pecudes ; -VE : vel. 297 ARMENTA : vacas ; TRUCES : crudeles ; DEFFENDERE : servare.

VIII 298

Adhuc exequitur de ferocitate apri ; erat – inquam – tante ferocitatis, quod homines non erant tuti in civitatibus suis.
298* POPULI : gentes ; URBIS : civitatis.

VIII 299

Congregatio iuvenum ad aprum interficiendum et nomina eorum

292 ne] non *ms.* | 295 *-las*] *les ms.*

|f. 115v|

VIII 288

dentibus Indis (aux dents indiennes)] parce qu'en Inde il y a de très grands éléphants.

VIII 292

INTERCIPIT (« il interrompt »), c'est-à-dire il détruit, pour qu'ils ne puissent jamais atteindre la maturité habituelle.

VIII 295

olive (« de l'olivier »)] On appelle « olea » ou « oliva » (olivier) un arbre dont on obtient une huile excellente ; le mot vient de *olon*, qui signifie « tout », et *vallo, vallas* (« fortifier »).

VIII 298

Le texte continue encore sur la férocité du sanglier ; il était, dis-je, d'une telle férocité, que les hommes n'étaient pas en sécurité dans leurs cités.

VIII 299

Rassemblement des jeunes gens pour tuer le sanglier ; leurs noms

DONEC : exequitur quomodo iuvenes congregati fuerunt ad aprum interficiendum, et illos nominat qui venerunt.
299* PUTANT : credunt ; TUTOS : securos ; MELEAGER : proprium ; UNA : pariter.

VIII 300-304

Omnes isti venerunt ad aprum.

300-304*

300 LECTA MANUS : electa concio ; CUPIDINE : volumptate. 301 TINDARIDE : Castor et Pollus ; CESTIBUS : *plommees* ; Pollus erat magister pugilum, Castor equitum ; ALTER : Pollus quidam. 302 ALTER : Castor ; RATIS : navis ; MOLITUR : parat ; YASON : proprium. 303 PIRITOO : proprium ; FELIX : quia concordiam fecit inter Athenienses et Minoa occidendo Minotaurum. 304 ET DUO : Flexippus et Tonsipus ; PROLES : filius ; EPHIREIA : Ephiri ; THOSEREUS : proprium.

VIII 305

CENEUS factus fuit de femina vir per Neptunum, qui com ea concubuit, ut inferius continetur.

305-307*

305 (306T) FLEXEUS : proprium ; ET FEROX : -que crudelis ; -QUE : et ; INSIGNIS : nobilis ; ACHASTUS : proprium. 306 (305T) YDAS : proprium ; CENEUS : proprium. 307 YPOTOUS ; Ypotoi filius ; -QUE : et ; DRYAS : proprium ; CRETUS : creatus ; AMICHTONE : proprium ; PENEUS : proprium, vel Fenix, proprium.

VIII 308

ACTORIDE : illos enim vocat PARES, quia ambo erant de prole Achillis et quia erant pares in probitate, vel ACTORIDE PARES, id est Patroclus, qui fuit actor et pater generis, vel PARES, quia erant eiusdem altitudinis.

308-311*

308 ACTORIDE : filii actoris ; PARES : equales ; ELYDE : monte ; PHILEUS : proprium. 309 NEC : non ; THELAMON : proprium ; ABERAT : deficiebat ;

300* LECTA] LETA *ms.* | 301* magister] magiter *ms.* | 304* DUO] DUE *ms.* | 308 altitudinis] alatudinis *ms.*

DONEC (« jusqu'à ce que ») : il poursuit en racontant comment les jeunes gens s'étaient rassemblés pour tuer le sanglier, et il nomme ceux qui étaient venus.

VIII 300-304

Tous ceux-là étaient venus pour le sanglier.
301 CESTIBUS (« avec des cestes ») : Pollux était un maître de pugilat, Castor de cavalerie. 303 FELIX (« heureuse ») : parce qu'il fit la paix entre les Athéniens et Minos en tuant le Minotaure.

VIII 305

CENEUS (« Cénée »), qui était une femme, fut transformée en homme par Neptune, qui avait couché avec elle, comme le récit le raconte plus bas.

VIII 308

ACTORIDE (« descendants d'Actor ») : il les appelle PARES (« égaux »), parce qu'ils étaient tous deux de la famille d'Achille et qu'ils étaient égaux en honnêteté ; ou ACTORIDE PARES (« les descendants égaux d'Actor »), c'est-à-dire Patrocle, qui fut l'acteur et le fondateur de sa famille, ou PARES (« égaux »), parce qu'ils étaient de la même taille.

MAGNI : famosi ; CREATOR : pater ; ACHILLIS : proprium. 310 -QUE : et ; FERECIADE : proprium ; YANTHEO : a loco ; YOLO : proprium. 311 IMPIGER : velox ; EURITHON : proprium ; -QUE : et ; INVICTUS : non superatus ; ECHION : proprium.

VIII 312

NARICIUS dicitur ; Naricius dicitur fluvius, a quo dicta est Naricia, et fluvius ille vocatur Naricius a qualitate naris, quia ex duobus fontibus exit de terra et scinditur in duo flumina ab origine sua, sicut nasus in duas partes fingitur et separatur.

312* NARICIUS : a loco ; LELEX : proprium ; PANOPEIUS : a loco vel proprium ; FEROX : crudelis.

VIII 313

IN ANNIS : id est in primo centenario annorum suorum ; bene dicitur primo, quia vixit CCC annis, ut postea declaratur.

313-315*

313 YPAGUS : proprium ; ETIAM TUNC : certe. 314 QUOS : illi ; YPOTOON : proprium ; ANTIQUIS : veteribus ; AMICLIS : ab illis populis. 315 PENELOPE : proprium ; PARAFICO : a loco ; ANTHEA : proprium.

VIII 316

AMPHITIDES : Amphioraus, filius Amphitide qui vaticinator erat optimus.

316-317*

316 AMPHITIDES : Amphioraus ; SAGAX : sapiens ; CONIUGE : sua ; TUTUS : securus. 317 OETHIDES : proprium ; DECUS : pulcritudo ; ATHALANTA : proprium ; LICEY : ab illo monte sic dicti.

VIII 318

RASILIS, quia tangebat terram tractu suo, et est tractum a *rasorio*, quia quod rasum est, planum est.

318* RASILIS : plana ; SUMMAM : inferiorem ; MORDEBAT : tenebat ; VESTEM : clamidem.

315* ANTHEA *ex* ANTHEO *ms.* | 316* sua] sue *ms.*

VIII 312

Il est appelé NARICIUS (« de Naryx ») ; Naryx est le nom d'un fleuve qui a donné son nom à Narycia ; le fleuve est appelé Naryx à cause de sa ressemblance avec une narine, parce qu'il sort de la terre par deux sources et se divise en deux fleuves dès son origine comme le nez qui est formé de deux parties et séparé en deux.

VIII 313

IN ANNIS (« dans ses années ») : c'est-à-dire dans son premier centenaire ; on dit bien premier, parce qu'il vécut trois cents ans, comme le texte le dit plus tard.

VIII 316

AMPHITIDES (« le fils d'Ampyx ») : Amphiaraös, le fils d'Ampyx, qui était un excellent devin[31].

VIII 318

RASILIS (« polie »), parce qu'elle touchait la terre en traînant ; le mot découle de *rasorius*, « à poil ras », parce que ce qui est raclé est sans aspérités.

---

31 Il s'agit en réalité du devin Mopsus.

VIII 319-322

Descriptio Athalante

[1] Athalantha fuit filia Yli regis, et nominantur plures vocari hoc nomine : Athalantha, scilicet Athalantha filia Enomai, filii Martis, regis Archadie, quam Polex duxit in uxorem, ut in sequentibus habebitur. [2] Alia fuit Athalantha quam Meleager dilexit, filia Ysi, de qua habetur in presenti, cuius filius fuit Pertonopeus, ut Stacius narrat, quamvis alii dicant Meleagron non cubuisse com illa. [3] Tercia Athalantha fuit filia Oenei regis, patris Meleagri, quam duxit Ypomeneus, de qua in sequentibus tractabitur, et ita tres fuerunt, scilicet amica Pelopis, amica Ypomenes et amica Meleagri.

319-323*

319 CRINIS : suus ; SIMPLEX : longus ; NUNDUM : vel 'nodum' ; UNUM : solum. 320 HUMERO : suo ; PENDENS : de(pendens) ; EBURNEA : ex ebore ; LEVO : sinistro. 321 CUSTOS : custodia ; QUOQUE : certe ; LEVA : sinistra ; GEREBAT : portabat. 322 CULTU : per cultum ; QUAM : faciem. 323 PUERO : iuvene.

VIII 324-325

Adamatio Athalanthe a Meleagro

Quia valde speciosa erat et iuvenis erat, et, com illam videret, Meleager subito amore combustus fuit.

324-326*

324 HANC : Athalantha ; PARITER : simul ; CALIDONIUS : Meleager. 325 OPTAVIT : cupiit ; RENUENTE DEO : contra voluntatem dei ; FLAMMAS : amores ; LATENTES : archanas. 326 HAUSIT : accepit in se ; HIC : quicomque sit ; QUEM : aliquem ; INQUIT : dixit.

VIII 327-328

Non habebat tempus dicendi plura, quia oportebat eum currere post aprum. PUDOR, quia pudibundum quid esset si tancito amorem suum demonstraret.

319* SIMPLEX] SUPLEX *ms.* | 324-325*tit.* Athalanthe] Athalathe *ms.* a] et *ms.* | 324-325 iuvenis *ex* iuevenis *ms.*

VIII 319-322

Portrait d'Atalante

[1] Atalante était la fille du roi Ylus. On dénombre plusieurs héroïnes de ce nom : Atalante, fille d'Œnomaus – le fils de Mars, roi d'Arcadie –, mariée à Polex, dont il sera question dans la suite. [2] Une autre est l'Atalante aimée de Méléagre, fille d'Ysus, dont il est question ici, mère de Parthénopée, comme le raconte Stace, bien que d'autres disent que Méléagre ne coucha pas avec elle. [3] La troisième est Atalante fille du roi Œnée, père de Méléagre, qui épousa Hippoménée, dont il sera question dans la suite. Elles sont donc trois, l'amie de Pélops[32], l'amie d'Hippoménée, et l'amie de Méléagre.

VIII 324-325

Méléagre s'éprend d'Atalante

Elle était très belle et très jeune et, lorsqu'il la vit, Méléagre fut soudain brûlé d'amour.

VIII 327-328

Il n'avait pas le temps d'en dire plus parce qu'il devait courir après le sanglier. PUDOR (« la honte »), parce qu'il serait honteux de démontrer son amour sans le déclarer.

32 Juste au-dessus il est nommé « Polex »…

327-328*

327 ISTA : mulier ; VIRUM : amicum ; PLURA : alia ; SINIT : de(sinit). 328 OPUS : operatio ; CERTAMINIS : prelii ; URGET : constringit.

VIII 329-330

De loco ubi inventus fuit aper et de fuga eius

SILVA : describit actor locum et silvam in qua aper inventus fuit, quem iuvenes supradicti querebant.

329-331*

329 SILVA : nemus ; FREQUENS : habundans ; QUAM : silvam ; NULLA : non. 330 PLANO : planicie ; DEVEXA : inclinata ; ARVA : campos. 331 QUO : loco ; VENERE : congregati fuere.

|f. 116r|

VIII 333

periclum] Periculum erat multis illum consequi quia multos occidit.

332-333*

332 PARS : altera ; ADIMUNT : removent ; PRESSA : manifesta. 333 SIGNA : insignia ; PEDUM : apri ; CUPIUNT : volunt ; -QUE : et ; REPERIRE : invenire ; PERICULUM : periclum.

VIII 334

Describit actor locum et vallem in qua aper, id est *singulars, sengler* gallice, latebat.

334* CONCAVA : cavata ; VALLIS : quedam ; QUA : valle.

VIII 335

Ibi aque collecte per pluviam convenerant, et dicitur LACUNA, *mare* gallice.

335* ASSUERANT : consueverant ; PLUVIALIS : pluviose ; IMA : profunditatem ; LACUNE : id est vallis vel fovea._

VIII 336

SALIX est arbor iuxta aquam crescens, et dicitur a *saliendo*, quia cito crescit.

336* LENTA : flexilis ; SALIX : arbor ; ULVEQUE : herbeque ; LEVES : tenent ; IUNCIQUE : tenentque ; PALUSTRES : a palude ; a palude, quia in palude crescunt libenter iunci.

VIII 329-330

Lieu où fut trouvé le sanglier, et fuite de l'animal

SILVA (« Une forêt ») : l'auteur décrit le lieu, une forêt dans laquelle fut trouvé le sanglier que cherchaient les jeunes gens cités plus haut.

|f. 116r|

VIII 333

periclum (« danger »)] Beaucoup couraient des dangers à le poursuivre parce qu'il en fit périr beaucoup.

VIII 334

L'auteur décrit le lieu, la vallée dans laquelle se cachait le porc sauvage, la bête *singulière*, « sanglier » en roman.

VIII 335

Là se rassemblaient les eaux amassées par la pluie : on parle de lagune, de « mare » en roman.

VIII 336

SALIX (« le saule ») est un arbre qui pousse au bord de l'eau ; le mot vient de *saliendo* (« en bondissant »), parce qu'il pousse vite.

336 PALUSTRES (« marécageux ») : de *palus*, « marais », parce que les joncs poussent volontiers dans les marais.

VIII 337

VIMINA dicitur a vi multa viroris, quia in aquis et locis humidis viret.

337-344*

337 VIMINA : herbe tenenti ; LENTA : flexibilis ; HARUNDINE : virga ; CANNE : arundo. 338 HINC : ab illo loco ; EXCITUS : commotus ; VIOLENTUS : crudelis ; IN HOSTES : contra iuvenes. 339 FERTUR : geritur ; UT : sicut ; ELISIS : percussis ; IGNIS : fulmen. 340 STERNITUR : cadit ; PULSU : suo ; PROPULSA : commota ; FRAGOREM : strepitum. 341 DAT : facit ; PROTENTA : elevata. 342 DEXTRA : sua. 343 ILLE : aper ; SPARGITQUE : dissipat et ; UT QUISQUE : sicut canis. 344 OBSTAT : nocet

VIII 345

VALIDO dicit, quia Echion valde fortis erat, unde quidam versificator hos versus dixit : « Echion alacer iaculatur tela, sed acer, / non aper, inde lacer, sed laceratur acer ».

345* CUSPIS : telum ; ECHIONIO : Echionis ; VALIDO : forti ; CONTORTA : concita ; LACERTO : brachio.

VIII 346

Ita pro nichilo iaculatus fuit, sed SI PROXIMA (347). PEGASEUS YASON (349) dicitur a velocitate navis sue, que erat velox ad modum Pegasi equi alati, vel PEGASEUS, quia in Pegaso monte ortus fuit Yason, vel navis sua collecta.

346* VANA : irrita ; -QUE : et ; VULNUS : plagam ; DEDIT : fecit ; ACERNO : *erable.*

VIII 347-349

Ita isti nichil profuere tela iaciendo contra aprum, et Amphitides, id est Mopsus, Amphiti filius, qui erat sacerdos Phebi, vel Oeclides alia littera, id est Amphioraus, qui erat similiter sacerdos Phebi, et hoc est quod dicitur, unde dico quod fuerit, sed non lesus fuit.

347-349*

347 PROXIMA : sequens ; NIMIIS : magnis ; USA : quia qui misit multum fortis erat. 348 FORET : esset ; IN TERGO : dorso ; HESURA : remansura.

---

337 VIMINA] VIMINE *ms.* | 340* strepitum] strepitu *ms.* | 345 versificator] versificaturum *ms.*

VIII 337

VIMINE (« l'osier ») tire son nom de la grande vigueur de sa couleur verte, parce qu'il verdit dans les eaux et les lieux humides.

VIII 345

Il dit VALIDO (« robuste ») parce qu'Échion était très fort, c'est pourquoi un poète a écrit ces vers : « Le vif Échion jette un trait, mais c'est un érable, non le porc, qui en est éraflé, c'est l'érable qui est éraflé. »

VIII 346

Ainsi il lança son javelot pour rien, SED SI PROXIMA (« mais si le second… »). PEGASEUS YASON (« Jason de Pagase ») tire son nom de la vitesse de son navire, qui était aussi rapide que Pégase le cheval ailé ; ou PEGASEUS (« de Pagase ») parce que Jason naquit sur le mont Pégase, ou que son navire fut assemblé sur le mont Pégase.

VIII 347-349

Ainsi il ne leur servit à rien de jeter des javelots contre le sanglier ; et le fils d'Ampyx, c'est-à-dire Mopsus, fils d'Ampyx, qui était prêtre de Phébus, ou selon d'autres sources le fils d'Œclès, Amphiaraös, qui était également un prêtre de Phébus, (lança aussi un trait) comme le dit le texte – je dis ce qui a été – mais sans blesser la bête.

347 USA (« utilisé ») : parce que celui qui l'envoya était très fort.

349 LONGIUS : longe ; IT : preterit ; ACTOR : missor ; TELI : iaculi ; YASON : proprium.

VIII 350-351
Oratio Amithide

350-359*

350 PHEBE : 'o' ; AIT : dixit ; AMITIDES : Mopsus ; SI : quia ; COLUI : honoravi ; COLO : honoro. 351 DA : concede ; QUOD : illud ; PETITUR : a me ; CONTINGERE : tangere. 352 QUAM : quantum ; DEUS : Phebus ; ANNUIT : concessit ; ICTUS : percussus ; AB ILLO : Amittide. 353 VULNERE : plaga ; VOLANTI : pergenti. 354 ABSTULERAT : removerat ; LIGNUM : sagita ; MANSIT : re(mansit). 355 FERI : apri ; ARSIT : quia, sicut fulmen findit, urit, etiam ita aper. 356 EMICAT : sali ; OCULIS : suis ; SPIRAT : prodit ; QUOQUE : similiter. 357 UTQUE : sicut ; MOLES : lapis ; ADDUCTO : commoto ; NERVO : corda. 358 COM : quando ; AUT : etiam ; PLENAS : competit ; MILITE : militibus. 359 IMPETE : commotu ; SUS : aper.

VIII 360-361
Mors Ypalemonis et Pelagonis ab apro

DEXTRA CORNUA, id est dextram partem.

360-361*

360 FERTUR : portatur ; YPALEMON : proprium ; PELAGONAQUE : proprium et. 361 CORNUA : partes ; PROSTERNIT : occidit ; SOCII : sui ; IACENTES : mortuos illos.

VIII 362-364
Mors filii Ypotoantis

362-364*

362 AT : et ; LETIFEROS : mortales ; EFFUGIT : victavit ; ENESIMUS : a loco vel proprium. 363 YPOTOANTE : proprium ; TREPIDANTEM : illum ; TERGA : sua. 364 SUCCISO : percusso ; LIQUERUNT : ab apro defecerunt.

VIII 365

PILIUS, id est Nestor qui ibi venit, de quo fatatum erat quod Troia non caperetur nisi iret, et sic necesse erat illi ut servaretur.

VIII 350-351

Prière du fils d'Ampyx

355 ARSIT (« brûla ») : parce que, comme la foudre fend et consume, ainsi fait le sanglier.

VIII 360-361

Mort d'Hippalmos et de Pélagon sous les coups du sanglier

DEXTRA CORNUA (« l'aile droite »), c'est-à-dire la partie droite.

VIII 362-364

Mort du fils d'Hippocoon

VIII 365

PILIUS (« de Pylos »), c'est-à-dire Nestor qui vint à cette chasse, et dont il avait été prédit que Troie ne serait pas prise s'il n'y allait pas, et ainsi il était nécessaire qu'il eût la vie sauve.

365-368*

365 FORSITAN : a casu ; PILIUS : proprium ; CITRA : ante ; PERISSET : mortuus fuisset. 366 SUMPTO : capto ; COGNAMINE : virtute ; HASTA : lancea. 367 INSILUIT : saliit ; QUE : arbor ; STABAT : erat. 368 DESPEXIT : desursum aspexit ; TUTUS : securus ; HOSTEM : aprum.

VIII 369

Mors Orichie

DENTIBUS : com Nestor in silviis et in arbore ‹esset›, aper videns ipsum evasisse, percussit robur ac si putaret percussisse illum virum, unde postea Orichiam occidit.

369-374*

369 DENTIBUS : suis ; ILLE : aper ; FEROX : crudelis ; STIPITE : tronco ; TRITIS : fixis. 370 IMMINET : venit ; -QUE : et ; RECENTIBUS : fortibus ; ARMIS : dentibus. 371 ORICHIE : proprium ; ROSTRO : ore ; HAUSIT : percussit ; ADUNCO : curvo. 372 AT : et ; GEMINI : duplices ; NUNDUM : non adhuc ; FRATRES : duo, scilicet Flexipus et Consipus, vel aliter Castor et Pollus, qui, postquam deificati fuerunt, semper erant eiusdem cultus. 373 CONSPICUI : nobiles ; CANDIDIORIBUS : albioribus. 374 VECTABANTUR : portabantur ; VIBRATA : concussa ; AURAS : ethera.

VIII 375

SPICULA HASTARUM : intransitive, id est spicula que in re sunt haste.

375-377*

375 HASTARUM : suarum ; QUATIEBANT : concuciebant ; SPICULA : tela. 376 VULNERA : plagas ; NISI : si non ; SETIGER : aper ; OPACAS : dempsas. 377 NEC : non ; IACULIS : ullis ; LOCA : scilicet.

VIII 378

STUDIO, quia magis studebat eundo quam sibi precavendo, et sic fere mortuus fuit, et, dum ita a socio levaretur, Athalantha eum vulneravit.

378-381*

378 PROSEQUITUR : perfecte ; THELAMON : proprium. 379 PRONUS : resupinus ; RADICE : ille dico. 380 HUNC : Thelamonem ; CELEREM : citam ;

369 arbore ‹esset›] arbore *ms.* | 372* postquam] postea *ms.*

VIII 369

Mort d'Eurytus[33]

DENTIBUS (« ses dents ») : alors que Nestor dans la forêt s'était réfugié dans un arbre, le sanglier, voyant qu'il lui avait échappé, frappa le chêne comme s'il pensait avoir frappé l'homme, puis tua ensuite Eurytus.

372 FRATRES (« les frères ») : deux frères, à savoir Flexipus et Consipus, ou autrement Castor et Pollux qui, après avoir été déifiés, étaient toujours associés dans un même culte.

VIII 375

SPICULA HASTARUM (« les pointes de leurs javelots ») : sans complément[34], c'est-à-dire que les pointes sont en réalité les javelots.

VIII 378

STUDIO (« dans l'ardeur »), parce qu'il mettait son ardeur à courir plus qu'à faire attention à lui, ainsi faillit-il mourir, et tandis qu'un compagnon le relevait, Atalante blessa la bête.

---

33 Le vers 371 des *Métamorphoses* parle en fait du fils d'Eurytus, Hippasus.

34 Je comprends « intransitive » comme le fait que « hastarum » n'est pas le complément de « spicula », mais est plutôt une apposition, les pointes = les javelots.

THEGEA : Athalanta. 381 NERVO : corda arcus ; SINUATO : curvo ; EXPULIT : traxit.

|f. 116v|

VIII 382-383

Percussio apri ab Athalanta

SUMMUM CORPUS, id est summitatem corporis, videlicet spinam, et tamen, cum illum ita percussisset, non erat plus leta casu ictus quam Meleager, qui illam iam adamabat.

382-386*

382 FERI : apri ; SUMMUM : caput ; DISTINXIT : divisit ; ARUNDO : sagita. 383 EXIGUO : parvo ; RUBEFECIT : tinxit ; SANGUINE : apri. 384 ILLA : Athalanta ; SUCCESSU : bono casu. 385 MELEAGER : proprium, amicus suus. 386 ET PRIMUS : putatur ; SOCIIS : suis ; OSTENDISSE : monstravisse ; CRUOREM : sanguinem.

VIII 387-388

Quasi diceret : 'MERITUM, bene promeruisti, que primo aprum usque ad sanguinem sagitasti', et, com ita dixisset et monstrasset, VIRI ERUBUERE, quia melius fecerat femina quam viri.

387-389*

387 ET MERITUM : bene promeritum ; DIXISSE : putatur ; FERES : portabis ; VIRTUTIS : operis virtuosi. 388 ERUBUERE : pudorem habuere ; EXORTANTUR : commonent ; ADDUNT : faciunt. 389 CLAMORE : suo ; ANIMOS : ausus ; IACTANTQUE : iaciunt et.

VIII 390

Tanta erat copia iactatorum telorum quod unum aliud impediebat, et sic non poterant aprum interficere.

390* TURBA : multitudo ; IACTIS : iactatis.

VIII 391

BIPENNIFER, id est ferens securim que a duabus partibus scindebat. CONTRA FATA : contra mortis sue diem, vel contra aprum, qui erat ita fatalis quod illum interfecit.

382-383*tit.* ab] ad *ms.* | 382-383 leta] lecta *ms.*

|f. 116v|

VIII 382-383

La bête est atteinte par Atalante

SUMMUM CORPUS (« le corps le plus haut »), c'est-à-dire le sommet du corps, sans doute le dos ; cependant, comme elle l'avait atteint, elle n'était pas plus heureuse du succès de son coup que Méléagre, qui était déjà amoureux d'elle.

VIII 387-388

En d'autres termes : « MERITUM (« à bon droit »), tu as droit aux honneurs, toi dont la flèche a la première fait couler le sang de la bête », et comme il avait parlé ainsi et montré le sang, VIRI ERUBUERE (« les hommes rougirent »), parce qu'une femme avait fait mieux qu'eux.

VIII 390

Ils avaient jeté une telle quantité de traits qu'ils se nuisaient mutuellement, et ne pouvaient tuer le sanglier.

VIII 391

BIPENNIFER (« armé d'une double hache »), c'est-à-dire portant une hache qui fendait des deux côtés. CONTRA FATA (« au-devant de son destin ») : au-devant du jour de sa mort, ou au-devant du sanglier, qui était son destin puisqu'il le tua.

391-393*

391 FURENS : ruens ; SUA FATA : suam mortem ; BIPENNIFER : securifer. 392 FEMINEIS : mulieris ; VIRILIA : hominum ; PRESTENT : prevaleant. 393 IUVENES : socii ; -QUE : et ; CONCEDITE : favete.

VIII 394-395

Quasi dicat : 'Sive velit Diana, sive non, tamen illum iam occidam', et, dum talia loqutus fuisset, elevavit securim.

394-396*

394 LICET : quamvis ; HUNC : aprum ; LATHONA : Diana ; PROTEGAT : deffendat. 395 INVITA : contra voluntatem ; HAC : Diana ; PERIMET : occidet ; MEA : illum. 396 TALIA : supradicta ; MAGNILOQUO : magna loquente ; NONDUM : non adhuc ; MEMORAVERAT : dixerat.

VIII 397

ANCIPITEM, quia dubitabilis erat eo quod duabus partibus scindebat. INSTITERAT, quia elevaverat se super articulo, ut maiores vires sumeret feriendo.

397-404*

397 ANCIPITEMQUE : dubiam et ; MANU : sua ; TOLLENS : elevans. 398 INSTITERAT : steterat ; DIGITIS : articulis pedum ; SUSPENSUS : elevatus. 399 OCCUPAT : capit ; AUDENTEM : ausum ; QUAQUE : parte et ; LETO : morti. 400 SUMMA : infima ; FERUS : crudelis ; GEMINOS : duplices ; DIREXIT : elevavit. 401 CONCIDIT : mortuus fuit ; ANTHEUS : Archas ; GLOMERATAQUE : alio modo coniuncta et ; SANGUINE : suo ; MULTO : magno. 402 VISCERA : sua ; MADEFACTA : madida ; -QUE : et ; SANGUINE : suo. 403 ADVERSUM : adversarium ; PROLES : filius ; YSIONIS : proprium ; HOSTEM : aprum. 404 PYRITHOUS : proprium ; VALIDA : magna ; VENABULA : *epiem* gallice.

VIII 405-406

CUI : Pirithoo Theseus, existens a longe, dixit.

405-407*

405 PROCUL : longe ; EGIDES : Theseus ; O ME : quia te ; MICHI CARIOR : amo sicut me ipsum. 406 ANIME : vite ; CONSISTE : sta ; LICET : licitum ; EMINUS : longe. 407 ANTHEO : Archadi ; TEMERARIA : stulta.

VIII 394-395

Autrement dit : « Que Diane le veuille ou non, je vais pourtant le tuer maintenant », et après avoir parlé ainsi il leva sa hache.

VIII 397

ANCIPITEM (« incertain »), parce qu'il n'était pas sûr de frapper des deux côtés. INSTITERAT (« il s'était dressé »), parce qu'il s'était soulevé sur la pointe des pieds, pour mettre plus de forces à le frapper.

VIII 405-406

CUI (« auquel »), à Pirithoüs, Thésée cria en se tenant éloigné.

VIII 408

Cornus est arbor unde fuerunt haste, et sic ibi ponitur materia pro materiato.

408* ERATA : ferrata ; TORSIT : com(torsit) ; GRAVE : forte ; CORNU : iaculum.

VIII 409

Ibi ponitur dativus pro ablativo, vel melius debet poni in textu quod esculus est arbor in quo multi rami crescunt, et dicitur *meslier* gallice.

409* CUI : vel 'quo' ; VIBRATO : concusso ; VOTI : desiderii.

VIII 410-413

Ita defecit Theseus et non percussit ; tunc Iason, filius Esonis, iecit iaculum, sed aprum non occidit, imo canem.

410-413*

410 OBSTITIT : nocuit ; FRONDOSUS : ramosus. 411 MISIT : iecit ; ESONIDES : Yason ; IACULUM : suum ; QUOD : iaculum ; CASUS : infortunium ; ILLO : apro. 412 VERTIT : divertit ; ET IN MENTUM : in genis ; LATRANTIS : casus. 413 ILIA : canis ; TELLURE : terra.

VIII 414-415

Vulneratio apri de Meleagro

VARIAT : id est variando iaculatur, mittendo duo iacula, quorum primum fixum est in terra, secundum vero in tergo apri.

414-415*

414 AT : sed ; EONIDE : Meleager ; MISSIS : iactatis ; DUABUS : hastis. 415 PRIOR : prima stetit ; ALTERA : hasta.

VIII 416

Quia, quanto erat propior apro, tanto aper magis commovebatur ad iram, unde versus : « Irritat, evacuat, irritat, provocat iras ».

416* NEC : et non ; SEVIT : insanit ; CORPORA : sua ; VERSAT : sepe vertit ; ORBEM : girum.

---

409 quod] quo *ms.* | 416 propior] proprio *ms.*

VIII 408

Le cornouiller est l'arbre dont on fait les lances : la matière est ici utilisée pour l'objet fabriqué.

VIII 409

Ici le datif est utilisé pour l'ablatif, ou il faut utiliser le mot « melius » dans le texte parce que le chêne est un arbre pourvu de nombreuses branches ; on l'appelle *meslier* (« néflier ») en roman.

VIII 410-413

Ainsi Thésée manqua son coup et ne frappa pas la bête ; alors Jason, fils d'Eson, jeta son javelot. Il ne tua pas le sanglier, mais un chien.

VIII 414-415

Méléagre blesse le sanglier

VARIAT (« diffère ») : il diffère dans son lancer de javelot, en envoyant deux javelots, dont le premier se fiche dans la terre, mais le second dans le dos du sanglier.

VIII 416

Parce que, plus il se rapprochait du sanglier, plus ce dernier était transporté de colère, d'où les vers : « Il l'excite, l'épuise, l'excite, provoque sa colère ».

VIII 417

STRIDENTEM dicit, quia tanta ferocitas inerat illi quod ignis videbatur exire ab ore eius.

417* STRIDENTEMQUE : resonantem et ; NOVO : noviter ; SPUMAM : manantem ; FUDIT : e(fudit).

VIII 418-421

Interfectio apri

Ita Meleager occidit, unde universi socii gaudebant.

418-421*

418 VULNERIS : plage ; ACTOR : Meleager ; ADEST : venit ; HOSTEM : aprum ; IRRITAT : commovet. 419 SPLENDIDAQUE : nitida et ; ADVERSOS : et contrarios ; CONDIT : abscondit ; ARMOS : humeros. 420 TESTANTUR : faciunt ; SOCII : iuvenes ; SECUNDO : prospero. 421 VICTRICEMQUE : Meleagrum et ; DEXTRE : sue ; CONTINGERE : vel 'coniungere'.

VIII 422

Nota quod iste Meleager erat de genere Martis, scilicet dei belli, quia Mars genuit Parchanopeum, Parcanopeus genuit Oenea, Oeneus Meleagrum.

422* IMMANEM : magnum ; FERAM : aprum ; MULTA : magna.

VIII 423-424

Adhuc timebant de illo.

423-428*

423 MIRANTES : stupentes ; SPECTANT : cernunt ; NEC : et non ; CONTINGERE : tangere ; TUTUM : securum. 424 PUTANT : credunt ; SUA : ita quod ; QUISQUE CRUENTANT : quisque cruentat suum. 425 IPSE : Meleager ; PEDE : suo ; INSICIABILE : vel 'exiciabile' ; PRESSIT : (com)pressit ; quia multis fecerat excicium et mortem. 426 ATQUE : hoc facto ; SUME : cape ; NONACRIA : 'o Athalanta' ; IURIS : facio te optime participem mee laudis. 427 DIXIT : ita ; PARTEM : partim ; GLORIA : laus. 428 PROTINUS : consequenter ; EXUVIAS : spolia ; SETIS : quia superius dicebatur de setis stantque velud vallum eo quod essent similes hastilibus.

417* manantem] manante *ms.* | 427* laus] laux *ms.*

VIII 417

Il dit STRIDENTEM (« sifflant ») parce qu'il était empli d'une telle fureur que des flammes semblaient sortir de sa bouche.

VIII 418-421

Mort du sanglier

Ainsi Méléagre le tua, pour la joie de tous ses compagnons.

VIII 422

Noter que ce Méléagre était descendant de Mars, le dieu de la guerre, puisque Mars avait engendré Parthénopée, Parthénopée Œnée, et Œnée Méléagre.

VIII 423-424

Ils avaient encore peur de lui.
425 PRESSIT (« écrasa ») : parce que la bête avait causé la perte et la mort de nombreux hommes. 426 IURIS (« du droit ») : je te fais participer le plus possible à ma gloire. 428 SETIS (« de soies ») : parce que plus haut on disait à propos des soies qu'elles se dressent comme une palissade du fait qu'elles seraient semblables à des hampes de javelots.

|f. 117r|

VIII 429-431

Dedit ei tergum a spina et caput quod erat nobile per dentes, unde superius : « Dentes equantur dentibus Indis » (288). INVIDERE, quia qui videre moti fuere eo quod mulier laudem cursus haberet.

429-435*

429 TERGA : scilicet spinam ; INSIGNIA : nobilia ; ORA : caput. 430 ILLI : Athalanthe ; MUNERE : dono ; MUNERIS : doni ; ACTOR : Meleager, eo quod tantum gavisa est quod tantus quantus Meleager erat, tale donum sibi dedisset. 431 INVIDERE ALII : invidiam habuere socii ; AGMINE : consorcio. 432 E QUIBUS : iuvenilibus ; INGENTI : magno ; BRACHIA : sua. 433 PONE : desine ; AGE : interiectio ; TITULOS : laudes ; INTERCIPE : cape ; FEMINA : O ; NOSTROS : 'Quia laus fuge nostra est nec tua debet esse'. 434 TESTIADE : filii Testii ; CLAMANT : ex(clamant) ; NEC : et non ; FORME : pulcritudinis. 435 CAPTUS : correptus ; AMORE : tuo. Longe dicitur ille esse qui nullum auxilium potest ferre.

VIII 436

ADIMUNT, quia dixerunt ius esse commune omnibus, ideo quod universi erant participes laudis et aprum insequti fu‹erant› probaveruntque Meleagrum non debere dare caput.

436-439*

436 ACTOR : Meleager ; HUIC : Athalante ; ADIMUNT : removent ; MUNUS : donum ; MUNERIS : removeri. 437 NON TULIT : Mele(ager) passus fuit ; TUMIDA : superba ; FRENDENS : fremens ; MAVORCIUS : de genere Martis. 438 DISCITE : ad(discite) ; RAPTORES : O ; ALIENI : non proprii. 439 DISTENT : different ; HAUSIT : percussit ; NEPHANDO : pravo.

VIII 440

Mors Plexipi et Toxei

NIL TALE, quia non timebat quod illum occideret pro talibus, quia cognatus suus erat. TOXEA : com Plexippus mortuus esset, Toxeus dubitavit inter ipsum vindicaret, et, dum cogitaret, Meleager ipsum occidit.

429-431 equantur] equatur *ms.* | 433* laus] lanx *ms.* | 436 fu‹erant›] fu *ms.*

|f. 117r|

VIII 429-431

Il lui donna le dos détaché de l'épine dorsale et la tête, qui était un noble présent à cause des dents, dont il est dit plus haut : « Les dents égalaient les dents indiennes ». INVIDERE (« ils furent jaloux »), parce que ceux qui assistèrent (à la scène) furent émus qu'une femme reçût le prix de la course.

430 ACTOR (« l'auteur ») : Méléagre, parce qu'elle fut d'autant plus heureuse que ce fût Méléagre, qui était si important, qui lui ait fait un tel don. 433 NOSTROS (« nôtre ») : parce que l'honneur de la course est nôtre et ne doit pas te revenir. 435 AMORE (« par amour »). On dit longuement qu'il est celui qui ne peut apporter aucune aide.

VIII 436

ADIMUNT (« ils enlèvent »), parce qu'ils dirent que tous en commun y avaient droit, parce qu'ils avaient tous une part de gloire et avaient tous poursuivi le sanglier, prouvant ainsi que Méléagre ne devait pas lui donner la tête.

VIII 440

Mort de Plexippe et Toxée

NIL TALE (« rien de tel »), parce qu'il ne craignait pas d'être tué pour de telles raisons, lui qui était son parent. TOXEA (« Toxée ») : comme Plexippe était mort, Toxée se demanda intérieurement s'il le vengerait et, tandis qu'il réfléchissait, Méléagre le tua.

440-444*

440 PLEXIPI : proprium ; NIL : non aliquid. 441 TOXEA : proprium ; FACIAT : vel 'faceret' ; PARITER : simul. 442 ULCISCI : vindicare ; FRATERNAQUE : suum et ; FATA : morte. 443 HAUT : non ; PATITUR : Meleager ; DIU : longe ; PRIORIS : scilicet Flexei. 444 CEDE : morte ; CONSORTI : sociali ; TELUM : suum.

VIII 445-450

Lamentatio Althee pro fratribus

[1] DONA DEUM : dictum est superius quomodo Meleager occidit duos fratres matris sue et aprum interfecit, unde Althea pro gaudio victorie sacrificavit, et, com audisset dici quod filius suus illos occiderat, incepit lugere, et sequitur de morte Meleagri. [2] Fabula talis est : quando Testias, scilicet Althea, erat in dolore partus, tres dee, scilicet Clotos, Lachesis, Atropos, venerunt et posuerunt tirsum in igne dicentes : 'Tot vives quot durabit tirsus iste', et recesserunt. [3] Mater tamen, hoc audiens, removit tirsum et extinxit. Com audisset quod ille fratres occiderat, misit tirsum in ignem, et sic mortuus fuit Meleager, ut inferius in textu declaratur.

445-450*

445 DONA : sacrificia ; DEUM : deorum ; NATO : pro 'suo' ; FEREBAT : portabat. 446 VIDET : illa ; EXTINCTOS : occisos ; FRATRES : suos ; ALTHEA : proprium ; REFFERRI : portari. 447 QUE : Althea ; PLANGORE : verber anime ; MESTIS : tristibus ; URBEM : civitatem. 449 AT SIMUL : sed postquam ; NECIS : mortis ; EDITUS : dictus ; EXCIDIT : cecidit. 450 VERSUS : luctus.

VIII 451-453

STIPES : modo ostendit quomodo Althea ulta fuit fratres suos. NENTES, unde in *Grecismo* habentur versus : « Cloto colum baiulat, Lachesis trahit, Atropos octat ». FATALIA, quia fata hominum dicuntur demonstrare.

440* aliquid] aliquit *ms.* | 445-450.1 com] de *ms.*

VIII 445-450

Plainte d'Althée pour ses frères

[1] DONA DEUM (« des présents aux dieux ») : on a dit plus haut comment Méléagre tua les deux frères de sa mère et acheva le sanglier, aussi Althée célébra-t-elle par des sacrifices la joie de la victoire puis, apprenant que son fils avait tué ses oncles, commença à se lamenter, ce qui eut pour conséquence la mort de Méléagre. [2] La fable est la suivante : quand la fille de Thestius, à savoir Althée, était dans les douleurs de l'enfantement, les trois déesses, à savoir Clotho, Lachésis et Atropos, vinrent et posèrent un thyrse dans le feu en disant : « Tu vivras aussi longtemps que durera ce thyrse », et elles s'en allèrent. [3] Mais la mère, entendant cela, retira le thyrse du feu et l'éteignit. Ayant appris qu'il avait tué ses frères, elle posa le thyrse dans le feu, et c'est ainsi que mourut Méléagre, comme le texte le raconte plus bas.

VIII 451-453

STIPES (« une bûche ») : maintenant il montre comment Althée vengea ses frères. NENTES (« filant »), d'où le vers qu'on a dans le *Graecismus* : « Clotho porte la nasse, Lachésis la traîne, Atropos brise les mottes ». FATALIA (« fatals »), parce qu'ils représentent, dit-on, les destins des hommes.

451-453*

451 STIPES : tirsus quidam ; QUEM : tirsum ; PARTUS : de partu. 452 TESTIAS : altera filia Testii ; FLAMMAS : ignes ; TRIPLICES : tres ; POSUERE SORORES : Cloto, Lachesis, Atropos. 453 STAMINAQUE : fila et ; POLLICE : digito ; NENTES : filantes.

VIII 454-455
Principium mortis Meleagri

454-457*

454 TEMPORA : vite ; DIXERUNT : dee ; EADEM : equalia ; LIGNO : stipiti. 455 'o' ; puer ; MODO : nuper ; DAMUS : concedimus ; QUO : loco ; CARMINE DICTO : et hoc dico. 456 EXCESSERE : re(cessere) ; FLAGRANTEM : inflammatum ; MATER : Althea. 457 ERIPUIT : removit ; TORREM : tirsum ; -QUE : et ; LIQUENTIBUS : claris ; UNDIS : hic *licor* est nomen ; sunt verba *liquor*, quoque *liquor*.

VIII 459

'Quia, quamdiu servatus erat, nihil poteras mori'.
459* -QUE : et ; IUVENIS : 'o Meleager'.

VIII 460

tedas] Tede sunt tirsi accensi ; FRAGMINA sunt rami minutissimi.

460-461*

460 PROTULIT : accepit ; HUNC : tirsum ; GENITRIX : Althea. 461 IMPERAT : dicit ; POSITIS : tedis, fragminibus ; ADMOVET : addit.

VIII 462

Modo ostendit quomodo Althea erat dubio quid faceret.
462* TORREM : tirsum.

VIII 463

PUGNAT : ex una parte prohibebat maternus amor ne tirsum combureret ; ex alia parte fraternus amor urgebat ut illum cremaret.

---

460 tirsi] tirisi *ms.*

VIII 454-455

Début de l'agonie de Méléagre

UNDIS (« ondes ») : ici le nom est *licor*, le mot *liquor* existe aussi.

VIII 459

« Parce que, aussi longtemps qu'il était conservé, tu ne pouvais pas mourir ».

VIII 460

TEDE (« branches de pin ») : ce sont des thyrses enflammés ; FRAGMINA (« éclats ») : ce sont de toute petites branches.

VIII 462

Maintenant il montre comment Althée se demandait ce qu'elle ferait.

VIII 463

PUGNAT (« combat ») : d'un côté son amour maternel l'empêchait de brûler le thyrse ; de l'autre son amour fraternel la pressait de l'enflammer.

463-464*

463 CEPTA : inceptiones ; QUATER : multociens ; PUGNAT : certat ; MATER : illa. 464 DIVERSA : varia ; TRAHUNT : ducunt ; UNUM : solum ; DUO : nomen matris et nomen sororis ; PECTUS : suum.

VIII 465-468

De matre Meleagri

Althea, sciens se opus sceleratum facturam, pallida erat, quia sanguis, qui est amicus nature, dum natura commovetur aliquo scelere, ad intima fugit, et sic pallescunt irati.

465-468*

465 METU : timore ; SCELERIS : impietatis ; PALLEBANT : pallida erant ; FUTURI : venturi ; FERVENS : recalescens ; DABAT : monstrabat. 467 MODO : aliquando ; SIMILIS : compar ; MINANTI : alicui. 468 VULTUS : suus ; MODO QUEM MISERERI : aliquando erat vultus talis quam tristari ; POSSES : si esses presens.

VIII 469

[1] Quia aliquando ita erat elata per vultum quod solo vultu cognosceretur iracondia sua. [2] ARDOR : aliquando multi ita sunt tristes quod cor, quod est principale membrum, ita obturat pulmonem et cetera membra humida quod aqua nec humor potest ascendere usque ad oculos, et hoc est ex natura cordis calidi.

469* COMQUE : quando et ; FERUS : crudelis ; LACRIMAS : suas ; ANIMI : mentis ; SICCAVERAT : attenuaverat.

VIII 470-474

Utitur actor comparatione, comparando Altheam et cogitationes suas navi que de diversis flatibus agitatur.

|f. 117v|

470-474*

470 INVENIEBANTUR : videbantur in oculis ; UT : sicut ; CARINA : navis. 471 QUAM : carinam ; -QUE : et ; RAPIT : commovet ; ESTUS : calor.

465-468 sceleratum] sceleratam *ms.* | 469.2 cetera *ex* certamen cetera *ms.* | 470-474 navi] nam *ms.* |

464 DUO (« deux ») : le nom de mère et le nom de sœur.

VIII 465-468
La mère de Méléagre

Althée, sachant qu'elle allait commettre un meurtre, était pâle, parce que le sang, qui est l'ami de la nature, se réfugie vers l'intérieur lorsque la nature est émue par un crime : ainsi ceux qui sont en colère palissent.

468 MODO QUEM MISERERI (« parfois (un visage) qu'(il faudrait) prendre en pitié ») : parfois son visage était semblable à celui dont (on doit) s'attrister.

VIII 469

[1] Parce que parfois les traits de son visage manifestaient une telle outrance qu'on pouvait percevoir sa colère simplement en la regardant. [2] ARDOR (« l'ardeur ») : parfois bien des gens sont si tristes que le cœur, qui est le membre le plus important, bouche les poumons et les autres membres qui contiennent des humeurs, au point que ni l'eau ni l'humeur ne peuvent monter jusqu'aux yeux, et cela par la nature d'un cœur ardent.

VIII 470-474

L'auteur utilise une comparaison : il compare Althée et ses pensées à un navire agité par des vents contraires.

472 VIM : commotionem ; GEMINAM : duplam ; SENTIT : percipit ; PARETQUE : obedit et ; DUOBUS : tam estui quam vento. 473 TESTIAS : filia Testii ; AUT : non ; AFFECTIBUS : volumptatibus ; ERRAT : vacillat. 474 -QUE : et ; VICES : aliquando ; PONIT : deponit ; POSITAMQUE : depositam et.

VIII 475-477

Ita dubitavit, et tunc illa plus incepit diligere fratres quam proprium filium, et hoc male. IMPIETATE, quia filium occidebat ; PIA, quia fratrem ulciscebatur.

475-477*

475 GERMANA : soror ; PARENTE : matre. 476 CONSANGUINEAS : fraternas ; SANGUINE : morte ; LENIAT : pacificet ; UMBRAS : animas. 477 IMPIETATE : crudelitate ; NAM : quia ; PESTIFER : malus.

VIII 478-479

MEA VISCERA, idest filium meum, qui exivit a visceribus, quia filius et viscera patrum et matrum sunt viscera. FATALE, in quo consistebat mors et vita nati. Antiqui in morte amicorum suorum solebant facere aras deis.

478-479*

478 VALUIT : valorem habuit ; ROGUS : ignis ; CREMET : comburat. 479 UTQUE : sicut ; DIRA : crudeli ; FATALE : mortale.

VIII 480-481

Quomodo incepit Althea ponere stipitem in igne

480-482*

480 SEPULCRALES : mortales ; INFELIX : Althea. 481 PENARUMQUE : mortis et ; TRIPLICES : tres ; FURIALIBUS : pravis ; INQUIT : dixit. 482 EUMENIDES : 'o Furie' ; SACRIS : a ; AVERTITE : removete.

475-477 IMPIETATE] IN PIETATE *ms.* | 476* CONSANGUINEAS *ex* CONSANGUINEIS *ms.* | 478-479 amicorum *ex* amo amicorum *ms.* 478* comburat *ex* comburet *ms.* | 482* AVERTITE] avertice *ms.*

|f. 117v|

VIII 475-477

Ainsi elle doutait, puis elle se mit à préférer ses frères à son propre fils, et elle fit mal. IMPIETATE (« par impiété ») : parce qu'elle faisait mourir son fils ; PIA (« pieuse ») : parce qu'elle vengeait un frère.

VIII 478-479

MEA VISCERA (« mes entrailles »), c'est-à-dire mon fils, qui sortit de mes entrailles, parce que les entrailles des pères et des mères sont leur fils. FATALE (« fatal »), en lequel résidait la mort et la vie de son fils. Les anciens, à la mort de leurs proches, avaient coutume de dresser des autels aux dieux.

VIII 480-481

Comment Althée commença à poser le thyrse dans le feu

VIII 483

morte pianda est] unde versus : « Mortem morte domo, / ne moriatur homo ».
483* ULCISCOR : vindico me ; -QUE : et ; NEPHAS : impietatem ; MORS : ecce ; MORTE : quare quia ; PIANDA : purganda.

VIII 484

ADDENDUM SCELUS : de interfectione filii. IN SCELUS, id est in mortem fratrum meorum, vel dicitur generaliter secundum legem antiquorum, qui dicunt : « oculum pro oculo, dentem pro dente ».

485-486*

485 COADCERVATOS : coniunctos ; PEREAT : moriatur ; DOMUS : familia ; IMPIA : prava. 486 AN : non quid ; OENEUS : pater Meleagri ; NATO : Meleagro ; VICTORE : ab apro.

VIII 487

LUGEBITIS : melius est quod tam maritus meus quam pater pariter fleant quam unus gauderet et alius ploraret.
487* TESTIUS : pater ; ORBUS : orbatus ; ERIT : duobus ; LUGEBITIS : plorabitis ; AMBO : Testie et Oeneu.

VIII 488

VOS MODO, MANES ET ANIME et umbre : ibi ponitur secundum opinionem antiquorum qui dicebant tres hominis animas esse : unam, que redit ad corpoream casam, de qua loquitur Pitagoras in sequentibus ubi : « Omnia pretereunt nichil » (XV 165), et cetera ; aliam, de qua loquitur in *Remedio amoris*, ubi dicit : « Me duce non tumulo prodire videbitur » (*Rem.* 253) ; terciam, de qua in iustis locis fit mentio com dicitur : « errant exangues sine corpore » (IV 443).

488-490*

488 MODO : in presenti ; MANES : 'o' ; RECENTES : id est nove. 489 OFFICIUM : purificationem ; SENTITE : percipite ; MAGNO : dampno. 490 INFERIAS : exequias ; UTERI : ventris, scilicet.

---

484 generaliter *ex* naturaliter generaliter *ms.* | 488 qua loquitur[1]] loquitur *ms.* loquitur[2]] liquitur *ms.*

VIII 483

morte pianda est (« il faut expier par la mort »)] d'où les vers : « la mort par la mort dans la maison, / pour que l'homme ne meure pas… ».

VIII 484

ADDENDUM SCELUS (« il faut ajouter un crime ») : à propos du meurtre de son fils. IN SCELUS (« à un crime »), c'est-à-dire à la mort de mes frères, ou ces mots sont prononcés de manière générale, suivant la loi des anciens qui disaient « œil pour œil, dent pour dent ».

VIII 487

LUGEBITIS (« vous vous lamenterez ») : il vaut mieux que mon mari aussi bien que mon père pleurent tous les deux, plutôt que l'un se réjouisse et que l'autre verse des larmes.

VIII 488

VOS MODO, MANES ET ANIME (« Vous seulement, mânes et âmes ») et ombres : on parle ici selon l'opinion des anciens qui disaient que les hommes avaient trois âmes : l'une qui appartient à l'enveloppe corporelle, dont parle Pythagore dans la suite lorsqu'il dit : « Toutes choses retournent au néant » etc., l'autre, dont il est question dans les *Remèdes à l'amour*, lorsqu'il est dit : « Sous ma conduite, on ne vous verra pas vous avancer jusqu'au tombeau. » ; la troisième, dont il est fait mention aux bons endroits lorsqu'on dit : « elles errent exsangues privées de corps. »

VIII 491
Secom loquitur Althea

491-497*

491 QUO : proposito ; RAPIOR : ducor ; FRATRES : 'o' ; IGNOSCITE : indulgete ; MATRI : michi existenti, quasi diceret : 'Non pigeat si ego mater parcam filio meo nec occidam'. 492 CEPTA : principia ; MANUS : mee. 493 CUR : quare ; PEREAT : moriatur ; MORTIS : vestre ; ACTOR : 'In quantum vos occidit, michi displicet ; in quantum filius meus est, michi placet'. 494 ERGO : ex quo nos occidit ; IMPUGNE : sine pena patietur ; -QUE : et. 495 SUCCESSU : bono casu ; TUMIDUS : superbet ; HABEBIT : certe non com fratres-rum ab ipso sint occisi. 496 VOS : 'o fratres' ; EXIGUIS : parvis ; GELIDE : frigide. 497 AUT : non ; EQUIDEM : certe ; PEREAT : moriatur ; SCELERATUS : homicida.

VIII 498

Quia pater sperat quod rex sit post illum ; pater putat quod auxilium tribuat illi magnum.

498* -QUE : et ; PATRIS : sui ; REGNUMQUE : suum et ; -QUE : et ; -QUE : et.

VIII 499-501

[1] Narraverat superius Althea multas causas quibus filius suus debebat perire, modo se corrigit et dicit : 'A novem mensibus illum portavi mecum. Ha, quare ista cogito ?'. [2] O UTINAM, quasi dicat : 'Melius amarem quod primo mortuus fuisses quam nunc, quia non essem rea mortis nec tu fratres meos occidisses'.

499-502*

499 MATERNA : matris ; PARENTUM : matrum. 500 MENSES : per ; BIS : decem. 501 PRIMIS : iuvenibus ; INFANS : 'o'. 502 -QUE : et ; EGO : utinam ; FOREM : fuissem ; MUNERE : dono.

VIII 503

'Quia removi stipitem ab igne, de quo fatatum erat quod, quamdiu duraret, viveres. NUNC MERITO, quia mortem bene meruisti'.

---

498 pater[2]] patera *ms.* | 499-501.1 mecum] mersum *ms.* | 499-501.2 fuisses *ex* fuisseto *ms.*

VIII 491
Monologue d'Althée

491 MATRI (« à la mère ») : que je suis, autrement dit : « Ne soyez pas contrariés si moi qui suis mère, épargne mon fils, si je ne le tue pas. » 493 ACTOR (« l'auteur ») : dans la mesure où il vous a tués, cela me déplaît ; dans la mesure où il s'agit de mon fils, cela me plaît. 495 HABEBIT (« il aura ») : certes non, puisque mes frères ont été tués par lui.

VIII 498

Parce que son père espère qu'il soit roi après lui ; son père pense qu'il peut lui apporter un grand soutien.

VIII 499-501

[1] Althée avait énuméré plus haut les nombreuses raisons pour lesquelles son fils devait périr, maintenant elle se reprend et dit : « Je l'ai porté en moi pendant neuf mois. Ah ! Pourquoi repenser à cela ? » [2] O UTINAM (« Ô, plût aux cieux »), en d'autres termes : « J'aimerais mieux que tu fusses mort alors, plutôt que maintenant, parce que je ne serais pas responsable de ta mort, et que tu n'aurais pas tué mes frères. »

VIII 503

« Parce que j'ai sorti du feu le thyrse fatal, dont il avait été prédit que, aussi longtemps qu'il durerait, tu vivrais. NUNC MERITO ("Maintenant à bon droit"), parce que tu as bien mérité la mort. »

503* MERITO : pro meritis ; PREMIA : remunerationes.

VIII 504

BIS : semel in nativitate, secundo in remotione stipitis ab igne.

504-508*

504 DATAM : tibi ; PARTU : per partum ; MOX : postea. 505 ANIMAM : vitam ; SEPULCRIS : 'Ita ut, sicut fratres occidisti, ita me occidas'. 506 CUPIO : mori ; NEQUEO : mori ; AGAM : faciam. 507 ANTE OCULOS : in ymaginatione ; MODO : aliquando ; HEC : vel 'et'. 508 NUNC : aliquando ; ANIMUM : meum ; PIETAS : frangit ; FRANGUNT : commovent.

VIII 509-510

'Ego, mortuo, o fratres, filio meo, me occidam ob amorem tam vestri quam filii mei'.

509-510*

509 ME : dico ; MALE : ad malum ; FRATRES : 'o mei'. 510 DUMMODO : in presenti ; SOLACIA : sequar.

VIII 511

aversa] Retroversa fuit, ne videret scelus quod faciebat iactando stipitem in ignem.

511-512*

511 IPSA : ego ; -QUE AVERSA : et retroversa. 512 FUNEREUM : mortalem ; TORREM : tirsum ; CONIECIT : iactavit.

VIII 513

Gemuit, ut ostenderet factum furiosum.

513-515*

513 DEDIT : gemitum ; ILLE : tirsus. 514 ET INVITIS : com nollent ; CORREPTUS : accensus ; ARSIT : quia vix accendit illum ignis. 515 ABSENS : et deficiens ; MELEAGER : pro.

509-510 amorem] amore *ms.* | vestri] vestro *ms.* | 514* nollent] nolle *ms.*

VIII 504

BIS (« deux fois ») : une fois en te donnant naissance, une seconde fois en retirant le thyrse du feu.
505 SEPULCRIS (« aux tombeaux ») : de sorte que, comme tu as tué mes frères, tu me tues aussi.

VIII 509-511

« Une fois mon fils mort, ô mes frères, je me tuerai par amour autant de vous que de mon fils. »

VIII 511

aversa (« détournée »)] : elle tourna la tête en arrière, pour ne pas voir le crime qu'elle commettait en jetant le thyrse dans le feu.

VIII 513

Le bois gémit, pour montrer la fureur de cet acte.
514 ARSIT (« brûla ») : parce que le feu eut de la peine à l'enflammer.

VIII 516

[1] Ista fabula superius tractata de fuga Meleagri ad aprum et sociorum suorum, et quomodo tractavit morti cognatos est historia, sed quod de Meleagro et de stipite dicitur nichil est nisi quod mater sua intonxicavit illum com pre tristicia esset comota |f. 118r| et ardor veneni corpus suum combuxit et mortuus est. [2] Mater, sciens ream de morte, sese propria manu interfecit. Sorores Meleagri tantum fleverunt quod mutate fuerunt in aves. Quod nichil est dictum nisi quod fugerunt et ad ultimum in silvis latitaverunt et, ut quidam dicunt, se suspenderunt.

516-521*

516 URITUR : crematur ; CECIS : latentis ; TORRERI : cremari ; VISCERA : sua ; SENTIT : percipit. 517 SUPERAT : vincit. 518 IGNAVO : vano ; VULNERE : plaga ; LETO : morte. 519 MERET : luget ; ANTHEI : proprium ; FELICIA : esse. 520 GRANDEVUM : senem ; PATREM : Oenea ; FRATRESQUE : vocat et ; SORORES : vocat. 521 SOCIAM : Athalanta ; THORI : leti ; SUPREMO : ultimo.

VIII 522-523

Quasi diceret : 'Melius amarem ab apro interfici sicut Antheus quam sic mori' ; invocare incepit matrem ; FORSITAN dicit, quia mater erat seva illum occidendo. CRESCUNT : dum crescebat ignis, crescebat dolor suus. LANGUESCUNT : languendo deficiunt.

522-523*

522 FORSITAN : a casu ; ET : etiam ; MATREM : vocat suam Altheam ; -QUE : et. 523 LANGUESCUNT : deficiunt ignis et dolor ; ITERUM : aliquando ; SIMUL : pariter ; EXTINCTUS : deficiens tam ignis quam Meleager.

VIII 524-525

Mors Meleagri

524 LEVES : tenues ; PAULATIM : successive ; AURAS : ethera. 525 PAULATIM : successive ; PRUNAM : carbonem ; CANA : alba ; VELANTE : tegente.

VIII 526-528

Lamentatio Calidoni pro morte Meleagri

ALTA : mortuus est Meleager et universa civitas commota fuit pro morte sua.

516.2 quidam *ex* d quidam *ms.* | 522-523 invocare] cari *ms.* | 526-528 *tit.* Calidoni] Calidonum *ms.*

VIII 516

[1] Cette fable a traité plus haut de la poursuite du sanglier par Méléagre et ses compagnons et l'histoire concerne la façon dont il traita ses oncles, en les tuant ; mais ce qui est dit de Méléagre et de la buche signifie simplement que sa mère, poussée par le chagrin, l'empoisonna, |f. 118r| que la force du poison brûla son corps, et qu'il mourut. [2] Sa mère, consciente qu'elle était coupable de sa mort, se tua de sa propre main. Les sœurs de Méléagre versèrent tant de larmes qu'elles furent changées en oiseaux. Ce qui revient à dire qu'elles s'enfuirent et finalement se cachèrent dans les forêts ou, comme le disent certains, se pendirent.

VIII 522-523

En d'autres termes : « J'aimerais mieux avoir été tué par le sanglier comme Ancée que mourir ainsi. » ; il commença à appeler sa mère – FORSITAN (« peut-être »), dit-il, parce que sa mère avait eu la cruauté de le tuer. CRESCUNT (« augmentent ») : sa douleur augmentait en même temps que le feu. LANGUESCUNT (« s'affaiblissent ») : elles déclinent en s'affaiblissant.
523 LANGUESCUNT (« s'affaiblissent ») : le feu et sa douleur déclinent. EXTINCTUS (« éteint ») : le feu qui décline aussi bien que Méléagre.

VIII 524-525

Mort de Méléagre

VIII 526-528

Lamentations de la ville de Calydon pour la mort de Méléagre

ALTA (« haute ») : Méléagre était mort et toute la cité était émue par sa mort.

526-528*

526 ALTA : nobilis ; CALIDON : civitas ; LUGENT : plorent. 527 VULGUS : parvus populus ; PROCERES : barones ; -QUE : et. 528 PLANGUNT : percutiunt ; ORA : sua ; SIMUL : pariter.

VIII 529-530

Quia tedebat se tantum vixisse quod mortem filii sui Meleagri ‹videret›.

529-530*

529 OENEUS : proprium, pater Meleagri ; VULTUSQUE SENILES : feda et antiquos. 530 HUMI : terre ; FUSUS : iacens ; SPACIOSUM : magnum ; INCREPAT : criminatur.

VIII 531-532

Interfectio Althee a se ipsa pro morte filii sui

531-532*

531 NAM : quia ; MANUS : matris ; DIRI : cudelis ; CONSCIA : culpabilis. 532 EXEGIT : petiit ; ACTO : agitato ; ACTO [...] FERRO : et hoc dico.

VIII 533-535

Dicit Ovidius ex parte sua quod, si deus centum linguas et ora loquendi vel tempus et sapientiam totam Eliquonis donaret et ingenium quo posset intelligere ut centum linguis pariter loqueretur, non posset dicere tristiciam et lamentationem tam civium quam sororum.
533* DEUS : Phebum ; SONANTIA : re(sonantia).

VIII 534-536

Elichon est quidam mons ubi novem Muse habitant, que dicontur omnibus sapientiam ministrare. LIVENTIA : livor est nigredo proveniens pressione facta in plangore.

534-541*

534 INGENIUM : subtilitatem ; -QUE ELICHONA : et sapientiam. 535 TRISTIA : misera ; PERSEQUERER : perfecte dicerem ; SORORUM : Meleagri. 536 IMMEMORES : non recordantes ; DECORIS : pulcritudinis ; LIVENTIA : candida ;

529-530 Meleagri ‹videret›] Meleagri *ms.* | 533-535 ora] horas *ms.* | 534-536 pressione] pressiona *ms.*

VIII 529-530

Parce qu'il était accablé d'avoir vécu assez longtemps pour voir la mort de son fils Méléagre.

VIII 531-532

Althée se donne la mort parce qu'elle a tué son fils

VIII 533-535

Ovide dit en aparté que, si un dieu lui donnait cent langues et cent bouches pour parler, ou le temps et toute la sagesse de l'Hélicon, et le génie pour pouvoir comprendre qu'il parlait de la même façon cent langues, il ne pourrait dire le chagrin et les plaintes, tant des concitoyens que des sœurs de Méléagre.

VIII 534-536

L'Hélicon est un mont où demeurent les neuf Muses, qui, dit-on, administrent à tous la sagesse. LIVENTIA (« livides ») : la couleur livide est celle des bleus qui proviennent de la pression provoquée par les coups qu'on se donne en se lamentant.

TONDUNT : percutiunt. 537 DUM : quamdiu ; MANET : re(manet) ; CORPUS : Meleagri. 538 IPSI : corpori. 539 CINEREM : combustionem ; PECTORA : sua ; PRESSANT : sepe premant. 540 AFFUSE : iacente ; SIGNATAQUE : scripta et. 541 COMPLEXE : tenentes ; FUNDUNT : in(fundunt).

VIII 542-545

Mutatio Calidonum et sororum Meleagri in aves.

QUAS. Construe : QUAS sorores LATHONIA, EXSACIATA POSTEA CLADE DOMUS, id est FAMILIE Oenide, QUAS – inquam – ALLEVAT, PENNIS NATIS IN CORPORE, PRETER GORGEM ET NURUM ALMENE, id est Deianiram.

542-546*

542 QUAS : sorores ; EONIDE : Oenei ; TANDEM : ad ultimum ; LATHONIA : Diana ; CLADE : pestilentia. 543 DOMUS : familia ; PRETER : nisi ; CORGEMQUE : proprium et ; NURUMQUE : Deianiram. 544 ALMENE : proprium ; NATIS [...] PENNIS : et hoc dico. 545 ALLEVAT : levat ; LONGUAS : magnas ; PORRIGIT : tendit. 546 -QUE ORA : et sua ; VERSAS : illas mutatas.

VIII 547

INTEREA : supra habuimus quod Theseus venit ad interficiendum aprum. LABORIS dicit, quia particeps LABORIS erat, sicut et alii.
547* INTEREA : com ita fieret ; THESEUS : proprium ; SACIATI : perfecti.

VIII 548-549

Quomodo Theseus venit penes Acheloum

[1] Materia istius quod sequitur est ista : com Theseus reverteretur ab interfectione apri, Achelous illum hospicio recepit, et incepit narrare illi de mutatione nimpharum in insulas. [2] Cuius talis est fabula quam dicit : Quinque sorores erant, que sorores omnibus deis fecerunt sacrificia ; tamen Acheloo non sacrificaverunt, unde tristis factus est et illas submersit, sed mutate fuerunt in insulas. [3] Tantum una erat separata, quia illam amaverat Achelous, quod pater puelle percipiens, voluit illam precipitare, sed Achelous illam suscepit et in insulam mutavit.

539* premant] prenant *ms.* | 542-545 POSTEA] POST *ms.* | 547 quod] quo *ms.* | 548-549.3 Tantum] tamen *ms.* amaverat] molaverat *ms.* percipiens *ex* precipiens *ms.*

VIII 542-545

Métamorphose des Calydoniennes et des sœurs de Méléagre en oiseaux

QUAS (« lesquelles »). Construire : QUAS (« lesquelles ») sœurs, LATHONIA (« la fille de Latone »), EXSACIATA POSTEA CLADE DOMUS (« assouvie finalement par le désastre de la maison »), c'est-à-dire FAMILIE (« de la famille ») d'Œnée, QUAS (« lesquelles »), disais-je, ALLEVAT (« elle soulève »), PENNIS NATIS IN CORPORE (« en faisant pousser des plumes sur leur corps »), PRETER GORGEM ET NURUM ALMENE (« excepté Gorgé et la bru d'Alcmène »), c'est-à-dire DEIANIRAM (« Déjanire »).

VIII 547

INTEREA (« Cependant ») : nous avons lu plus haut que Thésée était venu pour tuer le sanglier. LABORIS (« les épreuves »), dit-il, parce qu'il avait participé à LABORIS (« leurs épreuves »), comme les autres.

VIII 548-549

Comment Thésée arriva chez Achéloüs

[1] La matière du récit suivant est celle-ci : comme Thésée revenait après la mort du sanglier, Achéloüs lui donna l'hospitalité, et se mit à lui raconter la métamorphose des nymphes en îles. [2] Voici le récit de cette fable qu'il raconta : il y avait cinq sœurs qui avaient fait des sacrifices à tous les dieux. Mais elles avaient oublié Achéloüs, qui en fut contrarié et les submergea, mais elles furent transformées en îles. [3] Cependant une seule était séparée (des autres), parce qu'Achéloüs l'avait aimée, et que le père de la jeune fille, s'en rendant compte, voulut la jeter (dans le vide) ; mais Achéloüs la reçut (dans ses bras) et la transforma en île.

548-549*

548 FUNCTUS : usus ; ERITHEAS : Athenienses ; TRITHONIDOS : Palladis ; IBAT : pergebat ; ARCES : civitates. 549 CLAUSIT : inclusit ; ITER : viam ; ACHELOUS : proprium ; EUNTI : Theseo.

VIII 550-559

Confabulatio Acheloi com Theseo hospite

550-561*

550 IMBRE : pluvia ; SUCCEDE : intra ; INCLITE : 'o nobilis' ; TECTIS : domibus. 551 CICROPIDE : 'o Atheniense' ; NEC : et non ; COMMITTE : crede ; RAPACIBUS : citis ; UNDIS : in hoc ostendit undas fluvii illius esse dubias. 552 TRABES : ligna ; OBLIQUA : concava ; VOLVERE : commovere. 553 VIDI : ego ; CONTERMINA : coniuncta. 554 GREGIBUS : animalibus ; STABULA ALTA : domos ; PROFUIT : valuit. 555 ARMENTIS : animalibus ; EQUIS : profuit. 556 QUOQUE : certe ; TORRENS : meus rivus ; NIVIBUS [...] SOLUTIS : et hoc dico ; SOLUTIS : calore. 557 TURBINEO : turbine pleno ; IUVENILIA : fortia ; VERTICE : capite. 558 TUTIOR : plus tuta ; SOLITO : consueto ; DUM : quamdiu. 559 DUM TENUES : quoadusque clare. 560 ANNUIT : concessit ; EGIDES : Thereus ; ACHELOE : 'o'. 561 CONSILIOQUE : utar et ; UTROQUE : tam consilio quam hospicio.

VIII 562-564

Descriptio domus Acheloi

LACUNABANT : idest stagnabant vel coartabant. Lacus enim erant vel intra vel extra domum Acheloy, id est nantes depicte erant.

562-565*

562 MULTICAVO : multis modis cavato ; THOPHIS : thofus est lapis levissimus. 563 STRUCTA : facta ; SUBIT : intrat ; TELLUS : terra ; MUSCO : *mosse* gallice. 564 LACUNABANT : vel 'lacus nabant' ; MURICE : purpure ; CONCHE : *coquigles* gallice. 565 IAMQUE : et ; IPERIONE : Phebo ; MENSO : mensurante Iperione ; qui fuerant ad fugam apri.

VIII 566

In THORIS solebant discombere.

552* commovere] commovera *ms.* | 554* STABULA ALTA] STABULATA *ms.* | 565* Iperione *scripsit inter* qui *et* fuerant *ms.*

VIII 550-559

Conversation d'Achéloüs avec son hôte Thésée

551 UNDIS (« par les ondes ») : par ce mot il montre que les eaux de ce fleuve étaient peu sûres. 561 UTROQUE (« de l'un et de l'autre ») : tant de ton conseil que de ton hospitalité.

VIII 562-564

Description de la demeure d'Achéloüs

LACUNABANT (« couvraient comme d'un lambris ») : c'est-à-dire formaient une nappe ou enserraient. Il y avait en effet des bassins soit à l'intérieur soit à l'extérieur de la maison d'Achéloüs, c'est-à-dire que des nageuses y étaient peintes.

565 ceux qui avaient participé à la poursuite du sanglier.

VIII 566

Ils avaient l'habitude de s'étendre IN THORIS (« sur des couches »).

566* DISCUBUERE : ad mensam sedere ; THESEUS : proprium ; COMITES : discubuere.

|f. 118v|

567-570*

567 HAC : parte ; YXIONIDES : Piritous ; ILLA : parte ; TROCENEUS : Troianus ; HEROS : Troezon est civitas, ubi extitit iste Lelex oriundus. 568 LELEX : proprium ; RARIS : paucis ; TEMPORA : caput ; CANIS : caniciebus. 569 ALII : socii ; PARILI : equali. 570 ACHANAUM : illorum populorum ; TANTO : quantus erat Theseus.

VIII 571

PROTINUS : com universi socii Thesei essent penes Acheloum, nimphe mensas apposuerunt ; NUDE dicitur propter habundantiam aque ibi habitantis, quia Achelous deus erat aque.

571-574*

571 NUDE : nudate ; VESTIGIA : pedes. 572 INSTRUXERE : paravere ; DAPIBUSQUE : etiam dicit escis, et. 573 IN GEMMAM : ciphum gemmam ; MERUM : verum ; MAXIMUS : Theseus. 574 PROSPICIENS : cernens ; OCULIS : suis ; SUBIECTA : subdita.

VIII 575-576

De acubitu Thesei penes Acheloum

Hic incipit Theseus interrogare de mutatione insularum quas videbat coniunctas fere domui Acheloy.

575-576*

575 ILLE : est ; DIGITO : suo ; OSTENDENS : monstravit ; INSULA : illa. 576 GERIT : habet ; DOCE : me ; ILLA : sola.

VIII 577

Confabulatio Acheloy com Theseo

Respondet Achelous ad illa que interrogabat Theseus, et incipit narrare de mutatione nimpharum in insulas, ut in textu declaratur.

---

571 NUDE dicitur *ex* unde dicitur NUDE *ms.* | 572* DAPIBUSQUE *ex* DAPIBUS que *ms.* etiam dicit] eth.(?) dic *ms.*

|f. 118v|

VIII 571

PROTINUS (« Aussitôt ») : comme tous les compagnons de Thésée étaient chez Achéloüs, des nymphes dressèrent les tables ; NUDE (« nues ») est utilisé à cause de l'abondance de l'eau coulant à cet endroit, parce qu'Achéloüs était un dieu de l'eau.

VIII 575-576

Thésée s'étend pour le repas chez Achéloüs

Alors Thésée se mit à poser des questions sur la métamorphose des îles qu'il voyait presque réunies à la demeure d'Achéloüs.

VIII 577

Conversation d'Achéloüs avec Thésée

Achéloüs répond aux questions de Thésée, et se met à lui raconter la métamorphose des nymphes en îles, comme en témoigne le texte.

577* ANNIS : Achelous ; HEC : respondet ; INQUIT : dixit ; QUOD : illud ; UNUM : solum.

VIII 578

Quia ita coniunguntur quod vix per visum potest cognosci separatio, vel dicit : 'SPACIUM quod est inter nos et illas non sinit nos videre DISCRIMINA illarum'.

578-579*

578 QUINQUE : imo ; IACENT : sunt ; TERRE : insule terrarum ; SPACIUM : proximitas. 579 QUODQUE : ut et ; MINUS : vel 'nimis' ; MIRERE : laudes.

VIII 580-582

De Naiadibus mutatis in insulas

Veritas est talis, quod iste nimphe multum honorem divis tribuerunt, sed quod fingitur mutari in insulas nichil est nisi quod in illis insulis intumulate fuerunt, et una alia, ab Acheloo separata per stuprum, submersa fuit et a patre precipitata, unde in illa insula inventa fuit, a qua nomen insula accepit.

580-594*

580 NAIADES : nimphe ; DEE : insule ; QUE : nimphe ; BIS QUINQUE : decem. 581 MACTASSENT : sacrificassent ; RURISQUE : campis et ; SACRA : sacrificia. 582 IMMEMORES : ille ; FESTAS : festivas ; DUXERE : fecere. 583 INTUMUI : iratus fui ; FEROR : dico ; QUAM : vel 'com' ; PLURIMUS : magnus. 584 -QUE : animis ; IMMANIS : magnus. 585 SILVIS : revulsi ; ARVIS : campis ; REVULSI : removi. 586 LOCO : suo ; TUM DENIQUE : tunc primum. 587 FRETA : maria ; PROVOLVI : deieci ; -QUE : etiam ; MARIS : fluctus. 588 CONTINUAM : proximam ; DEDUXIT : laceravit ; HUMUM : terram. 589 IN TOTIDEM : Echinadas ; CERNIS : vides ; ECHINADAS : proprium ; UNDIS : in. 590 UT : sicut ; IPSE : 'o Theseu' ; EN : ecce ; UNA : nimpha vel insula ; PROCUL : longe. 591 GRATA : 'illa' dico. 592 DILECTE NOMEN : PERIMOLEM NAVITA DICIT (591) ; 'Huic ego virgineum DILECTE NOMEN ADEMI'. 593 QUAM : nimpham ; PATER : suus ; YPODAMIAS : proprium ; EGRE : prave ; TULIT : passus fuit ; PROFUNDUM : mare. 594 PROPULIT : precipitavit ; PERITURE : illius.

---

578 dicit] dt *ms.* | 580-582*tit.* insulas] insulis *ms.* | 580-582 separata] superata *ms.* | 587* deieci] deleci *ms.*

VIII 578

Parce qu'elles sont si proches qu'on peut à peine percevoir leur séparation ; ou il parle de SPACIUM (« espace ») parce que l'espace qui les sépare de nous ne nous permet pas de voir DISCRIMINA ILLARUM (« la distinction entre elles »).

VIII 580-582

Les Naïades transformées en îles

La vérité est la suivante : ces nymphes rendirent de grands honneurs aux divinités, mais la fiction de leur métamorphose en îles revient à dire qu'elles furent ensevelies dans ces îles ; l'une d'elles, séparée par Achéloüs parce qu'il l'avait déshonorée, fut noyée par son père qui la jeta dans la mer, et fut retrouvée sur cette île, qui reçut son nom de la nymphe.

VIII 595

Modo incipit Achelous ; incipit facere orationem suam ad Neptunum ut mutaret illam nimpham, quia illam defloravit.
595* EXCEPI : recepi ; FERENS : ego.

VIII 596

SORTITE : qui per sortem habuisti regna proxima terre. Tres fuerunt sortes Saturni : prima cecidit super Iovem et habuit celum, secunda cecidit super Neptunum et habuit mare, tercia cecidit supra Plutonem et habuit Infernum.

596-597*

596 VAGE : vagabunde ; TRIDENTIFER : O Neptune ; UNDE : nos existentes aque. 597 QUO : tridentifero ; DESINIMUS : recipimur ; CURRIMUS : nos ; AMNES : aque.

VIII 598

Neptune] NEPTUNUS dicitur tridentifer propter triplicem potestatem aque, que est labilis, nabilis, potabilis.

598-606*

598 ADES : venias ; ATQUE : et ; NEPTUNE : 'o' ; PRECANTEM : me. 599 EGO : Achelous ; MITTIS : pius ; EQUS : equalis. 600 PATER : esset verus ; YPODAMIAS : proprium ; IMPIUS : crudelis. 601 ILLIUS : puelle ; IGNOSCERE : et debuit indulgere. 602 (600BT) QUONDAM : aliquando ; CLAUSA : venta ; FERITATE : crudelitate. 602 NEPTUNE : 'o' ; VEL : etiam ; ILLA : nimpha ; LICEBIT : quamvis. 603 HUNC : locum ; COMPLECTAR : amplexabor ; CAPUT : suum ; EQUOREUS : marinus. Com ita fuisset, orationem suam Neptunus dictis suis concessit, et in signum movit caput suum. 604 CONCUSSIT : commovit ; ASSENSIBUS : consensu. 605 EXTIMUIT : augmentata fuit ; NABAT : illa ; NATANTIS : illius. 606 TANGEBAM : ego Achelous.

VIII 607-608

Exequitur de mutatione filie Ypodami in nimpharum insulam.

---

596 prima] post *ms.* Iovem *ex* hominem Iovem *ms.*

VIII 595

À ce moment-là Achéloüs commence. Il commence par le récit de sa prière à Neptune pour qu'il métamorphose la nymphe, qu'il avait déflorée.

VIII 596

SORTITE (« donnée par le sort ») : toi qui par le sort as reçu les royaumes qui jouxtent la terre. Les sorts de Saturne furent au nombre de trois : d'abord le sort tomba sur Jupiter qui reçut le ciel, puis il tomba sur Neptune qui reçut la mer, et le troisième tomba sur Pluton qui reçut l'Enfer.

VIII 598

NEPTUNUS (« Neptune ») est dit armé du trident à cause du triple pouvoir de l'eau, qui est fluide, navigable, potable.
603 Après cela, Neptune lui accorda ce qu'il avait demandé dans sa prière, et remua la tête en signe d'assentiment.

VIII 607-608

Suit le récit de la métamorphose de la fille d'Hippodamas en île des nymphes.

607-610*

607 DUMQUE : quando ; EA : pectora ; CONTRACTO : tango ; SENSI : percepi. 608 CORPUS : nimphe ; INDUCTA : tecta ; CONDI : abscondi ; PRECORDIA : viscera. 609 LOQUOR : ego ; ARTUS : membra. 610 GRAVIS : ponderosa ; MUTATIS : noviter.

VIII 611-613

Dum talia supradicta loqutus fuisset Theseo, Achelous et omnes socii stupefacti fuerunt, sed Birithous incepit illos deridere, sicut istic continetur.

611-615*

611 ANNIS : Achelous ; HIIS : supradictis ; MIRABILE : mirum ; CUNCTOS : socios. 612 MOVERAT : com(moverat) ; CREDENTES : talia ; UT : sicut. 613 SPRETOR ERAT : despector Pirithous ; MENTISQUE : per mentem et. 614 FICTA : fassa ; REFERS : dicis ; -QUE : et. 615 SI DANT : quia vel 'si' pro 'non' ; ADIMUNT : removent.

|f. 119r|

VIII 616

nec talia dicta probarunt] quod dicebat deos non omnia posse.
616* OBSTUPUERUNT : stupefacti fuere ; OMNES : socii ; PROBARUNT : laudaverunt.

VIII 617

Confabulatio Lelicis

VIII 618-619

Incipit de Baucide et Pilemone

Quasi diceret : 'Superi et celestes in tantum potentes sunt quod, quicquid volunt et statuunt, cito fit', et hoc ostendit per exemplum de Baucide et Pilemone, ut in littera sequetur.

617-621*

617 LELEX : stupuit ; ANIMO : sapientia ; MATURUS : sapiens. 618 AIT : dixit ; IMENSA : magna ; -QUE : et ; CELI : celestium. 619 ET QUICQUID : quodcomque sit illud ; SUPERI : dei ; PERACTUM : perfecte factum.

608* tecta] tecte *ms.* | 611-613 Achelous et] Acheloo com *ms.*

VIII 611-613

Après avoir fait à Thésée de tels récits, Achéloüs et tous ses compagnons restaient frappés de stupeur, mais Pirithoüs commença à se moquer d'eux, comme c'est ici raconté.

|f. 119r|

VIII 616

nec talia dicta probarunt (« ils n'approuvèrent pas de telles paroles »)] parce qu'il disait que les dieux n'avaient pas tous les pouvoirs.

VIII 617

Discours de Lelex

VIII 618-619

Début de l'histoire de Baucis et Philémon

En d'autres termes : « Les dieux et les habitants du ciel sont si puissants que tout ce qu'ils veulent et décident se réalise aussitôt », et il le montre par l'exemple de Baucis et Philémon, comme suit dans le texte.

620 TILIE : arbori ; CONTERMINA : proxima ; QUERCUS : arbor. 621 COLLIBUS : montibus ; FRIGIIS : Troianis ; MODICO : parvo ; CIRCOMDATA MURO : lustrato.

VIII 622

[1] Fabula talis est : com Mercurius et Iupiter venissent in villam iuxta patriam troianam, non potuerunt hospitari. [2] Tamen ad ultimum venerunt penes Baucida et Pilemona qui, existentes pauperes, libenter hospicium tribuerunt, et, prout potuerunt, receperunt. [3] Tamen perceperunt quod dei erant ad ultimum, et describit actor statum paupertatis. [4] Tum ascenderunt in montem et viderunt civitatem mergi, sed domus sua erat facta templum, unde petierunt fieri sacerdotes et sibi invicem non viderent mortem et sibi a deis concessum est istud. [5] Dum quadam die essent ante gradus templi, unusquisque vidit alium mutari in arborem viridentem.

622-626*

622 IPSE : ego Lelex ; NAM : quia ; PELOPEIA : a Pelope. 623 MISIT : trans(misit) ; ARVA : campos ; QUONDAM : aliquo tempore ; REGNATA : possessa ; PARENTI : patri. 624 HAUD PROCUL : non longe ; HINC : ab illo loco ; TELLUS : existens ; OLIM : tempore preterito. 625 MERGIS : *plumons* gallice ; FULICIS : *cricelles* gallice. 626 IUPITER : deus ; SPECIE : forma ; MORTALI : humana ; PARENTE : patre suo.

VIII 627

CADUCIFER : caducea dicebatur virga Mercurii qua faciebat sompnos et removebat, diversis modis percuciendo.

627* AHLANTIADES : Mercurius ; POSITIS [...] ALIS : et hoc dico ; CADUCIFER : caduceam virgam ferens.

VIII 628-629

Quomodo Iupiter non potuit hospitari

628-632*

628 ADIERE : petiere ; LOCUM : hospicium ; PETENTES : 'illi' dico. 629 TAMEN : ad ultimum ; UNA : domus ; RECEPIT : illos. 630 QUIDEM : certe ;

622.1 villam] villa *ms.* | 622.4 Tum] tamen *ms.* sacerdotes *ex* s sacerdotes *ms.* | 624* HAUD] AUT *ms.*

VIII 622

[1] Voici la fable : Mercure et Jupiter étaient venus dans une ville proche de la patrie troyenne, mais ils ne purent y trouver d'hébergement. [2] Finalement ils arrivèrent chez Baucis et Philémon qui étaient pauvres, mais leur accordèrent pourtant volontiers l'hospitalité, et les reçurent du mieux qu'ils purent. [3] Ils comprirent finalement qu'il s'agissait de dieux. L'auteur décrit leur situation de pauvreté. [4] Ils montèrent alors sur une montagne et virent la cité submergée, mais leur maison devint un temple : ils demandèrent alors de devenir les prêtres de ce temple et de ne pas mourir l'un sans l'autre ; les dieux le leur accordèrent. [5] Comme ils se tenaient un jour devant les marches du temple, chacun d'eux vit l'autre devenir un arbre vigoureux.

VIII 627

CADUCIFER (« qui porte le caducée ») : on appelait caducée le bâton de Mercure qui provoquait et chassait le sommeil, selon la façon différente dont il en frappait.

VIII 628-629

Comment Jupiter ne put trouver d'hébergement

STIPULIS : straminibus ; PALUSTRI : in paludibus crescenti. 631 PIA : sancta ; BAUCIS : proprium ; ANUS : vetula ; PARILI : equali ; PILEMON : proprium. 632 ILLA : casa ; IUVENILIBUS : puerilibus.

VIII 633-634

FERENDO, quia dulciter paciebantur quicquid accidebat illis, et ita paupertatis illos non tedebat. Iuxta illud Cathonis : « paupertatis onus pacienter ferre memento ».

633-634*

633 CONSENUERE : diu vixere ; CASA : domo ; PAUPERTATEM : suam ; FERENDO : patiendo. 634 LEVEM : dulcem ; INIQUA MENTE : repugnabili ; FERENDAM : patiendam.

VIII 635-636

Quia unusquisque erat et iubens et faciens quod sibi videbatur neccessarium esse.

635-636*

635 REFFERT : distat ; ILLIC : in domo ; REQUIRAS : interroges. 636 DOMUS : familia ; DUO : illi ; IDEM : ille et ita ; PARENT : obediunt.

VIII 637-639

Descriptio paupertatis sub specie Pilemonis et Baucidis

637-639*

637 ERGO UBI : postquam ; CELICOLE : dei ; TETIGERE : miravere ; PENATES : domos. 638 SUBMISSO : inclinato ; HUMILES : dei ; VERTICE : capite. 639 MEMBRA : sua ; SENEX : Pilemon ; RELEVARE : requiescere ; SEDILI : sede.

VIII 640-641

[1] Hic demonstratur honor a pauperibus deis exhibitus ; sequitur postea de paratu secundum paupertatem. [2] TEXTUM est tapetum rude et dicitur a *texo-xis*. FOCUS est locus ubi ignis conservatur.

638* HUMILES *ex* HUMILI *ms.*

VIII 633-634

FERENDO (« en supportant »), parce qu'ils supportaient avec douceur tout ce qui leur arrivait, et que leur pauvreté ne les désespérait pas. Comme le dit Caton, « souviens-toi de supporter patiemment le poids de la pauvreté ».

VIII 635-636

Parce que chacun d'eux était à la fois l'ordonnateur et l'exécutant de ce qui lui paraissait nécessaire.

VIII 637-639

Description de la pauvreté à travers le cas de Philémon et Baucis

VIII 640-641

[1] Ici est montré l'honneur que les pauvres font aux dieux ; s'ensuit la description des préparatifs en fonction de leurs pauvres moyens. [2] TEXTUM (« tissu ») : un tapis grossier ; le mot vient de *texo, texis*, « tisser ». FOCUS (« foyer ») est le lieu où le feu est entretenu.

640-641*

640 QUOD : sedile ; SUPERINIECIT : posuit ; TEXTUM : tapetum ; RUDE : turpe ; BAUCIS : proprium. 641 INDE : postea ; TEPIDUM : calidum ; DIMOVIT : retexit.

VIII 642-643

ESTERNOS dicit, quia ignem non accenderant toto die, com pauperes essent. ANILI, quia tantum insufflavit quod ad flammas duxit.

642-646*

642 SUSCITAT : accendit ; ESTERNOS : non hodiernos ; -QUE : et ; SICCO : siccato. 643 NUTRIT : primo ; ANIMA : sufflatione ; ANILI : antiqua. 644 MULTIFIDAS : multis modis fissas ; RAMALIA : rami sicci ; TECTO : domo. 645 DETULIT : aportavit ; ADMOVIT : coniunxit ; AENO : cacabo. 646 QUOD : olus ; CONIUNX : maritus.

VIII 647-648

Que domum sustinebat, a qua pendebat porca illa. SORDIDA dicit propter hoc, quod erant nigra et a fumo condurata.

647-648*

647 TRUNCAT : scindit ; OLUS : caulem ; FURCA : com ; LEVAT : capit ; INDE : postea ; BICORNU : epitheton. 648 SORDIDA : nigra ; TIGNO : *chevron* gallice.

VIII 649-650

[1] Allegoria talis est : Iupiter, iuvans pater, rex celi com filio suo corporato descendit in valle in mondo ubi erat villa in qua multi erant. [2] Nullus autem illum, id est predicationem suam, voluit recipere, quamvis multi audirent. Tamen una domus, una familia, recepit Samaria, vel populus gentilis vel pauperes qui libentissime verbum Dei audiunt. [3] Isti antiqui qui ceperunt dicuntur contemplativi qui Deum acceperunt et honorifice servaverunt, vel etiam gentiles, et postea, submersis ceteris in puteo ignorancie, illi a valle ignorancie exeunt et vident domos, id est conscientias, mutari in templum, et ipsi sunt sacerdotes, id est sacrarium Spiritus Sancti. [4] Postea de sacerdotibus fuerunt arbores ;

649-650.1 pater] patri *ms.*

VIII 642-643

Il dit ESTERNOS (« de la veille »), parce qu'ils n'allumaient pas le feu toute la journée, parce qu'ils étaient pauvres. ANILI (« de vieille femme »), parce qu'elle souffla jusqu'au retour des flammes.

VIII 647-648

(La solive) qui soutenait la maison, et d'où pendait ce dos de porc. Il dit qu'elle était SORDIDA (« sale ») parce que les chevrons étaient noirs et durcis par la fumée.

VIII 649-650

[1] Voici l'allégorie : Jupiter, « juvans pater » (le père adjuvant), roi du ciel, descendit avec son fils qui avait pris une forme humaine, dans une vallée de la terre où se trouvait une ville aux nombreux habitants. [2] Mais aucun d'eux ne voulut le recevoir, c'est-à-dire recevoir sa prédication, malgré ses nombreux auditeurs. Cependant une maison, une famille, le reçut à Samarie – soit des païens, ou des pauvres, qui écoutent très volontiers la parole de Dieu. [3] Ces anciens qui l'accueillirent désignent les contemplatifs qui reçurent Dieu et le servirent avec honneur, ou même les païens ; et par la suite, tous les autres ayant été engloutis dans le puits de l'ignorance, ils sortent de la vallée de l'ignorance et voient leurs maisons, c'est-à-dire leurs conscience, transformées en temples, dont ils sont eux-mêmes les prêtres, c'est-à-dire le sanctuaire de l'Esprit Saint. [4] Par la suite, de prêtres ils devinrent arbres :

propter virorem bonorum elevantur operum ad celestia regna, et hoc de Pilemone, qui mons et cumulus virtutum interpretatur, et Baucis templum dicitur.

649-650*

649 SERVATOQUE : custodito et ; RESECAT : scindit. 650 EXIGUAM : parvam ; DOMAT : mollit ; FERVENTIBUS : calidis ; UNDIS : aquis.

VIII 651

INTEREA : dum ita prepararentur prandia ad comedendum, illi occasiones suas, ne illos tederet temporis prolixi, inceperunt enarrare.

651-661*

651 MEDIAS : mediantes ; HORAS : diei. 652 SENTIRI : considerari ; PROHIBENT : vetant ; ALVEUS : gatha. 653 FAGINEUS : de fago. 654 IS : alveus ; ARTUS : membra ; FOVENDOS : lavandos. 655A MEDIO : domus ; THORUS : lectus ; ULVIS : herbis. 656A LECTO : illi ; SPONDA : et hoc dico ; -VE : et ; SALINIS : de salice factis. 657 HUNC : lectum ; VELANT : tegunt ; QUAS : vestes ; FESTO : festino. 658 STERNERE : parare ; SED : etiam ; VILIS : rudis ; VETUS : antiqua. 659 NON : imo bene ; INDIGNANDA : digna ; SALINO : quia talis textura tali lecto competebat propter etatem. 660 ACUBUERE : ad mensam sedere. 661 ANUS : Baucis ; MENSE : illius ; IMPAR : inequalis.

|f. 119v|

VIII 662

CLIVUM : clivum vocat pedem claudicantem vel oblicum propter inequalitatem terre.

662-663*

662 TESTA : quedam pedem ; PAREM : equalem ; QUE : testa. 663 SUSTULIT : levavit ; MENTE : herbe ; TERXERE : mundavere.

VIII 664

De ferculis que habuerunt dei penes Baucida et Pilemon

PONITUR : exequitur de ferculis secundum pauperiem preparatis.

à cause de la vigueur de leurs bonnes actions, ils furent emportés au royaume céleste : c'est ce qui est dit de Philémon, qui est compris comme le mont et l'amoncellement des vertus, et Baucis est le temple.

VIII 651

INTEREA (« Cependant ») : tout en préparant de quoi manger, ils se mirent à raconter leur vie, pour leur éviter l'ennui d'une longue attente. 659 SALINO (« de saule ») : parce qu'un tel tissu s'accordait à un tel lit du point de vue de la vétusté.

|f. 119v|

VIII 662

CLIVUM (« l'inclinaison ») : il appelle « inclinaison » le pied qui claudiquait ou qui était oblique à cause des inégalités du sol.

VIII 664

Description des plats que les dieux mangèrent chez Baucis et Philémon

PONITUR (« est posé ») : suit la description des plats avec la pauvreté de la préparation.

664-667*

664 HIC : in mensa ; SINCERE : pure ; BACHA MINERVE : fructus olive. 665 CONDITAQUE : confecta et ; LIQUIDA : clara ; FECE : melle. 666 RADIX : navem ; COACTI : caseus. 667 OVAQUE : ponuntur.

VIII 668-670

De Pilemone et Baucide

SISTITUR : com reverentia apponitur. *Sisto, sistis* est verbum competens ad sacrificia, unde in *Euvangelio* : « Tulerunt Ihesum parentes eius ut eum sisterent Domino », id est offerrent com reverentia.

668-669*

668 OMNIA : ponuntur ; POST : supradicta ; EODEM : tali. 669 SISTITUR : apponitur ; CRATER : ciphus ; FABRICATAQUE : posita et.

VIII 670

Isti ciphi erant perforati et, quia pauperes erant, non habebant unde possent argento refici, imo cera.

670-671*

670 POCULA : potus ; QUE : pocula cavata ; FLAVENTIBUS : candidis ; ILLITA : circomdata. 671 FOCI : ignes.

VIII 672

NON LONGE : imo vina nova habuerunt et ideo minus bona, quia, quanto antiquius, tanto melius iudicatur.

672-673*

672 NEC : et non ; RURSUS : iterum ; REFERUNTUR : apportantur ; SENECTE : senectutis. 673 PAULUM : parum ; SEDUCTA : divisa

VIII 674

HIC : modo ostendit que apposita fuerunt post primum ferculum.

---

672 vina] una *ms.*

VIII 668-670

Philémon et Baucis

SISTITUR (« On dépose ») : on pose avec respect. *Sisto, sistis* est un verbe employé dans le domaine du sacré, comme dans l'*Evangile* : « Ses parents le prirent pour le remettre au Seigneur », c'est-à-dire pour l'offrir avec respect.

VIII 670

Ces coupes étaient percées et, parce qu'ils étaient pauvres, ils n'avaient pas de quoi les réparer avec de l'argent, elles étaient rapiécées avec de la cire.

VIII 672

NON LONGE (« pas longue ») : ils avaient du vin nouveau et donc moins bon car le vin est jugé meilleur au fur et à mesure qu'il vieillit.

VIII 674

HIC (« ici ») : à ce moment-là il montre quels mets furent servis après le premier plat.

674-676*

674 MIXTA : coniuncta ; PALMIS : *dates* gallice. 675 PARVA : dant locum ; PATULIS : capacibus ; CANISTRIS : calatis. 676 PURPUREIS : rubeis ; COLLECTE : capte ; VITIBUS : vineis ; UVE : *grapes* gallice.

VIII 677

Super omnia vultus] Unde versus : « Divitis in mensa vultum, non fercula pensa, / non mense cultum, sed dantis respice vultum ». NON INHERS : quamvis essent pauperes, tamen non perversi.

677-678*

677 CANDIDUS : albet ; MEDIO : cibariorum ; FAVUS : mellis ; OMNIA : supradicta. 678 ACCESSERE : tributa fuere ; INHERS : prava ; -QUE : sed.

VIII 679

[1] Rei veritas est quod Iupiter, rex cretensis, com quadam die errasset per mondum com Mercurio filio suo, in quandam villam intraverunt, in qua honorifice non potuerunt recipi. [2] Tamen ad ultimum Pilemon et Baucis honorifice receperunt, unde Iupiter com ceteris pugnavit et illos devicit. [3] Pilemoni et Baucidi tantum tribuit quod paupertatem illorum relevavit, et sic edificia illorum nobilissima edifficavit. [4] Quod in arbores mutati fuerunt nichil est nisi quod in quodam nemore honorifice sepulti fuerunt, et hoc quod dicit.

679-682*

679 INTEREA : com ita fieret ; TOCIENS : multociens ; HAUSTUM : potatum. 680 VIDENT : illi ; SUCCRESCERE : habundare. 681 ATTONITI : stupefacti ; PAVENT : timent ; SUPINIS : elevatis. 682 CONCIPIUNT : faciunt ; BAUCIS : proprium ; -QUE : etiam ; TIMIDUSQUE : timorosus etiam ; PILEMON : proprium.

VIII 683

Quia dicebant se non posse meliora dare.
683* VENIAM : ne displiceret ; DAPIBUS : escis ; ORANT : precantur.

679.1 errasset] errasse *ms.* quandam villam] quadam villa *ms.* | 679.2 devicit *ex* devincit *ms.* | 679.3 Pilemoni] Pilemon *ms.* | 679* potatum] opotatum *ms.* | 683 non posse] non posse me non posse *ms.*

VIII 677

Super omnia vultus (« par-dessus tout, des visages »)] D'où les vers : « À la table du riche prends la mesure de son visage, non des mets, regarde non le luxe du repas, mais le visage de celui qui l'offre. » NON INHERS (« sans mollesse ») : malgré leur pauvreté, ils n'étaient pas pervertis.

VIII 679

[1] La vérité est que Jupiter, roi de Crète, errait un jour à travers le monde avec son fils Mercure ; ils entrèrent en une ville dans laquelle ils ne purent être reçus avec les honneurs. [2] Cependant finalement Philémon et Baucis les reçurent en les honorant. Alors Jupiter fit la guerre aux autres et les vainquit. [3] Il récompensa Philémon et Baucis au point de les soulager de leur pauvreté, et fit de leur demeure un très noble bâtiment. [4] Leur métamorphose en arbres n'est rien d'autre que le fait qu'ils furent ensevelis dans un bois avec les honneurs, c'est ce que dit le texte.

VIII 683

Parce qu'ils disaient qu'ils ne pouvaient pas donner plus.

VIII 684

UNICUS : com percepissent quod non bene paraverant ut diis darent, voluerunt occidere anserem.
[1] CUSTODIA dicit, quia est avis multum sentiens de nocte et magis vigilat de nocte quam canis, et respicit ad illud quod dicitur : 'Dum invasissent Senones, Romanos illos bene cepissent nisi anser evigilasset Marcum Manlium Capitolinum'. [2] CONFUGISSE (688), quia dicitur : 'Tamquam bene cognovisset illos, omnia recognoscunt actorem'.

684-689*

684 UNICUS : solus ; MINIME : parve ; VILLE : domus. 685 QUEM : anserem ; DIIS : Iovi, Mercuri ; DOMINI : Pilemon, Baucis ; MACTARE : occidere ; PARABANT : volebant. 686 ILLE : anser ; CELER : velox ; PENNA : alis ; TARDOS : pigros ; ETATE : senio ; FATIGAT : lassat. 687 -QUE DIU : et longe ; TANDEMQUE : ad ultimum. 688 CONFUGISSE : ivisse ; SUPERI : dei ; NECARI : occidi. 689 SUMUS : nos ; MERITAS : quia meruit ; LUET : sustinebit ; VICINIA : ista.

VIII 690-691

Immunibus] 'Immunes eritis quia non meruistis, sed sequimini nos'.

690-692*

690 IMPIA : prava ; DIXERUNT : illi ; IMMUNIBUS : sine munere. 691 DABITUR : concedetur ; MODO : tantummodo ; TECTA : domos. 692 COMITATE : sequimini ; ARDUA : summitatem.

VIII 693

Consequtio deorum a Baucide et Pilemone

BACULIS, quia propter senectutem erant debiles.

693-694*

693 (693A T) ITE : pergite ; SIMUL : pariter ; PARENT : obediunt Pilemon, Baucis ; PREEUNTIBUS : precedentibus ; AMBO : Pilemon, Baucis. 694 (693B T) MEMBRA : sua ; LEVANT : sustinent ; BACULIS : com ; TARDI : pigri ; SENILIBUS : antiquis.

---

684 percepissent] precepissent *ms.* Marcum Manlium Capitolinum] marchatam et tullium *ms.*

VIII 684

UNICUS (« une seule ») : comme ils avaient compris qu'ils n'avaient pas préparé de plats dignes de dieux, ils voulurent tuer leur oie.

[1] Il dit CUSTODIA (« gardienne »), parce que cet oiseau entend bien la nuit, et veille mieux qu'un chien, et c'est à cela que se rapporte cette parole : « Comme les Sénonais avaient envahi (la ville), ils auraient bien vaincu les Romains si une oie n'avait pas éveillé Marcus Manlius Capitolinus. » [2] CONFUGISSE (« s'était réfugiée »), parce qu'on dit : « Bien qu'elle les connût bien, toute créature reconnaît son auteur ».

VIII 690-691

Immunibus (« exemptés ») : « Vous serez exemptés parce que vous ne l'avez pas mérité : suivez-nous ».

VIII 693

Baucis et Philémon suivent les dieux

BACULIS (« sur des bâtons »), parce qu'ils étaient faibles à cause de leur vieillesse.

VIII 695

TANTUM : ita a summitate distabant, sicut sagita potest trahi, et, dum ibi starent, viderunt villam mergi, sed tantummodo domus sua parva remansit. 695 (694 T)* LONGUO : alto ; VESTIGIA : pedes ; CLIVO : colle.

VIII 696-698

Submersio ville

696 (695 T) ABERANT : deficiebant ; SUMMO : alto ; SEMEL : perfecte. 696 MISSA : tracta ; FLEXERE : Pilemon, Baucis ; OCULOS : suos ; MERSA : sub(mersa) ; PALUDE : aqua. 697 CETERA : alia ; PROSPICIUNT : vident ; TANTUM : vident ; MANERE : re(manere). 698 DUM : quando ; FATA SUORUM : propter mortem amicorum.

VIII 699-700

Mutatio domus Baucidis in templum

Hic exequitur de mutatione Pilemonis et Baucidis et domus sue.

699-700*

699 VETUS : antiqua ; CASA : domus. 700 VERTITUR : mutatur.

VIII 701

aurataque tecta videntur] Tale debet esse templum.

701-702*

701 STRAMINA : tecture ; FLAVESCUNT : candescunt ; VIDENTUR : putantur. 702 CELATE : videntur ; FORES : porte ; ADOPERTAQUE : tecta et ; TELLUS : terra.

VIII 703

SATURNIUS : Mercurius vel Iupiter, filius Saturni, nepos Saturni. 703* SATURNIUS : Mercurius ; EDIDIT : dixit.

VIII 704-705

'Quia, quodcomque petieritis in nomine meo, fiet vobis'.

704-705*

704 DICITE : dicatis ; IUSTE : 'o' ; FEMINA : o Baucis ; CONIUGE : marito. 705 OPTETIS : velitis.

VIII 695

TANTUM (« seulement ») : ils étaient à une distance du sommet équivalente à celle que peut franchir une flèche décochée, et, tandis qu'ils se tenaient là, ils virent que la ville était submergée, mais que seule leur petite maison subsistait.

VIII 696-697

Submersion de la ville

VIII 699-700

La maison de Baucis est transformée en temple

Ici le texte enchaîne sur la métamorphose de Philémon et Baucis et de leur maison.

698 FATA SUORUM (« le sort de leurs proches ») : à cause de la mort de leurs amis.

VIII 701

aurataque tecta videntur (« des toits dorés apparaissent »)] C'est ainsi que doit être un temple.

VIII 703

SATURNIUS (« le fils de Saturne ») : Mercure, ou Jupiter, le fils de Saturne, ou le petit-fils de Saturne.

VIII 704-705

« Parce que, quoi que vous demanderez en mon nom, cela se réalisera. »

VIII 706

Ecce quomodo Pilemon respondit quid optaret.
706* CONSILIUM : volumptatem ; SUPERIS : deis ; APERIT : manifestat.

|f. 120r|

VIII 707-710

Unde quidam : « POSCIMUS, o superi, nos delubra vestra tueri / et volumus fieri nos duo presbiteri, / et Baucis iusta, numquam videam sua busta ; / hanc ponar iuxta, sed corpora sint simul usta ».

707-710*

707 ESSE : volumus ; SACERDOTES : presbiteri ; DELUBRAQUE : templa et ; TUERI : deffendere. 708 POSCIMUS : petimus ; CONCORDES : que pacifici ; EGIMUS : preterivimus. 709 AUFERAT : rapiat ; DUOS : nos ; EADEM : una ; CONIUGIS : sponse. 710 BUSTA : tumulos ; NEC : et non ; TUMULATUS : sepultus.

VIII 711

Vota fides sequitur] Quia quod petierunt obtinuerunt. Nota.
711* TUTELA : custos ; FUERE : illi.

VIII 712-715

Mutatio Baucidis et Pilemonis in presbiteros

Dicit hic quomodo Baucis et Pilemon, dum ante altare essent, mutati fuerunt in arbores, quod moraliter nichil est nisi quod vita illorum iusta fuit ab eo quod fama illorum adhuc durat.

712-716*

712 DONEC : quamdiu ; ANNIS : temporibus ; EVOQUE : etate. 713 GRADUS : altaria ; FORTE : a casu. 714 NARRARENT : dicerent ; FRONDERE : frondes capere ; PILEMONA : proprium, conspexit ; BAUCIS : proprium. 715 CONSPEXIT : vidit ; SENIOR : Pilemon ; FRONDERE : frondes capere ; PILEMON : proprium. 716 GEMINOS : ambos ; CACUMINE : capite.

706* manifestat] manifesta *ms.* | 707-710 vestra] nostra *ms.*

VIII 706

Voici comment Philémon répondit sur ce qu'il souhaitait.

|f. 120r|

VIII 707-710

D'où l'un d'entre eux dit : « POSCIMUS (« nous demandons »), ô dieux, d'être les gardiens de votre temple / et nous voulons devenir vos deux prêtres, et que, restant près de Baucis, je ne voie jamais son tombeau ; que je sois posé à ses côtés, et que nos corps soient brûlés ensemble. »

VIII 711

Vota fides sequitur (« Leurs vœux se réalisèrent »)] Parce qu'ils obtinrent ce qu'ils avaient demandé. À noter.

VIII 712-715

Baucis et Philémon deviennent prêtres

Ici il dit comment Baucis et Philémon, tandis qu'ils étaient devant l'autel, furent changés en arbres, ce qui du point de vue de la moralisation signifie simplement que leur vie fut juste, comme en témoigne leur renommée qui dure encore aujourd'hui.

VIII 717-718

Mutatio Baucidis et Pilemonis in arbores

Com essent toti variati preter capita, cortex eodem momento texit et oculos amborum et linguas ; SIMUL DIXERE : 'VALE'.

717-723*

717 DUM : quamdiu ; REDDEBANT : dabant. 718 CONIUNX : sponsus et sponsa ; SIMUL : pariter ; SIMUL : pariter ; ABDITA : abscondita ; TEXIT : abscondidit. 719 FRUCTEX : dumus ; OSTENDIT : monstrat ; TIRINCIUS : a loco. 720 INCOLA : cultor ; GEMINA : dupplici ; VICINOS : proximos ; ARBORE : ex. 721 HOC : contradico ; VANI : mendaces ; CUR : aliquid ; VELLENT : illi. 722 NARRAVERE : dixere ; SENES : rustici ; EQUIDEM : certe ; VIDI : ego. 723 PONENS : ego ; -QUE : et ; RECENTIA : nova ; DIXI : ego.

VIII 724

CURA DEUM : isti de quibus dei curaverunt sunt dei, id est deificantur ; pro diis reputantur illi qui ab hominibus honorantur.
724* DEUM : deorum ; QUI : illi ; COLUERE : deos ; COLUNTUR : venerantur ab hominibus.

VIII 725

DESIERAT : dictum est superius quomodo Lelex narravit de mutatione Pilemonis et Baucidis in arbores, modo exequitur quomodo omnes pro talibus supradictis stupefacti ‹essent›, et accedit ad materiam de destructione per famem Erisithonis.

725-726*

725 LELEX : desierat ; CUNCTOS : astantes ; RES : mutatio ; MOVERAT : com(moverat) ; ACTOR : narrator. 726 THESEA : movit ; PRECIPUE : maxime ; QUEM : Thesea ; FACTA : opera.

VIII 728-729

De fabulatione Acheloi iterum

Quasi diceret : 'Multi dei sunt qui unicam formam possunt accipere, et sunt quidam alii qui modis pluribus variantur'.

---

725 stupefacti ‹essent›] stupefactis *ms.* famem *corr. in* famam *alia manus*

VIII 717-718

Métamorphose de Baucis et Philémon en arbres

Comme ils avaient été entièrement transformés à l'exception de la tête, au même moment une cime couvrit à la fois leurs yeux et leurs langues ; SIMUL DIXERE « VALE » (« ils dirent en même temps "Adieu" »).

VIII 724

CURA DEUM (« le souci des dieux ») : ceux dont les dieux prirent soin sont dieux, c'est-à-dire sont déifiés ; sont réputés pour dieux ceux qui sont honorés par les hommes.

VIII 725

DESIERAT (« avait cessé ») : on a dit plus haut comment Lelex raconta la métamorphose de Philémon et Baucis en arbres ; suit maintenant la façon dont tous furent stupéfaits devant de tels récits, et il arrive à la matière de la ruine d'Érysichthon à cause de la faim.

VIII 728-729

Nouveau récit d'Achéloüs

En d'autres termes : « Il y a beaucoup de dieux qui ne peuvent prendre qu'une forme unique, et il y en a d'autres qui changent de formes. »

727-729*

727 MIRA DEUM : mirabilia deorum ; INNIXUS : apodiatus ; CUBITO : suo ; CALIDONIUS : Achelous. 728 TALIBUS : que secuntur ; O : Theseu ; QUORUM : aliqui. 729 FORMA : species ; MOTA : mutata ; RENOVAMINE : mutatione ; MANSIT : re(mansit).

VIII 730-731

De mutatione Prothei in diversas formas

Exemplificat quod multi dei possunt accipere diversas formas per Protheum, qui multas formas potest accipere.

730-732*

730 SUNT : dei aliqui ; IUS : virtus ; TRANSIRE : mutari. 731 UT : sicut ; COMPLEXI : circomdantis ; INCHOLA : 'o cultor'. 732 NAM : quia ; MODO : aliquando ; IUVENEM : videre ; MODO : aliquando ; VIDERE : gentes.

VIII 733-734

Hic ostendit actor in specie loqutionis Acheloi quot modis potest mutari Protheus, deus maris.

733-737*

733 NUNC : aliquando ; VIOLENTUS : crudelis ; APER : eras ; NUNC : aliquando ; TIMERENT : homines. 734 ANGUIS : serpens ; MODO : aliquando ; CORNUA : tua ; TAURUM : bovem. 735 LAPIS : petra ; POTERAS : videri ; QUOQUE : similiter. 736 INTERDUM : aliquando ; FACIEM : formam ; LIQUIDARUM : clarum ; IMITATUS : consequtus. 737 FLUMEN : fluvius ; INTERDUM : aliquando.

VIII 738

Incipit de Erisithone

NEC MINUS : quamvis dicatur superius quod Protheus in multis formis poterat variari, tamen filia Erisithonis habebat potestatem multis modis corpora variandi.

738* NEC : et non ; ANTILOCHI : proprium ; CONIUNX : sponsa ; ERISITHONE : proprium.

VIII 730-731

Diverses métamorphoses de Protée

Comme exemple de cette possibilité des dieux de prendre diverses formes, l'auteur utilise Protée, qui peut prendre de nombreuses formes.

VIII 733-734

Ici l'auteur montre à travers le discours d'Achéloüs combien de formes peut prendre Protée, le dieu de la mer.

VIII 738

Début de l'histoire d'Érysichthon

NEC MINUS (« pas moins ») : bien qu'on ait dit plus haut que Protée pouvait se changer en de multiples formes, cependant la fille d'Érysichthon avait le pouvoir de donner à son corps de nombreuses formes.

VIII 739

[1] Fabula talis est : in terra Erisithonis erat quedam quercus sacrata Cereri, quam Erisithon scidit, et tamen quercus illa incepit sanguine fluere, quasi esset corpus. [2] Ceres, irata, perrexit ad domum Famis ut Erisithon esset famelicus ; que iussum fecit, unde tanta fame cruciatus fuit quod universa que habuit vendidit, et tamen filia sua remansit, que tale privilegium a Neptuno accepit qui eam violaverat, quod poterat mutari in qualibet forma que sibi placeret. [3] Tamen non potuit tanta ministrare quin fame tanta cruciaretur, quod omnia membra morsu dilaceravit, et mortuus est, et sic vindictam ‹habuit Ceres›. Ecce que dixit Achelous.

739-742*

739 IURIS : potestatis ; PATER : Erisithon ; HUIC : coniugi ; NUMINA : deitatem ; DIVUM : divorum. 740 SPERNERET : despiceret ; ET : non ; ARIS : deis ; ADOLERET : sacrificaret. 741 ETIAM : certe ; CEREALE : Cereri sacratum ; VIOLASSE : condisse. 742 LUCOS : nemora ; TEMERASSE : cedisse ; VETUSTOS : antiquos.

VIII 743-745

Descriptio quercus sacre Cereri et nimphis

Illic erant TABELLE, id est ymagines quas ibi posuerant aliqui qui in votis beneficia obtinuerant. VITTE sunt ornamenta mulierum que ibi ponebantur ad denotandum devotionem mulierum.

743-748*

743 STABAT : erat ; HIIS : nemoribus ; INGENS : magna ; ANNOSO : veteri ; QUERCUS : una. 744 UNA : sola illa erat quasi ; MEDIAM : quercum ; MEMORES : in memoria ; TABELLE : ymagines. 745 ARGUMENTA : scilicet probationes. 746 HAC : quercu ; DRIADES : nimphe ; FESTAS : festivas. 747 ETIAM : similiter ; NEXIS : coniunctis. 748 CIRCUIERE : lustravere ; MODUM : mensuram ; ROBORIS : quercus ; ULNAS : brachia.

VIII 749-750

Quasi diceret : 'Sicut silva superat herbam, ita quercus superavit alteram silvam'. Construe : NEC NON, id est insuper cetera silva fuit, modo sub illa quercu ; QUANTUM HERBA est SUB altera, silva subdita quercui.

739.1 sanguine] sangui *ms.* | 739.3 vindictam ‹habuit Ceres›] vindictam # *ms.* Achelous] Erisithon *ms.* | 743-745 VITTE] VICTE *ms.*

VIII 739

[1] Voici la fable : sur la terre d'Érysichthon il y avait un chêne consacré à Cérès, qu'Érysichthon coupa ; mais ce chêne commença à saigner comme s'il s'agissait d'un corps. [2] Cérès, en colère, se rendit à la maison de Faim, et lui demanda d'affamer Érysichthon ; Faim exécuta son ordre. Aussi celui-ci fut-il tellement tourmenté par la faim qu'il vendit tout ce qu'il avait. Il lui restait sa fille, qui avait reçu de Neptune, après qu'il l'eut violée, le privilège de pouvoir prendre la forme qu'il lui plairait. [3] Quoi qu'il fît servir à table, Érysichthon ne put empêcher d'être torturé par une faim telle qu'il dévora tous ses membres et mourut : ainsi Cérès fut vengée. Tel fut le récit d'Achéloüs.

VIII 743-745

Description du chêne consacré à Cérès et aux nymphes

Il y avait là TABELLE (« des tablettes »), c'est-à-dire des images posées par ceux qui avaient obtenu satisfaction pour leurs vœux. VICTE (« les bandelettes ») sont des parures féminines qui étaient posées là en témoignage de la dévotion des femmes.

VIII 749-750

En d'autres termes : « Comme la forêt domine l'herbe, ainsi le chêne dominait le reste de la forêt. » Construire : NECNON (« non moins ») à savoir qu'il dépassait le reste de la forêt, du moins (celle qui se trouvait) sous ce chêne ; QUANTUM HERBA (« autant que l'herbe ») est SUB ALTERA (« sous les autres plantes »), (autant) la forêt est plus petite que le chêne.

749-757*

749 QUINQUE : quindecim ; NEC : insuper ; CETERA : alia. 750 HAC : quercu ; SILVA : tanta proportione ; QUANTUM : quanta ; ILLA : altera. 751 NEC : et non ; IDCIRCO : propter hoc ; FERRUM : securum ; DRIOPEIUS : Erisiton ; ILLA : ab quercu. 752 ABSTINUIT : tenuit ; FAMULOS : suos ; SACRUM : sacratum. 753 ROBUR : quercum ; UT : quando ; CUNCTARI : morari ; UNO : servo. 754 EDIDIT : dixit ; SCELERATUS : pravus. 755 DILECTA : amata ; SOLUM : tantummodo ; ET : etiam ; LICEBIT : quamvis. 756 DEA : Ceres ; FRUNDENTE : frundoso. 757 DIXIT : ita dixit ; TELUM : securum ; LIBRAT : quatit.

|f. 120v|

VIII 758-759

Tantus erat pudor et ictus sceleratus quod tam rami quam fructus pallescerunt.

758-760*

758 DODONIA : a Dodona regione. 759 ET PARITER : cepere pallescere ; GLANDES : fructus. 760 CEPERE : ince(pere) ; PALLOREM : cepere ; DUCERE : capere.

VIII 761-764

Actor facit comparationem sanguinis de arbore distillantis ad sanguinem tauri sacrificati.

761-764*

761 CUIUS : arboris ; MANUS : Erisithonis ; IMPIA : crudelis. 762 HAUD : non ; DISCISSO : disciso. 763 SOLET : fluere ; INGENS : magnus. 764 CONCIDIT : cecidit ; CERVICE : capite.

VIII 765-766

Unus famulus, quicomque esset, ille criminatus fuit illum dominum qui quercum ‹in›cidebat, unde occisus fuit ab Erisithone.

765-767*

765 OBSTUPUERE : alii ; ALIQUISQUE : unus et ; OMNIBUS : illis. 766 DETERRERE : maledicere ; NEPHAS : malum ; INHIBERE : audet detinere ;

762* HAUD] AUT *ms.* DISCISSO] discullo *ms.* | 765-766 ‹in›cidebat] cidebat *ms.*

|f. 120v|

VIII 758-759

La honte et le coup scélérat étaient si grands que les branches et les glands en pâlirent.

VIII 761-764

L'auteur compare le sang qui coule de l'arbre à celui d'un taureau sacrifié.

VIII 765-766

L'un de ses familiers, peu importe qui, accusa ce maître qui frappait le chêne, et fut alors tué par Érysichthon.

BIPENNEM : securum. 767 ASPICIT : Erisithon ; HUNC : quicomque esset ; PIE : tue.

VIII 768-770

Mors servi Erisithonis

Occiso famulo, incepit scindere iterum quercum.

768-770*

768 THESALUS : Erisithon ; VIRUM : famulum ; ARBORE : quercu ; FERRUM : securum. 769 DETRUNCAT : scindit ; CAPUT : famuli ; REPETITA : iterum petita ; ROBORA : arborem ; CEDIT : scindit. 770 EDITUS : emissus ; E MEDIO : arboris ; EST : ut sequitur.

VIII 771-773

Ecce quomodo quercus loquta fuit

Hec sunt verba que e medio roboris sunt audita.

771-772*

771 NIMPHA : una ; CERERI : dee ; GRATISSIMA : amata. 772 QUE : nimpha ; FACTORUM : operum ; INSTARE : advenire.

VIII 773-776

SOLATIA dicit, quia antiquitus dicebant animas occisorum solari si occidentes punirentur. FUNIBUS : quia com cordis et restibus plexa fuit arbor. MULTAM dicit, quia tanta erat quod vix potuit scindi, et sic multum nemoris confudit.

773* VATICINOR : promitto ; MORIENS : ego ; SOLATIA : scilicet ; LETI : mortis.

VIII 774

Quamvis talia audivisset e robore, tamen PROSEQUITUR.

774-776*

774 PROSEQUITUR : persequitur ; ILLE : Erisithon ; LABEFACTA : abcisa ; TANDEM : ad ultimum. 775 INNUMERIS : non numerabilibus ; ADDUCTA : plexa ; FUNIBUS : cordis. 776 CORRUIT : cecidit ; ARBORE : suo.

767* quicomque] quique (?) *ms.* | 768-770 incepit] iter incepit *ms.* | 769* scindit] cindit *ms.*

VIII 768-770

Mort du serviteur d'Érysichthon

Après avoir tué son serviteur, il recommença à frapper le chêne.

VIII 771-773

Voici comment parla le chêne

Telles sont les paroles qu'on entendit s'élever du milieu du chêne.

VIII 773-776

Il dit SOLATIA (« consolation »), parce qu'on disait autrefois que les âmes des personnes assassinées étaient consolées si leurs meurtriers étaient punis. FUNIBUS (« par des cordes ») : parce que l'arbre fut entouré de cordes et de filins. Il dit MULTAM (« nombreuse ») parce que l'arbre était si grand qu'il fut difficile de le fendre, et qu'il abattit avec lui une grande partie du bois.

VIII 774

Bien qu'il ait entendu le chêne proférer ces prédictions, il continue cependant (à frapper).

VIII 777

Com ita quercus cecidisset, DRIADES, id est nimphe nemorum, venerunt ad Cererem de Erisithone conquerentes.
777* ATTONITE : stupefacte ; DRIADES : nimphe ; -QUE : et ; SUO : dampno.

VIII 778-779

Oratio nimpharum ad Cererem

778-781*

778 OMNES : nimphe ; GERMANE : socie ; CEREREM : deam ; ATRIS : nigris. 779 MERENTES : plorantes ; ADEUNT : petunt ; -QUE : et ; ERISITHONIS : proprium ; ORANT : petant. 780 ANNUIT : concessit ; PULCHERRIMA : illa dea. 781 CONCUSSIT : commovit ; GRAVIDIS : ponderosis.

VIII 782-783

[1] MISERABILE, id est dignum miseratione alicuius ; ita dico : 'Si ille esset miserabilis alicui suis operibus', sed non erat, unde sic construe : SI NON, id est nisi ILLE ESSET MISERABILIS NULLI, id est talis erat de quo nullus deberet misereri sui actis, idest per sua opera. [2] Quasi diceret : 'In tantum meditata est Ceres punire Erisithon, quod eius posset misereri quislibet nisi esset pro culpa illius'. [3] HOREADA (787) : Oreas est nomen appellativum. *Oreades* dicuntur dee montium ab *Oreon*, quod est mons.

782-784*

782 MOLITUR : parat ; MISERABILE : triste. 783 NULLI : alicui ; ACTIS : operibus. 784 PESTIFERA : mortifera ; LACERARE : occidere ; QUE : Fames ; QUATINUS : quia ; IPSI : Cereri.

VIII 785

NON ADEUNDA, quia Fames non debet a Cerere peti, quia Fames et Ceres sunt dee opposite.

785-787*

785 ADEUNDA : petenda ; NEC : non ; ENIM : quia ; CEREREM : deam. 786 COHIRE : iungi ; MONTANI : montana sunt ; NUMINIS : illa numina. 787 AGRESTEM : campestrem ; ORAEADA : proprium.

782-783.3 est[1]] et *ms.* | 785 Fames[1]] Famem *ms.*

VIII 777

Après la chute du chêne, DRIADES (« les Dryades »), c'est-à-dire les nymphes des bois, vinrent trouver Cérès pour se plaindre d'Érysichthon.

VIII 778-779

Prière des nymphes à Cérès

VIII 782-783

[1] MISERABILE (« digne de pitié »), c'est-à-dire digne de provoquer la pitié de quelqu'un ; aussi dis-je : « S'il était digne d'éveiller la pitié de quelqu'un par ses actes », mais il ne l'était pas, il faut donc construire : SI NON (« sinon »), c'est-à-dire si ILLE ESSET MISERABILIS NULLI (« il ne méritait la pitié de personne »), c'est-à-dire s'il était tel que personne ne dût avoir pitié de son acte, c'est-à-dire à cause de ses actions. [2] En d'autres termes : « Cérès projeta de punir Érysichthon d'un châtiment si grand que quiconque aurait pu avoir pitié de lui, sauf en considérant sa faute. » [3] HOREADA (« Oréade ») : Oréas est un nom appellatif. On appelle Oréades les déesses des montagnes, du nom de l'Oréon, qui est une montagne.

VIII 785

NON ADEUNDA (« Elle ne doit pas rencontrer »), parce que Faim ne doit pas être rejointe par Cérès, Faim et Cérès étant des divinités opposées.

VIII 788-789

Imperatio Cereris nimphe

EST LOCUS : describit Ceres nimphe sue locum in quo debebat invenire Famem, et dicit quod erat in Sicia eo quod illa regio est sterilis et frigida, carens etiam omnibus bonis messibus.

788-792*

788 LOCUS : quidam ; GLACIALIS : frigidis ; ORIS : regionibus. 789 SOLUM : est terra ; SINE FRUGE : est ; SINE ARBORE TELLUS : est. 790 INHERS : pravum ; PALLOR : habitat ; TREMOR : habitat. 791 IEIUNA : epitheton ; FAMES : habitat ; EA : fames ; PRECORDIA : viscera ; CONDAT : abs(condat). 792 SACRILEGI : Erisitonis ; IUBE : dic ; RERUM : mearum.

VIII 793

'Quia, quamvis me sumat plurima Eris‹ithon›, non tantum saciatu'.

793-798*

793 SUPERET : vincat ; -QUE : sed ; CERTAMINE : suo. 794 NEVE : quod non ; SPACIUM : longitudo ; CURRUS : meos. 795 ALTE : nobiliter ; MODERERE : temperes. 796 DEDIT : tradidit ; ILLA : nimpha ; AERA : elevata. 797 RIGIDI : alti ; CACUMINE : summitate. 798 CAUCASON : proprium ; APPELLANT : gentes ; LEVAVIT : illa.

VIII 799-806

Descriptio Famis

Ecce descriptio loci in quo invenit nimpha Famem et descriptio Famis et corporis sui.

799* QUESITAM : diu.

VIII 800

RARIS, quia dentes cadunt.

800* UNGUIBUS : suis ; VELLENTEM : colligentem.

793 Eris‹ithon›] eris *ms.* | 795* MODERERE] MODERARE *ms.*

VIII 788-789

Ordre de Cérès à la nymphe

EST LOCUS (« Il y a un endroit ») : Cérès décrit à sa nymphe le lieu dans lequel elle devait trouver Faim, et lui dit qu'il se trouve en Scythie, parce que cette région et stérile et froide, et manque même de toutes les bonnes moissons.

VIII 793

« Parce que, quelle que soit la quantité de nourriture qu'Érysichthon pourra me prendre, il ne doit jamais être rassasié. »

VIII 799-806

Description de Faim

Voici la description du lieu dans lequel la nymphe trouve Faim, et le portrait physique de Faim.

VIII 800

RARIS (« rares »), parce que ses dents tombent.

|f. 121r|

VIII 801-802

[1] Allegoria talis est : ERISITHON dicitur *era siciens*, et interpretatur avarus. Iste habuit filiam, scilicet concupiscenciam ; occidit quercum sacratam nimphis, id est substanciam plurium, violentia ad se astraxit, sanguis inde stillavit, quia peccatum fecit. [2] Famulum occidit, id est suos vicinos et servos exules fecit ; funibus, fallaciis arborem abstraxit, id est substantias. [3] Fecit autem Ceres petere Famem, quia, quanto plus habent cupidi, tanto plus cupiunt. Descriptio Famis est descriptio cupidorum et status illorum. [4] Ad ultimum filia nutrivit famem illius avari quia, multa cupiens, fallaciis pluribus acquirebat. Membra sua ad ultimum laceravit, quia avari in cupiditate acquirendi substantiam creduntur, et sanguinem sui corporis devastare, et ad ultimum ad nichilum reducontur.

801-802*

801 HIRTUS : elevatus ; CRINIS : capillis ; CAVA : (cava)ta ; LUMINA SUA : erant ; PALLOR : erat. 802 LABRAQUE : alba ; CAVA : propter profunditatem ; SCABRE : obscure ; RUBIGINE : erant ; DENTES : sui.

VIII 803

DIRA CUTIS : ex deffectu nutrimenti fit dura cutis, quia ibi est rarus humor.

803-804*

803 DURA : erat ; PER QUEM : cutem ; SPECTARI : videri. 804 EXTABANT : aparebant ; ARIDA : sicca ; LUMBIS : renibus.

VIII 805

VENTRIS : venter est eminentia sive inflatio eminens a pectore usque ad ‹inguen›, et videtur quod illa inflatio substineat corpus.
805* VENTRIS : sui ; PENDERE : illam.

VIII 806

CRATE : hic accipitur pro iunctura, compagine ossium.

801-802.1 avarus *ex* avairus *ms.* occidit] cidit *ms.* | 801-802.2 exules] exule *ms.* | 801-802.3 cupiunt *ex* ca cupiunt *ms.* | 801-802.4 Membra sua] membram suam *ms.* | 805 usque ad ‹inguen›] usque ad # *ms.* | 806 CRATE] CRATS *ex* CRATIS *ms.* compagine] compaginem *ms.*

|f. 121r|

VIII 801-802

[1] Voici l'allégorie : le nom ERISITHON (« Érysichthon ») vient de *era sitiens* (« assoiffé d'air »), on l'interprète comme l'avare. Il avait une fille, à savoir la convoitise ; il détruisit le chêne consacré aux nymphes, c'est-à-dire qu'il s'empara des ressources de plusieurs personnes par la violence, et fit couler le sang, parce qu'il commit un péché. [2] Il tua son familier, c'est-à-dire qu'il ruina ses voisins et ses serviteurs ; il arracha l'arbre, c'est-à-dire les richesses, avec des cordes, par des ruses. [3] Cérès fit venir Faim parce que, plus les avares possèdent, plus ils ont de désirs. Le portrait de Faim est le portrait des avares et de leur situation. [4] Finalement sa fille nourrit la faim de cet avare, parce que, ayant de nombreuses convoitises, il faisait de nombreuses acquisitions en usant de plus de ruses. Finalement il dévora ses propres membres parce que les avares, dans leur désir d'acquérir de la richesse, se rongent les sangs, croit-on, et en définitive sont réduits à néant.

VIII 803

DIRA CUTIS (« sa peau dure ») : le manque de nourriture durcit la peau, qui manque alors d'humidité.

VIII 805

VENTRIS (« du ventre ») : le ventre est l'éminence ou le gonflement qui va de la poitrine à l'aine, ce gonflement paraît soutenir le corps.

VIII 806

CRATE (« claie ») : ce mot est utilisé pour « jointure », assemblage des os.

806-813*

806 PECTUS : suum ; CRATE : iunctura. 807 AUXERAT : construxerat ; ARTICULOS : digitos ; -QUE : et ; TUMEBAT : inflabat. 808 ORBIS : rotunditas ; MODICO : parvo ; PRODIBANT : apparebant ; TUBERE : inflatura. 809 HANC : famem ; PROCUL : longe ; UT : postquam ; NEC : non ; ENIM : certe ; ACCEDERE : appropiare. 810 AUSA : est ; REFFERT : dicit ; MANDATA : iussa ; DEE : Cereris ; MORATA : detenta. 811 QUAMQUAM : quamvis ; ABERAT : deficiebat ; MODO : nuper. 812 SENSISSE : percepisse ; -QUE : et ; DRACHONES : suos. 813 EGIT : deduxit ; HEMONIAM : Thesaliam ; SUBLIMIS : alta ; VERSIS [...] HABENIS : et hoc dico.

VIII 814-820

Quomodo Fames intravit corpus Erisithonis

Ita Fames audivit preceptum Cereris non sibi comparis ; nunc continetur quomodo complere incepit.

814-816*

814 FAMES : proprium ; CERERIS : proprium ; CONTRARIA : opposita. 815 PERAGIT : facit. 816 AD IUSSAM : dictam ; DELATA : portata.

VIII 817

SACRILEGUS dicebatur quia quercum sacratum rapuerat.
817* SACRILEGI : Erisithonis ; ALTOQUE : magno et ; SOLUTUM : captum.

VIII 818

NOCTIS : interpositio est.
818* ENIM : certe ; TEMPUS : erat ; GEMINIS : duplicibus ; AMPLECTITUR : illum.

VIII 819-820

Ecce quomodo invenenavit Ceres Erisithona ; dissolutus abest homo per sompnum.
819* SEQUE VIRO : et Erisithoni ; FAUCES : genas flat ; ET : afflat.

VII 820

Quia melius sunt vene receptibiles et plus placate post sompnum quam ante.

807* construxerat] construixerat *ms.* | 820 vene receptibiles] venere ceptibiles *ms.*

VIII 814-820

Comment Faim pénétra dans le corps d'Érysichthon.

Ainsi Faim écouta l'ordre de Cérès qui pourtant était son opposée ; maintenant le récit continue sur la façon dont elle commença à envahir (Érysichthon).

VIII 817

Il était appelé SACRILEGUS (« sacrilège ») parce qu'il avait arraché le chêne sacré.

VIII 818

NOCTIS (« de la nuit ») : c'est une parenthèse.

VIII 819-820

Voici comment Cérès avait empoisonné Érysichthon ; l'homme est relâché et comme absent pendant son sommeil.

VIII 820

Parce que les veines sont plus accessibles et plus calmes après le sommeil qu'avant.

820-821*

820 VACUIS : vacuatis ; SPARSIT : aspersit. 821 CUNCTAQUE : usa et ; MANDATO : iusso ; DESERIT : linquit ; ORBEM : patriam.

VIII 822

Ita fecit Cereris Fames mandatum : tunc deseruit patriam Cereris, et, com ita fecisset, Erisithon in specie sopni incepit esurire.

822* INQUE : et ; DOMOS : suas ; INOPES : scilicet ; REVERTITUR : redit ; ANTRA : foveas.

VIII 823

PLACIDIS dicit, quia grata est quies et sompnus post laborem.

823-824*

823 LENIS : parvus. 824 MULCEBAT : tenebat ; ILLE : Erisithon.

VIII 825-827

Cruciatus Erisithonis per famem

Non sub sompno vero, imo sompniando, quia videbatur quod manducabat et similiter mastigabat.

825-827*

825 ORAQUE : sua et ; MOVET : mastigabat ; FATIGAT : lassat. 826 EXERCET : movet ; CIBO : esca ; INANI : vano. 827 -QUE : et ; EPULIS : cibis ; TENUES : parvas ; NEC QUICQUAM : invanum ; DEVORAT : mastigat.

VIII 828-829

Ita sompniabat, sed, dum sopor recessit, maius desiderium habuit comedendi.

828-830*

828 UT : postquam ; VERO : certe ; EXPULSA : remota ; QUIES : sopor ; FURIT : augmentatur ; ARDOR EDENDI : volumptas comedendi. 829 FAUCES : genas ; IMMENSA : magna ; VISCERA : sua. 830 NEC : fuit ; PONTUS : mare habet, poscit ; TERRA : habet ; EDUCAT : nutrit.

VIII 822

Ainsi Cérès fit venir Faim : puis celle-ci quitta la patrie de Cérès, et comme elle avait agi ainsi sur Érysichthon, il commença à avoir faim tout en paraissant dormir.

VIII 823

Il dit PLACIDIS (« bienfaisantes »), parce qu'il est agréable de se reposer et de dormir après avoir travaillé.

VIII 825-827

Érysichthon est tourmenté par la faim

Non pas en dormant vraiment, mais en rêvant, parce qu'il avait l'impression de manger et mastiquait en même temps.

VIII 828-829

Ainsi il rêvait, mais, quand il sortit du sommeil, il eut une plus grande envie de manger.

VIII 831

POSCIT : pisces et carnes com frugibus et aves omnes que in ethere nutriuntur. INQUE EPULIS (832) : quia, quanto plus comedebat, tanto magis esuribat.

831* POSCIT : Erisithon interrogat ; APPOSITIS : paratur ; IEIUNIA : propter.

VIII 832-834

Quamvis mensa cibariis pararetur et multa comedisset, dicebat se ieiunum.

832-834*

832 EPULAS : cibos ; QUERIT : interrogat ; URBIBUS : civitatibus plurimis. 833 QUOD : illud ; POPULO : multitudini ; UNI : illi soli. 834 (835 T) SICUT : utque ; FRETUM : mare ; RECIPIT : capit.

VIII 835

UTQUE : actor facit comparationem Erisithonis omnia comedentis et numquam pacificati ad mare quod universa flumina recipit nec impletur, et ad ignem qui, quanto plura comburit, tanto plura vult comburere, nec copia saciatur.

835-836*

835 (834 T) -QUE : et ; CUPIT : comedere ; DIMITTIT : introducit ; ALVUM : ventrem. 836 NEC : et non ; SATIATUR : repletur ; PEREGRINOSQUE : alienos sed ; AMNES : aquas.

VIII 837

RAPAX dicitur quia calor abstractive nature, unde ignis rapax est, quia naturaliter tendit in altum et humorem abstrahit.

837-839*

837 UT : sicut ; UNQUAM : aliquando ; RECUSAT : respuit. 838 INNUMERASQUE : innumerabiles sed ; CREMAT : ardet ; QUO : quanto. 839 PLURA : tanto ; TURBAQUE : moltitudine et.

---

831 comedebat] comedat *ms.* | 837 humorem] humore *ms.*

VIII 831

POSCIT (« Il demande ») des poissons, de la viande, des fruits et tous les oiseaux qui se nourrissent dans les airs. INQUE EPULIS (« Au milieu du festin ») : parce que, plus il mangeait, plus il mourait de faim.

VIII 832-834

Bien que sa table fût chargée de mets et qu'il s'en fût gavé, il disait qu'il était à jeun.

VIII 835

UTQUE (« Et comme ») : l'auteur compare Érysichthon qui engloutit tous ces mets et n'est jamais rassasié à la mer qui reçoit tous les fleuves et n'est jamais remplie, et au feu qui, plus il consume, plus il a besoin de combustible, et l'abondance ne le calme pas.

VIII 837

Le mot RAPAX (« vorace ») est employé parce que la chaleur est par nature attirante, c'est pourquoi l'on dit que le feu est vorace, parce qu'il tend naturellement vers le haut et qu'il absorbe l'humidité.

VIII 840-846

Quomodo Erisithon devoravit divicias suas

IAMQUE FAME : ita Erisithon erat famelicus quod universam substantiam devastaverat comedendo. Nunc videndum est quomodo filia sibi remansit, que longuo tempore sibi victualia ministravit.

840-846*

840 SIC : taliter; EPULAS : cibaria; ERISITHONIS : proprium; PROPHANI : pravi. 841 SIMUL CIBUS : pariter esca; ILLO : Erisithone. 842 -QUE : et; INANIS : vanus; EDENDI : comedendi. 843 FAME : sua; PATRIAS : patrimonium; VORAGINE : voracitate. 844 ATTENUARAT : minuerat; INATTENUATA : imminuta; MANEBAT : vel 'manebat'. 845 VIGEBAT : vel 'manebat'. 846 FLAMMA : ardor; TANDEM : ad ultimum; DEMISSO : et hoc dico; CENSU : diviciis suis.

|f. 121v|

VIII 847-849

Oratio filie Erisithonis ad Neptunum

Driope dicebatur illa mulier, filia Erisithonis. NON DIGNA, quia nobilis et permanens in simplicitate castitatis. AD VICINA : hic exequitur quomodo fecit orationem ad Neptunum ne designat ipsam marito alicui copulari.
847* RESTABAT : remanebat; ILLO : tali; PARENTE : patre.

VIII 848

Antiquitus moris erat quod emebant et vendebant servos et similiter mulieres.

848-851*

848 HANC : filiam; INOPS : pauper; GENEROSA : nobilis; RECUSSAT : respuit. 849 VICINA : proxima; EQUORA : mare; PALMAS : manus. 850 ERIPE : remove; QUI : 'o tu'; RAPTE : Neptune; PREMIA : dona. 851 VIRGINITATIS : castitatis; HEC : premia; NEPTUNUS : deus maris.

VIII 852-854

Mutatio filie Erisitonis in piscatorem

847-849 ipsam] ipsa *ms.*

VIII 840-846

Comment Érysichthon dévora ses richesses

IAMQUE FAME (« déjà par la faim ») : Érysichthon était tellement affamé qu'il avait anéanti toutes ses ressources en mangeant. Il faut apprendre maintenant comment il ne lui resta que sa fille, qui pendant longtemps lui servit à manger.

|f. 121v|

VIII 847-849

Paroles de la fille d'Érysichthon à Neptune

Cette femme, la fille d'Érysichthon, s'appelait Dryope. NON DIGNA (« digne non (de ce père) »), parce qu'elle était noble et vivait dans une chaste simplicité. AD VICINA (« vers (la mer) voisine ») : suit la façon dont elle pria Neptune de lui éviter d'être elle-même contrainte à s'unir à un époux.

VIII 848

Autrefois c'était la coutume d'acheter et de vendre les serviteurs et les femmes de la même façon.

VIII 852-854

Métamorphose de la fille d'Érysichthon en pêcheur

852 QUI : Neptunus ; SPRETA : despecta ; VISA : esset. 853 HERO : marito ; -QUE NOVAT : et re(novat) ; -QUE VIRILEM : et hominis. 854 INDUIT : tradit ; APTOS : congruos.

VIII 855

O QUI PENDENTIA : verba sunt mariti Driopes ad illam dicentis : 'O MODERATOR HARUNDINIS, quicumque es QUI CELAS ERA PENDENTIA CIBO PARVO' ; adiurat illam. 'SIC MARE', et cetera ; 'dic mihi'.
855* HANC : feminam ; O : tu.

VIII 856

[1] Rei veritas est quod iste Erisithon fuit quidam gluto qui primo multam substantiam habuit, sed bona ista sua parvipendens, devastabat, et ad ultimum omnia nemora, et que habuit vendidit ingluvie sua et ebrietate. [2] Filia eius in multis formis se mutabat et operationes plurimas faciebat ut victualia ministraret.

856-862*

856 ERA : hamos ; CELAS : tegis ; MODERATOR : temperator ; ARUNDINIS : virge ; INQUIT : dixit. 857 COMPOSITUM : placatum ; UNDA : aqua. 858 CREDULUS : sit cito credens ; FIXUS : prius sit. 859 MODO : nuper ; TURBATA : vili ; CAPILLIS : suis. 860 STETERAT : fuerat ; STANTEM : illam. 861 DIC : michi ; UBI : modo ; ENIM : certe ; EXTANT : aparent. 862 ILLA : Driope ; MUNUS : donum ; CEDERE : accidere ; SENSIT : percepit.

VIII 863

GAUDENS, quia se, a se forma muliebri mutata, id est virilem piscatoris formam cognitam, gaudebat.
863* QUERI : interrogari ; EST : que secontur ; ROGANTEM : interrogantem.

VIII 864

QUISQUIS : ecce quomodo Driope respondet ad interrogationem mariti sui simpliciter.
864* IGNOSCAS : non displiceat ; LUMINA : oculos.

856.2 formis] habentibus *ms.* | 862* CEDERE] CREDERE *ms.* | 864 respondet *ex* respondit *ms.*

VIII 855

O QUI PENDENTIA (« Ô toi qui (caches) tes hameçons ») : ce sont les mots du mari de Dryope qui lui dit : « O MODERATOR HARUM (« Ô toi qui manies le roseau »), qui que tu sois QUI CELAS ERA PENDENTIA CIBO PARVO (« qui caches tes hameçons de bronze sous une petite quantité de nourriture ») » ; il la conjure. « SIC MARE (« ainsi la mer ») » etc., « dis-moi ».

VIII 856

[1] La réalité est que cet Érysichthon était un goinfre qui avait d'abord été riche mais qui, faisant peu de cas de ses biens, les gâtait, et finalement vendit tous les bois et tout ce qu'il avait par gloutonnerie et ivrognerie. [2] Sa fille se transformait en prenant diverses formes et en accomplissant diverses activités comme servir à table.

VIII 863

GAUDENS (« Se réjouissant ») : elle se réjouissait parce qu'elle avait perdu sa forme féminine, c'est-à-dire qu'elle apparaissait sous la forme virile d'un pêcheur.

VIII 864

QUISQUIS (« Qui que (tu sois) ») : voici comme Dryope répond simplement à la question de son mari.

865-868*

865 GURGITE : mare ; FLEXI : variavi ; -QUE : sed ; ONERATUS : intendens. 866 QUOD : ut ; -QUE : et ; SIC : taliter. 867 UT : sicut ; IAMDUDUM : pridem. 868 ME [...] EXCEPTO : et hoc dico ; ULLA : aliqua.

VIII 869

Ita iuravit Driope. CREDIDIT.
869* CREDIDIT : maritus talibus ; VERSO : retro ; PEDE : suo.

VIII 870

ELUSIT ita Driope maritum suum, et, com hoc videret pater, multociens multis formis hanc vendidit.

870-872*

870 ELUSUS : irrisus ; ABIIT : perrexit ; ILLI : Driope. 871 AT : sed ; SUAM : filiam ; TRANSFORMIA : mutabilia ; SENTIT : percipit ; Erisithon. 872 PATER : Erisithon ; DOMINIS : maritis ; TRADIT : vendit ; AT : sed.

VIII 873

Mutatio Driopes in diversas figuras

NUNC EQUA : exequitur quot formis mutari poterat Driope, et hoc totum erat ex dono Neptuni.

873-876*

873 NUNC : aliquando ; EQUA : iumentum ; NUNC : aliquando ; ALES : abibat ; MODO : aliquando ; BOS : vaca. 874 PREBEBAT : ministrabat ; AVIDO : cupido ; ALIMENTA : nutrimenta ; PARENTI : patri. 875 VIS : virtus ; ILLA MALI : tanta Famis ; CONSUMPSERAT : vastaverat. 876 MATERIAM : facultates ; GRAVI : forti ; PABULA : nutrimenta ; MORBO : famis.

VIII 877-878

Mors Erisithonis

Alebat] Quia, ut ventrem pacificaret, membra aliqua comedebat, et sic se ipsum devastavit.

VIII 869

Dryope le jura. CREDIDIT (« Il la crut »).

VIII 870

Ainsi Dryope ELUSIT (« trompa ») son mari, et, comme son père s'en aperçut, il la vendit de nombreuses fois sous des formes différentes.

VIII 873

Métamorphose de Dryope en diverses figures

NUNC EQUA (« tantôt une jument ») : suit l'énumération des formes que pouvait prendre Dryope, tout cela grâce au don de Neptune.

VIII 877-878

Mort d'Érysichthon

Alebat (« elle nourrissait »)] Parce que, pour apaiser son estomac, il se mit à manger ses membres, et ainsi se dévora lui-même.

877-878*

877 IPSE : Erisithon ; ARTUS : membra ; LACERO : vastativo ; DIVELLERE : lacerare. 878 CEPIT : in(cepit) ; INFELIX : miser ; MINUENDO : mordendo ; CORPUS : suum ; ALEBAT : nutriebat.

VIII 879-880

Hec omnia supradicta loqutus fuit Achelous Theseo. Nunc dicit : 'QUID MOROR ? Quare vobis do exempla aliena ? Egomet in multis exemplis mutor'.
879* EXTERNIS : alienis exemplis ; ETIAM : est ; MICHI : Acheloo ; NOVANDI : mutandi.

VIII 880

FINITA, quia non licet mihi excedere metas mutationum.
880* NUMERO : per numerum ; FINITA : data certa.

VIII 881-883

Mutatio Acheloi in diversas formas

CORNUA : dixerat cornua, modo se corrigit, dicens DUM CORNUA SUMPSI, IPSE VIDES, considerare potes. Hoc dicit, quia vulnera extabant in fronte, vel respicit ad allegoriam, que talis est : Achelous fuit fluvius habens duos rivulos, quorum Hercules unum desicavit et ad culturam redegit.

881-883*

881 NAM : quia ; MODO : aliquando ; QUOD : ego ; MODO : aliquando ; ANGUEM : draconem. 882 ARMENTI : vacarum ; DUX : bos ; CORNUA : me ; SUMO : capra. 883 DUM : quando ; SUMPSI : cepi ; NUNC : in presenti ; ALTERA : una.

VIII 884

Gemitus] Quia pre dolore incepit gemere.
884* FRONTIS : mee ; UT : Ocheseu ; VIDES : videre potes ; VERBA : sua.

877* DIVELLERE] DIVELLE *ms.* | 879-880 vobis] vob *ms.* | 881-883 SUMPSI] SUMPUI *ms.* vulnera extabant] vulneram extabat *ex* vulneram textabat *ms.*

VIII 879-880

Achéloüs avait raconté toutes ces histoires à Thésée. À présent il dit : « QUID MOROR (« pourquoi m'attarder ») ? Pourquoi vous donner des exemples qui me sont étrangers ? Moi aussi je prends de multiples formes. »

VIII 881-883

Achéloüs prend diverses formes

CORNUA (« mes cornes ») : il avait dit « cornes », mais il se corrige, en disant DUM CORNUA SUMPSI, IPSE VIDES (« Tant que j'ai pu prendre des cornes, tu le vois toi-même »), tu peux le constater. Il dit cela parce que des blessures se voyaient sur son front, ou cela se rapporte à l'allégorie, que voici : Achéloüs était un fleuve qui avait deux cours d'eau ; mais Hercule en assécha un pour irriguer ses cultures.

VIII 884

Gemitus (« des gémissements »)] Parce que de douleur il se mit à gémir.

HIC INCIPIT NONUS LIBER

[1] QUE GEMITUS TRONCO : Hic incipit nonus liber huius voluminis, in cuius principio continetur qualiter orta est lis inter Acheloum et Herculem propter Deianiram, filiam regis Calidonis. Mutatio Acheloi in serpentem ; iterum, in taurum. Victoria Herculis ; mors Nessi ; mors Herculis et eius deificatio. Lamentatio Almene et Yoles. Mutatio Galantis in mustelam ; Driope ‹in lothon› ; Yole in iuvenem. Discessio deorum de domo Iuventutis. Amor Biblidis et Cauni ; mutatio Biblidis in fontem sui nominis. Mutatio Yphidis de femina in virum, et in nuptiis Yphidis et Yantes determinabitur liber iste, unde versus : « Bellum nonus habet hic Herculis Acheloique ; / huius causa fuit Calidonia Deianira. / Alcides illum vicit Nessusque necatur. / Alcides moritur ; pennas Almene retractat / huic Yole ; contra semper eam dixerat Ylus. / In longum murem Iuno Galantida mutat. / Arbore mutatur Driope ; fatis Yolaus / fit iuvenis, de quo multum superi doluere. / Biblis amat Caunum fratrem ; mutatur in undam. / Que, quamvis perdat corpus, non nomina perdit. / Coniunx Yphis amat, quamvis desperet, Yantem. / Vir factus letus post hec disponsat amatam ; / coniugio quorum finem capit iste libellus ».

[2] *Integumenta* sunt ista. Primo DE HERCULE ET IUNONE ET OMNIBUS FACTIS SUIS. Hercules est virtute virens activaque vita / Iuno ; Stigis mundum signat acerba lues. / Seva Megera datur operis constantia pravi / vis set Eritheus est grata fonsque boni. [3] DE IDRIS. Ydre cunarum vicium puerile refutant / pura pure puer quod superare studet. DE BUSIRIDE ANTHEO. Busirum domuit dominus Pharaonis in oris ; / Antheus Libie rex dominusque fuit. / In Grecos pugnat ; victus Libieque requirens / auxilium, rediens, inde peremptus obit. [4] DE GERIONE. Triplex Gerionis caput est in triplice regno, / cuius divicie preda fuere viro.

---

1 Driope ‹in lothon›] Driope # *ms.* Yole in iuvenem] tate in iuventutem *ms.* Yphidis[1] *ex* Biblidis Yphidis *ms.* Bellum [...] libellus] versus *add. m.s. eadem manus* Acheloique] Acheoique *ms.* eam] nam *ms.* Iuno] prius(?) iuno *ms.* Galantida] Galanthe *ms.* disponsat] dispensat *ms.* amatam] amatum *ms.* | 2 FACTIS SUIS] suis actibus *Ghisalberti* Stigis] Stigii *Ghisalberti* signat *Ghisalberti*] signa *ms.* Seva] Sena *Ghisalberti* fonsque] statusque *Ghisalberti* | 3 refutant] figurant *Ghisalberti* pura] puro *Ghisalberti* oris *Ghisalberti*] horis *ms.* victus *Ghisalberti*] rictus *ms.*

ICI COMMENCE LE NEUVIÈME LIVRE

[1] QUE GEMITUS TRONCO (« quelle est (la cause) de ses gémissements et de la mutilation (de son front) ») : ici commence le neuvième livre de ce volume, dont le début contient la naissance de la querelle entre Achéloüs et Hercule à cause de Déjanire, la fille du roi de Calydon. La métamorphose d'Achéloüs en serpent ; puis en taureau. La victoire d'Hercule ; la mort de Nessus ; la mort d'Hercule et sa déification. La plainte d'Alcmène et d'Iole. La métamorphose de Galanthis en belette ; celle de Dryope en lotus ; celle du rajeunissement d'Iolaüs. Le départ des dieux de la maison de Jeunesse. L'amour de Byblis pour Caunus ; la métamorphose de Byblis en fontaine qui porte son nom. La métamorphose d'Iphis de femme en homme ; sur le récit des noces d'Iphis et Ianthé se termine ce livre, d'où les vers : « Ce neuvième livre traite de la lutte entre Hercule et Achéloüs ; / la cause en était Déjanire la Calydonienne. / L'Alcide le vainquit. Il tue Nessus. / L'Alcide meurt ; Alcmène retrace ses peines à cette Iole, qu'Hyllus avait aimée. / Junon change Galanthis en une longue souris. / Dryope est changée en arbre ; le destin fait rajeunir Iolaüs : les dieux en conçurent un grand ressentiment. / Byblis aime son frère Caunus ; elle est métamorphosée en fontaine. / En perdant son corps, elle ne perd pourtant pas son nom. / Iphis aime Ianthé comme un époux, malgré son désespoir. / Devenue un homme par la suite elle épouse avec joie celle qu'elle aime. / Sur leur union se termine ce livre. [2] Les *Integumenta* sont les suivants. D'abord HERCULE, JUNON, ET TOUS LEURS ACTES : Hercule a la vigueur de la vertu et Junon est la vie active ; l'amer fléau du Styx désigne le monde. / La cruelle Mégare traduit l'opiniâtreté d'une action dépravée ; mais Eurysthée est la force accueillante et la fontaine du bien. [3] LES HYDRES. Les Hydres du berceau repoussent le vice de l'enfance, que l'enfant s'applique purement à surpasser par la pureté. BUSIRIS ET ANTEE. Il vainquit le seigneur Busiris aux rivages de Pharaon ; / Antée était roi et seigneur de Lybie. / Il combat contre les Grecs ; vaincu il demande l'aide de la Lybie, / à son retour il est finalement anéanti et meurt. [4] GÉRYON. Géryon a trois têtes dans un triple royaume, / dont les richesses furent du butin pour le héros.

De Cacho. Cachus latro fuit et predo tutus in umbra, / zelans Dittinam, sed perdit ille tamen. De Cerbero. Cerberus est mondus ; partes illius habentur / tres tria colla canis ; vir premit acer eas. / Contemplativa Theseus activaque vita / Pirithous tulerant sepe pericula due. / Vir virtute virens vitam sullimat utrumque, / |f. 122r| mundi latratus hunc metuisse pudet. [5] De Amazonibus. Pugnantes superat vir Amazones absque mamilla, / effrontes calcat indomitasque domat. De aureis pomis Athlantis. Athlantis pomum signat sapientis honorem ; / Hercules et Perseus hunc habuisse student. [6] De apro. Fulmen mittit aper, ire notat ergo calorem. / Est leo luxuria que superata iacet. De Ydra. Lerneum stagnum crescens notat Ydra, sed Ydram / obruit Alcides, terra negatur aque. De Laphitis. Centauros vincunt Laphite quos Herculis ardor / prevenit et victor leta throphea refert. [7] De Diomede. Bacchatur Dyomedes, sed Dyomedem / Alcides torquet in feritate ferum. / Tandem vipereum mulieris virus in illum / sevit et invictum vincit amara Venus. / ‹Sed› rursus virus vincit ; sublatus in astra / reddita lux anime dittat honore virum. [8] De Galanthide. Iuverat ore suo parientem fida Galantis : / sic est mustella que parit ore suo. De Lotho et Priapo. Arbor amena viget, fugiens obscena Priapi ; / in laudem floret fructificatque suam. Item De Priapo. Fertilitas orti dicetur iure Priapi, / fertile com membrum sit generare probum. [9] De thebana historia. Discutiens Thebas titulos legis historiales / arcanumque tibi fabula nulla tegit. De Cauno et Biblide. « Biblis in exemplo est ut ament concessa puelle » (*Met.* IX 453), / que fons est lacrimis humida versa suis. [10] De Osiri et Tipone. Dilacerat Tipo fratrem quem dicitur Isis. / quesivisse diu postque salutat eum. / Est Tipo corpus, animam dicemus Osirim. / Corpore que toto ceu lacerata viget. De Bacco et de vanno in festo eius.

---

4 zelans Dittinam] ignem dic iram *Ghisalberti* vir premit *Ghisalberti*] impremit *ms.* tulerant] tolerant *Ghisalberti* utrumque] utramque *Ghisalberti* | 6 obruit] obstruit *Ghisalberti* | 7 Bacchatur *Ghisalberti*] baccura *ms.* vipereum *Ghisalberti*] viperium *ms.* virus *ex* virus in illum *ms.* ‹Sed› rursus *Ghisalberti*] # rursus *ms.* dittat] ditat *Ghisalberti* | 8 Priapi[2]] Priapus *Ghisalberti* probum *Ghisalberti*] probrum *ms.* | 9 thebana] thebaica *Ghisalberti* Discutiens] dicuciens *Ghisalberti* versa] facta *Ghisalberti* | 10 quem *Ghisalberti*] qui *ms.* de vanno] vanno *Ghisalberti*

CACUS. Cacus était un larron et un voleur ; bien tranquille à l'ombre / il est dévoué à Diane, mais il meurt malgré tout. CERBÈRE. Cerbère est le monde, dont les trois parties sont figurées / par les trois têtes du chien ; le héros fougueux les écrase. / Thésée est la vie contemplative et Pirithoüs / la vie active, toutes deux souvent affrontent des dangers. Le héros plein de vertus exalte l'une et l'autre, |f. 122r| il a honte d'avoir redouté les aboiements du monde. [5] LES AMAZONES. Le héros triomphe des Amazones privées de sein qui le combattent, / il foule aux pieds les effrontées et dompte les indomptées. LES POMMES D'OR D'ATLAS. La pomme d'Atlas désigne l'honneur du sage ; / Hercule et Persée se sont appliqués à le posséder. [6] LE SANGLIER. Le sanglier qui crache le feu note l'échauffement de la colère. / Le lion est la luxure qui, une fois vaincue, git à terre. L'HYDRE. L'Hydre qui s'enfle note le marais de Lerne, mais l'Alcide / terrasse l'Hydre, la terre est refusée à l'eau. LES LAPITHES. Les Lapithes triomphent des Centaures que l'ardeur d'Hercule / a surpassés, et le vainqueur remporte les joyeux trophées. [7] DIOMEDE. Diomède est la proie du délire, mais l'Alcide / torture avec férocité le féroce Diomède. / Finalement le poison de vipère d'une femme sévit / contre lui et l'amour amer vainc l'invaincu. / Mais il vainc à nouveau le poison ; emporté dans les astres, / la lumière retrouvée de son esprit augmente la gloire du héros. [8] GALANTHIS. La fidèle Galanthis avait porté secours par sa bouche à celle qui enfantait : / c'est ainsi qu'elle est une belette qui enfante par la bouche. LOTUS ET PRIAPE. L'arbre amène verdit, fuyant les obscénités de Priape ; il fleurit et fructifie pour sa gloire. Encore PRIAPE. C'est à bon droit que la fertilité du jardin est attribuée à Priape, parce que son membre valeureux est propice à la reproduction. [9] HISTOIRE THÉBAINE. En analysant la matière de Thèbes tu recueilles les inscriptions historiques et aucune fable ne te cache son secret. CAUNUS ET BYBLIS. "Byblis par son exemple enseigne aux jeunes filles à n'avoir que des amours légitimes[35]", / elle qui est changée en une fontaine dont l'eau vient de ses larmes. [10] OSIRIS ET TYPHON. Typhon avait mis en pièces son frère qu'Isis, dit-on, rechercha longtemps, avant de le sauver. / Typhon est le corps, et nous interprétons Osiris comme l'âme qui reste vivante dans le corps tout entier, même mise en pièces. BACCHUS ET LE VAN UTILISÉ PENDANT SA FÊTE.

---

35 Traduction G. Lafaye, *op. cit.*, t. III, p. 108.

Te vero, Liber, legimus vicisse Gigantes, / per quod vis anime corpore fusa patet. / In Bachi festis est vannus femina, vanno / et sacris anima mondificata nitet. [11] DE ATHREO ET THIESTE. Est Atteus corpus, animam dic esse Thiestem ; / prole volumptatem significare potes. / Ambitus est uxor. Coquit exta nepharius Atreus / dum cupidi labes intima velle notat. [12] DE YPHIDE ET IANTE. Femina dicetur mollis, tamen inde virizat, / deque viro fieri femina sepe solent.

IX 1

Partem istam continuabimus supradicte particule sic dicentes : 'Ita dixerat Achelous qualiter mutabat se ipsum in diversas figuras, et quando mutabat se in taurum, carebat dextro cornu, et, com hoc dixisset, gemuit'. Et tunc NEPTUNIUS HEROS, scilicet Theseus, interrogavit que erat causa gemitus sui et quare cornu suum troncabatur, et tunc incepit Achelous respondere ; in littera continetur.

1-7*

1 QUE : causa sit ; GEMITUS : sui ; TRONCE : troncate ; DEO : Acheo ; NEPTUNIUS : Theseus. 2 ROGAT : interrogat ; SIC : ut sequitur ; CALIDONIUS AMNIS : Achelous. Calidonius dicitur a Calidonia regione in qua regnabat Achelous. 3 CEPIT : incepit ; REDIMITUS : coronatus ; ARUNDINE : canna. 4 PETIS : interrogas ; MUNUS : donum ; ENIM : certe. 5 TAM : tantum. 6 VINCI : superari ; QUAM : quantum ; CONTENDISSE : certasse. Quia magna laus erat certare aliquem com Hercule. 7 VICTOR : quantus fuit Hercules qui me superavit.

IX 8-9

NOMINE : incipit narrare de amissione cornu sui. SI QUA : puella dicta, supple. DEIANIRA SUO NOMINE. Illa fuit QUONDAM VIRGO PULCHERRIMA.

8-9*

8 QUA : aliqua ; TANDEM : perfecte. 9 DEIANIRA : proprium ; CONDAM : aliquo tempore.

---

vicisse] laniasse *Ghisalberti* femina *Ghisalberti*] semina *ms.* nitet *Ghisalberti*] nitent *ms.* | 11 ATHREO *Ghisalberti*] ATHEO *ms.* Atteus] Atreus *Ghisalberti* notat] necat *Ghisalberti* | 12 virizat *Ghisalberti*] virr *ms.* solent] solet *Ghisalberti* | 2* Achelous[2]] Acheus *ms.* | 6* laus] lanx *ms.*

Mais toi, Liber, nous lisons que tu as vaincu les Géants, ce par quoi est démontrée la force de l'esprit qui se diffuse dans le corps. Lors des fêtes de Bacchus le van est la femme ; les âmes purifiées par le van et par les sacrifices sont étincelantes. [11] ATRÉE ET THIESTE. Disons qu'Atrée est le corps et Thieste l'âme ; par leur lignée tu peux comprendre la volonté. La femme représente les intrigues. Atrée fait cuire ses entrailles, tandis que la destruction totale de l'homme cupide note le désir. [12] IPHIS ET IANTHÉ. La femme, dira-t-on, est délicate, mais elle se met à agir comme un homme, et souvent les hommes deviennent des femmes. »

IX 1

Nous continuerons cette partie du petit chapitre ci-dessus de la façon suivante : « Ainsi Achéloüs avait dit qu'il s'était métamorphosé en prenant différentes figures, et quand il se changeait en taureau, il lui manquait la corne droite, et ces mots lui arrachèrent des gémissements. » Et ainsi NEPTUNIUS HEROS (« le héros fils de Neptune »), c'est-à-dire Thésée, lui demanda la cause de ses gémissements et pourquoi sa corne était coupée. Achéloüs commença alors à lui répondre. C'est ce que contient le texte. 2 CALIDONIUS AMNIS (« le fleuve de Calydon ») Achéloüs. Il est appelé Calydonien du nom de la région de Calydon sur laquelle régnait Achéloüs. 6 Parce que c'était une grande gloire pour quiconque de combattre contre Hercule. 7 VICTOR (« vainqueur ») : aussi grand qu'était Hercule qui me vainquit.

IX 8-9

NOMINE (« par le nom ») : il commence le récit de la perte de sa corne. SI QUA (« Si de quelque manière ») : compléter « la jeune fille en question ». DEJANIRA SUO NOMINE (« Déjanire par son nom ») : elle était QUONDAM VIRGO PULCHERRIMA (« jadis une vierge d'une très grande beauté »).

IX 10

INVIDIOSA : de qua habetur invidia et odium inter procos.

10-15*

10 SPES : volumptas ; PROCHORUM : petitorum. 11 QUIBUS : procis ; UT : postquam ; INTRATA : a me. 12 ME : Acheloum ; PARTHAONE : 'o' ; NATE : Parthonous fuit pater Oenei et filius Martis. 13 ET : talia ; ALCIDES : Hercules ; ALII : proci ; DUOBUS : 'michi et Herculi, tamquam maioribus'. 14 ILLE : Hercules referebat se ; FAMAM : referebat ; LABORUM : suorum ; quia iactitabat se de genere suo, postea de virtutibus laborum suorum. 15 SUPERATA : vita ferebat ; IUSSA : precepta ; NOVERCE : Iunonis.

IX 16

Narratio Acheloy Theseo de bello habito inter ipsum et Herculem

CONTRA. Dicit Achelous : 'Com ita iactitaret se Hercules ut Deianiram haberet, ego contra loqutus sum'.

16* CONTRA : verba sua ; EGO : respondi ; TURPE : erat ; MORTALI : illi ; CEDERE : me deum.

IX 17-18

'Ego sum deus qui in tua regna distillo, quia sum fluvius et me bene cognoscis'.

17-18*

17 NONDUM : non adhuc ; ILLE : Hercules ; DEUS : 'o tu' ; CERNIS : vides. 18 CURSIBUS : flexuositatibus ; FLUENTEM : venientem.

IX 19-20

Petitio Deianire ab Acheloo

19 EXTERNIS : alienis ; HOSPES : alienus ; ORIS : regionibus. 20 POPULARIS : cognitus ; UNA : magna.

IX 21

ME NON REGIA : 'Adhuc est alia causa quare debeo melius habere, quia a iuventute Iuno habet istum in odio et illa me diligit'. FICTUM (25) : 'Si fictus est, Iupiter non est pater tuus. Si filius es, natus es per adulterium'.

12* NATE] VATE *ms.* | 17* o tu] o tu, nata Partaone *ms.*

IX 10

INVIDIOSA (« jalouse ») : elle provoque la jalousie et la haine entre ses prétendants.

12 NATE (« fils ») : Parthaon était le père d'Œnée et le fils de Mars. 13 DUOBUS (« nous deux ») : Hercule et moi, les deux plus grands. LABORUM (« des travaux ») : les siens. Parce qu'il se vantait de sa lignée, puis des qualités déployées pendant ses travaux.

IX 16

Achéloüs raconte à Thésée sa lutte contre Hercule

CONTRA (« Contre »). Achéloüs dit : « Comme Hercule se vantait ainsi d'avoir Déjanire, je pris la parole contre lui. »

IX 17-18

« Je suis le dieu qui coule dans ton royaume, car je suis fleuve et tu me connais bien. »

IX 19-20

Achéloüs demande Déjanire

IX 21

ME NON REGIA (« la royale (Junon) ne me… ») : « Il y a encore une autre raison pour laquelle je dois l'avoir plutôt que lui, c'est que Junon le hait depuis son enfance, alors qu'elle me chérit. » FICTUM (« supposé ») : « S'il est "supposé", Jupiter n'est pas ton père. Si tu es son fils, tu es né d'un adultère. »

21-22*

21 NEC : non ; NOCEAT : michi ; NEC : non ; REGIA : uxor regis Iovis. 22 ABEST : deficit ; IUSSORUM : preceptorum.

IX 23

NAM QUOD TE : 'Ad omnia de quibus iactas te, ego possum respondere ; ad hoc quod dicis te esse filium Iovis, respondeo : « Aut istud est falsum, aut, si istud est verum, tu es natus in adulterio, et adulter ». ELIGE (25) quam melius vis : aut te esse adulterum aut patrem esse falsum'.

23-26*

23 NAM : quia respondet ; IACTAS : dicis ; ALMENA : proprium ; CREATUM : natum. 24 FALSUS : pravus. CRIMINE : adulterio. 25 ADULTERIO : vicio ; PETIS : tu ; FICTUM : non verum. 26 MAVIS : melius vis ; AN : vel : DEDECUS : stuprum ; ORTUM : natum.

IX 27-30

Lis orta inter Herculem et Acheloum pro Deianira

TALIA DICENTEM. Dicit Achelous : 'Com ita loquer, ille Hercules crudeliter incepit me respicere'. NON IMPERAT : ille imperat ire qui non facit quod exigit ira. Construe : NON IMPERAT IRE FORTITER ACCENSE, vel sic : IMPERAT IRE NON FORTITER ACCENSE.

27-29*

27 DICENTEM : me ; IAMDUDUM : penitus ; LUMINE : oculo ; TORVO : crudeli. 28 SPECTAT : cernet ; ACCENSE : crudeli ; IRE : sue. 29 REDDIT : respondet ; MELIOR : fortior ; DEXTERA : manus.

IX 30

DUMMODO. Verba sunt Herculis ad Acheloum dicentis : 'Verum est te posse vincere me loquendo, sed ego te vincam pugnando'.

30* DUMMODO : tantummodo ; VINCE : supera.

IX 31

[1] Fabula talis est : Achelous amavit Deianiram, filiam Oenei et Althee, sororem Meleagri, et impetravit erga patrem quod illam duceret in uxorem.

23* respondet] responde *ms.*

IX 23

NAM QUOD TE (« Car parce que tu te… ») : « Je peux répondre à toutes tes vantardises. À ta prétention d'être le fils de Jupiter, je réponds : "Ou c'est un mensonge ou, si c'est la vérité, tu es né par un adultère, et tu es un enfant adultérin." » ELIGE (« choisis ») ce que tu préfères : ou tu es un enfant adultérin ou il est faux qu'il soit ton père.

IX 27-30

Début de la dispute entre Hercule et Achéloüs pour Déjanire

TALIA DICENTEM (« Tandis que je parlais »). Achéloüs dit : « Comme je parlais ainsi, Hercule commença à me regarder avec cruauté ». NON IMPERAT (« il ne maîtrise plus ») : il maîtrise sa colère celui qui ne fait pas ce qu'elle exige de lui. Construire : NON IMPERAT IRE FORTITER ACCENSE (« Il ne maîtrise plus la colère qui brûle fortement (en lui) » ou ainsi : « IMPERAT IRE NON FORTITER ACCENSE » (« Il maîtrise la colère qui ne brûle pas fortement »).

IX 30

DUMMODO (« Pourvu que »). Ce sont les paroles d'Hercule qui dit à Achéloüs : « Il est vrai que tu peux me vaincre en paroles, mais je te vaincrai en combattant. ».

IX 31

[1] La fable est la suivante : Achéloüs aimait Déjanire, fille d'Œnée et d'Althée, sœur de Méléagre, et obtint de son père qu'il la prendrait pour épouse.

[2] Hercules, huc veniens, voluit illam habere, et, com peteret illam, lis orta fuit inter illos, et de lite venerunt ad pugnam. [3] Com Achelous esset inferior virtute, mutavit se in diversas formas, et tandem mutavit se in taurum. [4] Hercules fregit illi cornu, quod Naiades accipientes, impleverunt vino et odore et Copie hoc sacrarunt ; hoc est quod dicitur. 31* CONGREDITUR : invadit ; FEROX : crudelis ; MAGNA : verba.

IX 32

REIECI : exequitur quomodo fit luta et quomodo membra lute parantur.

IX 32-34*

32 CEDERE : dare locum ; REIECI : removi ; CORPORE : meo. 33 BRACHIAQUE : mea et ; -QUE : et ; VERSAS : curvas. 34 IN STATIONE : deffensione ; MANUS : meas ; PUGNE : lute ; MEMBRA : mea.

IX 35

SPARSIT : antiquitus solebat esse quod lutantes oleo vel alio liquore ungebantur, et, ne eis noceret, spargebant sese cinere vel pulvere vel sabulo.

35-41*

35 ILLE : Hercules ; CAVIS : cavatis vel curvis ; SPARSIT : aspersit. 36 INQUE : aliquando ; FLAVE : candide ; HARENE : sabuli. 37 MODO : aliquando ; CERVICEM : captat ; MODO : aliquando ; CAPTAT : sepe capit. 38 PUTES : si esses ; -QUE : et ; LACESSIT : fatigat. 39 GRAVITAS : ponderositas ; FRUSTRA : invanum. 40 AUT SECUS : non aliter ; MOLES : petra ; QUAM : cautem. 41 OPPUGNANT : plangit ; ILLA : moles ; PONDERE : ponderositate ; TUTA : non mota.

IX 42-45

Lucta Acheloi et Herculis

DISGREDIMUR : 'Nos, lassati pre nimia virtute pugnandi, separavimus nos invicem, ut hanelitum forcioremque spiritum haberemus, et post reincepimus luctare'.

42-45*

42 DISGREDIEMUR : separamur ; PAULUM : aliquantulum ; RURSUSQUE : iterum et ; BELLA : lucta. 43 GRADU : statu ; CERTI : nos dico ; CEDERE : discedere.

31.4 Naiades *ex* ian Naiades *ms.*

[2] Hercule, arrivant sur les lieux, voulut l'avoir et la demanda : alors une dispute s'éleva entre eux, et de la dispute ils en vinrent à se battre. [3] Comme Achéloüs était moins fort, il se métamorphosa en diverses figures, et finalement se changea en taureau. [4] Hercule lui brisa une corne, que les Naïades recueillirent et remplirent de vin et de parfum, pour la consacrer à Abondance : voilà ce qui est raconté.

IX 32

Reieci (« Je rejetai ») : s'ensuit le récit de la lutte et de la façon dont ils se préparent pour cette lutte.

IX 35

Sparsit (« il répandit ») : autrefois c'était l'habitude que les lutteurs s'enduisent d'huile ou d'un autre liquide et, pour ne pas se blesser, se jetaient de la cendre, de la poussière ou du sable.

IX 42-45

Lutte d'Achéloüs et Hercule

Disgredimur (« Nous nous écartons ») : « Lassés par l'excès de violence du combat, nous nous séparâmes, pour reprendre haleine et souffle ; puis nous recommençâmes à combattre. »

44 PEDE : suo ; PES : meus ; IUNCTUS : con(iunctus) ; -QUE : et ; PRONUS : inclinans. 45 DIGITOS : premens suos ; DIGITIS : meis ; FRONTEM : suam ; FRONTE : mea.

|f. 122v|

IX 46-49

NON ALITER : Achelous comparat se et Herculem luctantes duobus tauris dum pro vaca inter se decertant, et dicit quod sicut tauri decertant pro Deianira habenda.

46-49*

46 VIDI : ego ; CONCURRERE : preliari. 47 COM : quando ; PUGNE : lute ; NITIDISSIMA : splendens. 48 EXPETITUR : extra alias ; alias petitur ; CONIUNX : vaca ; SPECTANT : vident ; ARMENTA : alia ; PAVENT : timent. 49 NESCIA : taurorum.

IX 50

SINE PROFECTU : 'Quamvis multociens me voluisset Hercules, regnare non potuit. Ad ultimum vertit se super dorsum meum, et ita me comprimebat, ac si esset quidam mons'.

50-54*

50 TER : multociens ; SINE PROFECTU : invanum ; CONTRA : illum. 51 REICERE : removere ; ALCIDES : Hercules. 52 EXCUTIT : regnat ; -QUE : et ; BRACHIA : sua ; SOLVIT : dis(solvit). 53 IMPULSUM : me ; FATERI : dicere. 54 TERGOQUE : meo et ; ONEROSUS : ponderosus.

IX 55-56

'Ego nollem – dicit Achelous Theseo – mentiri, qui non curo de gloria ficta', et in hoc tangitur sanctitas dei.

55-56*

55 QUA : aliqua ; NEC : et non ; ENIM : quia. 56 IMPOSITO : supposito ; VIDEBAR : putabam.

48* EXPETITUR *ex* EXPEDITUR *ms.*

|f. 122v|

IX 46-49

NON ALITER (« Non autrement ») : Achéloüs compare Hercule et lui qui luttent l'un contre l'autre à deux taureaux qui se battent pour une vache ; il dit qu'ils se battent comme des taureaux pour la possession de Déjanire.

IX 50

SINE PROFECTU (« Sans succès ») : « Quoiqu'Hercule ait tenté plusieurs fois de m'avoir, il ne put me maîtriser. À la fin il se retourne et se place sur mon dos : ainsi il m'écrasait, comme s'il était une montagne. »

IX 55-56

« Je ne voudrais pas, dit Achéloüs à Thésée, mentir, parce que je ne cherche pas à me glorifier par des mensonges. », et ainsi il touche à la probité du dieu.

IX 57-58

NEXUS, quasi dicat : 'Tantum me strinxit quod undique sudor incepit sudore stillare ; tamen vix ad ultimum nexus eius evasi', et in hoc tangitur virtus Herculi.

57-61*

57 INSERUI : removi. 58 BRACHIA : mea ; DIROS : crudeles ; PECTORE : meo. 59 HANELANTI : michi sufflanti ; PROHIBET : vetat ; RESUMERE : me. 60 CERVICE : capite meo ; DENIQUE : ad ultimum. 61 PRESSA : (com)pressa.

IX 62-63

Mutatio Acheloi in serpentem

INFERIOR : 'Quamvis nos tantum certavissemus ‹inter› nos, ego eram debilior corpore, unde incepi me mutare in diversas formas', et respicit ad illud quod prius dicebatur : 'EST ETIAM MICHI SEPE NOVANDI CORPORIS' (IV 879-880), et cetera.

62-64*

62 INFERIOR : debilior ; AD ARTES : ingenium mutationum. 63 ELABORQUE : evado et ; VIRO : Herculi ; FORMATUS : ego dico ; ANGUEM : serpentem. 64 QUI : Hercules ; SINUAVI : curvam ; CORPUS : meum ; ORBES : circuitum.

IX 65

FISSAS dicuntur serpentes propter mobilitatem lingue.

65-66*

65 FERO : crudeli ; BISULCAM : sulcatam. 66 RISIT : irrisit ; ILLUDENS : irridens ; THYRINCIUS : Hercules.

IX 67

CUNARUM. Dicit Hercules : 'A cunis meis cepi domare serpentes'. Iuno, volens scire quis esset filius Iovis de duobus quos peperit Almena, misit duos serpentes illis. Yphius, visis serpentibus, cepit clamare ; Hercules, qui filius Iovis erat, accepit serpentes et interfecit.

57-58 tamen] ramen *ms.* eius] est *ms.* | 62-63 ‹inter› nos] nos *ms.* | 65* BISULCAM] BIFULCAM *ms.* sulcatam] fulcatam *ms.* | 67 illis] illius *ms.*

IX 57-58

NEXUS (« les étreintes »), en d'autres termes : « Il me serrait si fort que je commençai à suer par tous mes pores ; cependant je m'échappai finalement, quoiqu'avec peine, de ses étreintes. », et ici il traite de la force d'Hercule.

IX 62-63

Métamorphose d'Achéloüs en serpent

INFERIOR (« Inférieur ») : « Malgré la violence du combat qui nous opposait, j'étais plus faible physiquement, aussi commençai-je à me métamorphoser en diverses figures. », et il revient à ce qui était dit plus haut : EST ETIAM MIHI SEPE NOVANDI CORPORIS (« J'ai le pouvoir de renouveler souvent ma forme corporelle »), et cetera.

IX 65

Les serpents sont dits FISSAS (« fendus ») à cause des mouvements rapides de leur langue.

IX 67

CUNARUM (« du berceau »). « J'ai commencé, dit Hercule, à dompter les serpents dès mon berceau. » Junon, voulant savoir lequel des deux fils enfantés par Alcmène était le fils de Jupiter, leur envoya deux serpents. Iphius[36], à la vue des serpents, se mit à crier ; Hercule, qui était le fils de Jupiter, attrapa les serpents et les tua.

36 En réalité Iphiclès.

IX 67-69

Loqutio Herculis com Acheloo

'Quamvis superes alios serpentes, ERIS QUOTA PARS, idest minima pars, ECHINE LERNEE, illius serpentis, quod quasi nulla proporcio erit ad Echinam serpentem quam interfeci'.

67-70*

67 CUNARUM : iuventutis ; ANGUES : serpentes ; SUPERARE : vincere. 68 UT : quamvis ; ACHELOE : 'o' ; DRACHONES : serpentes. 69 QUOTA : magna ; LERNEE : a loco ; SERPENS : tu existens ; UNUS : solus ; ECHINE : proprium. 70 VULNERIBUS : plagis ; FECONDA : fertilis ; ILLA : Echina ; NEC : et non ; UNUM : solum.

IX 71

RECISUM, quia, uno capite absciso, subcrescebant alia duo vel tria, et hoc erat ad penam vel ad malum.

71-76*

71 DE CENTUM NUMERO : proprium ; CAPUT : testa ; IMPUNE : sine pena ; RECISUM : remotum. 72 QUIN : quod non ; GEMINO : duplici ; CERVIX : caput ; VALENTIOR : utilior. 73 HANC : ydram ; RAMOSAM : multiplicabilem ; CEDE : morte ; COLUBRIS : serpentibus. 74 CRESCENTEM : multiplicatam ; MALO : propter malum ; DOMUI : vici ; DOMITAM : victam. 75 FORE : esse ; FALSUM : non verum ; VERSUS : mutatus ; ANGUEM : serpentem. 76 ALIENA : non propria ; QUEM : te inquam ; PRECARIA : aliena ; CELAT : tegit.

IX 77

'Ita loqutus fuit Hercules – dicit Achelous – et, com ita loqutus esset, ille me accepit, et michi videbatur quod quasi forcipibus capiebar'.

77-100*

77 DIXERAT : ita ; SUMMO : alto. 78 INICIT : stringit ; ANGEBAR : constringebar ; CEU : sicut ; FORCIPE : *tenagle* gallice. 79 POLLICIBUS : digitis ; PUGNABAM : ego ; EVELLERE : removere ; FAUCES : genas. 80 SIC : Acheloio ; RESTABAT : remanebat. 81 TRUCIS : crudelis ; TAURO : in ; MUTATUS : ego ; MEMBRA : sinodoche est, mea. 82 INDUIT : supponit ; THORIS : replicationibus ; LEVA : sinistra ; LACERTOS : brachia, idest induit thoros meos com brachiis suis, et est ibi ipallagica construtio.

IX 67-69

Discours d'Hercule à Achéloüs

« Même si tu surpasses les autres serpents, ERIS QUOTA PARS (« quelle partie seras-tu »), c'est-à-dire une infime partie, ECHINE LERNEE (« de l'Hydre de Lerne »), ce serpent, parce que la proportion sera nulle par rapport au serpent Echidna que j'ai tué. »

IX 71

RECISUM (« coupée ») parce que, quand une tête était coupée, il en poussait deux ou trois autres, et c'était en punition ou pour mon malheur.

IX 77

« Telles furent les paroles d'Hercule, dit Achéloüs, et après ces paroles il m'attrapa, et j'avais l'impression d'être saisi comme par des tenailles. » 81 MEMBRA (« les membres ») : les miens, c'est une synecdoque. 82 LACERTOS (« les bras »), les bras, c'est-à-dire qu'il couvrit mes fanons de ses bras, et il y a là une construction en hypallage.

83 ADMISSUM : me receptum ; DEPRESSA : capta. 84 CORNUA : mea ; FIGIT : in(figit) ; HUMO : terra ; -QUE : et ; ALTA : profunda ; STERNIT : iactat. 85 NEC : et non ; FUERAT : suffecerat ; RIGIDUM : forte ; FERA : crudelis ; CORNU : meum. 86 DUM TENET : quando tenuit ; TRONCAQUE : (tronca)ta et ; FRONTE REVELLIT : me removit. 87 NAIADES : nimphe ; HOC : cornu ; ODORO : odorabili ; REPLETUM : commotum. 88 SACRARUNT : sacraverunt ; -QUE : et. 89 DIXERAT : ita Achelous ; NIMPHE : una ; RITU : more. 90 UNA : sola ; MINISTRARUM : famularum ; FUSIS [...] CAPILLIS : et hoc dico. 91 INCESSIT : venit ; -QUE TULIT : et apportavit ; CORNU : copie sacratum. 92 APTUNUM : fercula aptumpni ; ET MENSAS : tulit ; SECUNDAS : scilicet secunda fercula. 93 LUX : dies ; SUBIT : venit ; PRIMO [...] SOLE : et hoc dico ; CACUMINA : culmina. 94 DISCEDUNT : Theseus et Achelous ; NEC : pro donec ; PACEM : habeant. 95 PLACIDOS : bonos ; LAPSUS : meatus ; RESIDANT : pacificentur. 96 OPERIUNTUR : expectantur ; ACHELOUS : proprium ; AGRESTES : humanos. 97 LACERUM : laceratum ; CORNU : suum ; ABDIDIT : abscondit. 98 HUNC : Acheloum ; ABLATI : remoti ; IACTURA : dampnum ; DECORIS : pulcritudinis. 99 CETERA : preter cornu ; SOSPES : sanus ; SALIVA : de salice. 100 AUT : vel ; CELATUR : tegitur.

|f. 123r|

IX 101

De Nesso

AT TE, NESSE : ita, iactura habita de cornu, domuit Acheloum. AT pro 'sed' et cetera, vel, si cornu dictum amisit Achelous amore Deianire, AT NESSUS corpus et vitam pro illa amisit.

101-104*

101 AT : sed ; FEROX : crudelis ; ARDOR : amor. 102 PERDIDERAT : occiderat ; VOLUCRI : cita ; TERGA : sinodoche. 103 NAMQUE : quia ; NOVA : com ; CONIUGE : Deianira. 104 HABENI : proprium ; RAPIDAS : citas ; IOVE NATUS : Hercules.

IX 105

HIEMALIBUS dicit, quia in hyeme sunt maxime aque propter pluvias, et hoc quia sol, aut a parte ante aut a parte post, est signo Aquario copulatus.

---

101 Acheloum] qui Cheloum *ms.* | 104* Hercules] Herculas *ms.*

[f. 123 r]

IX 101

Nessus

AT TE, NESSE (« Mais toi, Nessus ») : ainsi, en lui enlevant une corne, il dompta Achéloüs. AT pour SED (« mais ») et cetera, ou, si Achéloüs perdit cette corne par amour pour Déjanire, AT NESSUS (« Nessus quant à lui ») perdit le corps et la vie pour elle.

102 TERGA (« le dos ») : synecdoque.

IX 105

Il dit HIEMALIBUS (« hivernales ») parce qu'en hiver les eaux sont très hautes à cause des pluies, et parce que le soleil est rejoint par le signe du Verseau, soit dans sa partie antérieure, soit dans sa partie postérieure.

105* NIMBIS : pluviis ; ACTUS : augmentatus.

IX 106-107

[1] Fabula talis est : com Hercules divicisset Acheloum propter amorem Deianire, voluit remeare ad patres, sed, com ad quendam fluvium venisset, ille non potuit preterire nisi natando, unde reliquit uxorem suam Nesso, ut illam ultra fluvium portaret, quia erat partim equs, partim homo. [2] Nessus voluit per violentiam habere rem com illa, unde exclamavit, et Hercules illum com sagita sagitavit usque ad mortem. [3] Tamen camisiam suam tonxicatam dedit Deianire, dicens : 'Quando volueris maritum tuum ad amorem tuum revocare, da illi istam camisiam et tancito non aliam adamabit'. [4] Illa credidit et accepit, et mortuus est Nessus. De camisia habebimus infra.

106-107*

106 FREQUENS : habundans ; IMPERVIUS : non apertus ; AMNIS : fluvius. 107 INTREPIDUM : Herculem ; CONIUGE : Deianira.

IX 108

VALENS : fortis, quia membra magna habebat. SCITUSQUE, quia vada optime cognoscebat, et est ibi actus quasi in modum habitus.

108-111*

108 NESSUS : proprium ; ADIT : petit ; MEMBRIS : corporibus ; VALENS : fortis ; SCITUSQUE VADORUM : cognitor vel cognoscens vada illa. 109 OFFICIO : auxilio ; RIPPA : trans rippam ; SISTETUR : per me feretur ; ILLA : altera. 110 ALCIDE : 'o Hercules' ; VIRIBUS : tuis ; NANDO : per navigium tuum. 111 PALLENTEM : illam Dianiram ; METU : timore ; -QUE : et ; IPSUM : Nessum.

IX 112-113

AONIUS : Hercules dicitur Aonius, idest Thebanus, ex parte matris Almene, que erat Thebana. Bene dico GRAVIS PHARETRA, in qua pharetra ‹erant› sagite intonsicate ; virus Egine vel Ydre serpentis.

106-107.1 patres] partes *ms.* | 108 quia] que *ms.* | 112-113 in qua pharetra *ex* bene dico in qua pharetra *ms.* ‹erant› sagite] # sagite *ms.* intonsicate] intonsicare *ms.*

IX 106-107

[1] La fable est la suivante : comme Hercule avait vaincu Achéloüs par amour pour Déjanire, il voulut revenir dans sa patrie mais, arrivé au bord d'un fleuve, il ne put le traverser qu'à la nage : aussi laissa-t-il son épouse à Nessus, pour qu'il la porte de l'autre côté du fleuve, lui qui était moitié cheval moitié homme. [2] Nessus voulut la violer, elle cria, et Hercule le transperça d'une flèche et le tua. [3] Mais Nessus donna à Déjanire sa tunique empoisonnée en lui disant : « Quand tu voudras ramener ton mari à ton amour, donne-lui cette tunique et aussitôt il cessera d'en aimer une autre. » [4] Elle le crut et l'accepta, puis Nessus mourut. Nous aurons plus bas l'histoire de la tunique.

IX 108

VALENS (« robuste ») : fort, parce qu'il avait de longs bras et de longues jambes. SCITUSQUE (« qui connaissait »), parce qu'il connaissait parfaitement les gués, et il agit là comme si c'était sa façon d'être habituelle.

IX 112-113

AONIUS (« le héros d'Aonie ») : Hercule est appelé héros d'Aonie, c'est-à-dire de Thèbes, du côté de sa mère Alcmène, qui était thébaine. Je dis bien GRAVIS PHARETRA (« chargé de son carquois »), carquois dans lequel se trouvaient des flèches grossièrement taillées ; le poison d'Égine ou de l'Hydre de Lerne.

112-118*

112 AONIUS : Hercules ; CALIDONIA : (Calidoni)da ; Deianiram, que erat de Calidonia regione. 113 MOX : consequenter ; GRAVIS : ponderatus ; SPOLIOQUE LEONIS : pelle et unius. 114 NAM : quia ; TRANS : ultra. 115 QUANDOQUIDEM : ex quando certe ; CEPI : nare in(cepi) ; SUPERENTUR : vincantur. 116 NEC : et non ; DUBITAT : Hercules ; QUA : parte ; CLEMENTISSIMUS : minor. 117 QUERIT : investigat ; OBSEQUIO : amicicia ; DEFFERRI : portari ; SPERNIT : despicit. 118 TENENS : ille ; TOLLERET : caperet.

IX 119-120

coniugis agnovit vocem] coniugis clamantis eo quod Nessus illam opprimeret per violentiam. FALLERE : ille fallit depositum, quia bene non custodit.

119-120*

119 CONIUGIS : Deianire ; VOCEM : clamorem ; PARANTI : volenti. 120 FALLERE : decipere ; DEPOSITUM : traditum ; QUO : loco ; TE : Nesse ; CLAMAT : ex(clamat).

IX 120-125

Exclamatio Herculis ad Nessum

IX 121

biformis] quia partim erat equs et partim homo, et propter hoc dicit BIFORMIS.

121-122*

121 VANA : parva ; VIOLENTE : 'o crudelis' ; RAPIT : ducit ; NESSE : 'o' ; BIFORMIS : duplicis forme. 122 EXAUDI : audi nos ; NEC : et non ; INTERCIPE : occupa.

IX 123-124

PATERNI ORBES, idest 'Ysion, pater tuus, qui volvitur apud Inferos in rota orbiculata, ideo quod Iunonem provocavit de stupro, debet prohibere ne Deianiram violes', sed dicont alii quod Ysion voluit concombere com Iunone, et illa interposuit nubem et super illam cecidit semen illius, et inde nati fuerunt Centauri partim equi, partim homines.

119-120 quia] qui *ms.* | 123-124 concombere *ex* a concumbere *ms.*

112 CALIDONIA : Calydonienne ; Déjanire, qui était originaire de la région de Calydon.

IX 119-120

coniugis agnovit vocem (« il reconnut la voix de son épouse »)] de son épouse qui criait parce que Nessus la pressait violemment. FALLERE (« faire défaut ») : il fait défaut à ce qui lui a été confié, parce qu'il ne le garde pas correctement.

IX 120-125

Paroles d'Hercule criées à Nessus

IX 121

biformis (« à la double forme »)] parce qu'il était moitié cheval et moitié homme, c'est pour cela qu'il dit BIFORMIS (« à la double forme »).

IX 123-124

PATERNI ORBES (« la roue de ton père »), c'est-à-dire « Ton père Ixion qui est tourné aux enfers sur une roue circulaire, parce qu'il invita Junon à la débauche, devrait t'empêcher de violer Déjanire » ; mais d'autres disent qu'Ixion voulut coucher avec Junon, qu'elle plaça entre eux une nuée et que la semence d'Ixion tomba sur elle, c'est pourquoi les Centaures qui en naquirent sont moitié chevaux, moitié hommes.

123-125*

123 SI TE NULLA : non aliqua ; REVERENTIA : dubium vel amor ; ORBES : rote. 124 CONCUBITUS : tactus illicitos ; INHIBERE : refrenare ; PATERNI : patris. 125 AUT : non ; EFFUGIES : vittabis me ; OPE : auxilio.

IX 126

VULNERE, NON PEDIBUS, quasi dicat : 'Quia ita est quod non possum te consequi per viam ego ; velocior es ; sagitando te percutiam, quia mee sagite sunt tam certe quod nonquam alique plus certe'.

126-127*

126 VULNERE : plaga ; PEDIBUS : currendo ; ULTIMA : suprema. 127 RES : effectus ; PROBAT : laudat ; FUGIENTIA : fugitiva.

IX 128-130

Vulneratio Nessi ab Hercule

128-131*

128 TRAICIT : perforat ; EXTABAT : patebat ; PECTORE : suo ; ADUNCUM : curvum. 129 QUOD : ferrum ; SIMUL : postquam ; EMISSUM : extractum. 130 EMICUIT : saliit ; LERNEI : serpentine ; TABE : putredine. 131 EXCIPIT : capit ; HUNC : sanguinem ; NESSUS : proprium ; NEC : non ; ENIM : certe ; INULTI : non vindicati.

IX 132-133

'Quia iste sanguis dabit mihi vindictam'. CALIDO. Construe : DAT RAPTE MUNUS, scilicet VELAMINA TINCTA CRUORE CALIDO dat ; inquam MUNUS pro munere, scilicet IRRITAMEN AMORIS, idest recognitionem, quia dixit amorem mariti revocari per illa velamina.

132-133*

132 VELAMINA : scilicet camisiam. 133 MUNUS : donum ; RAPTE : Dianire ; VELUD : sicut ; IRRITAMEN : commotionem.

130* TABE] TALE *ms.*

IX 126

VULNERE, NON PEDIBUS (« en te blessant, et non en courant »), en d'autres termes : « Puisqu'il s'avère que je ne peux te poursuivre par voie de terre, car tu es plus rapide, je te frapperai de mes flèches, qui sont si sûres que jamais aucune autre ne pourrait l'être plus. »

IX 128-130

Nessus est blessé par Hercule

X 132-133

« Parce que ce sang me vengera ». CALIDO (« chaud »). Construire : DAT RAPTE MUNUS (« il donne un présent à celle qu'il a enlevée »), c'est-à-dire il donne VELAMINA TINCTA CRUORE CALIDO (« sa tunique teintée de son sang encore chaud ») ; MUNUS (« un présent »), disais-je, pour « en présent », à savoir IRRITAMEN AMORIS (« un excitant amoureux »), c'est-à-dire un retour de l'amour, parce que, dit-il, l'amour de son mari pouvait être ramené par cette tunique.

IX 134

LONGUA : ita mortuus fuit Nessus et camisiam tonxicatam dedit Deianire. Modo accedit actor ad mortem Herculis, et dicit quod MORA FUIT LONGUA, post quam moram conservata fuit camisia.

IX 134-135

[1] ACTAQUE. Construe sic : ACTA MAGNI HERCULIS IMPLERUNT, quia ubicomque terrarum erant nota facta illius. [2] ET ODIUM IMPLERUNT, quia ubicomque notum erat quod Iunonis odium sit accensum, et construes sic : ACTA HERCULIS IMPLERUNT ODIUM NOVERCE, quia superaverat omnia iussa noverce.

134-135*

134 LONGUA : magna ; MEDII : mediantis ; ACTA : opera. 135 HERCULIS : proprium ; IMPLERUNT : (imple)ve(runt) ; NOVERCE : Iunonis.

|f. 123v|

IX 136-138

VICTOR : Hercules vicerat Eristeum, regem Oetalis, et filiam eius Yolem secom adduxerat. Heriteus enim filiam suam Herculi promiserat, et post hoc illam sibi denegaverat consilio filii sui, et hac de causa certavit Hercules com illo et devicit. INDULXIT PRIMO (142) : primitus flevit ; natura enim mulierum est, ut cito fleant, unde illud : « Ut flerent, oculos erudiere suos » (*Rem.* 690).

136-140*

136 ETHOLIA : civitas ; CENEO : a loco ; SACRA : (sacra)ta ; PARABAT : facere. 137 LOQUAX : garrula ; PROCESSIT : pervenit. 138 DEIANIRA : 'o' ; proprium ; QUE : fama. 139 MINIMO : parvo ; MENDATIA : falsitates. 140 AMPHITRIONADEM : Herculem, de genere Amphitrionis ; YOLES : proprium ; ARDORE : amore.

IX 141-143

Zelotipatio Deianire

---

134 Nessus] Nessis *ms.* moram] mora *ms.* | 134-135.2 Iunonis] Iuno *ms.* accensum] act. casus *ms.*

IX 134

LONGUA (« long ») : ainsi Nessus en mourant donna à Déjanire sa chemise empoisonnée. L'auteur en vient alors à la mort d'Hercule, et dit que MORA FUIT LONGUA (« il y eut un long intervalle de temps »), pendant lequel Déjanire conserva cette chemise.

IX 134-135

[1] ACTAQUE (« les exploits »). Construire ainsi : ACTA MAGNI HERCULIS IMPLERUNT (« Les exploits du grand Hercule emplirent »), parce que partout sur la terre ses actions étaient connues. [2] ET ODIUM IMPLERUNT (« et alimentèrent la haine »), parce que partout on savait qu'il avait provoqué la haine de Junon ; construire ainsi : ACTA HERCULIS IMPLERUNT ODIUM NOVERCE (« les exploits d'Hercule alimentèrent la haine de sa belle-mère »), parce qu'il était venu à bout de tout ce que sa belle-mère avait ordonné.

|f. 123v|

IX 138

VICTOR (« vainqueur ») : Hercule avait vaincu Eurysthée, roi d'Œchalie, et avait ramené avec lui sa fille Iole. Eurysthée avait en effet promis sa fille à Hercule, puis la lui avait refusée sur le conseil de son fils, et pour cette raison Hercule le combattit et le vainquit. INDULXIT PRIMO (« Elle s'abandonna d'abord ») : elle commença par pleurer ; c'est en effet la nature des femmes de pleurer rapidement, d'où le vers : « Elles instruisirent leurs yeux à pleurer. »

IX 141-143

Déjanire souffre de jalousie

141-148*

141 AMANS : Deianira ; -QUE : et. 142 INDULXIT : vacavit ; LACRIMIS : flendo ; FLENDO : plorando. 143 EFFUDIT : minuit ; MISERANDA : tristis ; MOX : postea ; QUID : cur. 144 FLEMUS : ploramus ; PELEX : meretrix ; LETABITUR : gaudebit. 145 QUE : pelex ; PROPERANDUM : aliquid est ; -QUE : et. 146 DUM : aliquamdium ; NUNDUM : non adhuc ; ADVENA : pelex, aliena. 147 AN : vel ; REPETAM : vel. 148 EXCEDAM : abibo ; TECTIS : domibus ; UT : tamquam ; AMPLIUS : magis ; OBSTEM : ut non amplius possim nocere eis.

IX 149-151

'Ego ero memor Meleagri, qui interfectus fuit a matre. PARO TANTUM SCELUS QUANTUM INIURIA POSSIT parari ab illo cui sit iniuria'.

149-152*

149 QUOD : sed ; MELEAGRE : 'o' ; MEMOREM : recorder ; SOROREM : Meleagre pro Meleagri, per methathesim. 150 FORTE : grave ; FACINUS : factum ; POSSIT : vel 'possit parare'. 151 FEMINEUS : possit parare ; IUGULATA : occissa ; PELICE : Yole ; TESTOR : idest Yolem adduco in testimonium, pelicem meam. 152 CURSUS : motus ; ANIMUS : mens ; VARIOS : diversos ; ABIT : vadit ; ILLIS : supradictis, narratis.

IX 153

VESTEM : com supradicta loquta fuisset, Deianira accepit vestem et illi transmisit.

153-156*

153 PROTULIT : proposuit Deianiram ; IMBUTAM : tinctam. 154 MITTERE : trans(mittere) ; VIRES : vestis ; DEFFECTO : languenti ; AMORI : suo, Herculis. 155 IGNARO : nescio ; LICHE : proprium ; LUCTUS : doloris. 156 -QUE : etiam.

IX 157

Incipit mors Herculis

[1] Fabula talis est : com Hercules rapuisset Yolem, Fama nunciavit Deianire. [2] Ipsa voluit revocare amorem mariti sui, unde camisiam leneo veneno tonxicatam misit, sed nesciebat ipsum mori pro talibus, unde, com Lichas sibi tradidisset, induit Hercules, et veneno calescente percepit mortem,

---

147* vel²] ve *ms.* | 149-151 TANTUM] TAMEN *ms.* | 149* SOROREM *ex* SOREM *ms.*

IX 149-151

« Je me souviendrai de Méléagre, qui fut tué par ma mère. PARO TAMEN SCELUS QUANTUM INJURIA POSSIT (« je prépare un crime aussi grand que peut l'être l'injure »), (aussi grand qu'un crime peut) être préparé par celui qui subit l'injure. »
149 « Meleagre » pour « Meleagri », par métathèse. 151 TESTOR (« je prends à témoin »), c'est-à-dire je fais d'Iole, ma rivale, un témoin.

IX 153

VESTEM (« le vêtement ») : après avoir prononcé ces paroles, Déjanire prit le vêtement et le lui envoya.

IX 157

Début du récit de la mort d'Hercule

[1] La fable est la suivante : Hercule avait enlevé Iole, et la Renommée le fit savoir à Déjanire. [2] Elle voulut ramener à elle l'amour de son mari, et lui envoya la chemise empoisonnée du venin de l'Hydre de Lerne, sans savoir qu'il mourrait pour cela : comme Lichas la lui avait remise, Hercule la revêtit, et, brûlé par le poison, il sentit qu'il mourait.

unde multum tristis incepit gemere et ad ultimum, ut Iunoni invidiam ferret, incepit narrare probitates suas, de quibus super textum videbimus. [3] Et tunc Licham accepit et rotavit per ethera, et tunc mutatus fuit in scopulum marinum. [4] Post Hercules concubuit in igne quem fecit, sed dei commoti fuerunt, et tunc sequitur de concilio deorum, et post deificatus fuit Hercules deis concedentibus, et hoc est quod dicitur de illo usque huc : ARGOLIS ALMENE (313).
157* HEROS : Hercules.

IX 158

Induit Hercules camisiam tonxicatam

Echina est genus serpentis, idest camisiam tali veneno tonxicatam.
158* INDUITUR : vestit ; LERNEE : a loco ; VIRUS : venenum ; ECHINE : serpentis.

IX 159

THURA DABAT : exequitur quomodo incepit primo sacrificare quando venenum receptum fuit pro calore in ossa illius.

159-162*

159 THURA : sacrificia ; PRECANTIA : precabilia. 160 -QUE : et ; MARMOREAS : de marmore factas ; PATERA : in vase sacrificii. 161 VIS : virtus ; RESOLUTAQUE commota et. 162 HERCULEOS : Herculis ; DILAPSA : diffusa ; ARTUS : membra.

IX 163-165

Quia indignum videbatur illi gemere pro talibus. POSTQUAM dolorem pati non potuit, flamma virus convalescente.

163-167*

163 DUM : quamdiu ; GEMITUM : suum ; SOLITA : consueta ; GRAVITATE : fortitudine ; REPRESSIT : tacuit. 164 VICTA : superata ; PACIENCIA : sua ; ARAS : sacrificiorum. 165 -QUE : et ; NEMOROSAM : plenam nemore ; VOCIBUS : suis ; OETHAM : silvam vel montem. 166 NEC : non ; MORA : fuit ; LETIFERAM : mortale ; CONATUR : vult ; SCINDERE : removere. 167 QUA : parte ; CUTEM : suam ; FEDUMQUE : turpe ; RELATU : dictu.

157.2 invidiam] infidiam *ms.* | 163* consueta] consuera *ms.* | 165* montem] montam *ms.*

Alors il se mit à pousser de lugubres gémissements et finalement, attribuant le piège à Junon, il commença à raconter ses prouesses, que nous verrons racontées tout au long du texte. [3] Il se saisit de Lichas et le fit tournoyer dans les airs ; alors Lichas fut changé en rocher marin. [4] Ensuite Hercule se coucha dans le bûcher qu'il avait dressé, mais les dieux le prirent en pitié. S'ensuit un conseil des dieux, et ensuite Hercule fut déifié avec l'accord des dieux : c'est ce qui est raconté d'ici jusqu'aux mots : ARGOLIS ALMENE (« Alcmène d'Argos »).

IX 158

Hercule revêt la chemise empoisonnée

L'Hydre est une sorte de serpent, et c'est de son venin que la chemise était empoisonnée.

IX 159

THURA DABAT (« il donnait de l'encens ») : suit le récit de la façon dont il avait commencé à faire des sacrifices quand le poison pénétra jusqu'à ses os à cause de la chaleur.

IX 163-165

Parce qu'il trouvait indigne de gémir pour de telles souffrances. POSTQUAM (« après que ») il ne put supporter la douleur, car la flamme renforçait le poison.

IX 168

Et ita cruciabatur propter venenum.

168-169*

168 AUT : vel ; MEMBRIS : suis ; FRUSTRA : invanum ; REVELLI : removeri. 169 AUT : vel ; ARTUS : abiles ; GRANDIA : magna ; OSSA : Herculis.

IX 170

LAMINA potest vocari frustum cuiuslibet metalli. CANDENS quia, quanto magis ferrum calescit, tanto magis candet.

170-172*

170 GELIDO : frigido ; CEU : sicut ; QUONDAM : aliquando ; LAMINA : frustrum ferri ; CANDENS : alba propter ignem. 171 LACU : aqua ; STRIDET : strepit ; STRIDENTE : resonante. 172 NEC : et non ; MODUS : finis ; SORBENT : rapiunt ; PRECORDIA : viscera ; FLAMME : ignis.

IX 173

CERULEUS dicit propter venenum, quod est cerulei coloris.

173-177*

173 CERULEUS : albet ; TOTO : suo. 174 AMBUSTI : usti ; SONANT : re(sonant) ; NERVI : vene ; CECA : ignota. 175 LIQUEFACTIS : adnichilatis ; TOLLENS : levans. 176 CLADIBUS : penis ; SATURNIA : 'o Iuno' ; PASCERE : pascaris. 177 PASCERE : pascaris ; PESTEM : meam ; CRUDELIS : 'o' ; ALTO : celo.

IX 178

VEL SI : 'Si HOSTIS est miserabilis HOSTI suo, tu miserere mei', supple ; vel SI MISERANDUS : 'Si ego sum talis de quo tu debeas misereri et quilibet alius hostis, hostis ego sum', et interpositio est.

178-181*

178 CORQUE : tuum et ; FERUM : crudele ; MISERANDUS : sum ; ET : etiam ; HOSTI : meo. 179 ENIM : certe ; CRUCIATIBUS : penis. 180 INVISAM : odiosam ; ANIMAM : vitam ; AUFFER : remove. 181 MUNUS : donum ; HEC : talia ; NOVERCAM : te.

172* viscera] viscer *ms.* | 173* CERULEUS *ex* CERELEUS *ms.*

IX 168

C'est ainsi qu'il était torturé par le poison.

IX 170

LAMINA (« la lame ») est un nom qu'on peut donner à un fragment de métal, quel qu'il soit. CANDENS (« incandescent ») parce que, plus le fer est chauffé, plus il blanchit.

IX 173

Il dit CERULEUS (« d'un bleu sombre ») à cause du poison, qui est de cette couleur bleue sombre.

IX 178

VEL SI (« Ou bien, si ») : « Si HOSTIS (« l'ennemi ») a pitié de son HOSTI (« ennemi »), prends pitié de moi », compléter ; ou SI MISERANDUS (« si je suis digne de pitié ») : « Si je suis tel que tu doives avoir pitié de moi comme de tout autre ennemi, je suis un ennemi » ; c'est une parenthèse.

IX 182

Loqutio Herculis com Iunone

[1] 'ERGO EGO, et quia mors eminet, ante quam moriar, ego facta mirabilia que feci enarrabo, ut Iunoni invidiam faciam'. Modo incipit narrare. BUSIRIN (183) : Bisuris fuit rex Egipti, et hospites suos Iovi sacrificabat. [2] Hercules enim hospitatus fuit in domo eius, et, dum dormiret, Busiris voluit ipsum interficere et Iovi sacrificare, sed Hercules eum interfecit. [3] Hec habent evidentiam veritatis.

182* ERGO : vel 'ego' ; UBI : postquam ; PEREGRINO : alieno.

IX 183-185

Enarratio probitatum Herculis a se ipso

PASTORIS : Gerion pastor fuit et mul |f. 124r| titudinem ovium et multitudinem illam conservabat, et dicitur habere triplicem formam Gerion et tria capita, quia preerat tribus insulis, scilicet Balerice minori et Balerice maiori et Ebuso, et eum interfecit Hercules ; et dicitur Yberus ab Ybero, puero Hispanie. Hercules propter seviciam suam illum occidit.

183* BUSIRIM : proprium ; DOMUI : vici ; -QUE : et ; ALIMENTA : nutrimenta ; PARENTIS : matris.

IX 184

[1] ANCTEO. Construe : ERIPUI ANCTEO, illi giganti, ALIMENTA PARENTIS (183). Ancteus dictus est filius terre quia, quotiens terram tangebat, vires recuperabat. Hercules ipsum levavit in ethere et dixit huc : 'Anctee, cades', et eum in brachia coegit expirare. [2] Quod nichil est nisi quod terra illa fertilis fuit per illum, que humoribus nimiis sterilis dicebatur.

184* ANCTEO : proprium ; ERIPUI : removi.

IX 185

[1] O CERBERE : Hercules descendit apud Inferos ut inde traheret Theseum amicum suum. Cerberus ei obstitit, qui habet tria ora canina, et Hercules eum inde traxit ad lucem et coegit eum despumare, unde illud succumbit ianitor Orchi. [2] Quod nichil est aliud nisi quod vita contemplativa temptatorem devicit, qui tria devorat propter tria capita, scilicet corpus, censum et animam.

185* FORMA : movit ; CERBERE : 'o'.

182.1 BUSIRIN] BUSIRUM *ms.* | 182.3 evidentiam] rei evidentiam *ms.* | 183-185 et dicitur^2] et dicitur et dicitur *ms.*

IX 182

Paroles d'Hercule à Junon

[1] « Ergo ego (« donc moi »), et parce que ma mort est imminente, avant de mourir, je raconterai les actes admirables que j'ai accomplis, pour provoquer la haine de Junon. » Alors il commence à raconter. Busirin (« Busiris ») : Busiris était un roi d'Egypte qui sacrifiait ses hôtes à Jupiter. [2] Hercule fut reçu dans sa maison et, pendant qu'il dormait, Busiris voulut le tuer et le sacrifier à Jupiter, mais Hercule le tua. [3] Ces faits ont l'évidence de la réalité.

IX 183-185

Hercule énumère lui-même ses prouesses

Pastoris (« du berger ») : Géryon était un berger qui |f. 124r| (possédait) une multitude de brebis, qu'il gardait lui-même ; on dit qu'il avait trois corps et trois têtes, parce qu'il était le chef de trois îles, à savoir les petites Baléares, les grandes Baléares, et Ibiza. Hercule le tua ; il est dit Ibérien du fleuve Ibère, qui naît en Hispanie. Hercule le tua à cause de sa cruauté.

IX 184

[1] Ancteo (« à Antée »). Construire : Eripui Ancteo (« j'ai arraché à Antée ») – à ce géant – alimenta parentis (« les forces nourries par sa mère »). Antée est appelé fils de la terre parce que, chaque fois qu'il touchait la terre, il retrouvait des forces. Hercule le souleva dans les airs et lui dit : « Antée, tu vas mourir », et il le fit mourir dans ses bras. [2] Cela revient à dire que cette terre, qui était disait-on stérile par excès d'humidité, fut fertilisée par lui.

IX 185

[1] O Cerbere (« Ô Cerbère ») : Hercule descend aux Enfers d'où il arrache Thésée son ami. Cerbère lui fait obstacle, avec ses trois têtes canines, et Hercule le traîne vers la lumière et l'oblige à cracher son écume, et le portier d'Orcus succombe à ce traitement. [2] Cela revient à dire que la vie contemplative triomphe du tentateur, qui grâce à ses trois têtes dévore trois choses : le corps, les biens et l'âme.

IX 186

[1] TAURI : de illo tauro dicit quem peciit Minos a Iove vel Nep‹tuno›. Secundum alios quod, com Minos vellet sacrificare, motus est pulcritudine, et ita dimisit. Iupiter, motus in iram, illum furibundum fecit qui totam terram devastabat. [2] Hercules eum interfecit, et est verum, vel potest intelligi de Acheloo, de quo prius sermo processit.
186* VOSNE : nonquid ; MANUS : 'o' ; VALIDI : fortis.

IX 187

VESTRUM OPUS : apud Elidem civitatem Hercules aprum interfecit, qui totam terram devastabat.

[1] STIPHALIDES. Stiphalus est fluvius iuxta quem erat multitudo avium qui terram adiacentem reddebant sterilem ; has Hercules fugavit, vel, secundum alios, ibi erat quedam serpens que totam regionem ‹devastabat›, quam Hercules interfecit. [2] Vel hoc dicit propter Arpias, quas fugavit Hercules et Zetus et Cultris, dum irent in Colchon insulam. [3] CACHUS : Hercule redeunte de Hispania com armento Gerionis et morante in hospicio Evandri in Ytalia, Cachus, qui erat filius Evandri vel Vulcani, furatus fuit duas vaccas de armento illo et abstraxit in foveam suam. [4] Hoc comperto, Hercules eum interfecit, et hoc est verum, ut dicont historie. [5] HIIS ELISA (197) : pestem nemeam vocat maximum leonem, quem interfecit Hercules in nemea silva, ut partim superius declaratur.
187* OPUS : operationem ; HELIS : mons.

IX 188

PARTHONIUM. Hercules tres leones interfecit : quendam apud Parthenium opidum, alium apud Nemeum, alterum apud Aeonam silvam, quod est quia triplicem motum carnis superavit : cogitatum, loquelam et opus consensitivum.
188 (189T)* TERMODUNCIACO : a loco ; CELATUS : sculptus.

IX 189

TERMODONTIACO : Termodus est fluvius Amazonum. Ibi habebant baltheum, in quo pendebat fiducia regni ; illum abstulit Hercules. Vel quidam

---

186.1 Nep‹tuno›] Nep # *ms.* illum furibundum] illum furibundum illum *ms.* | 186.2 verum *ex* illum verum *ms.* | 187.1 regionem ‹devastabat›] regionem *ms.* | 187.3 CACHUS[1] *ex* BISCACHUS *ms.* vaccas] nactas *ms.*

IX 186

[1] TAURI (« du taureau ») : il parle du taureau que Minos demanda à Jupiter ou à Neptune. Selon certains, comme Minos voulait le sacrifier, il fut ému par sa beauté et le libéra. Jupiter, plein de colère, le rendit fou furieux et il dévasta la terre entière. [2] Hercule le tua, et c'est la vérité ; ou on peut comprendre qu'il s'agit d'Achéloüs, dont il a d'abord été question.

IX 187

VESTRUM OPUS (« votre ouvrage ») : à Elide, Hercule tua un sanglier qui dévastait toute la terre.
[1] STIPHALIDES (« du Stymphale »). Le Stymphale est un fleuve près duquel vivait une multitude d'oiseaux qui rendaient stérile la terre voisine ; Hercule les mit en fuite ou, selon d'autres, il y avait là un serpent qui ravageait toute la région et qu'Hercule tua. [2] Ou il dit cela à cause des Harpies, qu'Hercule, accompagné de Zétès et Calaïs, mit en fuite alors qu'ils se rendaient sur l'île de Colchide. [3] CACHUS (« Cacus »). Hercule revenant d'Hispanie avec le troupeau de Géryon s'attarda chez Évandre qui lui donna l'hospitalité en Italie. Cacus, qui était le fils d'Évandre ou de Vulcain, déroba deux vaches du troupeau et les entraîna dans sa caverne. [4] L'ayant découvert, Hercule le tua, et c'est un fait vrai, d'après les histoires. HIIS ELISA (« étranglée par ces (bras) ») : il appelle « fléau de Némée » un énorme lion qu'Hercule tua dans la forêt de Némée, comme le texte le déclare plus haut.

IX 188

PARTHONIUM (« du Parthénius ») : Hercule tua trois lions, l'un près de la place forte de Parthénius, l'autre près de Némée, le troisième près de la forêt d'Aonie, ce qui s'explique parce qu'il triompha des trois désirs de la chair : le désir en pensée, le désir en parole, et le désir de l'acte consenti.

IX 189

TERMODONTIACO (« du Thermodon »). Le Thermodon est le fleuve des Amazones. Elles y avaient là un baudrier dont dépendait la sûreté du royaume ; Hercule s'en empara. Ou bien d'après certains,

dicunt quod Termodus fuit rex qui, balteo suo spoliatus, rogavit Herculem ut per ipsum recuperaret baltheum suum, quod fecit Hercules, et est verum. 189 (188T)* PARTHONIUMQUE NEMUS : est relatum ; a loco.

IX 190

POMA NON CUSTODITA : hoc dicit de drachone qui servabat pomaria filiarum Athlantis ; quem interfecit Hercules et poma aurea rapuit, quod nichil est nisi quod custodes decepit et thesauros rapuit.
190* POMAQUE : sunt relata ; INSOMPNI : non dormienti.

IX 191

NEC MICHI CENTAURI : Hercules interfuit nuptiis Pirithoi et Ypocophie, et interfecit multos de Centauris, com ipsi vellent capere novam nuptam, et hoc similiter est verum, ut inferius continetur plenius.
191* CENTAURI : semihomines ; RESISTERE : contradicere ; MI : michi.

IX 192

[1] ARCHADIE : in Archadia erat quidam aper iuxta Elicem montem qui omnia devastabat, et hunc Hercules interfecit, et est verum, vel potest intelligi de maligno spiritu et vita contemplativa. [2] YDRE : Hercules ydram serpentem interfecit et, uno capite sciso, duo vel tria subcrescebant, quod nichil est nisi quod paludem aquis et rivulis copiosam ad culturam redegit.

192-193*

192 VASTATOR : devastator ; YDRE : serpenticule. 193 CRESCERE : multiplicari ; GEMINAS : duplices.

IX 194

QUID, COM TRACIS, idest Diomedis, regis Tracie, qui hospites suos interficiebat, et equis feris ad comedendum aponebat ; hunc Hercules interfecit et eum equis suis ad comedendum apposuit, quod possibile est.

194-197*

194 QUID : est ; TRACIS : Tracensibus. 195 LACERIS : laceratis. 196 DEIECI : dissipavi ; DOMINUM : regem ; IPSAS : equas ; PEREMI : Cacus, horrendum tiberno litore monstrum. 197 ELISA : lacerata ; NEMEA : a loco.

---

191 de Centauris] decem tauros *ms.* | 194 interficiebat] interfaciebat *ms.* | 196* dissipavi] dissibavi *ms.* Cacus] hiis Cacus *ms.*

Thermodon était un roi qui, s'étant fait dérober son baudrier, demanda à Hercule de le récupérer, ce que fit Hercule, et c'est la vérité.

IX 190

POMA NON CUSTODITA (« les fruits non gardés ») : il dit cela à propos du dragon qui surveillait les vergers des filles d'Atlas ; Hercule le tua et vola les pommes d'or, ce qui revient à dire qu'il trompa les gardiens et vola les trésors.

IX 191

NEC MIHI CENTAURI (« Et les Centaures ne me… ») : Hercule était présent aux noces de Pirithoüs et Hippocophie[37], et tua de nombreux centaures, parce qu'ils voulaient s'emparer de la nouvelle mariée ; cela aussi est la vérité, comme il apparaît très clairement plus bas.

IX 192

[1] ARCHADIE (« d'Arcadie »). Il y avait en Arcadie un sanglier qui, près de la montagne de l'Hélicon, dévastait tout. Hercule le tua, et c'est la vérité. Ou l'on peut comprendre qu'il s'agit de l'esprit malin et de la vie contemplative. [2] YDRE (« à l'hydre ») : Hercule tua l'hydre ; quand on lui coupait une tête, deux ou trois poussaient à sa place, ce qui revient à dire qu'il rendit à la culture un marais qui abondait en eaux et en ruisseaux.

IX 194

QUID, COM TRACIS (« Et quoi, quand du roi de Thrace »), c'est-à-dire de Diomède, roi de Thrace, qui tuait ses hôtes et les offrait à manger à ses chevaux sauvages ; Hercule le tua et le donna à manger à ses chevaux, ce qui est possible.
196 PEREMI (« j'ai détruit ») : Cacus, monstre du rivage du Tibre, qui les terrorisait.

37 En réalité Hippodamie.

IX 198

[1] HAC CELUM : com Alas interesset bello Gigantomachie et ibi diu moraretur, Hercules pro illo celum sustinuit, quod nichil aliud est nisi quod optimus fuit philosophus et peritissimus in astrologia et cognitione celestium et contemplatione et Athlanti successit in peritia astrorum. [2] Hoc totum supradictum de virtutibus Herculis et monstris interfectis potest allegorice legi de vita activa et contemplativa et viciis aliter diversis consideratis subtiliter perstudenti.

198-202*

198 CERVICE : testa ; TULI : portavi. 199 SOLA : vel 'seva' ; CONIUNX : Iuno est ; EGO : sed ; AGENDO : faciendo. 200 ADEST : 'venit' vel 'est' ; NEC : non : VIRTUTE RESISTI : potest contradici. 201 NEC : resisti potest ; -QUE : et. 202 YMIS : pavidis ; ARTUS : membra.

IX 203

AT VALET ERITHEUS : 'Ego qui tot et tanta tuli, crucior modo'. ET VALET, idest validus est. Iste Eritheus erat arbiter Iunonis in Herculem, qui ad tot monstra devincenda mittebat Herculem iussu Iunonis.
203* VALET : in opere ; ERITHEUS : monitor Iunonis ; QUI : aliqui ; CREDERE : 'Sunt qui credant deos esse, sed non credo', quia sic non moreretur, si dei essent aliqui.

IX 204

PERQUE ALTAM : modo comparat actor Herculem ad taurum vulneratum qui com violentia fugit.

204-210*

204 -QUE : et ; OETAM : silvam. 205 AUT : non ; GRADITUR : vadit : VENABULA : *espiem* gallice. 206 GERAT : portet ; FACTIQUE : fixionis. 207 SEPE : videres ; ILLUM : Herculem ; EDENTEM : dantem ; TREMENTEM : videres. 208 RETEMPTANTEM : iter cupientem ; INFRINGERE : removere. 209 SERVENTEMQUE : confundentem ; TRABES : arbores ; VIDERES : si esses. 210 PATRIO : dicit pro Iove.

198.1 Gigantomachie] Gigomachie *ms.* | 200* 'venit' vel 'est'] venis vel esti *ms.* | 203 qui[2]] que *ms.* | 203* credant *ex* quod credant *ms.* | 209* confundentem] confundente *ms.*

IX 198

[1] HAC CELUM (« le ciel par ma (nuque) ») : comme Atlas prenait part à la guerre contre les Géants et qu'il s'y attardait longtemps, Hercule soutint le ciel à sa place, ce qui revient à dire qu'il y eut un philosophe excellent et très savant en astrologie et dans la connaissance et l'observation des phénomènes célestes qui succéda à Atlas dans le domaine de la science des astres. [2] Tout ce qui a été raconté ci-dessus sur les prouesses d'Hercule et les monstres qu'il a tués peut être compris de manière allégorique comme la vie active et la vie contemplative, ou autrement comme les divers vices qui sont étudiés avec subtilité par celui qui s'y applique.

IX 203

AT VALET ERITHEUS (« Mais Eurysthée est plein de vie ») : « Moi qui ai traversé tant de si grands tourments, je suis maintenant torturé ». ET VALET (« et il est en vie »), c'est-à-dire il est en bonne santé. Cet Eurysthée était l'intermédiaire de Junon contre Hercule, c'est lui qui envoyait Hercule vaincre tant de monstres sur l'ordre de Junon.
203 CREDERE (« croire ») : « Il y en a qui peuvent croire que les dieux existent, mais moi je n'y crois pas », parce qu'il ne mourrait pas dans de telles souffrances s'il y avait des dieux.

IX 204

PERQUE ALTAM (« à travers le sommet ») : ici l'auteur compare Hercule à un taureau blessé qui s'enfuit en exprimant sa rage.

IX 211

ECCE LICHAM. Com ita Hercules cru‹ciatus esset, vi›dit Licham, qui crucia‹mentum ap›portaverat, unde contra il‹lum excl›amavit, et sequitur d‹e iactu› et mutatione Liche.

211-219*

211 LICHAM : proprium ; TREPIDUM : trementem ; LATITANTEM : absconsum. 212 ASPICIT : cernit ; UT : sicut ; COLLEGERAT : ceperat. 213 LICHA : 'o' ; FERALIA : mortalia. 214 TUNE : nonquid ; NECIS : mortis ; ILLE : Lichas. 215 EXCUSANTIA : excusabilia ; quia excusabat se a parte ignorantie, quia nesciebat camisiam esse tonxicatam. 216 GENIBUS : Herculis ; MANUS : suas ; ADHIBERE : addere. 217 CORRIPIT : rapit ; ALCIDES : Hercules ; QUATERQUE : multociens ; ROTATUM : tortum. 218 MISIT : iecit ; EUBOICAS : a loco ; TORMENTO : *perrierre* gallice ; tormentum, idest machina, et est tormentum instrumentum com quo turres lacerantur, et in hoc monstratur virtus Herculis, et erat magna. 219 ILLE : Lichas ; INDURUIT : in lapidem.

IX 220-228

Mutatio Liche in lapidem

[1] UTQUE FERUNT : ibi tangitur quomodo grando habet fieri. Philosophi dicunt quod primo pluvia frigiditate aeris conglutinatur et fit nix, postea impulsu ventorum rotunda fit, et videtur, et sic fit grando, et, sicut ista habent fieri, sic Lichas mutatus fuit in lapidem. [2] EXANGUEM dicit quia, qui perfecte timet, sanguinem amittit. [3] QUASI SENSURUM, quia tante infamie est locus ille in mari quod nullus nauta audet huc accedere. [4] Et est rei veritas quod iste Lichas stupuit in morte Herculis, quasi esset quidam lapis, vel Hercules illum a quodam scopulo precipitavit, qui scopulus nautis contrarius iudicatur.

220-228*

220 UTQUE : sicut et ; FERUNT : philosophi ; IMBRES : pluvias ; GELIDIS : frigidis ; CONCRESCERE : congregari. 221 INDE : postea dicont ; NOVIBUS [...] ROTATIS : et hoc dico ; MOLE : ponderositate ; ROTATIS : volutis.

---

211 cru‹ciatus esset, vi›] cru *ms.* crucia‹mentum ap›] crucia *ms.* il‹lum excl›] il *ms.* d‹e iactu›] *ms.* | 212* ceperat] ceparat *ms.* | 217* Hercules *ex* Herculis *ms.* | 220-228.1 videtur] videret *ms.* | 221* ponderositate] ponderosita *ms.* ROTATIS] RATATIS *ms.*

IX 211

ECCE LICHAM (« Voici Lichas »). Comme Hercule était dans une telle torture, il vit Lichas, qui lui avait apporté l'instrument de la torture : il lui lança des imprécations, puis le jeta en l'air, et Lichas fut métamorphosé. 215 EXCUSANTIA (« des paroles d'excuse ») ; parce qu'il s'excusait en alléguant son ignorance : il ne savait pas que la chemise était empoisonnée. 217 TORMENTO (« une baliste ») ; la baliste, la machine, est un instrument de jet avec lequel les tours sont détruites : cela montre la force d'Hercule, qui était grande.

IX 220-228

Métamorphose de Lichas en rocher

[1] UTQUE FERUNT (« comme on dit ») : il est ici question de la façon dont se forme la grêle. Les savants disent que d'abord la pluie se condense quand l'air est glacé et devient de la neige, puis s'arrondit quand le vent souffle, et on la voit ainsi devenir de la grêle : c'est en suivant les mêmes étapes que Lichas fut métamorphosé en rocher. [2] Il dit EXANGUEM (« exsangue ») parce que celui qui atteint les limites de la peur se vide de son sang. [3] QUASI SENSURUM (« comme s'il allait sentir »), parce que le lieu de la mer est si mal réputé qu'aucun marin n'ose s'en approcher. [4] La vérité est que Lichas fut frappé de stupeur en voyant Hercule mourir, comme s'il était une pierre ; ou bien Hercule le jeta du haut d'un rocher, rocher que les marins jugent dangereux.

222 SPISSA : dura ; GLOMERARI : condurari. 223 VALIDIS : fortibus ; IACTUM : iactatum ; INANE : aera. 224 EXSANGUEM : sine sanguine ; METU : timore ; QUICQUAM : nichil ; HUMORIS : sanguinis. 225 RIGIDOS : duros ; VERSUM : mutatum ; SILICES : lapides ; EDIDIT : dixit ; ETAS : antiqua gens. 226 QUOQUE : similiter ; EUBOICO : a loco ; BREVIS : parvus ; IMMINET : apparet. 227 HUMANE : gentes ; VESTIGIA : similitudinem. 228 SENSURUM : perceptorum ; CALCARE : tangere ; VERENTUR : dubitant.

|f. 124v|

IX 229-233

Mors Herculis

[1] AT TU, IOVIS : exequitur perfecte de morte Herculis, et dicit : 'ligna combustionis sue coadunavit'. [2] ARCUM ITERUM VISURAS : com Greci obsedissent Troiam, datum est eis in responsis quod non caperent illam nisi haberent sagitas Herculis, unde Ulixes ivit ad Lempnon insulam, ubi erant quas servabat Philotetes, et illum com sagitis ad bellum troianum adduxit.

229-239*

229 APPELLANTQUE : dicunt et ; LICHAM : proprium ; AT : et ; TU : 'o' ; INCLITA : nobilis. 230 ARBORIBUS : multis ; QUAS : arbores ; ARDUA : celsa ; OETE : mons vel silva. 231 PYRAM : igneam ; STRUCTIS : paratis ; ARCOM : tuum ; PHARETRAM : tuam. 233 IUBES : dicis ; PEANTE SATUM : Philotetem ; QUO : Philotete ; MINISTRO : famulante. 234 SUBDITA : supposita ; COMPRENDITUR : corripitur ; AGGER : congregatio lignorum. 235 CONGERIEM : multitudinem ; NEMEO : monte ; VELLERE : pelle ; SUMMAM : magnam, quasi dicat : 'Hercules proiecit pellem Nemei leonis super flammam, ut ibi se reclinaret'. 236 STERNIS : 'o Hercule' ; IMPOSITA : superposita ; CLAVE : tue ; CERVICE : capite. 237 AUT : non ; VULTU : molestia ; CONVIVA : comedens. 238 MERI : vini ; REDIMITUS : ornatus. 239 VALENS : valorem habens ; DIFFUSA : posita.

IX 240

[1] Allegoria spiritualis talis est : Hercules interpretatur vita contemplativa vel vir vitam contemplativam ducens, et dicitur ab *her*, quod est lis, et *cleos*, quod est gloria, quasi 'gloriosus in lite vel labore vite, tamen

---

222* condurari] condureri *ms.* | 231* igneam] ignam *ms.* | 233* dicis] dicibis *ms.* | 235* SUMMAM *ex* SUMMOAM *ms.*

|f. 124v|

IX 229-233

Mort d'Hercule

[1] AT TU, IOVIS (« Mais toi, (fils) de Jupiter ») : suit le récit complet de la mort d'Hercule, « il assembla, dit l'auteur, les bois de son propre bûcher ». [2] ARCUS ITERUM VISURAS (« l'arc (et les flèches) destinées à revoir une seconde fois ») : comme les Grecs avaient assiégé Troie, un oracle leur donna la réponse qu'ils ne prendraient pas la ville s'ils n'avaient pas les flèches d'Hercule ; c'est pourquoi Ulysse se rendit à l'île de Lemnos, où elles étaient gardées par Philoctète, et il ramena Philoctète jusqu'à Troie avec ces flèches.
235 SUMMAM (« très haute »), en d'autres termes : « Hercule jeta la peau du lion de Némée dans la flamme, lorsqu'il se coucha sur le bûcher ».

IX 240

[1] L'allégorie spirituelle est la suivante : Hercule s'interprète comme la vie contemplative ou comme l'homme qui règle la vie contemplative. Son nom vient de *her*, qui signifie litige, et *cleos* qui veut dire la gloire, en d'autres termes « glorieux dans les litiges ou dans les tourments de la vie, cependant

aperte prelii corporis et anime'. [2] Multa monstra interfecit, quia multas temptationes carnis superavit secundum quod multis modis caro temptatur; flumina, monstra, feras, reges, terras superavit, idest inundationes, vicia, motum carnis, copiam terrenorum superavit. [3] Ad ultimum Deianira illum intonxicavit, quia ad ultimum amore mulierum illicito caro noxia laqueatur. [4] Dicitur quod in igne se combuxit, idest in fornace penitentie et igne caritatis motus suos illicitos decoxit. Deificatus fuit, quia erat in divina contemplatione, et ad ultimum vir talem vitam eligens, super ethera exaltatur. [5] Iuno invidit, idest mondus et princeps mondi, scilicet dyabolus, indoluit. [6] Lichas, iactatus in ethera, in lapidem mutatus fuit, quia mundani, videntes hominem in mundanis virtuosum, stupent, com dicuntur laici a ‹*laos*›, quod est lapis.

240* SECUROSQUE : tutos et; ARTUS : membra; CONTEMPTOREM : despectorem.

IX 241-254
Timor deorum pro Hercule

[1] Hercules dictus fuit vindex terre, quia omnia monstra placavit et patriam securam reddidit. [2] VOLUMPTAS, quasi dicat : 'Magna delectatio est michi, o superi, quoniam timetis de morte filii mei', vel potest esse littera : VOLUMPTAS, quia Iupiter ita deos moveri volebat. [3] 'NAM, QUAMQUAM DATIS, idest dare debetis; quamvis bene faciendo favorem nostrum meruit, TAMEN OBLIGOR, idest vobis obnoxius sum, quia filius meus est vobis cure'. [4] PAVEANT, quasi dicat : 'Hunc timorem deponite, quem habetis de Hercule, et SPERNITE OETAS FLAMMAS', ignem quo corporaliter hic crematur, quia spiritualiter non tangetur. [5] TERRA, idest a terrena origine, scilicet materna; a terra enim habemus originem corporalem; a Deo autem habemus animam.

241-243*

241 SUUM : Herculem. 242 QUOS : deos; ITA : ut sequitur; SENSIT : percepit; ENIM : quia; LETO : gaude; SATURNIUS : filius Saturni. 243 ALLOQUITUR : affatur; VOLUPTAS : desiderium.

240.3 intonxicavit *ex* intronxicavit *ms.* | 240.4 quia] quia # *ms.* | 240.6 laici a ‹*laos*›] laici a # | 241-254.4 et SPERNITE *ex* si et SPERNITE *ms.* | 241-254.5 autem] aute *ms.*

d'une vie clairement faite de combat du corps et de l'âme. » [2] Il tua de nombreux monstres, parce qu'il triompha de nombreuses tentations de la chair en fonction des multiples façons dont la chair est tentée ; il triompha de fleuves, de monstres, de bêtes sauvages, de rois, de terres, c'est-à-dire d'inondations, de vices, de passions charnelles, de la richesse des biens terrestres. [3] Finalement Déjanire l'empoisonna, parce qu'à la fin la chair criminelle est enchaînée par le désir coupable des femmes. [4] On dit qu'il se fit brûler dans un bûcher, c'est-à-dire qu'il fit réduire ses sentiments coupables dans le four de la pénitence et le feu de la charité. Il fut déifié, parce qu'il passait sa vie dans la contemplation des choses divines, et qu'à la fin l'homme qui choisit une telle vie est élevé au-dessus de l'éther. [5] Junon le haïssait, c'est qu'il fit souffrir le monde et le prince du monde, le diable. [6] Lichas, jeté dans les airs, fut changé en rocher, parce que les mondains, quand ils voient dans le monde un homme vertueux, sont frappés de stupeur, c'est pourquoi on les appelle « laïques », de *laos*, qui désigne la pierre.

IX 241-254

Les dieux ont peur pour Hercule

[1] Hercule est appelé « vengeur de la terre » parce qu'il apaisa tous les monstres et donna la sécurité à sa patrie. [2] VOLUMPTAS (« volonté »), en d'autres termes : « C'est un grand plaisir pour moi, ô dieux, de vous voir craindre la mort de mon fils » ; ou peut-être le sens littéral est : VOLUMPTAS (« volonté »), parce que Jupiter voulait que les dieux fussent émus. [3] « NAM, QUAMQUAM DATIS (« Car, bien que vous donniez »), c'est-à-dire vous devez donner ; bien qu'il ait mérité notre faveur par ses bonnes actions, TAMEN OBLIGOR (« cependant je vous suis obligé »), c'est-à-dire je vous suis redevable, parce que vous vous souciez de mon fils. » [4] PAVEANT (« aient peur »), pour ainsi dire : « Quittez la peur que vous éprouvez pour Hercule, et SPERNITE OETAS FLAMMAS (« dédaignez les flammes de l'Œta »), le feu par lequel il est brûlé corporellement, parce qu'il ne sera pas touché spirituellement. » [5] TERRA (« en terre »), c'est-à-dire d'origine terrestre, à savoir maternel ; car c'est de la terre que nous tirons notre origine corporelle ; et de Dieu nous tenons l'âme.

IX 244-255

Loqutio Iovis com superis de Hercule

244-255*

244 SUPERI : dei ; LIBENS : ego volens ; GRATOR : letor. 245 MEMORIS : laudabilis ; DICOR : ego. 246 MEA PROGENIES : meus filius Hercules ; TUTA : secura ; FAVORE : beneplacito. 247 QUAMQUAM : quamvis ; DATIS : conceditis ; IMANIBUS : magnis ; ACTIS : operibus. 248 OBLIGOR IPSE : ego Iupiter ; NEU : quod non. 249 FIDA : fidelia ; PAVEANT : timeant ; SPERNITE : vos. 250 OMNIA : mundana ; CERNITIS : videtis. 251 MATERNA : matris ; VULCANUM : ignem ; POTENTEM : in illum. 252 SENTIET : quia ; TRAXIT : habuit ; EXPERS : sine parte. 253 IMMUNE : sine munere ; NECIS : mortis ; DOMABILE : vastabile. 254 ID : corpus ; DEFUNCTUM : usum ; ORIS : regionibus. 255 CUNCTIS : omnibus ; LECTABILE : bonum.

IX 256-261

[1] SI QUIS : hoc dicit propter Iunonem, que non letificabatur de deificatione Herculis, et loquitur iurgiose. [2] VISA EST doluisse, idest valde doluisse, se existente vocata ; vel sic : VISA EST INDOLUISSE se fuisse vocatam dum Iupiter dixerat : 'Velit, nollit quis deus, deificabitur Hercules'.

256-261*

256 FORE : esse ; CONFIDO : dico ; QUIS : deorum ; HERCULE : 'o'. 257 DEO : pro te ; PREMIA : dona ; NOLLET : non vellet. 258 MERUISSE : te ; DARI : illa dona ; SCIET : tibi ; INVITUS : contra votum ; PROBABIT : laudabit te. 259 ASSENSERE : Iovi ; QUOQUE : similiter ; REGIA : Iuno. 260 CETERA : omnia ; DURO : tristi. 261 TULISSE : passa fuisse ; NOTATA : monstrata est vel vocata.

IX 262-265

Combustio Herculis a parte corporis

INTEREA : dum ita Iu‹no DICTA ferret› et Iupiter loqueretur, ‹MULCIBER ABSTULER›AT : terrenum et notum populo devastatum fuit.

256-261.1 loquitur] loqui *ms.* iurgiose *ex* iurgioise *ms.* | 256-261.2 doluisse[1]] duluisse *ms.* | 262-265 Iu‹no DICTA ferret›] Iu *ms.* ‹MULCIBER ABSTULER›AT] AT *ms.*

IX 244-255

Conversation de Jupiter avec les dieux au sujet d'Hercule

IX 256-261

[1] SI QUIS (« si quelqu'un ») : il dit cela à cause de Junon, qui n'était pas heureuse de la déification d'Hercule, et il parle avec un esprit querelleur. [2] VISA EST (« parut ») souffrir, c'est-à-dire conçut une vive souffrance, car elle avait été désignée de façon manifeste ; ou ainsi : VISA EST INDOLUISSE (« elle parut ne pas souffrir ») d'avoir été désignée quand Jupiter avait dit : « Que quelque dieu le veuille ou non, Hercule sera déifié. »

IX 262-265

Hercule est consumé dans sa part corporelle

INTEREA (« Pendant ce temps ») : tandis que Junon supportait DICTA (« ces paroles ») et tandis que Jupiter parlait, MULCIBER ABSTULERAT (« Mulciber avait emporté ») : ce qui était terrestre et connu des gens fut détruit.

262-265*

262 INTEREA : ex quo ita fuit ; POPULABILE : vastabile. 263 MULCIBER : ignis ; ABSTULERAT : removerat ; REMANSIT : in illo. 264 EFFIGIES : forma ; NEC QUICQUAM : aliquid ; YMAGINE : forma ; DUCTUM : factum. 265 MATRIS : sue ; -QUE : sed ; VESTIGIA : formam.

IX 266-267

UTQUE NOVUS : facit actor comparationem de Hercule mutato ad serpentem que noviter mutat scamas et corium.

266-267*

266 UTQUE : sicut et ; POSITA : de(posita) ; SENECTA : antiquitate. 267 LUXURIARE : iuvenescere ; SCAMA [...] RECENTI : et hoc dico ; NITERE : splendere.

IX 268-272
Deificatio Herculis

268-272*

268 SIC : taliter ; TIRINCIUS : Hercul ; EXUIT : removit ; ARTUS : membra. 269 MELIORE : bona ; VIGET : vales ; -QUE : quam. 270 CEPIT : in(cepit) ; AUGUSTA : nobili ; GRAVITATE : actoritate. 271 QUEM : Herculem ; OMNIPOTENS : Iupiter ; NUBILA : cavata. 272 QUADRIIUGO CURRU : ubi erant quatuor equi ; RADIANTIBUS : nitidis ; INTULIT : portavit.

IX 273

NEC STELLENEIUS : ita deificatus fuit Hercules, sed STELLENIUS, idest Eristeus, filius Stellenes qui non dicitur deposuisse iras suas erga Herculem, sed ADHUC fervebat ira in prolem Herculis et Deianire, quasi dicat : 'Eodem modo habebat odio prolen, quasi prolem'.

273-274*

273 SENSIT : percepit ; ATHLAS : proprium numinis ; NEC : et ; STELLENEIUS : filius Stellenes. 274 SOLVERAT : removerat ; EURISTHEUS : proprium ; -QUE : sed ; PROLE : progenie.

IX 275-278
De Almena et Yole

273 deposuisse] deposuerat *ms.*

IX 266-267

UTQUE NOVUS (« Comme un nouveau ») : l'auteur compare Hercule métamorphosé à un serpent qui vient de changer d'écailles et de peau.

IX 268-272
Déification d'Hercule

IX 273

NEC STELLENEIUS (« et le fils de Sthénélée ») : ainsi Hercule fut déifié, mais STELLENIUS (« le fils de Sthénélée »), c'est-à-dire Eurysthée, fils de Sthénélée qui, dit-on, n'avait pas renoncé à sa colère contre Hercule, mais ADHUC (« encore ») brûlait de colère contre la descendance d'Hercule et Déjanire, en d'autres termes : « Il avait la même haine pour sa descendance » (« prolen » est l'équivalent de « prolem »).

IX 275-278
Alcmène et Iole

275-280*

275 EXERCEBAT : perficiebat ; ATROX : crudelis ; AT : et ; LONGIS : magnis. 276 ARGOLIS : greca ; ALMENE : proprium ; QUESTUS : lamentationes ; PONAT : de(ponat) ; ANILES : antiquas. 277 REFERAT : dicat ; NATI : Herculis ; TESTATOS : cognitos ; ORBE : mondo. 278 -VE : vel. 279 IMPERIO : iussu ; THALAMO : connubio ; ANIMO : amore ; RECEPERAT : sumpserat ; YLUS : proprium. 280 UTERUM : ventrem ; GENEROSO : nobili ; GERMINE : fetu.

|f. 125r|

IX 281

Confabulatio Almene

SALTEM, idest : 'si melius non fecerint tibi' ; usitatum est proprio modo loquendi, sicut dicitur in Gallia : « Dex vos ait se il mieuz ne vos velt faire ». 281* INCIPIT : loqui ; ALMENE : proprium ; FAVEANT : concedant ; NUMINA : dei ; SALTEM : etiam.

IX 282

[1] Fabula talis est : com Hercules deficatus esset, mater sua, scilicet Almena, et Yole insimul remanserunt, et, com remansissent, Almene incepit narrare Yole de doloribus suis et partu, quod, com pareret, Lucina voluit detinere partus suos, membra sua coniungendo, sed Galantis vidit illam et dixit : 'Gaude, quia domina mea peperit', et, com hec dixisset, Lucina exurrexit, et tunc Almena peperit, membris lassatis, et sic percipiens facta, mutavit illam in mustellam. Hoc narrat Almena Yole. 282* CORRIPIANT : abreviant ; MATURA : pregnans.

IX 283-285

ELICHIAM, idest Lucinam, deam partus, et dicitur ab *elicio-cis*, quia elicit partus vel fetus a ventribus. NAMQUE, quasi dicat : 'Com esset mihi tempus pariendi, Lucina vetuit me parere gratia Iunonis'.

283-285*

283 PREPOSITAM : datam ; TIMIDIS : timorosis ; LUCINAM : deam partus vel Elichiam. 284 QUAM : Lucinam ; DIFFICILEM : fortem. 285 NAMQUE : quia ; LABORIFERI : fortis ; NATALIS : dies nativitatis.

---

282 quod] qui *ms.* percipiens] precipiens *ms.*

|f. 125r|

IX 281

Récit d'Alcmène

SALTEM (« du moins »), c'est-à-dire, « s'ils ne font pas mieux pour toi » ; les paroles sont rapportées au style direct. Comme on dit en Gaule, « Dieu vous aide s'il ne veut pas faire mieux pour vous ».

IX 282

[1] La fable est la suivante : comme Hercule avait été déifié, sa mère, Alcmène resta avec Iole et, tandis qu'elles étaient ensemble, Alcmène commença à raconter à Iole les douleurs de son accouchement : au moment où elle devait accoucher, Lucine voulut retenir cet accouchement, en resserrant ses membres. Galanthis la vit et lui dit : « Réjouis-toi, car ma maîtresse vient d'accoucher ». À ces mots, Lucine se releva, et Alcmène put accoucher, ses membres étant relâchés. Mais quand elle s'en rendit compte, Lucine changea Galanthis en belette. C'est ce qu'Alcmène raconte à Iole.

IX 283

ELICHIAM (« Ilithye »), c'est-à-dire Lucine, déesse de l'accouchement, tient son nom de *elicio-cis* (« faire sortir »), parce qu'elle fait sortir l'enfant ou le fœtus du ventre de la mère. NAMQUE (« Et en effet »), en d'autres termes : « Alors qu'il était pour moi temps d'accoucher, Lucine m'empêcha d'accoucher à cause de Junon. »

IX 286

SIDERE ponit pro 'sole' anthonomasice, quia sol lucet super omnia sidera celi. 286* PREMERETUR : mirasset ; SIDERE : luna ; SIGNUM : mensem.

IX 287-291

Quomodo Hercules fuit natus

meminisse doloris] quasi dicat : 'Dum reduco ad memoriam dolores meos, valde doleo et timeo'.

287-293*

287 GRAVITAS : pregnantia ; UTERUM : ventrem ; QUOD : illud ; FEREBAM : portabam. 288 UT : quod ; POSSES : tu. 289 PONDERIS : nati ; TOLERARE : pati. 290 ULTERIUS : plus ; QUIN : certe ; NUNC : modo ; ARTUS : membra. 291 DUM : quamdiu ; HORROR : timor ; DOLORIS : mei. 292 EGO : cruciata ; TOTIDEM : per septem ; CRUCIATA : tormentata. 293 FESSA : lassata ; -QUE : et ; CELUM : ethera.

IX 294

[1] Impeditos nexus vel moratos vel nexus pares, idest tres Gratias. Lucina, posito genu super genu et digitis utriusque manus intricatis ad invicem, sedebat ; quod nexus desolvit, parit mulier. [2] Vel NIXUS PARES, secundum quosdam : 'qui solent parientibus preesse', vel Nixus Pares, idest Castorem et Pollucem.

294-299*

294 LUCINAM : deam partus ; NIXOS : clausos. 295 ILLA : Lucina ; QUIDEM : certe ; CORRUPTA : viciata ; MEUM : venit talis. 297 UTQUE : quando ; SUBSEDIT : flexit. 298 ARA : altari ; -QUE : et ; LEVUM : sinistrum. 299 DIGITIS [...] IUNCTIS : et hoc dico ; PECTINE : ad modum pectinis.

IX 300-301

[1] Quod dicitur Lucinam esse deam partus nichil est nisi quod quedam pellicula est que, dum corrumpitur, primo partus aperitur, vel dea partus dicebatur Lucina, quasi lucens, quia, dum mulieres parerent, antiquitus fiebant luminaria magna. [2] Quod dicitur partus detineri nichil est nisi quod per firmitudinem substantie cito puer non educitur ad partum.

287-291 dicat] dicit *ms.* | 294.1 digitis] digitum *ms.* | 294.2 solent] solent eam *ms.*

IX 286

Il utilise SIDERE (« signe ») pour « Soleil » par antonomase, parce que le soleil brille au-dessus de tous les signes du ciel.

IX 287-291

Façon dont Hercule naquit

meminisse doloris (« me souvenir de la douleur »)] pour ainsi dire : « Quand je me remémore mes douleurs, je suis emplie de douleur et de peur ».

IX 294

[1] Nœuds qui entravent ou qui retardent, ou nœuds semblables, c'est-à-dire les trois Grâces. Lucine était assise, les genoux croisés et les doigts des deux mains serrés les uns contre les autres ; c'est parce que le nœud se desserre que la femme accouche. [2] Ou bien NIXUS PARES (« accouchements semblables »), selon certains : « ceux qui d'habitude président à l'accouchement » ; ou bien Accouchements Semblables, c'est-à-dire Castor et Pollux.

IX 300-301

[1] Dire que Lucine est la déesse de l'enfantement revient à dire qu'il y a une pellicule qui, lorsqu'elle est brisée, commence à ouvrir la voie de l'accouchement ; ou bien Lucine était appelée déesse de l'enfantement, de « lucens », luire, parce que, quand les femmes accouchaient, on allumait autrefois de grandes lampes. [2] Dire que l'accouchement était retenu revient à dire que la solidité de la substance empêchait l'enfant d'être conduit rapidement vers l'accouchement.

300-305*

300 SUBSTINUIT : detinuit ; PARTUS : meos. 301 CARMINA : sua. 302 INGRATO : non ; FACIO : dico ; DEMENS : ego deorsum a mente. 303 VANA : non bona ; MOTURA : com(motura). 304 QUEROR : dico querendo ; SILICES : lapides ; CADMEIDES : de genere Cadmi ; ASSUNT : veniunt. 305 VOTA : mea ; EXORTANTUR : pacificant ; DOLENTEM : me.

IX 306

[1] UNA MINISTRARUM : hic accedit ad narrandum quomodo Galantis mutata fuit a Lucina in mustelam. Quod nichil est dictu nisi obtetrix fuit et carminibus atque consilio videbatur parientibus subsidium ministrare. [2] Vel Galantis a *ge*, quod est terra, dicitur mulier terrenis dedita, que ore parit, idest tantum gule intendit quod luxurie et crapule tota dedicatur.

306-308*

306 MINISTRARUM : famularum ; MEDIA DE PLEBE : paupere ; GALANTIS : proprium. 307 COMAS : capillos ; STRENUA : competentia ; IUSSIS : preceptis. 308 OFFICIIS : serviciis ; DILECTA : amata ; EA : Galantis ; SENSIT : percepit ; INIQUE : crudeli.

IX 309-313
Quomodo Lucina decepta fuit

309-313*

309 GERI : feri ; DUMQUE : quando ; EXIT : domo ; INTRAT : domum. 310 FORES : portas ; DIVAM : Lucinam. 311 -QUE : et ; GENIBUS : com, suis ; CONNEXA : coniuncta. 312 DOMINE : mee ; GRATARE : letare ; LEVATA : alleviata. 313 ARGOLIS : a loco ; ALMENE : proprium ; -QUE : pariens.

IX 314

EXILIIT : com ita Galantis dixisset, Lucina exiliit et in saltu suo membra coniuncta separavit.

314-316*

314 EXILIIT : extra ; PAVEFACTA : timens ; REMISIT : laxavit. 315 DIVA : Lucina ; POTENS : potentiam ; UTERI : ventris habens ; LEVOR : allevor ; REMISSIS : lassatis. 316 NUMINE : diva.

306* MINISTRARUM] MINASTARUM *ms.*

IX 306

[1] UNA MINISTRATUM (« l'une de mes servantes ») : on arrive ici au récit de la façon dont Galanthis fut métamorphosée en belette par Lucine. Ce qui revient à dire qu'elle était une sage-femme qui, par ses formules et ses conseils, paraissait apporter de l'aide aux parturientes. [2] Ou bien Galanthis tire son nom de *ge*, qui est la terre : on dit que la femme est dédiée aux biens terrestres, elle qui enfante par la bouche, c'est-à-dire qu'elle a tant d'attention pour la bouche qu'elle est totalement dédiée à la luxure et l'ivresse.

IX 309-313

Comme Lucine fut trompée

IX 314

EXILIIT (« Elle bondit ») : comme Galanthis lui avait dit cela, Lucine bondit et dans son saut elle desserra les doigts.

IX 317

ridentem] Quia, dum elusit divam, risit.

IX 317-319

Mutatio Galantidis in mustellam

Modus mutationis Galantidis.

317-319*

317 RIDENTEM : illam ; PRENSAMQUE : captam et ; SEVA : crudelis. 318 E : de ; VOLENTEM : Galantida. 319 ARGUIT : vetuit.

IX 320

Gracilis et nobilis erat, et adhuc est.

320-321*

320 STRENUITAS : nobilitas ; ANTIQUA : prima ; MANET : re(manet) ; NEC : et. 321 AMISERE : perdidere ; PRIORI : forme.

IX 322

MENDACI, idest mentiendo, dicendo dive : 'Domine mee gratare, quia levata est – suple – pariendo filium', et ita mentita est. ALIENA (326) dicit, quia non erat de sua progenie et |f. 125v| tantummodo famula ; tamen dolebat, unde dicit : 'TE TAMEN, GENITRIX' (326) ; dicit non quia esset mater sua, sed quia mater mariti iam defuncti Herculis.

322-324*

322 QUE : Galantis ; MENDACI : falso ; PARIENTEM : me ; IUVERAT : ad(iuverat). 323 ORE : loqutione ; FREQUENTAT : frequentavit. 324 DIXIT : ita dixit Almena ; MINISTRE : famule.

IX 325

Fabulatio Yoles de Driope

[1] Loquta fuit hactenus Almena de mutatione Galantidis, et doluit. Nunc respondet Yole : 'TE TAMEN (326), quamvis doleas, o Almena, tamen hec facit dolor alienus, scilicet Galantidis, que non est de consanguinitate tua, unde non est mirum si me facit dolere dolor sororis mee, unde minus consolabilis est dolor meus'.

319* vetuit] vetant *ms.* | 325.1 doleas] doleato *ms.*

IX 317

ridentem (« riant »)] Parce qu'elle se mit à rire d'avoir trompé la déesse.

IX 317-319

Métamorphose de Galanthis en belette

Description de la façon dont Galanthis est métamorphosée.

IX 320

Elle était mince et gracieuse, et l'est encore.

IX 322

MENDACI (« à un mensonge »), c'est-à-dire en mentant, en disant à la déesse : « Réjouis-toi pour ma maîtresse, car elle est soulagée », compléter « par l'enfantement d'un fils », et en disant cela elle mentait. Elle dit ALIENA (« étrangère »), parce qu'elle n'était pas de sa famille, |f. 125v| mais seulement de sa maison, et pourtant elle s'attristait ; c'est pourquoi elle ajoute « TE TAMEN, GENITRIX » (« toi pourtant, ma mère ») : elle dit cela non parce qu'elle était sa mère, mais parce qu'elle était la mère de son mari Hercule, qui désormais était mort.

IX 325

Iole raconte l'histoire de Dryope

[1] Alcmène raconta jusqu'au moment de la métamorphose de Galanthis, et s'attrista. Maintenant Iole lui répond « TE TAMEN (« toi pourtant »), quelle que soit ta souffrance, ô Alcmène, c'est une douleur étrangère qui en est la cause, car Galanthis n'est pas de ton sang : il n'y a donc rien d'étonnant que la peine causée par le sort de ma sœur me fasse souffrir, d'une souffrance plus inconsolable. »

[2] Construe : 'O GENITRIX, TAMEN, quamvis FACIES ALIENA COM SANGUINE (326-327), idest a genere VESTRO RAPTA et mutata MOVET (327)'.

325-326*

325 QUAM : Almenam ; NURUS : Yole. 326 TAMEN : quamvis ; ALIENA : non propria ; SANGUINE : genere.

IX 327-328

'QUID, idest mirum QUID SI REFERAM ?'. 'UNICA MATRI (329), quia pater noster duas uxores habuit'. Driope notissima per famam vel formam OETALIDUM, inter matres Oetalias.

327-330*

327 RAPTA : remota famula ; QUID : erit ; MIRA : mirabilia. 328 FATA : eventus ; REFERAM : dicam ; QUAMQUAM : quamvis ; -QUE : et. 329 IMPEDIUNT : me ; PROHIBENT : vetant ; UNICA : sola ; MATRI : sue. 330 ME PATER : quia meus ; ALIA : matre ; NOTISSIMA : cognita valde ; FAMA : vel 'forma'.

IX 331-337

[1] Phebus Driopem violavit, quam postea Andremon duxit in uxorem. ET HABETUR : diversimode potest suponere, scilicet, sic Andremon habetur felix pro illa coniuge vel illa pro Andromone e converso. [2] EST LOCUS : facit actor descriptionem loci ad quem venit Driope, dum mutata fuit. [3] NIMPHIS LATURA : et hec erat bona causa veniendi, et ideo magis indignandum est quod ea mutata fuit ; illa enim volebat offerre sacrificia nimphis.

331-340*

331 OETALIDUM : ninpharum ; DRIOPE : proprium ; QUAM : Driopem. 332 UNUM : cohitum ; DEI : Phebi ; DELPHON : insule ; DELON : insulam. 333 EXCIPIT : coniugia ; ANDREMON : proprium ; HABETUR : dicitur ; CONIUGE : sponsa ; FELIX : beatus. 334 LACUS : quidam ; ACLIVIS : pendens ; DEVEXO : curvo. 335 SUMMUM : summitatem ; MIRRETA : arbores mirre ; CORONANT : lustrant. 336 HIC : in loco ; DRIOPE : proprium ; FATORUM : eventuum ; QUOQUE : ut.

327-328 per famam vel formam] per fama vel forma *ms.* | 331-337.1 duxit *ex* dixit *ms.* | 331-337.3 LATURA] LACTURA *ms.* 335* lustrant] lustravit *ms.* | 336* QUOQUE *ex* QUODQUE *ms.*

[2] Construire : « O GENITRIX, TAMEN », (« Ô mère, pourtant »), quoique (tu sois émue par) FACIES ALIENA (« un visage étranger »), CUM (« comme ») SANGUINE VESTRO (« (une femme) de votre sang »), c'est-à-dire de votre parenté, RAPTA (« enlevée ») et métamorphosée, MOVET (« provoque le trouble ») !

IX 327-328

« QUID (« Quoi »), c'est-à-dire d'étonnant : QUID SI REFERAM (« Quoi si je racontais » ?). UNICA MATRI (« fille unique de sa mère »), parce que notre père eut deux femmes ». Dryope était très célèbre pour sa bonne réputation ou pour sa beauté parmi les Œchaliennes, parmi les femmes d'Œchalie.

IX 331-333

[1] Phébus avait violé Dryope, qu'ensuite Andrémon prit pour épouse. ET HABETUR (« et il passait pour ») : on peut faire diverses suppositions, c'est-à-dire que, de cette façon, Andrémon passait pour heureux d'avoir épousé Dryope, ou inversement que celle-ci l'était d'avoir épousé Andrémon. [2] EST LOCUS (« Il y a un endroit ») : l'auteur décrit le lieu où se rendit Dryope, quand elle fut métamorphosée. [3] NINPHIS LACTURA (« pour porter aux nymphes ») : elle avait une bonne raison de venir, et c'est d'autant plus révoltant qu'elle ait été métamorphosée : elle voulait en effet offrir aux nymphes des couronnes consacrées.

337 INDIGNERE : maiorem indignantiam ; MAGIS : habeas ; LATURA : portatura. 338 -QUE : et ; SINU : suo ; QUI : puer ; NONDUM : non adhuc ; ANNUM : unum. 339 DULCE : scilicet ; FEREBAT : portabat ; OPE : auxilio ; ALEBAT : nutriebat. 340 AUT : non ; PROCUL : longe ; STAGNO : illo ; TIRIOS : purpureos.

IX 341

IN SPEM BACARUM : de flore habetur spes fructus, vel potest esse littera : IN SPECIE BACHE FLOREBAT, quasi dicat : 'Florebat ad modum bache illius arboris'.

aquatica Lothos] Quia Lothos habet rubeos flores ad modum purpure que tingitur apud Tyrum oppidum. AQUATICA : iuxta aquam crescens.

341-343*

341 AQUATICA : ad aquas proxima arbor ; LOTHOS : *peeschier* gallice. 342 CARPSERAT : acceperat ; DRIOPE : proprium ; QUOS : flores scilicet ; OBLETAMINA : consolamina. 343 PORRIGERET : daret ; IDEM : tale ; VIDEBAR : ego.

IX 344-348

Mutatio Lothos in arborem sui nominis

TARDI dicit quia, si prius dixissent, Driopes sibi cavisset nec flores illos collegisset, vel TARDI, idest antiqui et diu viventes preteritaque scientes.

344-346*

344 NAM : quia ; ADERAM : presens eram ; E : de ; CRUENTAS : sanguinolentas. 345 DECIDERE : cadere ; HORRERE : dubio ; MOVERI : com(moveri). 346 UT : sicut ; REFERUNT : dicunt ; TARDI : antiqui ; DENIQUE : ad ultimum ; AGRESTES : laici.

IX 347

[1] Fabula quam narrat Yole Almene talis est : Driope, soror Yoles, concubuit com Phebo vel e converso. [2] Ut puerum peperit, com ante quandam dierum iret sacrificatum nimphis, voluit dare flores filio suo et ita lotom legit et tancito incepit mutari, et ecce quia Lothos, fugiens concubitus Priapi, ibi mutata fuerat. [3] De modo mutationis habetur in littera.

337* LATURA] IATURA *ms.* | 340* purpureos] puripereos *ms.* | 341 oppidum] operidum *ms.*

IX 341

In spem bacarum (« dans l'espoir de baies ») : la fleur permet l'espoir d'un fruit, ou peut-être littéralement : in specie bache florebat (« ses fleurs ressemblaient à celles de l'olivier »), en d'autres termes, « il fleurissait à la façon des baies de cet arbre ».
aquatica Lothos (« un lotus aquatique ») : parce que le lotus a des fleurs rouges comme la teinture pourpre qu'on produit sur la place de Tyr. Aquatica (« aquatique ») : qui pousse au bord de l'eau.

IX 344-348

Métamorphose de Lotus en l'arbre qui porte son nom

Il dit tardi (« tardifs ») parce que, s'ils l'avaient dit plus tôt, Dryope aurait fait attention et n'aurait pas ramassé ces fleurs ; ou bien tardi (« tardifs »), c'est-à-dire anciens, âgés, et connaissant les faits passés.

IX 347

[1] La fable qu'Iole raconte à Alcmène est la suivante : Dryope, sœur d'Iole, coucha avec Phébus ou fut violée par lui[38]. [2] Ayant accouché d'un garçon, et comme elle allait un jour sacrifier aux nymphes, elle voulut donner des fleurs à son fils et se mit à cueillir du lotus ; aussitôt elle commença à se métamorphoser, et c'est parce que Lotus, fuyant Priape qui voulait s'unir à elle, avait été métamorphosée à cet endroit. [3] Le texte contient le récit de la façon dont eut lieu cette métamorphose.

38 Je traduis ainsi « e converso », qui me semble avoir cette signification.

347* LOTHOS : nimpha ; OBCENA : turpia ; PRIAPI : illius dei.

IX 348-350

[1] NOMINE SERVATO, quia nimpha dicta fuit Lothos, et arbor similiter dicitur, quam Priapus vellet corrumpere, deus orthorum. Ipsa, fugiens, mutata est in arborem sui nominis. [2] NESCIERAT SOROR, quod nimpha ibi esset mutata. [3] ORATIS, ut indulgerent quod ita carpsisset flores, vel ORATIS, quia ibi venerat ut nimphis offerret serta et preces.

348-355*

348 CONTULERAT : mutaverat ; SERVATO NOMINE : et hoc dico. 349 NESCIERAT : tale ; SOROR : mea ; QUE : soror. 350 IRET : pergeret ; DISCEDERE : abire ; ORATIS [...] NIMPHIS : et hoc dico. 351 HESERUNT : remanserunt ; PEDES : sui ; CONVELLERE : removere ; PUGNAT : cupit. 352 NEC QUICQUAM : invanum ; SUMMA : capud suum ; IMO : profundo. 353 PALLATIM : successive ; LENTUS : flexibilis ; INGUINA : interiora. 354 UT : quando ; VIDIT : hoc ; CAPILLOS : suos. 355 MANUM : suam ; CAPUT : suum.

IX 356

AMPHISOS fuit nomen pueri ; Driope mater eius ; Euritheus avus, et ADDIDERAT hoc NOMEN (357), quia Euritheus fuit pater Driopes, nec sequitur, quia iam mutata erant ubera.

356-357*

356 AT : etiam ; AMPHRISOS : scilicet proprium ; NAMQUE : quia, interpositio est ; ERITHEUS : proprium. 357 ADDIDERAT : dederat ; SENTIT : percipit.

IX 358

[1] Allegoria spiritualis talis est : Driope interpretatur castitas ; com Phebo habuit cohitum, idest com sapientia, quia sapientes casti sunt. [2] Habuit puerum, idest florem virginitatis ; voluit nimphis sacrificare, idest se ipsa super celestibus cepit flores lothos arboris, quia florem fame bone collegit. [3] Mutata fuit in arborem, quia per urorem virginitatis exaltata, et sic universi admirati fuerunt. Cortex texit membra vero pudoris circomdata, tactus illicitos hominum fugiebat.

348-350.3 indulgerent] indulgeret *ms.* | 358.2 se ipsa *ex* se pipsa *ms.* | 358.3 admirati] admirat *ms.*

IX 348-350

[1] NOMINE SERVATO (« en conservant son nom »), car la nymphe s'appelait Lotus, et l'arbre porte le même nom. Priape, le dieu des jardins, avait voulu déflorer cette nymphe. Elle, s'enfuyant, fut métamorphosée en un arbre qui porte son nom. [2] NESCIEBAT SOROR (« ma sœur ne savait pas ») que la nymphe avait été transformée à cet endroit. [3] ORATIS (« priées ») de lui pardonner d'avoir cueilli ces fleurs ; ou ORATIS (« priées »), parce qu'elle était venue là pour offrir aux nymphes des couronnes et des prières.

IX 356

AMPHISOS (« Amphissos ») était le nom de l'enfant ; Dryope celui de la mère ; Eurytus était son grand-père, et ADDIDERAT (« il avait donné ») ce NOMEN (« nom »), parce qu'Eurytus était le père de Dryope. (Le lait) ne venait pas, parce que le sein de sa mère était déjà métamorphosé.

IX 358

[1] L'allégorie spirituelle est la suivante : Dryope s'interprète comme la chasteté ; elle s'unit à Phébus, c'est-à-dire à la sagesse, parce que les sages sont chastes. [2] Elle eut un fils, c'est-à-dire la fleur de la virginité ; elle voulut sacrifier aux nymphes, c'est-à-dire qu'elle recueillit elle-même les fleurs du lotus, parce qu'elle gagna la fleur de la bonne renommée. [3] Elle fut changée en arbre, parce qu'elle fut exaltée par la brûlure de la virginité, et qu'ainsi elle fut admirée de tous. Elle couvrit ses membres en les entourant d'une véritable écorce de pudeur : elle échappait ainsi aux attouchements illicites des hommes.

358-362*

358 DUCENTEM : illum ingentem. 359 SPECTATRIX : cernens ; CRUDELIS : mutationis. 360 FERRE : dare ; SOROR : 'o mea' ; VALEBAM : poteram. 361 TRONCUM : tuum ; MORABAR : detinebam. 362 EODEM : tali ; CONDI : abscondi.

IX 363-366

ECCE VIR ANDREMON : 'Com ita dicit Yole ‹quod› mutata esset Driope, venerunt ibi pater et coniunx, et, com interrogarent Driopem, monstravi illis arborem'. SUE ARBORIS, idest – inquam – mutata fuerat filia sua dilecta, que unius, scilicet Andromonis, erat sponsa, et alterius erat filia, scilicet Eurithei.

363-370*

363 VIR : maritus ; ANDREMON : proprium ; GENITORQUE : pater et ; ASSUNT : veniunt. 364 QUERUNT : interrogant ; DRIOPEM : proprium ; DRIOPEM : proprium ; QUERENTIBUS : interrogantibus ; ILLIS : patri et Andromoni. 365 OSTENDI : monstravi ; LOTHON : arborem ; OSCULA : basio. 366 AFFUSI : inclinati ; HERENT : remanent. 367 FACIEM : caput ; FORET : esset. 368 SOROR : mea, Driope. 369 DUM : quamdiu ; PRESTANT : prevalent vel perstant, idest summunt. 370 EFFUDIT : ut sequitur dicit.

IX 371

Lamentatio Driopes

SI QUA FIDES : ecce ultima verba Driopes excusantis se quod non meruerat mutari.

371* QUA : aliqua ; FIDES : credentia ; HOC : tale ; NUMINA : deos.

|f. 126r|

IX 372

Ecce quomodo petebat Driope parentes suos.

372* NEPHAS : factum ; PATIOR : fero.

IX 373

Quasi diceret : 'Sic ego virens demolliar et confundar, si ego mentiar'.

373* VIXIMUS : nos ; INNOCUE : non nocentes ; MENTIAR : ego ; ARIDA : sicca ; PERDAM : ego.

363-366 ‹quod› mutata] mutata *ms.* | 371* tale] tabe *ms.*

IX 363-366

ECCE VIR ANDREMON (« Voilà son mari Andrémon ») : « Iole raconte ainsi la métamorphose de Dryope, et l'arrivée sur les lieux de son père et de son époux ; comme ils me demandaient (où était) Dryope, je leur montrai l'arbre. » SUE ARBORIS (« de son arbre »), c'est-à-dire, dis-je, que sa fille chérie avait été métamorphosée : elle était l'épouse de l'un, à savoir Andrémon, et la fille de l'autre, à savoir Eurytus.

IX 371

Lamentation de Dryope

SI QUA FIDES (« si quelque foi ») : ce sont les derniers mots de Dryope qui argue qu'elle n'a pas mérité cette métamorphose.

|f. 126 r|

IX 372

Voici comment Dryope suppliait ses parents.

IX 373

En d'autres termes : « Que je sois ainsi abattue et confondue si je mens. »

IX 374

[1] Rei veritas est quod Lothos est arbor habens succum rubeum, quam, com carpsisset, Driope vidit et stupefacta fuit, vel forte ex succo illius arboris que oblivia confert gustavit, et ita memoriam perdidit, et ideo fingitur esse mutata in arborem sui nominis. [2] Lothos potest dici a *Lothe*, palude infernali, propter similitudinem, quia eius succus oblivionem confert ex superfluis potatibus, sicut palus infernalis que Lethes, idest oblivio, vocitatur.

374-379*

374 HABEO : servo ; CESA : abscisa ; URAR : cremar. 375 INFANTEM : puerum ; DEMITE : removete. 376 NUTRICI : alicui ; -QUE : et. 377 FACITOTE : concedite ; -QUE : et. 378 COM : quando ; MATREM : me suam. 379 TRISTIS : ille existens ; LATET : mutatur ; STIPITE : arbore ; MATER : mea.

IX 380

Ecce quomodo ad ultimum tota mutatur.
380* SIGNA : intersignia ; TIMEAT : dubitet ; CARPAT : sumat ; ARBORE : aliquibus.

IX 381

'Quia ego non credebam quod aliquis deus esset hic, et tamen erat qui me mutavit'.
381* FRUTICES : dumos ; PUTET : credat.

IX 382-388

Oratio Driopes ad suos

382-388*

382 CONIUNX : 'o marite' ; TU : vale ; GERMANA : soror. 383 QUA : aliqua ; VULNERE : ‹oc›cisione ; FALCIS : quia antiquitus solebant com falcibus arbores amputare. 384 PECCORIS : animalium ; FRONDES : ramos ; DEFFENDITE : servate. 385 FAS : licet ; INCOMBERE : clinare. 386 ERIGITE : levate ; ARTUS : membra ; OSCULA : basia. 387 DUM : quamdiu ; ATTOLLITE : removete ; NATUM : filium. 388 PLURA : maiora ; NEQUEO : non possum ; NAM : quia ; CANDIDA : alba.

374.2 potatibus] potatus *ms.* | 383* ‹oc›cisione] cisione *ms.*

IX 374

[1] L'histoire vraie est que Lotus est un arbre à la sève rouge, ce que Dryope vit lorsqu'elle le cueillit, et qui la stupéfia ; ou peut-être goûta-t-elle du suc de cet arbre qui procure l'oubli, et elle perdit ainsi la mémoire : c'est pourquoi l'on imagine qu'elle fut changée en un arbre qui porte son nom. [2] Le nom Lotus vient peut-être du Léthé, le marais infernal, à cause de la ressemblance, parce que la sève de l'arbre procure l'oubli si l'on en boit trop, comme le marais infernal qu'on appelle Léthé, c'est-à-dire oubli.

IX 380

Voici comment à la fin elle fut complètement métamorphosée.

IX 381

« Parce que je ne croyais pas qu'il y eût une divinité dans cet arbre, et pourtant c'est cela qui m'a métamorphosée. »

IX 382-388

Prière de Dryope à ses proches

383 FALCIS (« de la faux »), parce qu'autrefois on élaguait les arbres avec des faux.

IX 389

condor] quia maximum munus et caritativum erat abscondere oculos morientum et interesse sepulture.
389* LIBER : cortex ; SERPIT : scandit ; SUMMOQUE : alto et ; CACUMINE : culmine ; CONDOR : abscondor.

IX 390

REMOVETE MANUS, ne pudeat vos mutationis mee, quia hec non accidit per culpam ; vel REMOVETE, quia volebant claudere per manus oculos, ut mos est, quia amici claudunt oculos morientum.

390-391*

390 OCULIS : meis ; MANUS : vestras ; MUNERE : dono. 391 CONTEGAT : lustret ; LUMINA : mea.

IX 392-393
Mutatio perfecta Driopes

392 DESIERANT : finierant ; SIMUL : pariter ; SIMUL ESSE : pariter desierant. 393 CORPORE : suo ; RAMI CALUERE : calorem duxere ; RECENTES : novi.

IX 394

DUMQUE : ita loquta fuit Yole de mutatione Driopes sororis sue ; nunc accedit ad aliam materiam, ad vaticinationem Temis poetisse.

394-396*

394 DUMQUE : quando et ; REFERT : dicit ; YOLE : proprium ; MIRABILE : mirum ; DUM : quando. 395 EURITHIDOS : Yoles, filie Eurithi ; ADMOTO : adiuncto ; POLLICE : digito. 396 ALMENE : proprium ; FLET : ploret ; IPSA : Almena ; COMPESCUIT : restrinxit.

IX 397

NOVA RES, scilicet de mutatione Yli de sene in iuvenem.
397* TRISTICIAM : dolorem ; LIMINE : hostio.

IX 398-399
De mutatione Yolai

[1] Hebe, que est dea iuventutis, dederat Yolao hoc muneris, scilicet iuvenescere. Sciendum est quod, Hercule deificato, facta est pax inter Herculem et Iunonem, et accepit Hebem in uxorem, filiam Iunonis.

IX 389

condor (« je suis enfouie »)] parce que le présent le plus grand et le plus charitable était de fermer les yeux des mourants et d'assister à leurs funérailles.

IX 390

REMOVETE MANUS (« écartez vos mains »), n'ayez pas honte de ma métamorphose, car elle n'arrive pas par ma faute ; ou REMOVETE (« écartez ») parce qu'ils voulaient fermer ses yeux de leurs mains, comme c'est l'usage, parce que les amis ferment les yeux des mourants.

IX 392-393

Métamorphose complète de Dryope

IX 394

DUMQUE (« Et pendant que ») : ainsi Iole racontait la métamorphose de sa sœur Dryope ; maintenant il en vient à un autre sujet, la prophétie de la poétesse Thémis.

IX 397

NOVA RES (« Un nouvel événement »), à savoir la métamorphose d'Iolaüs de vieillard en jeune homme.

IX 398-399

Métamorphose d'Iolaüs

[1] Hébé, la déesse de la jeunesse, avait fait à Iolaüs ce présent de le rajeunir. Il faut savoir qu'après la déification d'Hercule, celui-ci fit la paix avec Junon, et reçut en mariage la fille de Junon, Hébé.

[2] Hercules vero postulavit Hebem quod Yolaum filium suum, iam factum senem, faceret iuvenem, et ita fecit.

398-399*

398 PUER : infans ; -QUE : et ; LANUGINE : barba ; MALAS : genas. 399 REFORMATUS : factus ; PRIMOS : iuvenes ; YOLAUS : proprium.

IX 400

IUNONIA dicunt poete, quod Iuno concepit Hebem, quod percussit vulvam suam.

400-403*

400 HOC : tantum ; IUNONIA : filia Iunonis ; MUNERIS : donis ; HEBE : proprium. 401 VIRI : mariti ; PRECIBUS : Herculis ; QUE : Hebe ; PARARET : vellet. 402 TRIBUTURAM : daturam ; NULLI : non ulli. 403 THEMIS : proprium ; DISCORDIA : prava ; THEBE : civitas.

IX 404

Vaticinatio Themis super Amphiorao

CAPANEUS fuit quidam rex qui multociens ad pugnam deos provocavit. Iupiter autem eum fulminavit.

404* BELLA : prelia ; CAPANEUS : rex.

IX 405-406

[1] DEFFLENT. 'Ita vaticinor – dicit Themis – esse futurum'. DEFFLENT, idest defflebant ; FRATRES PARES IN VULNERE, Pollux et Etheocle, quia mutuis vulneribus se interficient. [2] SUBDUCTA : notandum est quod Amphioraus audivit in responsis quod, si iret ad bellum Thebanum, mortuus absorbetur, unde sub quadam fovea latuit, sed Euriphile, uxor sua pro monili aureo data sibi ab Argia, revelavit, et ita ivit et absortus est, in cuius ultionem Almeon, filius eius, matrem suam interfecit.

405-407*

405 AUT : non ; DEFLENT : plorabunt ; PARES : equales ; VULNERE : morte. 406 SUBDUCTA : redacta ; MANES : animas ; TELLURE : terra. 407 VATES : Amphioraus ; ULTUS : vindicatus ; PARENTE : matre ; PARENTEM : patrem.

405-406.2 mortuus] mutuus *ms.* revelavit] revelatum est *ms.*

[2] Mais Hercule demanda à Hébé de rendre sa jeunesse à son fils Iolaüs, qui avait déjà atteint la vieillesse, et elle le fit.

IX 400

Les poètes l'appellent IUNONIA (« Junonienne »), parce que Junon conçut Hébé en frappant sa vulve.

IX 404

Prophétie de Thémis au sujet d'Amphiaraös

CAPANEUS (« Capanée ») était un roi qui provoqua souvent les dieux au combat. Jupiter le foudroya.

IX 405-406

[1] DEFFLENT (« ils pleurent »). « Voilà ce qui lui arrivera, dit Thémis, je le prédis ». DEFFLENT (« ils pleurent »), c'est-à-dire ils pleuraient. FRATES PARES IN VULNERE (« les frères égaux quand ils seront frappés ») : Polynice et Etéocle, parce qu'ils se tueront en s'infligeant des blessures réciproques. [2] SUBDUCTA (« entr'ouverte ») : il faut noter qu'Amphiaraös comprit par les réponses que, s'il participait à la guerre contre Thèbes, il mourrait en étant englouti ; c'est pourquoi il se cacha dans une fosse. Mais Ériphyle, sa femme, révéla sa cachette pour qu'Argie lui donne le collier en or. Ainsi Amphiaraös participa à la guerre et fut englouti. Pour le venger Alcméon, son fils, tua sa mère.

IX 408

PIUS, vindicando patrem. SCELERATUS, occidendo matrem.

408-409*

408 NATUS : filius Almeon ; SCELERATUS : pravus. 409 ATTONITUS : stupefactus ; MENTIS : animi.

IX 410-411

[1] DONEC : dico quod Almeon AGITABITUR UMBRIS. DONEC CONIUNX sua POPOSCERIT EUM, scilicet Almeona, aurum, idest monille aureum. [2] FATALE dicit, quia fatatum erat quod, quicomque haberet illud monille, periculum et infortunium ei occurreret, et hoc monille Almeon matri sue abstulerat. Phegeus vero, frater Euriphiles, Almeona, nepotem suum, interfecit in ultionem sororis sue. [3] Tunc Caliroe, filia Acheloi, uxor Almeonis, com duos filios iam senes haberet, oravit Iovem ut eos reiuvenesceret, ut patrem suum vindicarent ; qui, iuvenes facti ab Hebe, ulciscendo patrem suum, Plegeum advunculum suum interfecerunt.

410-416*

410 VULTIBUS : Furiabus ; EUMENIDUM : Furiarum Inferni ; AGITABITUR : ducetur. 411 DONEC : usque quo ; CONIUNX : sponsa ; AURUM : momille. 412 COGNATUM : proximum ; LATUS PLEGEIUS : a loco ; HAUSERIT : sumpserit. 413 DEMUM : ad ultimum ; MAGNO : superno ; ACHELOA : filia Acheloi. 414 CALLIROE : proprium ; INFANTIBUS : suis. 415 ADDAT : donet ; NEVE : et non ; NECEM : mortem ; SINAT : desinat ; GENITORIS : patris. 416 IUPITER : proprium ; PRIVINE : filiastre ; NURUS : Hebes.

IX 417

Adhuc sunt verba Themis vaticinantis quod omnia ista accident, quia, mortuo Almeone, petiit a Iove ut filios quos ab Almeone marito suo susceperat, com essent pueri, mutaret in iuvenes, ut cito possent interficere Fegeum, qui patrem suum occidit.

417* PRECIPIET : capiet ; -QUE : et ; VIROS : suos ; IMPUBIBUS ANNIS : filiis et iuvenibus.

410-411.1 Almeona] Almena *ms.* | 410* Furiabus] Furiebus *ms.* | 417 Fegeum *ex* s Fegeum *ms.*

IX 408

PIUS (« pieux »), en vengeant son père. SCELERATUS (« criminel »), en tuant sa mère.

IX 410-411

[1] DONEC (« jusqu'à ce que ») : je dis qu'Alcméon AGITABITUR UMBRIS (« sera ému par les ombres »). DONEC CONJUNX SUA POPOSCERIT EUM (« Jusqu'à ce que sa femme le lui ait réclamé »), à savoir l'or, c'est-à-dire le collier en or, à Alcméon. [2] Il dit FATALE (« fatal »), parce qu'il avait été fixé par le destin que, quiconque possèderait ce collier, subirait danger et infortune, et Alcméon avait dérobé ce collier à sa mère. Mais Phégée, le frère d'Ériphyle, tua Alcméon, son neveu, pour venger sa mère. [3] Alors Callirhoé, la fille d'Acheloüs, femme d'Alcméon, qui avait deux fils déjà vieux, demanda à Jupiter de les rajeunir, pour qu'ils vengent leur père. Rajeunis par Hébé, ils tuèrent leur oncle Phégée pour venger leur père.

IX 417

Les paroles de Thémis se poursuivent : elle prophétise la réalisation de tous ces événements, parce que, après la mort d'Alcméon, Callirhoé demanda à Jupiter de faire des fils qu'elle avait eus d'Alcméon son mari, qui étaient de petits enfants, des jeunes gens, pour qu'ils pussent tuer plus vite Phégée, qui avait tué leur père[39].

39 Il semble que dans ce passage le glossateur accumule les contradictions…

IX 418-420

De murmure deorum contra fata

HEC UBI : ita vaticinata fuit Themis, unde universi dei inceperunt murmurare propter talia.

418-420*

418 HEC : supradicta ; FATIDICO : vaticinante. 419 THEMIS : proprium ; VARIO : diverso ; SUPERI : dei. 420 CUR : quare ; ALIIS : deis ; EADEM : talia.

|f. 126v|

IX 421-425

Quomodo dei petebant amicos suos fieri iuvenes

Sciebat Venus Anchisem, quem valde diligebat, fore senem, et ideo pepigit illum fieri iuvenem, dum tamen tempus senectutis hunc vexaret.

421-425*

421 MURMUR : dubia loqutio ; PALLANTIAS : aurora. 422 CONIUGIS : Tritonis ; QUERITUR : (com)queritur ; CANESCERE : albere. 423 FLAVA : candida ; CERES : proprium, dea ; REPETITUM : iteratum ; MULCIBER : proprium. 424 ERITHONIO : proprium ; VENEREM : proprium ; QUOQUE : similiter ; FUTURI : venture rei. 425 TANGIT : commovet ; ANCHISE : proprium ; PASCITUR : (pa)cis(scitur) ; ANNOS : etatem.

IX 426

CUI STUDEAT, idest ad opus cui studendo faveat ; vel CUI STUDEAT, idest pro quo studeat ; vel studere unde debeat, vel potest esse notabile, quia quislibet deus, idest dives, habet magnam curam, cui vacet ille propter divicias et honores.

426-427*

426 CUI : rei ; DEUS OMNIS : omnes dei ; -QUE : et ; FAVORE : assensu. 427 TURBIDA : turbinosa ; SEDICIO : discordia ; DONEC : quoadusque ; ORA : ad loquendum de concilio suo coram deis et deabus.

IX 428-432

Loqutio Iovis com deis ‹de› iuventute

428*tit.* ‹de› iuventute] iuventute *ms.*

IX 418-420

Murmures des dieux contre les destins

HEC UBI (« lorsque ces… ») : telles furent les prophéties de Thémis ; alors tous les dieux se mirent à murmurer à propos de ces prédictions.

|f. 126v|

IX 421-425

Comment les dieux demandaient que leurs amis fussent rajeunis

Vénus savait qu'Anchise, qu'elle aimait beaucoup, deviendrait vieux, c'est pourquoi elle s'engagea à le faire rajeunir, tandis que pourtant le temps de la vieillesse le tourmentait.

IX 426

CUI STUDEAT (« auquel il s'applique »), c'est à dire qu'il favorise en s'appliquant à servir ses intérêts ; ou CUI STUDEAT (« auquel il s'applique »), c'est-à-dire pour lequel il s'applique ; ou s'appliquer aux raisons pour lesquelles il devrait, ou peut, être distingué, parce que chaque dieu, c'est-à-dire chaque puissant, se soucie grandement de ce à quoi il consacre du temps, en pensant aux richesses et aux honneurs.
427 ORA (« la bouche ») : pour parler de leur conseil en présence des dieux et des déesses.

IX 428-432

Discours de Jupiter aux dieux sur la jeunesse

Quasi diceret : 'Estne aliquis tam magnus inter nos omnes, o dei, quod possit fata superare ?'. Quasi dicat : 'Certe non'. YOLAUS : iste Yolaus fuit filius Herculis, ut superius continetur, qui ad petitionem Hebes factus fuerat de sene iuvenis.

428-432*

428 SOLVIT : commovit ; NOSTRI : idest mei, qui sum deus ; SI QUA : quia aliqua ; REVERENTIA : honor. 429 QUO RUITIS : quid cogitatis ; TANTUMNE : nonquid ; ALIQUIS : e nobis deis. 430 FATA : dispositionem fatorum ; UT : quod ; SUPERET : vincat ; YOLAUS : proprium. 431 QUOS : annos ; EGIT : preteriit ; IUVENESCERE : fieri iuvenes. 432 GENITI : pueri ; NEC : et non ; AMBICIONE : cupiditate ; NEC : et non.

IX 433

Hoc totum continetur in vaticinatione Themis de morte Amphiorai superius vaticinata. VOS ETIAM QUOQUE, quasi dicat : 'Bene debetis ista pati, quia, quamvis sim altissimus deorum, ista non mutarem'.

433-434*

433 ETIAM : certe ; UT : quod ; HEC : que disponuntur ; MELIORE : volumptate ; FERATIS : patiamini. 434 ME : Iovem ; QUOQUE : similiter ; QUE : fata ; VALEREM : possem.

IX 435

Iste Eacus fuit filius Iovis et Egine, et Radamas fuit filius Iovis et Heriones, ut dicunt.

435-437*

435 NOSTRUM : filium ; SERI : tardi ; CURVARENT : in senectute ; EACON : proprium. 436 -QUE : et ; EVI : etatis ; FLOREM : virtutem ; RADAMANTON : proprium. 437 MINOE : proprium ; MEO : filio ; QUI : Minox ; AMARA : vana ; SENECTE : senectutis.

IX 438

Quia Minos in tempore iuventutis ita fortis et rigidus in iusticia et exercitu perseveravit quod nullus poterat ei resistere. Nunc autem propter senectutem a multis despiciebatur, et ideo dicit : NEC QUO PRIUS.

430* fatorum *ex* fatarum *ms.*

En d'autres termes : « Y a-t-il quelqu'un d'assez grand parmi nous, ô dieux, pour pouvoir surpasser les destins ? », comme s'il disait : « Certes, non ». YOLAUS (« Iolaüs ») : ce Iolaüs était le fils d'Hercule, comme le récit le dit plus haut ; sur la demande d'Hébé, ce vieillard fut rajeuni.

IX 433

Tout cela est contenu dans la prophétie de Thémis sur la mort d'Amphiaraös prédite plus haut. VOS ETIAM QUOQUE (« Vous-mêmes aussi »), en d'autres termes : « Vous devez bien supporter ces événements, car, bien que je sois le plus élevé des dieux, je ne pourrais les changer. »

IX 435

Cet Éaque était le fils de Jupiter et d'Égine, et Rhadamanthe était le fils de Jupiter et d'Hérione, dit-on.

IX 438

Parce que Minos au temps de sa jeunesse était si fort et si rigoureux en exerçant la justice, il la pratiqua si assidûment dans sa vie, que nul ne pouvait lui résister. Mais à ce moment-là sa vieillesse le faisait mépriser par beaucoup, c'est pourquoi il dit : « NEC QUO PRIUS » (« pas avec celui d'autrefois »).

438* DESPICITUR : a multis ; QUO : in iuventute.

IX 439

DICTA IOVIS : ita loqutus fuit Iupiter in concilio, conquerendo et asserendo quod non poterat iudicium fatorum permutare, probans hoc per filios suos, unde dei mutaverunt animos et querimonias suas.

439-442*

439 DICTA : talia supradicta ; MOVERE : (com)movere ; SUSTINET : vult ; ULLUS : aliquis deus. 440 FESSOS : lassos ; RADAMATON : proprium ; EACON : proprium. 441 MINOA : proprium ; QUERI : com(queri) ; QUI : Minos ; DUM : quamdiu ; INTEGER : iuvenis ; EVO : etate. 442 MAGNAS : famosas ; IPSO : solo ; QUOQUE : certe ; NOMINE : fama.

IX 443-445

DEIONIDEQUE IUVENTUTE PERTIMUIT Minos MILETUM pro ROBORE, idest virtutibus ; IUVENTUTE illius dee DEONIDE, a loco vel oppido, et est vera littera. Deonide a Deonio opido, in quo iuventa colebatur, cuius castro preerat iste Miletus, in cuius auxilio confidebat.

443-444*

443 TUNC : in illo tempore ; INVALIDUS : impotens ; DEONIDEQUE : a proprio loco oppidi ; IUVENTE : dee iuventutis. 444 ROBORE : virtute ; MILETUM : proprium ; -QUE : et ; PARENTE : patre.

IX 445

CREDENS : quamvis iste Minos timeret Miletum ne in suis regnis insurgeret, non erat ausus illum fugare, quia propter senectutem erat debilis, sed tamen Miletus fugit a loco illo. Quidam dicont quod erant fratres isti duo.

445-446*

445 CREDENSQUE : iste Minos et. 446 AUT : non ; ARCERE : fugare ; PENATIBUS : locis et domibus ; AUSUS : est.

IX 447-449

Fuga Mileti

IX 439

Dicta Iovis (« les paroles de Jupiter ») : telles furent les paroles de Jupiter pendant le conseil : en se plaignant et en affirmant qu'il ne pouvait changer le jugement des destins, il le prouvait par ses fils, ce qui apaisa les esprits des dieux et calma leurs plaintes.

IX 443-445

Minos Deionideque iuventute pertimuit (« eut peur de la jeunesse du fils de Déioné »), Miletum (« Milet »), à cause de robore (« sa vigueur »), c'est-à-dire ses forces ; iuventute (« par la jeunesse ») de ce (fils) de la déesse Deonide (« Déioné »), du nom d'un lieu ou d'une place forte, et la lettre est vraie : Déonide, de la place de Déonius, dans laquelle la jeunesse était honorée : ce Milet commandait ce camp, et avait confiance en l'appui qu'il pouvait en recevoir.

IX 445

Credens (« croyant ») : bien que ce Minos eût peur que Milet ne se révoltât contre son règne, il n'osait pas le chasser, parce que sa vieillesse l'affaiblissait ; mais Milet s'enfuit de ce lieu. Certains disent que ces deux hommes étaient frères.

IX 447-449

Fuite de Milet

447-449*

447 SPONTE : a volumptate ; MILETE : 'o' ; CELERIQUE : volucri et ; CARINA : navi. 448 EGEAS : a rege ; IN AUSIDE TERRA : sic dicta. 449 MENIA : civitatis cuiusdam ; CONSTITUIS : fondas ; POSITORIS : fondatoris tui ; NOMEN : quia dictum est oppidum illud, Miletus, a Mileto fundatore, de quo loquitur in hac parte.

X 450-453

HIC TIBI, vel 'te'. Construe sic : DUM TIANE NIMPHE vel NIMPHA COGNITA tibi CORPORE PRESTANTI, idest nobili et valido, TIANE – dico – FILIA MEANDRI LABENTIS HIC TOCIENS, quod mirum est propter revolutiones. SEQUITUR TE IN CURVAMINE RIPPE PATRIE, patris Meandri. ENIXA EST PROLEM GEMELLAM, scilicet BIBLIDA et Cauno.

450-453*

450 HIC : in illo loco ; TIBI : vel 'te' ; DUM : quando ; CURVAMINE : flexibilitate. 451 MEANDRI : proprium fluvii ; REDEUNTIS : vel habe 'labentis' ; EODEM : circa illum oppidum. 452 TIANE : proprium ; PRESTANTI : nobili ; NIMPHE : vel 'nimpha'. 453 BIBLIDA : scilicet, proprium ; CAUNO : proprium ; PROLEM : progeniem ; ENIXA : peperit ; GEMELLAM : duplicem.

IX 454

Amor Biblidis et Cauni

[1] Fabula talis est : com Miletus sponte fugisset et castrum nomine suo vocatum fecisset iuxta fluvium Meandri illum, Tyane, Meandri filia, adamavit et duos pueros progenuit, scilicet Biblida et Caunum. [2] Ista Biblis adamavit illicite fratrem suum et multo tempore amori illicito obedire recusavit ; ad ultimum devicta, scripsit fratri litteras quas frater refutans proiecit, unde illa, hec audiens, vehementissime tunc exarsit. [3] Ad ultimum frater, amorem illius illicitum cognoscens, fugit ; tamen illa insequta fuit illum tantum quod ad ultimum mutata fuit in fontem sui nominis miseratione deorum, ut in textu de amore illicito et mutatione illius plenissime declaratur.

454-456*

454 BIBLIS : proprium ; UT : et ; CONCESSA : licita ; PUELLE : mulieres. 455 BIBLIS : proprium ; APPOLLINEI : de genere Appollinis ; CORREPTA : capta ;

449* tui] tuis *ms.* | 450-453 GEMELLAM] GAMELLAM *ms.* | 454.1 fluvium] fuvium *ms.* Mendri *corr. in* Meandri *alia manus*

449 NOMEN (« le nom ») : parce que cette place forte, Milet, tient son nom de son fondateur, Milet, dont il est question dans ce passage.

IX 450-453

HIC TIBI VEL TE (« Ici pour toi ou toi »). Construire ainsi : DUM TIANE NYMPHE (« tandis que Cyanée, une nymphe ») ou NIMPHA COGNITA (« une nymphe connue ») de toi CORPORE PRESTANTI (« par sa beauté remarquable »), c'est-à-dire par sa noblesse et sa valeur, Cyanée, dis-je, FILIA MEANDRI LABENTIS HIC TOCIENS (« la fille du Méandre qui coule souvent par ici »), ce qui est étonnant à cause de ses courbes. SEQUITUR TE IN CURVAMINE RIPPE PATRIE (« elle te suit le long des courbes de la rive paternelle »), de son père Méandre. ENIXA EST PROLEM GAMELLAM (« elle accoucha d'une double progéniture »), à savoir Byblis et Caunus.

IX 454
Amour de Byblis et de Caunus

[1] La fable est la suivante : comme Milet avait fui spontanément et avait construit un camp appelé d'après son nom sur les rives de ce fleuve, le Méandre, Cyanée, la fille du Méandre, l'aima et mit au monde deux enfants, Byblis et Caunus. [2] Cette Byblis aima son frère de façon illicite et refusa longtemps de céder à cet amour interdit ; à la fin, vaincue, elle écrivit une lettre à son frère ; le frère refusa la lettre et la jeta ; alors, en l'apprenant, elle se mit à brûler d'une flamme très violente. [3] Finalement son frère, comprenant l'amour illicite de Byblis, s'enfuit ; mais elle le suivit jusqu'au moment où, finalement, elle fut changée en une fontaine qui porte son nom, par la compassion des dieux, comme le texte le raconte très clairement en parlant de son amour illicite et de sa métamorphose.

FRATRIS : Cadmi. 456 SOROR : aliqua ; UT : sicut amat ; FRATREM : suum ; NEC : et non ; QUO : modo.

IX 457-463

Quia, quando basiabat illum, primitus non credebat peccare, quia frater suus erat. PIETATIS : Biblis putabat se amare Caunum, sicut decet sororem fratrem amare, et ideo decepta erat. PAULATIM, quia cito venit amor.

457-463*

457 QUIDEM : certe ; NULLOS : non ullos aliquos ; INTELLIGIT : nescit ; IGNES : amores incentivos. 458 QUOD : ideo ; SEPIUS : multociens. 459 QUOD : ideo ; FRATERNO : fratris ; CIRCONDAT : lustrat. 460 MENDACI : falsa ; FALLITUR : decipitur. 461 PAULLATIM : successive ; DECLINAT : augetur ; VISURAQUE : illa ; FRATREM : suum ; Caunum. 462 CULTA : nobilitata ; NIMIUMQUE : valde ut ; CUPIT : vult ; FORMOSA : pulcra ; VIDERI : ab hominibus et fratre suo. 463 QUA : aliqua ; ILLA : Biblide ; FORMOSIOR : plus pulcra ; ILLI : formosiori, si aliqua inveniatur.

IX 464-465

SED NONDUM : cognitum sibi erat quod amaret fratrem suum illicite, vel non erat ALIQUA FORMOSIOR ILLA (463) visa SIBI, idest a se. VOTUM dicit quia amantes dicunt : ‘Ha, utinam talem tenerem in consorcio’.

464-466*

464 NONDUM : non adhuc ; MANIFESTA : cognita ; NULLUMQUE : non aliquod. 465 VOTUM : desiderium ; VERUMPTAMEN : sed possunt esse due diciones ; ESTUAT : calet ; INTUS : se. 466 DOMINUM : suum ; APPELLAT : dicit illum ; SANGUINIS : generis.

|f. 127r|

IX 467

Melius amabat quod diceret illam Biblida quam sororem, quia nomen sanguinis est oppositum nomini amantum.

467* BIBLIDA : proprium ; MAVULT : melius vult ; SE : illam.

464-465 sibi[1] *ex* ibi *ms.* illicite *ex* illicite puer *ms.* | 467 est] et *ms.*

IX 457-463

Parce que, quand elle l'embrassait, elle ne pensait pas au début être fautive, puisqu'il était son frère. PIETATIS (« amour fraternel ») : Byblis pensait qu'elle aimait Caunus comme une sœur doit aimer son frère, et se trompait de cette façon. PAULATIM (« petit à petit »), parce que l'amour survient rapidement.

IX 464-465

SED NONDUM (« Mais pas encore ») : elle comprit qu'elle aimait son frère d'un amour interdit, ou bien il n'y avait pas de femme plus belle qu'elle à son avis, c'est-à-dire à ses yeux. Il dit VOTUM (« le souhait ») parce que les amants disent : « Ah, si seulement j'avais cela en partage ». 465 VERUMPTAMEN (« Mais cependant ») : mais il peut y avoir deux acceptions.

[f. 127r|

IX 467

Elle préférait qu'il l'appelle « Byblis » que « sœur », parce que le nom qui désigne le lien du sang s'oppose à celui qui désigne des amants.

IX 468

SPES. Sensus est : dum vigilaret ipsa, non audebat se sperare habituram rem com fratre suo.

468-469*

468 OBSCENAS : pravas ; DIMITTERE : durare. 469 VIGILANS : illa ; PLACIDA : optima ; RESOLUTA : illaqueata ; QUIETE : requie.

IX 470-471

Repugnatio Biblidis ad se ipsam ne fratrem suum illicite amaret

Quia sompniabat se habere rem com illo, et, quamvis dormiret, erubuit, quia puella erat et soror.

470-473*

470 VIDET : ymaginatur ; QUOD AMAT : scilicet fratrem ; QUOQUE : similiter ; FRATRI : suo. 471 CORPUS : suum ; ERUBUIT : valde rubuit ; SOPITA : dormiens. 472 SILET : tacet ; REPETITQUE : recolit et ; QUIETIS : dormitionis. 473 DUBIAQUE : dubitabili ; ITA MENTE : ut sequitur ; PROPHATUR : loquitur mentaliter.

IX 474

Ecce quomodo primo cogitabat Biblis circa amorem fratris illicitum.
474* ME MISERA : dico : VULT : parat ; YMAGO : ymaginatio.

IX 475

Hec potest esset littera : 'QUAM NOLLIM, idest in quantum nollim ego quod illa SIT RATA', quasi dicat : 'in multum', et sic legitur interrogative : 'vellem ?' ; vel littera erit : 'que vellim', et sic assertive legitur.
475* QUE : ymago ; NOLLIM : non vellem ; RATA : perfecta ; CUR : quare ; HEC : talia ; SOMPNIA VIDI : sompniavi.

IX 476-478

Nunc autem se corrigit illa eo quod dixerat se non velle adamare illum, dicens quod est valde pulcher, et subglosat quod iniqui hostes sui illum deberent laudare propter suam formam.

472* tacet] tace *ms.*

IX 468

SPES (« l'espoir »). Le sens est : tandis qu'elle veillait, elle n'osait pas espérer commettre l'acte charnel avec son frère.

IX 470-471

Byblis s'interdit à elle-même d'aimer son frère d'un amour illicite

Parce qu'elle rêvait qu'elle commettait l'acte charnel avec lui et, tout en dormant, elle rougit, parce qu'elle était vierge et qu'elle était sa sœur.

IX 474

Voilà les premières pensées de Byblis à propos de son amour interdit pour son frère.

IX 475

Le sens littéral peut être le suivant : « QUAM NOLLIM (« que je ne voudrais pas »), c'est-à-dire dans la mesure où je ne voudrais pas que cette vision se réalise », en d'autres termes, « dans une large mesure », et ainsi on lit cela de façon interrogative : « voudrais-je ? », ou le sens littéral sera « que je voudrais », et ainsi on le lit de manière assertive.

IX 476-478

Mais à présent elle se corrige parce qu'elle avait déclaré qu'elle ne voulait pas l'aimer, mais elle affirme qu'il est très beau et elle sous-entend que ses ennemis devraient le louer pour sa beauté.

476-478*

476 ILLE : Caunus ; QUIDEM : certe ; FORMOSUS : pulcher ; INIQUIS : inimicis. 477 ET : frater ; PLACET : michi ; ET : quia ; SIT : esset ; FRATER : meus. 478 DIGNUS : frater ; VERUM : sed vel in veritate ; NOCET : michi ; ESSE : me ; SORОREM : illius ; vel notabiliter dicitur.

IX 479

De Biblide

DUMMODO, idest tantummodo TEMPTEM COMMITTERE TALE ; NICHIL, idest pro nichilo – ego inquam – VIGILANS ; TALE inquam, qualia aparuerunt michi in sompnis : quia LIBET SOMPNUS REDEAT SEPE SUB YMAGINE.

479-481*

479 DUMMODO : tantummodo ; NICHIL : pro nichilo ; VIGILANS : ego ; COMMITTERE : perficere ; TEMPTEM : cupiam. 480 LIBET : placet ; SIMILI : tali ; REDEAT : veniat ; YMAGINE : forma ; SOMPNUS : dormitio. 481 ABEST : deficit ; NEC : sed non ; ABEST : deficit ; IMITATA : consequta ; VOLUPTAS : delectatio.

IX 482-483

Dedecus est tantum, unde dividendum est : 'PROTH, O VENUS', et 'o CUPIDO'. GAUDIA QUANTA, quasi dicat : 'multa'.
482* VENUS : 'o' ; TENERA : dulci ; MATRE : Venere ; CUPIDO : 'o'.

IX 483

MANIFESTA, quia manifestum fuit me esse libidinosam eo quod, lapsis medulis, sola ego, dormiens, opera Veneris adimplevi, quasi dicat : 'Placet michi eo quod recolo me talia perpetrasse, quamvis breve sit hoc'.

483-485*

483 QUANTA TULI : 'quam magna passa fui' ; QUAM : certe multum ; MANIFESTA LIBIDO : patens Venus. 484 CONTIGIT : accidit ; ET TACUI : 'quia ego Biblis' ; RESOLUTA : lapsata. 485 MEMINISSE : me illius libidinis ; IUVAT : placet ; BREVIS : parva ; VOLUPTAS : delectatio ; 'quia tunc amare incipiebam fratrem'.

479* cupiam] cubiam *ms.* | 483 quamvis] quam *ms.* sit] fit *ms.*

IX 479

Byblis

DUMMODO (« Pourvu que »), c'est-à-dire seulement TEMPTEM COMMITERE TALE (« je tente de commettre un tel crime ») ; NICHIL (« en rien »), c'est-à-dire pour rien, disais-je – VIGILANS (« en étant éveillée ») ; TALE (« un tel crime ») disais-je, que ceux qui me sont apparus en songe : parce que LIBET SOMPNUS REDEAT SEPE SUB IMAGINE (« il est permis au songe de revenir souvent sous la forme d'une image »).

IX 482-483

La honte est si grande, qu'il faut séparer : « PROTH, O VENUS » (« hélas, ô Vénus ») et « O CUPIDO » (« ô Cupidon »), GAUDIA QUANTA (« combien de joies »), pour dire « de nombreuses ».

IX 483

MANIFESTA (« manifeste »), parce qu'il était manifeste que j'étais débauchée du fait que, fondant jusqu'à la moelle pendant que je dormais, j'ai accompli dans la solitude les œuvres de Vénus, en d'autres termes : « Il me plaît de me rappeler que j'ai commis de tels actes, quelque brièvement que cela soit ».

485 VOLUPTAS (« la volupté ») : le plaisir ; parce que je commençais alors à aimer mon frère.

IX 486-487

Nox videbatur Biblidi festina, in qua videbatur fratri suo carnaliter copulari. 'O EGO' : modo exclamat, existens sola, ad fratrem, quasi esset presens, conquerens de sanguinis proximitate.

486-489*

486 -QUE : et ; PRECEPS : velox ; CEPTIS : inceptionibus. 488 QUAM : quantum ; BENE : certe multum ; CAUNE : 'o' ; PARENTI : patri Mileto nostro. 489 QUAM : quantum ; BENE : certe multum ; TU POTERAS : 'o Caune'.

IX 490-491

nobis] 'Quod in omnibus esset nobis affinitas, preter quam in genere nostro, quia vellem te sanguine nobiliori procreari quam ego sum procreata'.

490-491*

490 DII : dei ; FACERENT : concederent. 491 AVOS : generis nostri ; VELLEM : ego ; GENEROSIOR : plus nobilis.

IX 492-493

'Quia videtur mihi melius esse si diversis patribus crearemur'. Continua sic : 'Dico, o Caune, quod NESCIOQUAM FACIES matrem, et malum est te esse fratrem meum, sed tamen NICHIL ERIS MICHI NISI FRATER, quia sum SORTITA MALE', et cetera.

492-493*

492 NESCIOQUAM : mulierem ; PULCHERRIME : 'o valde pulcher'. 493 HEU : triste est ; QUOD MALE : ideo ad malum meum ; SORTITA : habens ; PARENTES : patres.

IX 494

'Quia solum genus posset nobis nocere, et illud habemus, quia ab eodem genere procreamur'.

494-495*

494 NIL : aliud ; FRATER : meus ; UNUM : solum. 495 MEA VISA : sompnia ; AUTEM : certe.

492-493 ERIS] ERITO *ms.*

IX 486-487

La nuit paraissait rapide à Byblis, parce qu'il lui semblait qu'elle s'unissait charnellement à son frère. « O EGO » (« Oh, je… ») : à présent elle s'exclame, quand elle est seule, en se plaignant à son frère, comme s'il était présent, d'avoir le même sang que lui.

IX 490-491

nobis (« à nous »)] « que nous eussions tout en commun, sauf notre parenté, parce que je voudrais que tu fusses né d'un sang plus noble que moi. »

IX 492-493

« Parce qu'il me semble qu'il vaudrait mieux que nous fussions issus de pères différents ». Continuer ainsi : « Je dis, ô Caunus, que NESCIOQUAM FACIES (« je ne sais quelle femme tu rendras ») mère, et il est malheureux que tu sois mon frère, mais pourtant NICHIL ERIS MIHI NISI FRATER (« tu ne seras rien pour moi que mon frère »), parce que je suis SORTITA MALE (« malchanceuse ») » etc.

IX 494

« Parce que seule la parenté peut nous nuire, nous subissons le fait que nous sommes nés des mêmes parents. »

IX 496

'Dormiens vidi ; poteritne de die mihi contingere vigilanti ?'.
496* PONDUS : actoritatem ; AN : nonquid ; SOMPNIA : illud quod ; PONDUS : de nocte.

IX 497

DII MELIUS faciunt quam homines, quasi melior est consuetudo inter deos quam inter homines, quia licet illos iungi com sororibus suis, et probat per Saturnum, Occeanum et Iovem.
497* DII : concedant ; NEMPE : certe.

IX 498

Ops-opis, Rea, Cibile, Terra, Ceres secundum quosdam sunt nomina eiusdem.

498-499*

498 SIC : taliter ; SATURNUS : proprium ; OPEM : proprium ; IUNCTAM : proximam ; SANGUINE : genere ; DUXIT : quia soror. 499 OCCEANUSQUE : proprium, duxit et ; THET‹IN› : proprium ; IUNONEM : proprium ; RECTOR : Iupiter ; OLIMPI : celi.

IX 500

Quia malum est deos hominibus comparari, et hoc dicit se corrigendo de supradictis. DIVERSA (501) dicit, quia diversimode se habent dei et homines.
500* SUPERIS : deis ; QUID : quare ; RITTUS : mores.

IX 501-502

Ecce petitio Biblidis conquerentis de temptatione amoris illiciti.

501-505*

501 EXIGERE : comparare ; -QUE : idest ; TEMPTO : volo. 502 VETITUS : pravus ; CORPORE : corde ; ARDOR : amor illicitis. 503 NEQUEAM : non possum facere ; PEREAM : moriar ; THORO : feretro. 504 MORTUA : ego ; POSITEQUE : michi in feretro ; FRATER : meus, Caunus. 505 ARBITRIUM : volumptatem ; QUERIT : interrogat ; RES ISTA : coitus ; DUORUM : viri et mulieris.

499* THET‹IN›] THET # *ms.*

IX 496

« Je l'ai vu en dormant : cela pourra-t-il m'arriver de jour, pendant que je suis éveillée ? »

IX 497

Dii melius (« Que les dieux (fassent) mieux ») que les hommes, autrement dit l'habitude des dieux est meilleure que celle des hommes, puisqu'il leur est permis de s'unir à leurs sœurs, comme le prouve l'exemple de Saturne, d'Océan et de Jupiter.

IX 498

Ops (Opis), Rhéa, Cybèle, la Terre, Cérès, selon les noms que porte la même déesse.

IX 500

Parce qu'il est mauvais de comparer les dieux aux hommes, et elle dit cela en corrigeant ses paroles antérieures. Elle dit diversa (« différentes »), parce que les hommes et les dieux ont des modes de vie différents.

IX 501-502

Voici la requête de Byblis qui se plaint d'être tentée par son amour interdit.

IX 506

'FINGE : posito quod michi placeat amare concubitus fratris mei, tamen quoad illum factum videbitur scelerosum quod cupio ?'

IX 507

AT NON EOLIDE : utitur actor vel Biblis plurali pro singulari, quia non fuit nisi unus solus Eolides qui sororem suam adamaret, scilicet Machareus, qui sororem suam Canacem adamavit.
507* AT : sed ; EOLIDE : populi ; SORORUM : suarum.

IX 508

Modo se corrigit et castigat.

508-512*

508 NOVI : cognovi ; CUR : quare ; HEC : talia. 509 QUO : amore ; FEROR : decipior ; OBSCENE : prave ; PROCUL : longe : FLAMME : 'o ardores'. 510 NISI : sed ; FAS : licitum ; GERMANA : a sorore ; FRATER : meus. 511 IPSE : frater ; CAPTUS : correptus. 512 FORSITAN : casu ; INDULGERE : favere ; FURORI : amori furioso.

|f. 127v|

IX 513-514

Nunc arguit secom dicens : 'Si me petisset, illi concessissem. ERGO PETAM et concedat michi'. POTERIS : modo iterum se redarguit, ut in secunda persona mentis inconstancia declaretur.
513* NEGLECTURA : despectura ; PETENTEM : illum.

IX 514

Respondeo : 'Bene potero, quia amor me coget', iuxta illud : « Audacem faciebat amor » (IV 55), de Tisbe.
514* PETAM : illum ; LOQUI : amorem illicitum ; FATERI : amores.

IX 515-516

More amantum ad se ipsam loquebatur.

509* OBSCENE] OBSENE *ms.*

IX 506

« FINGE (« Imagine ») : supposons qu'il me plaise d'aimer l'union charnelle avec mon frère, cependant jusqu'à quel point cet acte que je désire paraîtra-t-il criminel ? »

IX 507

AT NON EOLIDE (« Cependant les fils d'Éole n'ont pas… ») : l'auteur ou Byblis utilise le pluriel pour le singulier, parce qu'il n'y eut qu'un fils d'Éole qui aima sa sœur, c'est Macarée, qui aima sa sœur Canacé.

IX 508

Maintenant elle se corrige et se réprimande.

|f. 127v|

IX 513-514

Maintenant elle s'accuse elle-même en disant : « S'il m'avait requise, j'aurais accepté sa demande. ERGO PETAM (« Je demanderais donc ») et il accèderait à ma demande ». POTERIS (« pourras-tu ») ? Maintenant elle réfute à nouveau ses arguments, pour démontrer l'hésitation de son esprit à la seconde personne.

IX 514

Je réponds : « Je pourrai bien, parce que l'amour m'y pousse », comme le disent les mots : « L'amour la rendait audacieuse », à propos de Thisbé.

IX 515-516

Selon la coutume des amants, elle se parlait à elle-même.

515-516*

515 COGET : fateri ; POTERO : bene ; PUDOR : aliquis ; ORA : mea. 516 LITTERA : una ; CELATOS : tectos ; ARCHANA : secreta ; FATEBITUR : dicet ; IGNES : amores.

IX 517

Mittere litteram amico suo.

517-518*

517 HEC : sentencia ; PLACET : illi. 518 IN LATUS : similiter ; ERIGITUR : levat ; INNIXA : appodiata.

IX 519-520

Ecce quomodo incepit loqui et scribere ; iterum se redarguit dicens : 'Heu'.

519-520*

519 VIDERIT : apparebit vel videbitur ; INSANOS : pravos ; INQUIT : dixit. 520 QUO : amore ; IGNEM : amorem.

IX 521

MANU TREMENTI propter conscientiam illiciti amoris : « Hec notat, hec delet, nescit seu furta revelet ; / hec sua quid celet, ignorans ad quid anelet. / Incipit et mutat, scribit scriptumque refutat, / et notat et mutat que nocitura putat ».

521-523*

521 MEDITATA : cogitata ; COMPONIT : scribit ordine ; TREMENTI : timoroso. 522 DEXTRA : sua ; FERRUM : stilum ; ALTERA : manus. 523 INCIPIT : scribere ; DUBITAT : quid scribat ; SCRIBIT : litteram ; -QUE TABELLAS : litteras tabularum.

IX 524

Ibi inconstantia amorum vel amantum denotatur.

524-526*

524 NOTAT : alias litteras ; DELET : notatas ; MUTAT : scripta ; CULPAT : litteram ; PROBATQUE : modum dittandi. 525 INQUE : aliquando ;

516* secreta] cecreta *ms.* | 521 furta] frata *ms.* versus *add. m.d. quater eadem manus*

IX 517

Envoyer une lettre à son ami.

IX 519-520

Voici comment elle commença à parler et à écrire ; elle se fait de nouveaux reproches, quand elle dit : « Hélas ».

IX 521

MANU TREMENTI (« d'une main tremblante ») parce qu'elle avait conscience que son amour était interdit : « Elle écrit, elle efface, elle ne sait pas si elle doit faire de vaines révélations / ou pourquoi cacher ses sentiments, elle ignore ce à quoi elle aspire. / Elle commence et change, elle écrit et conteste ce qu'elle a écrit, / elle écrit et change ce qui, pense-t-elle, peut lui nuire. »

IX 524

Ici est démontrée l'hésitation des amours ou des amants.

SUMPTAS : captas ; PONIT : de(ponit), linquit ; POSITAS : de(positas), remotas ; RESUMIT : iterum capit tabulas. 526 IGNORAT : nescit ; FACTURA : facere ; VIDETUR : putat ; inconstans erat, ita quod libitum suum displicebat illi.

IX 527-531

Quomodo Biblis fecit litteram

[1] Quia audax erat amore, pudibunda, quia fratrem illicite cupiebat. In vultu aliquando patebat quod Biblis erat audax, aliquando quod erat pudibunda, et ita in dubio fuerat utrum scriberet an non. [2] Modo, pudore postposito, scribit sic : QUAM, NISI TU. Construe sic : 'O Caune – supple –, AMANS tua MITIT TIBI HANC SALUTEM, quam salutem NON EST HABITURA, NISI TU DEDERIS sibi ; PUDET', et cetera.
527* DISPLICET : illi ; VULTU : suo ; MIXTA : coniuncta.

IX 528

Littera Biblis Cauno fratri

SCRIPTA SOROR : hic notat inconstantiam amoris, mutat verbum pro verbo : quando scribebat 'SOROR scribit fratri salutem', delebat postea ; iterum scribebat : 'Biblis Cauno salutem', et ibi tenentur SOROR, SOROREM et casus obliqui pro significato vulgari.

528-531*

528 SCRIPTA : de salute. 529 VERBA : visa est ; CORREPTIS : planatis ; INCIDERE TALIA : insculpere que secontur. 530 QUAM : salutem ; TU : 'o Caune'. 531 MITTIT AMANS : tua ; PUDET : dedecet ; PUDET : dedecet ; EDERE : dicere.

IX 532

Describit actor in littera sub specie Biblidis statum amantium dum se viderint adinvicem. Dicit : 'Aliquando rubescunt primo, postea pallescunt, et iterum ad colorem redeunt et flent', sicut faciebat Biblis.

532-534*

532 CUPIAM : velim ; QUERIS : interrogas ; VELLEM : sine cognitione mei nominis. 533 AGI : fieri ; BIBLIS : ego, quasi dicat : 'Vellem, o Caune, quod non essem nota tibi antequam certa essem habendi quod cupio, scilicet rem tecom'. 534 SPES VOTORUM : volumptas meorum.

525* linquit] linqui *ms.* | 528*tit.* fratri *ex* fratris *ms.* 528 delebat] debebat *ms.* Biblis *ex* Blibis *ms.* casus] cetera *ms.* | 532 viderint] viderit *ms.*

526 Elle était si inconstante, que son propre plaisir lui déplaisait.

IX 527-531

Comment Byblis écrivit une lettre

[1] Parce qu'elle était audacieuse par amour, mais honteuse d'aimer son frère d'un amour interdit. Sur le visage de Byblis éclatait parfois son audace, parfois sa honte, et de la même façon elle avait hésité sur le fait de lui écrire ou non. [2] Maintenant, ayant écarté sa pudeur, elle écrit : « QUAM, NISI TU » (« que, sinon toi »). Construire ainsi : « Ô Caunus » – compléter – AMANS (« la femme qui (t')aime ») MITTIT TIBI HANC SALUTEM (« t'envoie ce salut »), salut que NON EST HABITURA, NISI TU DEDERIS SIBI (« elle ne recevra pas, si tu ne le lui donnes ») ; PUDET (« J'ai honte ») etc.

IX 528

Lettre de Biblis à son frère Caunus

SCRIPTA SOROR (« écrit "sœur" ») : ici l'auteur note l'hésitation de l'amour ; elle change un mot pour un autre : quand elle écrivait SOROR (« la sœur ») salue son frère par écrit, elle l'effaçait ensuite et écrivait à nouveau : « Byblis salue Caunus », et on retient « soror, sororem », et les cas obliques, dans le sens commun.

IX 532

L'auteur décrit dans la lettre, comme s'il était Byblis, l'état des amants lorsqu'ils se voient l'un l'autre. Il dit : « Parfois ils commencent par rougir, ensuite ils pâlissent, et ils retrouvent leurs couleurs et pleurent. », comme le faisait Byblis.

533 BIBLIS (« Byblis ») : moi, autrement dit : « Je voudrais, ô Caunus, que tu ne saches pas qui je suis avant d'être certaine d'obtenir ce que je désire, à savoir l'amour avec toi. »

IX 535

Index] Monstrator, quia signa interiora aliquando per exteriora cognoscontur, unde : « Vultu talis eris qualia mente geris ».
535* QUIDEM : certe ; LESI : vulnerati ab amore ; PECTORIS : cordis.

IX 536-537

Quia sepe ob amore tuo flebam.
536* ET COLOR : poterat esse ; FACIES : mea ; VULTUS : status ; HUMIDA : madida.

IX 537

Sine causa ex profundo suspiria deducebam.
537* LUMINA : oculi ; SUSPIRIA : erant indicia.

IX 538

notasti] In cogitatione tua signasti.
538* CREBRI : frequentes ; QUE : oscula.

IX 539

'Quia, dum te basiabam, tantum imprimebam quod fere ibi libidinem adimplebam, et sic non facit soror fratrem basiando'.
539* SENTIRI : percipi ; SORORIA : sororis.

IX 540

GRAVE VULNUS ANIMI, quia amor illicitus est morbus mentis, oculus insopitus, pena placens ; honor sordidus et cetera, et aliter : amor illicitus est mentis insania, et cetera.
540* IPSA : ego ; ANIMI : mentis.

IX 541-542

Que facere debet mulier ut amores vincat illicitos.

541-543*

541 INTUS : me ; FUROR : insania. 542 SUNT : in talibus ; TANDEM : perfecte. 543 PUGNAVIQUE : certavi et ; VIOLENTA : crudelia.

535* Vultu *ex* vultus *ms.* | 536* madida] madiada *ms.*

IX 535

Index (« révélateur »)] indicateur, parce que les signes intérieurs sont parfois reconnus grâce aux signes extérieurs, d'où ces mots : « Tu porteras sur ton visage les pensées que tu as dans l'esprit. »

IX 536-537

Parce que souvent je pleurais par amour pour toi.

IX 537

Je tirais sans raison des soupirs des profondeurs de mon être.

IX 538

notasti (« tu as noté »)] Tu as distingué en pensée.

IX 539

« Parce que, quand je t'embrassais, je te serrais tant que j'accomplissais presque là mon désir amoureux, et ce n'est pas ainsi qu'une sœur embrasse son frère. »

IX 540

GRAVE VULNUS ANIMI (« la grave blessure de mon cœur »), parce que l'amour interdit est une maladie de l'âme, un œil qui ne trouve plus le sommeil, une peine chérie ; un honneur méprisable etc., et autrement : un amour interdit est une folie de l'esprit etc.

IX 541-542

Ce qu'une femme doit faire pour triompher d'un désir amoureux interdit.

IX 544-545

'Nulla puella tanta pateretur quanta ego passa fui ad hoc, ut contra cupidinem decertarem, quin citius me vinceretur'.

544* EFFUGERE : victare ; INFELIX : ego ; FERRE : pati ; PUELLAM : aliquam.

IX 545

'Ego, superata a furoribus cupidinis, cogor fateri me adamare et cogor exposcere tuam OPEM VOTIS TIMIDIS, quia timeo repelli'.

545* DURA : crudelia ; TULI : passa fui ; SUPERATA : victa.

IX 546

'Quia istud solum opto, quod amori meo des auxilium'.

546-548*

546 OPEM : auxilium ; EXPOSCERE : perfecte poscere. 547 TU SERVARE POTES : adiuta ; PERDERE : occidere potes ; AMANTEM : me ; te, similiter omnia. 548 ELIGE : in optione tua est ; UTRUM : quid ; HEC INIMICA : tua hostis.

IX 549-550

Convenit vel expedit.

549-550*

549 QUE : ille. 550 EXPETIT : poscit ; VINCULO : carnali : PROPRIORE : plus proximo.

IX 551-553

Hiis auditis vel lectis, Caunus posset moveri et dicere : 'Ista Venus est illicita quam petis'. Respondet Biblis : 'IURA SENES. Nos sumus iuvenes ; omnis stulticia competit animis nostris'.

551-554*

551 SENES : antiqui ; NORUNT : cognoverunt nos ; QUID : cuncta ; LICEATQUE : licitum sit. 552 EXAMINA : ponderationes et iudicia. 553 CONVENIENS : apta ; TEMERARIA : insipiens. 554 QUID LICEAT : licitum sit ; ET CUNCTA : sed omnia ; LICERE : licitum esse.

---

546 meo] me *ms.* | 548* optione] ostione *ms.* | 550* PROPRIORE *ex* PROPRIAORE *ms.* | 551-553 Caunus] cantis *ms.* est] et *ms.*

IX 544-545

« Aucune jeune fille ne supporterait autant de souffrances que j'en ai supportées pour lutter contre mon désir, sans être vaincue plus vite que moi. »

IX 545

« Vaincue par les fureurs de mon désir, je suis contrainte d'avouer mon amour et je suis contrainte de demander ton OPEM VOTIS TIMIDIS (« secours par de timides prières »), parce que je crains d'être repoussée. »

IX 546

« Parce que je ne souhaite que cela : que tu prêtes secours à mon amour. »

IX 549-550

C'est approprié ou utile.

IX 551-553

Après avoir entendu ou lu ces mots, Caunus pourrait être ému et dire : « Cet amour que tu demandes est interdit ». Byblis répond : « IURA SENES (« la science du droit aux vieillards »). Nous sommes jeunes : toutes les sottises conviennent à nos âmes. »

IX 555

exempla deorum] Quia dei, ut superius declaratur, sorores adamaverunt.
555* CREDIMUS : nos.

IX 556

NEC NOS : 'Bene possumus facere quicquid voluerimus exemplo deorum, et tamen necque patres nec populi nos separabunt, quia nullus dubitabit'.

556-557*

556 AUT : vel ; REVERENTIA : dubietas. 557 IMPEDIET : ad serviendum amori ; TANTUM ABSIT : modo deficiat ; TIMENDI : quasi dicat : 'Celetur noster amor et cognitio nostri amoris'.

IX 558

tegemus] Iuxta illud : « Fraterno poterit nomine culpa tegi ».

559-560*

559 LIBERTAS : voluntas ; LOQUENDI : unum solum appeto, scilicet secrete loqui tecom. 560 DAMUS : dabimus ; OSCULA : basia ; CORAM : manifeste, non latenter.

|f. 128r|

IX 561

QUANTUM, quasi dicat : 'Parum deest ad votum meum : non oportunitas, sed solus cohitus deest'.
FATENTIS, per violentiam cupidinis.

561-563*

561 QUOD DESIT : parum est ; AMOREM : meum. 562 FASSURE : dicture ; ULTIMUS : maximus. 563 NEVE : non ; SUBSCRIBI : dici ; CAUSA : efficiens.

IX 564

Scripsit talia Biblis fratri suo. Modo describit Ovidius quomodo misit et quomodo repulsa fuit.

IX 564-565

RELIQUIT MANUM : ypallage est, quia manus reliquit ceram principaliter.

---

556 nullus *ex* ul nullus *ms.* | 558 Fraterno [...] tegi] versus *add. m.d. eadem manus*

IX 555

exempla deorum (« l'exemple des dieux »)] parce que des dieux, comme on l'a dit plus haut, aimèrent leurs sœurs.

IX 556

NEC NOS (« ni nous ») : « nous pouvons bien faire ce que nous voulons à l'instar des dieux, et ni nos parents ni le peuple ne nous sépareront, parce que personne n'aura de soupçons. »
557 TIMENDI (« de craindre ») : autrement dit : « notre amour sera caché, tout comme la connaissance de notre amour. »

IX 558

tegemus (« nous couvrirons »)] selon les mots du vers : « la faute pourra être couverte par le nom de l'affection fraternelle ».
559 LOQUENDI (« de parler ») : je ne demande qu'une chose, c'est de te parler en secret.

|f. 128r|

IX 561

QUANTUM (« De quelle importance »), autrement dit : « Il manque très peu à mon désir : ce n'est pas l'occasion, c'est seulement l'union charnelle. » FATENTIS (« de celle qui avoue »), à cause de la violence de son désir.

IX 564

Voilà ce que Byblis écrit à son frère. Maintenant Ovide décrit comment elle l'envoya et comment sa lettre fut refusée.

IX 564-565

RELIQUIT MANUM (« laissa sa main ») : c'est une hypallage, parce que c'est surtout la main qui laissa la cire.

564-565*

564 TALIA ; supradicta ; NECQUICQUAM : invanum. 565 MANUM : Biblidis ; SUMMO : ultimo.

IX 566

CRIMINA, idest criminosos amores et illicitos.
566* PROTINUS : consequenter ; SIGNAT : sigilla ; GEMINA : a nullo geminato.

IX 567

Quia tantus erat ardor amoris intus quod humores et salivam illius desicaverat iusta causa.

567-568*

567 QUAM : geminatam ; TINXIT : immaduit ; LINGUE : ecce quare ; HUMOR : saliva. 568 PUDIBUNDA : illa.

IX 569

Blandicias illi primo dixit ne revelaret consilium suum ; postea hec misit.
569* FER : porta ; FIDISSIME : 'o'.

IX 570

Quia tantum habebat nomina generis odio quod maximam interpositionem fecit, sicut ille qui novit de caseo et infirmus de carne.
570* ADIECIT : addidit.

IX 571-572

Istud omen fuit pessimum, et preterea famulus stultus fuit in petendo.

571-572*

571 DARET : traderet ; ELAPSE : lapse ; MANIBUS : suis. 572 HOMINE : propter casum tabularum ; APTA : congrua.

IX 573

latentia verba] Quia nesciit quid tradidit litteris sigillatis.
573* ADIIT : petit ; -QUE : sed.

565* MANUM] RAMUM *ms.* | 567 humores *ex* amores humores *ms.*

IX 566

CRIMINA (« ses crimes »), c'est-à-dire ses amours criminelles et illicites.

IX 567

Parce que l'ardeur de son amour était si forte en son sein qu'elle avait à juste titre desséché ses humeurs et sa salive.

IX 569

Elle le flatta d'abord pour ne pas révéler son dessein ; ensuite elle lui remit sa lettre.

IX 570

Parce qu'elle abhorrait tant le nom qui marquait son lien familial qu'elle fit une grande pause, comme celui qui apprécie le fromage et a un faible pour la viande.

IX 571-572

C'était un très mauvais présage, et après cela le serviteur fut stupide de chercher à aborder Caunus.

IX 573

latentia verba (« le message secret »)] parce qu'il ne savait pas ce qu'il remettait, la lettre étant scellée.

IX 574

Quomodo Caunus respuit litteram Biblidis

MEANDRIUS, a Meandro avo materno. Cyane mater fuit Biblidis et Cauni, que Ciane fuit filia Meandri, ut superius continetur.

574-575*

574 ATTONITUS : stupefactus ; IUVENIS : Caunus ; MEANDRIUS : ab avo sic dictus. 575 PROICIT : procul iacit ; ACCEPTAS : captas.

IX 576

Fere percussit illum ad mortem.
576* VIX : pene ; TREPIDANTIS : timidi.

IX 577

Responsio Cauni ad nuncium

Quasi dicat : 'Tu me monuisti in libidine illicita ; modo fuge dum licet, quia fere te percutio ad mortem, sed dedecus esset michi'.
577* DUM : quamdiu ; LICET : posces ; VETITE : prave ; LIBIDINIS : cohitus.

IX 578

PUDOREM, quasi dicat : 'Nisi esset michi pudibundum te occidere, nunc interficerem te, sed, quia noncius es, non debes malum habere nec audire', quia sibi narravit quomodo voluit illum occidere.

578-579*

578 EFFUGE : vade ; AIT : dixit ; QUOD : sed ; TUA FATA : tua mors ; vel 'facta'. 579 TRAHERENT : ducerent.

IX 580-581

Reportatio noncii ad Biblida

580 ILLE : nuncius ; FUGIT : vadit ; DOMINE : sue, Biblidi ; FEROCIA : crudelia ; CAUNI : fratris sui. 581 DICTA : responsa ; REFFERT : dicit ; BIBLI, REPULSA : 'o', dicit actor ex parte sua.

IX 582-583

Quamvis ita paveret, recogitavit iterum in amore, et ita furibunda fuit valde. ET MERITO : ita loquntur irati et subintelligunt 'hec pacior' vel aliquod tale.

IX 574

Comment Caunus rejeta la lettre de Byblis

MEANDRIUS (« issu du Méandre »), du nom de son grand-père maternel, le Méandre. Cyanée, la mère de Byblis et de Caunus, était la fille du Méandre, comme le texte le dit plus haut.

IX 576

Il se retint de le battre à mort.

IX 577

Réponse de Caunus au messager

En d'autres termes : « Tu m'as averti d'un désir interdit : va-t-en vite tant que tu le peux, parce que je me retiens de te battre à mort, mais cela causerait mon déshonneur. »

IX 578

PUDOREM (« honte »), autrement dit : « Si cela ne devait entraîner ma honte de te tuer, je te tuerais sur le champ, mais, comme tu es un messager, tu ne dois pas être maltraité ni insulté » – parce qu'il lui avait dit qu'il voulait le tuer.

IX 580-581

Le messager fait son rapport à Byblis

581 BIBLI, REPULSA (« Byblis, repoussée ») : l'auteur apostrophe Byblis en aparté.

IX 582-583

Malgré sa peur, elle repensa à son amour, et devint tout à fait insensée. ET MERITO (« C'est mérité ») : c'est ce que disent les gens furieux, et ils sous-entendent : « Je le supporte » ou quelque chose comme cela.

582-583*

582 PAVET : timet ; OBSESSUM : occupatum ; GRACIALI : frigido. 583 MENS : cogitatio ; UT : postquam ; PARITER : simul ; FURORES : amoris.

IX 584

Lamentatio Biblidis

ICTO AERE : quia vox est repercussio aeris com pletro lingue et palato, unde verbum verberans aera dicitur.
584* LINGUA : sua ; ICTO : percusso.

IX 585-588

TEMERARIA dico, quod fui temeraria in hoc, quod tancito volumptatem meam fratri meo revelavi, quia prius debuissem temptasse an sineret aliquam mori ab amore suo : ANTE ERAT. Construe sic : SENTENCIA, idest responsio ; ANIMI, idest volumptatis mei fratris ERAT PRETENDENDA MICHI (589) antequam revelarem ei vocem meam DICTIS AMBIGUIS, idest facientibus eum dubitare de qua puella dicerem.

585-588*

585 MERITO : repellor ; QUID : quare ; ENIM : quia ; TEMERARIA : stulta ; VULNERIS : cordis. 586 INDICIUM : demonstrationem ; QUID : quare ; QUE : illa ; CELANDA : tegenda. 587 COMMISI : tradidi ; PROPERATIS : missis. 588 AMBIGUIS : dubiis ; ANIMI : sui ; SENTENTIA : volumptas.

IX 589-594

[1] NEC NON. Construe sic : NECNON, idest insuper DEBUERAM ALIQUA PARTE VELI NOTARE, et non in toto QUALIS FORET AURA, et 'si illa aura' suple – SEQUERETUR me EUNTEM. [2] Ac est sensus : ante quam misissem litteras, debuissem eius volumptatem scruptari in parte, et postea : DECURRERE TOTO MARI, idest instigare eum penitus, secundum quod viderem et perciperem latenter de animo suo, et, quia ita non feci, IMPLEVI LINTHEA VENTIS NON EXPLORATIS, idest nescivi quid feci. [3] AUFEROR IN SCOPULOS, idest crucior in hac flamma. OBRUOR DEMERSA TOTO OCCEANO, idest tota revolvor in meditatione repulse, et tunc flamma augetur. [4] NEC HABENT MEA VELA RECURSUS, quia non possum revocare verba que misi, iuxta illud : « Quod semel est missum non est revocabile verbum ».

589-594.4 Quod semel [...] verbum] versus *add. m.s. eadem manus*

IX 584

Lamentation de Byblis

ICTO AERE (« l'air étant frappé ») : parce que la voix est de l'air qui se répercute lorsque la langue touche le palais, c'est pourquoi on dit que le mot frappe l'air.

IX 585-588

« Je dis TEMERARIA (« téméraire »), parce que je fus téméraire de révéler si vite mon désir à mon frère : j'aurais dû d'abord essayer de savoir s'il laisserait une femme mourir par amour pour lui » : ANTE ERAT (« il était d'abord »). Construire ainsi : « SENTENCIA (« sa pensée »), c'est-à-dire la réponse, ANIMI (« de l'âme »), c'est-à-dire du désir de mon frère, ERAT PRETENDENDA MIHI (« il fallait que je teste d'abord ») avant de lui révéler mon secret DICTIS AMBIGUIS (« par des paroles ambiguës »), c'est-à-dire lui permettant de soupçonner de quoi, moi qui suis une jeune fille, je voulais parler. »

IX 589-594

[1] NEC NON (« pour éviter que »). Construire ainsi : NECNON (« pour éviter que »), c'est-à-dire en outre « DEBUERAM ALIQUA PARTE VELI NOTARE (« j'aurais dû lui montrer une partie de la voile ») et non la totalité QUALIS FORET AURA (« (pour voir) quel vent soufflerait ») et si ce vent – compléter – SEQUERETUR EUNTEM (« suivrait ma progression »). » [2] Le sens est aussi : « avant d'envoyer ma lettre, j'aurais dû sonder son désir en partie, et ensuite DECURRERE TOTO MARI (« courir sur la mer entière »), c'est-à-dire le scruter en profondeur, en fonction de ce que je voyais et percevais dans les replis de son âme. Parce que je n'ai pas agi ainsi, IMPLEVI LINTHEA VENTIS NON EXPLORATIS (« j'ai laissé des vents dont je n'ai point fait l'essai gonfler mes voiles »), c'est-à-dire j'ai agi sans en avoir conscience. [3] AUFEROR IN SCOPULOS (« Je suis emportée sur des écueils »), c'est-à-dire je suis tourmentée par cette flamme. OBRUOR DEMERSA TOTO OCCEANO (« Je suis submergée et engloutie dans l'immensité de l'Océan »), c'est-à-dire je suis toute retournée en pensant que je suis rejetée, et ma flamme en augmente encore. [4] NEC HABENT MEA VELA RECURSUS (« et mes voiles n'ont pas de possibilité de retour »), parce que je ne peux rappeler les mots que j'ai envoyés », comme le dit cette formule : « Une fois émis le mot n'est pas révocable. »

589-594*

589 MICHI : a me ; NON : ut ; EUNTEM : me. 590 ALIQUA : una ; AURA : ventus ; NOTARE : considerare. 591 -QUE : et ; QUE : ego inquam. 592 EXPLORATIS : cognitis ; LINTHEA : mea. 593 AUFEROR : rapior. 594 OBRUOR : tegor ; OCCEANO : mari ; RECURSUS : reversionem.

IX 595

QUID QUOD : ad se ipsam loquitur Biblis, dicens : 'Ex quo tabelle cecidere manibus dum traderem, quod erat malum omen ; prohibebar indulgere amore illicito'.

595-598*

595 ET OMINIBUS : etiam noticiis ; PROHIBEBAR : vetabar. 596 INDULGERE : vacare ; FERRE : portare. 597 EXCIDIT : cecidit cera ; CERA : tabula cerata. 598 NONNE : nonquid ; VEL : etiam ; TOTA VOLUPTAS : amor meus pravus.

IX 599

SED POTIUS MUTANDA DIES, quasi dicat : 'Ex quo ita erat quod volumptatem meam non potui mutare, debuissem mutavisse diem in qua tabule ceciderunt, quia erat certum signum repulsionis'.

599-600*

599 POCIUS MUTANDA : melius quam voluptas ; DIES : erat ; IPSE : Cupido. 600 DABAT : michi ; MALE SANA : vesana.

IX 601-604

'Et ita malum est quod misi, quia, si me vidisset, statum meum plenius cognovisset, et preterea plura sibi dixissem quam scripsi'.

601-608*

601 LOQUI : dicere amores meos ; COMMITTERE : credere. 602 PRESENS : ego ; APERIRE : debueram monstrare. 603 VIDISSET : frater Caunus ; LACRIMAS : meas ; AMANTIS : mei. 604 PLURA : multa ; LOQUI : dicere ; QUE : illa ; CEPERE : continuere. 605 INVITO : non volenti ; COLLO : suo ; ypallage, idest 'circomdare collum suum brachiis meis'.

---

595 omen] omne *ms.*

IX 595

QUID QUOD (« Que dire du fait que ») : Byblis se parle à elle-même : « Du fait que les tablettes, dit-elle, tombèrent de mes mains quand je les remettais, ce qui était un mauvais présage, tout m'interdisait de m'abandonner à un amour interdit. »

IX 599

SED POTIUS MUTANDA DIES (« mais je devais plutôt changer de jour »), autrement dit : « Du fait qu'il s'avérait que je ne pouvais changer de sentiment, j'aurais dû changer le jour où mes tablettes sont tombées, parce que c'était un signe certain qu'elles seraient rejetées. »

IX 601-604

« Et j'ai eu tort de les envoyer, car, s'il m'avait vue, il aurait eu pleine connaissance de mon état, et en outre je lui aurais dit bien plus que je ne lui ai écrit. »

605 COLLO (« cou ») : le sien : c'est une hypallage, c'est-à-dire entourer son cou de mes bras.

606 REICERER : refutarer. 607 AMPLECTI : potui videri ; PEDES : suos ; AFFUSA : ageniculata. 608 QUORUM : plurium ; SINGULA : quedam ; DIRAM : crudelem,

|f. 128v|

IX 609

'Scilicet flere, loqui, complecti pedes et cetera, que multa fecissem'.
609* FLECTERE : ad amorem ; MENTEM : suam.

IX 610

MINISTRI, quia minister competenter non fecit ea que facere debuit, unde quidam : 'Si vacuus siletus erit, tamen denique posco'.

610-612*

610 FORSITAN : casu ; MINISTRI : famuli. 611 APTE : competenter ; ADIIT : petiit ; YDONEA : competencia ; CREDO : sicut. 612 ANIMUM : suum.

IX 613

TIGRIDE : 'Tigris est animal ferocitatis summe, sed ita ferox non est meus frater'.
613* HEC NOCUERE : talia supradicta ; NEC : non ; ENIM : quia.

IX 614-615

Quia non est durus, imo pius, et valde propicius et dulcis.

614-616*

614 RIGIDOS : duros ; SILICES : lapides. 616 VINCITUR : a me ; ERIT : a me ; CEPTI : inceptionis.

IX 617-621

[1] ULLA MEI, quasi dicat : 'Non tedebit me mei amoris quamdiu vixero ; vere non CAPIAM TEDIA ULLA MEI CEPTI'. [2] NAM PRIMUM, quasi dicat quod 'prima res debuit esse, scilicet quod non revelarem amorem meum, sed ex quo revelavi' ; SECUNDUM, et secunda res est. [3] EXPUGNARE, idest perficere. NEC ILLE POTEST, quasi dicat :

606* refutarer] resutarer *ms.* | 610 Si vacuus [...] posco] versus *add. m.d. eadem manus* | 613 ferocitatis summe] ferocis suum *ms.*

|f. 128v|

IX 609

« À savoir pleurer, parler, embrasser ses pieds, et toutes les nombreuses choses que j'aurais faites. »

IX 610

MINISTRI (« au serviteur »), parce que le serviteur n'a pas fait convenablement ce qu'il aurait dû faire. UNDE QUIDAM (« d'où quelqu'un ») : « S'il se tait et a l'esprit libéré, finalement je peux tout de même faire ma demande. »

IX 613

TIGRIDE (« d'une tigresse ») : « le tigre est un animal d'une extrême férocité, mais mon frère n'est pas aussi féroce. »

IX 614-615

Parce qu'il n'est pas cruel, mais pieux, et très bienveillant et doux.

IX 617-621

[1] ULLA MEI (« aucun à mon »), autrement dit : « Mon amour ne me dégoûtera pas aussi longtemps que je vivrai » ; en vérité je ne CAPIAM TEDIA ULLA MEI CEPTI (« concevrai aucun dégoût face à mon entreprise »). [2] NAM PRIMUM (« car d'abord »), en d'autres termes « ce devait être la première chose, à savoir de ne pas révéler mon amour, mais, du fait que je l'ai révélé SECUNDUM » (« en second lieu »), la deuxième est… [3] … EXPUGNARE (« d'emporter de haute lutte »), c'est-à-dire d'achever mon entreprise. NEC ILLE POTEST (« il ne peut pas »), autrement dit :

'Ille non potest facere quin adamem illum'. NON TAMEN, quasi dicat : 'Ille non recordabitur semper generis nostri'.

617-623*

617 ULLA : aliqua ; DUM : quamdiu ; SPIRITUS : volumptas. 619 NON CEPISSE : vellem cepisse ; EXPUGNARE : removere, perficere ceptum. 620 QUIPPE : certe. 622 LEVITER : non vere ; VIDEBOR : ab illo. 623 ETIAM : certe videbor ; -QUE PETISSE : et videbor.

IX 624

VEL CERTE. Construe sic : VEL CERTE NON CREDAR VICTA HOC DEO QUI existens PLURIMUS URGET ET USSIT NOSTRA PECTORA, SED CREDAR VICTA LIBIDINE, idest impetu subito libidinis, quod est falsum, quia temptavi pugnare et vincere.

624-625*

624 HOC : tali ; QUI : deus ; PLURIMUS : magnus. 625 DEO : cupidine ; QUOD : sed.

IX 626

DENIQUE, quasi dicat : 'Non potest esse quin aliud nepharium commiserim, ex quo per scriptum petii illud quod est temerarium'.

626-627*

626 DENIQUE : ad ultimum ; NIL COMMISISSE : aliquid fecisse ; NEPHANDUM : pravum. 627 ET SCRIPSI : quia velle meum ; PECII : aliquando ; TEMERARIA : stulta ; VOLUPTAS : luxuria.

IX 628

Quamvis nichil amplius faciam quam feci, tamen rea criminis arguar ab illo, quia iam temptabo et temptavi illum illicito amore.
628* UT NICHIL ADICIAM : quamvis non aliud addam ; INNOXIA : imo noxia.

IX 629

QUOD SUPEREST, quasi dicat : 'Magnum est illud quod expecto ad hoc, quod compleantur vota mea. IN CRIMINE PARUM, quasi dicat :

---

624 USSIT] URSIT *ms.* quia] quia # *ms.*

« Il ne peut pas m'empêcher de l'aimer. » NON TAMEN (« cependant il ne »), en d'autres termes : « Il ne se souviendra pas toujours de notre parenté ».

IX 624

VEL CERTE (« ou du moins »). Construire ainsi : « VEL CERTE NON CREDAR VICTA HOC DEO QUI (« ou du moins ») il ne me croira pas vaincue par ce dieu qui quand il se manifeste PLURIMUS URGET ET USSIT NOSTRA PECTORA (« s'acharne contre moi et consume mon cœur ») SED CREDAR VICTA LIBIDINE (« mais il me croira vaincue par un caprice »), c'est-à-dire par l'assaut soudain d'un désir capricieux, ce qui est faux, car j'ai tenté de me battre et de vaincre. »

IX 626

DENIQUE (« finalement »), autrement dit : « il ne m'est plus possible de ne pas commettre un autre crime, du fait que je lui ai demandé par écrit une chose inconsidérée. »

IX 628

Quoique je n'aie rien fait de plus que ce que j'ai fait, pourtant on me jugera coupable de crime, parce que je tenterai désormais – et que j'ai déjà tenté – de l'amener à un amour interdit.

IX 629

QUOD SUPEREST (« ce qui reste »), autrement dit : « Ce que j'espère est important pour l'accomplissement de mes désirs ». IN CRIMINE PARUM (« peu en ce qui concerne le crime »), en d'autres termes :

'Parum deest ut habeatur illud crimen, quia ex quo volui concombere com fratre meo, sum infamis, quia volumptas pro facto reputabitur'. COMMITTIT (632), idest commissum fuit per quod repellitur, vel commisso meretur reppelli.

629* SUPEREST : remanet ; MULTUM : magnum ; IN CRIMINA PARUM EST : in facto criminoso remanet.

IX 630-632

Loqutio Biblidis com fratre

630-632*

630 DIXIT : ita secom loquta fuit ; INCERTE : dubie ; DISCORDIA : deviacio ; MENTIS : sue. 631 PUDEAT : fratrem ; LIBET : placet ; TEMPTARE : illum iterum ; MODUMQUE : manierem nescit et quid faciat nescit. 632 REPELLI : renunciari a fratre suo Cauno.

IX 633-634

Fuga Cauni

Com videret Caunus quod non a sorore sua sine Venere linqueretur, fugit alibi, ut factum nepharium evictaret. Et TUNC VERO (636) : Biblis incepit esse mesta, et sequitur de mutatione illius, quia fratrem insequta fuit.

633-634*

633 MOX : postea ; UBI : postquam ; ABEST : deficit ; PATRIAM : suam ; ILLE : Caunus ; NEPHAS : factum nepharium. 634 PEREGRINA : aliena ; PONIT : fundat ; NOVA : novam ; MENIA : civitatem.

IX 635-636

Quia facta fuit furibunda, et ideo mente, idest sensu, deffecit, et vestes laceravit, sicut moris est furibondorum.

635-636*

635 VERO : certe ; MESTAM : tristem ; MILETIDA : Biblida, filiam Mileti. 636 FERUNT : dicunt gentes ; VERO : certe ; PECTORE : suo.

IX 637

capillo] et capillos rupit et cetera fecit.

« Il manque peu de chose pour que cela soit considéré comme un crime, parce que je suis infâme du fait que j'ai voulu coucher avec mon frère, et que mon désir sera confondu avec le fait. » COMMITTIT (« entreprend »), c'est-à-dire que l'entreprise lui a valu d'être repoussée, ou qu'elle mérite d'être repoussée pour son entreprise.

IX 630-632
Paroles de Byblis à son frère

631 MODUMQUE (« la mesure ») : elle ne sait pas la manière et elle ne sait pas quoi faire.

IX 633-634
Fuite de Caunus

Voyant que sa sœur ne le laisserait pas tranquille s'il ne cédait à son amour, il s'enfuit ailleurs, pour éviter l'acte infâme. ET TUNC VERO (« et alors en vérité ») : Byblis en fut désolée, et s'ensuit le récit de sa métamorphose, parce qu'elle poursuivit son frère.

IX 635-636

Parce qu'elle devint folle furieuse et donc fut privée de raison, c'est-à-dire de sens, et déchira ses vêtements, selon l'habitude des fous furieux.

IX 637

capillo (« par sa chevelure ») : entre autres actes, elle s'arracha les cheveux.

637-640*

637 DIRUPIT : laceravit ; PLANXIT : verberavit ; FURIBUNDA : illa vecors. 638 PALAM : manifeste ; INCONCESSAM : a fratre. 639 SPEM : coitum ; QUA : Venere ; PATRIAM : suam ; INVISOS : non amatos. 640 DESERIT : linquit ; SEQUITUR : illa ; PROFUGI : fugientis ; FRATRIS : Cauni.

IX 641

Facit actor comparationem Biblidis fratrem suum sequentis ad mulieres Bacho sacrificantes.
641* PROLES : o, filius Semeles.

IX 642

Sequtio Cauni a Biblide

Hysmarii sunt populi erga quos optimum vinum habundat, et mulieres illius patrie optime bibunt. Triennia, quia ter in anno Bacho sacrificabant, vel in tribus annis semel.
642* HYSMARIE : a loco dicte ; CELEBRANT : colunt.

IX 643

[1] Per Biblida intelligimus fragilitatem carnis, per Caunum intelligimus mondum, quia Caunus a canna dicitur harundine, quia, sicut canna mobilis est arundo, ita mondus. [2] Caro adamat mondum, et non potest saciari a mondo ; sibi scribit amorem, quia semper cogitamus vivere. Mondus renuit, quia omnes morimur ; tamen mondum adamamus. [3] Mondus fugit, quia semper est in motu. Caro sequitur, quia homo microcosmus est ; mutatus in fontem, quia ad ultimum caro in putredinem nigram sub ylice vel alia arbore convertitur. [4] Nimphe invitam consolantur, quia predicatores monent nos ne mondum sequamur. Hoc est quod breviter dicitur.

643-644*

643 BIBLIDA : proprium ; AGROS : campos. 644 BUBALIDES : a loco ; NURUS : mulieres ; QUIBUS : populis ; ILLA : Biblis.

638* fratre] fratice *ms.* | 642 quos *ex* quod *ms.* | 643.1 mobilis] mobilis # *ms.* | 643.4 invitam] invita *ms.*

IX 641

L'auteur compare Byblis poursuivant son frère aux femmes qui sacrifient à Bacchus.

IX 642

Byblis poursuit Caunus

Les Ismariens sont un peuple chez qui on trouve en abondance un vin excellent, et les femmes de ce pays boivent beaucoup. Triennales, parce qu'elles sacrifiaient à Bacchus trois fois par an, ou une fois tous les trois ans.

IX 643

[1] Par Byblis nous comprenons la faiblesse de la chair, par Caunus le monde, parce que Caunus tient son nom d'une tige de roseau : le monde est aussi mouvant que la tige de roseau. [2] La chair aime le monde, et ne peut être rassasiée par le monde ; elle lui écrit son amour, parce que nous pensons vivre toujours. Le monde oppose un refus, parce que nous mourons tous ; pourtant nous aimons le monde. [3] Le monde s'enfuit, parce qu'il est toujours en mouvement. La chair le suit, parce que l'homme est un microcosme ; elle est changée en fontaine, parce qu'à la fin la chair pourrit et devient noire, sous du lierre ou sous un autre arbre. [4] Les nymphes la réconfortent malgré elle, parce que les prédicateurs nous avertissent de ne pas suivre le monde. C'est ce qui est dit en bref.

IX 645-647

[1] Lelegi sunt populi Thessalie qui multas civitates habent, per quas Biblis furibunda erravit. [2] Chimera est animal, ut dicont poete, quod habet pectus et ora leonis, ventrem capre, caudam serpentis. [3] Quod nichil est nisi quidam mons ubi primo habitant in valle serpentes, in medio capre et fere, in summitate leones et animalia cruda.

645-648*

645 CARRAS : civitates vel stagna ; ARMIFEROS : (armifer)as ; LELEGNAS : populos ; LICHIAM : civitatem. 646 GRACON : insulam ; LUNEREM : insulam ; XANTI : fluvii. 647 -QUE : et ; CHIMERA IUGO : ruerat eo iugo. 648 LEE : leone.

IX 649-651

Describit locum in quo requievit Biblis dum fratrem sequeretur, et mutata fuit in fontem, et dicit quod est iuxta nemus sub quercu.

649-651*

649 DEFFICIUNT : 'o Bibli' ; DEFFICIUNT : tibi currendo ; LASSATA : fessa ; SEQUENDO : fratrem. 650 CONCIDIS : cadis ; ET : in ; POSITIS [...] CAPILLIS : et hoc dico ; TELLURE : terra. 651 BIBLI : 'o' ; IACES : recombis ; FRONDES : ramos ; CADUCAS : cadentes. 652 (656 T) BIBLIS : proprium ; HUMETAT : madefacit ; LACRIMARUM : suarum ; FLUMINA : vicina. 652 ILLAM : Biblida ; LELEGIDES : a loco ; ULNIS : brachiis.

|f. 129r|

IX 653

[1] Rei veritas est quod Biblis fuit quedam mulier nobilis que fratrem suum illicite adamavit, et multa fecit ut haberet rem com illo. [2] Tandem ille fugit et insequta fuit illum, sed quod mutata fuit in fontem nichil est aliud nisi quod se in quodam stagno submersit, cuius de nomine dictum fuit stagnum.

653* TOLLERE CONANTUR : levare volunt ; AMORI : suo, illicito, de natura.

IX 654

SURDE dicit, quod non curabat de monito illorum.

645-647.2 est] et *ms.* | 649* Bibli] Blibli *ms.* | 652 (656T)* b *add. m.s. alia manus* | 653* de natura] deuncturam(?) *ms.*

IX 645-647

[1] Les Léléges sont un peuple de Thessalie qui possède de nombreuses cités, à travers lesquelles Byblis erra dans sa folie furieuse. [2] La Chimère est un animal, à ce que disent les poètes, qui a une poitrine et une gueule de lion, un ventre de chèvre et une queue de serpent. [3] Ce qui n'est rien d'autre qu'une montagne d'abord peuplée de serpents dans la partie basse, de chèvres dans la partie médiane et de bêtes sauvages, lions et animaux cruels, dans son sommet.

IX 649-951

Il décrit le lieu dans lequel Byblis se reposa tandis qu'elle poursuivait son frère ; elle y fut changée en fontaine, et il dit que c'était près d'un bois sous un chêne.

|f. 129r|

IX 653

[1] La vérité est que Byblis était une femme noble qui aima son frère d'un amour interdit, et essaya de bien des façons de commettre l'acte charnel avec lui. [2] Finalement il s'enfuit et elle le poursuivit, mais elle fut changée en fontaine, ce qui revient à dire qu'elle se noya dans un étang, auquel on donna son nom.

IX 654

Il dit SURDE (« sourde »), parce qu'elle n'avait cure de leur avertissement.

654-658*

654 PRECIPIUNT : indicant ; ADHIBENT : dant. 655 MUTA : non loquens. 657 HIIS : vel hinc, lacrimis. 658 SUPPOSUISSE : dedisse ; FERUNT : dicont gentes ; ENIM : quia ; HABEBANT : certe nichil.

IX 659-665
Mutatio Biblidis in fontem

659-665*

659 UT : sicut ; PICEE : nigre ; SECTO : inciso ; CORTICE : vel 'corpore' ; GUTE : manant. 660 UT : sicut ; GRAVIDA : ponderosa ; MANAT : stilla ; BITUMEN : pinguedo terre. 661 UT : sicut ; SPIRANTIS : flantis ; LENE : leviter, suaviter ; FAVONI : venti illius. 662 FRIGORE : gelu ; CONSTITIT : congelata fuit. 663 SIC : taliter ; CONSUMPTA : vastata ; PHEBEIA : proprium, de genere Phebi. 664 VERTITUR : mutatur ; QUOQUE : in presenti. 665 DOMINE : Biblis ; YLICE : quercu ; MANAT : oritur.

IX 666-667
De Yphide et Hyante incipit

FAMA : ita mutata fuit Biblis in fontem, sed aliud erat miraculum magnum in partibus cretenssibus, quia Yphis mutatus erat de femina in virum. MONSTRI : monstrum appellat amorem illicitum Biblidis.

666-667*

666 FAMA : rumor ; CRETHEAS : Cretenses. 667 IMPLESSET : (imple)vi(sset) ; MIRACULA : mirabiliora.

IX 668

[1] Fabula talis est : Ligdus fuit quidam qui Teletusam duxit ; ambo pauperes. Com autem illa est pregnans, iuxta tempus pariendi dixit Ligdus illi : 'Si mulierem habueris, occidatur, quia non habemus unde nutriremus illam ; ita voveo quod, si erit puer masculus, nutriatur'. [2] Mulier, com esset in partu, peperit mulierem, sed patrem decepit, dicens quod erat homo, et vocatus est Yphis. Hoc autem fecit, quia, com deberet parere, Ysis ei talia precepit, que sibi in visu apparuit,

666-667 erat[2] *ex* fuit erat *ms.* | 666* rumor] rumo *ms.* | 668.1 Fabula *ex* fabulatio *ms.* si[2]] sic *ms.* | 668.2 mulierem] in mulierem *ms.* Ysis *ex* Yside *ms.*

IX 659-665
Métamorphose de Byblis en fontaine

IX 666-667
Début de l'histoire d'Iphis et Ianthé

FAMA (« la renommée ») : ainsi Byblis fut changée en fontaine, mais un autre grand miracle survint dans les contrées de Crète : Iphis fut métamorphosée de femme en homme. MONSTRI (« d'une merveille ») : il appelle merveille l'amour interdit de Byblis.

IX 668
[1] La fable est la suivante : Ligdus prit pour femme Téléthuse ; ils étaient tous deux pauvres. Comme elle était enceinte, à l'approche de son accouchement Ligdus lui dit : « Si tu as une fille, qu'on la tue, parce que nous n'avons pas les moyens de la nourrir. Aussi je souhaite que ce soit un garçon : si c'est un mâle, qu'on le nourrisse. » [2] La femme, au moment de son accouchement, enfanta une fille, mais trompa le père, en disant que c'était un garçon. Elle l'appela Iphis. Elle agit ainsi parce que, au moment où elle devait accoucher, Isis le lui avait demandé en lui apparaissant en songe,

ut in littera continetur. [3] Nomen autem Yphidis erat competens tam viro quam mulieri. Com autem viveret, pater Ligdus promittebat illi Hyantem domicellam, et spopondit sponsalia. [4] Tempore nupciali adveniente, et connubio a matre satis prolongato multis causis, Theletusa petiit templum Ysidis et preces et sacrificia hic effudit, et domina Ysis illi apparuit et mutata fuit Yphis, que erat mulier, in virum, et sic nupcie mediantibus deis fuerunt honorifice celebrate, usque ad librum.

668-674*

668 YPHISE : pro proprio ; CRETHE : terra ; TULISSET : habuisset. 669 PROXIMA : vicina ; NOXIACO : cretensi ; PHESTIA : a rege dicta. 670 IGNOTUM : incognitum ; NOMINE : fama ; LIGDUM : proprium. 671 INGENUA : in nobili ; PLEBE : populo ; CENSUS : divicie ; ILLO : Lido. 672 MAIOR : erat ; VITA : sua ; FIDES : sua. 673 INCULPATA : sine peccato et culpa ; GRAVIDE : pregnantis ; QUOQUE : certe ; CONIUGIS : uxoris sue. 674 VOCIBUS HIIS : que secontur ; PROPE : tempus ; PARTUS : pariendi.

IX 675

QUE VOVEO : hec sunt verba Ligdi ad Teletusam uxorem suam.

675-676*

675 VOVEO : opto ; MINIMO : primum est ; DOLORE : pariendi. 676 UT : quod ; MATREM : puerum masculum ; HONEROSIOR : forcior.

IX 677

'ET VIRES FORTUNA NEGAT : michi nutriendi et maritandi, ideo dico quod occidatur'.

677-679*

677 ET : quia ; NEGAT : vel (neg)e(t) ; ABHOMINOR : dicere. 678 EDITA : parta. 679 INVITUS : non volens ; MANDO : precipio ; PIETAS : 'o' ; interpositio est ; IGNOSCE : indulge ; NECETUR : occidatur.

IX 680

Quia pre dolore prolis occidende flebant ambo.
680* DIXERAT : ita Ligdus ; VULTUM : vel (vul)tus ; PROFUSIS : ortis.

668.3 Yphidis] Ysidis *ms.* | 668.4 mulier *ex* n mulier *ms.* | 675* pariendi] pariend *ms.*

comme le raconte le texte. [3] Le nom d'Iphis convenait aussi bien à un garçon qu'à une fille. Alors qu'elle vivait donc, son père Ligdus la fiança à la jeune Ianthé, et la lui promit en mariage. [4] Le moment des noces arrivant, la mère ayant repoussé l'union assez longtemps sous de multiples prétextes, Téléthuse se rendit au temple d'Isis et lui offrit en abondance prières et sacrifices ; dame Isis lui apparut et Iphis fut métamorphosée de femme en homme. Ainsi les noces furent célébrées avec les honneurs grâce à l'intervention des dieux, (et le récit se poursuit) jusqu'à la fin du livre.

IX 675

QUE VOVEO (« ce que je souhaite ») : ce sont les paroles de Ligdus à sa femme Téléthuse.

IX 677

« ET VIRES FORTUNA NEGAT (« la fortune me refuse les moyens ») : de la nourrir et de la marier, c'est pourquoi je dis qu'elle doit être tuée. »

IX 680

Parce qu'ils pleuraient tous les deux de douleur à l'idée de tuer leur progéniture.

IX 682

SED TAMEN : quamvis ita dixisset Ligdus, Teletusa incepit illum precari ut voto suo parceret, sed invanum.

VANIS dicit, quia illum non potuit flectere, ut votum et sentenciam revocaret.
682* USQUE : assidue ; THELETUSA : proprium ; MARITUM : Ligdum.

IX 683

IN ARTO NE SPEM, idest in solo masculo et non in femina ; vel IN ARTO, idest in difficili. In arto ponit spem qui attigit ad unum difficile sperandum.
683* SOLICITAT : commovet ; PRECIBUS : precatur ; NE : quod non ; SIBI : sua ; ARTO : stricto ; qui non tristetur in una sola re ista.

IX 684

FERENDO : portando puerum in ventre.

IX 684-687

Iam in brevi erat paritura Theletusa, com domina Ysis, aliter Yo dicta, apparuit illi in sompnis, ne de partu timeret, admonens illam ut maritum in partu deciperet. YNACHIS est nomen patronomicum, scilicet Yo vel Ysis, filia Ynachi, que post mutationes deificata fuit.

684-687*

684 CERTA : perfecta ; LIGDO : proprium ; SENTENCIA : volumptas. 685 ILLA : Theletusa ; GRAVEM : pregnantem ; MATURO : perfecto. 686 SOMPNI : dormiendo. 687 YNACHIS : idest Ysis ; THORUM : lectum ; POMPA : concione ; SUORUM : sibi sacrificantium vel deorum.

IX 688

De visione Theletuse

fronti] Quia antiquitus fronti fuerat vaca, ut in primo libro continetur de Yo.
688* AUT : in veritate ; AUT : in sompnis ; VISA EST : stetisse ; LUNARIA : curva.

683* qui] quem *ms.* | 684-687 est] et *ms.* | 687* lectum] letum *ms.*

IX 682

SED TAMEN (« mais cependant ») : malgré les paroles de Ligdus, Téléthuse commença à le prier de s'abstenir de ce souhait, mais en vain.
Il dit VANIS (« vaines ») parce qu'elle ne put le fléchir, ni le faire revenir sur son vœu et sur sa décision.

IX 683

IN ARTO NE SPEM (« de ne pas limiter ses espérances »), c'est-à-dire à seulement un garçon et non à une fille ; ou IN ARTO (« à l'étroit »), c'est-à-dire à quelque chose de difficile. Il limite les espérances celui qui se met à espérer quelque chose de difficile.
683 ARTO (« serré ») : étroit : celui qui n'est pas attristé pour cette seule chose.

IX 684

FERENDO (« en portant ») : en portant l'enfant dans son ventre.

IX 684-687

Déjà Téléthuse était sur le point d'accoucher, lorsque dame Isis, nommée autrement Io, lui apparut en songe et lui dit de ne pas avoir peur de son accouchement, l'avertissant de tromper son mari à propos de cet accouchement. INACHIS (« la fille d'Inachus ») est le nom de famille, il s'agit d'Io ou Isis, fille d'Inachus, qui fut déifiée après ses métamorphoses.

IX 688

La vision de Téléthuse

fronti (« à son front »)] parce qu'autrefois elle avait eu au front des cornes de vache, comme le texte le raconte d'abord au sujet d'Io.

IX 689

COM SPICIS, quia dicitur dea frugum et visa fuit stare ante thorum com Yside, vel potest dici de Yo, quia apud Egyptios Ysis sive Yo dicitur exercere opus Cereris, et sibi spicas aureas sacrificant ista causa.
689* NITIDO : splendido ; FLAVENTIBUS : candidis.

IX 690

ANUBIS, idest Mercurius, qui nuncius est deorum, et dicitur ANUBIS, quasi 'sine nube', idest obscuritate, quia est deus eloquentie, et omnis facondia debet esse lucida. LATRATOR dicitur, quia in specie canis depingitur, eo quod canis est animal valde sagax. APIS (691) taurus dicitur lingua egypciaca, qui taurus singulis annis expellebatur, et fecondabat iuvencas, de quarum seminibus fiebat dii immolatio.
690* REGALE : erat quia regina ; DECUS : honor ; QUA : Yside.

IX 691

SANCTAQUE BUBASTIS erat ante thorum. Bubastis erat sacerdotissa apud Romam in templo Ysidis. Quidam dicont quod est ibi vicium Bubastis, imo Bibastis, quia optime bibebat, a *bibo-bis*, vel Bubastis a *buf*, quod est bos, quia Yo in bovis specie colebatur.

VARIIS COLORIBUS, quia diversis coloribus pingebatur.
691* BUBASTIS : dea ; VARIIS : diversis ; APIS : proprium ; deus qui in specie tauri depingebatur.

IX 693

OSIRIS fuit maritus Ysidis qui, dum deificaretur, Yo fuit quesitus, sed non satis, quia inveniri non potuit ; tamen latenter a Iove deificatus fuit.
693 (692T)* QUIQUE : ille deus ; -QUE : et ; SUADET : monstra quidam dicont ; Iupiter qui nutu concucit orbem. 693 SISTRA : *fresteals* ; OSIRIS : proprium, erat.

IX 694

SERPENS PEREGRINA : ymago Esculapii que pingitur in specie serpentis erat com Yside. PEREGRINA dicitur, quia a peregrinis partibus venit Romam, ut inferius declaratur.

690* REGALE] REGNALE *ms.*

IX 689

COM SPICIS (« avec des épis ») parce qu'on dit qu'elle est la déesse des moissons et elle semblait se tenir devant la couche avec Isis ; ou on peut le dire d'Io, parce que chez les Égyptiens on dit qu'Isis ou Io occupe la fonction de Cérès, et on lui offre pour cela des épis d'or en sacrifice.

IX 690

ANUBIS (« Anubis »), c'est-à-dire Mercure, qui est le messager des dieux, et qu'on dit ANUBIS, comme « sans nuage », c'est-à-dire sans obscurité, parce qu'il est le dieu de l'éloquence, et que toute élocution doit être claire. Il est dit LATRATOR (« aboyeur »), parce qu'on le dépeint sous l'aspect d'un chien, le chien étant un animal qui a beaucoup de flair. Le taureau est appelé APIS (« Apis ») en égyptien, parce que chaque année on sortait un taureau pour féconder les jeunes vaches parmi lesquelles on prélevait les bêtes qu'on sacrifiait aux dieux.

IX 691

SANCTAQUE BUBASTIS (« la sainte Bubastis ») était devant la couche. Bubastis était prêtresse dans le temple d'Isis à Rome. Certains disent que la forme Bubastis est fautive, et qu'il faut Bibastis, parce qu'elle buvait beaucoup, et (que son nom vient) de *bibo –bis*, « boire » ; ou bien Bubastis vient de *buf*, qui signifie « bœuf », parce qu'Io était honorée sous une forme bovine.

VARIIS COLORIBUS (« aux couleurs diverses ») parce qu'il était peint sous des couleurs diverses.
691 APIS (« Apis ») : nom propre ; dieu qui était dépeint sous la forme d'un taureau.

IX 693

OSIRIS (« Osiris ») était le mari d'Isis qui, une fois déifié, fut recherché par Io, mais insuffisamment, puisqu'elle ne put le trouver ; cependant il fut secrètement déifié par Jupiter.
693 SUADET (« persuade ») : certains disent les monstres ; Jupiter qui d'un signe de tête fait trembler la terre.

IX 694

SERPENS PEREGRINA (« serpent étranger ») : l'image d'Esculape qui est peinte sous l'aspect d'un serpent accompagnait Isis. Il dit PEREGRINA

694-695*

694 SOMPNIFERIS : facientibus sompnos ; SERPENS : Esculapius. 695 VELUT : sicut ; EXCUSSAM SOMPNO : evigilatam ; MANIFESTA : vera ; VIDENTEM : Theletusam.

|f. 129v|

IX 696-703

Hec sunt verba Ysidis loquentis in visione ad Theletusam, et, com ita dixisset, discessit. Tunc gaudens surrexit Theleusa et numina adoravit.

696-703*

696 DEA : Ysis ; PARS : quedam ; MEARUM : sacrificantium amicarum. 697 PONE : de(pone) ; GRAVES : fortes ; MANDATA : precepta ; FALLE : decipe ; MARITI : tui, Ligdi. 698 LUCINA : Iuno dea partus ; LEVARIT : allevaverit. 699 TOLLERE : nutrire ; ERIT : sive mulier vel homo ; AUXILIARIS : adiuctoria ; OPEM : auxilium. 700 EXORATA : petita ; FERO : dono ; COLUISSE : vulnerata fuisse ; FERERIS : vel 'querens'. 701 INGRATUM : non bonum ; NUMEN : deitatem ; MONUIT : ita illa ; RECESSIT : Ysis. 702 LETA : gaudens ; THORO : leto ; SIDERA : stellas. 703 CRESSA : Cretensis, Theletusa ; TOLLENS : levans ; RAPTA : vera.

IX 704-705

Nativitas Yphidis

Ecce quomodo orta fuit Yphis.

704* UTQUE : postquam ; PONDUS : puer ; AURAS : orbe.

IX 706

Quia in progressu temporis verum fuit quod masculus erat, quamvis tunc mentiretur.

706-707*

706 ALI : nutriri ; PUERUM : masculum. 707 RES : consequtio rei ; FACTI : istius ; CONSCIA : illa.

IX 708

Quia pepigerat diis quod, si masculus esset puer, multa sacrificia adoleret.

704-705*tit.* Nativitas] Navitas *ms.*

(« étranger »), parce qu'il vint à Rome depuis des contrées étrangères, comme cela est raconté plus bas.

|f. 129v|

IX 696-703

Ce sont les paroles d'Isis qui s'adresse à Téléthuse dans son rêve. Après avoir parlé, elle disparut. Alors Téléthuse se leva joyeuse et adora les divinités.

IX 704-705

Naissance d'Iphis

Voici comment naquit Iphis.

IX 706

Parce que quand le temps passa, il fut vrai qu'elle était un homme, bien qu'on eût menti au début.

IX 708

Parce qu'elle avait promis aux dieux que, si l'enfant était un mâle, elle couvrirait de nombreuses vapeurs les lieux où elle leur ferait des sacrifices.

708* PATER : Ligdus ; SOLVIT : reddit ; IMPONIT : dat ; AVITUM : avi sui.

IX 709-710

Erat autem competens tam viro quod mulieri.

709-710*

709 IPHIS : proprium ; AVUS : suus ; NOMINE : isto ; MATER : Theletusa. 710 QUOD : ideo ; NEC QUEMQUAM : aliquem ; FALLERET : deciperet ; ILLO : nomine.

IX 711

PIA dicit, quia pium erat ut mentiretur illa ne genitura sua a patre proprio necaretur.

711-713*

711 INDE : bene ; MENDATIA : fallacia. 712 VULTUS : paratus ; PUERI : Yphidis. 713 PUERO : masculo ; UTERQUE : tam femina quam homo, et sic laudatur optime.

IX 714-715

Describit actor etatem in qua debuit Yphis maritari, et dicit quod habebat tridecim annos, et circa illam etatem mutata fuit in virum.

715-717*

715 PATER : Ligdus ; Yphi : 'o' ; flavam : nobilem ; YANTEM : proprium, puellam. 716 FESTIADAS : domicellas ; LAUDATISSIMA : pulcherrima. 717 DITHEO : Cretensi ; THELESTE : proprium.

IX 718-719

Quia ambe introducte fuerunt pariter in isdem scolis.

718-719*

718 PAR : equale ; ETAS : amborum ; FORMA : pulcritudo. 719 -QUE : et.

720-721

Amor Yphidis et Hyantes

Quia Yante credebat concombere com Yphide, quam credebat esse virum. Yphis putabat se nullo modo fieri hominem.

IX 709-710

Il convenait aussi bien à un garçon qu'à une fille.

IX 711

Il dit PIA (« pieuse »), parce qu'il était pieux de mentir pour que sa progéniture ne soit pas tuée par son propre père.

713 UTERQUE (« l'un et l'autre »), aussi bien une fille qu'un garçon, et ainsi elle reçoit de nombreuses louanges.

IX 714-715

L'auteur décrit l'âge auquel Iphis devait se marier, il dit qu'elle avait treize ans, et c'est autour de cet âge-là qu'elle fut transformée en homme.

IX 718-719

Parce qu'elles avaient été toutes deux également éduquées dans les mêmes écoles.

IX 720-721

Amour d'Iphis et Ianthé

Parce que Ianthé croyait coucher avec Iphis, qu'elle prenait pour un homme. Iphis ne pensait pas du tout qu'elle deviendrait un homme.

720-722*

720 HINC : hac causa ; AMOR AMBORUM : deus amoris Yphis et Yantes ; EQUM : equale, quia equaliter sese adamaverunt. 721 VULNUS : in animo ; UTRIQUE : Yphidi et Yanti ; DISPAR : non equalis. 722 PACTEQUE : dicte quia a patribus ; TEDE : maritagii.

IX 723

QUEMQUE. Construe sic : YANTE credit illum, scilicet Yphidem, FORE, idest futurum, suum virum, QUEM Yphidem PUTAT ESSE VIRUM, idest masculum.

723-725*

723 QUEMQUE : illum ; VIRUM : masculum ; SUUM : maritum. 724 QUA : illam, scilicet Yantem ; AUGET : augmentat. 725 HOC : res ista ; FLAMMAS : amores ; ARDET : amatorie uritur ; IN VIRGINE VIRGO : femina mulier et e converso.

IX 726-727

Lamentatio Iphidis

'Nullus enim audivit quod femina feminam adamaret, et sic facio ego male'.

726-727*

726 TENENS : Yphis ; MANET : expectat ; EXITUS : finis. 727 NULLI : non alicui ; PRODIGIOSA : pessima ; NOVEQUE : certe magna.

IX 728

[1] SI DII, quasi dicat : 'Posset aliquis dicere : tu doles, O Yphi, sed non debes dolere, quia dei tibi pepercerunt, quia interfecta fuisses nisi mater tua per monitum deorum tibi pepercisset'. [2] Ad hoc respondet : 'Si dii pepercissent, mihi debuissent perfecte pepercisse ; si non, debuissent me perdere malo naturali, idest amore masculino et non feminino. [3] Ergo non deberem cremari amore illicito mulieris, com ego sim mulier'.

728-732*

728 TENET : me ; VENERIS : libidinis. 729 PARCERE DEBUERANT : ne morerer ; ET : etiam ; PARCERE : michi. 730 NATURALE : secundum naturam ; DE MORE : sicut consuetum est ; DEDISSENT : mulierem amare virum.

---

723 Yphidem] Yantem *ms.* | 728.1 dolere] dolore *ms.* | 728.3 illicito] illicit *ms.*

720 EQUM (« égale ») : de manière égale, parce qu'elles s'aimèrent de la même façon.

IX 723

QUEMQUE (« celui que »). Construire ainsi : YANTE (« Ianthé ») croit qu'il, à savoir Iphis, FORE (« sera »), c'est-à-dire dans le futur, SUUM (« son ») mari. QUEM (« lequel ») Iphis PUTAT ESSE VIRUM (« elle pense être un homme »), c'est-à-dire un individu de sexe masculin.
725 IN VIRGINE VIRGO (« vierge pour une vierge ») : un être de sexe féminin pour une femme et inversement.

IX 726-727

Lamentation d'Iphis

« Personne n'a jamais entendu dire qu'une femme aimât une femme, et donc j'agis mal. »

IX 728

[1] SI DII (« si les dieux »), autrement dit : « Puisse quelqu'un dire : tu souffres, Iphis, mais tu ne dois pas souffrir, parce que les dieux t'ont accueillie, parce que tu aurais été tuée si ta mère ne t'avait pas accueillie sur le conseil des dieux. » [2] À cela elle répond : « Si les dieux m'avaient accueillie, ils auraient dû m'accueillir complètement ; sinon, ils auraient dû me faire souffrir d'un mal naturel, à savoir l'amour d'un homme et non d'une femme. [3] Je ne devrais donc pas être brûlée d'un amour interdit pour une femme, puisque je suis moi-même une femme. »

731 VACAM : urit amor ; AMOR EQUARUM : imo equorum. 732 OVES : bidentes ; ARIES : muto ; FEMINA : vaca.

IX 733

SIC : masculus com femella, non femella com femella.

733-734*

733 SIC : taliter ; COEUNT : iunguntur ; -QUE : et ; CUNCTA : omnia. 734 CORREPTA : combusta ; LIBIDINE : vel 'cupidine'.

IX 735

Lamentatio Yphidis

NEC NON : quamvis multa vel nulla miracula evenerint in Creta, tamen et cetera. NEC NON : prout 'ut' pro 'quamvis' : quamvis CRETE FERAT OMNIA MONSTRA (736), non fert hoc monstrum – supple – quod est in me, scilicet quod ego femina amo feminam, quod est maximum monstrum, idest natura.
*735 NULLA : non orta ; FOREM : essem ; NEC NON TAMEN : insuper 'vel' pro 'ut', 'ut' pro 'quamvis' ; CRETE : terra illa.

IX 736-739

[1] Ecce quoddam maximum monstrum satis per superius contenta cognitum, quomodo Pasiphe amavit taurum, de quo genuit Minotaurum, ut superius plenius declaratur. [2] YMAGINE VACE, quia facit fieri vacam eneam in qua se abscondit, quod nichil est nisi quod com quodam suo famulo, Tauro vocato, in loco secreto concubuit, et sic illic concepit.

736-741*

736 FERAT : contineat ; FILIA : Pasiphe. 737 NEMPE MAREM : certe dilexit masculum ; FURIOSIOR : turpior ; ILLO : amore. 738 VERUM : veritatem ; PROFITETUR : dicam ; ILLA : Pasiphe. 739 SPEM : opus ; TAMEN : sed ; DOLIS : fallaciis. 740 QUI : ille ; DECIPERETUR : ab illa ; ADULTER : masculus. 741 HUC : in me ; LICET : quamvis ; SOLERCIA : subtilitas ; CONFLUAT : descendat ; ORBE : mondo.

---

735 miracula *ex* n miracula *ms.* evenerint *ex* evenerint e *ms.*

IX 733

Sic (« Ainsi ») : le mâle avec la femelle, et non la femelle avec la femelle.

IX 735

Lamentation d'Iphis

Nec non (« Et ne pas ») : bien que la Crète ait été le lieu de bien des miracles ou d'aucun, cependant etc. Nec non (« Et ne pas ») : dans la mesure où, « ut » pour « quamvis » (« bien que ») : bien que Crete ferat omnia monstra (« la Crète produise tous les monstres »), elle ne produit pas ce monstre – compléter "qui est en moi", à savoir que je suis une femme qui aime une femme, ce qui est le pire des monstres, c'est-à-dire du point de vue de la nature.

IX 736-739

[1] Voici l'un des pires monstres, assez connu par les récits contenus plus hauts : l'amour de Pasiphaé pour un taureau, d'où naquit le Minotaure, comme on l'a clairement raconté plus haut. [2] Ymagine vace (« sous la forme d'une génisse »), parce qu'elle fit faire une vache d'airain dans laquelle elle se cacha, ce qui revient à dire qu'elle coucha dans un lieu secret avec l'un de ses serviteurs, nommé Taurus, et de cette union fut conçu à cet endroit (le Minotaure).

IX 742

DEDALUS fecit alas sibi et filio suo, ut superius continetur, et dicit ista : 'Si veniret, non me et Yantem mutaret'.
*742 LICET : quamvis ; REVOLET : reveniat.

IX 743-744

'Ad quid agendum sive paciendum firmas animum tuum, nisi credas aliud esse quam sis'.

743-744*

743 QUID : certe ; FACIET : nichil ; PUERUM : masculum ; VIRGINE : femella. 744 MUTABIT : aliter quam es ; HYANTE : 'o'.

IX 745-746

Loquitur ista in secunda persona, ut mentis varietas et cordis anxietas declaretur.

745-746*

745 QUIN : quare non ; ANIMUM : mentem ; IPSA : cur non ; RECOLIGIS : castigas te. 746 INOPES : carente ; STRUCTOS : paratos ; IGNES : amores.

IX 747

QUID SIS NATA : 'Cognosce te et sexum tuum et fragilitatem tuam'.

IX 747-748

Ille decipit seipsum qui bonum scit et non facit ; sciebat ista bonum esse relinquere amorem comparis et mulieris, et non linquebat, ergo se decipiebat.
747* QUID : ad ; VIDES : scis bene.

|f. 130r|

X 748

ET PETE QUOD, quasi dicat : 'Nullus debet amare nisi habeat spem fruendi amato', unde nota : SPES EST (749).
748* QUOD : illud ; FAS EST : licet ; QUOD : illud ; DEBET : amare.

IX 749

Spes est] Nota.

---

742 Yantem] Yante *ms.*

IX 742

DEDALUS (« Dédale ») fabriqua des ailes pour son fils et pour lui, comme le récit le raconte plus haut ; voilà ce qu'elle dit : « S'il venait, il ne me changerait pas et ne changerait pas Ianthé. »

IX 743-744

« Raffermis ton âme à l'action ou à la patience, si tu ne crois pas être autre chose que ce que tu es. »

IX 745-745

Elle prononce ces paroles à la deuxième personne, pour montrer l'hésitation de son esprit et l'anxiété de son cœur.

IX 747

QUID SIS NATA (« De quel sexe tu es par ta naissance ») : « Connais-toi et connais ton sexe et ta faiblesse. »

IX 747-748

Il se trompe lui-même celui qui connaît le bien et ne le fait pas : elle savait qu'il était bon de renoncer à un amour entre deux femmes, et elle n'y renonçait pas, donc elle se trompait.

|f. 130r|

IX 748

ET PETE QUOD (« aspire à ce qui »), autrement dit : « Nul ne doit aimer s'il n'a l'espoir de jouir de l'être aimé », d'où noter : « SPES EST » (« l'espérance est »).

IX 749

Spes est (« l'espérance est ») : à noter.

749-754*

749 SPES : quia ; EST : illa ; CAPIAT : amantem ; QUE : illa ; PASCIT AMANTEM : in delectatione. 750 HANC : Yantem ; RES : natura rerum ; ADIMIT : removet ; CARO : amato ; hec omnia loquebatur Yphis sibimet. 751 ARCET : removet ; MARITI : alterius quam sui. 752 PATRIS : sui ; ASPERITAS : arcet. 753 NEC TAMEN EST : et quamvis ita sit ; POTIENDA : in Venere ; TIBI : a te ; UT : quamvis. 754 POTES : sumendo coitum ; UT : quamvis ; LABORENT : ad hec.

IX 755

Quasi diceret : 'Licet omnia tam nuptie quam cubitus fierent, et licet dii et homines laborarent, non essem ita felix, quod, si ego votum facerem, illa pateretur, vel pocius econverso'.

755-756*

755 VOTORUM : desideriorum ; UNA : sola. 756 FACILES : non boni.

IX 757

GENITOR : Lidus ‹et› socer meus futurus volunt quod illam Yantem ducam, et ego bene vellem, sed natura repugnat omnibus nobis.

757-759*

757 GENITOR : meus Ligdus ; ET : etiam. 758 OMNIBUS : patre et socero et me. 759 QUE : natura ; SOLA : solummodo ; ECCE : in presenti.

IX 760

Res dicitur illi contingere quam appetit, et qua potest uti.
760* LUX : die ; IUGALIS : maritagii ; CONIUNX : venit sponsa ; FIET : proprium.

IX 761

'Quia ambo, iacentes et basiantes, nichil amplius poterimus facere com utraque sit femina, sicut Tantalus existens in Inferno'.
761* CONTINGET : in cohitu.

751* sui] suu(?) *ms.* | 755 si] aut *ms.* | 757 Lidus ‹et›] Lidus *ms.* Yantem] Yante *ms.* | 761 Tantalus] Tatalus *ms.*

750 Iphis se disait tout cela à elle-même.

IX 755

Autrement dit : « Tout pourrait être réuni tant pour les noces que pour l'union, les dieux et les hommes pourraient y travailler, pourtant je ne serais pas heureuse parce que, si j'accomplissais mon désir, elle le supporterait, ou plutôt le contraire. »

IX 757

GENITOR (« mon père ») : Ligdus et mon futur beau-père veulent que j'épouse Ianthé, et je le voudrais bien, mais la nature s'oppose à nous tous.

IX 760

On dit que lui arrive ce qu'elle désire, et ce dont elle peut user.

IX 761

« Parce que toutes les deux, quand nous nous coucherons et nous embrasserons, nous ne pourrons pas faire plus, puisque nous sommes l'une et l'autre des femmes : nous serons comme Tantale dans les Enfers. »

IX 762-763

Convertit sermonem suum ad deos connubiorum.

762-763*

762 IUNO : 'o' ; HYMENEE : 'o'. 763 SACRA : maritagia ; QUIBUS : sacris ; QUI : ille ; ABEST : deficit.

IX 764-765

Com ita lamentata fuisset, Yphis tacuit. Tunc sequitur quomodo altera curiosa et isti opposita.

764-767*

764 AD HIIS : supradictis ; VOCEM : suam ; VIRGO : Yante. 765 ESTUAT : calet amore ; UT : quod ; CELER : cito. 766 PETIT : caute ; THELETUSA : mater Yphidis ; MODO : aliquando. 767 TRAHIT : prolonguat.

IX 768-769

Multa mendacia dixerat, ut tempus nuptiarum prolonguaret, sed non habet amplius quid mentiatur.

768-770*

768 CAUSATUR : in causam ponit ; CONSUMPSERAT : vastaverat. 769 FACTI : vel ficti ; DILATAQUE : prolixa ; TEDE : maritagii. 770 INSTITERANT : advenerant prope ; UNUS : solus ; RESTABAT : remanebat : ILLA : Theletusa.

IX 771-772

Progressio Theletuse et Yphidis ad templum Ysidis

[1] Dixit quod una dies restabat, et sciendum quod mater detrahit vittam nate, quod videtur esse contrarium, quia vultus erat hominis et cultus. [2] Ad hoc dicendum est quod, antequam veniret ad templum, ornavit eam more femine, ne Ysis irasceretur si intraret templum suum hominis habens habitum, com non esset.

771-772*

771 CRINALEM : a crine ; VITTAM : peplum ; NATE : Yphidi. 772 DETRAHIT : removet ; ARAM : Ysidis ; COMPLEXA : capiens.

764-765 sequitur *ex* tacuit sequitur *ms.* | 766* mater] macer *ms.* | 770* advenerant *ex* addvenerant *ms.*

IX 762-763

Elle tourne son discours vers les dieux du mariage.

IX 764-765

Après ces lamentations, Iphis se tut. Suit alors la façon dont l'autre jeune fille est avide de connaître cette union, mais de façon contraire à Iphis.

IX 768-769

Elle avait trouvé de nombreux mensonges pour retarder la date des noces, mais elle n'a plus de raison de mentir.

IX 771-772

Téléthuse et Iphis se rendent au temple d'Isis

[1] Il a dit qu'il ne restait qu'une journée, et il faut savoir que la mère détache les bandelettes des cheveux de sa fille, ce qui paraît contradictoire, parce qu'elle avait l'apparence et le comportement d'un homme. [2] Il faut répondre à cette objection que, avant de se rendre au temple, elle l'habilla comme une femme, pour ne pas irriter Isis en entrant dans son temple sous l'apparence d'un homme, alors qu'elle n'en était pas un.

IX 773

Oratio Theletuse

YSI. Ecce petitio quam fecit Theletusa pro filia sua Yphi in templo. PHARETONIUM : opidum est in Egypto, quod fundavit Pharaon, a quo reges omnes opidi et tocius Egypti dicti sunt pharaones. PHAROS est insula ubi sepultus fuit Pharaon.

773-778*

773 PHARETONIUM : castellum ; MAREOTICA : a loco ; PHAROQUE : insulam. 774 COLIS : habitas ; CORNUA : introitus. 775 FER : da ; OPEM : auxilium. 776 TE, DEA : 'o' ; HEC : multa ; VIDI : sompniavi. 777 SONITUM : tuum. 778 SISTRORUM : fistularum ; HEC : talia qualia fuerunt.

IX 779-780

Quasi diceret : 'Per tuum munus et consilium ambe vivimus, quia pater iusserat hanc occidi et me similiter occidisset'.

779-780*

779 HEC : Yphis. 780 CONSILIUM : tuum est ; DUARUM : mei et filie mee.

IX 781

LACRIME, dum ita precaretur ambe, ex devotione nimia inceperunt.
781* AUXILIO : tuo ; IUVA : nos.

IX 782

Rei veritas est : possibilis ista materia usque ad mutationem, sed quod Yphis erat mulier nichil est nisi quod in iuventute erat mollis. Tantum dum ad etatem virilem pervenit, deseruit muliebriter vivere et ‹incepit› viriliter operari.
782* DEA : Ysis ; MOVISSE : com(movisse) ; ET MOVERAT : in veritate ; ARAS : altaria.

IX 783-785

Ita fecerat Theletusa petitionem suam in templo Ysidis ; nunc exequitur quod omen in assensione precum evenit, et quomodo Yphis mutata fuit in virum.

---

773 Yphi] Ysi *ms.* | 782 ‹incepit› viriliter] viriliter *ms.*

IX 773

Prière de Téléthuse

YSI (« à Isis »). Voici la demande que Téléthuse fit pour sa fille à Isis dans son temple. PHARETONIUM (« Parétonium ») : c'est une place en Égypte, que fonda Pharaon ; c'est de là que tous les rois de la place et de l'Égypte entière sont appelés pharaons. Paros est une île où fut enseveli Pharaon.

IX 779-780

En d'autres termes : « C'est par ta protection et ton conseil que nous sommes toutes deux en vie, puisque son père avait ordonné de la tuer, et qu'il m'aurait tuée aussi. »

IX 781

LACRIME (« Des larmes ») commencèrent à couler pendant qu'elles priaient ainsi toutes deux, à cause de l'intensité de leur dévotion.

IX 782

La vérité est la suivante : cette matière est vraisemblable jusqu'à la métamorphose, mais dire qu'Iphis était une femme revient à dire qu'il était efféminé dans sa jeunesse. C'est seulement quand il parvint à l'âge d'homme qu'il cessa de vivre comme une femme et commença à agir en homme.

IX 783-785

Telle est la demande que Téléthuse avait faite dans le temple d'Isis ; maintenant sont racontés les signes par lesquels la déesse marqua son assentiment, et la métamorphose d'Iphis en homme.

783-785*

783 TEMPLI : sui ; FORES : porte ; IMITATA : consequta. 784 FULXERUNT : splenduerunt ; CREPUIT ; sonuit ; SISTRUM : fistulam. 785 QUIDEM : certe ; FAUSTO : beato.

IX 786

Disgressio Theletuse a templo Ysidis

Ecce quomodo Yphis mutata fuit in virum.
786* MATER : Theletusa ; ABIT : discedit ; YPHIS : filia.

IX 787-788

Quia homines non sunt naturaliter ita albi sicut mulieres.

787-788*

787 SOLITA : consuevit ; CANDOR : albedo. 788 VIRES : sunt maiores ; ACRIOR : audatior.

IX 789-790

Mutatio Yphidis mulieris in virum

789-790*

789 INCOMPTIS : non cultis ; BREVIOR : minor. 790 VIGORIS : virtutis ; NAM : quia.

IX 791

DATE MUNERA : invitat actor puerum et matrem ut varia sacrificia dent templis Ysidis et deorum, mediante favore quorum mutata fuit Yphis de muliere in virum.

791-794*

791 FEMINA : 'o Yphi' ; PUER : masculus ; DATE : vel 'dant'. 793 TITULUM : laudem ; BREVE : quia brevis oratio penetrat. 794 PUER : masculus ; SOLVIT : reddit.

IX 795-797

Nuptie Yphidis et Yantes

IX 786

Téléthuse quitte le temple d'Isis

Voici comment Iphis fut changée en homme.

IX 787-788

Parce que les hommes n'ont pas naturellement le teint blanc comme les femmes.

IX 789-790

Métamorphose d'Isis de femme en homme

IX 791

DATE MUNERA (« Donnez des offrandes ») : l'auteur invite le fils et la mère à offrir différents sacrifices aux temples d'Isis et des dieux, car c'est grâce à leur faveur qu'Iphis fut changée de femme en homme.

IX 795-797

Noces d'Iphis et Ianthé

795-797*

795 POSTERA : crastina ; PATEFECERAT : elucidaverat ; ORBEM : mondum. 796 VENUS : pro 'dea' ; IUNO : dea ; HISMENEUS : deus nupciarum ; IGNES : maritagia. 797 POTITUR : capit ; IPHIS : puer, pro 'masculus' ; HYANTE : sponsa.

795* elucidaverat] elucidareat *ms.*

INCIPIT DECIMUS LIBER

|f. 130v|

[1] Hic incipit decimus liber huius voluminis, in principio cuius continentur nupcie Orphei et Euridices, mors Euridices, descenssio Orphei apud Inferos, impetracio coniugis, amissio illius eo quod retro despexit, ascensio Orphei in Rodopen montem, numeratio arborum que secute fuerunt illum pro cantu suo, mutatio Ciparisi in cupressum, cantus Orphei usque ad finem libri. In quo continetur raptus Ganimedis, mutatio Iacinti in florem, Cerastarum in tauros et vacas, Propetides in lapides vel publices meretrices, statua Pigmalionis in feminam, amor Mirre illicitus, mutatio ipsius in arborem, de qua natus est Adonis, quem adamavit Venus. Item continetur mutatio Ypomene et Athalante in leones propter stuprum, mutatio sociarum Persephones in mentas olentes, mors Adonis, mutatio illius in florem qui dicitur papaver, et in hoc terminabitur liber iste.

[2] *Integumenta* istius libri sunt haec. Primo De Orpheo et Euridice. Pratum delicie, coniunx caro, vipera virus, / vir ratio, Stix est terra, loquela lira. [3] De ratione mutationis Ciparisi et aliorum quorundam in hoc libro et cantu contentorum : Morphosis Ovidii conformi nomine facta / consimilique statu proprietate pari. / Sic tibi Iacintus flos est Ciparisus et arbor, / taurus crudelis, bos meretricis amor. [4] De Mirra. Rem Mirram mirare novam, Mirram per amorem, / in mirram verti quam dat avarus amor. [5] De Ypomene et Athalanta dicitur sic : Ex auro poma tria sunt genitalia, fervens / com leo luxuriet, fertur utrique leo. / Nobilitas, species, sapientia sunt tria poma / aurea, que triplici pectora dote trahunt. [6] De Adoni. Flos breviter durans iuvenilis dicitur etas / que cito discedens ut levis umbra fugit.

1 ascensio] agens *ms.* Cerastarum] Cerastararum *ms.* leones] lioneus *ms.* papaver] paver *ms.* | 2 et Euridice *om. Ghisalberti* | 3 De ratione mutationis] de mutatione *Ghisalberti* contentorum *ex* contentorium *ms.* taurus crudelis, bos meretricis amor. De Mirra *Ghisalberti*] sic *ms.* | 4 avarus] amarus *Ghisalberti* | 5 luxuriet] luxuries *Ghisalberti* utrique] uterque *Ghisalberti* Nobilitas *Ghisalberti*] stoliditas *ms.* pectora *Ghisalberti*] pectore *ms.*

DÉBUT DU DIXIÈME LIVRE

|f. 130v|

[1] Ici commence le dixième livre de cet ouvrage, au début duquel sont racontées les noces d'Orphée et Eurydice, la mort d'Eurydice, la descente d'Orphée aux Enfers, sa demande de reprendre son épouse, sa perte de celle-ci à cause de son regard vers l'arrière, la montée d'Orphée sur le mont Rhodope, l'énumération des arbres qui le suivirent à cause de son chant, la métamorphose de Cyparissus en cyprès, le chant d'Orphée jusqu'à la fin du livre. Dans ce chant sont racontés l'enlèvement de Ganymède, la métamorphose de Hyacinthe en fleur, des Cérastes en taureaux et en vaches, les Propétides en pierres et en femmes publiques, la statue de Pygmalion en femme, l'amour interdit de Myrrha, sa métamorphose en arbre d'où naquit Adonis, qu'aima Vénus. Sont contenues aussi la métamorphose d'Hippomène et Atalante en lions à cause de leur débauche, celle des compagnes de Perséphone en esprits odorants, la mort d'Adonis, sa métamorphose en une fleur du nom de pavot, et c'est sur cela que se terminera ce livre.

[2] Les *Integumenta* de ce livre sont les suivants. D'abord DE ORPHEO ET EURIDICE (« Orphée et Eurydice »). Le pré signifie les délices, l'épouse la chair, la vipère le poison, l'homme la raison, le Styx est la terre, la lyre la parole. [3] DE RATIONE MUTATIONIS CIPARISI ET ALIORUM QUORUNDAM (« La raison de la métamorphose de Cyparissus et de certains autres ») mentionnés dans ce livre et dans le chant. La métamorphose chez Ovide se fait par la conformité du nom, par la ressemblance du statut, par l'égalité des propriétés. Ainsi Hyacinthe est pour toi une fleur et Cyparissus un arbre, l'homme cruel un taureau, l'amour d'une courtisane une vache. [4] DE MIRRA (« Myrrha »). Admire ce fait inouï, Myrrha par amour est changée en myrrhe, que donne un amour avare. [5] DE YPOMENE ET ATHALANTA (« Hippomène et Atalante ») est expliqué ainsi. Les trois pommes d'or sont les parties génitales, comme le lion ardent est plein de fougue, l'un et l'autre sont, dit-on, un lion. La noblesse, la beauté, la sagesse sont les trois pommes d'or qui attirent les cœurs par leurs triples mérites. [6] DE ADONI (« Adonis »). La fleur éphémère est, dit-on, l'âge de la jeunesse, qui s'éloigne vite et fuit comme une ombre légère.

[7] Orpheus in decimo capit Euridicem ; colubrino dente perit, rapitur ad loca tartarea. Orpheus descendit, huic redditur. Hanc retro perdit, in Rodopem montem concitat ille liram, sectantur pecudes cantus et robora multa, in cantu cuius plurima versa canit. Cupressus pro cantu ciparissus habetur, Troianus capitur, flos fit pro morte Iacintus. Ceraste tauri, lapides grex Propetidarum, Pigmalion statuam suscipit, inde suam. Patrem Mirra cupit, fit et arbor, natus Adonis est ex mutata, quem cupit ipsa Venus, occidit et fit flos. Sunt Ypomenes Athalanta, pro male concubitus, Palladis arte lei.

X 1-2

Partem istam continuabitis predicte sic dicentes : 'Ita mutatus fuit Yphis de femina in virum, et, com Hysmeneus venisset ad nuptias Yphidis et Hyantes et ille celebrate essent, INDE, idest postea, Hismeneus, VELATUS AMICTU CROCEO, DISGREDITUR PER AERA IMMENSUM et TENDIT AD ORAS CICONUM'.

1-2*

1 INDE : postea ; IMMENSUM : altum ; CROCEO : purpureo ; VELATUS : tectus ; AMICTU : veste. 2 DISGREDITUR : discedit ; CICONUM : populorum illorum ; HYMENEUS : cantus nupciarum ; ORAS : regiones.

X 3-4

Principium nupciarum Orphei

3-7*

3 TENDIT : vadit ; ORPHEA : Orphei ; NECQUICQUAM : invanum. 4 AFFUIT : venit ; ILLE : Hismeus ; QUIDEM : certe ; NEC : non ; SOLEMPNIA VERBA : leta attulit. 5 LETOS VULTUS : attulit ; ATTULIT : apportavit. 6 FAX : tirsus ; QUOQUE : certe ; TENUIT : Hysmeus ; LACRIMOSO : tristi ; STRIDULA : crepitanti, quia ex aspersione alicuius humoris stridet ignis. 7 USQUE : assiduo ; -QUE : et ; MOTIBUS : revolutionibus.

X 8

EXITUS, quia finis fuit peior principio, quia, com gaudio primo coniuncti, in fine disgressi fuerunt com nimio dolore.

---

7 in decimo] indeno *ms.* concitat] concita *ms.* sectantur] sectatur *ex* s sectatur *ms.*

[7] Dans le dixième livre Orphée épouse Eurydice ; elle meurt piquée par un serpent, est enlevée dans le Tartare. Orphée y descend, elle lui est rendue. Il la perd en se retournant, joue de la lyre sur le mont Rhodope, les bêtes et de nombreux arbres suivent ses chants, dans lesquels il conte de nombreuses métamorphoses. Le cyprès dans son chant est nommé Cyparissus, est pris pour un Troyen, Hyacinthe après sa mort devient une fleur. Les Cérastes deviennent des taureaux, la troupe des Propétides est pétrifiée, Pygmalion donne naissance à une statue, qui devient sa femme. Myrrha désire son père, et devient un arbre, Adonis naît de Myrrha après sa métamorphose, Vénus en personne l'aime, il meurt et devient une fleur. Hippomène et Atalante, à cause de la souillure de leur union, sont des lions par l'art de Pallas.

X 1-2

Vous continuerez la partie des récits mentionnés précédemment, en disant ceci : « Ainsi Iphis fut changée de femme en homme et, comme Hyménée avait assisté aux noces d'Iphis et Ianthé et qu'elles avaient été célébrées », INDE (« de là »), c'est-à-dire ensuite, Hyménée, VELATUS AMICTU CROCEO, DISGREDITUR PER AERA IMMENSUM et TENDIT AD ORAS CICONUM (« couvert de son manteau couleur de safran, s'éloigne à travers l'immensité des airs et se dirige vers la contrée des Ciconiens »).

X 3-4

Début du récit des noces d'Orphée

6 STRIDULA (« sifflante ») : crépitante, parce que l'aspersion de quelque liquide fait siffler le feu.

X 8

EXITUS (« L'issue »), parce que la fin fut pire que le commencement : en effet, unis d'abord dans la joie, ils furent séparés finalement dans la plus grande douleur.

8-9*

8 EXITUS : suus ; AUSPICIO : omine ; GRAVIOR : tristior ; NAM : quia. 9 DUM : quando ; NOVA : Erudice ; COMITATA : consequta.

X 10

Mors Euridices

10-12*

10 OCCIDIT : mortua fuit ; DENTE RECEPTO : et hoc dico. 11 QUAM : Euridicem ; RODOPEIUS : Orpheus. 12 NE : ut ; UMBRAS : infernales.

X 13

Descensus Orphei ad Inferos

[1] Magna fuit audacia quod Orpheus descendit ad Inferna amore coniugis sue, ut temptaret si ipsam posset reducere. [2] TENARIA : Tenaris est vallis per quam fit descensus apud Inferos, et interpretatur vicium, unde Tenaris : tenens ritum, eo quod ritu sunt homines viciosi.

13-17*

13 STIGA : inferna ; TENARIA : a Tenare valle. 14 -QUE LEVES : et parvos ; -QUE FUNCTA : et usa. 15 PERSEPHONEN : Proserpinam ; ADIIT : petit ; INAMENA : non delectabilia. 16 DOMINUM : Plutonem ; PULSIS [...] NERVIS : et hoc dico ; NERVIS : cordis. 17 AIT : Orpheus ; NUMINA : dei.

X 17

[1] Fabula talis est : com Orpheus Erudicem desponsasset, quadam die illa ibat per ortum suum, nuda pedes, et quidam coluber hanc momordit, unde non potuit sanari et mortua est. [2] Orpheus, sciens apud Inferos, huc descendit, et mediante cantu suo illam rehabere impetravit tali condicione, quod retro non aspiceret nisi prius exisset valles, et, com fere esset foris, cupidus videndi illam, retro aspexit et iterum perdidit. [3] Tunc, ascendens in montem, ibi optime viellavit et sequte sunt eum fere et arbores, et, com ibi cantaret, ad ultimum posuit mulieres in dedecus, ut per cantum suum de fabulis continetur.

12* NE] NEC *ms.* | 13.1 si ipsam] se ipsam *ms.* | 13.2 descensus] decenssus *ms.* | 17.2 sciens] siens *ms.* aspiceret] aspicit et *ms.*

X 10
Mort d'Eurydice

X 13
Descente d'Orphée aux Enfers

[1] Orphée fut très audacieux de descendre aux Enfers par amour pour son épouse, pour tenter de la ramener. [2] TENARIA (« du Ténare ») : Ténare est une vallée par laquelle on descend aux Enfers ; on l'interprète comme le vice, d'où Ténare : « observant la coutume », parce que les hommes sont vicieux par habitude.

X 17

[1] La fable est la suivante : comme Orphée avait épousé Eurydice, celle-ci marchait un jour pieds nus dans son jardin et un serpent la mordit ; elle ne put être soignée et mourut. [2] Orphée, la sachant aux Enfers, y descendit et, grâce à son chant, obtint de ramener son épouse, à condition de ne pas regarder en arrière avant d'être d'abord ressorti dans la vallée ; alors qu'il était presque à l'extérieur, impatient de la voir, il regarda derrière lui et la perdit à nouveau. [3] Alors, montant sur une colline, il se mit à jouer là de la vielle de si belle manière que les bêtes sauvages et les arbres le suivirent ; comme il chantait là, il finit par mépriser les femmes, comme cela est contenu dans ses récits chantés des fables.

[4] Congregate sunt tunc mulieres Meniades, et illum occiderunt et membra illius dissipaverunt. [5] Usque ad finem libri protenditur cantus suus de fabulis quas cantavit ; tractabimus sigillatim.

X 18

Cantus Orphei apud Inferos

[1] DECIDIMUS : nos decidimus, QUICQUID, idest in quantum, CREAMUR MORTALE. [2] Nam quantum mortales sumus, decidimus, idest tendimus ad terram, vel, quando mortalia facimus, in Infernum decidimus.

18-21*

18 QUEM : mundum ; QUICQUID : in quantum ; CREAMUR : nos. 19 SI LICET : licitum est ; AMBAGIBUS : nugis ; ORIS : loqutionis, quasi dicat : 'Si permittatis me verum dicere, non descendi'. 20 LOQUI : me ; SINITIS : de(sinitis) ; HIC : in inferno ; OPACA : obscura. 21 TARTARA : inferna ; UTI : ut ; VILLOSA : turpia.

X 22-26

[1] MEDUSEI dicit, quia Cerberus est capillatus serpentibus ad modum Medusei capitis, de quo superius habetur in quinto (V 180-249). [2] CAUSA VIE : respondet ad hoc quod sibi posset obici : 'Quid queris ?'. [3] Responsio : 'CAUSA VIE mee EST CONIUNX ; POSSE PATI VOLUI mortem eius et ut a me sepeliretur, sed non potui, quia amor me fecit impatientem'. [4] TEMPTASSE, quasi dicat : 'Multociens temptavi, ut separationem eius possem substinere'. [5] HIC DEUS, quasi dicat : 'Amor, idest Cupido, regnat apud nos, qui cogit me ad hoc'.

22-27*

22 TORVA : crudelia ; VINCIREM : ligarem. 23 VIE : mee ; CONIUNX : mea sponsa ; QUAM : coniugem ; CALCATA : suppeditata. 24 VIPERA : serpens ; CRESCENTES : iuvenes ; ABSTULIT : removit. 25 PATI : talia ; NEC : et non ; NEGABO : 'ut paterer vel mortis causam vincerem'. 26 AMOR : deus amoris ; DEUS : Cupido ; NOTUS : cognitus ; ORA : regione. 27 AN : utrum ; HIC : deus amoris in Inferno ; AUGUROR : vaticinor.

---

18 DECIDIMUS] DECIMUS *ms.* decidimus] decimus *ms.* MORTALE *ex* IN MORTE MORTALE *ms.* | 18* quantum] quantu *ms.* | 19* permittatis] permutatis *ms.* | 22-26.3 impatientem] in patientem *ms.* | 22* VINCIREM] VINCEREM *ms.* | 27* vaticinor] vaticona *ms.*

[4] Alors les femmes de Méonie se rassemblèrent, le tuèrent et dispersèrent ses membres. [5] Jusqu'à la fin du livre se poursuit le récit des fables qu'il chanta ; nous les traiterons l'une après l'autre.

X 18

Chant d'Orphée aux Enfers

[1] DECIDIMUS (« nous tombons ») : nous tombons, QUICQUID (« quoi que (nous soyons) ») c'est-à-dire autant que (nous sommes), CREAMUR MORTALE (« nous (qui) sommes des créatures mortelles »). [2] En effet, dans la mesure où nous sommes mortels, nous tombons, c'est-à-dire nous tendons vers la terre ou, quand nous commettons des péchés mortels, nous tombons en enfer.
19 ORIS (« d'une bouche ») : d'un discours, en d'autres termes : « Si vous me permettez de dire la vérité, je ne suis pas descendu… ».

X 22-26

[1] Il dit MEDUSEI (« de Méduse ») parce que Cerbère est coiffé de serpents comme l'est la tête de Méduse, dont il est question plus haut au cinquième livre. [2] CAUSA VIE (« La raison de mon voyage ») : il répond à l'objection qu'on pourrait lui faire : « Que cherches-tu ? ». [3] Réponse : « CAUSA VIE MEE EST CONJUNX (« La raison de mon voyage est mon épouse ») ; POSSE PATI VOLUI (« j'ai voulu pouvoir supporter ») sa mort et souffrir de l'ensevelir, mais je n'ai pas pu, parce que l'amour m'a rendu impatient. » [4] TEMPTASSE (« avoir tenté »), autrement dit : « J'ai tenté bien des fois de pouvoir supporter d'être séparé d'elle » [5] HIC DEUS (« ce dieu »), en d'autres termes : « Amour, c'est-à-dire Cupidon, règne sur nous, lui qui m'a forcé à cela. »
25 NEGABO (« je (ne) nierai (pas) ») : « que je supporterais ou surpasserais la cause de sa mort ».

X 28

FAMAQUE : respicit ad illud quod superius tangitur de raptu Proserpine a Plutone.

28-29*

28 -QUE : quia ; RAPINE : quando Pluto et Proserpina coniuncti fuerunt. 29 QUOQUE : similiter ; -QUE : et ; LOCA : infernalia.

X 30-31

[1] PER CHAOS ORO, PER INGENS CHAOS, idest per hanc confusionem, quia apud Inferos omnia sunt confusa, quia ibi ullus ordo sed sempiternus horror inhabitans. [2] ORO PER SILENTIA, idest per nullum instrumentum corporeum loquendi. VASTI REGNI, quia totus orbis non sufficit ne sentiat turbam adesse. [3] RETEXITE, vel 'retexere' : hoc dicit propter tres sorores que fabulose dicuntur texere vitam mundanam, scilicet Cloto, que producit de non esse ad esse, Lachesis conservat esse in esse, Atropos mutat esse in non esse, unde versus : « Per trinas metas fatorum ducitur etas. / Principium vite moderatur Cloto perite ; / ad Lachesim res se vertunt quas ducit ad esse. / Atropos immitis ad opus trahit omnia Ditis ».
30* CHAOS : confusionem ; INGENS : magnam ; VASTIQUE : magni ; REGNI : Inferni.

X 31

Ecce petitio Orphei apud Inferos, ut Eridices regressum ab Inferis impetraret.

31-40*

31 EURIDICES : mulieris mee ; PROPERATA : 'Quia nimium cito est ut illam tam iuvenem habeatis', vel littera est ; RETEXITE FATA : retexere in mondo. 32 OMNIA : mundana ; PAULUMQUE : aliquantulum ; MORATI : detenti. 33 SERIUS : tarde ; AN CICIUS : vel 'cito' ; YMAM : profundam. 34 TENDIMUS : naturaliter inclinamur. 35 GENERIS : nostri ; LONGISSIMA : respicit ad hoc quod non habet finem ; REGNA : Tartara. 36 QUOQUE : certe ; IUSTOS : senes ; PEREGERIT : vivendo preterierit. 37 IURIS : iurisdictionis ; USUM : tempus utendi. 38 QUOD : sed ; NEGANT VENIAM : quod non habeam ; CERTUM : certa res est.

30-31.2 sentiat] sentit *ms.* | 30-31.3 tres] quattuor *ms.* conservat esse *ex* conservat esse esse *ms.* immitis] in meritis *ms.* opus] se *ms.* Ditis] dicis *ms.* 31* mee] me *ms.*

X 28

FAMAQUE (« Et le récit ») : il revient à ce qui est traité plus haut à propos du rapt de Proserpine par Pluton.
28 RAPINE (« du rapt ») : quand Pluton et Proserpine furent unis.

X 30-31

[1] PER CHAOS ORO, PER INGENS CHAOS (« Par le Chaos, par l'immense Chaos »), c'est-à-dire par cette confusion, parce que dans les Enfers tout est confus, parce qu'il n'y a là aucun ordre, seule l'horreur éternelle y réside. [2] ORO PER SILENTIA (« Je prie par les choses silentieuses »), c'est-à-dire par l'absence de tout moyen physique de parler. VASTI REGNI (« de ce vaste royaume ») parce que le monde entier ne suffit pas à l'empêcher de sentir la foule qui habite là. [3] RETEXITE VEL RETEXERE (« détissez ou découvrez ») : il dit cela à cause des trois sœurs qui, d'après les fables, tissent la vie des hommes sur terre : Cloto, qui fait être ce qui n'est pas, Lachésis, qui préserve l'être en vie, Atropos, qui change l'être en non être, d'où ces vers : « L'âge avance à travers les trois bornes des destins. / Cloto dirige habilement le début de la vie ; les choses se tournent vers Lachésis qui les conduit à exister ; / la cruelle Atropos tire tout au profit de Dis ».

X 31

Voici la demande d'Orphée aux Enfers : obtenir qu'Eurydice revienne des Enfers.
31 PROPERATA (« hâtifs ») : « Parce qu'il est trop tôt pour que vous l'ayez, alors qu'elle est si jeune. » ou c'est le sens littéral. 35 LONGISSIMA (« très longs ») : il fait référence à ce qui n'a pas de fin.

39 NOLLE : non velle ; REDIRE : in patriam ; LETO : morte ; GAUDERE : 'o infernales' ; DUORUM : mei et coniugis mee. 40 TALIA : supradicta ; DICENTEM : propter, Orphea ; NERVOS : cordas ; VERBA : sua ; MOVENTEM : canendo.

|f. 131r|

X 41

[1] Dum ita loqueretur Orpheus cantando, omnes anime infernales inceperunt flere. [2] EXANGUES dicit, quia spiritus carnem et ossa non habet sicut mondus. [3] NEC TANTALUS : pene cessaverunt omnia tormenta Inferni Orpheo cantante. [4] Tantalus fuit quidam qui deos invitavit et carnes humanas illis apposuit, unde talem penam patitur, quod est in undis claris usque ad labia nec bibere potest, et sitis valde, et habet pomum ad labia superiora nec potest comedere, et esurit valde, unde quidam Tantalus in Stigiis nec aqua fruitur neque pomo ; sic et in diviciis aret avarus homo.
41* EXANGUES : sine sanguine ; FLEBANT : plorabant ; NEC : et non ; TANTALUS : proprium ; UNDAM : aquam.

X 42

STUPUITQUE YSIONIS : Ysion fuit quidam qui interpellavit deas de stupro ; in Inferno talem penam patitur, quod affigitur in rota que semper ‹rotat›, unde quidam : « Quisquis mercatur vel vendit vel licitatur / nota vel innota volvitur illa rota ».
42* CAPTAVIT : cupivit ; REFLUAM : vel 'refugam' ; STUPUIT : stetit ; YSYONIS : proprium ; ORBIS : rota.

X 43

NEC VOLUCRES : Ticius fuit quidam qui com Latona voluit concombere violenter, unde talem patitur penam, quod membratim laceratur et aves eum comedunt vultures, et iterum reficitur, et sic semper in morte vivit, unde versus : « Nascitur ut pereat Ticius, sed finis egenus. / Sic redit et remeat insaciata Venus ».

41.4 pomo] pomum *ms.* | 41* plorabant] plorabam *ms.* TANTALUS] CANTALUS *ms.* | 42 de stupro] de stupro # *ms.* semper ‹rotat›] semper # *ms.* | 42* REFLUAM] REFLUS (?) *ms.* | 43 Nascitur [...] Venus] versus *add. m.s. eadem manus* redit] finis *ms.*

|f. 131r|

X 41

[1] Tandis qu'Orphée prononçait ce discours en chantant, toutes les âmes infernales commencèrent à pleurer. [2] Il dit EXANGUES (« exsangues ») parce que les esprits n'ont pas comme (les êtres de) ce monde de la chair et des os. [3] NEC TANTALUS (« Et Tantale ne… ») : presque tous les tourments de l'Enfer cessèrent pendant qu'Orphée chantait. [4] Tantale était un homme qui invita les dieux à manger et leur offrit de la chair humaine, c'est pourquoi il souffre ce châtiment, de ne pas pouvoir boire les eaux claires qui arrivent jusqu'à ses lèvres alors qu'il a grand soif, et d'avoir des fruits au-dessus de ses lèvres sans pouvoir les manger, alors qu'il a grand faim, d'où un certain Tantale qui, de l'autre côté du Styx, ne profite ni de l'eau ni des fruits ; ainsi l'homme avare brûle (de faim et de soif) au milieu de ses richesses.

X 42

STUPUIT YSIONIS (« (la roue) d'Ixion se figea ») : Ixion était un homme qui invita les déesses à la débauche : il souffre en Enfer ce châtiment, d'être attaché sur une roue qui tourne continûment, d'où les vers : « Quiconque achète, vend, ou surenchérit, est tourné sur cette roue en connaissance de cause ou sans le savoir ».

X 43

NEC VOLUCRES (« Et les oiseaux ne… ») : Ticius était un homme qui voulut violer Léto, c'est pourquoi il souffre ce châtiment, d'être déchiré membre par membre, et les vautours le dévorent, puis il est reconstitué, et ainsi est toujours vivant en étant mort, d'où les vers : « Ticius naît pour périr, mais est privé de fin. / Ainsi Vénus revient et revient encore sans obtenir satisfaction. »

[1] URNISQUE VACARUNT : Iste Belides fuerunt filie Danay, nepotes Beli, et maritos suos interfecerunt et cognatos et patrueles, preter Permnestram, que pepercit Licio. [2] Ideo talem penam patiuntur, quod volunt apud Inferos implere aqua dolium sine fondo : « Belides in mondo vas implentes sine fondo / significant hominem lucro non ponere finem ».
43* VOLUCRES : aves ; GECUR : Ticii ; URNISQUE : vasis ; VACARUNT : caruerunt.

X 44-53

[1] SYSIPHUS fuit quidam latro qui pretereuntes faciebat curvare et pedes suos basiare, et sic eos interficiebat, unde talem penam patitur apud Inferos, quod lapidem maximum portat in summitate montis, et inde sinit eam labi et iterum retro portat illam nec cessat, unde quidam : « Sysiphus it pronus lapidemque ferendo gravatur. / Ambit honoris honus cupidus, sic precipitatur ». [2] CARPITUR : actor facit topocraphiam, quia describit locum per quem Orpheus rediit ab Inferno com uxore.

44-53*

44 BELIDES : mulieres ; -QUE : et ; SYSIPHE : 'o'. 45 LACRIMIS : fletibus ; VICTARUM : pietate ; CARMINE : dulci cantu ; EST : dicit. 46 EUMENIDUM : Furiarum infernalium ; REGIA CONIUNX : Proserpina, sponsa regis Inferni. 47 SUSTINET : potest vel vult negare ; ORANTI : Orpheo ; QUI REGIT : nec Pluto ; YMA NEGARE : quod petit yma profunda. 48 EURIDICEMQUE : proprium sed ; ILLA : Euridice ; RECENTES : noviter regressas. 49 INCESSIT : advenit ; VULNERE : plaga serpentis. 50 HANC : Euridicem ; SIMUL : pariter ; LEGEM : pactum ; RODOPEIUS : a Rodope monte ; ACCIPIT : in quo viellavit. 51 NE : ecce lex et pactum ; DONEC : quoadusque ; AVERNAS : infernales. 52 EXIERIT : vel 'ruit' ; AUT IRRITA : vel 'sciat'. 53 CARPITUR : carpendo preteritur ; ACLIVIS : tortilis ; TRAMES : limes.

X 54-59

Regressus Orphei ab Inferis com coniuge

54 CALIGINE DEMPSUS : niger ; OPACA : obscura. 55 NEC : non ; PROCUL : longe ; AFFUERANT : deffecerant ; MARGINE : cacumine. 56 HIC : Orpheus ;

43.1 Licio *ex* Liceo *ms.* | 43.2 implere] imple *ms.* hominem *ex* homines *ms.* | 43.2 Belides [...] finem] versus *add. m.d. eadem manus* | 44-53.1 sinit] sunt (?) *ms.* | 44* mulieres] muliere *ms.* | 48* RECENTES *ex* RECENTEM *ms.* | 51* quoadusque] qua adusque *ms.*

[1] Urnisque vacarunt (« furent libérées de leurs urnes ») : ces Bélides étaient les filles de Danaös et les petites filles de Bélos ; elles tuèrent leurs maris, leurs parents et cousins germains, excepté Hypermestre, qui épargna Licius. [2] C'est pourquoi elles souffrent ce châtiment aux Enfers, de tenter de remplir d'eau un tonneau sans fond : « Les Bélides qui remplissent dans le monde un récipient sans fond / signifient l'homme qui ne met pas de limite à son amour du gain. »

X 44-53

[1] Sysiphus (« Sysiphe ») était un brigand qui obligeait les passants à se courber pour embrasser ses pieds, puis il les tuait : aussi souffre-t-il dans les Enfers de ce châtiment, de porter une énorme pierre au sommet d'une montagne, et ensuite de la laisser tomber et de recommencer à la porter en sens inverse, et ce sans fin, d'où quelqu'un a écrit : « Sysiphe avance courbé, ployant sous le poids de la pierre. / Le cupide brigue le poids des honneurs, c'est ainsi qu'il tombe. » [2] Carpitur (« est parcouru ») : l'auteur dresse ici une topographie, puisqu'il décrit le lieu que parcourt Orphée revenant des Enfers avec son épouse.

X 53-59

Orphée revient des Enfers avec son épouse

DEFFICERET : Euridices ; METUENS : timens ; AVIDUS : cupidus. 57 FLEXIT : retro ; OCULOS : suos ; PROTINUS : tancito ; ILLA : Euridice ; RELAPSA EST : in Inferno. 58 -QUE : et ; PRENDI : ab Orpheo ; PRENDERE : illum. 59 LABENTES : mobiles ; INFELIX : illa ; ARRIPIT : capit.

X 60-62

[1] Moralitas talis est : Orpheus, idest quidam sapientissimus et musicus vel predicator, unde dictus est quasi 'oris phonos', idest ore sonans, qui pro sapientia sua dictus est filius Appolinis, idest sapientie, et pro musica et sonoritate filius Calliopes, que dicta est Calliope, idest Calophone, idest bona sonoritas. [2] Iste Euridicem duxit, que interpretatur profunda diiudicatio ; sapiens profunde diiudicationi adheret et de rebus subtilissime diudicat. [3] Uxor vero, idest diiudicatio, a serpente venenata, idest fallatia huius seculi decepta, quia bona huius seculi sunt falsa et transitoria et caduca, ad Inferos descendit, idest ad vicia declinat ; quam maritus sequitur ad Inferos, com ad vicia non tantum cogitatione sed etiam opere divertit. [4] Sed ibi cantando, idest inter vicia de virtutibus disputando, supra uxorem suam, idest diiudicationem, protraxit, sed iterum ad vicia relaxatam amisit, quam, com vellet iterum secom abstrahere, opera viciosa prohibendo, a ianitore infernali arcetur, considerato non quod infelicissimus esset ad vicia introitus, sed in montem ascendens, idest ad virtutes, ad quas est ascensus, sicut ad vicia descensus cantu suo, idest predicatione sua, feras, idest errantes homines abstraxit. [5] Bruta animalia, idest errantes corrigens, arbores virtuosos confirmans, mulieres villipendit, idest amorem vanum. [6] Mulieres eum occiderunt : luxuriosi et incontinentes, predicationem suam villipendentes, dicta sua ad errorem et vanitatem converterunt. [7] Caput a serpente captus fuit, quia sapientes dicta sua intellexerunt, et de tanta sapientia stupuerunt. Hoc est de Orpheo completum.

60-62*

60 MORIENS : in Inferno ; CONIUGE : Orpheo ; QUICQUAM : aliquid. 61 SUO : sponso ; QUID : dicit actor ; AMATAM : certe nichil. 62 SUPREMUM : ultimum ; VALE : salutem ; ILLE : Orpheus.

60-62.4 relaxatam] relaxam *ms.* sua] sue *ms.* | 60-62.6 villipendentes] villipendente *ms.*

X 60-62

[1] La moralité est la suivante : Orphée, c'est-à-dire un homme très sage, musicien ou prédicateur – d'où son nom qui est l'équivalent de « *oris phonos* » (« sons de la bouche »), c'est-à-dire émettant des sons avec sa bouche –, qui est appelé pour sa sagesse fils d'Apollon, c'est-à-dire de la sagesse, et pour la musicalité et les sonorités fils de Calliope, elle-même appelée Calliope, c'est-à-dire Calophone (« beau son »), c'est-à-dire belle sonorité, [2] ramena Eurydice, qu'on interprète en profondeur comme « *dijudicatio* » (« jugement qui tranche ») ; le sage est attaché au jugement qui tranche en profondeur et rend sur les choses de très subtils jugements. [3] Mais sa femme, c'est-à-dire le jugement qui tranche, empoisonnée par un serpent, c'est-à-dire trompée par la fausseté de ce monde, parce que les biens de ce monde sont faux, passagers et caducs, descend aux Enfers, c'est-à-dire tombe dans le vice ; son mari la suit aux Enfers, c'est-à-dire se détourne vers le vice non seulement en pensée mais aussi en action. [4] Mais là, par son chant, c'est-à-dire en disputant des vertus au milieu des vices, il tire sa femme, c'est-à-dire le jugement qui tranche, vers le haut, mais il la perd à nouveau parce qu'elle s'abandonne encore au vice : alors qu'il voudrait l'entraîner avec lui une nouvelle fois, en l'empêchant de commettre des actes vicieux, elle est retenue par le portier des Enfers ; sans prendre en considération que l'entrée vers les vices était un très grand malheur, mais montant sur une montagne, c'est-à-dire vers les vertus, vers lesquelles l'accès est une montée, comme celui vers les vices est une descente, il attira par son chant, c'est-à-dire par sa prédication, les bêtes sauvages, c'est-à-dire les hommes égarés. [5] Corrigeant les bêtes brutes, c'est-à-dire les hommes égarés, encourageant les arbres – les vertueux –, il méprisa les femmes, c'est-à-dire l'amour vain. [6] Les femmes le tuèrent : ceux qui étaient pleins de luxure et sans mesure, méprisant sa prédication, détournèrent ses paroles et les vidèrent de leur sens véritable. [7] Sa tête fut emportée par un serpent, parce que les sages comprirent ses paroles, et furent stupéfaits de tant de sagesse. C'est la leçon complète sur l'histoire d'Orphée.

X 63

Secunda mors Euridices

63* REVOCATA : iterum posita ; EODEM : loco Inferni.

X 64

NON ALITER : actor facit comparationem de Orpheo stupente pro morte coniugis sue ad rusticum non nominatum dicens quod, quemadmodum armiger Herculis, rusticus non nominatus, stupuit, viso Cerbero, quem Hercules ab Inferno abstraxit, qui ita stupuit quod in lapidem mutatus fuit, sic Orpheus, et potest esse Lichas vel Butides.
64* GEMINA : duplici ; NECE : morte ; CONIUGIS : sponse ; ORPHEUS : proprium.

X 65-66

[1] DE CERBERO : Hercules fuit quidam sapiens qui Cerberum abstraxit, idest qui terram triplices partes habere docuit, et de natura naturarum tractavit. [2] Unde fuit quidam philosophus qui substantiam eius admirans, stupuit, et, ut dicont, e scopulo desperans se precipitavit, et sic fingitur mutari in lapidem.

65-67*

65 TRIA : ille stupuit ; MEDIO PORTANTE : collo ; CATHENAS : adamanteas. 66 CANIS : Cerberi ; QUEM : rusticom non nominatum ; PAVOR : timor. 67 QUAM NATURA : quia mutatus fuit in lapidem, et hoc dico.

X 68

[1] QUIQUE IN SE : et Orpheus non aliter stupuit quam Elenos, qui traxit in se crimen uxoris sue, affirmando nullam esse de pulcritudine sua. [2] Nam ipse Elenos, videns Leteam uxorem suam mutari a Iunone ideo quod eius consilio se pulcritudine Iunoni preposuerat, ille mutatus fuit in lapidem, et illa Lethea in paludem vel lapidem.
68* QUIQUE : et ita stupuit Orpheus, sicut Olenos qui accepit crimen uxoris sue super se.

---

64 Herculis *ex* Hercuclis *ms.* | 65-66.2 substantiam] substitem (?) *ms.* | 68* sicut] sicut sicut *ms.*

X 63

Eurydice meurt pour la seconde fois

X 64

NON ALITER (« pas autrement ») : l'auteur compare Orphée frappé de stupeur par la mort de son épouse à un paysan qu'il ne nomme pas en disant que, comme l'écuyer d'Hercule, un paysan qui n'est pas nommé, fut frappé de stupeur à la vue de Cerbère, qu'Hercule avait traîné hors des Enfers, et fut tellement frappé de stupeur qu'il se pétrifia, de même Orphée, et peut-être Lichas ou Butidès.

X 65-66

[1] DE CERBERO (« sur Cerbère ») : Hercule était un sage qui arracha Cerbère (aux Enfers), c'est-à-dire qui enseigna que la terre comprenait trois parties, et traita de la nature des natures. [2] C'est pourquoi il y eut un philosophe qui, admirant le contenu de son enseignement, en fut stupéfait et, dit-on, désespéré au point de se jeter du haut d'un rocher, c'est pourquoi l'on imagina qu'il s'était pétrifié.
67 QUAM NATURA (« que sa nature ») : parce qu'il fut pétrifié, c'est ce que je comprends.

X 68

[1] QUIQUE IN SE (« et qui sur lui ») : Orphée ne fut pas moins stupéfait qu'Olénos, qui attira sur lui la faute de sa femme, en affirmant qu'il n'y avait aucune femme de sa beauté. [2] En effet, quant cet Olénos vit sa femme Léthéa changée par Junon parce que sur son conseil elle s'était vantée d'être plus belle que Junon, il fut changé en pierre, et Léthéa en marais ou en pierre.
68 QUIQUE (« et celui qui ») : Orphée fut aussi stupéfait qu'Olénos qui prit sur lui la faute de son épouse.

X 69

TUQUE, O CONFISA. Construe sic : non aliter stupuit Orpheus : 'O LETHEA, INFELIX, CONFISA TUE FIGURE, qua – supple – tu stupuisti quando mutata fuisti com marito in lapidem'.

X 69-70

OLENOS ET LETHEA, quia deos despiciebant, idest divinam sapientiam villipendebant, et ad ultimum mutati sunt in lapides, quia induratum fuit cor eorum inter vicia, et, in desperatione cadentes, se in scopulis affixerunt, idest in durum sensum et perversum.

69-77*

69 OLENOS : proprium ; NOCENS : pro coniuge ; CONFISA : fuisti. 71 LAPIDES : existentes ; QUOS : lapides ; YDE : silva. 72 ORANTEM : Orpheum ; TRANSIRE : in Infernum. 73 PORTITOR : Cerberus ; ARGUERAT : vetuit ; ILLE : Orpheus. 74 SCALLIDUS : obscurus ; RIPPA : Inferni ; CERERIS : esce ; SEDIT : quid comedit ? Responsio. 75 CURA : sua ; ANIMI : mentis ; ALIMENTA : nutrimenta. 76 HEREBI : Inferni ; ALTAM : summam. 77 RODOPEM : montem ; -QUE : et ; AQUILONIBUS : ventis ; HEMUM : montem.

X 78-80

Facit actor cronographiam, idest temporis descriptionem, dicens quod sol erat in Piscibus, in illo scilicet signo, quasi dicat : 'Iam tres anni erant elapsi, quod Orpheus uxorem suam amiserat et quod descendit ad Inferos et regressus fuit'.

78-80*

78 EQUOREIS : marinis ; PISCIBUS : signis talibus. 79 TITAN : sol ; -QUE : et ; REFUGERAT : victaverat ; ORPHEUS : proprium. 80 FEMINEAM : mulierum ; SEU QUOD : vel 'ideo' ; CESSERAT : acciderat ; ILLI : Orpheo.

X 81

[1] Allegoria sensusque spiritualis talis est : Orpheus, oris phonos, idest Christus, a cuius ore omnia bona procedunt, filius sapientie, quia Pater est sapientia Filii, accepit Euridicem, idest bonam radicem, quo ad nos consideravit fragilitatem carnis nostre apud Inferos descendentem,

---

69* fuisti *scripsit post* 68* QUIQUE [...] super se *ms.* | 69-70 fuit *ex* habuit fuit *ms.* | 75* sua] suo *ms.*

X 69

TUQUE, O CONFISA (« Et toi, qui te fiais… »). Construire ainsi : Orphée ne fut pas moins stupéfait, O LETHEA, INFELIX, CONFISA TUE FIGURE (« (que) toi, Léthéa, malheureuse qui te fiais à ta beauté »), par laquelle (suppléer) tu fus stupéfaite quand tu fus comme ton mari changée en pierre.

X 69-70

OLENOS ET LETHEA (« Olénos et Léthéa »), parce qu'ils méprisaient les dieux, c'est-à-dire la sagesse divine, furent finalement changés en pierre, parce que leur cœur s'endurcit dans les vices, et que, tombant dans le désespoir, ils se figèrent en rochers, c'est-à-dire dans des sentiments cruels et pervers.

X 78-80

L'auteur établit ici une chronologie, c'est-à-dire une description du temps, en disant que le soleil était dans le Poisson, c'est-à-dire dans ce signe du zodiaque, pour ainsi dire : « Trois années s'étaient déjà écoulées depuis qu'Orphée avait perdu sa femme, était descendu aux Enfers et en était revenu. »

X 81

[1] L'allégorie et le sens spirituel sont les suivants : Orphée, le son de la bouche, c'est-à-dire le Christ, de la bouche duquel procèdent tous les biens, fils de la sagesse, parce que le Père est la sagesse du Fils, épousa Eurydice, c'est-à-dire la bonne souche, par laquelle il considéra la fragilité de notre chair, et descendit pour nous aux Enfers :

unde serpentis morsu, idest consilio, descendit apud inferos. [2] Christus vero sequtus est eam : primo carnem humanam |f. 131v| sumendo, et citharizando, predicando populis baptismum et remissionem contra vicia, statuit ut Euridicem iterum haberet, quia captivam duxit, captivitatem animarum et servitutis corpora liberando conditione, quia Christus semel mortuus et resurgens ex mortuis iam non moritur, unde respiciens Deus retro, in futurum statuit quod, qui peccaret, dampnaretur, unde multi recidunt non Creatori obediendo, unde resedit in Rodopem montem, quia Christus, ascendens in altum, fere et arbores secute sunt illum, quia captivam et humanitatem secom ad supera traxit citharizando, idest predicando. [3] Mulieres, idest peccatores muliebriter viventes, illum occiderunt, quia perverse loquentur peccatores de Christo. [4] Serpens, coluber, caput eius voluit devorare, quia Iudea perverse exponit Scripturam et a Phebo, idest a sapientibus, mutantur in lapides, quia corda eorum dira et lapidea ad modum lapidis iudicantur.

81-83*

81 SIVE : vel ; FIDEM : ideo quod ; MULTAS : mulieres ; ARDOR : volumptas. 82 IUNGERE : per cohitum ; VATI : Orpheo ; MULTE : mulieres ; REPULSE : ab illo. 83 ETIAM : certe ; TRACHUM : Tracensium ; ACTOR : primo.

X 84

IN TENEROS, unde quidam de talibus dixit, unde versus : « Hostes nature, deus, ictu fulminis ure / qui maris in crure germen fundunt geniture » ; « Tartara tristia luce carentia vos habitetis, qui puerilia queritis ylia que maculetis » ; « Hii pereant et eant ad Tartara non redituri / qui pueros teneros pro coniuge sunt habituri », quia a septem annis usque ad sexdecim illis abutebantur.

84-85*

84 IN TENEROS : primus sodomita ; TRANSFERRE : illo mutare ; MARES : masculinos. 85 ETATIS : sue ; BREVE : principium ; CARPERE : rumpere ; FLORES : etates.

81.2 citharizando] athari(zan)do *ms.* animarum] animas *ms.* servitutis] secundum quid *ms.* | 81.3 loquentur] loquetur *ms.* | 84 Hostes [...] abutebantur] versus *add. m.d. eadem manus*

par la morsure du serpent, c'est-à-dire par son conseil, elle était descendue aux Enfers. [2] Mais le Christ la suivit : il revêtit d'abord la chair humaine |f. 131v] et, jouant de la cithare (prêchant au peuple le baptême et la rémission des péchés), il décida d'épouser une deuxième fois Eurydice, parce qu'il ramena celle qui était captive, en la libérant de la captivité de son âme et de la servitude de son corps, sous condition, parce que le Christ, mort une seule fois et ressuscité des morts, ne meurt plus : aussi Dieu, regardant en arrière, décida que, à l'avenir, quiconque pècherait serait damné ; c'est pourquoi beaucoup rechutent en désobéissant au Créateur, qui s'en va vivre sur le mont Rhodope parce que le Christ, montant aux cieux, est suivi par les bêtes sauvages et par les arbres, c'est-à-dire qu'il entraîne avec lui dans les cieux l'humanité captive en jouant de la cithare, c'est-à-dire en prêchant. [3] Les femmes, c'est-à-dire les pécheurs qui vivent comme des femmes, le tuèrent, parce que les pécheurs parlent du Christ de façon perverse. [4] Un serpent, une couleuvre, voulut dévorer sa tête, parce que la Judée explique l'Écriture de manière erronée, et ils furent changés en pierres par Phébus, c'est-à-dire par les sages, parce que leurs cœurs durs et semblables à des pierres furent jugés avec la dureté de la pierre.

X 84

In teneros (« sur de tendres… ») : quelqu'un parla de cela, dans les vers : « Dieu, brûle en les frappant de la foudre les ennemis de la nature / qui précipitent dans le sein de la mer la semence de leur progéniture. » « Vous aurez le triste Tartare privé de lumière, vous qui cherchez la substance des enfants pour la flétrir. » « Qu'ils périssent et gagnent le Tartare sans espoir de retour / ceux qui auront comme femmes de tendres enfants », parce qu'ils abusaient des enfants qui avaient entre sept et seize ans.

X 86

COLLIS ERAT : describit locum in quo Orpheus cantavit quando consequte fuerunt arbores ille.
86* ERAT : quidam ; PLANISSIMA : latissima.

X 87

GRAMINIS HERBE. Quidam sic exponunt : gramen est herba que provenit a grano, herba vero que provenit a radice, vel gramen sit speciale, herba generale, vel gramen est herba ex resecatione proveniens, et dicitur *gaim* gallice.

87-89*

87 AREA : planicies ; QUAM : aream ; GRAMINIS : *grein* gallice. 88 UMBRA : tunc ; LOCO : illo ; DEERAT : defficiebat ; POSTQUAM : quando. 89 GENITUS : Orpheus, filius deorum.

X 90

Numeratio arborum que sequte fuerunt Orphea

CHAONIS : Chaonia est regio in qua Iupiter dabat responsa in quercubus ; quercus venit hic, que habundat in Chaonia.
90* LOCO : illo ; AFFUIT ARBOR : deffecit quercus.

X 91

NEC NEMUS HELYADUM. Helyos dicitur sol, inde Helyades filie solis, que post regnum patris in populos arbores mutate fuerunt.
91* NEC : et non ; NEMUS : deffuit ; HELYADUM : nimpharum ; FRONDIBUS : deffuit ; ESCULUS : *meslier* gallice.

X 92

MOLLES dicit, quia arbor est mollis et vana, et de cortice fiunt corde, et dicitur tilia a *telo*, quia ex hac fiunt tela.
INNUBA LAURUS dicit, propter Danem que nulli nupsit, sed mutata fuit in laurum.
92* TILIE : *tegl* gallice ; MOLLES : deffuerunt ; INNUBA : non nupta.

---

90 habundat] hundat *ms.* | 91 NEMUS] VENTUS *ms.*

X 86

COLLIS ERAT (« Il y avait une colline ») : il décrit le lieu dans lequel Orphée chanta quand ces arbres le suivirent.

X 87

GRAMINIS HERBE (« des pousses de gazon »). Certains donnent cette explication : le gazon est une herbe qui provient d'une graine, mais l'herbe qui provient d'une racine, soit le gazon, serait spéciale ; l'herbe générale, ou le gazon, est une herbe qui pousse après la taille ; elle est appelée *gain* en français.

X 90

Enumération des arbres qui suivirent Orphée

CHAONIS (« de Chaonie ») : la Chaonie est une région où Jupiter donnait des réponses dans les chênes ; le chêne, qui abonde en Chaonie, suivit Orphée.

X 91

NEC NEMUS HELYADUM (« ni le bois des Héliades »). Le soleil est appelé Hélios, d'où le nom d'Héliades pour les filles du soleil, qui furent changées en peupliers après le règne de leur père.

X 92

Il dit MOLLES (« mous »), parce que cet arbre est mou et vide ; on fait des cordes de son écorce, et son nom de tilleul vient de *telum* (« lance ») parce qu'on en fait des lances.

Il dit INNUBA LAURUS (« le laurier virginal »), à cause de Daphné qui ne s'unit à aucun homme, mais fut changée en laurier.

X 93

CORILI FRAGILES dicit, quia ex corili radicibus fiunt ciphi, qui sunt fragiles.
93* CORILI : *coudres*; FRAGILES : debiles; FRAXINUS : *fresne*; UTILIS : quia inde fuerunt; HASTA : haste.

X 94

YLEX : species est quercus, et dicitur ab *alo-lis*, quia antiquitus vivebant ex glandibus.
94* ENODIS : sine nodo; ABIES : *aubier*; -QUE : et; YLEX : *cochesne*.

X 95

PLATANUS : illa arbor affuit; GENIALIS, a Genio, deo nature, quia sub illa arbore solebant facere convivia et ita placare Genium, deum nature.

ACERQUE : IMPAR dicit, quia diversos colores arbor illa habet.
95* PLATANUS : *platanier*; GENILIS : nobilis; ACER : *erable*; IMPAR : inequalis.

X 96

ANNICOLE dicit, quia loca humida diligunt salices, et dicuntur a *saliendo*, quia cito crescunt et a terra.
96* AMNICOLE : cultores aquarum; AQUATICA : crescit iuxta aquam; LOTHOS : *peechier*.

X 97

HUMILES dicit propter graciles ramos quos portat mirica, *genest* gallice.
97* PERPETUO : sine fine; BUXUM : *bois*; HUMILES : flexibiles; MIRICE : *genet*.

X 98

BICOLOR dicit quia ex una parte sunt folia alba et ex altera nigra, et lignum similiter, et aliter dicitur secundum quosdam *maressant*.
98* BICOLOR : duplici coloris; MIRTUS : arbor; BACCIS : fructibus; FICUS : *figuier*.

---

93 CORILI] CORILIS *ms.* | 95 ACERQUE] ACER QUIA *ms.* | 96* AQUATICA] EQUATICA *ms.* | 98 *maressant*] maret sanc *ms.*

X 93

Il dit CORILI FRAGILES (« les coudriers fragiles »), parce que des racines de coudrier on fait des baguettes qui sont fragiles.

X 94

YLEX (« yeuse ») : c'est une espèce de chêne, dont le nom vient de *alo-lis* (« nourrir »), parce qu'autrefois on se nourrissait de glands.

X 95

PLATANUS (« platane ») : cet arbre manquait ; GENIALIS (« de fête »), de Génius, dieu de la nature, parce que sous cet arbre on faisait des festins pour apaiser Génius, dieu de la nature.
ACERQUE (« érable ») : il dit IMPAR (« différent ») parce que cet arbre est de différentes couleurs.

X 96

Il dit ANNICOLE (« qui croissent près des rivières ») parce que les saules aiment les lieux humides ; ils tirent leur nom de *saliendo* (« bondissant ») parce qu'ils sortent de terre et poussent très vite.

X 97

Il dit HUMILES (« humbles ») à cause des branches grêles du tamaris, en français le *genêt*.

X 98

Il dit BICOLOR (« bicolore ») parce que les feuilles sont blanches d'un côté et noires de l'autre, comme le bois ; selon certains il est autrement nommé *marrissant* en français.

X 99-100

FLEXIPEDES, quia sunt tortiles in crescendo. ULMI : antiquitus solebant ponere et levare vineas in ulmis.

99-101*

99 FLEXIPEDES : tortiles ; EDERE : o ; VENISTIS : ad cantum ; UNA : pariter. 100 PAMPINEE : vinearum ; VITTES : foliose ; AMICTE : tecte. 101 ORNIQUE : alie quercus ; PICEI : ubi pix crescit ; RUBENTI : rubeo.

X 102

ARBUTUS : genus est arboris cuius fructus dicuntur arbuta. PALMA est arbor de cuius ‹foliis› coronabantur antiquitus victores, et dicitur a *palma*, quia in palmis suis palmas defferebant.

102-103*

102 ARBUTUS : *arbree* ; LENTE : flexibilis ; PREMIA : scilicet ; PALME : arbor. 103 SUCCINTA : evincta ; COMAS : venit ; PINUS : *pin*.

X 104

[1] ATHIS fuit amicus Cibeles, quia amavit Sagaretidam nimpham, unde mutatus fuit in pinum arborem. [2] Nota quod Cibele est terra, et dicitur etiam cubile, quia in ipso omnes res sunt firmiter. [3] Dilexit Athim, qui interpretatur florens vel flos ; terra autem dicitur flores amare eo quod in illa nutriuntur. Iste flos aliam adamavit, quia flores in fructus renovantur et post in arbores.

104-105*

104 MATRI : Cibele ; SIQUIDEM : certe ; CIBELEIUS : amicus Cibeles ; ATHIS : proprium. 105 EXUIT : (ex)sivit ; HOMINEM : vultum hominis.

X 106

CUPRESSUS est arbor que, ex quo scinditur, nonquam revirescit, sicut homo mortuus nomquam reviviscit, et dicitur quasi 'cinere pressus'.

100* foliose] folioso *ms.* | 102 cuius ‹foliis›] cuius *ms.* victores *ex* nictores *ms.* | 103* evincta] emutilata *ms.* | 104.2 ipso *ex* ipsa *ms.* | 104.3 flos *ex* f flos *ms.*

X 99-100

FLEXIPEDES (« aux pieds flexibles »), parce qu'ils s'enroulent en poussant ; ULMI (« les ormes ») : autrefois on plaçait et faisait croître les vignes sur les ormes.

X 102

ARBUTUS (« arbousier ») : c'est une espèce d'arbre dont les fruits sont appelés arbouses. PALMA (« le palmier ») est un arbre dont on couronnait autrefois les vainqueurs ; il tire son nom de *palma* (« la paume ») parce qu'ils portaient des palmes dans leurs paumes.

X 104

[1] ATHIS (« Attis ») était l'ami de Cybèle ; mais, parce qu'il aima la nymphe Sagaritis, il fut chanté en pin. [2] Noter que Cybèle est la terre, et qu'on l'appelle aussi *cubile* (« couche ») parce que toute chose est fermement contenue en elle. [3] Elle aima Attis, qui s'interprète comme « fleurissant » ou comme « fleur » ; on dit que la terre aime les fleurs parce qu'elles sont nourries en elle. Cette fleur en aima une autre, parce que les fleurs se renouvellent en devenant les fruits puis les arbres.

X 106

CUPRESSUS (« le cyprès ») est un arbre qui, une fois fendu, ne reverdit jamais, comme un homme mort ne revit jamais : son nom est l'équivalent de « *cinere pressus* » (« écrasé par la cendre »).

106-108*

106 AFFUIT : venit ; TURBE : arborum ; CUPRESSUS : cupressus. 107 NUNC ARBOR : existens ; DILECTUS : amatus ; ILLO : scilicet Phebo. 108 QUI : deus ; NERVIS : cordis ; NERVIS : cordis ; TEMPERAT : quia Phebus est citharista et sagitator.

X 109

Namque describit causam mutationis Ciparissi, et hoc propter cervum quem occidit nescienter, ut in littera declaratur.
109* NAMQUE : quia ; SACER : sacratus ; CRETHEA : Crethensia.

X 110-113
Descriptio cervi

Ecce descriptio cervi quem occidit Ciparissus.

110-113*

110 INGENS : magnus. 111 IPSE : cervus ; PREBEBAT : dabat. 112 CORNUA : sua. 113 TERETI : rotunda ; GEMMATA : nobilia.

X 114

BULLA dicitur lunellula rotunda et concava que est in frontibus equorum, vel *bulla* est inflatio proveniens ex aqua, et est signum pluvie venture.

114-116*

114 BULLA : *estele* ; PARVIS : pendebat ; LORIS : cathenis. 115 VINCTA : ligata ; NITEBANT : splendebant. 116 GEMINIS : duabus ; TEMPORA : sua ; BACCE : lapides preciosi.

X 117

NATURALI dicit, quia naturaliter sunt cervi pavidi et timentes.

117-119*

117 ISQUE : cervus ; VACUUS : et hoc dico ; PAVORE : timore. 118 DEPOSITO : remoto ; CELEBRARE : intrare ; MULCENDA : tangenda. 119 QUAMLIBET : post quamvis ; PREBERE : dare.

115* VINCTA] VICTA *ms.*

108 TEMPERAT (« maîtrise ») : parce que Phébus est un joueur de lyre et un archer.

X 109

En effet il décrit la cause de la métamorphose de Cyparissus : ce fut à cause d'un cerf qu'il tua sans le savoir, comme le texte le raconte.

X 110-113
Description du cerf

Voici la description du cerf que tua Cyparissus.

X 114

BULLA (« une bulle ») est, dit-on, une petite lune ronde et concave qui se trouve sur le front des chevaux, ou la *bulla* (« bulle ») est un gonflement des eaux, c'est le signe qu'il va pleuvoir.

X 117

Il dit NATURALI (« naturelle »), parce que les cerfs sont par nature peureux et craintifs.

X 120-121

Quamvis multi illum amarent, ante omnes adamabat illum Ciparissus.

120-121*

120 ALIOS : homines ; CEE : 'o'. 121 CIPARISSE : 'o' ; proprium.

X 122-125

De Ciparisso

Ecce quomodo diligebat Ciparissus cervum.

122-125*

122 LIQUIDI : clari. 123 MODO : aliquando ; TEXEBAS : intricabas ; FLORES : causa nobilitationis sue. 124 NUNC : aliquando ; EQUES : equitando ; IN TERGO : cervi. 125 PURPUREIS : nobilibus ; ORA : cervi ; CAPISTRIS : *chevestres* gallice.

X 126

Describit actor tempus in quo Caparissus occidit cervum, et dicit quod erat circa horam meredionalem.

126* ESTUS : calor ; MEDIUSQUE DIES : erat ; VAPORE : calore.

X 127

Cancri] Cancer est animal retrogradum quod ore lambit, com cauda pungit.

127-129*

127 CONCAVA : cavata ; LICTOREI : marini ; FERVEBANT : calebant. 128 UT : postquam. 129 DUCEBAT : sumebat.

X 130-131

Mors cervi domestici

Quando vidit Ciparissus cervum morientem, mors sibi placuit, eo quod imprudenter vulnerasset sine causa.

130-131*

130 HUNC : cervum ; PUER : Ciparissus ; IMPRUDENS : hoc faciendo ; IACULO : telo. 131 FIXIT : percussit ; UT : postquam ; SEVO : crudeli ; VULNERE : plagua.

123* intricabas] intrincabas *ms.*

X 120-121

Bien des gens l'aimaient, mais Cyparissus l'aimait plus que tous.

X 122-125

Cyparissus

Voici comment Cyparissus aimait le cerf.

X 126

L'auteur décrit le moment où Cyparissus tua le cerf, en disant que c'était aux alentours de midi.

X 127

Cancri (« du Crabe »)] Le Crabe est un animal qui marche à reculons parce qu'il lèche par la bouche, mais pique avec la queue.

X 130-131

Mort du cerf apprivoisé

Quand Cyparissus vit que le cerf était mort, il voulut mourir, parce qu'il l'avait imprudemment blessé sans raison.

X 132

[1] QUE NON SOLACIA, quasi dicat : 'Puer ille incessanter flebat, sed consolabatur eum Phebus admonens quod do |f. 132r| leret LEVITER PRO MATERIA : 'Non ita – dicens – debes flere acriter, quia cervus non est tanti precii', et cervus erat materia quare flebat.' [2] LUGEAT (135), ut omni tempore lugeat, vel ut semper fit inter lugentes.

132-135*

132 STATUIT : placuit ; QUE NON SOLATIA : quasi dicat 'multa solatia' ; PHEBUS : dixit illi. 133 UT : quod. 134 AMMONUIT : sepe ; ILLE : Ciparissus ; MUNUS : donum ; SUPREMUM : ultimum. 135 HOC : tale ; UT : scilicet ; LUGEAT : ploret.

X 136

Mutatio Ciparissi in pinum

IAMQUE : ostendit actor quomodo Ciparissus mutatus fuit, dicens quod tantum flevit quod humor corporis sui et totus sanguis deffecit.

136-137*

136 IMMENSOS : magnos ; EGESTO : iactato ; SANGUINE : adnichilato. 137 VERTI : mutari ; MEMBRA : sua ; COLOREM : sanguinem.

X 138

CAPILLI eius mutati in frondes fuerunt et celum ceperunt aspicere quia exaltati.

138-141*

138 MODO : nuper ; NIVEI : candidi ; FRONTE : sua. 139 HORRIDA : aspera ; CESARIES : cepit frondes ; SUMPTO : capto. 140 SIDEREUM : stelliferum ; SPECTARE : cernere. 141 PHEBUS : deus ; LUGEBERE : plorabere ; NOBIS : a.

X 142

Ista arbor apponitur rogis mortuorum, et de ea solent fieri mete et tumuli, quia arbor illa est imputrescibilis et dicitur cupressus ; ideo dicit ADERIS DOLENTIBUS.

142* LUGEBIS : plorabis ; ADERIS : presens ; INQUIT : dixit.

137* sua] suo *ms.*

X 132

[1] QUE NON SOLACIA (« Quelles paroles consolantes ne … »), en d'autres termes : « L'enfant pleurait sans cesse, mais était consolé par Phébus qui lui conseillait de souffrir LEVITER PRO MATERIA (« de façon modérée, proportionnée à la cause ») : "Tu ne dois pas, disait-il, pleurer violemment, parce qu'un cerf n'est pas d'un tel prix", car le cerf était la cause de ses pleurs. » [2] LUGEAT (« pleurer »), de pleurer éternellement, ou de faire toujours partie de ceux qui pleurent.

X 136

Métamorphose de Cyparissus en pin

IAMQUE (« Et déjà ») : l'auteur montre comment Cyparissus fut métamorphosé, en disant qu'il pleura tellement que toute l'humeur et tout le sang quittèrent son corps.

X 138

Ses CAPILLI (« cheveux ») furent changés en feuillages et se tournèrent vers le ciel comme s'ils étaient soulevés.

X142

Cet arbre est placé auprès des tombeaux des morts, et on en fait des bornes et des tertres, parce que c'est un arbre imputrescible, qu'on appelle le cyprès ; c'est pourquoi il dit ADERIS DOLENTIBUS (« tu t'associeras à ceux qui souffrent »).

X 143

TALE NEMUS, ut superius enumeravimus. INQUE FERARUM, quasi dicat : fere et volucres ibi convenerant dulcedine cantus, et sedebat medius. CONCORDARE (147) : nam vox una erat et varie cantus com modulatione.

143-146*

143 NEMUS : supradictum ; VATES : Orpheus ; ATRAXERAT : ad se. 144 TURBA : agmine ; VOLUCRUM : avium. 145 UT : postquam ; TEMPTAVIT : utrum sonarent ; POLLICE : suo. 146 SENSIT : percepit ; VARIOS : diversos.

X 147

Quod carmen sequitur sub hac forma : A IOVE.
147* MODOS : modulationes.

X 148

Incipit cantus Orphei

A IOVE. Primo facit Orpheus invocationem suam ad Calliopem, musam matrem suam, dicens sic : 'O Musa, incipe carmina mea a Iove, quia maximus est', unde versus : « A Iove principio moveat mea carmina Clio. / Imperat imperio cuncta subesse suo ».

148-149*

148 MUSA : 'o Calliope' ; CEDUNT : interpositio est. 149 CARMINA : cantilenas ; MOVE : incipe ; EST : a me.

X 150-154

[1] PLECTRO GRAVIORE : idest gravioribus versibus et graviori materia. [2] GIGANTES, idest bella Gigantum ; FULMINA, quibus fulminati sunt Gigantes. [3] FLEGRAEIS est quedam civitas ubi fuit Gigantomachia, et in Valle Flegreya fulminati sunt. [4] LIBIDINE, sicut de Mirra que adamavit illicite patrem suum.

150-154*

150 DICTA : laudata ; GRAVIORE : forciore. 151 SPARSA : missa ; FLEGREIS : a loco ; FULMINA : cecini. 152 NUNC : in presenti ; LEVIORE : minore.

---

148 A Iove [...] subesse suo] versus *add. m.s. eadem manus* Imperat] ipsius *ms.* cuncta] conta *ms.* | 150-154.3 est] et *ms.* Gigantomachia] Gigomantia *ms.*

X 143

TALE NEMUS (« Une telle forêt ») : comme nous l'avons énuméré plus haut. INQUE FERARUM (« et dans (une assemblée) de bêtes sauvages »), autrement dit : les bêtes et les oiseaux s'étaient rassemblés là à cause de la douceur de son chant, et il était assis au milieu d'eux. CONCORDARE (« s'accordaient ») : car la voix était unique alors que les chants étaient modulés de façons variées.

X 147

Lequel chant suit sous cette forme : A JOVE (« par Jupiter »).

X 148

Début du chant d'Orphée

A IOVE (« Par Jupiter ») : Orphée commence par invoquer la muse Calliope, sa mère, en ces termes : « Ô Muse, commence mon chant à partir de Jupiter, parce qu'il est très grand », d'où les vers : « Que Clio fasse débuter mon chant par Jupiter. / Il commande à tous d'être sous son commandement. »

X 150-154

[1] PLECTRO GRAVIORE (« d'un plectre plus lourd ») : c'est-à-dire dans des vers plus graves, avec une matière plus sérieuse. [2] GIGANTES (« les Géants »), c'est-à-dire la guerre des Géants ; FULMINA (« les foudres »), parce que les Géants furent foudroyés. [3] FLEGRAEIS (« de Phlégra »), une cité où se déroula la Gigantomachie : c'est dans la vallée de Phlégra qu'ils furent foudroyés. [4] LIBIDINE (« par la débauche ») : à savoir Myrrha qui aima son père de façon illicite.

153 DILECTOS : amatos ; SUPERIS : a ; INCONCESSIS : non datis. 154 IGNIBUS : amoribus ; LIBIDINE : 'luxuria' vel.

X 155

De Iove et Ganimede

[1] REX SUPERUM : modo incipit Orpheus cantilenam suam a Iove, utpote a digniori, qui in aquilam se mutavit ut raperet Ganimedem. [2] Quadam die, dum Iupiter teneret convivium suum, domina Hebe erat piscerna que, dum pocula ministraret, fecit non bene, et hac causa expulsa fuit de servicio, et Iupiter mutavit se in aquilam et Ganimedem rapuit, qui factus est piscerna. [3] De Iove rege cretensse totum est veritas, sed quod in aquilam se mutavit nichil est nisi quod in nave rapuit, in qua erat aquila picturata. [4] De illo qui propter cervum mutatus fuit in cupressum, nichil aliud est nisi quod in locis solitariis inquisitione naturarum studebat, et ideo fama eius est indelebilis, sicut cupressus imputrescibilis.

155* REX : Iupiter ; SUPERUM : (super)orum ; FRIGII : Troiani ; GANIMEDIS : proprium.

X 156-157

Quam melius vellet habere aliam formam quam suam !

156-158*

156 INVENTUM : in mondo ; QUOD : aliquid. 157 QUAM : in specie qua erat ; ALITE : ave ; VERTI : mutari. 158 DIGNATUR : voluit ; QUE : in illa.

X 159-161

[1] MENDACIBUS dicit, quod non erat vere aquila. YLIADON : Ganimedem filium Yli, quia iste Ylus fuit pater eius et rex Troianorum. [2] INVITA, quia Ebe, filia Iunonis, illud officium obtinuit.

159-161*

159 NEC MORA : non fuit ; MENDACIBUS : falsis ; PERCUSSO [...] AERE : et hoc dico. 160 YLIADEM : Ganimedem ; QUOQUE : protinus ; MISCET : parat. 161 INVITA : non volente.

155.2 non bene] bene bene *ms.* | 159* MENDACIBUS] MEDACIBUS *ms.*

X 155

Jupiter et Ganymède

[1] REX SUPERUM (« Le roi des dieux du ciel ») : maintenant Orphée commence son chant à partir de Jupiter, comme du plus honorable, qui se changea en aigle pour enlever Ganymède. [2] Un jour, comme Jupiter tenait son festin, dame Hébé lui servait d'échanson ; mais, en servant les coupes, elle s'en sortit mal, et pour cette raison fut chassée du service. Jupiter se changea alors en aigle pour enlever Ganymède, dont il fit son échanson. [3] À propos de Jupiter roi de Crète tout est vrai, mais dire qu'il se changea en aigle revient à dire qu'il enleva le jeune homme sur un navire sur lequel était peint un aigle. [4] À propos de celui qui pour le cerf fut chanté en cyprès, cela revient à dire qu'il étudiait dans les lieux solitaires, à la recherche des vérités de la nature, c'est pourquoi sa renommée est indestructible, de même que le cyprès est imputrescible.

X 156-157

Combien il aurait préféré avoir une autre forme que la sienne !

X 159-161

[1] Il dit MENDACIBUS (« menteuses ») parce qu'il n'était pas un aigle véritable. YLIADON (« d'Ilius ») : Ganymède fils d'Ilius, cet Ilius était son père et roi des Troyens. [2] INVITA (« malgré elle »), parce qu'Hébé, fille de Junon, avait occupé cette charge.

X 162

De Amiclide, idest Iacintho

[1] TE QUOQUE : ita rapuit Iupiter Ganimedem ; nunc incipit cantare Orpheus de Phebo, dicens quod similiter per amorem rapuisset Iacintum nisi mortuus esset. [2] De Iacinto fabula continetur : quomodo Phebus inscienter eum occidit, sicut Ciparissus cervum, in littera continetur. [3] AMICLIS est civitas, unde Iacintus extitit oriundus.

162-163*

162 QUOQUE : similiter ; AMICLIDE : Iacinte. 163 FATA : dispositio fatorum ; DEDISSENT : concessissent.

X 164-165

QUOCIENS ver intrat et hyems recedit. PISCIS ET ARIES sunt signa proxima in celo ; quando enim sol intrat in arietem, ver incipit.

164-166*

164 QUAM : quantum potest. 165 HYEMEN : tempus ; PISCIQUE ARIES : signa sunt. 166 CESPITE FLORES : quia mutatus fuit in *glaiol.*

X 167-168

[1] TE MEUS ANTE : loquitur Orpheus, qui filius erat Phebi et Calliopes. ET ORBE. Construe : DELPHI, populi illi qui habitant in Parnaso, quia Parnasus est in medio orbe. [2] Comprobatum est per Iovem, qui duas aquilas misit, unam ab oriente et aliam ab occidente, que fesse simul venerunt in Parnassum. DELPHI POSITI IN MEDIO ORBE CARUERUNT PRESIDE, ides Phebus, dum vacaret amori Iacinti.

167-168*

167 TE MEUS : 'o Iacinte' ; OMNES : iuvenes ; GENITOR : Phebus ; ORBIS : firmamenti. 168 PRESIDE : Phebo ; DELPHI : populi.

X 169

IMMUNITAM, idest valde munitam, quamdiu fuit ibi Phebus, et hoc dicit quia Paris inde rapuit Helenam, quam, si bene munita esset, non rapuisset, et inde dicit IMMUNITAM, idest non munitam.

163* fatorum] fatore *ms.* | 167-168.2 Comprobatum] e probatum *ms.* 169 Paris *ex* Parito *ms.*

X 162

Le fils d'Amyclas, c'est-à-dire Hyacinthe

[1] TE QUOQUE (« toi aussi ») : ainsi Jupiter enleva Ganymède ; maintenant Orphée commence à chanter sur Phébus, en disant que de la même façon il aurait enlevé Hyacinthe par amour si celui-ci n'était pas mort. [2] Contenu de la fable de Hyacinthe : le texte raconte comment Phébus le tua par mégarde, comme Cyparissus le cerf. [3] AMICLIS (« Amycles ») est une cité, d'où Hyacinthe était originaire.

X 164-165

QUOCIENS (« Chaque fois que ») le printemps arrive et que l'hiver s'en va. PISCIS ET ARIES SUNT (« Les Poissons et le Bélier sont ») des signes très proches dans le ciel ; quand le soleil entre en Bélier, c'est le début du printemps.
166 CESPITE FLORES (« fleurs en bourgeon ») : parce qu'il fut changé en *glaieul*.

X 167-168

[1] TE MEUS ANTE (« mon (père) t'(a chéri) plus… ») : c'est Orphée qui parle, et il était le fils de Phébus et de Calliope. ET ORBE (« et (le centre) de la terre ») : construire DELPHI (« Delphes ») – nation qui occupe le Parnasse, parce que le Parnasse est au centre du monde. [2] Cela fut confirmé par Jupiter, qui envoya deux aigles, l'un depuis l'Orient et l'autre depuis l'Occident, qui, fatigués en même temps, s'arrêtèrent sur le Parnasse – DELPHI POSITI IN MEDIO ORBE CARUERUNT PRESIDE (« Delphes, placée au centre du monde, fut privée de son protecteur »), à savoir Phébus, quand il se consacrait à son amour pour Hyacinthe.

X 169

IMMUNITAM (« sans remparts »), c'est-à-dire solidement fortifiée, aussi longtemps que Phébus y séjourna – il dit cela parce que Pâris enleva Hélène de cette cité : si elle avait été bien fortifiée, il ne l'aurait pas enlevée, c'est pourquoi il dit IMMUNITAM (« sans remparts »), c'est-à-dire sans fortifications.

169-171*

169 DUM : quando ; DEUS : Phebus ; EUROTAM : civitas ; IMMUNITAM : valde. 170 PARTHEMQUE : civitas ; CITHARE : sue ; SAGITE : sue. 171 IMMEMOR : quia deus erat ; FERRE : portare ; RECUSAT : respuit.

X 172-174

Amor Iacinti et Phebi

[1] Hoc faciebat totum gracia Iacinti qui erat venator. ALIT, quia nil assuetudine maius. [2] IAMQUE : facit actor cronographiam quando Phebus inscienter occidit Iacintum, et dicit quod hoc fuit circa meridiem.

172-179*

172 TENUISSE : respuit ; PER IUGA : summitate ; INIQUI : asperi. 173 COMES : socius ; FLAMMAS : amores. 174 TITAN : sol ; VENIENTIS : noctis ; ACTE : preterite. 175 -QUE : et ; PARI : equali ; UTRINQUE : undique. 176 LEVANT : Phebus et Iacintus. 177 SPLENDESCUNT : unguntur ; INEUNT : petunt ; DISCI : *palet* gallice. 178 LIBRATUM : missum. 179 MISIT : iecit ; DEIECIT : percussit ; NUBES : yperbole est excessio veritatis.

X 180-181

Discus est quoddam genus ludi, scilicet lapis rotundus vel plumbum rotundum ad modum scutelle.

180-181*

180 DECIDIT : discus ; SOLIDAM : firmam. 181 PONDUS : dicit ponderosus ; EXIBUIT : monstravit ; VIRIBUS : quia fortis ; ARTEM : et subtilis erat Phebus.

|f. 132v|

X 182-183

Ita miserat Phebus discum, et artificiose iecerat, et, com sic fecisset, protinus IACINTUS.

182-183*

182 IMPRUDENS : stultus ; ARTIS : loci ; LUSUS : vel 'lesus'. 183 TOLLERE : capere ; TENARIDES : Iacintus ; ORBEM : discum ; AT : sed.

X 172-174

Amour d'Hyacinthe et de Phébus

[1] Il faisait tout cela en faveur d'Hyacinthe qui était chasseur. ALIT (« il nourrit »), parce que rien n'est plus fort que l'habitude. [2] IAMQUE (« Et déjà ») : l'auteur établit la chronologie du moment où Phébus tua Hyacinthe par mégarde : il dit que c'était aux alentours de midi.

X 180-181

Le disque est une sorte de jeu, c'est une pierre ronde ou un rond de plomb qui ressemble à une soucoupe.

|f. 132v|

X 182-183

Ainsi Phébus avait envoyé le disque, et l'avait jeté avec art. Comme il avait fait cela, aussitôt IACINTUS (« Hyacinthe ») …

X 184

DURA, quasi dicat : 'Ex repercussione telluris desiliit in frontem Iacinti'. Ut dicunt quidam, Iacintus orbem illum extulit et iecit, sed iactus disci excidit prope illum et a repercussione terre illum percussit, et sic fuit cassatus casu mortis.
184* REPERCUSSO : a disco ; SUBIECIT : sursum iecit.

X 185

EXPALLUIT, quasi dicat : 'Dum Phebus vidisset Iacintum percussum, EXPALLUIT pre timore, Iacintus pre dolore'.

185-186*

185 IN : contra ; IACINTE : 'o' ; EQUE : equaliter. 186 PUER : Iacintus ; DEUS : Phebus ; COLLAPSOS : vulneratos ; EXCIPIT : capit ; ARTUS : membra.

X 187-188

Quia medicus erat, unde in principio : « sed herbarum subiecta potentia nobis » (I 522).

187-189*

187 MODO : aliquando ; MODO : aliquando ; SICCAT : tergendo. 188 NUNC : aliquando ; ANIMAM : vitam ; ADMOTIS : additis. 189 NEC : et non ; PROSUNT : valent ; ARTES : medendi ; ERAT : ecce quare.

X 190

Mors Iacinti

UT SI QUIS : facit actor comparationem de Iacinto moriente ad flores fractos eo quod pallatim marcescunt, sicut pallatim adnichilatus fuit.
190* UT : fit ; QUIS : homo ; VIOLAS : flores ; -QUE : vel.

X 191

[1] Moralitas talis est : Iacintus interpretatur ydiota vel fatuus ; hunc adamavit Phebus, quia sapientes amant et cupiunt imprudentes, non ut eos sequantur, sed ut eos ad viam reducant. [2] Iste Phebus, scilicet sapiens, voluit ludere, et hoc dico, quia primo sermonibus divinis alliciendi sunt fatui, ut a peccato convertantur, sed discus, operatio et loqutio sapientis

---

184* REPERCUSSO] REPECUSSO *ms.* | 185* contra] conta *ms.* | 189* valent *ex* vallent *ms.* | 191.1 sequantur] sequatur *ms.*

X 184

DURA (« dure »), autrement dit : « Rebondissant sur la terre il jaillit sur le front d'Hyacinthe. » Selon certains, Hyacinthe souleva ce disque et le jeta, mais le disque jeté tomba près de lui et, rebondissant sur la terre, le frappa, et il fut tué par ce coup mortel.

X 185

EXPALLUIT (« il pâlit »), autrement dit : « Quand il vit que Hyacinthe avait reçu ce coup, Phébus pâlit de peur, et Hyacinthe pâlit de douleur. »

X 187-188

Parce qu'il était médecin, d'où en principe : « mais nous maîtrisons la vertu des herbes ».

X 190

Mort d'Hyacinthe

UT SIQUIS (« de même, si quelqu'un... ») : l'auteur compare la mort d'Hyacinthe à des fleurs brisées parce qu'elles se flétrissent peu à peu, comme il fut peu à peu anéanti.

X 191

[1] La moralité est la suivante : Hyacinthe s'interprète comme un ignorant ou un fou ; Phébus l'aima, parce que les sages aiment et désirent les imprudents, non pour les imiter, mais pour les ramener sur la bonne voie. [2] Phébus donc, à savoir le sage, voulut jouer – à mon avis parce que les fous doivent d'abord être séduits par les paroles divines pour se détourner du péché ; mais le disque, l'œuvre et le discours du sage,

in terram duram decidit, quia vix radicati in stulticia et peccato audiunt prudentes, unde in malicia victi et mortui. [3] Phebus dolet, quia dolent iusti de morte malorum, et floribus caducis comparantur, et sic in illud mutari propter sua insipientiam iudicantur.

191-195*

191 -QUE : vel ; INFRINGAT : rumpat partim ; SUMMIS : celsis ; LIGNIS : troncos. 192 MARCIDA : illa existencia ; DEMICCANT : inclinant ; CAPUT : suum. 193 NEC : et non ; -QUE : sed ; CACUMINE : inclinato. 194 SIC : taliter ; MORIENS : Iacintus ; VULTUS : suos ; DEFFECTA VIGORE : deffi-ciens vel privata. 195 -QUE RECOMBIT : et iniacet.

X 196

IUVENTA PRIMA : 'Nondum pervenisti ad iuventutem'.

X 196-197

Lamentatio Phebi pro morte Iacinti

Ecce lamentatio Phebi de morte Iacinti. EBALIE : Ebalia pars est Lichonie de qua erat Iacintus natus, in valle Tenari, et sic dicitur : 'Tenarides, MEA CRIMINA, quia ego sum causa mortis, sed tamen, qualis est mea culpa, NISI SI (200) pro nisi ludere', quasi dicat : 'Ludus potest vocari culpa et amor ; similiter potest dici culpa'.

196-204*

196 LABERIS : mortuus es ; EBALIDE : 'o Iacinte' ; PRIMA […] IUVENTA : et hoc dico ; FRAUDANTE : decipiente ; IUVENTA : tempus iuventutis. 198 DOLOR : meus ; -QUE : et ; MEA : scilicet ; LETO : morti. 199 INSCRI-BENDA : reputanda ; FUNERIS : mortis ; ACTOR : dator. 200 NISI SI : pro nisi. 201 AMASSE : amavisse te. 202 ATQUE : et ; PRO : vellem ; VITAM : meam ; LICERET : licitum esset. 203 QUOD : sed ; SOCIALI : amicabili. 204 ERIS : tu ; -QUE : et ; ORE : sono.

X 205

[1] Hic tractatur quomodo Phebus vaticinavit de morte Aiacis, qui mortuus fuit in expedicione Troie eo quod arma Achillis nichil optinuit contra Ulixem. [2] Eodem SCRIPTO (206) dicit, quia flos in quo mutatus erit Aiax habebit scripto *Ay* ; ordine isto converso, habebimus *Ya*.

202* meam] mea *ms.* | 205.2 erit *ex* erat *ms.*

tomba sur la terre dure, parce que ceux qui sont enracinés dans la sottise et dans le péché ont du mal à écouter les prudents, aussi sont-ils vaincus et meurent-ils dans la méchanceté. [3] Phébus éprouve de la douleur, parce que les justes souffrent de la mort des méchants, qu'on compare à des fleurs qui tombent, et qui sont ainsi condamnés par jugement à devenir ces fleurs à cause de leur sottise.

X 196

IUVENTA PRIMA (« dans ta prime jeunesse ») : tu n'es pas encore parvenu à la jeunesse.

X 196-197

Plaintes de Phébus pour la mort d'Hyacinthe

Voici la plainte de Phébus sur la mort d'Hyacinthe. EBALIE (« de Tarente ») : Tarente est une région de Laconie où était né Hyacinthe, dans la vallée du Ténare ; aussi est-il dit : « Fils du Ténare, » MEA CRIMINA (« mon crime ») parce que je suis cause de ta mort ; pourtant quelle est ma faute, NISI SI (« sauf si ») pour « sauf le jeu », autrement dit : « Le jeu peut être appelé faute, ainsi que l'amour : on peut de la même façon les appeler fautes. »

X 205

[1] Ici est traitée la prophétie de Phébus sur la mort d'Ajax, qui mourut pendant l'expédition contre Troie parce qu'il ne put rien faire pour obtenir les armes d'Achille face à Ulysse. [2] Il dit par le même nom SCRIPTO (« écrit ») parce que la fleur en laquelle Ajax sera métamorphosé portera l'inscription *Ay* : en inversant l'ordre des lettres, nous aurons *Ya*.

205* LIRA : mea ; PULSA : sonata ; MANU : mea ; CARMINA NOSTRA : cantus nostri.

X 206

SCRIPTO, quia 'scriptum floris in quo mutatus es, o Iacinte, est scriptum doloris, scilicet Yacinte, interiectio dolentis'.

206-209*

206 FLOSQUE : tu et ; IMITABERE : sequerere. 207 ILLUD : unum ; QUO : tempore ; FORTISSIMUS : miles ; AIAX : proprium. 208 ADDAT : mutet ; HUNC : talem ; FOLIOQUE : in scripto et ; EODEM : tali. 209 TALIA : supradicta ; VERO : certe ; MEMORANTUR : dicontur ; APOLLINIS : Phebi ; ORE : vaticinative.

X 210-213
Mutatio Iacinti in florem

210-217*

210 CRUOR : sanguis ; FUSUS : e(fusus) ; HUMI : terre. 211 CRUOR : sanguis ; NITENTIOR : nobilior ; OSTRO : purpura. 212 FLOS : quidam ; ORITUR : nascitur ; -QUE : et ; CAPIT : talem qualem ; LILIA : habent. 213 PURPUREUS : croceus ; ARGENTEUS : color ; ESSET IN ILLIS : Quasi diceret 'Flos iste est, quasi consimilis liliis nisi in colore', et dicit generaliter de omnibus liliis. 214 NEC SATIS HOC : quod sic mutatus ; IS : talis iste ; ACTOR : dator. 215 IPSE : Phebus ; FOLIIS : floris. 216 FUNESTAQUE : mortalis et. 217 (218 T) CELEBRANDAQUE : colenda ; PRIORUM : antiquorum.

X 218-219

Quia Phebus instituit festa Iacinti. CERASTE (223) : apud Amatonta fuerunt quidam qui homines sacrificabant, et etiam PROPETIDES (221), luxuriossissime mulieres.

218-219*

218 (217 T) SPARTEM : civitas ; IACINTUM : proprium ; -QUE : et. 219 PRELATA : dicta ; IACINCIA : festa Iacinti ; POMPA : congregatione.

---

206 est *ex* etiam *ms.* | 217* b *add. m.s. alia manus* | 218 CERASTE] CERASTES *ms.* | 218* a *add. m.s. alia manus*

X 206

SCRIPTO (« écrit »), parce que « c'est ce qu'écrit la fleur que tu es devenu, Hyacinthe » : c'est l'écrit de la douleur, d'Hyacinthe, le cri de celui qui souffre.

X 210-213

Métamorphose d'Hyacinthe en fleur

213 ESSET IN ILLIS (« serait dans les lys »), en d'autres termes : « Cette fleur est presque semblable aux lys sauf pour la couleur », et il parle de manière générale, pour l'ensemble des lys.

X 218-219

Parce que Phébus institua des festivités pour Hyacinthe. CERASTES (« les Cérastes ») : il y avait à Amathonte des hommes qui faisaient des sacrifices humains, comme c'est aussi le cas des PROPETIDES (« Propétides »), des femmes de la plus grande débauche.

X 220-221

[1] Dictum est superius quomodo Iacintus mutatus fuit. AT SI : dico quod non pudet Spartem civitatem genuisse Iacinton, quia venustus erat. [2] AT SI FORTE. Construe sic : AT SI INTERROGES FORTE AMATONTA, gentes illius civitatis vel civitatem FECONDAM METALLIS, AN, idest utrum, VELIT melius GENUISSE PROPETIDES, illos populos, ATQUE – pro vel – illos QUIBUS FRONS ERAT CONDAM ASPERA CORNU – pro CORNU GEMINO –, UNDE, qua de causa, CERASTE illi populi TRAXERE NOMEN. [3] ANNUIT illa civitas EQUE, ex equalitate, quasi dicat : 'Tantum amat Amatonta genuisse Propetides quam Cerastas'.

220-221*

220 ROGES : interroges ; FECONDAM : fertilem ; AMATONTA : civitas ; METALLIS : peccunie. 221 AN : utrum ; PROPETIDES : melius Accus grecus ; EQUE : equaliter.

X 222-223

De Cerastis

222-223*

222 ATQUE : vel ; GEMINO : duplici ; CORNU : pro. 223 UNDE : qua causa ; ETIAM : certe ; CERASTE : a *ceros*, quod est cornu.

X 224

[1] ANTE FORES : ecce qua causa Ceraste mutati fuerunt in boves, quia Iovi hospites suos sacrificabant, quare Venus, irata, mutavit illos in boves. [2] IOVIS HOSPITIS : Iupiter dicitur deus hospitalitatis postquam Liciam subvertit ; ara lugubris SCELERIS propter scelus.

224-225*

224 HORUM : Cerastarum ; STABAT : erat ; HOSPITIS : alienigene. 225 LUGUBRIS : flebilis ; QUAM : aram ; QUIS : aliquis.

X 226

ADVENA dicit, quia bene indigene sciebant homines ibi esse mactatos nec vituli nec boves ibi sacrificabatur sed hospites.

220* interroges] interroge *ms.* | 223* CERASTE] CERATTE *ms.*

X 220-221

[1] On a raconté ci-dessus la métamorphose d'Hyacinthe. AT SI (« Mais si ») : je dis que la cité de Sparte ne rougit pas d'avoir donné naissance à Hyacinthe, qui était plein de grâce. [2] AT SI FORTE (« Mais si par hasard »). Construire ainsi : AT SI INTERROGES FORTE AMATONTA (« Mais si par hasard on interroge Amathonte »), les gens de cette cité ou cette cité elle-même, FECONDAM METALLIS (« féconde en métaux »), AN (« pour savoir si »), c'est-à-dire pour distinguer si VELLIT MELIUS GENUISSE PROPETIDES (« elle aurait préféré donner naissance aux Propétides »), cette engeance, ATQUE (« ainsi qu'à »), pour « ou à » ceux QUIBUS FRONS ERAT CONDAM ASPERA CORNU (« dont le front était autrefois renforcé d'une corne »), pour CORNU GEMINO (« une double corne »), UNDE (« d'où »), pour cette raison, cette engeance CERASTE TRAXERE NOMEN (« reçut le nom de Cérastes »), [3] cette cité ANNUIT (« approuve ») EQUE (« de manière égale »), à égalité, autrement dit : « Amathonte aime autant avoir donné naissance aux Propétides qu'aux Cérastes. »

X 222-223
Les Cérastes

X 224

[1] ANTE FORES (« Devant les portes ») : voici pourquoi les Cérastes furent métamorphosés en bœufs, c'est parce qu'ils sacrifiaient leurs hôtes à Jupiter : aussi Vénus, irritée, les transforma en bœufs. [2] IOVIS HOSPITIS (« de Jupiter Hospitalier ») : Jupiter porte le nom de dieu hospitalier depuis qu'il a anéanti la Lycie ; l'autel sinistre SCELERIS (« du crime »), à cause des crimes.

X 226

Il dit ADVENA (« étranger »), parce que les indigènes savaient bien que c'étaient des hommes qui avaient été immolés à cet endroit, et qu'on n'y sacrifiait ni des veaux ni des bœufs, mais les hôtes.

226-229*

226 ADVENA : alienus ; MACTATOS : occisos ; ILLIC : in ara. 227 AMATUSIASQUE : a loco et. 228 HOSPES : in veritate ; CESUS : occisus ; SACRIS : sacrificiis ; NEPHANDIS : pessimis. 229 OFFITIACA : ab Offite rege ; PARABAT : volebat.

|f. 133r|

X 230

SED QUID, quasi dicat : 'Meum regnum non debet in hoc puniri, sed populus qui hoc facit', et dedit eis Venus ut putarent se servare cornua, nec habebant.

230-231*

230 DESERERE : linquere ; VENUS : dea ; LOCA : mea peccavere. 231 PECCAVERE : certe nichil ; QUOD : quale ; CRIMEN : certe nullum ; ILLIS : locis et civitatibus.

X 232

Mutatio Cerastarum in tauros

[1] Ecce causa quare Amatonta nollet eas genuisse. Dum Venus dubitaret, respexit cornua que ferebant, et sic recordata est taurorum, et in tauros hos mutavit. [2] POSSE RELINQUI (236) : per hoc notat ipsas habere cornua, quia eis relicte fuerunt ; ergo habebant. [3] Non possent relinqui nisi haberent, ut, si quis mutaret anglicom, cauda posset ei relinqui, quia iam habet caudam, quod non posset fieri francigene vel alii.
232* POTIUS : melius ; PENAM : quam loca mea ; IMPIA : prava ; PENDAT : sustineat.

X 233

[1] Quod isti dicuntur mutari in tauros nichil aliud est nisi quod erant homines homicide et crudeles, bestialiter, non Deum cognoscentes, viventes, quod hospites occidebant, pretereuntes spoliabant. [2] Quod Venus mutavit, quia per Venerem et luxuriam suam hoc faciebant, et in rei veritate Ceraste sunt quidam populi habentes strumam in fronte, a qua struma dicti sunt cornuti illi.

230* mea] me *ms.* | 232.1 Amatonta] Amantus *ms.*

|f. 133r|

X 230

SED QUID (« Mais de quoi »), autrement dit : « Ce n'est pas mon royaume qui doit être puni pour cela, mais le peuple qui agit ainsi. », et Vénus leur fit croire qu'ils conservaient des cornes, alors qu'ils n'en avaient plus.

X 232

Métamorphose des Cérastes en taureaux

[1] Voici pourquoi Amathonte voudrait ne pas leur avoir donné naissance. Comme Vénus hésitait, elle remarqua qu'ils portaient des cornes : elle pensa alors à des taureaux, et les transforma en taureaux. [2] POSSE RELIQUI (« qu'elle peut les leur laisser ») : il note ainsi qu'ils avaient des cornes, parce qu'elles leur furent laissées : donc ils en avaient. [3] Elles n'auraient pu leur être laissées s'ils n'en avaient pas, de même que, si on métamorphosait un Anglais, on pourrait lui laisser une queue, parce qu'il en a déjà une, ce qui ne pourrait arriver à un Français ou à d'autres peuples.

X 233

[1] Dire qu'ils furent changés en taureaux revient à dire qu'ils étaient des hommes criminels et cruels, qui vivaient comme des bêtes, dans l'ignorance de Dieu, et tuaient leurs hôtes, après avoir spolié les voyageurs. [2] Vénus mit un terme à cela parce qu'ils agissaient ainsi sous l'emprise de Vénus et de leur luxure : en vérité les Cérastes sont des gens qui ont des écrouelles sur le front, ce sont ces écrouelles qui font dire qu'ils sont cornus.

233-237*

233 NECE : pendat ; QUID : per aliud. 234 IDQUE : medium ; VERSE : mutate ; FIGURE : certe nichil. 235 QUO : modo vel qua forma ; EOS : Cerastas ; CORNUA : que habebant. 236 FLEXIT : vertit ; HEC : cornua ; ILLIS : Cerasti ; RELINQUI : ab illa. 237 GRANDIAQUE : magna et ; TORVOS : crudeles ; TRANSFORMAT : mutat ; IUVENCOS : tauros.

X 238-240

De Propetidibus

[1] SUNT TAMEN. Ecce causa quare fecit Venus Propetides publicas meretrices : PRO QUA IRA NUMINIS, idest pro cuius numinis ira FERUNTUR VULGASSE, primo suo corpora vulgo exposuisse sic aperte ut meretrices ab omnibus dicerentur. [2] Post hoc mutate fuerunt in lapides.

238-240*

238 OBSCENE : prave ; VENEREM : deam ; PREPETIDES : mulieres. 239 SUA : causa ; NUMINIS : deitatis ; IRA : pro. 240 FORMA : sua, vel (for)me ; VULGASSE : communiter tradidisse.

X 241-242

Mutatio Propetidum in lapides

[1] Moralitas hec est : Propetides, idest puelle et mulieres in iuventute intelliguntur, negant primo Veneri famulari, dicunt se nullo modo Veneri servire. [2] Tamen, quia vicium Veneris inest naturaliter mulieribus dum ad etatem venerint, gustant de fructu Veneris, et tunc, illi soli adherentes, fiunt que prius erant caste publice meretrices. [3] Quod SANGUIS ORIS indurescit, quia pudorem retromittunt, et firmiter ut lapides elevate per vicos pergunt ut coram vendant, et sic dicuntur in lapides transmutari.

241-242*

241 UT : postquam ; CESSIT : re(cessit) ; -QUE : et postquam ; ORIS : sui. 242 SILICEM : lapidem ; DISCRIMINE : divisione ; VERSE : mutate.

X 243-246

De Pigmalione

238* deam] dea *ms.* | 243-246*tit.* Pigmalione *ex* Pigmaligne *ms.*

X 238-240

Les Propétides

[1] SUNT TAMEN (« Il y a cependant »). Voici pourquoi Vénus fit des Propétides des femmes publiques : PRO QUA IRA NUMINIS (« par cette colère de la déesse »), c'est-à-dire par la colère de cette déesse, FERUNTUR VULGASSE (« elles prostituèrent (leurs corps), dit-on »), elles furent les premières à offrir publiquement leurs corps de manière si évidente qu'elles furent communément appelées femmes publiques. [2] Après cela elles furent changées en pierres.

X 241-242

Pétrification des Propétides

[1] La moralité est la suivante : les Propétides, c'est-à-dire, comprend-on, de jeunes filles et de jeunes femmes, refusent d'abord de se soumettre à Vénus, en disant qu'elles ne sont nullement à son service. [2] Cependant, parce que le vice de Vénus habite naturellement les femmes quand elles avancent en âge, elles goûtent au fruit de Vénus ; alors elles ne jurent plus que par lui et celles qui étaient chastes au début devient des femmes publiques. [2] (Il dit) que SANGUIS ORIS (« le sang de leur visage ») se figea, parce qu'elles abandonnèrent toute pudeur, et que, fermes comme des pierres dressées le long des chemins, elles continuent à se vendre publiquement, et ainsi on dit qu'elles furent changées en pierres.

X 243-246

Pygmalion

243-246*

243 QUAS : Propetides ; PIGMALION : proprium ; PER CRIMEN : in peccato. 244 OFFENSUS : tristis ; VICIIS : suis ; QUE : vicia ; PLURIMA : magna. 245 FEMINEE : feminarum ; NATURA : quia naturaliter sunt prave ; CELEBS : castus. 246 DIU : longe ; CONSORTE : socia.

X 247-249

De ymagine eburnea

[1] INTEREA. Pigmalion, offensus pro moribus Propetidum, celebs statuit vivere, qui, com quandam ymaginem ex ebore fecisset, eius specie captus, auxilio Veneris loco mulieris usus est ea. [2] Formam dedit illi ebori QUA NULLA FORMA NASCI POTEST, quia aliqua femina non habebat tam pulchram formam virginis illi datam ; representat istam esse virginem.

247-256*

247 INTEREA : commutarentur ; NIVEUM : album ; MIRA : mirabili ; ARTE : ingenio. 248 SCULPSIT : scidit ; QUA : forma. 249 OPERIS : ymaginis. 250 FACIES : ymaginis ; QUAM : virginem vel ymaginem ; CREDAS : si esses. 251 OBSTET : noceat ; REVERENTIA : rei veritas ; POSSE : credas. 252 ADEO : in tantum ; ARTE SUA : opere et subtilitate ; HAURIT : capit. 253 PECTORE : suo ; PIGMALEON : proprium ; SIMULATI : ficti ; IGNES : amores. 254 OPERI : suo ; TENTANTES : utrum verum esset corpus ; AN : utrum. 255 EBUR : erat vere ; EBUR : illud ; FATETUR : dicit ; non vult dicere quod sit eburneum. 256 OSCULA : basia ; DAT : ymagini ; REDDIT : ab illa ; LOQUITUR : secom ; TENET : illam.

X 257

De credulitate Pigmalionis com ymagine

INSIDERE, idest inclinare, in carne molli intrare.
257* INFIGERE : vel 'insidere'.

X 258

Livor est nigredo proveniens in carne ex impressione vel percussione, et dicitur *blesmisture* gallice.

247-249.2 datam] date *ms.* | 257*tit.* credulitate *ex* credudlitate *ms.*

X 247-249

La statue d'ivoire

[1] INTEREA (« Pendant ce temps »), Pygmalion, choqué par les mœurs des Propétides, décida de rester célibataire. Mais, ayant fabriqué une statue d'ivoire, il fut captivé par sa beauté, et avec l'aide de Vénus usa d'elle comme d'une femme. [2] Il donna à cet ivoire QUA NULLA FORMA NASCI POTEST (« une forme qu'aucune femme ne peut avoir à la naissance »), parce qu'aucune femme n'avait une aussi belle forme de vierge que celle qu'il lui donna. Il donne ici la représentation d'une vierge.
255 FATETUR (« il avoue ») : il dit ; il ne veut pas dire qu'il s'agit d'ivoire.

X 257

Illusions de Pygmalion à l'égard de sa statue

INSIDERE (« poser sur »), c'est-à-dire incliner, entrer dans la chair tendre.

X 258

La lividité est la noirceur qui marque la chair après une pression ou un coup, on l'appelle *blesmissure* en français.

258-264*

258 METUIT : timet ; NE : quod non ; LIVOR : *blesmisture.* 259 MODO : aliquando ; BLANDICIAS : dulcia verba ; ADHIBET : dicit ; MODO : aliquando. 260 FERT : dat ; CONCHAS : scilicet *coquigles* ; TERETES : rotondos ; LAPILLOS : fert, lapides. 261 PARVAS : fert ; FLORES : fert. 262 LILIAQUE : fert et ; PICTASQUE : fert etiam ; LAPSAS : cadentes. 263 QUOQUE : similiter ; ARTUS : membra ymaginis. 264 DIGITIS : suis ; MONILIA : anulos ; COLLO : suo.

X 265

BACHE sunt ille cathene com anulis que ab auribus dependent, et hoc solet esse ritu paganorum.
265* AURE : pendent ; REDIMICULA : ornamenta ; PECTORE : a, suo.

X 266

MINUS quam si esset ornata supradictis ornamentis.
266* CUNCTA : omnia ; FORMOSA : pulchra.

X 267

SINDONIDE : in Sindonia habundat purpura que tingitur quodam pisce qui crescit in conchis.

267-269*

267 COLLOCAT : ponit ; HANC : ymaginem ; STRATIS : letis ; SIDONIDE : purpure ; PICTIS : pisces ; vel 'cinctis'. 268 -QUE : et ; THORI : lecti ; COLLA : sua. 269 TANQUAM : quasi ; SENSURA : perceptura.

X 270

Describit actor tempus et diem in quo mutata fuit ymago Pigmalionis in mulierem, et dicit quod fuit in illa die qua Veneri sacrificabant.
270* FESTA : festiva ; CIPRO : in illa insula in qua precipue Venus a populo colebatur.

X 271

aurum] Ornamentis aureis tegebant quando sacrificabantur.

271-273*

271 BLANDIS : candidis ; CORNIBUS : suis. 272 CONCIDERANT : ceciderant ; ICTE : percusse ; NIVEA : candida ; CERVICE : teste. 273 -QUE : et ; FUMABANT : ibi ; MUNERE : sacrificio ; FUNCTUS : usus ; ARAS : altaria Pigmalion.

X 265

BACHE (« perles ») : il s'agit de ces chaînes avec des anneaux qui pendent des oreilles, c'est une habitude païenne.

X 266

MINUS (« moins ») que si elle était ornée des parures énoncées ci-dessus.

X 267

SINDONIDE (« de Sidon ») : à Sidon abonde la teinture pourpre produite à partir d'un poisson qui grandit dans des coquilles.

X 270

L'auteur décrit le jour et l'heure où la statue de Pygmalion fut métamorphosée en femme : il dit que c'était un jour de sacrifices à Vénus. 270 CIPRO (« à Chypre ») : dans cette île où Vénus était principalement honorée par le peuple.

X 271

aurum (« l'or »)] On couvrait (les animaux) d'ornements en or quand on les sacrifiait.

X 274-276
Oratio Pigmalionis

|f. 133v|
Non DIXIT eburnea virgo, sed illa que similis est ebori, quia ibi ponitur eburnea virgo ad placitum.

274-276*
274 CONSTITIT : stetit ; SI : quia ; DII : 'o' ; CUNCTA : licita et iusta. 275 CONIUNX : sponsa ; OPTO : volo.

X 277-278
Com supradicta diceret Pigmalion, Venus erat presens et petitiones illius benigniter exaudivit.

277-278*
277 SENSIT : percepit ; UT : quia ; ADERAT : presens ; VENUS : dea. 278 ILLA : Pigmalionis ; ET : scilicet ; AMICI : amicabilis ; MUNERIS : doni.

X 279
Quasi diceret : 'Ter candela accensa est propter eius sanctitatem et ter flamma evanuit, vel ignis tribus vicibus super illum de celo descendit'.

279-282*
279 TER : tribus ; ACCENSA : vicibus ; APICEM : altitudinem. 280 UT : postquam ; SIMULACRA : ymaginem. 281 THORO : lecto ; TEMPORE : ab illo. 282 ADMOVET : addit ; MANIBUS : suis ; PECTORA : illius ; TENTAT : sepe tenet.

X 283-284
Mutatio ymaginis eburnee in mulierem
[1] SUBSEDIT, idest inclinavit, et refugit impressionem digitorum Pigmalionis, quia iam erat carnea ymago et non eburnea. [2] HUMETIA : Humetus est mons ubi maxime habitant apes et mellificant.

283-284*
283 TENTATUM : sepe tentum ; EBUR : ymago eboris ; POSITO RIGORE : deposito, et hoc dico. 284 SUBSEDIT : inclinavit ; DIGITIS : suis ; HUMETIA : a monte.

279 descendit] descendi *ms.* | 279* altitudinem] altitudine *ms.*

X 274-276
Prière de Pygmalion

|f. 133v|
Non dixit (« Il ne dit pas ») « vierge en ivoire », mais (il dit) qu'elle était semblable à de l'ivoire, parce qu'une vierge d'ivoire est placée là pour l'agrément.

X 277-278

Comme Pygmalion prononçait les prières mentionnées plus haut, Vénus était présente et entendit avec bienveillance ses demandes.

X 279

En d'autres termes : « Trois fois le cierge s'alluma grâce à sa pureté, et trois fois la flamme disparut ; ou le feu par trois fois descendit du ciel sur lui. »

X 283-284
Métamorphose en femme de la statue d'ivoire

[1] Subsedit (« Il fléchit »), c'est-à-dire il s'incline, et recule sous la pression des doigts de Pygmalion, parce que la statue était déjà de chair et non plus d'ivoire. [2] Humetia (« de l'Hymette ») : l'Hymette est un mont sur lequel vivent de très nombreuses abeilles qui fabriquent du miel.

X 285-286

TRACTATA, idest assidua attractione, FIT UTILIS, et ad quamlibet formam apta.

285-286*

285 MULTASQUE : in plures et ; TRACTA : tractata. 286 FLECTITUR : mutatur ; FACIES : formas ; UTILIS : ad diversas formas capiendas.

X 287

ET DUBIO vel MEDIO, idest mediocriter vel dubitabiliter gaudebat adhuc, quia nesciebat utrum esset vere carnea vel adhuc eburnea.
287* DUM : quamdiu ; ET DUBIO : quod medio ; FALLIQUE : decipi ; VERETUR : dubitat.

X 288-289

[1] Hec est moralitas. Pygmalion fecit ymaginem eburneam, quia puellam pulcherrimam ex Indis partibus enutrivit. [2] Com omnes alias mulieres in odio haberet et ad ultimum illam adamavit, quia satisfacit hominem qui eam nutrit, et illam desponsavit et in veritate Pasum genuit. Hoc est verum. [3] Aliter sic : Pigmalion iuvenis religiosus dicitur, qui propter vicia mulierum ab earum consorciis se declinat ; ymaginem eburneam nutrit quia conscientiam puram et candidam. [4] Tamen in fine mutatur in mulierem, quia aliquando aliqui religiosi, resipiscentes, mulieribus adherent, a quibus generatur insule nomen Paphon, quia Paphon dicitur a *Phase*, quod est transitus, quia de mondo ad religionem transeunt, et iterum et econverso.

288-289*

288 RURSUS : iterum ; RURSUS : iterum ; VOTA : iterum ; RETRACTAT : tangit. 289 CORPUS : in veritate ; TENTATE : sepe tente ; POLLICE : Pigmalion.

X 290

Regratiatio Pigmalionis Veneri

285* MULTASQUE *ex* MULTAQUE *ms.* | 285-286 TRACTATA] TRACTA *ms.* | 287 vere *ex* vera *ms.* | 288-289.2 eam] eum *ms.* | 288-289.4 ad] at *ms.* econverso *ex* converso *ms.* | 290*tit.* Regratiatio] regraciatior *ms.*

X 285-286

TRACTATA (« façonnée »), c'est-à-dire par de longues caresses, FIT UTILIS (« elle devient utile ») et apte à prendre la forme voulue.
286 UTILIS (« utile ») : pour prendre diverses formes.

X 287

ET DUBIO (« et dans l'hésitation ») ou MEDIO (« moyennement »), c'est-à-dire il se réjouissait encore moyennement ou en hésitant, parce qu'il ne savait pas si elle était vraiment de chair ou si elle était encore en ivoire.

X 288-289

[1] Voici la moralité. Pygmalion fabriqua une statue d'ivoire, parce qu'il éleva une très belle jeune fille originaire des régions de l'Inde. [2] Alors qu'il avait pris en haine toutes les autres femmes, il aima finalement celle-ci, parce qu'elle satisfait l'homme qui la nourrit, et il l'épousa et engendra en vérité Pasus. C'est la vérité. [3] Autre interprétation : Pygmalion est le nom d'un jeune homme pieux, qui, à cause des vices des femmes, s'éloigne de leur fréquentation ; il nourrit une statue d'ivoire parce qu'il cultiva une conscience pure et sans tache. [4] Cependant finalement elle fut changée en femme, parce que parfois certains hommes pieux, retrouvant le goût des femmes, s'y attachent. Elles donnent naissance à une île du nom de Paphos, parce que Paphos tire son nom du Phase, qui signifie le passage, parce qu'elles passent du monde à la religion, et de nouveau vice versa.

X 290

Pygmalion rend grâce à Vénus

TUM VERO PAPHIUS, idest Pigmalion : preoccupatio actoris, quia Pigmalion ex ymagine vivificata genuit Paphium, a quo dicta est insula Paphos, unde et Paphii dicuntur homines illius terre.

290-294*

290 VERO : certe ; PAPHIUS : Pigmalion ; CONCIPIT : in corde. 291 VERBA : precamina ; QUIBUS : verbis ; AGIT : reddit ; -QUE : et ; TANDEM : ad ultimum. 292 OSCULA : basia. 293 ERUBUIT : puduit ; TIMIDUMQUE : pudibundum ; LUMINA : solis ; LUMEN : oculos. 294 ATTOLLENS : levans ; CELO : aere ; AMANTEM : suum Pigmaliona.

X 295-297

Incipit de Mirra

Caute intrat actor fabulam, sed adhuc sunt verba Orphei qui promiserat se dicturum amores inconcessos mulierum et iuvenum, unde supra dicitur : « puerosque canamus / dilectos superis, inconcessisque puellas / ignibus » (152-154), et cetera.

295-299*

295 QUOD : coniugium ; DEA : Venus ; IAMQUE : quia habuit rem com illa ; COACTIS : coniunctis. 296 NOVIENS : novem vicibus ; ORBEM : rotunditatem. 297 ILLA : ymago ; PAPHON : proprium ; GENUIT : peperit ; QUO : Papho. 298 EDITUS : nutritus ; HAC : insula ; ILLE : homo ; PROLE : progenie. 299 FELICES : beatos scilicet ; CINARAS : proprium ; HABERI : numerari.

X 300

[1] DIRA CANAM. Incipit Orpheus cantare de amore Mirre com patre suo, sed primo invittat mulieres ut fugiant a facie cantilene sue. [2] Fabula talis est : in Paphon natus fuit Cinaras, qui filiam Mirram habuit, que, ‹com› ad etatem pervenisset, patrem adamavit. [3] Que, com diu ad amorem suum repugnaret, tandem ad ultimum voluit se suspendere, sed nutrix vetula illam percepit, et sic ad ultimum cognovit quod patrem amabat, et tunc, mediante illa, pater carnaliter illam copulavit sibi, et, com ad ultimum cognovisset quod filia erat, voluit occidere, et illa fugit et miseratione deorum mutata fuit in arborem que mirra dicitur.

---

290 preoccupatio] preoccupato *ms.* | 290* Pigmalion] pima *ms.* | 295-297 inconcessisque] incessisque *ms.* | 296* NOVIENS] NOVIES *ms.* | 300.2 ‹com› ad etatem] ad etatem *ms.*

TUM VERO PAPHIUS (« Alors le héros de Paphos »), c'est-à-dire Pygmalion : l'auteur fait une prolepse, parce que Pygmalion, de la statue qui avait pris vie, engendra Paphos, qui donna son nom à l'île de Paphos, et les habitants de cette terre sont appelés Paphiens.

X 295-297
Début de l'histoire de Myrrha

L'auteur arrive habilement vers cette fable, mais ce sont encore les paroles d'Orphée qui avait promis qu'il dirait les amours défendues des femmes et des jeunes gens, ainsi qu'on le lit plus haut : « nous chanterons les enfants aimés par les dieux, et les flammes défendues des jeunes filles » etc.
295 IAMQUE (« et déjà ») : parce qu'il s'unit à elle charnellement.

X 300

[1] DIRA CANAM (« je vais chanter des choses affreuses »). Orphée commence à chanter l'amour de Myrrha pour son père, mais auparavant il invite les femmes à fuir loin de son chant. [2] La fable est la suivante : à Paphos naquit Cynaras, qui eut comme fille Myrrha ; lorsqu'elle prit de l'âge, elle aima son père. [3] Après avoir longtemps combattu son amour, elle voulut finalement se pendre. Mais sa vieille nourrice la surprit, et sut finalement qu'elle aimait son père. Alors, par son intervention, le père s'unit charnellement à sa fille. S'apercevant finalement que c'était sa fille, il voulut la tuer. Elle s'enfuit, et fut grâce à la pitié des dieux transformée en un arbre qu'on appelle la myrrhe.

300* DIRA : turpia ; PROCUL : longe ; NATE : 'o' ; ESTE : estote ; PARENTES : matres.

X 301

MULCEBUNT, ita quod velitis audire ; multa placent quibus non debet fides adhiberi.

301-303*

301 AUT : vel ; MULCEBUNT : lenient ; CARMINA : cantilene. 302 DESIT : deficiat ; PARTE : in qua cano ; FIDES : vestra ; CREDITE : esse ; FACTUM : verum, quia turpe. 303 CREDETIS : forte ; QUOQUE : similiter ; PENAM : quia pugnita fuit.

X 304

SI TAMEN AMISSUM, quasi dicat : 'Si natura patitur hoc posse fieri, gratulor, non quod apud nos nec apud regionem nostram evenerit istud scelus'. Sic potest com precedenti versu legi vel com illo : FACTI QUOQUE CREDITE PENAM (303).

304-307*

304 AMISSUM : peccatum ; NATURA : mulierum ; VIDERI : quia contra naturam adamavit patrem. 305 HYMARIIS : a loco ; UT : vel 'et' ; ORBI : patrie. 306 TERRE : regioni ; ABEST : deficit. 307 QUE : regiones ; TANTUM : tam magnum ; NEPHAS : impietatem ; SIT : licet ; AMOMO : genere specierum.

X 308-309

COSTUM – PACAIA TELLUS FERAT COSTUM SUUM – SUUM dicit, quia apud illos invenitur et non alibi.

308-309*

308 CINNAMA : species ; COSTUMQUE : ferat species ; SUUM : ferat ; SUDATAQUE : sudando emissa. 309 FERAT : portet ; ALIOS : ab istis.

308* SUDATAQUE *ex* SUBDATAQUE *ms.*

X 301

MULCEBUNT (« séduiront »), au point que vous voulez les entendre : on est charmé par bien des choses auxquelles on ne devrait pas accorder foi.

X 304

SI TAMEN ADMISSUM (« si cependant (…) admis »), autrement dit : « Si la nature souffre que cela puisse arriver, je me félicite que ce forfait n'ait pas eu lieu chez nous ni dans notre région. » Ainsi on peut lire ces mots avec le vers qui précède ou avec ceci : FACTI QUOQUE CREDITE PENAM (« croyez aussi au châtiment du forfait »).
304 VIDERI (« qu'on voie ») : parce qu'elle aima son père contre la nature.

X 308-309

Il dit COSTUM SUUM (« son costus ») – PACAIA TELLUS FERAT COSTUM SUUM (« que la terre de Panchaïe produise son costus ») –, parce qu'on le trouve chez eux et non ailleurs.

X 310

DUM FERAT PANCHAIA mirram, idest similiter com aliis speciebus supradictis ; TANTI, quasi dicat : 'Pocius volumus mirra et aliis speciebus carere quam habere vel habuisse noviter mirram com ceteris supradictis, que pro tam fedo crimine mutata est.
310* FERAT : portet ; ET : similiter ; TANTI : precii ; ARBOR : illa.

X 311

IPSE NEGAT. Posset aliquis dicere : 'Quare ita, Mirra, amas ?' Et ita respondere : 'Cupido cogit me, ut ita amem'. Solvit actor ; contra IPSE NEGAT.

311-312*

311 CUPIDO : deus amoris. 312 MIRRA : 'o' ; FACES : tedas ; CRIMINE : peccato ; VENDICAT : removet vel excusat.

X 313-314

Amor Mirre com patre

Nota.

313-314*

313 STIPITE : tirso ; STIGIO : infernali ; AFFLAVIT : inflammavit ; ECHIDNIS : mortalibus. 314 UNA : scilicet Aletho ; PARENTEM : patrem.

X 315

MAIUS SCELUS, quasi dicat : 'Amare ita illicite patrem est maius scelus quod habere illum in odio'.

315-316*

315 HIC : illicitus ; LETI : electi vel gaudentes. 316 PROCERES : barones.

X 317-318

Quasi diceret : 'In omnibus temptantibus non est quem velles capere, imo solum patrem'.

---

311 amas *ex* amato *ms.* | 313* STIGIO] TETIGIO *ex* TEGTIGIO *ms.* | 317-318 temptantibus] tempetentibus *ms.*

X 310

DUM FERAT PANCHAIA (« tandis que la Panchaïe produit ») la myrrhe, c'est-à-dire de la même façon que les autres espèces citées plus haut, TANTI (« aussi cher »), autrement dit : « Nous préférons manquer de myrrhe et des autres espèces plutôt que d'avoir ou d'avoir eu récemment la myrrhe avec les autres plantes citées plus haut, elle qui fut métamorphosée pour un crime si honteux. »

X 311

IPSE NEGAT (« Lui-même nie »). On pourrait dire : « Pourquoi éprouves-tu un tel amour, Myrrha ? » et elle pourrait répondre : « Cupidon me contraint à l'éprouver ». L'auteur résout le problème en disant au contraire : « Lui-même nie… ».

X 313-314

Amour de Myrrha pour son père

À noter.

X 315

MAIUS SCELUS (« un crime plus grand »), autrement dit : « Aimer ainsi son père de façon interdite est un crime plus grand que de le haïr ».

X 317-318

En d'autres termes : « Parmi tous ceux qui te recherchent il n'en est pas un que tu voudrais épouser, sauf seulement ton père. »

317-319*

317 ADEST : venit ; OMNIBUS : petentibus ; UNUM : solum. 318 MIRRA : 'o' ; VIRUM : maritum ; UNUS : aliquis. 319 QUIDEM : certe ; SENTIT : percipit ; FEDOQUE : pravo et.

X 320

ET SECUM. Mirra, senciens amorem suum illicitum, et contra iuris leges redarguens se, et castigans se tali amore, ait SECUM, idest intra se : 'QUO', idest ad quod facinus, 'FEROR MENTE'.

320-321*

320 ET : ait ; QUO : amore ; MENTE : in. 321 DII : 'o' ; PRECOR : vos ; PIETAS : 'o' ; -QUE : et ; IURA : 'o' ; PARENTUM : patrum.

|f. 134r|

X 322-323

Repugnatio Mirre ne patrem illicite amaret

SI TAMEN, quia dixerat : 'SCELERI RESISTITE NOSTRO' ; redarguens se de eo quod dixerat, dicit : 'SI HOC EST SCELUS'.

322-324*

322 PROHIBETE : removete a me ; SCELERIQUE : pravitati mee. 323 TAMEN : ita dico ; DAMPNARE : castigare. 324 HANC : talem ; COEUNT : iunguntur.

X 325-326

'In patre cur pecco ? Nec peccat sic equus equo : / ipsa creatur equo, coniunx equa iure fit equo'.

325-326*

325 CETERA : ab homine ; DELICTO : peccato ; IUVENCE : vace. 326 PATREM : taurum ; TERGO : suo ; FILIA : equa.

X 327

Quasi dicat : 'Equus, bos, caper, aves coeunt sine peccato. O, quam felices sunt isti'.

---

320 se^{2}] te *ms.* quod] quem *ms.* MENTE] MENTEM *ms.* | 322* mee] me *ms.* | 325-326 In patre [...] fit equo] unde versus *add. m.d. eadem manus*

X 320

ET SECUM (« et à elle-même »). Myrrha, comprenant que son amour est défendu, et s'opposant à elle-même les règles du droit, se châtiant d'un tel amour, dit SECUM (« à elle-même »), c'est-à-dire intérieurement : « QUO (« où »), c'est-à-dire à quel forfait, FEROR MENTE (« suis-je emportée par ma passion ») ? »

|f. 134 r|

X 322-323

Myrrha résiste à l'amour défendu pour son père

SI TAMEN (« si toutefois »), autrement dit : « Opposez-vous à mon crime », mais, argumentant elle-même contre ce qu'elle venait de dire, elle ajouta « si toutefois c'est un crime ».

X 325-326

« Pourquoi est-ce un péché quand il s'agit de mon père ? Le cheval ne commet pas de péché en aimant ainsi un cheval : / la jument naît elle-même d'un cheval, et devient à bon droit la compagne de ce cheval. »

X 327

En d'autres termes : « Le cheval, le bœuf, le bouc, les oiseaux s'unissent sans péché. Ô comme ils sont heureux ! »

327-328*

327 QUAS : pecudes ; PECUDES : capras. 328 CONCEPTA : generata ; ILLO : semine.

X 329-331

HUMANA CURA, idest homines curiosi, instituerunt leges malignas eo quod quiscomque non potest facere velle suum.

329-333*

329 FELICES : illi ; ISTA : supradicta ; MALIGNAS : pravas. 330 QUOD : illud ; REMITTIT : concedit. 331 INVIDA : invidiosa ; NEGANT : fieri ; GENTES : aliquas ; FERUNTUR : dicuntur. 332 QUIBUS : gentibus ; ET : etiam ; NATO : suo ; GENITRIX : mater iungitur ; NATA : filia ; PARENTI : patri. 333 IUNGITUR : per cohitum ; PIETAS : illorum ; GEMINATO : scilicet.

X 334

'Quia non solum ex affectu meo et libidine, sed ex diversitate loci, quia in partibus supradictis essem, non modo vulnerarer, quod secundum mores patrie operarer'.

334* ME : dico ; MISERAM : esse ; QUOD : ideo ; CONTIGIT : mihi ; ILLUC : in illis gentibus.

X 335

Modo se corrigit ab prava cogitatione vel forte secom loqutione. DIGNUS (336) : 'Quamvis non esset pater, deberem amare' ; ET PATER EST : 'Ego forcius amabo, quia dignus ET PATER EST'.

335-338*

335 FORTUNA : per dispositionem ; QUID : quare ; ISTA : mala. 336 SPES : 'o' ; INTERDICTE : prave ; DISCEDITE : a me. 337 -QUE : etiam ; PATER : meus. 338 ESSEM : ego ; CONCOMBERE : per stuprum.

X 339-340

De Mirra

'Com meus es, meus es, pater ens ; ut amasius ergo / tu, quoniam meus es, non meus esse potes'.

339-340 Com meus [...] potes] versus *add. m.d. eadem manus*

X 329-331

HUMANA CURA (« Les inquiétudes des hommes »), c'est-à-dire les hommes inquiets, ont institué des lois méchantes puisque personne ne peut faire ce qu'il veut.

X 334

« Parce que, en me comportant conformément aux mœurs de ma patrie, je souffrirais non seulement de mes sentiments et de mon désir, mais aussi de savoir que la situation diffère selon les lieux, parce que je pourrais être dans les régions mentionnées ci-dessus. »

X 335

Maintenant elle se réprimande pour ses pensées dépravées ou peut-être pour ce monologue. DIGNUS (« digne ») : « Même s'il n'était pas mon père, je devrais l'aimer », ET PATER EST (« mais il est mon père ») : « Je l'aimerai encore plus, parce qu'il en est digne et parce qu'il est mon père. »

X 339-340

Myrrha

« Alors que tu es mien, tu es mien parce que tu es mon père ; donc comme amant, parce que tu es mien, tu ne peux pas être mien. »
339 ESSEM (« je serais ») : pour obtenir de coucher avec lui.

339-341*

339 MEUS : pater ; MEUS : letatio ; -QUE : quia. 340 PROXIMITAS : generosa ; ALIENA : non filia ; ESSEM : ad petendum concubitum. 341 IRE : pergere ; LIBET : placet ; PROCUL : longe ; -QUE : libet ; FINES : regiones.

X 342-344

ardor] 'Pravus et valde illicitus, ut concombam com meo patre, et SPECTEM, et TANGAM'.

342-344*

342 DUM : quoadusque ; SCELUS : hoc ; TUNC : nunc ; ARDOR : amor. 343 PRESENS : ego ; SPECTEM : videam ; CYNARAM : patrem meum ; TANGAM : illum ; LOQUAR : secom. 344 ADMOVEAM : addam ; CONCEDITUR : aliud ; ULTRA : 'quod vellem, scilicet cohitum luxuriosum'.

X 345

ULTRA, quia dixerat : 'Tangam, loquar, basiam, nil plus ceditur'. Modo se corrigit : 'Ha, quid possum sperare aliud a supradictis ? Nomquid volo meretricari ?', et loquitur in secunda persona ad se, quasi ad aliam, eo quod demonstret mentis sue alienationem.

345-348*

345 ULTRA : plus ; ALIQUID : cohitum ; IMPIA : prava. 346 QUOD : nonquid ; CONFUNDAS : adnichilas ; NOMINA : parentum ; SENTIS : precipis. 347 -NE : nonquid ; MATRIS : tue ; ADULTERA : meretris. 348 SOROR : eris ; NATI : tui ; GENITRIX : mater.

X 349

Infernales sorores dicuntur crinari serpentibus, ut demonstretur terribilitas et crudelitas et pena earum.

349-352*

349 NEC : nonquid ; METUES : timebis ; SACRO : execrabili ; CRINITAS : capillatas. 350 QUAS : sorores ; FACIBUS : ignibus. 351 NOXIA : peccantia ; TU : 'o Mirra'. 352 NEPHAS : peccatum ; ANIMO : tuo ; NEVE : non.

339* letatio] letio *ms.* | 349 pena] penas *ms.*

X 342-344

ardor (« l'ardeur »)] « C'est un acte dépravé et tout à fait défendu, de coucher avec mon père, de le regarder, de le toucher ».
344 ULTRA (« davantage ») : ce que je voudrais, à savoir une union charnelle.

X 345

ULTRA (« davantage »), parce qu'elle avait dit : « Le toucher, lui parler, l'embrasser, il n'est rien permis de plus. » Maintenant elle se corrige : « Hélas, que puis-je espérer d'autre que cela ? Est-ce que je veux me conduire comme une prostituée ? », et elle se parle à la deuxième personne, comme si elle parlait à une autre, parce qu'elle cherche à démontrer sa folie à son propre esprit.

X 349

Les sœurs infernales sont, dit-on, coiffées de serpents, pour représenter leur aspect terrible et cruel, et leurs tourments.

X 353

Amorem nature potentis, quia amor non est illicitus, quia ad hoc naturaliter inclinamur, ut sanguinem nostrum diligamus.

353-355*

353 CONCUBITU : stupro ; VETITO : pravo. 354 VELLE PUTA : istud ; RES : operatio rei ; PIUS : pater. 355 MORIS : consuetudinis et veritatis ; SIMILIS : talis ; FUROR : 'amandi me sicut amo illum'.

X 356

DIGNA dicit, quia divites pretendentes erant. DUBITARE FACIT (357), cui eorum committat filiam suam.

X 356-357

DIXERAT. Ita dixerat vel cogitaverat Mirra predicta intra se. AT. Construe : AT – pro set – CINARAS QUEM, Cinaram, COPIA pro copia FACIT DUBITARE quid possit facere de maritando illam alicui SCITATUR, inquit, A‹B IPSA› DICTIS NOMINIBUS, quia dixit Cinaras nubili : « talis te petit et talis et talis ».

356-360*

356 DIXERAT : supradicta ; AT : sed ; CYNARAS : proprium ; QUEM : Cynaram ; COPIA : multitudo ; PROCORUM : petentium. 357 DUBITARE : de maritando ; SCITATUR : inquirit ; IPSA : Mirra. 358 NOMINIBUS : cintilibus ; VELIT : illa ; ESSE : uxor. 359 SILET : tacet ; VULTIBUS : aspiciendo. 360 ESTUAT : rubet ; SUFFUNDIT : aspergit ; LUMINA : sua ; RORE : lacrimarum.

X 361-362

Cynaras putavit quod pro timore corruptionis virginitatis fleret ; incepit illam mitigare.

361-363*

361 VIRGINEI : virginis ; CYNARAS : proprium ; HOC : istud. 362 VETAT : illam ; SICCAT : tergit ; GENAS : suas ; ATQUE OSCULA : et basia ; IUNGIT : donat. 363 DATIS : basiis ; NIMIUM : valde ; CONSULTA : interrogata ; QUALEM : consilium.

---

356 pretendentes] eprepetentes *ms.* | 356-357 A‹B IPSA›] a # *ms.* Cinaras] Cinis *ms.* nubili] nubere *ms.*

X 353

L'amour de la nature toute-puissante, parce que l'amour n'est pas défendu, parce que nous y sommes conduits naturellement, comme nous aimons notre sang.
355 FUROR (« la fureur ») : « d'aimer comme je l'aime ».

X 356

Il dit DIGNA (« digne »), parce que les prétendants étaient puissants. DUBITARE FACIT (« le fait hésiter »), pour choisir auquel d'entre eux donner sa fille.

X 356-357

DIXERAT (« Elle avait dit »). Myrrha avait dit et pensé intérieurement les paroles mentionnées ci-dessus. AT (« Mais ») : Construire AT (« Mais ») – pour « sed » (« mais ») – CINARAS (« Cynaras ») QUEM (« que ») – Cynaras – COPIA (« l'abondance ») – pour l'abondance – FACIT DUBITARE (« fait hésiter ») sur ce qu'il doit faire au sujet du mariage de sa fille avec l'un (de ces prétendants), SCITATUR (« l'interroge »), dit-il, AB IPSA (« elle-même ») DICTIS NOMINIBUS (« en citant leurs noms »), parce que Cynaras disait à sa fille à marier : « Un tel te demande, et un tel, et un tel. »

X 361-362

Cynaras crut qu'elle pleurait par crainte de perdre sa virginité ; il commença à la réconforter.

X 364

Cynaras non intellexit pro qua causa Mirra dixit : 'SIMILEM TIBI'.

364-366*

364 VIRUM : maritum ; SIMILEM : vellem. 365 INTELLECTAM : bene. 366 PIA : bona ; NOMINE : pro.

X 367

Conscius dicitur qui scit se fecisse aliquod in ius, et dicitur alio modo reus vel culpabilis.

367* DEMISIT : inclinavit ; VULTUS : suos ; VIRGO : Mirra. 368 MEDIUM : medietas ; -QUE : et.

X 368

Descriptio temporis quo Mirra voluit se suspendere

|f. 134v|

NOCTIS ERAT. Describit actor sub specie cantus Orphei qua hora Mirra voluit suspendere se et qua manifestavit amores suos nutrici, et dicit quod fuit in media nocte.

X 369-370

Quia mentis ardorem non poterat perdomare.

369-371*

369 SOLVERAT : ligaverat ; AT : sed ; CYNAREIA : Mirra ; PERVIGIL : perfecte vigilans. 370 CARPITUR : cruciatur ; FURIOSAQUE : prava et ; RETRACTAT : reminiscitur. 371 MODO : aliquando ; MODO : aliquando ; TENTARE : patrem ; PUDETQUE : facere.

X 372-376

Actor comparat animum Mirre in multis vacillantem arbori semicise que est in dubio propter sui magnitudinem in quo cadat ; sic illa in casu quid faceret.

372-376*

372 CUPIT : facere ; INVENIT : nescit ; UT : sicut. 373 SAUCIA : semicissa ; TRABS : arbor ; INGENS : magna ; NOVISSIMA : ultima ; RESTAT : remanet.

370* cruciatur] cruatur *ms.*

X 364

Cynaras ne comprit pas pourquoi Myrrha répondit : « SIMILEM TIBI (« un homme qui te ressemble »). »

X 367

On dit qu'est conscient celui qui sait qu'il a agi contre le droit ; on peut aussi l'appeler fautif ou coupable.

X 368

Description du moment où Myrrha voulut se pendre

|f. 134v|

NOCTIS ERAT (« C'était la nuit »). Sous le couvert du chant d'Orphée, l'auteur décrit l'heure où Myrrha voulut se pendre et la nourrice à laquelle elle révéla ses amours : il dit que c'était au milieu de la nuit.

X 369-370

Parce qu'elle ne pouvait maîtriser l'ardeur de ses pensées.

X 372-376

L'auteur compare l'esprit de Myrrha qui vacille dans de nombreuses directions, à un arbre à moitié abattu dont, à cause de sa hauteur, on ne sait de quel côté il va tomber ; ainsi elle hésitait sur ce qu'elle ferait.

374 OMNIQUE : tota et. 375 SIC : taliter ; VARIO : variabili ; NUTAT : vacillat. 376 LEVIS : mobilis ; UTROQUE : utrobique.

X 377

Nesciebat quomodo amorem posset evadere nisi per mortem.
377* MODUS : finis vel maneries ; AMORIS : sui.

X 378

INNECTERE, idest illaqueare.
378* PLACET : illi ; ERIGITUR : levat ; FAUCES : genas.

X 379

destinat] Destinare in actoribus, idest proponere in lege vero, idest nonciare.
379* DESTINAT : proponit ; ZONA [...] REVINCTA : hoc dico ; REVINCTA : ligata.

X 380

Quia dixit : 'CARE, o amice CYNARA, VALE ; INTELLIGE CAUSAM MORTIS eo quod non solum es pater, sed carus'.

380-381*

380 CYNARA : 'o' ; -QUE : et ; INTELLIGE : (intellige)bis : MORTIS : mee. 381 APTABAT : parabat ; PALLENTIA : propter mortem ; COLLO : suo.

X 382-383

Ita volebat Mirra se suspendere sed FERUNT...

382-383*

382 FIDAS : fideles ; NUTRICIS : sue. 383 LIMEN : cameram ; ALUMPNE : nutricie.

X 384-385

Quomodo nutrix invenit Mirram desperatam

384-388*

384 SURGIT : levat ; ANUS : vetula ; RESERAT : aperit ; FORES : portas. 385 INSTRUMENTA : scilicet zonam ; SPACIO : protinus ; EODEM : idest in eodem momento. 386 FERIT : nutrix ; SCINDIT : lacerat ; SINUS : vestes ;

385* momento] momenta *ms.*

X 377

Elle ne savait comment réussir à échapper à cet amour, sinon par la mort.

X 378

INNECTERE (« nouer »), c'est-à-dire enserrer.

X 379

destinat (« elle décide »)] décider avec les responsables, c'est-à-dire proposer comme loi authentique, c'est-à-dire annoncer.

X 380

Parce qu'elle dit : « CARE (« Cher »), ô mon aimé CYNARA (« Cynaras »), VALE (« adieu ») ; INTELLIGE CAUSAM MORTIS (« comprends la cause de ma mort »), c'est que tu n'es pas seulement mon père, mais celui que je chéris. »

X 382-383

« Ainsi Myrrha voulait se pendre mais FERUNT (« on dit ») … »

X 384-385

Comment la nourrice découvrit le désespoir de Myrrha

EREPTA : remota vel erecta levata ; COLLO : Mirre. 387 VINCULA : zonam ; TUM : tunc ; DENIQUE : primum ; FLERE VACAVIT : plorare incepit. 388 TUM DARE : vacavit ; COMPLEXUS : Mirre ; REQUIRERE : vacavit interrogare.

X 389

MUTA : quamvis ita loquta fuisset nutrix et amicabiliter illam consolaretur, tamen Mirra erat MUTA propter conscium factum, et terram cernebat sine fine.

389-390*

389 SILET : tacet ; VIRGO : Mirra ; -QUE : et ; TUETUR : cernit. 390 DEPRENSA : cognita ; TIMIDE : timorose vel tarde ; CONAMINA : virtutes.

X 391

INSTAT ANUS : nutrix tamen sine cessatione interrogabat causam mortis.

X 391-392

NUDANS / UBERA : ad hoc, quod Mirram ad pietatem promoveret ; PER CUNAS : antiquitus in petitionibus suis omnia benefacta enarrabant ut ad exauditionem citius petiti vocarentur.

391-394*

391 INSTAT : perfecte interrogat ; ANUS : vetula ; CANOSQUE : canutos ; SUOS : capillos ; INANIA : vacua. 392 UBERA : mamillas ; -QUE : idest ; PRECATUR : illa. 393 UT : quod ; COMMITAT : dicat ; QUIDQUID : quid ; ILLA : Mirra ; ROGANTEM : nutricem. 394 ADVERSATA : renuens ; CERTA EST EXQUIRERE : perfecte querere.

X 395-401

Oratio nutricis ad Mirram

[1] Quasi diceret : 'Si tu es ab aliquo homine per sua carmina furibunda, ut multi faciunt, scio carmina contraria, quibus preambula vincam'. [2] SIVE ALIQUIS NOCUIT, TU LUSTRABERE RITU MAGICO (398) : antiquitus moris erat quod per incantationes de inimicis vindictam mulieres accipiebant.

395-401.1 vincam *ex* iniqua vincam *ms.* | 395-401.2 quod] quo *ms.*

X 389

MUTA (« silencieuse ») : bien que la nourrice lui eût adressé ces paroles et l'ait consolée avec affection, pourtant Myrrha restait MUTA (« silencieuse ») parce qu'elle avait conscience de son crime, et ne levait pas les yeux du sol.

X 391

INSTAT ANUS (« La vieille femme insiste ») : la nourrice ne cessait pas pourtant de demander pourquoi elle voulait mourir.

X 391-392

NUDANS / UBERA (« dénudant sa poitrine ») : pour provoquer la compassion de Myrrha ; PER CUNAS (« par le berceau ») : autrefois lorsqu'on faisait une prière (à quelqu'un), on rappelait tous les biens qu'on (lui) avait faits, pour amener plus rapidement ceux qu'on priait à entendre (la demande).

X 395-401

Prière de la nourrice à Myrrha

[1] En d'autres termes : « Si ta folie est provoquée par les charmes d'un homme, comme cela arrive fréquemment, je sais les charmes contraires, par lesquels je vaincrai les premiers. » [2] SIVE ALIQUIS NOCUIT, TU LUSTRABERE RITU MAGICO (« Si quelqu'un t'a causé du tort, tu seras purifiée par un rite magique ») : autrefois on avait l'habitude de venger les femmes de leurs ennemis par des incantations.

395-398*

395 NEC : et est certa ; SPONDERE : solummodo promittere ; INQUIT : dixit ; OPEMQUE : auxilium. 396 SINE : desine ; FERRE : dare ; SENECTUS : 'pigra, quin faciam quodcomque voluerit'. 397 SEU : si ; QUOD : aliquid. 398 SIVE ALIQUIS : vel 'si homo' ; MAGICO : incantantium ; LUSTRABERE : parabere ; RITU : more.

X 399

SIVE : ‹com› sit ira deorum, nos deis sacrificabimus, ut placentur.

399-400*

399 SIVE : vel 'si' ; IRAM : deorum. 400 REAR : putem aliud esse tibi ; FURTIVA : secreta.

X 401

PATER. Com Mirra nomen patris audisset, quia illicito amore hunc diligebat, fuit quasi furibunda, sicut multi, dum nomen amasiorum audiunt, iterum flamma revivescit que quasi ulla fuit.
401* SOSPES : invida ; AB INCURSU : quia fortis ; GENITRIX : mater tua.

X 402-403
Lamentatio Mirre

402-407*

402 MIRRA : pro ; DUXIT : fecit ; IMO : profundo. 403 NEC : et ; ETIAM : certe ; CONCIPIT : intelligit. 404 NEPHAS : factum nepharium ; PRESENTIT : percipit. 405 PROPOSITI : sui ; TENAX : tenax ; ORAT : precatur. 406 INDICET : demonstret ; LACRIMANTEM : Mirram flentem ; TOLLIT : capit. 407 ATQUE : hoc facto ; MEMBRA : Mirre ; LACERTIS : brachiis.

X 408

SENSIMUS quia, com vetula sciret Mirram dolentem et membra tetigisset, percepit bene quod Cupido illam vulneraverat.

395* promittere] promttere *ex* promtere *ms.* | 399 ‹com› sit] sit *ms.* deorum *ex* deum *ms.* | 401 audiunt] adiunt *ms.*

X 399

SIVE (« Ou si ») : si les dieux sont en colère, nous ferons aux dieux des sacrifices pour les apaiser.

X 401

PATER (« père »). En entendant le nom de « père », parce qu'elle l'aimait d'un amour défendu, elle devint comme folle, de même que bien des gens, en entendant prononcer le nom de l'être aimé, voient renaître la flamme qui s'était presque éteinte.

X 402-403

Lamentation de Myrrha

X 408

SENSIMUS (« J'ai compris ») parce que, comme la vieille femme savait que Myrrha souffrait et qu'elle l'avait prise dans ses bras, elle s'aperçut bien que Cupidon l'avait blessée.

408-410*

408 SENSIMUS : percepimus ; AMAS : aliquem ; IN HOC : ista re ; PONE : interpositio est. 409 SEDULITAS : servicium ; APTA : congrua ; SENTIET : sciet. 410 HOC PATER : quod ames ; EXILIIT : Mirra ; GREMIO : nutricis ; THORUMQUE : suum.

X 411

ORE PREMENS : pre nimio pudore.
411* ORE : suo ; DISCEDE : 'o nutrix'.

X 412-413

'Istud quod me interrogas est valde scelerosum, scilicet quem adamo illicite, quia pater meus est'.

412-415*

412 INSTANTI : nutrici vel pudori. 413 QUERERE : interrogare ; QUID : propter ; DOLEAM : ego ; LABORAS : tu. 414 HORRET : timet ; ANUS : nutrix ; TREMULASQUE : trementes et ; ANNISQUE : senectute ; METUQUE : timore. 415 TENDIT : illi ; SUPLEX : suplicans ; ALUMPNE : Mirre.

|f. 135r|

X 416-418

Dicens : 'Ego dicam quod ob amorem alicuius volebas te suspendere, quia ego te vidi in illo statu dum veni, et laqueum demostrabo'.

416-420*

416 MODO : aliquando ; MODO : aliquando. 417 TERRET : minatur ; INDICIUM : demonstrationem ; CEPTE : incepte. 418 MORTIS : tue ; COMMISSO : dicto ; SPONDET : promittit ; AMORI : suo. 419 EXTULIT : levavit ; ILLA : Mirra. 420 NUTRICIS : sue ; CONATAQUE : volens ; FATERI : quem amabat.

X 421

TENET SEPE : vocem pro pudore.
421* TENET : ne dicat.

408* percepimus *ex* percipimus *ms.* | 410* ames *ex* ameto *ms.* | 418* promittit] promiti *ms.*

X 411

Ore premens (« écrasant de son visage ») : par excès de honte.

X 412-413

« Ce que tu veux savoir est un crime, à savoir que mon amour est défendu, parce que celui que j'aime est mon père. »

|f. 135 r|

X 416-418

Disant : « Je dirai que tu voulais te pendre par amour, parce que je t'ai vue dans cet état lorsque je suis arrivée, et je montrerai le lacet. »

X 421

Tenet sepe (« Elle retient souvent ») : sa voix par honte.

X 422

Confessio Mirre nutrici

[1] O MATREM. Non ausa fuit dicere : 'Amo patrem', sed dixit : 'Michi videtur quod mater mea est felix pro suo marito'. Liptote : minus dixit, magis significavit, quia subintellexit : 'Essem felix si esset similiter maritus meus'.

422-426*

422 FELICEM : credo ; CONIUGE : marito ; MATREM : meam. 423 HACTENUS : tantum loquta est ; GELIDOS : frigidos. 424 SENSIT : interpositio est. 425 VERTICE : capite ; HIRTA : hispida. 426 CONCUTERET : quia, ut excuteret ; DIROSQUE : crudeles.

X 427

AT VIRGO, quasi dicat : 'Bene sciebat Mirra quod nutrix vera movebat ad depositionem amoris ; tamen non poterat immutare cor suum'.

427-430*

427 ADDIDIT : dixit ; AT : sed ; MONERI ; a nutrice. 428 MORI : ut morietur ; POTIATUR : utatur ; AMORE : patris. 429 HEC : nutrix. 430 NUMINE : quia iuravit.

X 431-433

Descriptio temporis in quo Mirra com patre suo concubuit

Describit actor statum temporis in quo Mirra com patre concubuit, et dicit quod mater sua Cereri sacrificabat dum fecit stuprum com patre suo.

431-433*

431 CERERIS : dee illius ; MATRES : mulieres maritate. 432 ILLA : festa ; NIVEA : alba ; VELATE : tecte. 433 PRIMITIAS : innovationes ; FRUGUM : messium ; SPICEA : spicarum.

X 434-435

Dicunt quod vetitum est illis ne novem noctibus concumbant com maritis suis nec com aliis rem habeant.

435* VETITIS : preceptis ; NUMERANT : dicunt ; CYNEREIS : Cinare.

---

422 si] sic *ms.* | 431* maritate] marita *ms.*

X 422

Aveu de Myrrha à sa nourrice

[1] O MATREM (« Ô que ma mère… »). Elle n'osa pas dire : « J'aime mon père », mais elle dit : « Il me semble que ma mère est heureuse d'avoir un tel mari. » Litote : elle dit moins, et signifie plus, parce qu'elle sous-entend : « Je serais heureuse si j'avais le même mari ».

X 427

AT VIRGO (« Mais la jeune fille »), autrement dit : « Myrrha savait bien que sa nourrice avait raison de la pousser à renoncer à cet amour ; pourtant elle ne pouvait changer son cœur. »

X 431-433

Description du moment où Myrrha coucha avec son père

L'auteur décrit la situation au moment où Myrrha coucha avec son père : il dit que sa mère sacrifiait à Cérès quand elle commit l'acte honteux avec son père.

X 434-435

On dit qu'il leur est interdit pendant neuf nuits de coucher avec leur mari, et d'avoir des relations charnelles avec d'autres hommes.

X 436

Archana dicit quia nocte sacrificabant.

436-437*

436 REGIS : civitas ; ADEST : venit ; CONIUNX : existens ; ARCHANAQUE : secreta et ; FREQUENTAT : colunt. 437 LEGITIMA : iusta sponsa ; CONIUGE : matre Mirre.

X 438

Quomodo nutrix Mirre introduxit Cynaram

[1] NOMINE (439), quia dixit Cynare quod quedam pulcherrima puella illum valde diligebat, et illa a parte pulcritudinis optime laudavit. [2] PAR (441) dicit in omnibus, tam etate quam pulcritudine, neque mirum, quia erat illa de qua sermo erat.
438* NACTA : adepta ; GRAVEM : ebrium.

X 439

Quia malum erat quod procurabat illa. VEROS, quia verum erat quod illum Mirra diligebat.
439* NOMINE : amatricis ; EXPONIT : dicit.

X 440

Ille interrogavit cuius etatis erat illa nutrix.

440-442*

440 FACIEM : pulchritudine ; QUESITIS [...] ANNIS : hoc dico, interrogatis ; VIRGINIS : non nominate. 441 PAR : equalis ; MIRRE : filie tue. 442 UTQUE : postquam et ; MEA : 'o' ; ALUMPNA : nutricia Mirra.

X 443-445

Tantum gavisa fuit quod vix tenuit gaudium, quin voluntatem diceret, et tamen leticiam perfectam non habebat, quia conscientia semper illam remordebat.

437* Mirre] mirro *ms.*

X 436

Il parle de mystères parce que les sacrifices se déroulaient la nuit.

X 438

Comment la nourrice de Myrrha alla trouver Cynaras

[1] NOMINE (« le nom »), parce qu'elle dit à Cynaras qu'une très belle jeune fille était très éprise de lui, et elle loua sa beauté. [2] Elle dit PAR (« le même ») à tous les points de vue, autant celui de l'âge que celui de la beauté, et ce n'est pas étonnant, puisque c'est de Myrrha qu'elle parlait.

X 439

Parce que ce qu'elle préparait était mal. VEROS (« vrais »), parce qu'il était vrai que Myrrha l'aimait.

X 440

Il lui demanda quel âge avait cette nourrice.

X 443-445

Elle fut si heureuse qu'elle put à peine dissimuler sa joie, et se retenir de dire ce qu'elle désirait ; cependant sa joie n'était pas parfaite, parce que sa conscience continuait à la ronger de remords.

443-445*

443 VICIMUS : menciendo ; INFELIX : misera. 444 VIRGO : Mirra ; PRESAGAQUE : conscia culpe. 445 TAMEN ET GAUDET : pro impletione voti ; MENTIS : sue.

X 446-447

Descriptio temporis in quo Mirra com patre concubuit

[1] Describit actor tempus in quo Mirra primo com Cinara patre suo concubuit, et dicit quod hoc fuit circa mediam noctem. [2] BOOTES FLEXERAT PLAUSTRUM INTER TRIONES THEMONE OBLIQUO, quia circa mediam noctem Bootes incipit vertere cursum suum. [3] Bootes est stella in capite plaustri, et dicitur *bovier* gallice a vulgo.

446-449*

446 QUO : tempore ; SILENT : tacent. 447 FLEXERAT : regiraverat ; OBLIQUO : tortili ; PLAUSTRUM : currum ; BOOTES : signum. 448 ILLA : Mirra ; AUREA : nobilis. 449 NIGRE : quia tempus erat obscurum ; SIDERA : pro tanto facinore.

X 450

[1] PRIMUS TEGIS : Ycarus fuit quidam qui dedit vinum messoribus suis et illos inebriavit, et putaverunt illum venenum dedisse sibi, unde illum occiderunt et in puteum proiecerunt. [2] Canicula quedam, que erat com Ycaro, ivit ad domum suam et adduxit Erigonem, filiam Ycari, que tantum flevit quod miseratione deorum iste Ycarus et Erigone et canicula mutati fuerunt in stellas celestes. [3] Alii dicunt quod proprium nomen eius erat Ytacus, quod melius est.

450-453*

450 IGNE : claritate ; PRIMUS : vel ‘primo’ ; YCARE : vel ‘Ytace’. 451 ERIGONE : ‘o tu, tegis’ ; TUOS : vultus ; PARENTIS : Ytaci. 452 OFFENSI : collisi ; REVOCATA : ne iret ; OMEN : casum. 453 FUNEREUS : mortalis ; CARMINE : cantu.

X 454

It tamen] quamvis hec signa essent.

450.3 quod] quo *ms.* | 451* tegis *ex* tegito *ms.* | 452* collisi] culisi *ms.*

X 446-447

Description du moment où Myrrha coucha avec son père

[1] L'auteur décrit le moment où Myrrha coucha pour la première fois avec son père, il dit que ce fut autour de minuit. [2] BOOTES FLEXERAT PLAUSTRUM INTER TRIONES THEMONE OBLIQUO (« Parmi les Trions le Bouvier avait incliné son chariot sur la pente où obliquait le timon »), parce qu'aux alentours de minuit le Bouvier commence à incliner sa course. [3] Le Bouvier est une constellation qui se trouve à la tête du chariot, il est appelé *Bouvier* vulgairement en français.

X 450

[1] PRIMUS TEGIS (« Le premier tu couvres ») : Icare était un homme qui donna du vin à ses moissonneurs et les enivra ; croyant qu'il les avait empoisonnés, ils le tuèrent et le jetèrent dans un puits. [2] Une petite chienne qui était avec Icare alla chercher sa maîtresse et conduisit là Érigone, la fille d'Icare, qui pleura tellement que les dieux par compassion métamorphosèrent Icare, Érigone et la petite chienne en constellations dans le ciel. [3] D'autres disent que le nom de ce personnage était Ithaque, ce qui est préférable.

X 454

It tamen (« Elle va cependant »)] malgré la présence de ces signes.

454-457*

454 TENEBRE : obscuritas ; -QUE : et ; ATRA : nigra ; PUDOREM : dedecus. 455 LEVA : sinistra ; ALTERA : dextra. 456 CECUM : obscurum ; EXPLORAT : querit ; IAM : Cynare ; LIMINA : hostium. 457 FORES : portas ; ILLI : Mirre.

X 458-459

Ecce quomodo naturaliter caro timet primo contra peccatum suum proprium, quod dicitur peccatum carnis ; alia peccata spiritualia reputantur.

458-459*

458 SUCCIDUO : tremulo. 459 COLOR : suus ; ANIMUS : ausus ; EUNTEM : Mirram.

X 460

ausi] audacie quam facit malam.

460-463*

460 QUOQUE : quanto ; SCELERI : impietati ; HORRET : timuit. 461 PENITET : illam ; NON COGNITA : a patre. 462 CUNCTANTEM : morantem ; LONGEVA : vetula. 463 ADIUNCTAM : vel 'admotam' ; COM TRADERET : illam Cynare.

|f. 135v|

X 464

Concombit Cynaras com Mirra

DEVOTA : deorsum a voto.

464-465*

464 CYNARA : 'o' ; DEVOTA : scelerata. 465 OBSCENO : pravo ; GENITOR : Cynaras ; VISCERA : suam filiam.

X 466

Virgineos metus] quia virgines primo timent ad accessum Veneris.

466-470*

466 LEVAT : pacificat ; HORTATURQUE TIMENTEM : admonet ne illa timeat. 467 FORSITAN : a casu ; FILIA : 'o' ; DIXIT : quia vetus erat,

---

455* LEVA *ex* LEVAT *ms.*

X 458-459

Voici comment naturellement la chair est d'abord effrayée par son propre péché, ce qu'on appelle le péché de la chair ; les autres péchés sont considérés comme relevant de l'esprit.

X 460

ausi (« de son impudence »)] de l'audace du forfait qu'elle accomplit.

|f. 135v|

X 464

Cynaras couche avec Myrrha

DEVOTA (« maudits ») : consacrés aux dieux d'en bas par un vœu.

X 466

Virgineos metus (« les craintes de la vierge »)] parce que les vierges craignent la première expérience de Vénus.

et propter hoc possibile est ut illam filiam diceret, et similiter possibile fuit quod, blandiendo illum, patrem revocaret. 468 DESINT : defficiant. 469 PLENA : pregnans ; EXCEDIT : discedit ; DURO : pravo. 470 FERT : continet ; -QUE : et.

X 471

Facinus primo fecerat, tamen consequenter geminavit et multis noctibus istud fecit, quia volumptas eius libidinosa erat.
471* POSTEA : consequens ; GEMINAT : duplicat ; IN ILLA EST : Mirra vel nocte.

X 472

amantem] amicam, quam tociens cognovit copula carnali.

472-473*

472 TANDEM : ad ultimum ; AVIDUS : cupiens. 473 TOT : factos ; ILLATO : aportato.

X 474-475

Quomodo Cynaras voluit Mirram occidere post concubitus

Quia tantus dolor fuit quod arterie pulmonis stricte fuerunt, unde aere non abstracto neque subtiliato, loqutio defuit.

474-477*

474 SCELUS : peccatum : NATAM : filiam. 475 VAGINA : sua ; LIBERAT : removet. 476 MIRRA FUGIT : a facie patris ; CECE : obscure. 477 INTERCEPTA : remota ; NECI : morti.

X 478

Fugit Mirra

reliquit] fugiendo a facie patris sui.

X 478-479

[1] ARABAS PALMIFEROS. In Arabia cucurrit Mirra, ubi palme arbores maxime habundant. [2] PANTHEUM est promontorium orientale. [3] PERQUE NOVEM : per novem menses accipit luna cornua, et hoc

---

471* duplicat] deplicat *ms.* | 474-475 arterie pulmonis] alteri epumonis *ms.* | 478-479.1 ARABAS] ARAPES *ms.*

467 DIXIT (« dit-il ») : parce qu'il était vieux, aussi est-il possible qu'il l'ait appelée « fille », et semblablement il est possible que, de manière caressante, elle l'ait appelé « père ».

X 471

Elle avait commis le forfait une première fois, puis ensuite le redoubla et le commit de nombreuses nuits, parce qu'elle désirait ce plaisir.

X 472

amantem (« son amante »)] son amie, qu'il connut par les liens charnels si souvent.

X 474-475

Comment Cynaras voulut tuer Myrrha après avoir couché avec elle

Parce que sa douleur fut si grande que ses artères pulmonaires se contractèrent : aussi n'aspirant aucun air, même faiblement, il ne put parler.

X 478

Fuite de Myrrha

reliquit (« elle quitte »)] en fuyant la présence de son père.

X 478-479

[1] ARAPES PALMIFEROS (« l'Arabie fertile en palmiers »). Myrrha courut en Arabie, où poussent en abondance de très grands arbres, les palmiers. [2] PANTHEUM (« la Panchaïe ») est un promontoire oriental. [3] PERQUE NOVEM (« par neuf fois ») : pendant neuf mois la lune fut en croissant,

ex interpositione mensium com sole quia quolibet mense facit luna cursuum plenum.

478-481*

478 Arabas : populos. 479 redeuntis : reimplete ; cornua lune : idest per novem menses. 480 tandem : ad ultimum. 481 honus : puerum ; voti : quid faceret.

X 482-483

Mirra, existens inter metus mortis et tedia vite, quasi dicat : 'Quamvis haberet odio vitam suam, tamen timebat mortem' ; complexa est tales preces.

482-484*

482 metus : timores ; vite : sue. 483 tales : qui secontur ; si : quia ; qua : aliqua ; patetis : estis. 484 numina : dei ; confessis : peccata sua ; merui : penam ; recuso : respuo.

X 485-486

Oratio Mirre ad deos

Quasi dicat : 'Si vivam, vivos fedabo ; si moriar, mortuos', quasi dicat : 'Mortem et vitam removete mihi'.

485-487*

485 supplicium : tormentum ; ne : quod non ; violem : federa ; superstes : remanens. 486 -que : et ; extinctos : ne fedem mortuos ; ambobus : duobus ; regnis : in.

X 488

In veritate Deus propicius est peccatori confitenti.
488* confessis : peccatoribus.

X 489

Incipit mutatio Mirre in arborem

489* suos : propicios ; loquentis : illius.

478-479.3 mensium] mentium *ms.* | 488 confitenti *ex* nota confitenti *ms.*

cela par la position qu'elle prend chaque mois par rapport au soleil, parce que chaque mois la lune accomplit une révolution complète.

X 482-483

Myrrha, qui était INTER METUS MORTIS ET TEDIA VITE (« partagée entre la crainte de la mort et le dégoût de la vie »), autrement dit : « Tout en haïssant sa vie, elle craignait pourtant la mort » ; COMPLEXA EST TALES PRECES (« elle exprima la prière suivante »).

X 485-486
Prière de Myrrha aux dieux

En d'autres termes : « Si je vis, je souillerai les vivants, si je meurs, je déshonorerai les morts. », autrement dit : « Ôtez-moi et la vie et la mort. »

X 488

En vérité Dieu est bienveillant envers le pécheur qui reconnaît sa faute.

X 489
Début de la métamorphose de Myrrha en arbre

X 490-495

Mutatio Mirre in arborem sui nominis

[1] Mutata fuerunt ossa Mirre in robur, et appellatur robur arboris solus troncus ; tamen multociens ponitur robur pro tota arbore, et ita mutata fuit tota, com ossa utrobique sint. [2] IAMQUE GRAVEM : exequitur de nativitae Adonis.

490-496*

490 RUPTOS : mutatos ; OBLIQUA : tortilis. 491 RADIX : scilicet ; TRONCI : arboris. 492 MEDIA REMANENTE : et hoc dico ; REMANENTE : ibi. 493 IT : mutatur ; BRACHIA : mutatus. 494 PARVOS : ramos ; DIGITI : mutantur. 495 GRAVEM : pregnantem ; PRECINXERAT : lustraverat. 496 OBRUERAT : texerat ; TENERE : tegere.

X 497

Ecce maxima humilitas ex contritione proveniens.

497-498*

497 TULIT : passa fuit ; -QUE : sed. 498 SUBSEDIT : inclinavit ; CORTICE : arboris.

X 499

com corpore sensus] Quando mutata fuit corporaliter et sensualiter.

499-500*

499 QUE : Mirra ; AMISIT : perdidit. 500 MANANT : distillant.

X 501

EST HONOR, quia maxime honorantur lacrime, eo quod in sepultura nobiles inunguntur.

501-502*

501 LACRIMIS : Mirre ; ROBORE : arbore. 502 HERILE : domine ; EVO : quia fama et honor Mirre semper durat.

490* mutatos] nutatos *ex* nuptatos *ms.* | 496* tegere] tegera *ms.*

X 490-495

Métamorphose de Myrrha en arbre qui porte son nom

[1] Les os de Myrrha devinrent du bois (on appelle bois le seul tronc de l'arbre, mais souvent on utilise le mot « bois » pour l'ensemble de l'arbre), et ainsi elle fut toute transformée, puisque les os sont partout (dans le corps). [2] IAMQUE GRAVEM (« Déjà le lourd… ») : la suite concerne la naissance d'Adonis.

X 497

Voici la très grande humilité qui provient de la contrition.

X 499

com corpore sensus (« ses sensations avec son corps »)] Puisqu'elle fut transformée du point de vue du corps et du point de vue des sensations.

X 501

EST HONOR (« C'est la valeur »), parce que ses larmes ont une très grande valeur, du fait que les nobles sont oints dans leur sépulture.

502 EVO (« âge ») : parce que la renommée et l'honneur de Myrrha durent toujours.

X 503

MALE CONCEPTUS : male portatus.

AT MALE : ita mutata fuit Mirra ; nunc exequitur de Adoni.
503* INFANS : Adonis.

X 504

De Mirra quicquid dictum est totum est verum usque ad mutationem, sed quod mutata fuit nichil aliud est nisi quod fugit in terra Sabea, ubi mirra habundat, et se ad arborem que mirra dicitur suspendit, dum tamen prius peperit, et sic fingitur mutari, quia arbor illa calore solis in estate crepatur.
504* QUA : via ; GENITRICE RELICTA : et hoc dico.

X 505

[1] Aliter moralitas sic : myrra est genus arboris de qua succus exit. Hec dicitur amasse patrem suum, scilicet solem. [2] Huiusmodi enim arbor est humida, que solis ardore crematur. Solem enim patrem omnium rerum dicunt, cuius opitulatu cuncta germinum adolescit maturitas. [3] Patrem amasse dicitur ; dum humoris arbor solis ardoribus crepans fissu|f. 136r|ras facit, per quas succum desiccat. Mirra lacrimosa rivulis et gutulis fletus suaves iaculatur redolentes, unde et Adonim genuisse dicitur, quasi huius unguentum multum confert ad conservationem carnis imputrescibilis. [4] Venus Adonim adamavit. Dicunt actores quod huius unguentum est valde fervidum, unde Petronius se asserit bibisse potum mirreum ad excitationem Veneris ; et Sutrius, scriptor comediarum, introducit Gliconem meretricem dicentem : « Mirrium offers poculum, quod est non forti vinculum vel relevamen ». [5] Hic etiam Adonis venatione excinctus, postea in florem est mutatus : omnis siquidem Veneris dulcedo aut labore venationis aut alterius rei extinguitur, unde Ovidius ait : « Occia si tollas, et cetera », et alibi : « Res age, tutus eris ». [6] Extincta ergo Veneris dulcedine per laborem, mutatur in florem sui nominis, quia dulcius floret amor caritatis quam amor Veneris, quia, sicut mater patrem amavit, ita amatur a Venere.

503 nunc] nun *ms.* | 505.2 germinum] gremium *ms.* | 505.3 rivulis] rivulus *ms.* | 505.4 Petronius] patronius *ms.* Sutrius] futrinus *ms.* quod est *ex* quod *ms.*

X 503

MALE CONCEPTUS (« mal conçu ») : mal porté (par sa mère).
AT MALE (« Mais mal ») : c'est ainsi que Myrrha fut métamorphosée ; maintenant suit l'histoire d'Adonis.

X 504

Sur Myrrha tout ce qui est dit est vrai, jusqu'à la métamorphose ; mais dire qu'elle fut métamorphosée revient à dire qu'elle s'enfuit en terre de Saba, où la myrrhe pousse en abondance, et se pendit à un arbre qu'on appelle myrrhe, non sans avoir d'abord enfanté : ainsi on imagine qu'elle fut métamorphosée, parce que cet arbre fait entendre des craquements en été, sous l'effet de la chaleur du soleil.

X 505

[1] Une autre moralité est la suivante : la myrrhe est une espèce d'arbre d'où coule un suc. On dit qu'elle aima son père, à savoir le soleil. [2] L'arbre de cette espèce est humide, il est brûlé par l'ardeur du soleil. On dit en effet que le soleil est le père de toutes choses, parce qu'avec son concours toutes les semences parviennent à maturité. [3] On dit qu'elle aima son père : tandis que l'humidité de l'arbre, craquant sous l'effet de l'ardeur du soleil, creuse des sil|f. 136r|lons par lesquels s'écoule le suc, la myrrhe suintante émet des filets et des gouttelettes de douces larmes odorantes ; c'est pourquoi on dit aussi qu'elle enfanta Adonis, sous prétexte que l'onguent qu'on en extrait possède un grand effet pour préserver la viande de la pourriture. [4] Vénus aima Adonis. Les auteurs disent que l'onguent extrait de cet arbre est très brûlant : Pétrone affirme avoir bu une potion à base de myrrhe pour s'exciter aux plaisirs de Vénus ; et Sutrius, auteur de comédies, met en scène la courtisane Glico à laquelle il fait dire : « Tu offres une boisson à base de myrrhe qui enchaîne et fortifie celui qui manque de vigueur. » [5] Cet Adonis mourut à la chasse, puis fut métamorphosé en fleur : il est vrai que toutes les douceurs de Vénus sont effacées par la fatigue de la chasse ou d'une autre activité, comme le dit Ovide : « Si tu supprimes les loisirs etc. » et ailleurs : « Fais quelque chose, tu seras en sécurité. » [6] Une fois les douceurs de Vénus effacées par le labeur, il se change en une fleur qui porte son nom, parce que l'amour de la charité donne des fleurs plus douces que l'amour de Vénus, parce que, de même que sa mère aima son père, de même elle est aimée par Vénus.

505-511*

505 EXERERET : exiret ; GRAVIDUS : pregnans ; TUMET : inflatur. 506 TENDIT : lensit (?). 507 LUCINA : dea partus ; PARIENTIS : illius. 508 CREBROS : multos. 510 CONSTITIT : venit ; MITTIS : pia ; LUCINA : dea partus. 511 ADMOVITQUE MANUS : addidit ut puerum reciperet.

X 512-514

Nativitas Adonis de Mirra

512-514*

512 AGIT : facit. 513 ONUS : puerum ; QUEM : puerum. 514 UNXERE : Mirre.

X 515-518

Declaratio pulcritudinis Adonis

[1] QUALIA : talis erat facies pueri qualia corpora nudorum Amorum, idest foci Cupidinis qui sunt filii Veneris. [2] AUT HUIC : illi dicont quod male dicitur, quia superius dixerat 'Amorum'. Ad hoc dicit 'Amorum', in plurali numero, propter varietates amoris, liciti et illiciti. [3] LABITUR (519) : quod contingit de puero dicit generaliter. [4] ANNIS VELOCIUS (520), bene ; quid enim velocius annis ? Alibi : « pretereunt anni more fluentis aque » (*Ars* III 62).

515-518*

515 FACIEM : pueri ; QUOQUE : certe. 516 TABULA : in ; AMORUM : foci et cupidinis. 517 SED : quod ; NE : non ; DISCRIMINA : divisionem. 518 AUT : vel ; HUIC : puero ; DEME : Cupidini.

X 519

Nota.

519-522*

519 OCCULTE : cito ; VOLATILIS : mobilis. 520 ANNIS : temporibus ; SORORE : a parte patris. 521 AVO : a parte matris ; ARBORE : eras. 522 MODO : cito ; FORMOSISSIMUS : pulcherrimus.

508* CREBROS] CREBOS *ms.* | 515-518.1 foci] loci *ms.* | 516* foci] loci *ms.* | 521* parte *ex* patre *ms.*

X 512-514
Adonis naît de Myrrha

X 515-518
Présentation de la beauté d'Adonis

[1] QUALIA (« tels que ») : la beauté de l'enfant était semblable aux corps des Amours nus, c'est-à-dire les feux de Cupidon qui sont les fils de Vénus. [2] AUT HUIC (« Ou à celui-ci ») : ils disent que la formulation « les Amours » est mauvaise. Il dit « les Amours », au pluriel, à cause de la variété de l'amour, celui qui permis et celui qui est défendu. [3] LABITUR (« coule ») : il parle en général de ce qui arrive à propos de l'enfant. [4] ANNIS VELOCIUS (« plus rapide que les années ») est juste : « car qu'est-ce qui est plus rapide que les années ? » Ailleurs : « Les années passent comme l'eau qui coule. »

X 519

À noter.

X 523-524
Amor Veneris et Adonis

SE IPSO, quia ipse est formosior in presenti statu quam ipse fuit iuvenis, vel puer vel quod apparebat formosior esse quam in veritate erat.

523-524*

523 IUVENIS : est ; VIR : perfectus. 524 ET : etiam.

X 525
Venerat Cupido Venerem

NAMQUE : fabulose legitur quod quadam die Cupido basiabat Venerem matrem suam. Pharetra autem dissoluta, com telo suo illam vulneravit, unde soli Adoni contribuit hoc amorem.

525-529*

525 NAMQUE : quia ; PHARETRATUS : armatus ; DUM : quando ; PUER : Cupido ; MATRI : Veneri. 526 EXTANTI : patenti ; DISTINXIT : percussit ; HARUNDINE : sagita. 527 LESA : percussa ; NATUM : Cupidinem ; DEA : Venus ; ALTIUS : profundius ; ALTUM : vel 'actum', idest agitatum. 528 VULNUS : plaga ; FEFELLERAT : deceperat ; IPSAM : Venerem. 529 VIRI : Adonis ; CITHEREIA : a loco.

X 530
Quomodo solum Adonim amat Venus et patriam propriam dereliquit

Quia solum curabat de Adoni.
530* ALTO : profundo ; PAPHON : insulam.

X 531

metallis] Hic habundant divicie.

531-535*

531 -QUE : et ; CADIR : insulam ; AMATHONTA : civitatem. 532 ABSTINET : propter amorem Adonis ; ADONIS : quia plus diligebat Adonim quam celum. 533 HUNC : Adonim ; COMES : semper. 534 INDULGERE : favere ; FORMAM : pulchritudinem ; COLENDO : poliendo. 535 PER IUGA : vagatur montes ; -QUE : et.

525* PHARETRATUS *ex* PHARETRATAS *ms.* | 530*tit.* patriam] patria *ms.* dereliquit *ex* derelinquit *ms.*

X 523-524

Amour de Vénus et Adonis

SEIPSO (« à lui-même »), parce qu'il est plus beau actuellement que lui-même plus jeune, ou enfant, ou parce qu'il paraissait plus beau qu'il ne l'était en réalité.

X 525

Cupidon vénère Vénus

NAMQUE (« Car ») : on lit selon la fable qu'un jour Cupidon embrassait sa mère Vénus. Mais en détachant son carquois il la blessa avec sa flèche, ce qui provoqua son amour pour le seul Adonis.

X 530

Comment Vénus aime le seul Adonis et délaisse sa propre patrie

Parce qu'elle se consacrait exclusivement à Adonis.

X 531

metallis (« en métaux »)] Ici abondent les richesses.
532 ADONIS (« Adonis ») : parce qu'elle aimait plus Adonis que le ciel.

X 536

Quia Dyana venatrix dicitur esse succinta eo quod melius currat, et moraliter propter cingulum castitatis.

536-539*

536 NUDA : Venus dico ; RITU : more. 537 HORTATUR : admonet ; ANIMALIA : agitat. 538 PRONOS : curvos ; LEPORES : agitat ; IN CORNUA : agitat. 539 FORTIBUS : crudelibus.

X 540-541

[1] Notabiliter dicit RAPTORES quia naturaliter lupi ex rapina vivunt. [2] URSOS : natura ursorum talis est, quod fere tota virtus sua in unguibus consistit. [3] LEONES : leo virtute et nobilitate rex animalium est, unde ex rapina vitam ducit.

540-542*

540 RAPTORESQUE : rapaces et ; UNGUIBUS : suis. 541 VICTAT : fugit ; ARMENTI : boum ; CEDE : carne vel morte. 542 QUOQUE : similiter ; SI QUID : aliquid ; PRODESSE : proficere ; MONENDO : te, talia.

X 543-544

Dicit Orpheus canendo sic : 'Loquta fuit Venus de odio quo oderat animalia rapacia'. Similiter dicit Orpheus : 'O ADONI, monebat te ut fugeres', et causam subdidit dicens : 'IN AUDACES, et cetera'.

543-544*

543 ADONI : 'o', proprium ; -QUE : quia ; FUGACIBUS : fugitivis. 544 INQUIT : dixit ; IN : contra ; AUDACIA : securitas ; TUTA : secura.

X 545-546

Quia naturaliter fere iste sunt crudeles.

545-546*

545 IUVENIS : 'o' ; TEMERARIUS : stultus, presumens ; PERICLO : periculo, sincopa est. 546 NEVE : non ; QUIBUS : feris ; ARMA : vires ; LACESSE : provoca ad iram.

540* RAPTORESQUE *ex* RAPTOSQUE *ms.* | 544 IN AUDACES] MANDACES *ms.*

X 536

Parce que Diane, dit-on, est une chasseresse vêtue d'un vêtement ceinturé pour mieux courir, et du point de vue de la moralité à cause du lien de la chasteté.

X 540-541

[1] Il dit évidemment RAPTORES (« ravisseurs ») parce que les loups vivent naturellement de rapine. [2] URSOS (« les ours ») : la nature des ours veut que presque toute leur force réside dans leurs griffes. [3] LEONES (« les lions ») : le lion par sa vertu et sa noblesse est le roi des animaux, c'est pourquoi il vit de rapine.

X 543-544

Orphée dit en chantant : « Vénus parla de sa haine pour les animaux ravisseurs ». Orphée dit aussi : « O ADONI (« Ô Adonis »), elle t'avertissait de prendre la fuite », et il suggère la cause quand il dit « IN AUDACES (« contre les audacieux ») etc. ».

X 545-546

Parce que les bêtes sauvages sont naturellement cruelles.

X 547

Quasi diceret : 'Ego, Venus, mota sum pro pulchritudine et etate tua et pro aliis que taceamus modo, sed animalia fera istis nullo modo moverentur'.

547-549*

547 STET : sit ; NE : quod ne ; MAGNO : dampna ; TUA GLORIA : virtus gloriosa ; MOVET : commovet ad pietatem. 548 FACIES : pulcritudo ; QUE : illa ; VENEREM : me, scilicet ; MOVERE LEONES : opera leticie et cupidinis. 549 -QUE : et ; SUES : apros ; -QUE : et non movent.

X 550

FULMEN : dicit Venus Adoni naturam ferarum.

550-551*

550 FULMEN : rabiem fulmineam ; ACRES : fortes ; ADUNCIS : curvis. 551 IMPETUS : voluntas ; FULVIS : albis ; VASTA : magna.

X 552

Fabula Veneris ad Adonim

INVISUM : 'Ego – dicit Venus – odivi istas feras, et, quia interrogare vis, causam dicam tibi'.

552-553*

552 INVISUM : odiosum ; GENUS : maneries ; QUE CAUSA : 'quare leones odi vel non amo' : verba sunt actoris ; ROGANTI : tibi. 553 VETERIS : antique ; MIRABERE : laudabis ; CULPE : peccati.

X 554

SED LABOR, quia homines Veneri non laboribus vacant, unde contra Venerem dicitur : « Occia si tollas, periere cupidinis artes » (*Rem.* 139) et alibi : « Queritur Egistus quare sit factus adulter ; in promptu causa est : desidiosus erat » (*Rem.* 161-162).

554-555*

554 LABOR : quia Venus ; INSOLITUS : non consuevit ; LASSAVIT : laborare ; ECCE : videas. 555 OPPORTUNA : nobilis, competens ; POPULUS : arbor.

552*tit.* Veneris] Venus *ms.* | 554 Veneri] Venerei *ms.*

X 547

En d'autres termes : « Moi Vénus, je suis émue par ta beauté et ta jeunesse et pour d'autres raisons que je tairai pour l'instant, mais les animaux sauvages ne seraient en rien émus par ces qualités. »
548 MOVERE LEONES (« émouvoir les lions ») : les effets de la joie et du désir.

X 550

FULMEN (« la foudre ») : Vénus explique à Adonis la nature des bêtes sauvages.

X 552

Récit de Vénus à Adonis

INVISUM (« odieuse ») : « Moi, dit Vénus, je hais ces bêtes sauvages, et, puisque tu veux m'interroger, je te dirai pourquoi. »
552 QUE CAUSA (« pour quelle raison ») : « pourquoi je hais les lions, ou je ne les aime pas » : ce sont les mots de l'auteur.

X 554

SED LABOR (« mais je chancèle »), parce que les hommes qui se consacrent à Vénus ne sont pas dédiés aux travaux, aussi dit-on contre Vénus : « Si tu supprimes les loisirs, les arts du désir disparaissent. » et ailleurs : « Égisthe se demande pourquoi il a commis l'adultère : la cause tombait sous le sens, il était inoccupé. »

X 556

TECOM dicit, quia sine illo non vellet Venus requiescere, quia ille erat causa quam volebat.

556-557*

556 THORUM : lectum ; CESPES : *blesta* ; LIBET : michi placet ; HAC : umbra. 557 ET REQUIEVIT : in veritate ; HUMO : terra ; -QUE : et ; ET : etiam ; GRAMEN : verba ; IPSUM : Adonim.

|f. 136v|

X 558

Requiescit Venus in umbra com amico

558* SINU : gremio ; IUVENIS : Adonis ; CERVICE : capite ; RECLINIS : inclinans.

X 559

ET MEDIIS, quia aliquando pre libidine ipsum basiabat.
559* SIC AIT : ut sequitur ; MEDIIS : mediantibus ; INTERSUNT : pro interserit ; OSCULA : basia.

X 560

De Athalanta incipit Venus et Ypomene

[1] FORSITAN AUDIERIS. Fabula quam dicit Venus Adoni talis est : Athalanta, filia regis, petiit sortes utrum haberet maritum an non. [2] Datum est ei quod non nisi cursu vinceretur, unde talem legem imposuit : Quicomque illam sequeretur, nisi illam attingeret, occideretur. [3] Multi venerunt ; Ypomenes tandem, illos criminans, venit ad ultimum, et, com illam vidisset, concupivit. [4] Tandem illam insequtus est et petitionem fecit Veneri ut illam consequeretur et attingeret. [5] Venus exaudivit et latenter tria poma aurea tradidit, quibus iactatis et ab Athalanta recollectis, ornata fuit virgo, et sic illam currendo preteriit Ypomenes, unde illam duxit. [6] Tamen Veneri grates non egit, quibus irata Venus libidinem incompetentem duobus tribuit et illi iuxta templum Palladis fecerunt stuprum, unde Cibeles, irata, mutavit illos in leones. [7] Usque hunc : ILLA QUIDEM MONUIT (708) ; 'Ego non cognoscebam quante pulcritudinis erat'.
560* ALIQUAM : mulierem.

558* capite] capit *ms.* | 560.5 Venus] venit *ms.* | 560.6 incompetentem *ex* et competentem *ms.* Palladis] Cibeles *ms.* Cibeles *ex* Pallas *ms.*

X 556

Il dit TECOM (« avec toi »), parce que Vénus n'aurait pas voulu se reposer sans lui, car il était l'être qu'elle désirait.

|f. 136 v|

X 558

Vénus se repose à l'ombre avec son ami

X 559

ET MEDIIS (« et au milieu »), parce que de temps en temps elle l'embrassait pour le plaisir.

X 560

Vénus commence à raconter l'histoire d'Atalante et Hippomène

[1] FORSITAN AUDIERIS (« Peut-être auras-tu entendu »). La fable que Vénus raconte à Adonis est la suivante : Atalante, fille de roi, demanda aux oracles si elle aurait ou non un mari. [2] Il lui fut répondu que non, si elle n'était vaincue à la course. Aussi émit-elle la condition suivante : quiconque la défierait à la course serait tué s'il ne la rattrapait pas. [3] Beaucoup vinrent (la défier). Finalement Hippomène, qui les blâmait, finit par venir la voir, et la désira au premier regard. [4] Il la défia enfin à la course et demanda à Vénus de pouvoir la poursuivre et la rattraper. [5] Vénus l'exhaussa en lui donnant secrètement trois fruits d'or : il les jeta et Atalante les ramassa pour s'en parer, aussi Hippomène la dépassa en courant, et put l'épouser. [6] Mais il ne remercia pas Vénus, qui, irritée, leur donna à tous deux un désir inconvenant et les fit s'unir charnellement près du temps de Pallas : cela provoqua la colère de Cybèle qui les métamorphosa en lions. [7] Le récit se poursuit jusqu'aux mots : ILLA QUIDEM MONUIT (« Tels furent ses avertissements ») : « Je ne savais pas quelle était sa beauté. »

X 561

RUMOR est verbi augmentatio ex verbis verba multiplicans ; plebis crudelitas, cui nove semper aliquod novitatis adicit novus actor.

561-565*

561 SUPERASSE : vicisse ; FABULA RUMOR : fabula est delectatio mentis, verbi prolixitas nichil aut parum inferens veritatis. 562 ILLE : veritas ; SUPERAVIT : viros ; ENIM : certe ; DICERE : eligere ; POSSIS : vel 'posses'. 563 LAUDE : velocitate ; FORME : pulchritudinis ; BONO PRESTANTIOR : bonitate valentiori. 564 SCITAN‹TI› : inquirenti ; HUIC : Athalante ; CONIUGE : marito. 565 NIL OPUS : non necesse ; ATHALANTA : 'o', proprium ; CONIUGIS : mariti.

X 566

Vaticinium de Athalanta

TEQUE, quasi dicat : 'Tu VIVA CAREBIS TE IPSA, quia mutaberis, et volumptas tua mutabitur' ; vel TE IPSA : 'Non habebis potestatem vite, quia amabis, et qui amat non est sui iuris, sed caret potestate sua'.

566-569*

566 EFFUGIES : usum ; TEQUE : mulieris ; IPSA : forma. 567 TERRITA : stupefacta ; PER OPACAS : obscura ; INNUBA : non nubens. 568 INSTANTEM : petentem ; VIOLENTA : illa Athalanta, crudelis ; PROCORUM : petitorum. 569 CONDICIONE : que sequitur ; NEC : non ; POTIENDA : maritagio.

X 570-572

Quasi diceret : 'Si ego sim victa ab aliquo currendo, uxor eius ero ; si aliquis a me sit superatus, occidetur'. Talis erat condicio Athalante.

570-572*

570 CURSU : proprium ; PEDIBUS : currendo ; CONTENDITE : certate. 571 VELOCI : alicui ; CONIUNX : ego. 572 MORS : sit ; TARDIS : pigris ; CERTAMINIS : mei.

X 573

ILLA QUIDEM : possunt esse verba Orphei vel Veneris ad Adonim.

562* veritas] tas *ms.* | 564* SCITAN‹TI›] SCITAN # *ms.* marito] marit *ms.* | 570-572 occidetur] accidetur *ms.*

X 561

RUMOR (« la rumeur ») est l'amplification d'une parole qu'on multiplie en y ajoutant d'autres paroles ; la cruauté populaire, à laquelle un nouvel auteur ajoute toujours quelque chose de nouveau.
561 FABULA RUMOR (« La rumeur (n'est pas) une fable ») : la fable est le plaisir de l'esprit, de longs discours qui n'apportent rien ou apportent peu à la vérité.

X 566

Prophétie au sujet d'Atalante

TEQUE (« et toi »), en d'autres termes : « Tu VIVA CAREBIS TE IPSA (« seras vivante mais ne seras plus toi-même »), parce que tu seras métamorphosée, et que ta volonté sera métamorphosée » ; ou TE IPSA (« toi-même ») : « Tu n'auras plus le pouvoir sur ta vie, parce que tu aimeras, et que celui qui aime n'est plus son maître, mais manque de pouvoir sur soi. »

X 570-572

Autrement dit : « Si je suis vaincue par un homme à la course, je serai sa femme ; si quelqu'un est vaincu par moi, il sera tué. » Telle était la condition d'Atalante.

X 573

ILLA QUIDEM (« mais cette loi ») : ces paroles peuvent être celles d'Orphée ou celles de Vénus à Adonis.

573* ILLA : Athalanta ; QUIDEM : certe ; IMMITIS : crudelis ; TANTA : erat ; FORME : sue.

X 574

VENIT : ita constituta fuit lex, tamen multi venerunt. YPOMENES dicitur ab *Ypos*, quod est equs, et *meo -as*, quia, sicut equus currendo citus erat, verba sunt Veneris dicentis. VIDIT (578).

574-577*

574 HANC : talem ; LEGEM : condicionem ; TEMERARIA : stulta. 575 YPOMENES : proprium ; CURSUS : cursor ; INIQUI : iniqum erat ut piger occideretur. 576 PETITUR : indignative dicitur ; CUIQUAM : alicui ; CONIUNX : uxor. 577 AT : et ; NIMIOS : magnos ; IUVENUM : aliorum.

X 578

'CORPUS ens – suple – tale QUALE MEUM est, que dea sum, vel QUALE TUUM esset si FEMINA FIAS (579), idest formam si femineam haberes' : ita laudat illum.

578-581*

578 UT FACIEM : quando pulcritudinem ; POSITO : et de(posito) ; VELAMINE : remote. 579 MEUM : corpus ; TUUM : esset, 'o Adoni'. 580 OBSTIPUIT : Ypomenes, pro forma ; TOLLENS : levans ; MANUS : sua ; IGNOSCITE : indulgete ; DIXIT : michi. 581 QUOS : 'o vos' ; MODO : nuper.

X 582-583

Amor Ypomenis ad Athalantam

Quia, quando aliquis plus laudatur, laudando magis adamatur.

582-583*

582 PETERENTUR : a vobis. 583 ET NE QUIS : quod non aliquis ; VELOCIUS : quam Athalanta.

X 584

Timet ne aliquis per invidiam petat illud quod petit et ne aliquis currat velocius illa, quia in principio deus amoris adiuvat adamantes.

575* cursor] ursor *ms.* | 583* QUIS *ex* QUID *ms.*

X 574

VENIT (« Il vint ») : telle fut la condition qui fut promulguée, pourtant ils furent nombreux à venir. YPOMENES (« Hippomène ») tire son nom d'*Ypos* (« le cheval ») qui signifie cheval, et *meo-as* (« mon, ma ») parce que, comme le cheval était rapide à la course, les paroles de Vénus furent rapides aussi. VIDIT (« il voit »).
575 INIQUI (« injuste ») : elle était injuste parce qu'elle faisait mourir celui qui était lent. 576 PETITUR (« on demande ») : le ton est indigné.

X 578

« CORPUS (« le corps ») étant – suppléer – tel QUALE MEUM (« que le mien »), moi qui suis une déesse, ou QUALE TUUM (« que le tien ») serait si FEMINA FIAS (« tu devenais une femme »), c'est-à-dire si tu avais la beauté d'une femme » : par ces mots elle le loue.

X 582-583

Amour d'Hippomène pour Atalante

Parce que, plus on loue quelqu'un, plus on l'aime en le louant.

X 584

Il craint que quelqu'un par jalousie ne recherche ce qu'il recherche et que quelqu'un ne courre plus vite qu'elle, parce qu'en principe le dieu de l'amour vient en aide aux amants.

X 584-585

'Quare non tentavi utrum possem superare'.

584-586*

584 INVIDIAM : invidiose ; CUR : quare. 585 INTENTATA : quia non tentavi. 586 DEUS : Cupido ; DUM : quando ; TALIA : supradicta.

X 587

Currit Athalanta com Procis

ALITE : idest cito sicut ales ; veloci.
587* EXIGIT : cogitat ; YPOMENES : proprium ; VIRGO : Athalanta.

X 588

Videbatur quod currebat cicius sagita. SCITICI SUNT optimi sagitarii.

X 588-589

IPSE CURSUS Athalante facit illam esse DECOREM ; quod facit, augmentat illam in pulchritudine. Ipsa enim calescebat, et in calore commovetur sanguis, qui pulchritudinem agmentat.

588-590*

588 QUE : Athalanta ; QUAMQUAM : quamvis ; SEGNIUS : pigrius. 589 AONIO : thebano ; IUVENI : Ypomene ; ILLE : Ypomenes ; DECORIS : pulcritudinis. 590 MIRATOR : laudator ; CURSUS : suus ; FACIT : illi ; DECOREM : pulcritudinem.

X 591

Dicit TALARIA quia currentes antiquitus habebant alas in pedibus per quas illorum velocitas signabatur.

591-592*

591 AURA : ventus ; REFERT : retroducit ; ABLATA : levata ; PLANTIS : pedibus. 592 -QUE : et ; CRINES : capilli ; PER EBURNEA : alba, sicut eburnea ; QUEQUE : illa et.

---

587 sicut] sico *ms.* | 588-589 illam[2]] illa *ms.* calescebat] non calescebat *ms.* | 590* laudator] laudato *ms.*

X 584-585

« Parce que je n'ai pas essayé de la surpasser. »

X 587

Atalante court avec Procris

ALITE (« ailé ») : c'est-à-dire aussi vite qu'un oiseau ; rapide.

X 588

Il semblait qu'elle courait plus vite qu'une flèche. SCITICI SUNT (« Les Scythes sont ») d'excellents archers.

X 588-589

IPSE CURSUS (« sa course même ») permet à Atalante d'avoir DECOREM (« du charme ») ; ce qu'elle fait augmente sa beauté. En effet elle avait chaud, et son sang était remué par la chaleur, ce qui augmentait sa beauté.

X 591

Il dit TALARIA (« les talonnières ») parce que les coureurs autrefois attachaient des ailes à leurs pieds pour souligner leur rapidité.

X 593

Genualia sunt ligamina genuum vel vestes usque ad genua attingentes vel ornamenta inferiora vestium.

593-594*

593 GENUALIA : ornamenta ; LIMBO : *orlle* gallice. 594 INQUE : vel 'iam et' ; PUELLARI : tenero ; CANDORE : albedine.

X 595-596

Facit actor comparationem de corpore Athalante ad colorem ex repercussione cortine rubee super aliqua candida generatum.

595-596*

595 TINXERAT : traxerat ; AUT ALITER : non ; QUAM : fit ; VELUM : cortina. 596 PURPUREUM : rubeum ; INFICIT : tingit.

X 597-598

Vicit Athalanta Proces cursu

Ita lucebat Athalanta ; tunc Ypomene, videns hec et secom considerans Athalantam, multi ab illa superati fuerunt.

597-598*

597 DUM NOTAT : quando conciderat ; HEC : talia ; HOSPES : Ypomenes ; DECURSA : decurrendo preterita ; NOVISSIMA : ultima. 598 TEGITUR : orna(tur) ; FESTA : festiva ; ATHALANTA : proprium.

X 599

ex federe penas] scilicet mortem, quam per pactum promeruerant ; fedus dicitur a *feda, porca vilis* quam federantes turpiter lacerabant.

599-601*

599 VICTI : proci ; PENDUNT : sustinent ; FEDERE : institutione. 600 EVENTU : occasione ; IUVENIS : Ypomenes ; HORUM : occisorum. 601 MEDIO : populi ; VULTUQUE [...] FIXO : et hoc dico ; VIRGINE : Athalanta. 602 QUID : quare ; FACILEM : parvam ; TITULUM : laudem ; QUERIS : aquiris ; INHERTES : pigros nec famosos.

---

593 attingentes] attingent *ms.* | 595-596 repercussione] repercussio *ms.* generatum] generatam *ms.*

X 593

Les genouillères sont des liens pour les genoux ou des vêtements qui descendent jusqu'aux genoux ou des ornements au bas des vêtements.

X 595-596

L'auteur compare le corps d'Atalante à la couleur générée par le reflet d'une tenture rouge sur d'autres choses blanches.

X 597-598

Atalante triomphe de Procris à la course

Ainsi brillait Atalante ; alors, tandis qu'Hippomène regardait la course et se comparait à Atalante, beaucoup furent vaincus par elle.

X 599

ex federe penas (« les peines prévues par le contrat »)] à savoir la mort, qu'ils avaient mérité selon le pacte ; le terme de « fedus » (« contrat ») vient de « feda » (« sale »), la truie repoussante que ceux qui concluaient un contrat déchiraient vilainement.

X 602

Loquitur Athalante Ypomenes

[1] FACILEM, quasi dicat : 'Parum laudari debes pigros et debiles vincendo cursu, quia dicitur : « Gloria quantalibet vili sordescit in hoste » ; ecce currum te dedeceat. [2] NAM (605) : modo laudat se Ypomene a parte generis sui et virtutis.

603-605*

603 MECOM CONFER : certa ; SEU : vel 'si' ; NATURA : currendi ; POTENTEM : supra. 604 TANTO : viro ; NON : quantus ; INDIGNABERE : 'ego sum'. 605 NAMQUE : quia ; GENITOR : pater ; MAGAREUS : proprium ; ILLI : Magareo.

|f. 137r|

X 606

Neptunus genuit Testium, Testius Magareum, Magareus Ypomenem, et ita nepos erat ‹Neptuni› Ypomene.

606* NEPTUNUS : proprium ; AVUS : meus ; PRONEPOS : suus nepos ; EGO : sum.

X 607

NAM VIRTUS : ego sum in genere nobilis, in virtute laudabilis.

607-608*

607 CITRA : nixus(?), vel 'ultra' ; SEU : vel 'si'. 608 YPOMENE : pro me ; NOMEN : famam.

X 609

Ita loqutus est Ypomenes, ut superius continetur.

Scheneia] ATHALANTA dicitur ab *Athalon*, quod est levis, et *lentos*, quod est plenum, quasi 'plena levitate'.

609* TALIA : supradicta ; MOLLI : muliebri ; CHENEIDA : a loco.

X 610-612

Amor Athalante com Ypomene

---

606 genuit] genuit geminit *ms.* Magareum] magi eum *ms.* ‹Neptuni› Ypomene] # Ypodamie *ms.* | 607* ultra] ulta *ms.* | 610-612*tit.* Amor] Mors *ms.*

X 602

Hippomène s'adresse à Atalante

[1] Facile (« facile »), autrement dit : « Tu mérites peu de louanges en triomphant à la course de garçons lents et faibles, » car comme on dit, « n'importe quelle gloire se ternit quand elle touche un hôte de peu de valeur » : voici le triomphe qui te conviendrait. [2] Nam (« car ») : maintenant Hippomène se glorifie de sa famille et de ses qualités.

X 606

Neptune engendra Thestius, Thestius engendra Mégarée, Mégarée engendra Hippomène, et ainsi Hippomène était le descendant de Neptune.

X 607

Nam virtus (« car ma valeur ») : je suis d'une famille noble, et louable pour ma valeur.

X 609

Telles furent les paroles d'Hippomène, comme le texte le raconte plus haut.
Scheneia (« la fille de Schénée ») : Athalanta (« Atalante ») tire son nom d'*Athalon*, qui signifie léger, et *lentos*, qui veut dire « plein », l'équivalent de « pleine de légèreté ».

X 610-612

Amour d'Atalante pour Hippomène

'Qui est ille deus qui, existens iniquus iuvenibus formosis, vult occidere ‹eum›, qui pre aliis pulcher est ?'. Quasi dicat : 'Certe nullus'.

610-612*

610 ASPICIT : cernit ; SUPERARI : ab illo ; VINCERE MALLET : illum melius velit. 611 ATQUE : hoc cogitato ; HUNC : puerum ; FORMOSIS : pulcrisque ; INIQUS : impius levitate. 612 PERDERE : occidere ; IUBET : dicit ; DISCRIMINE : periculo ; VITE : sue.

X 613

tanti] precii, ut tam pulcher pro me debeat occidi.

613-614*

613 CONIUGIUM : meum. 614 FORMA : sua ; TANGI : moveri.

X 615-618

Certat Athalanta com se ipsa ; amor Ypomenis

Athalanta laudat Ypomenem prius ab etate, post a virtute, post ab audacia, post a genere, post ab amore, et ita laudando concipit ignem ; supra dicitur hic.

615-618*

615 SED QUOD : moveor ideo ; PUER : iuvenis. 616 QUID : est ; VIRTUS : illi ; MENS : sua ; LETI : causa mortis. 617 EQUOREA : marina ; NUMERATUR : dicitur ; ORIGINE : natu ; QUARTUS : ut superius dicitur. 618 AMAT : me ; CONNUBIA : maritagia ; NOSTRI : vel nostri.

X 619

'Quia me putat tantum valere quod pro me vult mori'.
619* PEREAT : moriatur ; NEGARIT : negaverit.

X 620

CRUENTOS : cruentatos vel crudeles.
620* HOSPES : 'o' ; ABI : vade ; THALAMOS : me.

X 621

nulla] non aliqua non vellet nubi, et ita alique due negationes equivalent affirmationi.

610-612 occidere ‹eum›] occidere # *ms.* | 611* FORMOSIS *ex* FORMOSUM *ms.*

« Quel est le dieu qui, ennemi des beaux jeunes hommes, veut faire mourir celui-ci, qui surpasse tous les autres en beauté ? », autrement dit : « Sans doute aucun ».

X 613

tanti (« d'un tel »)] prix, qu'un si beau jeune homme mérite d'être tué pour moi.

X 615-618

Atalante débat avec elle-même ; elle aime Hippomène

Atalante loue Hippomène d'abord pour son âge, puis pour son courage, puis pour son audace, puis pour sa famille, puis par amour, et en le louant elle nourrit sa flamme, comme on le dit plus haut.

X 619

Parce qu'il pense que j'ai tellement de valeur qu'il veut mourir pour moi.

X 620

CRUENTOS (« ensanglantées ») : pleines de sang ou cruelles.

X 621

nulla (« aucune »)] il n'en est aucune qui refuserait de t'épouser, et ainsi deux négations équivalent à une affirmation.

X 621-622

Hec omnia dicit Venus Adoni requiescendo

622* ET : etiam.

X 623

Modo se corrigit Athalanta super amore Ypomenes quem concipiebat.
623* CUR : nescio ; TOT : iuvenibus ; PEREMPTIS : occisis.

X 624

VIDERIT, idest videbitur vel apparebit. 'Ipse videt alios superatos a me mori, modo videatur quid de illo contingat'.
624* INTEREAT : moriatur ; CEDE : morte ; PROCHORUM : iuvenum me petentium.

X 625

in tedia vite] Quia illum tenet vite sue, ut apparet.
625* AMMONITUS : castigatus ; AGITUR : ducitur.

X 626

Modo se redarguit dicens 'IGITUR' Athalanta.
626* OCCIDET : morietur ; QUIA : hac causa.

X 627

indignam] Quia non dignum est ut propter amorem meum moriatur.

627-630*

627 NECEM PRECIUM : mortem scilicet. 628 FERENDE : vel 'ferenda', quia invidi non vellent ipsum mori. 629 CULPA : peccatum ; DESISTERE : linquere ; VELLES : 'velle tuum et amorem taliter superare meum'. 630 DEMENS : in amore ; VELOCIOR ESSES : quam ego.

X 631-632

Iterum illum laudat admirative.

631-634*

631 PUERILI : iuvene ; IN ORE EST : certe vultu et nobilis. 632 NOLLEM : non vellem ; TIBI : a te ; VISA : in amando ; FUISSEM : 'quia timeo ne moriaris'.

---

623 quem] quid *ms.* | 628* vellent] deberent *ms.* mori] mor. *ms.*

X 621-622

Vénus dit tout cela à Adonis en se reposant

Maintenant Atalante se corrige au sujet de l'amour qu'elle éprouvait pour Hippomène.

X 624

VIDERIT (« Il verra »), c'est-à-dire il sera d'avis ou il sera visible. « Lui-même verra que les autres que j'ai vaincus sont morts, maintenant qu'il juge de ce qui doit lui arriver. »

X 625

in tedia vite (« dans le mépris de la vie »)] Parce qu'il attache peu de prix à sa vie, à ce qu'il semble.

X 626

Maintenant Atalante réfute ses propres arguments en disant : « IGITUR » (« donc »).

X 627

indignam (« indigne »)] Parce qu'il est indigne de le faire mourir par amour pour moi.

628 FERENDE (« (il ne faudra pas) supporter »), ou (non) supportable, parce que les jaloux ne voudraient pas qu'il meure. 629 VELLES (« tu voudrais ») : dépasser de cette façon ton désir et mon amour.

X 631-632

Elle recommence à le louer avec admiration.

632 FUISSEM (« que je n'aie pas été ») : parce que je crains que tu ne meures.

633 FELICIOR ESSEM : quam sum. 634 NEC : et non ; IMPORTUNA : non congrua.

X 635

'Tu es solus quem diligo ; solum te cupio, sed coniugium fatatum repugnat michi'. Ita secom, ut superius continetur, loquta fuit Athalanta.
635* UNUS : solus ; SOCIARE : iungere.

X 636

RUDIS, quasi 'quia numquam alium adamaverat'.
636* DIXERAT : ita ; CUPIDINE : amore.

X 637

NON SENTIT qualiter ab amore sit accensa, vel NON SENTIT ad quem finem amor suus debeat evenire.
637* IGNORANS : nesciens.

X 638-639

Hec omnia dicebat Venus Adoni.

638-639*

638 SOLITOS : consuetos. 639 SOLICITA : curiosa ; PROLES NEPTUNIA : Ypomenes.

X 640-641

Oratio Ypomenes ad Venerem

QUOS DEDIT, quia 'dono Veneris sum accensus ; nunc comprecor ut adiuvet me ad perfectionem'.

640-642*

640 YPOMENES : proprium ; COMPRECOR : aliis precor ; AUSIS : audacie. 641 IGNES : amores. 642 DETULIT : aportavit ; PRECES : Ypomenes ; BLANDAS : dulces.

640* precor] preco *ms.*

X 635

« Tu es le seul que j'aime ; le seul que je désire, mais les destins m'interdisent le mariage. » C'est ainsi qu'Atalante, comme le texte le raconte plus haut, se parlait à elle-même.

X 636

RUDIS (« sans subtilité »), autrement dit « parce qu'elle n'avait jamais aimé personne ».

X 637

NON SENTIT (« Elle ne comprend pas ») qu'elle est enflammée par l'amour, ou NON SENTIT (« elle ne comprend pas ») à quelle fin devrait arriver son amour.

X 638-639

Tout cela était raconté par Vénus à Adonis.

X 640-641

Prière d'Hippomène à Vénus

QUOS DEDIT (« qu'elle m'a donnés »), parce que « je brûle du don de Vénus ; maintenant je la supplie de m'aider à parvenir à mes fins. »

X 643

[1] Moralitas est hec : Athalanta interpretatur mundi vanitas, quia est valde plena levitate. [2] Multos procos currendo superavit, quia multi in vanitate seculi se delectant, unde usque ad mortem in illa confidentes et sequentes, com vanitates seculi sint caduce, occiduntur, quia pereunt de domo Dei. [3] Ypomenes, qui dicitur cursus seculi, illam vanitatem vel vanam gloriam, currendo, per tria poma aurea a Venere data acquisivit, scilicet diviciis, genere atque nobilitate, et ita in libidine com vana gloria accensus. [4] Iuxta templum Cibeles, que dicitur terra, idest in seculo mutatus, et com illis qui talem vitam eligunt, bestialiter vivunt, sed pocius secundum leones quam aliter, quia leo est animal superbum ; sicut illi de tribus supradictis exaltent se iactando in vanitate, scilicet deviciis, pulcritudine et genere. Hoc est quod dicitur.
643* MOTAQUE SUM : pro precibus pietate ; OPIS : auxilii.

X 644-651

Descriptio loci in quo Venus poma cepit

[1] Venus demonstrat Adoni amico suo describendo locum et arborem a quibus poma aportavit aurea, quibus mediantibus obtinuit Athalanta. [2] DOTEM : data est illa terra in dote Veneri ut ibi templa edificarentur, quibus coleretur ipsa Venus. [3] CREPITANTIBUS AURO : quia rami illius arboris aurei sunt. QUIS USUS, idest qualis utilitas esset in illis vel qualiter deberet illis uti.

644-651*

644 EST AGER : quidam campus ; INDIGENE : homines ; DAMASCENUM : proprium. 645 TELLURIS : patrie ; CIPRIE : regio ; QUAM : tellurem ; PRISCI : antiqui. 646 SENES : homines ; ACCEDERE : vel 'accidere' ; DOTEM : in. 647 HANC : tellurem ; ARBOR : quedam ; ARVO : campo. 648 (649 T) HINC : ab illo agro ; VENIENS : ego Venus ; DECERPTA : collecta ; FEREBAM : portabam. 649 FULVA (648 T) : candida ; COMAS : ramos ; CREPITANTIBUS : resonantibus. 650 NULLIQUE : non ulli ; VIDENDA : ego ; IPSI : Ypomene. 651 ADII : petii ; ILLIS : pomis.

643.1 Athalanta *ex* Anthalanta *ms.* | 643.2 occiduntur] occidantur *ms.* | 643.4 illis] illa *ms.* | 644-651.2 Venus] Veneis *ms.* | 648* b *add. m.s. alia manus* | 649* a *add. m.s. alia manus* |

X 643

[1] La moralité est la suivante : Atalante s'interprète comme la vanité du monde, qui est toute pleine de légèreté. [2] Elle triompha à la course de nombreux prétendants, parce que bien des gens se délectent dans la vanité du siècle : confiants et persistant jusqu'à la mort, comme les vanités du monde sont éphémères, ils tombent, parce qu'ils disparaissent de la maison de Dieu. [3] Hippomène, qu'on peut appeler la marche du monde, acquit en courant cette vanité et cette vaine gloire, grâce aux trois fruits d'or que Vénus lui donna, c'est-à-dire par les richesses, le lignage et la noblesse, et fut ainsi enflammé de désir pour la vaine gloire. [4] Près du temple de Cybèle, qu'on appelle la terre, c'est-à-dire les changements dans le monde, avec ceux qui choisissent ce genre de vie, ils vivent comme des bêtes, mais plutôt comme des lions que comme d'autres bêtes, parce que le lion est un animal orgueilleux ; de la même façon ils se glorifient des trois fruits cités plus haut, en se précipitant dans la vanité, c'est-à-dire dans les richesses, la beauté et le lignage. C'est ce qui est dit.

X 644-648

Description du lieu où Vénus cueillit les fruits

Vénus représente à son ami Adonis, par une description, le lieu et l'arbre d'où elle apporta les fruits d'or, par le moyen desquels Hippomène obtint Atalante. [2] DOTEM (« ce présent ») : la terre fut offerte en présent à Vénus puisqu'on avait édifié là des temples où justement Vénus était honorée. [3] CREPITANTIBUS AURO (« crépiter d'or ») : parce que les branches de cet arbre sont dorées. QUIS USUS (« quel usage »), c'est-à-dire quelle serait son utilité ou comment il devrait les utiliser.

|f. 137v|

X 652

Talis erat condicio : quando tube resonabant, illos currere oportebat, vel populi DEDERANT SIGNA TUBE, idest clamabant ad modum tube.

652-653*

652 TUBE : bucine ; CARCERE : statione ; UTERQUE : Ypomene et Athalanta. 653 EMICAT : salit ; SUMMAM : profundam ; PEDE LIBAT HARENAM : leviter tangit currendo.

X 654

POSSE : ita leviter currebant quod viderentur sicco vestigio, nudo pede, equora transire, et similiter posse currere super segetem non flectendo spicas.

654-657*

654 ILLOS : Ypomenem, Athalantam ; FRETA : maria ; RADERE : radendo ; PASSU : currere. 655 CANAS : maturas ; ARISTAS : spicas. 656 ADICIUNT : addunt ; ANIMOS : ausus ; IUVENI : Ypomene ; -QUE : et ; FAVORQUE : voluntas habendi illam. 657 VERBAQUE : adiciunt ; INCOMBERE : morari.

X 658-659

Cursus Ypomenis et Athalante

658-660*

658 YPOMENE : 'o' ; VIRIBUS : tuis ; UTERE : currendo. 659 PELLE : remove ; VINCES : illas ; MAGAREIUS HEROS : Ypomenes. 660 VIRGO : Athalanta ; HIIS : talibus ; CENEIDA : a loco.

X 661

Quia, quamvis non vellet illum transire, tamen, propter aspicientes illam moram facere, transibat, et tamen amorose aspiciebat.
661* O : certe ; QUOTIENS : multociens ; TRANSIRE : illam ; MORATA : tardata.

X 662

spectatosque] Quia sine fine illum aspiciebat amore vehementi.
662* SPECTATOS : visos ; INVITA : contra velle ; RELIQUIT : desinit.

652* statione] stratione *ms.* | 654 ita] et *ms.* equora] equoram *ms.* segetem] segentem *ms.* | 661 illum] illam *ms.* | 662* visos] viso *ms.*

|f 137 r|

X 652

Telle était la condition : quand les trompettes résonnaient, ils devaient se mettre à courir, ou c'est le peuple qui DEDERANT SIGNA TUBE (« avait donné le signal de la trompette »), c'est-à-dire criait en imitant les trompettes.

X 654

POSSE (« qu'ils pouvaient ») : ils couraient si légèrement qu'on pouvait avoir l'impression qu'ils traversaient la mer pieds nus sans laisser de trace, et qu'ils pouvaient de la même façon courir au-dessus d'un champ de blé sans courber les épis.

X 658-659

Course d'Hippomène et Atalante

X 661

Parce que, bien qu'elle ne voulût pas le dépasser, cependant, à cause de ceux qui voyaient qu'elle prenait du retard, elle le dépassait, tout en le regardant avec amour.

X 662

spectatosque (« regardés »)] Parce qu'elle ne cessait de lui lancer des regards brûlants d'amour.

X 663

Aridus] Iam desiccatus erat humor in Ypomene propter sudorem et calorem generatum currendo.
663* ARIDUS : siccus ; LASSO : lassato ; HANELITUS : flatus.

X 664-665

Iactat Ypomenes pomum

[1] Rei veritas est hec possibilis, quod Athalanta condicione currendi multos superavit, sed Ypomenes illam devicit ad ultimum mediantibus tribus pomis Veneris, que sunt pulcritudo, sapientia, nobilitas. [2] Quibus homines a muneribus capiuntur, sed quod in templo Cibeles illam violavit, verum possibile est, unde mutati fuerunt in leones, quia bestialiter sicut peccatores vixerunt, unde inventus est locus fabule.

664-667*

664 METAQUE : finis cursus ; TUM DENIQUE : ad ultimum. 665 FETIBUS : pomis ; PROLES NEPTUNIA : Ypomenes ; MISIT : iecit. 666 VIRGO : Athalanta ; NITIDIQUE : splendendi. 667 DECLINAT : vertit ; CURSUS : suos ; VOLUBILE : rotundum ; TOLLIT : capit.

X 668

PRETERIT, quia per aliquod spacium temporis retardavit cursum Athalante, petendo pomum quod iecit.

YPOMENES declinatur *Ypomenes-is* vel *Ypomenes-ne-ne.*

668-670*

668 PRETERIT : illam ; SPECTACULA : homines spectantes ; PLAUSU : gaudio. 669 ILLA : Athalanta ; CELERI : cessando ; CESSATAQUE : preterita et. 670 CORRIGIT : castigat ; ATQUE : et ; IUVENEM : Ypomenem ; TERGA : sua.

X 671

Iactat Ypomenes secundum pomum

671-672*

671 RURSUS : iterum ; REMORATA : detenta. 672 CONSEQUITUR : illum ; VIRUM : Ypomenem.

X 663

Aridus (« desséché »)] Hippomène était déjà desséché par la sueur et la chaleur provoquées par la course.

X 664-665

Hippomène jette un fruit

[1] L'histoire peut être véridique, parce qu'Atalante avait dépassé bien des coureurs selon les conditions de la course, mais Hippomène la battit finalement grâce aux trois fruits de Vénus, que sont la beauté, la sagesse, la noblesse. [2] Les hommes sont séduits par ces présents, mais parce qu'il la viola dans le temple de Cybèle, il peut être vrai qu'ils furent changés en lions, parce qu'ils se comportèrent comme des bêtes, comme des pécheurs, c'est pourquoi l'on inventa la circonstance de la fable.

X 668

PRETERIT (« Il la dépasse ») parce qu'il retarda pendant un moment la course d'Atalante, qui ramassa le fruit qu'il avait jeté.
YPOMENES (« Hippomène ») se décline *Ypomenes-is* ou *Ypomenes-ne-ne.*

X 671

Hippomène jette un deuxième fruit

X 673

'Ad me ipsam loqutus est', dicit Venus : 'O DEA Venus, AUCTOR MUNERIS, que poma michi dedisti, ADES NUNC, idest veni sine dilatione ad me iuvandum, quia modo opus est mihi tuo auxilio'.
673* RESTABAT : remanebat ; INQUIT : dixit ; ADES : venias.

X 674-677

Iactat tercium

Verba sunt Veneris ad Adonim : 'Ego COEGI Athalantam, dubitantem utrum pomum caperet, TOLLERE'.

674-676*

674 CAMPI : illius ; QUO : campo ; ILLA : Athalanta. 675 OBLIQUO : a cornu ; IUVENILITER : fortiter. 676 AN : utrum ; VIRGO : Athalanta.

X 677-678

'Feci pomum esse ponderosum, ut magis moraretur'.

677-678*

677 TOLLERE : levare ; ADIECI : dedi ; SUBLATO : levato ; PONDERA : ponderationes ; MALO : pomo. 678 -QUE : et ; GRAVITATE : ponderositate.

X 679

Vincitur Athalanta cursu

'Ne magis morer dicendo quam ipse currendo illam superavit'.
679* NEVE : quod non ; TARDIOR : prolixior.

X 680

Duxit in uxorem Athalantam, quam pro victoria cursus habuerat.
680* PRETERITA EST : Athalanta a Ypomene ; DUXIT : sponsavit ; VICTOR : Ypomenes.

X 681

THURIS : thura dare in actionibus est id quod sacrificare fecit.

674-677 dubitantem] dubitatem *ms.* | 679 ipse] ipsi *ms.* | 680 Athalantam] Athalanta *ms.*

X 673

« Il s'adressa à moi en personne », dit Vénus : « O DEA (« ô déesse ») Vénus, AUCTOR MUNERIS (« auteur de ce présent »), toi qui m'as donné ces fruits, ADES NUNC (« assiste-moi maintenant »), c'est-à-dire viens sans retard à mon secours, car maintenant j'ai besoin de ton aide. »

X 674-677

Il jette le troisième fruit

Telles sont les paroles de Vénus à Adonis : « C'est moi qui COEGI (« forçai ») Atalante, qui hésitait à prendre le fruit, TOLLERE (« à le ramasser ») ».

X 677-678

« Je rendis le fruit pesant, pour la retarder plus. »

X 679

Défaite d'Atalante à la course

« Je ne m'attarderai pas plus que lui qui la vainquit à la course ».

X 680

Il épousa Atalante, qu'il avait gagnée par sa victoire à la course.

X 681

THURIS (« de l'encens ») : donner de l'encens en actions (de grâces) est ce qu'il aurait dû faire pour offrir un sacrifice.

681-684*

681 -NE : nonquid ; AGERET : faceret. 683 THURA : sacrificando. 684 CONTEMPTUQUE : despectu ; DOLENS : ego ; SPERNENDA : despicienda.

X 685

Quia me contempserat quando nullum honorem michi tribuit.
685* EXEMPLO : tali ; CAVEO : pre(caveo) ; AMBOS : tam contra Athalantam quam contra Ypomenem.

X 686

Echion] rex Thebanus qui natus fuit de dentibus serpentis a Cadmo seminatis.

X 686-688

Descriptio loci ubi Ypomenes illicite concubuit com Athalanta

Describit Venus locum in quo inflammatus fuit Ypomenes libidine.

686-690*

686 DEUM : deorum ; MATRI : Cibele ; CLARUS : famosus. 687 EX VOTO : quia noverat ; NEMOROSIS : opacis ; ABDITA : abscondita. 688 TRANSIBANT : Athalanta et Ypomenes ; ITER : via ; SUASIT : illos. 689 CONCUBITUS : venerei ; INTEMPESTIVA : incompetens ; LIBIDO : carnis. 690 CONCITA NOSTRO : 'quia volui et dedi'.

X 691

Locus est secretus generaliter, quicomque sit.

X 691-692

Ostendit Venus quo loco fecerunt coitum, dicens LUMINIS EXIGUI, quod ita notatur quo habitant libenter ribaldi.

691-692*

691 EXIGUI : parvi ; RECESSUS : fovea. 692 SPELUNCE : fovee vere ; NATIVO : naturali ; PUMICE : lapide tali.

686-688 libidine] libidinis *ms.*

X 685

Parce qu'il m'avait méprisée quand il ne me rendit aucun honneur. 685 AMBOS (« tous les deux ») : aussi bien contre Atalante que contre Hippomène.

X 686

Echion (« Échion »)] roi de Thèbes qui naquit des dents de serpent semées par Cadmus.

X 686-688

Description du lieu où Hippomène s'unit à Atalante de façon impie

Vénus décrit le lieu où Hippomène fut enflammé de désir.

X 691

Le lieu est généralement secret, quel qu'il soit.

X 691-692

Vénus présente le lieu où ils s'unirent, en parlant LUMINIS EXIGUI (« d'une faible lumière »), parce qu'ainsi est noté le lieu où vivent volontiers les débauchés.

X 693

Ibi enim solebant ymagines putrefacte poni et hac causa nullus audebat locum violare, et sicut SACER dicebatur.
693* PRISCA : antiqua ; QUO : loco.

X 694

SIMULACRA ibi ponitur pro ymaginibus veris, vel quia vere demones dabant responsa.

694-696*

694 LIGNEA : de ligno ; CONTULERAT : congregaverat ; SIMULACRA : ymagines. 695 INIT : Ypomenes ; TEMERAT : violat ; STUPRO : adulterio. 696 RETORSERUNT : verterunt ; TURRITAQUE MATER : Cibele, scilicet terra super quam turres fundantur.

X 697

Dubitavit Cibele utrum morte subita Athalantam et Ypomenem occideret, sed visa fuit illa pena parva, quia uno ictu pugnirentur, unde illos mutavit.
697* STIGIA : infernali ; SOMPTES : peccatores.

X 698-701

Mutatio Ypomenis et Athalante in leones

|f. 138r|
Quia leones curvantur pedibus eo quod tota virtus illorum est in humeris. Armi sunt proprie brutorum, humeri hominum.

698-701*

698 LEVIS ; parva ; LEVIA : suavia ; FULVE : albe. 699 VELANT : tegunt ; DIGITI : sui. 701 PONDUS : corporis ; SUMME : profunde.

X 702

IRAM : iracundi videntur vultus illorum, quia terribiles sunt.

702-703*

702 VULTUS : illorum ; REDDUNT : quia frendunt. 703 CELEBRANT : habitant ; ALIIS : animalibus.

695* violat] ve violat *ms.* | 698-701 humeris] numeris *ms.*

X 693

En effet ils y déposaient des statues en bois pourri et pour cette raison nul n'osait violer le lieu, qu'on disait donc SACER (« sacré »).

X 694

On y pose SIMULACRA (« des représentations figurées ») au lieu de vraies statues, ou parce que les divinités y donnaient vraiment des réponses.
696 TURRITAQUE MATER (« la Mère couronnée de tours ») : Cybèle, c'est-à-dire la terre sur laquelle sont bâties les tours.

X 697

Cybèle hésita à tuer Atalante et Hippomène d'une mort soudaine, mais ce châtiment lui sembla léger, parce qu'ils seraient punis d'un seul coup ; alors elle les métamorphosa.

X 698-701

Métamorphose en lions d'Hippomène et Atalante

|f. 138 r|
Parce que les lions ont les pattes recourbées étant donné que toute leur force se trouve dans leurs épaules. L'épaule des bêtes est appelée proprement « *armus* » (« jointure de l'épaule de l'animal »), celle des hommes « *humerus* » (« humérus, épaule de l'homme »).

X 702

IRAM (« la colère ») : leurs visages semblent pleins de colère, parce qu'ils sont effrayants.
702 REDDUNT (« ils profèrent ») : parce qu'ils grincent des dents.

X 704

Quia leones trahunt currum Cibeles.
704* DOMITO : forti.

X 705-706

Oratio Veneris ad Adonim ‹ne› leones consequatur

Verba sunt Veneris ad Adonim.

705-706*

705 HOS : leones ; CARE : Adoni ; HIIS : talibus ; FERARUM : eo quod maxime in foveis habitant. 706 QUE : fere ; TERGA : prebent sua.

X 707

duobus] 'Veneri, quia te valde diligo, et tibi Adoni in effusione sanguinis'. Cigni dicuntur ducere currum Veneris eo quod calidissime nature sunt.
707* DUOBUS : scilicet ambis.

X 708-709

Linquit Venus Adonim

MONUIT ita Venus Adonim, sed invanum, et ecce quare, quia, dum aprum insequeretur, ab apro interfectus est.

708-711*

708 ILLA : Venus ; QUIDEM : certe ; MONUIT : Adonim ; -QUE : et. 709 CARPIT : aggreditur ; STAT : est ; CONTRARIA : Veneris ; VIRTUS : Adonis. 710 SUEM : aprum. 711 EXCIVERE : commovere ; -QUE : sed ; PARANTEM : illum.

X 712

CINAREIUS : filius Mirre et Cynare.
712* FIXERAT : percusserat ; OBLICO : tortili ; IUVENIS : Adonis.

X 713

VENABULA dicuntur *espiem* gallice.

713-715*

713 EXCUSSIT : removit ; PANDO : curvo. 714 TREPIDUMQUE : Adonim et ; TUTA : secura loca. 715 TRUX : crudelis ; INGUINE : ventre.

705-706*tit.* Adonim ‹ne›] Adonim *ms.*

X 704

Parce que des lions tirent le char de Cybèle.

X 705-706

Vénus demande à Adonis de ne pas pourchasser les lions

Ce sont les paroles de Vénus à Adonis.
705 FERARUM (« des bêtes sauvages ») : d'autant plus qu'ils vivent dans des fosses.

X 707

duobus (« à nous deux »)] « à Vénus, parce que je t'aime ardemment et à toi Adonis en versant ton sang ». On dit que le char de Vénus est conduit par des cygnes parce qu'ils sont d'une nature très ardente.

X 708-709

Vénus quitte Adonis

Vénus MONUIT (« avertit ») ainsi Adonis, mais en vain, et voici pourquoi : parce qu'il fut tué en poursuivant un sanglier.

X 712

CINAREIUS (« le fils de Cynaras ») : le fils de Myrrha et Cynaras.

X 713

VENABULA (« les épieux ») se dit *espiem* (« épieu ») en français.

X 716

Mors Adonis ab apro

Ita mortuus est Adonis ab apro, et, com Venus discederet, audivit Adonim gemitus mortis emittentem.

716-722*

716 FULVA : candida ; STRAVIT : iecit. 717 VECTA : portata ; CITHEREA : Venus. 718 CYPRON : insulam ; OLORINIS : cigneis ; NONDUM : non adhuc. 719 MORIENTIS : Adonis. 720 FLEXIT : vertit ; UT : quando. 721 EXANIMEM : Adonium semimortuum. 722 DESILIIT : deorsum saliit ; SINUS : vestes.

X 723

INDIGNIS dicit, quia indignum erat ut corpus tam pulchrum percuteretur, quia similiter dea erat.

723* PECTORA : sua.

X 724-731

Lamentatio Veneris propter Adonim

Ita loquta est Venus com fatis de mutatione illius.

724-728*

724 ET : etiam. 725 IURIS : potestatis ; REMANEBUNT : re(manebunt) ; tibi. 726 ADONI : 'o' ; REPETITAQUE : reincepta et. 727 PLANGORIS : doloris ; SIMULAMINA : fictiones. 728 QUONDAM : in quo tempore.

X 729

[1] MENTAS dicit de illis mulieribus quas obviavit Proserpina dum iret in Inferno raptu Plutonis, vel de illis que erant socie sue secom flores legentes, de quibus superius dicitur. [2] Quod nichil est aliud nisi quod terrenis adeserunt sicut herbe, vel sic : 'Persephone est luna, que est humida, et in humiditate herbe nutriuntur, que odorem reddunt optimum'.

729-736*

729 ARTUS : membra ; MENTAS : herbas. 730 PERSEPHONE : 'o Proserpina' ; HEROS : Adonis. 731 FATA : est Venus. 732 ODORATO : odore pleno ;

718* cigneis] cigninis *ms.*

X 716

Adonis est tué par le sanglier

Ainsi Adonis fut tué par le sanglier et, comme Vénus s'éloignait, elle entendit Adonis émettre le gémissement de la mort.

X 723

Il dit INDIGNIS (« indignes »), parce qu'il était indigne de frapper un corps si beau, parce qu'il semblait une déesse.

X 724-731

Lamentations de Vénus au sujet d'Adonis

Vénus parla ainsi aux destins de la métamorphose d'Adonis.

X 729

[1] Il dit MENTAS (« la menthe ») à propos de ces femmes que Proserpine rencontra lorsqu'elle allait aux Enfers enlevée par Pluton, ou de celles qui étaient ses compagnes alors qu'elles cueillaient des fleurs, dont il est question plus haut. [2] Ce qui revient à dire qu'elles s'attachèrent aux biens terrestres comme des plantes, ou ainsi : « Perséphone est la lune, qui est humide, et c'est dans l'humidité que sont nourries les plantes, qui exhalent une si bonne odeur. »

QUI : cruor ; ILLO : nectare. 733 INTUMUIT : inflatus fuit ; FULVO : candido. 734 BULLA : *boglon* gallice. 735 CONCOLOR : rubens ; ORTUS : est *alia manus*. 736 QUALEM : talis ; LENTO : flexibili.

X 737-739
Mutatio Adonis in florem papaverem

737-739*

737 PUNICA : poma ; FERRE : portare ; ET : est ; ILLO : flore. 738 NAM : quia ; HERENTEM : et. 739 EXCUCIUNT : pellunt ; PRESTANT : dant.

732* nectare] nectaro *ms.*

X 737-739
Métamorphose d'Adonis en fleur de pavot

GLOSES *GALLICE*

X 102 ARBUTUS : **arbree** ; « arbousier ».
X 94* ABIES : **aubier** ; « aubier ».
X 258 Livor [...] dicitur **blesmisture** *gallice* ; 258* LIVOR : **blesmisture** ; « blessure ».
X 556* CESPES : **blesta** ; *cf.* ATILF, s.v. *bloste*.
VII 246-247 Carthesium est vas amplum desuper acutum, in quo sacrificare solebant in signum religionis, et vocabatur alio nomine *futile*, quia, quicquid intus ponebatur, fundebatur, ut quidam dicunt ; **bochegle** *gallice* ; « flûte » ; « bocal ».
X 734* BULLA : **boglon** *gallice* ; « bouillon ».
X 97* BUXUM : **bois** ; « bois » ; *cf.* ATILF, s.v. *buis1*.
X 446-447.3 Bootes est stella in capite plaustri, et dicitur **bovier** *gallice* a vulgo. *bovier* ; *cf.* ATILF, s.v. *bouvier*.
VI 345 ULVAM : ulva est herba que semper in paludibus, id est in humidis locis et cenosis, habundat, et dicitur a quibusdam *gallice* **cheval coe** ; « queue de cheval ».
X 125* CAPISTRIS : **chevestres** *gallice* ; « chevêtre ».
VIII 648* TIGNO : **chevron** *gallice* ; *cf.* ATILF, s.v. *chevronB.2*.
X 94* YLEX : **cochesne** ; « érable ».
VIII 564* CONCHE : **coquigles** *gallice* ; « coquille ».
X 260* CONCHAS : scilicet **coquigles** rotondos ; « coquille ».
X 93* CORILI : **coudre** *gallice* ; « coudrier ».
VII 544* PRESEPE : **cresce** *gallice* ; « crèche ».
VIII 625* FULICIS : **cricelles** *gallice* ; « crécelle ».
VIII 674* PALMIS : **dates** *gallice* ; « datte ».
VIII 266* ACCERRIS : **encensiers** *gallice* ; « encensier (encensoir) ».
VIII 404* VENABULA : **epiem** *gallice* ; *cf.* ATILF, s.v. *pique1* : « arme d'hast, plus courte que la lance, dont le bout est garni d'un fer plat et pointu ».
VIII 346* ACERNO : **erable** ; « érable » et X 95* ACER : **erable** ; « érable ».
VI 340* IN LIBIE : **escoce** *gallice* : « Écosse ».
VIII 146* ALIETUS : **espervier** ; « épervier ».
IX 204* VENABULA : **espiem** *gallice* et X 713 VENABULA dicuntur **espiem** *gallice* : « épieu ». *Cf.* ATILF, s.v. *espiet* : « pique formée d'une hampe très forte au bout de laquelle est fixé un fer plat, large et pointu ».
VI 55* IUGO : **essouble** *gallice* ; « ensouple ».
X 114* BULLA : **estele** ; « attelle ».
X 98* FICUS : **figuier** ; « figuier ».
X 93* FRAXINUS : **fresne** *gallice* ; « frêne ».
IX 693* SISTRA : **fresteals** ; *cf.* ATILF, s.v. *frétel* : « flûte de Pan ; flûte ».
X 87 GRAMINIS HERBE. Quidam sic exponunt : gramen est herba que provenit a grano, herba vero que provenit a radice, vel gramen sit speciale, herba generale, vel gramen est herba ex resecatione proveniens, et dicitur **gaim** *gallice* : « grain » ; *cf.* ATILF, s.v. *gain* et *grain*.

VI 256* POPLES : **gareth** *gallice* ; « jarret ».
VII 270-271.1 Antiquitus opinio erat quod erant adeo rabidi et demoniaci quod mutabantur in lupos, et adhuc est opinio multorum, et dicitur **garouf** *gallice* : « loup-garou ».
VIII 652* ALVEUS : **gatha** ; « gatte ».
X 97 [...] mirica, **genest** *gallice* ; X 97* MIRICE : **genet** ; « genêt ».
X 166* CESPITE FLORES : quia mutatus fuit in **glaiol** ; « glaïeul ».
VIII 676* UVE : **grapes** *gallice* ; « grappe, raisin » ; *cf.* ATILF, s.v. *grapes.*
VII 435* CREMONAM : **groute** *gallice.*
VIII 293* HORREA : **guerniers** *gallice* ; « grenier ». *cf.* ATILF, s.v. *grenier.*
VIII 258* SEPIBUS : **haies** *gallice* ; « haie » ; *cf.* ATILF s.v. *haie2.*
VI 13 YPEPIS : Ypepe-ypeparum sunt parve ville a civitatibus separate et dicuntur *gallice* **hamiaus** ; « hameaux ». *Cf.* Du Cange, s.v. *ypepa* : « Locus vel praedium a maiori dependens, ut videtur, Descriptio bonorum domini de Eska ex Tabular. Audomar ».
VIII 457* UNDIS : hic *licor* est nomen ; sunt verba *liquor,* quoque *liquor* ; **licor** ; « liqueur » ; *cf.* ATILF, s.v. *licor.*
VIII 218* STIVAQUE : sua, **machon** *gallice* ; « mancheron, mancheron de la charrue ».
X 552* GENUS : **maneries** ; « manière ».
VIII 335 [...] LACUNA, **mare** *gallice* ; *cf.* ATILF, s.v. *mare1* : « petite étendue d'eau dormante ».
X 98 BICOLOR dicit quia ex una parte sunt folia alba et ex altera nigra, et lignum similiter, et aliter dicitur secundum quosdam **maressant** *gallice. Cf.* ATILF, s.v. *marrissant.*
X 91* ESCULUS : **meslier** *gallice* et VIII 409 [...] esculus est arbor in quo multi rami crescunt, et dicitur **meslier** *gallice* ; « néflier » ; *cf.* ATILF, s.v. *meslier=* « néflier », et s.v. *neflier* = « néflier ; bois de néflier ». *Cf.* aussi la glose I 449*.
VIII 562* MUSCO : **mosse** *gallice* ; *cf.* ATILF, s.v. *mousse1.*
X 593 LIMBO : **orlle** *gallice* ; « ourlet » ; *cf.* ATILF, s.v. *orle.*
X 177* DISCI : **palet** *gallice* ; « palet ».
VIII 286* VALLUM : **palis** *gallice* ; « palis » ; *cf.* ATILF, *PalisB.*
X 96* LOTHOS : **peechier** et IX 341* LOTHOS : **peeschier** *gallice* ; *cf.* ATILF, s.v. *pêcher2.*
IX 218* TORMENTO : **perrierre** *gallice* ; « perrière ».
X 103 PINUS : **pin** ; « pin ».
X 95* PLATANUS : **platanier** ; « platane ».
VIII 301* CESTIBUS : **plommees** ; « plombée » ; *cf.* ATILF, s.v. *plombée1. Cf.* aussi la glose V 107-108*.
VIII 625* MERGIS : **plumons** *gallice* ; « plongeon ». *Cf.* DMF et FEW, s.v. *plongeon.*
VII 539* SULCO : **reon** *gallice* ; « rayon ».
VIII 334* [...] aper, id est **singulars, sengler** ; « sanglier » ; *cf.* ATILF, s.v. *porc sauvage, sanglier.*
X 92* TILIE : **tegl** *gallice* ; « tilleul ».
VI 556* et IX 77* FORCIPE : **tenagle** *gallice* ; « tenaille ».
IX 281 SALTEM, idest, 'si melius non fecerint tibi' ; usitatum est proprio modo loquendi, *sicut dicitur in Gallia* : « **Dex vos ait se il mieuz ne vos velt faire** ».

APPARAT DES SOURCES

LIVRE 6

1-3 Primo *Integumentum* [...] inops. *Cf.* Ioh. de Garlan. *Integ.* VI 277-296.

5 mutationes [...] pennatos. Arnul. Aurel. *Allegorie* VI 1 : « Mutationes sexti libri tales sunt. 1. Pallas in anum. Aragnem in araneam. 2. Rodope cum Hemo in montes. 3. Pigmea in gruem. 4. Antigone filia Priami in ciconiam. 5 Filie Cinare in gradus templi. 6 Iupiter in taurum. 7. Idem in aquilam. 8. Idem in cignum. 9. Idem in satirum. Idem in Amphitrionidem. Idem in ignem. Idem in pastorem. Idem in serpentem. 10. Neptunus in iuvencum. Idem in Enipheum. Idem in arietem. Idem in equum. Idem in delphina. 11. Phebus in agrestem. Idem in accipitrem. Idem in leonem. Idem in pastorem. 12 Liber in uvam. 13 Saturnus in equum. 14 Niobe in saxum. 15 Agrestes in ranas. 16 Marsia in flumen. 17 Carneus humerus in eburneum. 18 Philomena in luciniam. Thereus in hupupam. Progne in hirundinem. Itis in fasianum. 19 Filii Boree in pennatos ».

28-29 Nam [...] illo est. *Cf.* Ps. Cat. *Dist.* IV 18 : « Cum sapias animo, noli ridere senectam ; / nam quoicumque seni puerilis sensus inhaeret ».

51-52.1 Pallas [...] ipsa est sapientia. *Cf.* Hugut. *Deriv.* M 112,1 : « MIN, idest in, erva, idest mortale vel mortalis, et inde per compositionem dicitur hec Minerva-e, idest Pallas dea sapientie, quasi immortalis, quia sapientia re vera immortalis est et filia Altissimi, unde et apud Grecos Athenas dicitur, idest immortalis ». Dea est lanificum. *Cf.* Du Cange s.v. *lanifex* : « ouvrier en laine ».

51-52.1-3 Pallas ipsa [...] se ipsam includit. Arnul. Aurel. *Allegorie* VI 2 : « Pallas ipsa dea est lanificii quia docet telam de virtutibus texi. Palladem Aragne, idest insipientia telam textens de viciis, unde dicitur Aragnes quasi arida mens sine humore caritatis, contempnit, Pallas vero anum se simulans iuvenem Aragnem monens castigat. Quod ideo fingitur quia vetule sunt sapientiores iuvenibus et eas castigant. Aragne vero idest iuvenilis etas temeraria senectuti sapienti se preferens cum ea contendit. Texendo fit inter utramque contentio, Pallas de virtutibus et de potentia deorum disputat. Aragne de viciis et contempta deorum telam texit iocundiorem. Iocundior enim est via ad vicia et pronior, ad virtutes vero durior et difficilior. Sed quia tela eius arida est et sine succo sapentie, suspenditur idest a vento ut pote res vana suspenditur, ventilatur, et in vermem mutatur idest ad terrena respicit quod est verminum. Sed in aranea pocius quam in aliam quia quem ad modum aranea ex se ipsa filia elicit, ita et insipientia se ipsam seducit ».

69 argumentum [...] comediam. *Cf.* Hugut. *Deriv.* A 307, 3 : « Item ab arguo hoc argumentum, quod tribus modis dicitur ; dicitur enim argumentum res ficta que tamen fieri potuit, ut comedie Terentii : dicitur etiam argumentum parvum opus premissum, in quo tota materia subsequentis operis prelibatur, et tunc dicitur argumentum quasi argutum idest callidum inventum. [4] Dicitur etiam argumentum rei dubie probamentum » ; F 50, 34 :

« […] fallacia est deceptio que est in argumentatione, aliter non erit falsificatio ; est enim falsificare argumentum inducere aliquod in quo magis appareat falsitas, unde nec verum argumentum nec falsissimum falsificari potest ». Hystoriam. *Cf.* Hugut. *Deriv.* H 52,1 : « HISTORIN interpretatur videre vel cognoscere ; unde hec hystoria -e ; antiquitus enim nullus scribebat hystoriam nisi qui interfuisset et ea que conscribenda essent vidisset ». Fabulam. *Cf.* Hugut. *Deriv.* F 50, 1-2 « […] hec fabula -le, res que nec vera est nec verisimilis ; et est illa fabula vera que nichil veritatis habet in se et illa falsa que aliquid veritatis in se continet admixtum : sicut enim est in amore modus non habuisse modum sic est in fabula veritas non habuisse veritatem ; et dicitur fabula a fando quia in solo fatu consistat. [2] Istam fabula quandoque dicitur ystoria, similiter a fando quia eam famur, quandoque locutio ».

90-92 Pigmea […] gruibus. *Cf.* Hugut. *Deriv.* P 81 : « hec Pigmea -e quedam regio est, unde pigmeus -a -um, et, ut dicit beatus Augustinus, Pigmei semicubitales sunt, qui tertio anno perfecte etatis sunt, septimo senescunt, et dicuntur pugnare cum gruibus et armati ferri ab ipsis gruibus ».

93-97.2 Iunoni […] inferior. *Cf.* Hugut. *Deriv.* I 120, 12 : « Cum Iuno dicitur aer et Iupiter interpretatur ignis, et tunc similiter fratres, quia aer et ignis de eadem materia fuerunt ».

103-108.1-3 Idem Iupiter […] tractata videntur. *Cf.* Arnul. Aurel. *Allegorie* VI 7 : « Idem Iupiter Asteriem in specie aquile rapuit id bellando aquilis preeuntibus sicut et Ganymede. Nam ut Anacreon refert, dum Iupiter adversus Titanas, Titani filios, qui frater Saturni fuerat, bellum assumeret et sacrificium in celo fecisset, in victorie auspicium aquile prosperum videt adesse volatum. Pro quo tam felici omine, et quia victoria consecuta est, in signis bellicis sibi auream fecit aquilam tuteleque sunt virtuti deputavit. Unde et apud romanos huiscemodi signa tractata sunt ».

109.1-4 Iupiter, in cignum […] affactura. *Cf.* Arnul. Aurel. *Allegorie* VI 8 : « Iuppiter in cignum conversus com Leda concubuit que ovum peperit, unde nati sunt iuvenes Castor, Pollux, Helena. Quod totum est misticum : Iupiter enim in modum potencie ponitur, Leda vero quasi lide, quod nos aut iniuriam aut convicium dicimus. Ergo omnis potencia in iure mixta speciem sue generositatis immutat. In cignum pocius mutatur, quia dicunt physiologi hanc avem conviciis esse plenam quod ea clamante relique aves que presto fuerint taceant. Unde et olor dictus est ab ologoria quod iniuriam sonat. Ergo quotienscumque nobilitas vergit, viciis miscetur et necesse est quod ex hac re ovum concipiatur, ita et in effectum iniurie omnis immunditia que tamen per successores mitigari poterit. Sed ex ovo generantur Castor, Pollux, Helena, femina scandali et discordie. Castor vero et Pollux in modum perditionis posuerunt. Quod ex ipsorum nominibus habetur ; nam pol grece a polu vel a pollui dicitur et a perendo, et castor quasi cacon steroi, malum eternum. Inde etiam, quia perditionem significant, dicitur esse signa, quia signorum est ortu suo vel occasu pericula designare ».

125-126 Chirona […] homo. *Cf.* Hugut. *Deriv.* C 195, 3 : « Item a ciros hic Chiron -nis, quia cirugicus fuit et inventor medicinarum iumentorum, unde et fingitur fuisse dimidia parte homo et dimidia equus ».

140-141 mutatio […] in araneam. *Cf.* Hugut. *Deriv.* A 17, 3 : « Et ab aer, secundum Rabanum, hec aranea-ee, eo quod ex aere nutriatur ; et hic araneus invenitur et adiective araneus -a-um ; vel ista deriventur ab Aragne, que fuit mutata in araneam ».

157* *mantho* grece, latine *divinatio*. *Cf.* Hugut. *Deriv.* M 31, 1-3 : « MAN, idest videre, thesis, idest positio : inde dicitur mantos, idest divinatio ; unde hec mantice-es, illud idem, scilicet divinatio, quasi visio positorum, idest previsorum a Deo ; et hinc filia Tiresie dicta est Mantos, quasi divinatrix ».

221.2 supercilium. *Cf.* Hugut. *Deriv.* C 123, 6 : « et supercilium ponitur quandoque pro superbia, qua in eo maxime apparet, unde superciliosus -a- um, idest superbus et arrogans, et superciliosus idest tristis, severus, nubilosus, qui semper incedit depresso supercilio ».

221.1-4 Nyobe [...] labidis. *Cf.* Arnul. Aurel. *Allegorie* VI 14 : « Niobe regina Latonam spernebat pro duobus filiis suis cum ipsa VII filios et VII filias haberet. Sed a filiis Latone VII filii Niobes et VII filie insimul ocisi sunt. Ipsa in lapidem mutata. Allegoria. Per Niobem habemus superbiam, que VII filios habet : pedem, pectus, manum, linguam, nasum, supercilium, oculum, et VII filias, has scilicet : superbum pedis incessum, pectoris summationem, manus gestum, lingue in verbis indignationem nisi fricationem, supercilii elationem, oculi superbiam. Per Latona habemus religionem cuius sunt filii Apollo idest sapientia et Diana idest castitas, humiliaverunt filios eius occidendo. Postea mater in lapidem fuit mutata. Que, superbia omnino deposita, sapientie vacans et castitati, ad religionem revocata, ibidem mansit firma et stabilis ad modum lapidis ».

339 leones [...] serpentes. *Cf.* Hugut. *Deriv.* I 49, 4 : « confectionis quando conformamus in mente aliquid quod in rerum numero natura non patitur inveniri, ut chimeram ex capite leonis, pectore hominis, ventre asini, cauda serpentis ».

345 Ulva. *Cf.* Hugut. *Deriv.* U 38 : « hec ulva -ve herba est palustris, unde ulvosus -a -um ».

395 Armenta. *Cf.* Hugut. *Deriv.* A 313, 7 : « Item ab arma hoc armentum-ti, quia aptum sit armis vel faciendis vel ferendis vel exercendis vel quia sit cornibus armatum ; vel dicitur armentum quasi aramentum ab arando, et est proprie de maioribus, grex de minoribus ». Bucera. *Cf.* Hugut. *Deriv.* B 87, 1 : « Bos bovis communis generis, et dicitur a bus, quod Greci dicunt ; unde bovinus -a -um, et bucerus -a -um in eodem sensu, unde Ovidius Metamorphoseos 'quisquis in montibus illis lanigerumque gregem armentaque bucera pavit' » (VI 391-392).

398-400 Marsyas [...] fluvium aque. *Cf.* Hugut. *Deriv.* M 39 : « Hic Marsia -e vivus fuit excoriatus ab Apolline, ex cuius sanguine procreatus est quidam fluvius qui similiter dictus est Marsia ».

406-409 Tantalus, pater Pelopis. *Cf.* Hugut. *Deriv.* T 32 : « Tantalus fuit pater Pelopis ; et tantalus, avis quam ardeam dicunt ».

427-432 Hysmeneus. *Cf.* Hugut. *Deriv.* H 39, 1 : « Hoc hymen -nis, producta e, dicitur membranula illa in qua puer involvitur in utero matris, que alio nomine dicitur matrix, in qua sunt septem cellule forma humana impresse, nec plus, unde non contingit plures quam septem concipi simul a muliere ».

445-448 Pirrena. *Cf.* Hugut. *Deriv.* P 92, 1 : « Pir grece, latine dicitur ignis, unde hec pira -e, idest rogus, scilicet congeries lignorum in igne ».

587 Triaterica. Hugut. *Deriv.* T 166, 9 : « Et hec triateris -dis, et hoc triatericum, festum Bacchi ter in anno celebratum vel tribus annis semel, unde triatericus -a -um ».

LIVRE 7

6 Mutationes [...] volatili. *Cf.* Arnul. Aurel. *Allegorie* VII 1 : « Hee sunt mutationes septimi libri. 1. Dentes serpentis in armatos milites. 2. Eson de sene in iuvenem. 3. Aries in agnum. 4. Ramus siccus in viridem. 5. Cerambus in avem. 6. Tioneus in cervum. 7. Mera in canem. 8. Cee matres in iuvencas. 9-11. Filia Alcidame in columbam, Philii in olorem, Hirie in aquam sui nominis. 12. Ossias in avem. 13. Nepos Cephisi in phocam. 14. Eumeli in avem. 15. Periphas et Fineus cum nepte Poliphemonis in aves. 16. Spuma Cerberi in venenum. 17. Formice in Mirmidones. 18. Cephalus in adulterum. 19. Fera in marmor ». *Cf.* aussi *Vulgatus*

VII, *Acc.* : « Mutationes huius septimi libri tales sunt : dentes serpentis in armatos milites ; draco semper uigilans in sopitum ; Eson de sene in iuuenem ; nutrices Bachi de senibus in iuuenes ; aries in agnum ; ramus siccus in uiridem ; Cherambus in auem ; Tyoneus in ceruum ; Mera in canem ; Cee meretrices in iuuencas ; Telechine omnia uisu suo mutantes in submersionem ; filia Archidame in columbam ; puer Phillii in olorem ; Hirie in aquam sui nominis ; Ophias in auem ; de Progne et Thereo in aues ; de Menefro cum matre concumbente in feram ; de filio Cephisi in phocam ; filia Eurimeli in auem ; fungi in mortalia corpora ; Perifas et Phineus cum nepote Polifemonis in aues ; spuma Cerberi in uenenum ; ossa latronis in scopulos ; Sithon in monedulam ; formice in Mirmidones ; Cephalus in adulterum ; fera in marmor ; Procris in mortuam, et in hoc terminabitur liber iste ».

1 Partem istam [...] sic dicentes. *Cf. Vulgatus* VII : « Precedencia subsequentibus ita continuantur ».

3 Phineus habuit [...] historicom. *Cf. Vulgatus* VII 3 : « Phineus iste fuit quidam qui habuit duos filios, quos nouerca sua appellauit de choitu, qui renuerunt. Illa autem timens ne accusarent eam eos accusauit erga patrem, quos Phineus excecauit. Dei autem in ulcione eorum excecauerunt Phineum, unde uos habetis in libro *Artis amatorie :* "Quid fodis immeritis, Phineu, sua lumina natis ? / Pena reuersura est in caput ista tuum" (Ov. *Ars* I 339-340). Iterum dei miserunt quasdam uolucres infernales que uocantur Arpie que fedabant eius conuiuia. Iason autem cum sociis suis uenit in domum suam et petiit uiam ab eo per quam posset ire ad Colcon insulam. Ipse uero dedit ei columbam que conduceret eos usque ad Colcon. Zetus autem et Calais fugauerunt Arpias a mensis suis usque ad quasdam insulas que uocabantur Plote, modo dicuntur Trophades a 'trophos' quod est conuersio, quia inde reuersi sunt Zetus et Calais. Hoc autem dictum est secundum *Argonauticon* ubi legitur : « "Postera non casse †Miniis aut mare texit† | noctis iter : noua cuncta uident Phineaque iuxta | litora fatidici penis horrentia Phinei" » (*Cf.* Val. Flac. *Arg.* IV 423-425).

11 REPUGNAT : loquitur sibi ipsi. *Cf. Vulgatus* VII 11 : « MEDEA ad se ipsam loquitur ».

30 *Cf.* Arnul. Aurel. *Allegorie* VII 1-4 : « De dentibus seminatis in milites armatos mutatis et de sene renovando et de ariete agnificato, de stipite arescente refrondato constans est et certum quia hoc totum possunt videri facere venefice licet non faciant ».

179-181 Describit actor [...] vel eo circa. *Cf. Vulgatus* VII 178 : « Facit hic actor chronographiam, id est temporis descripcionem : describit enim tempus in quo exiuit a domo Medea et iuit quesitum sibi necessaria ad reiuuenescendum Esonem, et hec est *tres aberant* etc. ».

194 Achathe [...] in hiis factis. *Cf. Vulgatus* VII 194 : « *triceps* : hoc dicit propter tres potestates, quia secundum quosdam dicitur Proserpina in inferno, Luna in celo, Diana in siluis ; Hecate centum potestates habens ».

207-208 Solebat [...] faciebant. *Cf. Vulgatus* VII 207 : « Coribantes sunt populi quidam qui uidentes lunam laborare propter incantationes faciunt tumultum in ereis instrumentis ne luna audiat incantationem quia, cum luna patitur eclipsim, putant quod hoc sit propter incantationem magicorum ».

225 OLIMPUS. *Cf.* Hugut. *Deriv.* O 20, 1-4 : « Olon grece, latine dicitur totum [...]. Item componitur cum phos, quod est lux vel ignis, et dicitur hic Olimpus -pi, quidam mons, quasi olonphos, idest totus lucens, quia est quasi celum altitudine sua, unde et sepe pro celo ponitur ».

261.2 FLAMMA [...] remanerent. *Cf. Vulgatus* VII 261 : « *flamma* ad remouendum mortalitatem, quia maior mortalitas est in sene quam in iuuene ; *aqua* ad remouendum immunditiem ; *sulphure* ad remouendum infirmitatem et debilitatem ».

270-271.2. Cherindrus [...] *aqua*. *Cf. Vulgatus* VII 272 : « Chelindrus genus est serpentis qui partim habitat in terra, partim in aqua, unde chelindrus quasi gelindrus a 'ge' quod est terra et 'ydros' quod est aqua ».

352 PELYON [...] Thesalia. *Cf. Vulgatus* VII 352 : « Pelion mons est in Tessalia ubi habitavit Chiron ».

354-355 Cherambus [...] in avem. *Cf.* Arnul. Aurel. *Allegorie* VII 5 : « Cerambus diluvium fugiens mutatus est in avem. Allegoria talis. Cerambus quidam cum omnia sua luxuriose vivendo quasi per diluvium devastasset exul factus a patria sua aufugit unde fingitur mutatus esse in avem ». *Cf. Vulgatus* VII 353 : « De mutacione Cherambi in avem talis est allegoria : Cherambus quidam fuit qui cum bona sua luxuriose vivendo quasi per diluvium devastasset, ita levis factus tamquam avis exul a patria fugit pre pudore, et sic est moralis ista mutatio ».

359.1 Bachus [...] evasit. *Cf.* Arnul. Aurel. *Allegorie* VII 6 : « Tioneus filius Bachi, qui ideo fingitur quia bonus erat potator, iuvencum re vera est furatus. Qui metuens intercipi iuvencum pro cervo mutavit quem interfecisse dicitur Bachus quia qui iuvencum pro cervo accepit nisi vino suadente hoc non faceret ».

362.1 MECHA [...] caniculam. *Cf.* Arnul. Aurel. *Allegorie* VII 7 : « Mera quia diis convinciabatur mutata fuit in canem quod fingitur propter assiduum eius in conviciando latratum ».

363.1-2 matres Cee [...] in vacas. *Cf.* Arnul. Aurel. *Allegorie* VII 8 : « Cee matres re vera Iunoni maledicebant. Unde fingitur cornua sue fronti esse addita. Et per cornua stoliditatem accipe quia stolide sunt pro insania sua deputate ».

365.1 THELEGINE [...] mari. *Cf. Vulgatus* VII 365 : « Telichine fratres fuerunt filii Iasilii qui omnia mutabant solo visu. Iupiter autem submersit illos in mare timens ne mutarent se ipsum vel celum solo visu. Vel secundum quosdam fratres fuerunt qui carpebantur invidia omnium rerum, quos Iupiter propter invidiam submersit in mare ».

368 Alcidamas [...] servari. *Cf.* Arnul. Aurel. *Allegorie* VII 9 : « Filia Alcidame re vera patre suo ignaro peperit columbam, idest finxit se peperisse, cum iam audiretur a patre vox parientis, ut hoc argumentum esset per columbam eam non ab homine sed a deo esse gravidatam ».

372.1-2 PHILLIUS [...] fugiens. *Cf.* Arnul. Aurel. *Allegorie* VII 10-11 : « Puer Philli offensus, a Phillio abfugit, unde fingitur in avem esse mutatus. Sed in olorem pocius quam in aliam quia pre ceteris pueris bene cantabat sicut olor pre ceteris avibus. Hirie mater pro filio suo in avem mutato idest de patria profecto tam diu flevit quod in aquam sui nominis omnino defluxit. Quod nichil aliud fuit nisi quod in aquam pre dolore se precipitavit que a nomine eius dicta fuit ».

382-385.1 Combe, filia Offi [...] manus illorum. *Cf.* Arnul. Aurel. *Allegorie* VII 12 : « Filia Ossi in adulterio a privignis suis deprensa mutata est in avem. Quod ideo fingitur quia privignorum velociter ac si pennata esset manus abfugit ».

386 MEREPHON. *Cf. Vulgatus* VII 365 : « Menefron fuit quidam qui cum matre sua voluit concumbere more bestiali, quia bestia multociens generat in matrem. Vel *more ferarum* quia a parte posteriori cum ea voluit rem habere ».

388 Cephisus [...] sompnolenti. *Cf.* Arnul. Aurel. *Allegorie* VII 13 : « Nepos Cephisi Phoceus ab Apolline devictus in phocam piscem marinum fuit mutatus, idest quidam imperitus cum sapientie disputans ab eo deinde victus mutatus est in piscem quia indictum est ei silentium sicut piscibus qui naturaliter muti sunt, et in phocam pocius quam in alium quia illi pisces sompnolenti unde et magis videntur multi quam ceteri ». *Cf. Vulgatus* VII 388 : « Cephisus pater Narcisi quendam nepotem habuit nomine Phocum vel Delphinum qui iactavit se quod melius cantaret in lira quam Apollo, et ideo mutatus est ab Apolline in phocam piscem marinum ».

390.1 Eurimelus [...] turtur dicitur. *Cf.* Arnul. Aurel. *Allegorie* VII 14 : « Eumelus rex quidam fuit qui propriam filiam corrumpere voluit, sed Mercurio faciente mutata fuit in avem. Hoc partim est historicum, partim allegoricum. Quod filiam pater voluit corrumpere verum fuit. Quod autem in avem mutata fuit sic intellige quod de patria sua procul effugit, Mercurio idest sapientia sua consulente ». *Cf. Vulgatus* VII 388 : « Eurimelus Eoli vicarius fuit qui habuit filiam quam dum Mercurius voluit opprimere mutata est in avem. Vel secundum alios eam Mercurius ab ea spretus mutavit in avem. Vel Eurimelus filius Pirei regis Epiren civitatis fuit cuius filia Ysiphile nomine, quia venefica fuit, mutata est in drachonem ».

391-399.1 Ephire [...] fungis. *Cf. Vulgatus* VII 391 : « In Ephire civitate fuerunt quidam superbi et deorum contemptores, unde Iupiter mutavit eos in boletos. Postea vero videns sua nemora minus coli iterum fungos mutavit in homines. Rei veritas est quod iuxta Ephiren civitatem quidam fluvius est qui quando superhabundat omnia sata destruit, aqua vero recedente in alveum ex humore et calore procreantur boleti et inde sustentantur homines. Et ideo fictum est quod homines nascuntur de boletis ».

391-399.3 Rei veritas [...] parvos occidit. *Cf. Vulgatus* VII 394 : « *Set postquam* : notandum est quod cum Medea fugeret propter scelus quod patraverat, Iason Creusam filiam regis Creuntis superduxit in uxorem. Medea vero super hoc contristans quod Creusam superduxerat et eam reliquerat misit quandam camisiam intoxicatam Creuse sub obtentu amicicie quam postquam indutam habuit combusta est in ea camisia per venenum. Postea duos filios quos habebat ex Iasone manu propria interfecit ».

402-403.1 Phineus [...] in vultures. *Cf.* Arnul. Aurel. *Allegorie* VII 15 : « Periphas et Phineus cum nepte Poliphemonis de patria sua procul affugerunt, unde fingitur in aves esse mutatos ». *Cf. Vulgatus* VII 399 : « Phineus et Periphas duo reges fuerunt Athenienses qui iustissimi erant et ideo dei mutaverunt eos in aves, ut longius viverent secundum quosdam. Vel aliter Phineus et Periphas duo fuerunt iusti qui propter iustitiam suam credebantur esse dei, unde dei super hoc irati mutaverunt illos in aves ». 402-403.5 HYSMON [...] Theseus. *Cf. Vulgatus* VII 405 : « Ysmon mons est inter Yonium mare et Egeum ubi habitabant latrones quam plurimi et transeuntes spoliabant ; illos enim interfecit Theseus et locum reddidit pacificum et securum ».

409-413.1-3 *Cf. Vulgatus* VII 407 : « Aconita vocata sunt venena quasi a caute nata, quorum origo talis est : Theseus et Pyrithous iactitaverunt se quod non nisi filias Iovis ducerent in uxores. Theseus Helenam rapuit ; Pirithous ergo, cum nullam posset invenire in terris, apud inferos descendit propter Proserpinam cum Theseo, qui ibi detenti graves penas persolverunt ». Aconitum. *Cf.* Hugut. *Deriv.* C 133, 4 : « Item a cautus hec cautes -tis petra durissima et asperrima, quasi cauta quia cavetur ; et componitur cum a et dicitur aconitum -ti, herba venenifera, quasi a caute natum, quia in cautibus abundet, vel quia de spuma quam Cerberus super lapidem spuit natum est, vel dicitur ab Acone portu Bitinie, quia ibi abundat sicut superius diximus ».

409-413.4-5 de spuma [...] similis pastinacee. Arnul. Aurel. *Allegorie* VII 16 : « De spuma Cerberi aconitum creavisse dicitur quia per Cerberum tricipitem habemus terram que tria habet capita : Asiam, Europam, Affricam. De cuius terre bono succo proveniunt bone herbe, de spuma vero idest de succo malo aconitum que herba est venenosa similis thuri vel etiam similis pastinacie ».

465-468 *Cf. Vulgatus* VII 468 : « Re vera avis est monedula quem multum diligit aurum vel monetam, unde et monedula dicitur quasi monetam diligens. Et quia Sithonis cupiditate auri ducta civitatem prodidit, ideo inventus est usus fabule quod mutata fuit in monedulam. Et sic ad mores spectare videtur hec mutatio ». Monedula. *Cf.* Hugut. *Deriv.* M 132, 7 : « hec monedula -e, quedam avis que vulgo dicitur tacula, quasi monetula, quia cum aurum vel aliquam monetam invenerit aufert et occultat ».

480.1 *Cf. Vulgatus* VII 456 : « Minos rex Cretensis magistris Atheniensibus Androgeum filium suum tradidit erudiendum, qui in brevi non solum discipulos set etiam ipsos magistros arte et sapientia superavit, ita quod non iam discipulorum set etiam magistrorum maximus dicebatur, unde ei invidentes de summa turre precipitaverunt ».

523-527.2 per formicas [...] formicen dicitur. Arnul. Aurel. *Allegorie* VII 17 : « Formice in Mirmidonas, quia populus ille cum formicis et corpore concordant et moribus. Corpore quia nigri et parvi et macilenti, moribus quia parci, fortes et luxuriosi, unde etiam nomen a formicis traxerunt. Mirmidon enim Grece, formica latine ».

611 Centum [...] circum. Verg. *Aen.* VI 329 : « Centum errant annos volitantque haec litora circum ».

614-618 Debile [...] sequetur. Ov. *Met.* VII 511 : « flebile principium melior fortuna secuta est ».

616.4 SECUNDOS [...] SECUNDOS. *Cf. Vulgatus* VII 619 : « In rei veritate prius tonat quam appareat fulgetra, sed fulgetram prius videmus quia visus est velocior auditu, vel *secundo* id est prospero, quia bis tonuit et hoc fuit in signum favoris ». Fulgetrum. *Cf.* Hugut. *Deriv.* F 59, 12-13 : « Quandoque, tamen, omnia predicta nomina confunduntur et dicuntur esse nomina unius et eiusdem rei, sed tonitruum dicitur quia suo sono terreat, fulgetra vel fulgor quia fulgeat : fulgus quia tangat, fulgur quia urat, fulmen quia findit. Ex predictis patet quod ante fit sonus quam ignis, tamen citius et ante videmus ignem quam audiamus sonum, et hoc inde contingit quia velocior est oculus ad videndum quam auris ad audiendum : radius enim ab oculo exiens in ictu ipsius oculi repercutitur, etiam in re remotissima unde oculus excitatur, et visu rem illam statim percipit ; sed sonus, nisi primo veniat ad aurem et eam percutiat, auditu non percipitur ; quia ergo sonus ille valde est remotus, sensim ad aurem accedens et eam percutiens, tarde auditu percipitur ».

622.1 Dodona [...] Libiam. *Cf. Vulgatus* VII 623 : « Dodona est silva in Epiro ubi nulla est arbor nisi quercus, ubi Iupiter dabat responsa per duas columbas super ollas sedentes, quarum una ad Delphon, reliqua ad Hamonem in Libiam devolavit ». *Cf.* Hugut. *Deriv.* D 77, 4 : « Item a do hec Dodona, idest dea glandium, et Dodona dicta est quedam silva Epiri, a dando dona, idest glandes, hominibus ».

655* Mirmidon dicitur formica. *Cf. Vulgatus* VII 654 : « quia nomen tale bene concordavit cum origine illorum, quia nati sunt de formicis : 'mirmidon' enim grece, formica dicitur latine ». *Cf.* Hugut. *Deriv.* M 115, 1 : « MIRMIDON vel mirmin grece, latine dicitur formica ».

690.2 incepit esse zelotipus. *Cf. Vulgatus* VII 714 : « Hiis verbis exprimitur diffidentia sive zelotipia, quod idem est, quam comitatur semper metus ». Zelotipus. *Cf.* Hugut. *Deriv.* Z 26, 4-5 : « dicitur ergo zelotipus de cuius forma invidetur sibi vel alii et habetur suspicio, et zelotipus qui de forma alterius invidet ei vel alii et est suspiciosus, unde ille homo dicitur zelotipus qui suspicionem habet de sua uxore, scilicet qui cum cruciatu mentis castitatem servat uxoris et illa tunc dicitur zelotipa ; [5] unde hec zelotipia, invidia, suspicio contra uxorem ».

717 Quamvis [...] adulterium. Arnul. Aurel. *Allegorie* VII 18 : « Cephalus in adulterum quando uxorem suam de adulterio quasi non notus temptavit ».

719* Res [...] amor. Ov. *Epist.* I 12 : « Res est solliciti plena timoris amor ».

778-779 Describit [...] in marmora. *Cf.* Arnul. Aurel. *Allegorie* VII 19 : « Canis et fera in duo marmora. Nichil aliud fuit nisi quod de summitate cuiusdam montis se precipites dederunt, alter timore mortis, alter amore prede ».

783-791 Amentum. *Cf. Vulgatus* VII 788 : « Amentum dicitur corrigia cum qua emittitur iaculum ». Hugut. *Deriv.* A 159 : « Hoc AMENTUM -ti, corrigia ligata in medio haste, unde amentum dicitur quasi a medio ligatum ».

LIVRE 8

1. Mutationes [...] liber iste. *Cf.* Arnul. Aurel. *Allegorie* VIII 1 : « Hee sunt mutationes octavi libri. 1. Nisus in alietum. Scilla in alaudam. 2. Corona Adriagnas in stellas. 3. Perdix in avem sui nominis. 4. Sorores Meleagri in aves. 5. Naiades in Cicladas insulas. 6. Perimele Ipodamantis filia in insulam sui nominis. 7. Casa Philemonis et Baucidis in templum. Philemon et Baucis in arbores. 8. Filia Erisitonis in diversas figuras ». *Cf.* aussi Ps.-Lact. Plac. *Narrat.* VIII : « 1. Scylla, Nisi filia, in avem crin et Nisus, pater eius, in avem haliaeeton. 2. Ariadne in coronam. 3. Perdix in avem sui nominis. 4. Meleagrides in aves. 5. Naiades in Cicladas insulas. 6. Perimele in insulam. 7. Iuppiter et Mercurius in hominum species. 8. Casa Baucidis et Philemonis in templum et Baucis et Philemon in arborum species. 9. Proteus in speciem. 10. Mestre, Erysichtonis filia, in dissimiles figuras et Erysichton in Famem ». *Cf. Vulgatus* VIII, *Acc.* : « Mutationes huius libri tales sunt : Nisus in alietum ; Scilla in alaudam ; corona Adriannes in stellam ; Perdix in avem sui nominis ; sorores Meleagri in aves ; Nayades in insulas Ciclades ; Perimene, Ypodamantis filia, in insulam sui nominis ; casa Palemonis et Baucidis in templum ; Palemom et Baucis in arbores ; Protheus in diversas figuras ».

4 Taurus adulter [...] fuisse volunt. *Cf.* les vers dans la glose VIII 159.4.

19-20 *gerra*. *Cf.* Du Cange, s.v. gerra : « gerra, pro guerra, Bellum publicum vel privatum ».

28.3 alaudam cupatam. *Cf.* aussi la glose 151*, où on lit *allauda cupata* : peut-être dans le sens de 'recouverte' et donc se référant à l'alouette *cristata* ou *galeata*. Pour le sens de 'recouverte' *cf.* Du Cange, s.v. *cupata* : « domus, in modum cupae seu cupellae tecta ».

35-42 inconstancia mentis. *Cf. Vulgatus* VIII 41 : « quasi diceret : aliquando volebat se diruere a turri in qua erat in exercitum Minois, aliquando vero volebat Mynoi et suis aperire portas ».

43 Dithe. *Cf.* Hugut. *Deriv.* D 53, 1 : « Hec Dictis-tis, quedam civitas in Creta, unde dicteus-a-um et hic et hec dictensis et hoc -se ». *Cf. Vulgatus* VIII 43 : « Dyctis civitas est Cretensis ».

49 convertit sermonem. *Cf. Vulgatus* VIII 41 : « Modo more amantis de tercia persona transit ad secundam et convertit sermonem suum ad Mynoem dicens *o pulcherrime* ».

58 Modo incipit [...] ut puto. *Cf. Vulgatus* VIII 64 : « Iterum convertit sermonem suum ad Minoem et ita transit de tercia persona ad secundam dicens *nam* ». Philosophi. *Cf.* Hugut. *Deriv.* A 415, 3 : « Vel dicuntur Athene immortales propter studium, quia olim ibi viguit sapientia que immortalis erat ».

69 Omnes [...] operentur. *Cf.* Walther, *Proverbia* 19919 : « Omnes res gestas faciunt duo : velle, potestas ; / si disiungantur, disiunctim nil operantur ».

82 Noctis [...] facta. *Cf.* Gualt. de Cast. *Alexandr.* VI 536 : « noctis, quando solent patrari turpia, noctis ». *Cf.* aussi la glose correspondante du *Vulgatus*, qui mentionne la même source de l'*Alexandreis* : « timidus enim de nocte solet audax fieri, quod magister Galterus sonat dicens : 'distulit ergo nefas in ydonea tempora noctis, / noctis, quando solent patrari turpia, noctis, / quando impugne placent, que sunt de luce pudori, / cum timor est audax et frons ignara pudoris' (VI 536-539) ».

101-102.2 Tres [...] prunis. Eber. Bethun. *Graecism.* VII 50 : « Tres quoque censores apud infera sunt quasi reges : / cognitor est veri Minos cogitque fateri, / veraque scrutanti censura datur Radamanthi, / tu miseros punis ardentibus, Aeace, prunis ».

120 *syren* [...] carinas abdens. *Cf.* Hugut. *Deriv.* S 172, 1-2 : « SIREN, idest tractus, unde hec sirtis-tis ; et sunt Sirtes loca periculosa in mari, dicta ab attractione arene in cumulos : est enim ibi inequalitas maris et terre, in uno loco est aqua profundissima, in alio vadosa, unde periculosum est illac transire. [2] Item a siren hec sirena-e, et hec siren-nis, monstrum

marinum quod dulcedine sui cantus navitas ad se attraet submergi facit ; unde sirenicus-a-um, idest dulcis et delectabilis vel attractivus et periculosus ». Hugut. *Deriv.* C 273, 8 : « unde hec Caribdis-dis, quoddam periculum marinum sic dictum quia carinas abdat, idest absorbeat : aquas enim accipit ut vomat, vomit ut accipiat ; unde Ovidius (*Rem.* 740) 'evomit epotas dira Caribdis aquas' ; vel Caribdis fuit quedam vetula voracissima que, quia boves herculis furata est, a Iove fulminata est et in mare precipitata ; antiquas ibi exercet rapinas, unde et ille locus dicitur Caribdis ».

121 ARMENIE [...] tigres. *Cf. Vulgatus* VIII 121 : « Armenie quia Armenia habundat tigribus ».

150-151 Cirris [...] caput. *Cf.* Hugut. *Deriv.* C 150, 4-6 : « Item a crinis crinitus -a-um, idest magnos habens crines ; crinis etiam dicitur alio modo hic cirrus cirri, quod et pro plicatura dicitur capillorum, a cirin, quod est tondere, unde Prudentius in Sicomachia 'crinibus extructos augent ut addita cirros' ; et inde cirratus-a-um, idest crinitus, unde Persius 'ten cirratorum centum dictata fuisse pro nichilo pendas', [5] et hec cirris-ris quedam avis scilicet alauda, unde Ovidius Metamorphoseos in nono 'in avem mutata vocatur cirris'. Et nota quod cirrum greci covant mallonem. [6] Item a crinis vel cirrus hec crista, quod eminet super galeam et super capita quarundam avium, unde cristatus -a-um, idest crista ornatus vel qui magnam habet cristam. Invenitur etiam cristatus idest galeatus. Item a crinis hic et hec crinalis et hoc -le, et hec crinalis -lis idest acus qua crines aptantur, et hic et hec crinior-ris, idest crine prolixior ». *Cf. Vulgatus* VIII 151 : « 'cirrus' grece, capillus dicitur latine. Vel 'cyrros' grece, tondere latine, et a capillo tonso dicitur cirris. Vel dicitur cirris per antifrasim, eo quod minime tondatur. Cirris, scilla, alauda nomina sunt eiusdem avis ». *Cf.* Arnul. Aurel. *Allegorie* VIII 1 : « Scilla purpureum crinem patris secans, in quo pendebat ipsius vita, Minoi quam amabat presentavit. Re vera caput purpureum idest russum vel cruentatum manu propria amputavit. Minoi in spem coniugii obtulit. Et hic accipitur pars pro toto, capillus pro capite. Nisus fingitur esse mutatus in alietum quia sicut tirannus fuerat hominum, ita adhuc tirannus est avium, sed alaude pocius, unde filia eius in alaudam fingitur esse mutata quia eam pater pre ceteris adhuc persequitur. Vel quia avis illa cirrita quoniam cirrum idest capillum patris secuit » ; *cf.* aussi *Mit. Vat.* I : « Scylla a Minoe contempta, dolore in avem conversa est : et Nisus extinctus deorum miseratione in avis mutatus est formam : que aves hodie flagrant inter se magna discordia ».

151* CIRRIS : allauda cupata. *Cf.* la glose VIII 28.3

159.4 Taurus [...] volunt. *Cf.* les mêmes vers dans l'*Accessus* (4) de ce livre. Ioh. de Garlan. *Integ.* VIII 5-8 : « Taurus adulter erat regisque notarius idem / est dictus pueros progenuisse duos. / Hi sunt Mynois, sunt tauri, sed sapientes / propter adulterium monstra fuisse volunt ». *Cf.* aussi *Integ.*, p. 61, n. 321-324, où l'éditeur explique que l'histoire du Minotaure remonte à Servius, ad *Aen.* VI 14.

169.4 facta est stella. *Cf.* Arnul Aurel. *Allegorie* VIII 2 : « Corona Adriagnes in stellas. Quia re vera sunt in celo quedam stelle ita in circulo posite ac si sint corona ».

178-181.1 corona Adrianne. *Cf. Vulgatus* VIII 181 : « Re vera in celo sunt quedam stelle ita disposite ac si essent corona, quas philosophi appellaverunt corona Adriannes a dispositione loci illius ubi sunt ille stelle, et sic moralis est ista mutatio ».

182 Dans la glose interlinéaire, le commentateur se trompe en expliquant le lemme *Nixi* comme *compliciti*, le comprenant comme un participe de *necto* et non de *nitor*. Dans la glose marginale, il continue à utiliser le verbe *necto*, en écrivant deux fois le lemme *nexi* et deux fois l'explication *nexus est genu*.

194.2 mare Ycareum. *Cf.* Hugut. *Deriv.* I 21 : « Hic Icarus fuit filiuus Dedali, unde icarius-a-um, et hinc mare dictum est Icarium, in quo submersum est ».

197 RENIDENTI. *Cf.* Hugut. *Deriv.* N 42 : « Hic NIDUS-di avium est ; unde hic nidulus diminutivum, et nideo-es-ui, idest nitere, splendere, et est tractum a nido, cum scilicet pulli

matri adventanti cum quodam alarum applausu occurrunt, et tunc proprie est nidere ». *Cf. Vulgatus* VIII 197 : « renidere proprie pullorum est et dicitur de redeo et nidus, quia pulli matre ad nidum redeunte renident, id est applaudunt. Vel potest ibi legi *renictenti*, id est contra nitenti : nam plumam volentem cadere hanelitu sustentabat ».

206-207.2 Orion [...] de urina natus fuit. *Cf.* Hugut. *Deriv.* E 82, 2 : « Item ab ennos, quod est habitator, et pheos, quod est pinguedo, dictus est Empheus, pater Orionis, qui eum habuit filium de urina deorum quos hospitatus fuerat, quasi habitator pinguedinis, per quam terra intelligitur que pinguis est ». *Cf.* aussi *Vulgatus* VIII 207 : « Orion venator fuit et in specie venatoris raptus est in celum, et est signum versus Australem regionem. Unde Bernardus : 'Nunc quoque sidereo tractu venatur Orion' (Bern. Silv. *Cosm.* XXX) [...] Dii vero excoriato bove et accepto corio plenum minxerunt et consutum sub terra subfoderunt. Post triduum vero puer natus est, qui Orion vocatus est, quasi Urion id est de urina natus ».

221 Pharos. *Cf.* Hugut. *Deriv.* F 15 : « Fares interpretatur divisio, unde dictus est Fares, qui divisio interpretatur, quia tunc natus est quando per linguas terra divisa est ».

222 Cachine [...] mellificantes. *Cf. Vulgatus* VIII 222 : « ‹ Calimine › insula ubi mel habundat quia copia apum est ibi ».

231-232 correlative se habent. L'expression appartient au langage philosophique. *Cf.* Albertus Magnus, *In Topic.* II 2, 6, 36 : « magis enim se habent ad invicem correlativa quam subiectum et passio » ; Bonaventura, *In Sentent. Magistri Petri Lombardi* I 32, 1, 2 : « Item, nullum relativum potest esse forma sui correlativi – quia ex forma et formato fit unum relativum autem distinguitur a correlativo – sed amor, qui est Spiritus sanctus, correlative se habent ad Patrem et Filium ».

234-236 Le nom *perdix* peut être soit masculin soit féminin (*cf. Thll.* s.v. *perdix-icis*) ; il est féminin pour Ov. *Met.* VIII 237, où il reçoit l'épithète *garrula* (« garrula limosos prospexit ab elice perdix »), masculin pour le commentateur, qui écrit 'gavisus est', en se référant déjà au neveu de Dédale. *Cf.* la glose 255.

241-245 mater Perdicis [...] in perdicem. *Cf.* Arnul. Aurel. *Allegorie* VIII 3 : « Perdix nepos Dedali fuit, qui Perdix dictus est quia minime perdebat quod audiebat. Boni ingenii siquidem erat. Dedalon enim interpretatur ingeniosus, unde Perdix nepos eius esse dicitur. Qui tandem ab ingenio precipitatus desipuit, unde postea in avem sui nominis mutatus scilicet in perdicem que adeo est obliviosa que suorum obliviscens alienis incubat ovis, sicut ipse qui sue oblitus ». *Cf. Vulgatus* VIII 240 : « Dedalus enim celeberrimus erat in arte fabrili. Unde et germana sua suum filium docendum ei tradidit, qui Dedalus videns puerum seipsum superare, invidia ductus, eum ab arce Palladis precipitavit. Set miseratione deorum, et precipue Palladis, in volucrem est mutatus. Et sic Dedalus mutationis eius fuit causa, qua de causa dicit *longum tibi, Dedale, crimen*, et hec omnia prosequitur actor in littera dicens *namque huic* etc. ».

266-267 Accerra. *Cf. Vulgatus* VIII 266 : « thuris id est thure acerre : acerra est vas ubi thus reponitur. Vel acervis potest esse littera, quia acervos thuris accendebant ad honorem deorum ».

295 Olea vel oliva. *Cf.*, bien que la définition soit très différente, Hugut. *Deriv.* O 19 : « hec oliva-e dicitur ab olion quod dicunt greci ; unde hec olea, et ab istis olivum vel oleum ».

312 Naricius. *Cf.* Hugut. *Deriv.* N 57, 50-52 : « Unde hec naris-ris : nares dicuntur quasi nare, quia per eas cognoscimus et scimus aliquid odore ; vel nares dicuntur a mano-as, quia per eas manat odor vel spiritus. Et sunt in eis tria officia : unum ducendi spiritum, aliud capiendi odorem, tertium deducendi purgamentum cerebri. Et a naris nario.is, subsannare, nares fruncare, et naricus-a-um, brutus, cuius nares semper stillant. Naricia est quedam regio, unde naricus-a-um ». *Cf. Vulgatus* VIII 312 : « Naricius fluvius est

quidam a quo dicta est Naricia. Fluvius ille vocatur Nar. Nar a qualitate naris dicitur quia duobus fontibus exit de terra et scinditur in duo flumina in origine sua, sicut nasus in duas partes scissus est ».

318 RASILIS en latin classique est un simple adjectif qui signifie 'lisse, poli' ; en latin médiéval, c'est aussi un nom qui signifie 'robe'. La glose se réfère au sens médiéval ; *cf.* Hugut. *Deriv.* R 7, 1 et 28 : « RADO-is-si-sum, intersecare, superficium removere vel parum diminuendo appianare, unde rasim adverbium et hic et hac rasilis-le, idest res rasa vel pilosa ut radi possit vel apta ad radendum [...]. [28] Item a rado hec ralla-e, vestis que vulgo dicitur rasilis, et hoc rallum, idest rasorium ». *Cf.* aussi *Vulgatus* VIII 318 : « *rasilis* derivatur a raso, quod planatur dum raditur ».

319-322 Athalanta. *Cf. Vulgatus* VIII 317 : « Thegea id est Athalanta, a Tegeo monte Archadie ita dicta : ista fuit filia Iasi regis. Notate plures Atalantas fuisse, ut scilicet hee. Athalanta filia Enomai, filii Martis, regis Archadie, quam Pelops duxit in uxorem, ut in sequentibus habetur. Alia Athalanta fuit quam Iasi filiam Meleager dilexit, de qua in presenti habetur, cuius filius fuit Parthonopeus, ut Stacius narrat, quamvis quidam asserant non concubuisse illi. Tercia fuit Athalanta filia Oenei, patris Meleagri, quam ducit Ypomenes » (*cf.* Stat. *Theb.* IX).

329-330 describit actor locum. *Cf. Vulgatus* VIII 329 : « Facit actor topographiam, id est loci descriptionem : describit enim silvam ubi supradicti venati fuerunt supradictum aprum dicens silvam ».

335 LACUNA. *Cf.* Hugut. *Deriv.* L 83, 9-12 : « Item a liqueo hic liquor -ris et hic lacus-cuscui, scilicet cupa in qua vinum decurrit, et fossa que alio nomine dicitur lacuna et receptaculum aquarum, et differt a stagno et piscina : stagnum est aqua stans artificio, habens pisces ; piscina est aqua stans artificio, carens piscibus, unde et dicitur a pisce per contrarium ; lacus est aqua stans naturaliter vel parum fluens, sive habeat pisces sive non ; quod autem dicitur lacus quasi locus aquae ethimologia est. Et hinc hic laculus-li diminutivum, et hec lacuna-e, idest fossa ubi remanent aque post effusionem imbrium vel ad quam conflluunt immunditie ».

336 SALIX. *Cf.* Hugut. *Deriv.* S 18, 3-4 : « Item a salio hec saltria-e, idest ioculatrix ; Iuvenalis : 'que saltria penem' ; vel est ibi psaltria a psallo ; et hec salix-cis, quedam arbor, quia cito saliat, idest crescat ».

337 VIMINA. *Cf.* Hugut. *Deriv.* U 32, 39 : « Item a vireo hoc vimen-nis, mollis virga et viridis, vel sic dicitur quia vim habeat ». *Cf. Vulgatus* VIII 337 : « Vimen dicitur a vi multa viroris, quia licet rarefactum sit si mittatur in aquam et postea in terram figatur revivit ».

346 PEGASEUS YASON. *Cf. Vulgatus* VIII 349 : « *Pegaseus* a Pegaso monte, ubi collecta fuit prima navis quam ipse adinvenit, vel Pegaseus ideo dicitur ab Argo navi figuram Pegasi in se gerenti ».

414 mittendo [...] tergo apri. *Cf. Vulgatus* VIII 349 : « ‹ *manus variat* › quia duo tela misit, quorum alterum fixum est terre, alterum in tergo apri, quod dicit littera sequens. Vel *variat* id est variam se ostendit a manu Iasonis. Unde sequitur missisque ».

416 Irritat [...] iras. *Cf.* Eber. Bethun. *Graecism.* XV 180. *Cf. Vulgatus* VIII 418 : « ‹ irritat ad iram › unde versus : "Irritat evacuat, irritat provocat iras". »

422 Meleager [...] Meleagrum. *Cf. Vulgatus* VIII 437 : « *Mavorcius* id est Meleager de genere Martis, quia Mars genuit Partaona, Partaon Oeneum, Oeneus Meleagrum ».

451-453 Cloto [...] octat. *Cf.* Eber. Bethun. *Graecism.* VII 44-45 : « Tres quoque fatales que ducunt fila sorores, / Clotho colum portat, Lachesis trahit, Atropos occat ! » ; Hugut. *Deriv.* C 117, 7 : « et tunc est occatio quasi oceccatio, sed ponitur pro scindere vel secare vel truncare sicut dictum est, unde 'Cloto colum baiulat, Lachesis trahit, Atropos occat' et Persius (VI 26) 'occa et seges altera in herba est' ».

483 Mortem [...] homo. *Cf.* Alexander Neckam, *Suppletio defectuum* II 339-344 : « Rursum vera fides, quod dicimus, asserit, unde / Aurelianensis versificator ait : 'Vita eterna, deus, mortem gustavit ad horam, / ut miser eternum vivere possit, homo. / Alter item sermone brevi dilucidat apte : / 'Mortem morte domo, ne moriaris, homo !' ».

484 oculum [...] dente. *Matth.* 5, 38 : « audistis quia dictum est oculum pro oculo et dentem pro dente ».

516.1 Ista fabula [...] est historia. *Cf.* la glose citée chez Ioh. de Garlan. *Integ.*, p. 62, 331-332 du ms. A (Milano, Bibl. Ambrosiana, P 43 sup.) : « Que dicta sunt de Meleagro omnia sunt hystoria excepto de stipite quod fictum est quia re vera mater sua in ultione fratrum incendit stipitem. Quo incenso, sorores fugierunt matrem timentes unde fictum est quod advolaverunt. Et hec mutatio spiritualis est quia timor affuit in spiritu vel moralis quia mores avium attribuit illis ».

516.2 Sorores [...] in aves. *Cf.* Arnul. Aurel. *Allegorie* VIII 4 : « Sorores Meleagri fratre suo mortuo, sic habetur in fabula, abfugerunt unde finguntur in aves esse mutate ».

562-564 LACUNABANT. *Cf.* Hugut. *Deriv.* L 83, 22 : « Item a lacus vel lacuna lacuno-as, idest ad modum lacune curvare, unde Ovidius in VIII Metamorphoses (564) : 'summa lacunabant alterno murice conce' ; legitur hic et alia littera, scilicet 'lacus nabant' ». *Cf.* *Vulgatus* VIII 564 : « Vel aliter summa *lacunabant* id est curvabant : ubi enim concha depingitur in domo fit quedam curvatio ; lacunare est lacunar facere, id est lacunam imitari per opus arcuatum, lacunar dicitur quasi aqua lacus ».

580-582 *De Naiadibus* [...] *in insulas*. *Cf.* Arnul. Aurel. *Allegorie* VIII 5 : « Naiades quia Acheloum contemnebant in mari submerse. In diversis tandem sepulte insulis dicuntur in eas esse mutate ».

598 NEPTUNUS [...] potabilis. *Cf.* *Vulgatus* VIII 596 : « Tridentem dicitur habere Neptunus propter triplicem potestatem aque que labilis est, nabilis et potabilis ».

607-608 *Cf.* Arnul. Aurel. *Allegorie* VIII 6 : « Perimele Ypodamantis filia in insulam. Quod ideo fingitur quoniam sepulta est submersa et insulam fecit a nomine suo appellari ».

618-619 Superi [...] fit. *Cf.* *Vulgatus* VIII 619 : « Iuxta psalmistam dicentem : 'Omnia quecumque voluit Deus fecit in celo et in terra' ».

625* FULICIS. *Cf.* *Vulgatus* VIII 625 : « Fulicus est quedam avis que habet saporem leporinum, que vocatur gauzela et sub aqua multum se delectat, vel dicunt quidam quod fulicus idem est quod anas ».

633 paupertatis [...] memento. Cat. *Dist.* I 21. *Cf.* *Vulgatus* VIII 633 : « Sententia est Catonis scilicet : 'Paupertatis honus pacienter ferre memento' ».

648* TIGNO : *chevron* gallice. *Cf.* *Vulgatus* VIII 648 : « Tignum, tigni : 'cheuren' gallice ».

649-650 Iupiter, iuvans pater. Hugut *Deriv.* I 120, 14-15 : « Proprie ergo, cum Iupiter dicitur summus deus convenit ei hoc nomen Iovis, a iuvando, vel Iovis quasi iavis, idest universalis potentia vel omnipotentia, vel sit ethymologia et derivetur a iuvando ; similiter et hoc nomen Iupiter tunc proprie ei attribuitur, quasi iuvans pater : pater est creando, iuvans in regnando. Vel Iupiter quasi iuris pater, quia legem, tam positivam quam naturalem hominibus dedit. Similiter, si Iupiter dicatur superius elementum, conveniunt ei predicta nomina, quia pater dicitur : nam maiorem vim habet in rerum procreatione iuvans, quod sine igne nichil potest subsistere. Est ergo hoc nomen compositum Iupiter a iuvans et pater, vel a iuris et pater ».

666 RADIX : navem. *Radix* signifie *racine* ; le commentateur comprend peut-être *radix* comme *ratis* et explique le nom comme *navire*.

668-670 *In Euangelio* [...] Domino. *Cf.* *Luc.* 2, 22 : « secundum legem Mosi tulerunt illum in Hierusalem ut sisterent eum Domino ».

670 ciphi. *Cf.* Du Cange, s.v. *chiphus* : « pro Scyphus, vasculum potorium ». *Cf.* aussi *Mittelungen aus Handschriften*, V, von P. Lehmann, Munchen 1938.

704-705 quodcomque [...] vobis. *Cf. Giov.* 14, 13 : « et quodcumque petieritis in nomine meo hoc faciam ut glorificetur Pater in Filio ».

712-715 *Cf.* Arnul. Aurel. *Allegorie* VIII 7 : « Casa Philemonis et Baucidis in templum. Quod nichil aliud fuit nisi quod ubi fuerat casa modo est templum. Philemon et Baucis in arbores. Quod ideo fingitur quia adhuc viret eorum fama sicut arbores virent ».

805 VENTRIS. *Cf.* Hugut. *Deriv.* U 14, 5 : « Venter vero est qui acceptos cibos digerit et apparet extrinsecus, scilicet pars exterior, in qua est pinguedo, et protenditur a pectore usque ad inguen et, sicut dictum est, dicitur venter quia per totum corpus vite alimenta transmittat vel quia concipiat ventum ».

856.2 Filia [...] ministraret. *Cf.* Arnul. Aurel. *Allegorie* VIII 8 : « filia Erisittonis in diversas se transformabat figuras, ut a domino sic evaderet. Nichil aliud fuit nisi quod aliquando in habitu piscatoris aliquando in alio, veste mutata ne agnosceretur, fugiebat ».

LIVRE 9

1 mutatio [...] in virum. Arnul. Aurel. *Allegorie* IX 1 : « Mutationes noni libri tales sunt. 1. Achelous in serpentem. Idem in taurum. 2. Licas in lapidem. Hercules in deum. 3. Galantis in mustelam. 4. Driope in lothon arborem. 5. Yolaus de sene in iuvenem. 6. Filii Calliroes de infantibus in iuvenes. 7. Biblis in fontem sui nominis. 8. Hiphis de femina in virum ». *Cf.* aussi *Vulgatus* IX *Acc.* : « Mutationes huius noni libri tales sunt : Achelous in serpentem ; idem in taurum ; Licus in lapidem ; Hercules in deum ; Galantis in mustelam ; Driape in loton arborem ; Iolaus de sene in iuvenem ; filii Calliores de infantibus in iuvenem ; Biblis in fontem sui nominis ; Yphis de femina in virum, et in hoc terminabitur nonus liber. Quasdam enim allegorice, quasdam moraliter exponemus ».

2 *Integumenta* [...] ista. Parmi les *Integumenta* cités par le commentateur ne figure pas le distique élégiaque sur *Acheloo*, avec lequel Jean de Garlande commence le livre IX de son œuvre : *cf.* Ioh. de Garlan. *Integ.*, p. 63, vv. 345-346 : « Est Achelous aqua, pars eius quam sibi claudit / est cornu, pars est fructibus illa ferax ».

10 DE BACCO ET DE VANNO. *Cf.* Ioh. de Garlan. *Integ.*, p. 67, n. 397-400. *Cf.* aussi « mystica vanus » chez Serv. *In Georg.* I 166 et *Mit. Vat.* III 12, 1 : « Ob quam rem et vannum Virgilius mysticam appellat » ; *Mit. Vat.* II 92 : « Dicitur Isis inventa Osiridis membra cribro superposuisse. Nam idem est Liber pater, in cuius mysteriis vannus est ; quia Liberi patris sacra ad purgationem animae pertinent ; et sic homines mysteriis eius purgabantur, sicut vannus frumenta purgat ».

31 Fabula [...] quod dicitur. Arnul. Aurel. *Allegorie* IX 1 : « Hercules monstra extirpans, pro Deianira cum Acheloo pugnans, ei dicitur cornu fregisse. Deianira quasi dei amnis ira dicitur. Pro qua Deianira, idest pre dei amnis ira, Achelous adeo certaverat quod totam terram adiacentem occupaverat. Hercules pugnans ut averteret a frugibus amnis incrementum, cum prius in serpentem se mutaret Achelous idest tortuose se verteret, cum eum Hercules desiccare vellet. Et cum eum desiccavit, postea Achelous se vertit in taurum, idest per varios rivulos derivare cepit. Eum tandem Hercules fere desiccavit. Unde fingitur unum de cornibus ei fregisse quod sacratum est Copie, nam terra illa reddita est copiosa quam prius aqua occupaverat ».

35 *Cf.* aussi *Vulgatus* IX, *Acc.* : « *pulvere* dicit quia pugnantes oleo ungebantur ne unus alium posset tenere, set Hercules pulverem capiebat et super eum iaciebat ut eum tenere posset ».

123-124 *Cf. Vulgatus* IX 124 : « *orbes* [...] *paterni* : Ysionis patris tui, qui in rota volvitur, quia illicitum concubitum appetebat, et per exemplum ab illo tu a tali deberes abstinere. Yxion iste cuius erant filii omnes centauri, petiit a Iunone concubitum et ideo apud inferos in rota volvitur, unde supra : 'Volvitur Yxion et se sequiturque fugitque' (Ov. *Met.* IV 461) ».

157.1-3 Arnul. Aurel. *Allegorie* IX 2 : « Licas Herculi vestem obtulit. Qua induta cum arderet, Hercules Licam in aere torsit. Qui in lapidem fingitur esse mutatus quia adhuc vivit per famam immortaliter. Vel, quia bonus, anima eius in celum rapta est ».

182.2 Bisuris [...] sacrificabat. *Cf. Vulgatus* IX 183 : « Busiris ille rex fuit Egipti qui sacrificabat hospites suos Iovi ».

183-185 Gerion [...] Ebuso. *Cf. Mit. Vat.* III 13, 6 : « Geryon quoque rex fuit Hispaniae, qui ideo trimembris fingitur, quia tribus praefuit insulis, quae adiacent Hispaniae, Baleariae maior, minor, et Aebusa » (*Cf.* Ioh. de Garlan. *Integ.*, p. 64, n. 357-378). *Cf. Vulgatus* IX 184 : « *pastoris Yberi* : quidam dicunt tres fuisse Geriones sublimes in Hispania, set quia incliti fama et virtute prestabant equaliter, ut solent auctores omnium gesta uni soli referebant extitisse. Quidam unum esse volebant habentem tria capita. Per hoc intelligentes quod tria regna possedit, id est tres insulas habuit que adiacent Hispanie, scilicet Balearica maior et Balearica minor et Ebasus, ideoque tricorpor fingitur ». *Cf.* aussi Hugut. *Deriv.* G 48 : « Hic Gerion-nis fuit rex Yspanie tricorpor, quod nil aliud fuit nisi quia fuerunt tres fratres tante concordie ut in tribus corporibus quasi una anima esset, vel quia ille habuit tria regna : prefuit enim Balerice maiori et Balerice minori et Ebuso, scilicet his tribus insulis, et ideo fictus est esse tricorpor ».

184.1 Ancteo. *Cf. Vulgatus* IX 184 : « Antheus erat filius terre cum quo Hercules luctatus est. Ille autem quociens erat fessus, tociens se humi prosternabat. Hausto enim spiritu de gremio terre fortior et integer resurgebat : vires namque sic prostratus resumebat. Quod ut Hercules tandem sensit, eum sublevavit in aera, dicens : 'Huc, Athee, cades' diuque in aere pressus tandem interiit ».

185 O Cerbere. *Cf. Vulgatus* IX 185 : « *nec forma* : Cerberus tria habens capita Tartaree sedis ianitor in speciem terre accipitur, unde Cerberus quasi 'creos boros', id est vorans carnes vel devorans tria, scilicet carnem, sanguinem et ossa. Tria enim habet capita, scilicet Europam, Asiam et Affricam, que devorant omnia. Vel dicitur tria vorare propter tres etates hominum, scilicet pueritiam, iuventutem et senectutem, quia tam pueros quam iuvenes et senes terra vorat. Cerberum ergo, id est terrene corruptionis gravedinem, Hercules virtutis venerabilis et sancte vincit et captivat dum nostram sensualitatem virtutis galea et bonorum armis domat ».

189 Termodontiaco. *Cf. Vulgatus* IX 189 : « Termodoon fluvius est in regno Getarum, iuxta quem habitant Amazones, quarum regina, scilicet Ypolite, primum Theseum devicit et balteum ei substulit, set Theseus ope Herculis eam postea superavit et ope Herculis ei balteum abstulit, et victam duxit in uxorem, unde genuit Ypolitum. Vel iuxta Termodoontem fluvium Amazones devicit Hercules vero rogatu regis Getarum, et Pentesilee regine Amazonum balteum regni abstulit ».

194 *Cf. Vulgatus* IX 194 : « Diomedes, rex Tracie, habuit equos velociores vento qui humanis carnibus vescebantur. Quibus hospites suos ad comedendum apposuit, set illuc Hercules ab Euristeo missus ipsum regem et equos interfecit ».

196* Le glossateur mentionne presque entièrement le v. 197A, « his Cacus horrendum tiberno litore monstrum », pour lequel *cf.* l'apparat de l'édition Tarrant. Fausto Ghisalberti signale qu'Ovide, dans sa brève présentation des travaux d'Hercule (IX 182-198), ne fait aucune mention de *Cacus*, qui figure, au contraire, chez *Mit. Vat.* III 13, 1 : « κακόν igitur per malum interpretatur. Ideo Herculis bona concupiscit, quia omnis malignitas virtuti contraria est. In spelunca absconditur, quia numquam malignitas libera terrenis sit. Sed Hercules, id est virtus, et malos interfecit, et sua vendicat. Cacus autem fumum et nebulam, quae visu nocent emittit, quia malitia occultas semper deceptiones molitur » (*Cf.* Ioh. De Garlan. *Integ.*, p. 64, n. 359-360).

198 *Cf. Vulgatus* IX 194 : « Notandum est quod Hercules, missus versus occidentem ad domum cuiusdam gigantis, scilicet Athlantis, qui celum capite suo sustinebat, pro eodem cum respiraret in humeris celum sustinuit ; unde et ipse post deificatus ab eodem celo meruit sustineri. Veritas est quod Athlas astrologus fuit. Illum ergo sustinuisse celum et celestium sidereum tam fixorum quam vagantium scientiam meruisse. Apud hunc Hercules aliquandiu manens astronomiam ab eo didicit. Illo vero respirante celum sustinuit, quia post mortem eius, que respiratio et requies a philosophis dicitur a laboribus et sudoribus vite presentis, Hercules contemplationi celestium vacavit, viciis omnibus extinctis ».

220-228.1 *Cf. Vulgatus* IX 220 : « Notandum est quod ex frigiditate aeris pluvia dealbatur in nivem. Nix vero ex frigiditate aeris et impetu ventorum consolidatur in grandinem, et ita ex pluvia fit nix et ex nive fit grando, quia frigus facit ad dealbationem et ventorum impetus ad soliditatem ».

240.1 Hercules [...] gloriosus. *Cf. Vulgatus* IX 74 : « Allegorice sic potest exponi [...] Hoc autem expertus est Hercules, per quem habemus virtuosum, quia Hercules quasi 'eracleos' dicitur, id est vir per littem sive per laborem gloriosus ; 'cleos' enim dicitur gloria latine, unde inclitus quasi incletus, id est valde gloriosus. Et sic est moralis ista mutatio ». *Cf.* aussi Hugut. *Deriv.* C 290, 1-2 : « *Cleos*, idest gloria. Inde per compositionem hic Ercules, quasi eris cleos, idest lite gloriosus, ab eris quod est lis et cleos, vel quasi heros gloriosus, ab heros et cleos, vel quasi here, idest domine, scilicet Iunonis, gloria, ab hera et cleos ; unde herculeus -a-um et herculinus -a-um ».

240.6 laici a *laos*. *Cf.* Isid. *Orig.* VII 14, 9 : « Laicus popularis. Λαός enim Graece populus dicitur » ; Guill. De Conchis, *Glosae super Platonem* I 24, 48 : « Unde rustici adhuc dicuntur laici, id est lapidei. Laos enim est lapis ».

283-285 Elichiam [...] ventribus. *Cf. Vulgatus* IX 283 : « ‹ *Elicinam* › ab elicio, -cis dicitur quia elicet pueros. Vel ab illicio per contrarium, quia non ligat set solvit. Vel a luco secundum Ovidium. Vel a luce quia producit ad ortum ».

294 Nixusque pares. *Cf. Vulgatus* IX 294 : « *nixusque pares* labori magno eius respondentes. Vel *nexus* vocat tres Gratias, scilicet Phasiteam, Euprosignam et Eurialem, filias Bachi et Veneris, que ideo nude depinguntur, quia sine fraude debent esse et indissolubiles et connexe ; una duas respicit, quia gratia duplex debet redire. Vel *pares nexus* dicit quia Lucina posito genu super genu et digitis intricatis invicem sedet, quos nexus dum solvit parit femina. Vel dicatur quod sunt duo dii partus qui habent preesse parientibus ».

306 Galantis [...] in mustelam. Arnul. Aurel. *Allegorie* IX 3 : « Galantis in mustelam que ore parit. Quod ideo fingitur quia fuit obstetrix que verbis et carminibus suis parturientibus succurrebat ».

347.1-2 Driope [...] Lothos. Arnul. Aurel. *Allegorie* IX 4 : « Driope decerpens frondes arboris lothos, quia inde gutas arboris sanguineas, succus enim illius arboris rubeus est, obstupuit adeo quod fere sui fuit oblita. Unde fingitur mutata in arborem lothon, cuius sucus gustanti confert oblivionem. Unde arbor illa nominatur lothos a Lethe palude infernali que interpretatur oblivio ».

348-350 Sur le mythe de la nymphe Lothos et de Priapus *cf.* la glose présente aussi bien dans le ms. A (Milano, Bibl. Ambrosiana, P 43 sup.), que dans le ms. P (Paris, Bibl. Nat., 14135, témoin, comme A, des *Métamorphoses* et de quelques distiques des *Integumenta*) : « Hec mutatio moralis est. Allegorice per Priapum intelligimus luxuriam quam fugiens Lothos idest castitas mutata est in arborem sui nominis, que numquam deperit. Singulis viret annis ad modum arboris. Lothos enim dicitur quasi lethes quod interpretatur oblivio castitatis quod est naturalia desideria oblivisci et contemnere unde in antiph. Sanct. 'nec terrene dignitatis gloriam quesivit sed ad celestem pervenit' ». À propos de *Priapus cf.* aussi *Mit. Vat.* I 126 : « Dicitur autem praeesse hortis, propter eorum fecunditatem. Nam cum alia terra seminalem vim cohercet, horti numquam sine fructibus sunt » (*Cf.* Ioh. de Garlan. *Integ.*, p. 66, n. 385-388).

374.2 Lothos [...] oblivio. *Cf. Vulgatus* IX 394 : « Driope decerpens frondes arboris lothos, quia vidit guttas arboris sanguineas – succus enim illius arboris rubeus est adeo obstupuit quod etiam fere sui est oblita. Unde fingitur esse mutata in lothon arborem cuius succus gestanti confert oblivionem. Unde arbor nominatur lothos, quasi 'lethe', quod interpretatur oblivio. Et spiritualis est hec mutatio ». *Cf.* aussi Hugut. *Deriv.* L 49, 6 : « Item a leo hec *Lethes* -this, palus infernalis, quia delet memoriam, unde interpretatur oblivio, quia ex quo anime bibunt de aqua illius patiuntur oblivionem preteritorum, secundum poetas, vel futurorum, secundum philosophos. Unde letheus -a -um, infernalis vel pertinens ad Lethem vel obliviosus ; unde et lethea papavera dicimus, quia oblivionem comedentibus conferunt ».

398-399 Arnul. Aurel. *Allegorie* IX 5 : « Jolaus de sene in iuvenem quod ideo fingitur quia cum senex esset lascivie se habens ad modum iuvenis lascivie se habebat ».

411.3 Arnul. Aurel. *Allegorie* IX 6 : « Filii Calliroes de pueris in iuvenes. Que mutatio naturaliter adhuc fit cotidie, sicut de iuvene in virum de viro in senem ».

443-445 *Cf. Vulgatus* IX 443 : « Deidonidum opidum est unde erat Miletus, vel sit patronimicum a matre ».

558 Fraterno [...] tegi. *Cf.* Ov. *Heroid.* IV 138 : « cognato poterit nomine culpa tegi ».

564-565 ypallage. *Cf. Vulgatus* IX 443 : « ypallage, id est manus perarans reliquit ceram plenam. Alii dicunt quod cera dicitur reliquisse manum, non manus ceram, quia illa volebat plura scribere set cera plena erat, et ideo dicitur manum relinquere ».

589-594.4 Quod semel [...] verbum. Hor. *Epist.* I 18, 71 : « nec retinet patulae commissa fideliter aures, / et semel emissum volat irrevocabile verbum ».

643.1-3 harundine. *Cf.* Hugut. *Deriv.* A 310, 12 : « Et ab areo hec arundo-nis, quia cito aret et proprie dicitur folium dependens, sed sepe simpliciter pro canna ponitur, unde arundineus -a-um » et M 141, 3 : « A moveo hic et hec mobilis -le, unde mobiliter et hec mobilitas, et componitur immobilis-le, immobiliter, immobilitas » ; M 141, 19 : « A moveo hic mundus-di, quia semper est in motu » ; M 102, 4 : « Item componitur cum cosmos, quod est mundus, et dicitur hic microcosmus, idest minor mundus, scilicet homo, sicut megacosmus maior mundus ».

645-647.2 *Cf. Vulgatus* IX 443 : « [...] Est autem Chimera quoddam monstrum habens os leoninum, ventrem caprinum, pedes serpentinos, et hoc fabulose. Veritas est quod Chimera mons est in Sicilia, cuius cacumen ardet in summitate fere, cuius silve sunt ubi leones habitant, in medio pascua ubi sunt capre, in pede autem montis lacus sunt ubi habitant serpentes. Ille mons dicitur in summo calidus propter leoninam naturam, in medio pascuosus ubi capre et lupi sunt quibus leones insidiantur, in pede paludosus ubi serpentes habitant » ; *cf.* aussi Chimera [...] serpentis. *Cf.* Hugut. *Deriv.* I 49, 3 : « confectionis quando conformamus in mente aliquid quod in rerum numero natura non patitur inveniri, ut chimeram ex capite leonis, pectore hominis, ventre asini, cauda serpentis ».

649-651 *Cf.* Arnul. Aurel. *Allegorie* IX 7 : « Biblis in fontem sui nominis, quia in fontem precipitavit et ab eius submersione fons est denominatus ».

666-667 Yphis [...] virum. *Cf.* Arnul. Aurel. *Allegorie* IX 8 : « Iphis de femina in virum. Quod nichil aliud fuit nisi quod muliebriter se prius habens, postea viriliter fecit ».

690 Anubis [...] Apis. *Cf.* Hugut. *Deriv.* N 62, 54 : « Item nubes componitur cum a, quod est sine, et dicitur hic Anubis-bis, idest Mercurius, quasi sine nube : est enim deus sermonis

qui omnia revelat » et *Deriv.* A 270, 9 : « Item hic Apis dicebatur taurus qui de Nilo solebat exire et, gesticulatione sui corporis, predicete futura ». APIS. *Cf. Vulgatus* IX 691 : « *Apis* in lingua Egiptiaca idem sonat quod taurus. Taurus enim quidam egrediebatur quolibet anno a Nilo qui nutritus per aliquantulum temporis mactabatur, et dicitur ab 'a', quod est sine, et 'pix', quoddam genus gummi nigerrimum, quasi sine nigredine ».

691 BUBASTIS. *Cf.* Hugut. *Deriv.* B 87, 5 : « et hec Bubastis idest bubulcorum dea, unde Ovidius Metamorphoseos in XI 'sanctaque Bubastis variisque coloribus Apis' ». *Cf.* aussi *Vulgatus* IX 691 : « *Bubastis* quasi bene bibens dicitur ».

773 PHARETONIUM. *Cf.* Hugut. *Deriv.* F 53, 28-29 : « a pharo, turri Alexandrie, quedam civitas in Egipto dicta est Pharos, et Pharos, civitas vel turris, quandoque ponitur pro Egipto ; unde invenitur pharius-a-um idest egiptiacus, et hinc omnes reges Egipti dicti sunt pharaones ».

LIVRE 10

1 nupcie [...] olentes. *Cf.* Arnul Aurel. *Allegorie* X 1 : « Mutationes decimi libri tales sunt. 1 Euridice de viva in mortuam, de mortua iterum in vivam, de viva iterum in mortuam. 2. Quidam pro Cerbero viso in lapidem. 3. Olenos in lapidem. 4. Atis puer in semimasculum, de semimasculo in pinum. 5. Ciparissus in cupressum arborem. 6. Iacinctus puer in florem sui nominis. 7. Amatonciades in boves. 8. Pretides in publicus meretrices. 9. Statua Pigmalionis eburnea in veram mulierem. 10. Mirra in arborem sui nominis. 11. Adonis in florem sui nominis. 12. Ipomanes et Athalanta in leones. 13. Socie Perssefones in mentas olentes ».

2-6 *Integumenta* [...] fugit. *Cf.* Ioh. de Garlan. *Integ.* X 407-414 ; Pratum [...] amor : « Pratum, delicie, coniunx caro, vipera virus, / Vir ratio, Stix est terra, loquela lira. / Morphosis Ovidii conformi nomine facta / consimilique statu proprietate pari. / Sic tibi Iacinctus flos est Cyparissus et arbor / taurus crudelis, bos meretricis amor. / Rem miram mirare novam Mirram per amorem / in mirram verti quam dat amans amor ».

13.2 Tenaris. Selon Hugut. *Deriv.* T 68, 16 *Trenarus* ne doit pas être confondu avec *Tenarus* : « Et hic Trenarus-ri. Et in plurali hec Trenara-rorum, mons sive vallis ubi est descensus ad Inferos, et sepe ponitur pro ipso descensus ad inferos et pro ipso inferno, ubi non est nisi fletus et lamentatio, unde trenarius-a-um. Et nota quod quidam dicunt pro eodem monte hic Tenarius, sed male ». *Cf.* aussi la définition du commentaire *Vulgatus* X 13 : « Tenaris vallis Laconie per quam est descensus ad inferos. Unde Virgilius : 'Tenareas etiam fauces, alta hostia Ditis, / et caligantem nigra caligine lucum / ingressus, manes adiit' » (Verg. *Georg.* IV 467-469). Et Stacius : « Tenaree limen petit irrevocabile porte » (Stat. *Theb.* I 96).

22-26.1 MEDUSEI [...] capitis. *Cf. Vulgatus* X 22 : « *Medusei* id est habentis crines serpentinos ad modum Meduse vel serpentes pro crinibus ».

28 FAMAQUE [...] Plutone. *Cf. Vulgatus* X 29 : « *Amor* : ad hoc respicit quod dixit supra Iupiter excusando Plutonem de raptu dicens : 'Non hoc iniuria factum, / verum amor est' » (Ov. *Met.* V 525-526).

30-31.1 CHAOS. *Cf. Vulgatus* X 13 : « *per chaos*. per istam confusionem magnam, quia omnia sunt confusa apud inferos, quia ibi nullus ordo set sempiternus horror inhabitat ». *Cf.*

aussi Hugut. *Deriv.* C 39, 3 : « Vel chaos pro initio rerum componitur inchoo-as, idest incipere, vel componitur a chaos secundum quod accipitur pro confusione rerum, quia cum res incipitur adhuc quasi in chao est, vel inchoare quasi contra chaos facere ».

30-31.3 tres sorores [...] Ditis. *Cf. Vulgatus* X 31 : « *Euridices oro properata retexite fata* dicit quia tres Parche dicuntur vitam hominis disponere, quia Cloto colum baiulat, Lachesis trahit, Atropos occat. Cloto facit de non esse ad esse. Lachesis vitam hominis protrahit. Atropos facit de esse ad non esse. Unde versus : 'Res de non esse Cloto deducit ad esse, / trahit eis esse Lachesis, rapit Atropos esse' ».

42 Ysion. *Cf.* Hugut. *Deriv.* G 39, 52 : « siquidem Yxion, secretarius Iunonis, eam interpellavit de concubitu, que, consilio Iovis, formavit quandam nubem in sui speciem et eam obtulit Yxioni, quam ille putans Iunonem esse effudit semen in illam nubem, et inde nata sunt quedam monstra, in media parte homines et in media equi, et dicti sunt centauri, quasi gentauri, idest geniti ex aura » ; I 122, 1 : « Hic Yxion-nis pater fuit Centaurorum, qui Iunonem de concubitu interpellavit. Et interpretatur dignitas, unde et dicitur Yxion quasi axion, quod est dignitas, vel quasi anxion ab ango-gis, quia dignitas reddit hominem anxium ». *Cf.* aussi *Vulgatus* X 43 : « Iste Titius Iunonem de stupro interpellavit. Unde vultures eius iecur corrodunt apud inferos et semper in principio ebdomade renovatur. Unde : 'Sic inconsumptum Ticii semperque renascens / non perit ut possit sepe perire iecur' ».

44-53.2 topocraphiam. *Cf. Vulgatus* X 53 : « Hic describit locum per quem exiebat Orpheus cum uxore ab inferis. Unde dicitur *carpitur* » ; « Describit locum per quem Orpheus cum uxore sua Euridice ab inferis recesserunt ».

60-62 Les principales sources de cette glose sont l'œuvre mythologique de Fulgence, le commentaire d'Arnoul d'Orléans et la glose du *Vulgatus*. *Cf.* Fulgent. *Mytol.* III 10 : « Orpheus Euridicen ninfam amavit ; quam sono citharae mulcens uxorem duxit. Hanc Aristeus pastor dum amans sequitur, illa fugiens in serpentem incidit et mortua est. Post quam maritus ad inferos descendit et legem accepit, ne eam conversus aspiceret ; quam conversus et aspiciens iterum perdidit. Haec igitur fabula artis est musicae designatio. Orpheus [enim] dicitur oreafone, id est optima vox, Euridice vero profunda diiudicatio. In omnibus igitur artibus sunt primae artes, sunt secundae ; ut in puerilibus litteris prima abecetaria, secunda nota, in grammaticis prima lectio, secunda articulatio, in rethoricis prima rethorica, secunda dialectica ». Arnul. Aurel. *Allegorie* X 1 : « Orpheus Apollinis et Caliopes muse filius Euridicen uxorem duxit que a serpente venenata ad Inferos descendit. Tuncque Orpheus uxorem secutus est ad Inferos et cantu suo liberavit et redemit tali tamen condicione ne ad illam respiceret ; nam si respiceret rursus eam amitteret. Quare cum ab Inferis ambo fere evasissent respexit et amisit. Volens ergo rursus causa uxoris sue Orpheus descendere prohibitus est a janitore, deinde montem ascendens cantu suo feras et arbores attraxit. Verum quia uxore caruit ab omni muliere abstinens amorem suum in mares transtulit. Inde mulieres eum quasi contemptorem suum membratim dilaceraverunt. Allegoria talis. Orpheus quidam sapientissimus fuit et musicus unde Orpheus dictus est quasi orephonos idest ore sonans, qui prosapia sua dictus est filius Apollinis idest sapientiae, et pro musica et sonoritate sua filius Caliopes, que dicta est Caliope quasi callophone idest bona sonoritas. Iste Euridicem duxit que interpretatur profunda diiudicatio a serpente invenenata idest fallacia huius seculi decepta cum bona huius seculi transitoria et falsa, durabilia et vera esse diiudicat, ad inferos et ad vicia descendit idest ad vicia declinat non tantum cogitatione sed etiam opere divertit. Sed in cantando idest etiam inter vicia de viciis et virtutibus disputando, secum uxorem suam idest diiudicationem qua prius vicia tenendo pocius diudicaverat, ab inferis et a viciis que inferiora sunt virtutibus erigit ad virtutes. Sed quia ratio aspexit ad vicia, uxorem item suam idest ad iudicationem ad vicia relapsam amisit. Quam cum vellet iterum sequi ad inferos, viciose operando, prohibitus est a ianitore infernali. Considerato enim quam infelicissimus esset ad vicia introitus, introire abhorruit sed in montem ascendens idest ad virtutes ad quas est ascensus sicut ad vicia descensus, cantu suo idest sua predicatione feras idest efferos homines mitigavit, bruta animalia sapientes instruxit, mulieres idest muliebriter viventes et viciossos vilipendit, sed amorem suum ad mares idest viriliter agentes transtulit. Unde mulieres eum quia de suo non erant consortio lapidantes occiderunt scilicet luxuriose. Mulieres siquidem proniores sunt in libidinem et vicia quam viri » ; *Vulgatus* X 63 : « Orpheus siquidem sapientissimus fuit et musicus. Unde dictus est Orpheus ab ore et 'phonos' quod est sonus, quasi ore sonans, et ideo dictus est filius Apollinis, id est sapientie, et Calliopes, id est bone sonoritatis. Duxit Euridicen, que interpretatur profunda diiudicatio, cui adheret sapiens cum de rebus subtilissimis diiudicat. Uxor vero, id est profunda diiudicatio, a serpente morsa, id est fallacia istius seculi decepta, cum bona terrena transitoria sunt et falsa, ad inferos descendit, id est ad vitia declinat, quam maritus sequitur quando ad vitia non tantum cogitatione set etiam opere divertit. Set ibi cantando, id est de viciis et virtutibus disputando, uxorem suam, id est profundam diiudicationem, a viciis erigit ad virtutes. Set quia respexit, amisit. Unde fingitur quod Euridice de viva in mortuam est mutata et iterum de mortua in vivam et de viva in mortuam. Sic ergo moralis est ista mutatio ». *Cf.* aussi Kathryn McKinley, « The medieval commentary tradition 1100-1500 on *Metamorphoses* 10 », *Viator*, 27, 1996, p. 117-149, p. 120-121.

60-62.1 Calliope […] sonoritas. Hugut. *Deriv.* C 6, 16 : « Item calo idest bonum, unde calodemon idest bonus sciens, ut calodemones boni angeli sicut cacodemones mali angeli, et hec Calliope pes idest una de novem Musis quasi calophone, idest bona sonoritas ».

65-66 De Cerbero […] lapidem. Arnul. Aurel. *Allegorie* X 2 : « Quidam quia Cerberum vidit ab inferis per Herculem extractum pre nimio stupore mutatus est in lapidem. Allegoria. Hercules sapientissimus cum de Cerbero prius ignoraretur eum ab inferis traxisse, dicitur manifeste ostendisse eum esse terram tripartitam. Unde et cerberus triceps esse dicitur. Cuius de Cerbero tractatum quidam philosophus quasi subtile admirans, desperando se post Herculem nichil philosophicum dicere posse, stupore percussus sic vere a sensu destitit. Unde fingitur in lapidem esse mutatus ».

69-70 Olenos et Lehea […] in lapides. *Cf.* Arnul. Aurel. *Allegorie* X 3 : « Olenos et Letea uxor quia deos contempnebant versi sunt in reprobum sensum unde fingitur quia mutati fuerunt in lapides ». *Cf.* aussi *Vulgatus* X 71 : « Allegoria talis est : deorum contemptores fuerunt illi et versi sunt in reprobum sensum. Unde in lapides mutati fuisse dicti sunt. Maxima enim est cordis duritia deum contempnere. Unde iudicatur esse moralis ista mutatio ».

78-80 *Cf. Vulgatus* X 78 : « Describit tempus in quo Orpheus mutatus fuit in amatorem marium : tertius ».

86 *Cf. Vulgatus* X 86 : « […] Continuatio procedit a precedentibus, set facit topographiam et dicit *collis.* Describit enim locum ad quem venit Orpheus ».

87 gramen. *Cf.* Hugut. *Deriv.* G 39, 63 : « unde hoc gramen-is potest quelibet herba dici quia germinet, sicut robor omnis ligni cutis et species, quia sit firmissima » ; H 24, 1 : « Hec herba-e dicitur ab arvo : iacto enim semine in agrum, non longo tempore post ipsum pullulat in herbam ; vel quia terre fixis radicibus adheret ». *Cf.* aussi *Vulgatus* X 87 : « graminis herbe : venientes a grano. Differentia enim est inter gramen et herbam. Herba nomen generale est, set gramen vocatur herba illa que post primam secationem nascitur, que etiam in gallico vocatur 'gaim'. Vel proprie dicitur gramen herba que de semine provenit, herba que sine semine, et ideo dicitur gramen, quasi a grano manans ».

91 Helyades. *Cf.* *Vulgatus* X 91 : « Eliades sorores Phetontis mutate fuerunt in alnos vel, ut volunt alii, in populos » ; *cf.* aussi Hugut. *Deriv.* E 30, 8 : « Item ab Ely quod est Deus dictus est sol Elios quia pro deo olim reputabatur ; unde hic Eliades-de, filius vel nepos solis ; subtracta de sillaba dicitur hec Elias-dis, idest filia vel neptis solis ».

92 tilia. *Cf.* Hugut. *Deriv.* T 59, 4 : « Et a telum hec tilia, quedam levis arbor, quia sit utilis ad ussum telorum ».

94 YLEX. *Cf.* Hugut. *Deriv.* L 42, 48 : « Item ab eligo hec ylex-cis, arbor glandifera, quasi elex ab eligendo, quia huius arboris fructum primum homines elegerunt sibi, unde ylignus-a-um et yliceus -a-um, idest de ylice existens vel ad ylicem pertinens ».

95 PLATANUS. *Cf.* Hugut. *Deriv.* P 131, 1 : « Platos Grece, latine dicitur latum vel latitudo, unde hec platanus, quedam arbor a latitudine foliorum sic dicta ». GENIALIS. *Cf.* Hugut. *Deriv.* G 39, 13-15 : « Item a gigno hic Genius, deus qui preest nuptiis, vel deus nature ; et dicitur sic, quia quasi vim habeat omnium rerum gignendarum, vel a gignendis liberis ; unde hic genialis -lis dicitur lectus qui in nuptiis sternitur, scilicet in quo sponsus et sponsa cubant ; sed cubile est concubinalis lectus, a cubando non a gignendo : ad genialem fit ascensus causa gignendi liberos, ad cubile fit descensus solum causa concubandi. Et hic et hec genialis et hoc -le, idest naturalis vel nuptialis vel voluptuosus ».

96 salices. *Cf.* Hugut. *Deriv.* S 18, 3-5 : « Item a salio hec saltria-e, idest ioculatrix ; Iuvenalis 'que saltria penem' ; vel est ibi psaltria a psallo ; et hec salix-cis, quedam arbor, quia cito saliat, idest crescat, unde salignus-a-um, ad salicem pertinens vel salice factus, et saliceus-a-um et salicinus-a-.um, et hoc alictum, locus ubi crescunt salices ».

98 BICOLOR. *Cf.* Hugut. *Deriv.* C 7, 24 : « Color componitur hic et hec bicolor-ris, idest duorum colorum ».

102 PALMA. *Cf.* *Vulgatus* X 102 : « ‹ palme › de ramis palmarum coronabantur victores et dicitur a palma quod est manus, quia rami eius quasi palma dilatati sunt. Vel a palma quod est victoria, quia victores inde coronabantur » ; *cf.* aussi Hugut. *Deriv.* P 13, 12 : « Item a palma hec palma-e, quedam arbor, quia manus victorum ea solet ornari et coronari, vel quia oppansis est ramis in modum palme hominis ; est enim insigne victorie ».

104 *Cf.* Arnul. Aurel. *Allegorie* X 4 : « Cibele Berecintia Atim puerum amavit. Quem postea nimio succensa zelo semimasculum reddidit. Deinde in pinum mutatus est. Allegoria talis. Cibele ipsa est terra que dicitur Cibele quasi cibele quia firma est et solida, a cubero qui est solidus unde etiam in aritmetica cubici numeri dicuntur s. solidi, et cubitus qui firmior est pars lacerti. Berecintia dicitur non a Berecinto monte, ut quidam volunt, sed Berecintia quia verecintia ; cintos enim lingua attica dicitur flos inde terra verecintia idest vere florida quia que magis floribus abundat. Mater quoque deorum esse dicitur quia terreni homines scilicet quosdam de hominibus, deos esse pre timore finxerunt unde illud : primus in orbe deos fecit timor. Atis quidam flos est valde pulcrum quem Cibele idest terra plus ceteris amasse dicitur quia plurimum pulcritudinis ei contulit quem ex invidia ne alias deus delectet semimasculum castrando reddit idest marcidum. Et flos hic marcidus neque omnino flos neque omnino non flos, sicut semimasculus neque omnino vir neque omnino non vir. Deinde a flore mutatus est in pinum arborem fructiferum quia non est flos ille sine utilitate, immo fit de illo quedam tinctura. Vel dicitur flos ille in pinum esse mutatus quia potius crescit inter pinea quam alibi ». Pour 104.2 *cf.* aussi *Vulgatus* X 105 : « Cibele idem est quod terra que dicitur Cibele, quasi cubele, a 'cubos' quod est stolidum, unde in aritmetica cubiti dicuntur numeri, scilicet solidus et cubitus, quia solidior est pars brachii ».

106 CUPRESSUS. *Cf.* Arnul. Aurel. *Allegorie* X 5 : « Ciparissus puer pulcherrimus prius levis, deinde in adolescentia mutatus est in hispidum et pilosum, unde fingitur in pinum mutatus esse quia folia habet horrida ».

114 Bulla. *Cf.* Hugut. *Deriv.* A 157, 1-3 : « Amplus-a-um, et comparatur -plior -simus [...] et componitur cum bulla, quod est inflatio aque, et fit ampulla, eo quod ampia sit ad similitudinem bulle ».

126 *Cf. Vulgatus* X 126 : « Cronographiam facit actor. Describit enim tempus dicens qualiter de cervo illo Ciparisso contigit. Dicit enim estus etc. ».

127 Cancer. *Cf.* la glose II 825-827 et Hugut. *Deriv.* C 38, 1 : « Hic cancer -cri, idest piscis quidam, a concha, quia sit concha, et quoddam signum celeste sici dicitur ; unde hic cancer-ris morbus quidam. Item a cancer-cri dicitur cancellus et forceps, unde cancellulus diminutivum » ; G 84, 7 : « retrogrador -aris, idest retro ire, gradi retro, unde retrogradus-a-um : retrogradus est cancer, et pianeta quandoque est retrogradus, quandoque processivus, quandoque stationarius ». *Cf.* aussi *Vulgatus* X 127 : « Pro animali et signo dicitur cancer, cancri. Pro morbo cancer, canceris. Unde versus : Est animal cancer, cancri signumque vocatur, / set morbus cancer, canceris esse datur ».

148 unde versus. *Cf. Vulgatus* X 148 : « Simile est illud Virgilii in Bucolicis dicentis : 'A Iove principium, Muse ; Iovis omnia plena' ».

155.3 *Cf. Vulgatus* X 158 : « Aquila dicitur portare fulmina Iovis, quia dum Iupiter iret ad bellum contra Gigantes, aquila venit ad domum suam et hoc erat bonum omen, quia victoriam optinuit Iupiter, propter quod fecit aquilam depingi in vexillis suis. Vel ideo dicitur aquila portare fulmen Iovis quia naturaliter est magni caloris vel quia altius volat quam alia avis ».

159-161.1 Yliadon. *Cf. Vulgatus* X 160 : « *Yliadem* id est Ganimedem Troianorum, quia Ylion dicitur Troia ab Ylo rege ».

162.3 Amiclis. *Cf. Vulgatus* X 160 : « *Amicle, Amiclarum* civitas est unde fuit Iacinctus oriundus ».

167-168 Delphi [...] Parnassum. *Cf. Vulgatus* X 168 : « Delphos est illa pars Parnasi que protenditur in mare et ideo dicit *Delphi positi in medio*, quia Iupiter volens scire ubi esset medium orbis duas aquilas misit, unam ab oriente et aliam ab occidente, que in medio monte Parnaso convenerunt et sic probatum est mundi meditullium ibi esse ».

180-181 Discus [...] scutelle. *Cf. Vulgatus* X 177 : « Discus siquidem est quedam massa rotunda de ere vel plumbo composita » ; Hugut. *Deriv.* D 77, 10 : « Item a do et esca, hic discus, quasi dans escas, idest scutella, quia apponat escas, unde disculus-li diminutivum et discoforus ».

187-188 sed herbarum [...] nobis. Ov. *Met.* I 522 : « dicor, et herbarum subiecta potentia nobis ».

190 *Cf. Vulgatus* X 190 : « Hic utitur actor comparacione. Comparat enim Iacinctum cadentem lilio confracto et violis que confracte inclinant se, unde dicit *ut si quis* ».

191 Iacintus. Arnul. Aurel. *Allegorie* X 6 : « Iacinctus in florem sui nominis mutatus fuit. Quod ideo fingitur quia in flore illo 'ja' scriptum videtur ».

196-197 Ebalia [...] natus. *Cf. Vulgatus* X 196 : « Ebalia quedam pars est Grecie unde erat Iacinctus ».

218-219 apud [...] mulieres. *Cf. Vulgatus* X 220 : « Apud Amatonta fuerunt Ceraste qui homines sacrificabant et Pretides utilissime meretrices ».

224 Ceraste [...] boves. Arnul. Aurel. *Allegorie* X 7 : « Amatonciades homines dicti quia de umano sanguine sacrificato deos se placare putabant reputati sunt pro insensatis. Unde fictum est esse mutatos in bruta animalia, sed in boves pocius quam in alia quia boves cornuti sunt et illi homines antequam mutati essent quasdam strumas quasi cornua in fronte habebant unde et prius ceraste idest cornuti a ceros quod est cornu dicebantur » ; Hugut. *Deriv.* C 138, 1 : « ceros grece, latine cornu, inde hic cervus, unde hec cerva, et hic cervulus diminutivum, unde hec cervula. Item a cervus cervinus-a-um. Item a ceros hic cerasta vel cerastes, idest serpens cornutus ».

232.2-3 relinqui [...] haberent. *Cf. Vulgatus* X 236 : « *relinqui* dicit et non dari quia hoc nichil aliud fuit quam quod insani erant et insani remanserunt ».

233 *Cf. Vulgatus* X 237 : « Allegorice vel historice potest hoc exponi. Allegoria est talis : Amatunciade homines a loco sic dicti de humano sanguine deos placare putantes reputati sunt insani, quod reputatur per cornua, unde fictum est quod mutati sunt in iuvencos qui bruta sunt animalia et cornuta. Historice vero dicimus quod in quibusdam partibus precipue apud Amatunta sunt homines in quorum frontibus strume nascuntur que similes sunt cornubus ».

258 Livor. *Cf. Vulgatus* X 258 : « *livor* est coadunatio sanguinis que provenit in membris ex nimia depressione et palpatione. Vel livor id est invidia : timebat forte ne aliquis invideret ymagini premendo illam ». *Cf.* aussi Hugut. *Deriv.* L 91, 3 : « Item a liveo hic livor-ris, lividitas vel invidia vel dolor vel vulnus ».

267 purpura. *Cf.* Hugut. *Deriv.* S 42, 3-4 : « et a Sarra civitate sarranus-a-um, idest tyrius, vel sarranus-a-um a sarra pisce, idest purpureus ; unde hoc sarranum, purpurea vestis, quia de sanguine illius pescis tingitur purpura ».

283-284.2 Humetus [...] mellificant. *Cf. Vulgatus* X 258 : « ‹ *Himetia* › ab Himeto monte ubi habundant apes que operantur ceram ».

288-289.1-2 Pygmalion [...] desponsavit. Arnul. Aurel. *Allegorie* X 9 : « Statua Pigmalionis de eburnea in vivam mulierem. Re vera Pigmalion mirabilis artifex eburneam fecit statuam cuius amorem concipiens ea cepit abuti ad modum vere mulieris ».

290 *Cf. Vulgatus* X 290 : « Paphius id est Pigmalion de insula illa existens que postea Papho dicta fuit, et est preoccupatio auctoris quia non adhuc illa insula vocabatur Papho, set postea a filio suo Papho vocata fuit ».

295-297 puerosque [...] ignibus. Ov. *Met.* X 152-154 : « nunc opus est leviore lyra, puerosque canamus / dilectos superis, inconcessisque puellas / ignibus attonitas meruisse libidine poenam ».

325-326 *Cf. Vulgatus* X 326 : « Unde quidam : ‘In patre cur pecco ? Non sic peccat pecus equo, ipsa creatur equo coniunx equa iure fit equo id est equali ».

386 *Cf. Vulgatus* X 368 : « ‹ *noctis erat medium* › cronographiam facit actor id est temporis descriptionem. Describit enim tempus in quo Mirra voluit se suspendere ».

446-447.1 *Cf. Vulgatus* X 446 : « Describit actor tempus in quo Mirra patri suo Cinare per cohitum coniuncta fuit dicens tempus ».

446-447.3 Bootes. Hugut. *Deriv* B 87, 1-5 : « Bos bovis communis generis, et dicitur a bus, quod Greci dicunt ; unde bovinus -a-um, et bucerus-a-m in eodem sensu, unde Ovidius Metamorphoseos : ‘quisquis in montibus illis / lanigerumque gregem armentaque bucera pavit’ (VI 394-395) [...] et hic Bootes -tis vel -te pro quadam stella vel potius signo : continet enim plures stellas, ut dicunt XII, et sequitur plaustrum quasi bubulcus ».

478-479.1 *Cf. Vulgatus* X 478 : « ‹ palmiferos › Arabe populi sunt ubi habundant palme arbores ».

505 Les principales sources de cette glose sont l’œuvre mythologique de Fulgence et le commentaire d’Arnoul d’Orléans. *Cf.* Fulgent. *Mytol.* III 8 : « Fabula Mirre et Adonis. Mirra patrem suum amasse dicitur, cum quo inebriato concubuit ; cum que eam pater utero plenam rescisset, crimine cognito evaginato eam coepit persequi gladio. Illa in arborem myrram conversa est ; quam arborem pater gladio percutiens, Adon exinde natus est. Quid vero sibi haec fabula sentiat edicamus. Mirra genus est arboris, de qua sucus ipse exsudat ; haec patrem amasse dicitur. Istae enim arbores in India sunt, que solis caloribus crementatur, et quia patrem omnium rerum solem esse dicebant, cuius opitulatu cuncta germinum adolescit maturitas, ideo et patrem amasse dicitur ; dum que iam grandioris fuerit roboris, solis ardoribus crepans ragades efficit, per quas sucum desudat – quod mirra dicitur – et redolentibus lacrimosa guttulis fletus suaves scissuris hiantibus iaculatur ». Arnul. Aurel. *Allegorie* X 10-11 : « Mirra patrem suum amavit cum quo inebriato concubuit. Cumque pater eam utero plenam fecisset, crimine cognito,

evaginato cepit persequi gladio. Illa in arborem mirram mutata est, qua arbore gladio percussa, Adon exinde natus est. Quod de hac fabula sentiat videamus. Mirra est genus arboris de qus succus exudat. Hec patrem amasse dicitur quia huiusmodi arbor est in India et solis ardore crematur et quia solem patrem omnium rerum esse asserit cuius opitulatu cuncta germinum adolescit maturitas, ideo patrem amasse dicitur. Que cum grandioris fuerit roboris solis ardoribus crepans, ragades idest fixuras facit per quas succus desudat qui mirra dicitur, et redolentibus lacrimosa rivulis vel guttulis fletus suaves scissuris hiantibus iaculatur, unde et Adonim genuisse dicitur. Adon enim Grece suavitas dicitur et hec species suavis esse dicitur, inde Adonem genuisse dicitur. Hunc autem Venerem amasse dicunt quia hoc genus pigmenti sit valde fervidum, unde et Petronius Arbiter ad libidinis incitamentum mirrinum se bibisse poculum refert. Nam et Sutrius commediarum scriptor introducit Gliconem meretricem dicentem : mirrinum affers quo virilibus armis occursem fortiuscula. Hoc etiam Adonis venans extinctus postea in florem est mutatus, omnis siquidem amoris dulcedo aut labore venationis aut alterius officii extinguitur unde in Ovidio : 'Otia si tollas periere cupidinis arcus' (*Rem.* 139). Extincta igitur veneris dulcedine pre labore, mutatur in florem sui nominis idest qui adonim, quia dulcius foret amor caritativus quam amor venereus » ; Fulgent. *Mytol.* III 8, 3 : « Ideo autem Venerem eum amasse dicunt, quod hoc genus pigmenti sit valde fervidum ; unde et Petronius Arbiter ad libidinis concitamentum mirrinum se poculum bibisse refert ; nam et Sutrius comediarum scriptor introducit Gliconem meretricem dicentem : 'Murrinum mihi adfers quo virilibus armis occursem fortiuscula' ». Pour 505.1-3 myrra [...] desiccat *cf.* aussi *Vulgatus* X 502 : « Quid senciat hec mutatio videamus. Mirra est genus arboris de qua succus exundat. Hec patrem amasse dicitur quia huiusmodi arbor est in India que solis ardore crematur, quem patrem omnium rerum asserunt cuius opitulatu omnium germinum procedit maturitas. Unde patrem amasse dicitur. Cum autem hec arbor grandioris sit roboris, solis ardoribus crepans quasdam facit rugades id est fixuras per quas succus desudat qui mirra dicitur et est mire fragrancie ». Pour 505.4 *cf. Vulgatus* X 739 : « Exponitur hec mutatio sic : Adonis interpretatur suavitas et filius Mirre dicitur quoniam fructus illius arboris suavissimi odoris est. Hunc autem Venus amasse dicitur quia ex succo illo quoddam genus pigmenti fit valde fervidum, et ideo Petronius ad libidinis incitamentum mirrinum se bibisse poculum refert et factus comediarum scriptor introducit Gliconem meretricem dicentem : 'Mirrinum affers' (Fulgent. *Mytol.* III 8, 3) ».

505.5 unde Ovidius ait. Ov. *Rem.* 139 : « Otia si tollas, periere Cupidinis arcus » ; Ov. *Rem.* 144 : « (Cedit amor rebus) res age : tutus eris ».

515-518.4 Alibi. Ov. *Ars* 62 : « ludite : eunt anni more fluentis aquae ».

554 Occia [...] artes. Ov. *Rem.* 139 : « Otia si tollas, periere Cupidinis arcus ». Queritur [...] erat. Ov. *Rem.* 161-162 « Quaeritis, Aegistus quare sit factus adulter ; / in promptu causast : desidiosus erat ».

561 Rumor. Hugut. *Deriv.* R 54, 19 : « Item a ruo hic rumor-ris, idest murmur vel quod vulgo dicitur novum, quia celeriter ruat ».

574 Ypomenes. Hugut. *Deriv.* I 88, 11 : « Ypos componitur cum mano-as et dicitur hic Ypomaries-nis, quasi velox ad modum equi, unde et, propter suam velocitatem, dicitur superasse cursu Athalantham. Sed hoc ypomanes, indeclinabile et neutri generis, est quedam herba, que comedentem se facit furere ; vel potius ypomanes est virus quod distillat ab inguine eque ex nimia luxuria, dum amoris rabie fertur, unde dicitur ab ypos, quod est equus, et mano-as, quia ab inguine eque distilletur ».

591 Talaria. *Cf. Vulgatus* X 591 : « *talaria* id est vestem ad talos dependentem secundum quosdam. Vel *talaria* dicit quia antiquitus currentes solebant alas imponere plantis ad designandum velocitatem ».

599 fedus. Hugut. *Deriv.* F 24, 2 : « Item a fedus -a-um hoc fedus-eris, idest pactum. Pax que fit inter dimicantes. Fuit olim consuetudo quod cum aliqui vellent inire fedus quedam porca sacrificaretur in hunc modum : maior ex ista parte et maior ex illa, sive esset imperator sive rex sive alius princeps, tenebant porcam illam et illam percutiebant et turpiter occidebant, quasi sic occidatur ille qui a pace resilierit ; unde invenitur 'ictum fedus inter eos' ; hinc Dominus 'percutiam fedus inter me' et cetera ».

602 Gloria [...] hoste. Gualt. de Cast. *Alexandr.* IX 540 : « Gloria quntalibet vili sordescit in hoste. / Indignum satis est ut consumatur in illis / gloria vel virtus ubi multo parta labore ».

609 Athalanta [...] levitate. Hugut. *Deriv.* A 424 : « Athas grece, levitas latine, lentos plenum, unde dicta est quedam virgo Athalanta propter velocitatem quasi plena levitate ».

643 *Cf. Vulgatus* X 704 : « Allegoria talis est. Athalanta fuit velocissima que multos exsuperavit. Dicitur enim ab 'athlas' grece, quod est leve latine, et 'lentos', quod est plenum, unde Athalanta quasi plena levitate. Ypomenes iuvenis velocissimus fuit, quod perpendi potest ex nomine, quia 'ypos' equs interpretatur, 'manes' corrumpitur a mano, manas, unde Ypomenes quasi equs manans, id est ad modum equi velox. Hic per tria poma superavit eam, que sunt sapientia, pulcritudo, nobilitas, quibus circa Ypomenem consideratis, se ab illo superari permisit Athalanta. Set quia in templo Cibeles coierunt, id est in terra matre peccaverunt, in leones mutati sunt, id est bestie reputati sunt, et sic iudicatur esse moralis ista mutatio ».

698-701 humeris. *Cf.* Hugut. *Deriv.* A 313, 11 : « Item ab armus humerus, quasi armerus, ut esset distinctio hominum, quorum sunt humeri, ad animalia quadrupedia, quorum sunt armi ».

729.2 *Cf. Vulgatus* X 729 : « Naturalis est ista mutatio. Persephone ipsa est luna per quam habemus humorem qui comites suas, id est herbas que concomitantur semper humorem, mutat in mentas id est facit bene olentes : herbe quidem dum humide sunt melius redolent quam resecte ».

NOTES

VI *Acc.*4 Desponsat [...] fit irondo. Les deux vers sont particulièrement incorrects; dans le premier, la syllabe finale de *Philomenam* n'est pas acceptable; le second est incomplet, tant du point de vue du sens, car il manque l'information selon laquelle Philomena a été transformée en rossignol, que du point de vue de la métrique, puisque la partie finale du vers manque.

VI 51-52.2 Le commentateur utilise *ani* comme génitif du nom *anus*, *-us*, signifiant 'vieille', et non de *anus*, *-i*, signifiant 'anneau'.

VI 75 Neptunus [...] potabilis. *Cf.* la glose I 283 : « Neupturnus dicitur habere tridentem, id est virgam triplicis potestatis, propter tres proprietates aque, que est nabilis, labilis et potabilis » et la glose I 331 : « Propter triplicem proprietatem aque, que est nabilis, labilis atque potabilis ».

VI 179 La forme *cithareabat* pour *citharizabat* ne semble pas une erreur.

VI 241* *luite* [...] pallis. *Cf.* Hugut. *Deriv.* P 7, 35 : « A palim hec palestra -e, lucta velo locus luctationis, et dicitur a palim quod est lucta vel a palim quod est motus, quia ibi se frequenter moveant ». En employant *pallis* pour *palim*, le commentateur pourrait vouloir dire que la *palestra* était un jeu qui consistait à lutter.

VI 376-378 Le terme *coaxatio* n'est pas attesté en latin classique et médiéval, mais on trouve le verbe *coaxare*, qui a le sens de 'coasser'.

VI 475-477 Le commentateur utilise *Precontractat*, *precontractare*, au lieu de *precontrectet*, *precontrectare*.

VI 572 Dans la glose on lit *meniorum* au lieu de *menium*.

VII 18* Nous avons corrigé la glose du lemme ESSEM sur la base de la glose 47-50 : « Modo loquitur in secunda persona, ut inconstancia animi sui hanc deducit ».

VII 45-46 affidabit. *Cf.* Du Cange, s.v. *Affidare1*.

VII 103* Le copiste écrit *ceptro* pour *sceptro*.

VII 149-151 L'adjectif *pireum* n'est attesté ni en latin classique ni en latin médiéval, mais le copiste l'utilise probablement pour indiquer que la Toison est brillante comme le feu et donc en or. L'adjectif dériverait du terme grec *pir*, pour lequel *cf.* la définition de Hugut. *Deriv.* P 92, 1 : « Pir Grece, latine dicitur ignis ».

VII 325 spillaverat. *Cf.* Du Cange, s.v. *spillare*.

VII 402-403.6 Intersigna. *Cf.* Du Cange, s.v. *intersignum*, qui a la valeur sémantique de *signum*.

VII 429 pallearia. *Cf.* Du Cange, s.v. *paleariuml :* « pellis, quae sub collo bovis fluitat huc et illuc ad modum paleae ».

VII 816 Le commentateur semble employer *debeo* au lieu de *do*, verbe qui est présent dans la glose interlinéaire.

VIII *Acc.*4 notarius ‹ ille › : nous avons intégré *ille*, et non *idem*, comme chez Ghisalberti, sur la base de la glose 159.4, dans laquelle on lit : « Taurus adulter erat regisque notarius ille ».

VIII 55-57 *proditoria : prodigiosus* est attesté en latin classique, mais avec le sens de 'étrange', 'bizarre', 'merveilleux', alors qu'ici il a le sens de 'traître' ; nous avons préféré corriger l'adjectif en *proditoria*. *Cf.* Du Cange, s.v. *proditor*, ou *proditrix* ou *proditoria*.

VIII 113-114 Nous avons corrigé en ajoutant < te > entre *propter* et *patrem* sur la base de *propter te* dans la glose 116-117.

VIII 571 Le lemme d'Ovide est *nude*, mais en fait le commentateur semble expliquer *unde*, puisque le lemme traite de l'abondance des eaux.

VIII 598 labilis, nabilis, potabilis. *Cf.* les gloses I 283 et 331.

VIII 647-648 Le commentateur emploie le féminin (*que* [...] *a qua*), mais il se réfère à *tignum*, qui est un nom neutre. Nous supposons que l'erreur est induite par le nom féminin *furca*, qui n'est cependant que l'instrument avec lequel la femme prend la cuisse de porc qui pend.

VIII 649-650.1 villa. Le nom *villa* est employé dans ce cas avec le sens de 'ville' et non pas de 'maison de campagne' ; il s'agit donc d'un gallicisme, comme également en 695. En revanche, dans la glose 684* le nom ville est glosé par *domus*.

VIII 666 RADIX *:* navem. *Radix* signifie *radis* ; le commentateur comprend peut-être mal *radix/radis* comme *ratis* et explique le nom comme *navire*.

VIII 684.1 La glose fait référence à un épisode bien connu de l'histoire romaine : en 390 av. J.-C., les *Galli Senones* dirigés par Brenno auraient conquis le Capitole romain si les oies n'avaient pas averti Marcus Manlius de leur arrivée.

VIII 684.1 evigilasset. Le verbe *evigilo* a, en latin classique, le sens intransitif de 'se réveiller' ou celui de 'passer avec vigilance', 'pondérer'. Il a la valeur transitive de 'réveiller qui dort' en latin médiéval ; *cf.* Du Cange, s.v. *evigilare :* « evigilare dormientes, expergefacere », gall. *éveiller*.

VIII 856.2 Nous avons corrigé *habentibus* en *formis* sur la base de la glose VIII 863 : « [...] a se forma muliebri mutata, id est virilem piscatoris formam cognitam, gaudebat ».

IX *Acc.* 1 Determinabitur. En latin classique, le verbe *determinare* a le sens de 'fixer des limites', 'déterminer' au sens propre et celui de 'signifier' au sens figuré. Le sens de 'terminer', 'avoir une fin', qu'il prend clairement ici, est attesté par Du Cange, s.v. *determinare*, 2 : « pro terminare, vulgo terminer, finir ».

IX *Acc.* 1 Nous connaissons l'accusatif de *Galantis*, Galantida, sur la base de la glose interlinéaire 318 VOLENTEM : Galantida.

IX *Acc.* 1 Disponsat. Nous avons corrigé *dispensat* en *disponsat*, et non pas en *desponsat* (du v. *desponso*, attesté en latin classique) sur la base de Du Cange, qui enregistre « disponsare, pro desponsare ».

IX 10 Le concept de haine est souvent utilisé pour expliquer l'envie ; *cf.* Hugut. *Deriv.* U 26, 17 : « invidia est odium aliene felicitatis ».

IX 35 La finale négative *ne eis noceret* présuppose le sujet implicite *luta* (*lucta*).

IX 65 Bien que le manuscrit possède la leçon *bifulcam*, glosée par *fulcatam*, que nous avons corrigée, respectivement, par *bisulcam* et *sulcatam*, la glose correspondante reporte et explique le lemme *fissas*, à comprendre comme un participe du verbe *findo* et donc comme un synonyme de l'adjectif *bisulcus*.

IX 91-94 En correspondance des v. 91-94 apparaît la note suivante, que le copiste a éliminée au moyen de l'habituel *vacat :* « et ardor veneni corpus suum combuxit et mortuus est. Mater scientie ream de morte sese propria manu interfecit. Sorores Meleagri tantum fleverunt quod mutate fuerunt in aves. Quod nihil est dictu ‹ nisi quod › fugerunt et ad ultimum in silvis latitaverunt et, ut quidam dicunt, se suspenderunt ». Traduction : « Et la chaleur du poison brûla son corps et il mourut. Sa mère se tua de sa propre main, elle qui était sciemment coupable de sa mort. Les sœurs de Méléagre pleurèrent tant qu'elles furent changées en oiseaux. Ce qui revient à dire qu'elles s'enfuirent et finalement se cachèrent dans les forêts et, selon les dires de certains, se pendirent. »

IX 106-107.2 Le sujet de *exclamavit* est Deianira, sur la base du v. 119, où nous lisons qu'Hercule, déjà arrivé sur l'autre rive du fleuve, « coniugis agnovit vocem ».

IX 112 intonsicate. Le verbe *intoxicare* n'est pas attesté en latin classique mais l'est en latin médiéval ; *cf.* Du Cange, s.v. *intoxicare* : « toxicum seu venenum exhibere » ; *intossicare* est également enregistré, comme *vox italica*, avec le sens de « toxicum seu venenum praebere ».

IX 141-143 En latin classique, le substantif *zelotypia* (et non *zelotipatio*, *cf. ThLL*) est attesté avec la signification de 'jalousie'.

IX 211 La glose est à peine lisible en raison d'une déchirure dans le parchemin. Nous proposons une reconstruction du texte, *exempli gratia*, basée sur les informations offertes par le récit ovidien et sur les autres gloses relatives à la métamorphose de Lichas.

IX 262-265 La glose est à peine lisible en raison d'une déchirure dans le parchemin. Nous avons fait des propositions d'intégration à partir des v. 260-263.

IX 358.3 Le terme *uror* n'est enregistré ni dans le *ThLL* ni dans le Du Cange, mais il ne semble pas une erreur du copiste.

IX 380* SIGNA : intersignia. L'édition Tarrant des *Métamorphoses* donne la leçon *stagna* au lieu de *signa* ; notre glossateur explique *signa* par *intersignia*, un terme absent du latin classique mais enregistré comme un pluriel neutre par Du Cange avec le sens d'*arma*.

IX 385* clinare. *Cf.* Du Cange, s.v. *clinare*, pro inclinare, gall. *se baisser*.

IX 473* PROPHATUR : loquitur mentaliter. L'adverbe *mentaliter* n'est attesté ni dans le *ThLL* ni dans le Du Cange, mais tous deux enregistrent l'adjectif *mentalis*.

IX 536-537 L'emploi de la préposition avec ablatif, à valeur causale, est attesté par le *ThLL* (c. III).

IX 747-748 Dans le mythe, Iphis est une femme, mais dès sa naissance, elle est considérée comme un homme. Dans la même glose, le commentateur désigne Iphis d'abord par *ille*, au masculin, puis par *ista*, au féminin. Nous ne considérons pas un tel changement de genre comme une erreur.

IX 764-765 Au lieu de signifier 'curieux, désireux de savoir', l'adjectif *curiosa* semble ici prendre plutôt le sens de 'désireux', et paraphraser ainsi l'expression ovidienne « nec lenius altera virgo / aestuat ».

X *Acc.* 1 Nous avons corrigé *agens* en *ascensio* sur la base des gloses X 17.3 et X 60-62.4. Dans la première on lit : « Tunc, ascendens in montem, ibi optime viellavit et sequte sunt eum fere et arbores, et, com ibi cantaret, ad ultimum posuit mulieres in dedecus, ut per cantum suum de fabulis continetur ». Dans la glose X 60-62.4 nous lisons : « Sed ibi cantando, idest inter vicia de virtutibus disputando, supra uxorem suam, idest diiudicationem, protraxit, sed iterum ad vicia relaxatam amisit, quam, com vellet iterum secom abstrahere, opera viciosa prohibendo, a ianitore infernali arcetur, considerato non quod infelicissimus esset ad vicia introitus, sed in montem ascendens, idest ad virtutes, ad quas est ascensus, sicut ad vicia descensus cantu suo, idest predicatione sua, feras, idest errantes homines abstraxit ».

X 17.2 Pour le verbe *rehabere*, qui n'est pas attesté en latin classique, *cf.* Du Cange, *rehabere*1 : « Iterum habere quod iam habuimus et habere desinimus ».

X 17.3 *viellavit*. Le commentateur emploie le terme *viellator* dans la glose II 10 et V 111.

X 17. 4 L'adjectif *Meniades* vient probablement de *maenas-adis*.

X 30-31.3 Per trinas [...] Ditis. Pour les vers cités par l'auteur *cf.* August Lübben, *Versus memoriales*, in *Gymnasium zu Oldenburg-Programm zum Oster-Examen 1866*, Oldenburg, Stalling, 1866, p. 9 : « Per trinas metas fatorum volvitur etas ; / Principium vite moderatur Cloto perite ; / Lachesis affatur, que sors vite teneatur ; / Atropos immitis ad opus trahit omnia Ditis ».

X 42 Quisquis [...] rota. Le commentateur avait déjà cité ces vers léonins dans la glose IV 461.

X 43 Nascitur [...] Venus. Pour ces vers léonins *cf.* P. Demats, *Fabula*, p. 69, qui trouve les mêmes vers également dans le ms. Paris, Bibl. Nat. 11315, f. 30r ; *cf.* aussi Ioh. de Garlan. *Integ.*, p. 6.

X 43* Le copiste a pu écrire *gecur* au lieu de *iecur* non par erreur mais sur la base de la prononciation du terme.

X 84 Hostes [...] geniture : *cf.* John W. Baldwin, *The language of Sex : Five Voices from Northern France around 1200*, Chicago-London, University of Chicago, p. 248 : « Hostes nature deus ictu fulminis ure / qui maris in crure perdunt germen geniture » ; *cf.* aussi Thomas Stehling, *Medieval Latin Poems of Male Love and Friendship*, New Hork-London, Garland 1984, p. 96.

X 114 Le commentateur emploie le terme *lunellula*, qui n'est attesté ni en latin classique ni en latin médiéval, au lieu de *lunula*.

X 167.2 Une tache sur le parchemin rend douteuse la lecture de *in Parnassum*.

X 169* *Eurotas* est un fleuve, mais le commentateur le confond probablement avec une ville, puisque dans l'interligne il glose le nom avec *ci.*, l'abréviation qu'il emploie habituellement pour indiquer *civitas*.

X 170* La leçon PARTHEMQUE au lieu de SPARTEN est conditionnée par la prononciation du copiste et n'est donc pas une erreur.

X 232.3 Depuis la fin du XIIe siècle, dans les textes goliardiques français et écossais, les Anglais sont souvent caractérisés dans un sens négatif par l'épithète *caudatus* : *cf.* George Neilson, « A Mediaeval Slander », *Transactions of the Glasgow Archaeological Society*, n.s., 2/4, 1896, p. 441-477.

X 358* Peut-être le commentateur a-t-il voulu écrire *cintilibus* comme *gentilibus*.

X 505.2 Le terme *opitulatu*, qui a le sens de *opitulatio*, n'est attesté ni en latin classique ni en latin médiéval.

X 552* GENUS : maneries. Le substantif *maneries*, qui n'est pas attesté en latin, pourrait signifier *manière* en ancien français.

X 691-692 ribaldi. *Cf.* Du Cange, s.v. *ribaldi3* : « Etiamum nostris, Libidinosi ac Scortatores dicuntur, quod scilicet Ribaldi pro hominibis perditis, et scorta publica sectantibus haberentur ».

TABLE DES MATIÈRES

IMPRIM'VERT®

Achevé d'imprimer par Corlet,
Condé-en-Normandie (Calvados),
en Juin 2022
N° d'impression : 176689 - dépôt légal : Juin 2022
Imprimé en France